사례로 이해하는

2023 부동산 세금

사례로 이해하는

2023 부동산 세금

세무사 이득근

『사례로 이해하는 2023 부동산 세금』을 발간하면서

2022년 10월 경에 주택관련 양도소득세 실무해설서 『집』을 공저로 출간한 이후 독자들의 다양한 의견과 성원에 힘입어 공저로 출간한 책을 기초로 이번에는 저자 단독으로 토지(농지 등 감면, 비사업용 토지)에 대한 부분도 함께 수록하여 수준 높은 부동산 관련 책을 발간하게 되었다.

저자가 본서를 발간하게 된 계기는 부동산 세법이 너무 복잡하고 세무전문가조차 어려워하는 현실을 감안하여 국세청 재산제세 부서 재직 중에 쌓은 실무 경험과 개업 세무사로서 다양한 상담 등을 통해 축적한 지식을 바탕으로 다음과 같은 사항에 역점을 두고 집필하였다.

첫째, 양도소득세와 연관된 종합부동산세 및 취득세 등 기타 세법을 풍부한 사례와 비교표 등으로 정리하여 서술하되, 공통점과 차이점이 뚜렷이 구분될 수 있도록 〈비교학습〉, 〈연관학습〉, 〈심화학습〉, 〈주의사항〉, 〈생각해 볼 사례〉 등 다양한 방법으로 부동산 세법의 전체 내용을 체계적으로 알기 쉽게 설명하였다.

둘째, 복잡한 법령을 단순히 나열식으로 서술하기 보다는 법령과 관련된 내용을 그림으로 시각화하고 여기에 최신 해석사례·판례 등을 추가 해설함으로써 어려운 법령에 대한 이해의 폭을 넓힐 수 있도록 최대한 노력하였다.

셋째, 특히 양도소득세 분야에서 상당히 까다로운 재개발·재건축, 겸용 주택, 이월과세, 부담부증여, 임대주택 등에 대해서는 일반사례 뿐만 아니라 계산사례를 수록하여 학습효과가 극대화 될 수 있도록 차별화를 시도 하였다.

넷째, 농지 등에 대한 감면과 비사업용 토지에 대해서는 법령은 간결하게 설명하였으며, 대신 다양한 사례(계산사례, 해석사례, 적용사례 등)를 통해 핵심적인 내용을 명쾌하게 이해할 수 있도록 하였다.

다섯째, 본서 마지막에 부록을 신설하여 2023년 부동산 관련 주요 개정세법, 최근 5년간 주택임대사업자의 변천과정 및 2024년 5월 9일까지 한시적으로 유예된 다주택자에 대한 중과제도를 한 눈에 파악할 있도록 도표를 사용하여 일목요연하게 정리하였다.

아무쪼록 다양한 사례가 수록된 본서를 통해 세무사 및 국세공무원 등 세무전무가 뿐만 아니라 일반 독자들도 부동산 세금을 쉽게 이해하는데 많은 도움이 되기를 바라며 아울러 실제 실무에 적용할 때에는 사전에 세무전문가와 상담을 통해 낭패를 보지 않도록 당부 드리는 바이다.

2023년 6월

저 자 이득근

BRIEF CONTENTS

Contents

Chapter 4

Chapter 1

양도소득세 총론

01 양도소득세 개요

I 양도소득세 납세의무자

1 개요

양도소득세 납세의무자는 양도소득세 과세대상이 되는 자산을 양도한 개인을 말하며, 거주자와 비거주자로 구분된다. 거주자와 비거주자를 구분하는 이유는 거주자는 1세대1주택 비과세 혜택을 받을 수 있는 반면, 비거주자는 1세대1주택 비과세 혜택을 적용받을 수 없는 등 차이가 있기 때문이다. _ p200(심화학습) 참고

[양도소득세법상 거주자와 비거주자 주요 과세 차이]

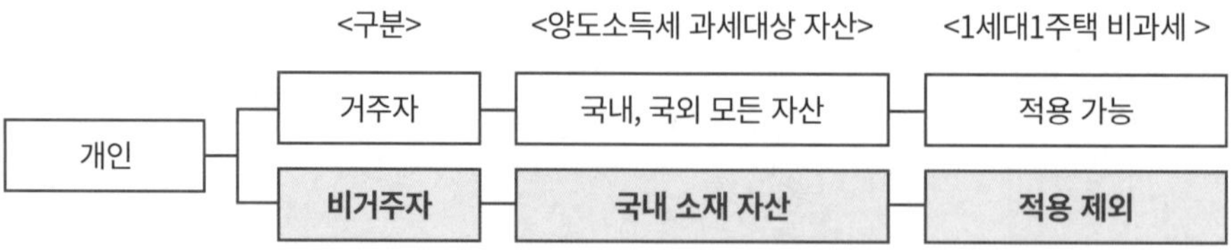

2 납세의무자의 구분

1) 거주자와 비거주자

거주자는 국내에 주소를 두거나 183일 이상 거소를 둔 개인을 말하며, 비거주자는 거주자가 아닌 개인을 말하는데, 다음의 어느 하나에 해당하는 경우에는 거주자로 본다.

① 계속하여 183일 이상 국내에 거주할 것을 통상 필요로 하는 직업을 가진 때
② 국내에 생계를 같이하는 가족이 있고, 그 직업 및 자산상태에 비추어 계속하여 183일 이상 국내에 거주할 것으로 인정되는 때

2) 주소의 판정

주소는 국내에서 생계를 같이 하는 가족이나 직업, 재산 상태 등으로 볼 때 생활과 밀접한 관계를 갖는 장소를 말하고, 거소는 주소지 외의 장소 중 상당기간에 걸쳐 거주하는 장소로서 주소와 같이 밀접한 생활관계가 형성되지 않는 장소를 말한다. 거소의 대표적인 예는 종업원 기숙사나 공사현장 숙소 등이 있다.

3 종중이나 교회 등의 양도소득세 납세의무

법인으로 등기되지 않은 교회나 종중 등의 단체가 부동산을 양도한 경우 양도차익에 대하여 개인으로 보아 양도소득세를 과세할 것인지 법인으로 보아 법인세를 과세할 것인지 법에서 정할 필요가 있다. 국세기본법에서는 종중이나 교회 등의 단체가 법인으로 등기되지 않은 경우에도 일정한 요건을 갖춘 경우 법인으로 보아 법인세를 과세하며, 법인으로 보지 않는 경우에는 개인으로 보아 양도소득세를 과세한다.

[단체와 개인의 부동산 양도소득에 대한 과세]

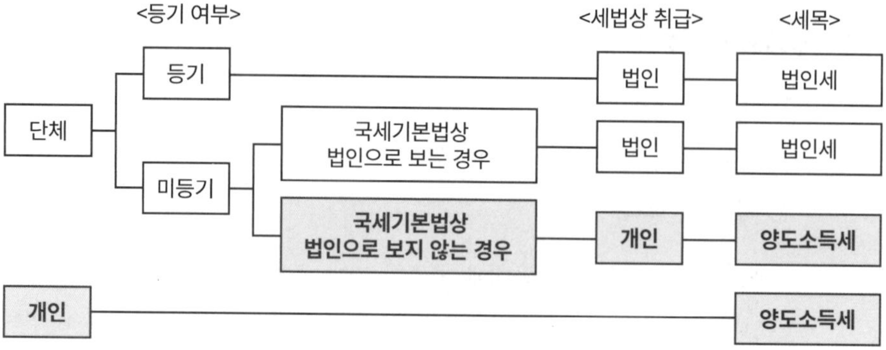

1) 종중의 부동산 양도소득에 대한 과세

① 국세기본법상 관할세무서장으로부터 법인으로 보는 단체로 승인받은 종중은 법인으로 보아 부동산 양도소득에 대하여 법인세를 납부해야 하나, 양도일 현재 3년 이상 제사 등 고유목적사업을 위해 직접 사용한 토지 등을 양도한 경우에는 부동산 양도차익에 대하여 법인세가 과세되지 않는다.

② 관할세무서장으로부터 법인으로 보는 단체로 승인받지 않은 종중은 개인으로 간주하여 부동산 양도차익에 대하여 양도소득세를 납부해야 한다.

2) 교회의 부동산 양도소득에 대한 과세

① 국세기본법상 관할세무서장으로부터 법인으로 보는 단체로 승인받은 교회는 법인으로 보아 부동산 양도소득에 대하여 법인세를 납부해야 하나, 양도일 현재 3년 이상 고유목적사업을 위해 직접 사용한 건물 등을 양도한 경우에는 부동산 양도차익에 대하여 법인세가 과세되지 않는다.

② 관할세무서장으로부터 법인으로 보는 단체로 승인받지 않은 교회는 개인으로 간주하여 양도소득세를 납부해야 한다.

3) 종중이나 교회에 대한 1세대1주택 비과세 여부

법인이 아닌 1거주자로 보는 교회나 종중이 양도하는 주택은 1세대1주택 비과세가 적용되지 않는다.

배경 및 취지

1세대1주택 비과세 규정은 개인의 주거이전의 자유를 보장하기 위하여 마련된 제도이므로, 교회나 종중 등 단체에 대하여는 적용되지 않는 것이다.

Ⅱ 양도의 범위

1 개요

양도소득세 과세대상이 되는 자산을 유상으로 양도하는 경우에는 등기나 등록의 이전 여부와 관계없이 양도소득세가 과세되므로 미등기전매를 한 경우나 등기되지 않은 무허가건물을 양도하는 경우에도 양도소득세가 과세된다.

2 양도소득과 사업소득의 구분

일시적·비반복적으로 부동산을 양도한 경우 양도소득세가 과세되나, 계속적·반복적으로 부동산을 양도한 경우 부동산매매업 또는 주택신축판매업을 영위한 것으로 보아 종합소득세가 과세된다.

[양도소득과 사업소득의 분류]

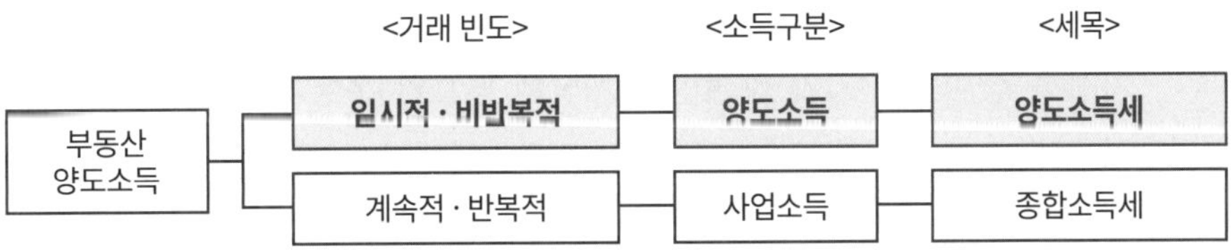

3 양도소득세 과세대상이 되는 거래의 분류

1) 자산 양도의 대가로 금전이 유입되는 거래

① 매매

양도소득세 과세대상이 되는 가장 일반적인 형태의 거래로서 자산을 이전하고 대가를 금전으로 받는 거래이다.

② 협의매수 또는 수용

협의매수 또는 수용에 따라 국가 등 사업시행자에게 자산의 소유권이 이전되는 경우 그 대가로 보상금을 수령하게 되므로 자산의 유상양도에 해당하여 양도소득세 과세대상이 되나, 양도자의 의사와 무관하게 자산이 강제로 이전되는 점을 감안하여 양도소득세법상 다음과 같은 세제상 혜택이 있다.

㉮ 1세대1주택자의 주택이 수용되는 경우 보유기간 또는 거주기간이 2년 미만인 경우에도 양도소득세가 비과세된다.

㉯ 수용되는 주택이 다주택자 중과대상인 경우 또는 수용되는 토지가 비사업용 토지에 해당되는 경우에도 중과세율을 적용하지 않는다.

㉰ 수용되는 토지 또는 건물을 사업인정고시일부터 소급하여 2년* 이전에 취득한 경우 양도소득세가 감면된다.

* (비교) 사업용 토지로 보는 경우에는 사업인정고시일(2021.5.4. 이후)부터 소급하여 5년 이전에 취득

2) 자산 양도로 금전 등 대가를 받지 않았으나 채무가 감소하는 거래

① 경매·공매

경매 또는 공매로 인하여 자산의 소유권이 이전된 경우 그 대가를 받지 않았으나, 자산 양도로 인하여 채무가 소멸하여 사실상 자산이 유상으로 이전된 것과 경제적 효과가 같으므로 양도소득세 과세대상이 된다.

② 부담부 증여

자산을 증여받은 자가 증여받은 재산에 담보된 은행대출금이나 임대보증금을 인수하는 경우 자산을 증여한 자는 대출금이나 임대보증금의 채무가 소멸하게 되므로 양도소득세 과세대상이 된다.

③ 대물변제

채권자에게 채무를 변제하기 위하여 금전 대신 다른 자산의 소유권을 이전하는 경우 자산을 양도하여 채무를 변제한 것과 같은 경제적 효과가 발생하므로 양도소득세 과세대상이 된다. 예를 들면 이혼위자료로 부동산 소유권을 이전하는 경우 현금 대신 부동산으로 지급한 것이므로 대물변제에 해당하여 양도소득세 과세대상이 된다.

3) 자산이 유상으로 이전되었으나 대가로 금전 이외의 자산을 받은 경우

① 교환

양도소득세 과세대상 자산의 소유권을 이전하면서 그 대가로 금전 이외 다른 자산을 받는 경우 자산을 양도하고 대가를 수령한 후 다시 교환대상 자산을 취득한 것과 경제적 효과가 같으므로 양도소득세 과세대상이 된다.

② 현물출자

양도소득세 과세대상 자산을 법인에 현물출자한 경우 또는 공동사업을 위하여 자산을 현물로 출자한 경우 그 대가로 주식 또는 출자지분을 취득하게 되므로 유상 양도에 해당하여 양도소득세 과세대상이 된다.

4 양도소득세 과세대상이 아닌 경우

1) 정책적 목적으로 양도로 보지 않는 경우

① 도시 및 주거환경정비법상 재개발·재건축 사업

도시 및 주거환경정비법상 재개발·재건축 사업에 따라 자기가 소유한 토지나 건물을 사업시행자에 제공하고 조합원입주권을 취득하는 경우에는 유상양도에 해당하나 도시 정비사업의 원활한 진행을 위해 세제상 지원하는 것은 양도로 보지 않으므로 양도소득세가 과세되지 않는다. 다만, 관리처분계획인가내용에 따라 청산금을 현금으로 지급받은 부분에 대하여는 양도소득세가 과세된다.

② 환지처분 또는 보류지로 충당

도시개발법이나 그 밖의 법률에 따라 환지처분으로 지목 또는 지번이 변경되거나 보류지로 충당되는 경우에는 양도로 보지 않는다. 다만, 환지청산금을 현금으로 지급받은 부분에 대하여는 양도소득세가 과세된다.

2) 자산을 신탁하는 경우 또는 신탁해지하는 경우

① 신탁법에 의한 신탁

신탁법 등에 따라 위탁자의 자산을 수탁자에게 소유권을 이전하는 것은 자산을 유상으로 양도한 것이 아니라 부동산 개발사업의 원활한 진행이나 차입금에 대한 담보제공 등 신탁목적을 위하여 소유권을 이전한 것이므로 양도소득세 과세대상이 아니며, 신탁을 해지하여 다시 위탁자 명의로 자산의 소유권을 환원하는 행위도 자산을 유상으로 양도한 것이 아니므로 양도소득세 과세대상에 해당하지 않는다.

② 명의신탁 및 명의신탁해지

명의신탁이란 재산에 관한 소유권은 실제 소유자에게 있으나 그에 관한 등기 등은 타인의 명의로 하는 것을 말한다. 이는 형식적으로 명의만 이전한 것이므로 양도소득세나 증여세 과세대상이 아니며, 추후 수탁자 명의로 등기하고 있던 부동산을 신탁해지를 원인으로 신탁자 명의로 소유권이전 등기를 하는 경우에도 명의신탁한 자산을 원상회복하는 것에 불과하므로 양도소득세나 증여세가 과세되지 않는다. 다만, 토지 및 건물을 명의신탁하는 행위는 부동산실명제 위반행위로서 형사처벌 대상이 되고, 형사처벌과 별도로 이행강제금과 과징금이 부과된다.

비교학습

부동산과 달리 주식을 명의신탁하는 행위는 형사처벌이나 과징금 부과대상이 되지 않으나, 조세회피 목적으로 주식을 명의신탁한 경우에는 「명의신탁재산의 증여의제 규정」이 적용되어 실제 소유자에게 증여세가 과세될 수 있다.

3) 양도담보를 위한 소유권 이전

양도담보란 담보제공을 목적으로 등기원인을 「양도담보」로 하여 자산에 대한 소유권을 이전하는 행위로서 일반적인 채권의 담보수단으로 사용되는 근저당 설정보다 더 강력한 담보제공 효과를 얻기 위해 사용된다. 양도담보는 비록 소유권은 이전되었으나 유상으로 자산을 양도한 것이 아니므로 양도소득세 과세대상이 되지 않는다. 다만, 채무자가 변제기한까지 채무를 상환하지 못하여 양도담보로 제공한 자산이 채무변제에 충당된 때에는 양도소득세가 과세된다.

4) 공유물분할 성격의 재산분할

① 이혼에 따른 재산분할

이혼에 따른 재산분할은 혼인 후 공동의 노력으로 형성한 재산을 일방의 재산으로 등기하였다가 혼인관계가 해소되면서 각자의 재산으로 청산하는 과정이므로 양도소득세나 증여세 과세대상이 아니다.

② 공유물분할

2인 이상이 공동으로 자산을 소유하던 중 각자의 소유지분별로 자산을 분할하는 경우 또는 각 소유자의 지분비율에 따라 2개 이상의 공유토지로 분할하는 경우에는 공동으로 소유하던 지분을 각자의 소유로 나눈 것에 불과하므로 양도소득세 과세대상은 아니나, 분할 후 면적 또는 지분비율이 변동되는 경우에는 양도 또는 증여로 볼 수 있다.

5) 계약의 해제

부동산에 대한 매매계약을 체결하고 양도대금을 모두 지급받았다고 하더라도 매매계약 이행과 관련한 분쟁 등으로 인하여 매매계약이 해제되어 매매대금을 반환하였다면, 양도소득이 발생한 것이 아니므로 양도소득세 과세대상이 되지 않는다(조심 2022서1757, 2022.5.12).

Ⅲ 주요 양도소득세 과세대상 자산

소득세법은 양도소득세 과세대상 자산에 대하여 열거주의를 채택하고 있으므로 소득세법상 과세대상으로 열거되지 않은 자산에 대하여는 양도소득세가 과세되지 않으며, 주요 양도소득세 과세대상 자산은 아래와 같다.

1 부동산

토지 또는 건물

2 부동산에 관한 권리

구 분	종 류
부동산을 이용할 수 있는 권리	① 지상권과 전세권 ② 등기된 부동산임차권
부동산을 취득할 수 있는 권리	아파트분양권, 조합원입주권 등 건물이 완성되는 때 해당 건물을 취득할 수 있는 권리 또는 부동산 매매계약을 체결한 자가 계약금을 지급한 상태에서 양도하는 권리

3 주식

1) 내국법인 주식

① 상장주식

유가증권시장 또는 코스닥시장·코넥스시장에 상장된 법인의 대주주가 양도하는 주식과 장외거래를 통하여 양도하는 주식에 대하여는 양도소득세가 과세된다.

② 비상장주식

비상장법인의 주식은 원칙적으로 양도소득세 과세대상이 되나, 다음에 해당하는 주식은 양도소득세 과세대상에서 제외한다.

과세제외 대상 주식

① 대주주 외의 자가 한국장외시장(Korea Over The Counter : K-OTC)에서 장외매매거래로 양도하는 중견기업·중소기업의 주식
② 조세특례제한법상 요건을 충족한 벤처기업의 주식 등(조특법 제14조 ①항)

2) 외국법인 주식

4 기타자산

1) 사업용 고정자산과 함께 양도하는 영업권

2) 골프회원권 또는 스포츠시설 회원권 등

3) 기타자산으로 분류되는 특정주식과 부동산과다보유 법인의 주식

Ⅳ 자산의 취득시기 및 양도시기

1 개요

자산의 취득시기 및 양도시기에 따라 ①1세대1주택 비과세 판단, ②장기보유특별공제 적용, ③세액감면 판단, ④양도소득세율 적용, ⑤양도소득세의 신고 및 납부기한 등에 영향을 미치게 되므로 양도소득세를 계산함에 있어 취득시기 및 양도시기는 매우 중요한 의미를 갖는다. 자산의 취득시기 및 양도시기가 양도소득세 계산에 미치는 주요 영향은 아래와 같다.

1) 취득시기에 따른 영향

① 조정대상지역으로 지정된 후 주택을 취득한 경우 1세대1주택 비과세를 적용받기 위해서는 2년 이상 보유요건 이외에 2년 이상 거주요건을 충족해야 한다.

② 미분양주택이나 신축주택의 취득시점에 따라 조세특례제한법상 양도소득세 감면여부나 감면율이 다르게 적용된다.

③ 1주택을 소유한 자가 신규주택을 취득하여 2주택이 된 경우로서 종전주택 취득시점으로부터 1년 이상 경과한 후 신규주택을 취득한 경우 종전주택을 비과세 양도기한 내에 양도하면 비과세된다.

2) 양도시기에 따른 영향

① 1세대1주택 비과세 여부 및 장기보유특별공제 적용시 보유기간 계산은 취득시점부터 양도시점까지의 기간에 따른다.

② 자산을 양도한 시점의 양도소득세율을 적용하여 양도소득세를 계산한다.

③ 주택을 양도한 시점의 주택수에 따라 1세대1주택 비과세여부 또는 다주택자 중과여부가 결정된다.

④ 자산의 양도시점에 따라 양도소득세 예정신고기한과 확정신고기한이 결정되며, 각 신고기한 내에 신고하지 않으면 무신고가산세와 납부지연가산세가 부과된다.

2 취득원인에 따른 자산의 취득시기 및 양도시기

1) 일반적인 경우

① 매매로 취득·양도하는 경우

가. 매매대금 청산일이 분명한 경우 : 잔금 청산일. 다만, 매매대금을 청산하기 전에 소유권이전등기를 한 경우에는 소유권이전등기접수일

나. 매매대금 청산일이 불분명한 경우 : 소유권이전등기접수일

② 상속으로 취득한 경우 : 상속개시일(피상속인 사망일)

③ 증여(부담부증여 포함)로 취득한 경우 : 증여 등기접수일

④ 자기가 건물을 신축한 경우

㉠ 사용승인서 교부일, ㉡ 임시 사용승인일, ㉢사실상 사용일 중 빠른 날

⑤ 경매된 경우 : 자산을 경락받은 자가 경매대금을 완납한 날

2) 특수한 경우의 취득시기와 양도시기

① 분양권 및 분양권에 의한 신축주택

구 분		취득시기	양도시기
최초 분양권자	분양권	분양권 당첨일	분양권 잔금청산일
	신축주택	늦은 날(잔금청산일, 완성일[1])	신축주택 잔금청산일
승계취득자	분양권	분양권 잔금청산일	분양권 잔금청산일
	신축주택	늦은 날(잔금청산일, 완성일[1])	신축주택 잔금청산일

1) 완성일(①사용승인일, ②임시 사용승인일, ③사실상 사용일 중 빠른 날)

생각해 볼 사례

분양권에 의해 신축된 주택을 양도하는 해당 주택의 취득시기는 분양권을 취득한 날이 아니라 주택의 분양대금을 청산한 날로 한다. 따라서 분양받은 주택의 1세대1주택 비과세여부나 장기보유특별공제율은 분양대금을 청산한 날로부터 보유기간을 계산하여 판단한다.

[분양받은 신축주택을 양도하는 경우 취득시기]

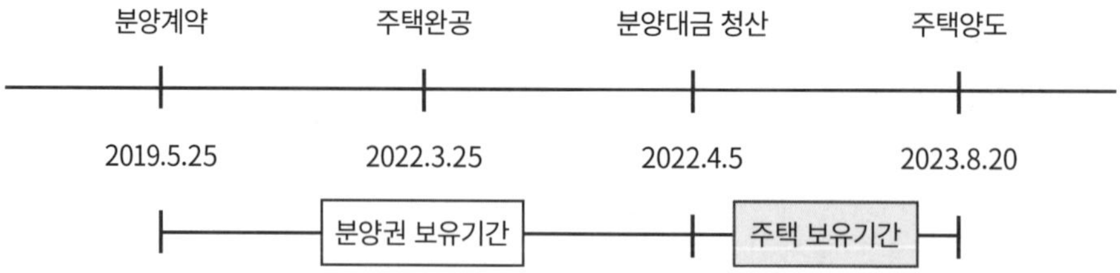

② 조합원입주권 및 조합원입주권에 의한 신축주택

구 분		취득시기	양도시기
원조합원	입주권	관리처분계획인가일	입주권 잔금청산일
	신축주택	기존주택 취득일	신축주택 잔금청산일
승계조합원	입주권	입주권 잔금청산일	입주권 잔금청산일
	신축주택	사용승인일	신축주택 잔금청산일
청산금을 수령한 경우 양도시기		-	소유권이전고시일의 다음날

생각해 볼 사례

도시및주거환경정비법상 재개발·재건축에 의해 신축된 주택을 양도하는 해당 주택의 취득시기는 원조합원은 기존주택 취득일이며, 승계조합원은 신축주택 사용승인일이 취득일이 된다. 따라서 재개발·재건축에 따른 신축주택의 1세대1주택 비과세여부나 장기보유특별공제율 적용도 조합원유형에 따라 달리 적용됨 주의해야 한다.

[조합원입주권에 의한 신축주택을 양도하는 경우 취득시기]

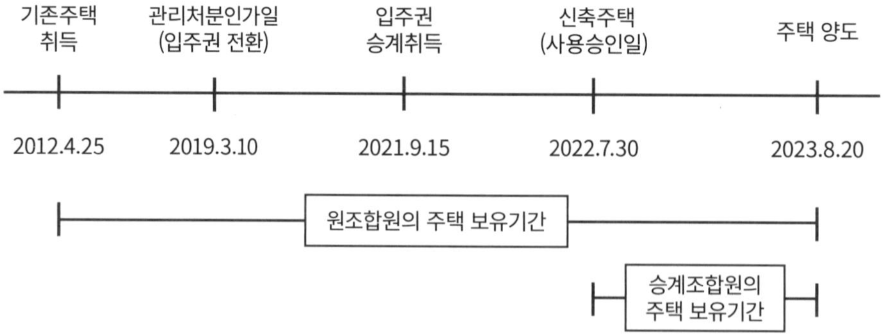

③ 협의매수 또는 수용된 경우

대금 청산일, 수용개시일* 또는 소유권이전등기접수일 중 빠른 날. 다만, 소유권에 관한 소송으로 보상금이 공탁된 경우에는 소유권관련 소송판결 확정일(조심2021중6693, 2022.5.17).

* 수용개시일 : 토지수용위원회가 수용을 개시하기로 결정한 날

여기서 잠깐

이의신청이나 행정소송을 통하여 추가보상금을 받는 경우 추가보상금에 대한 양도시기는 추가보상금의 수령일이 아닌 최초 양도소득세 신고기한을 적용한다. 이 경우 추가보상금을 수령일 속하는 달의 말일로부터 2개월 이내에 당초 수령한 보상금에 대한 양도소득금액과 합산하여 수정신고하면 추가보상금으로 인하여 증액된 세액에 대하여는 가산세가 부과되지 않는다.

[최초보상금과 추가보상금 양도소득세 신고방법]

④ 교환의 경우

가. 교환차액을 정산한 경우 : 차액을 정산한 날. 다만, 차액 정산 전에 소유권이전등기를 한 경우에는 교환등기접수일

나. 교환차액을 정산하지 않고 단순교환한 경우 : 교환계약일. 다만, 교환계약일이 불분명한 경우에는 교환등기접수일

⑤ 이혼으로 부동산을 이전한 경우 취득시기

가. 재산분할로 부동산을 이전한 경우 : 당초 배우자가 자산을 취득한 날

나. 이혼 위자료 대신 부동산을 이전한 경우 : 소유권이전등기접수일

⑥ 토지거래허가 대상 토지를 양도한 경우

가. 토지거래허가를 받기 전에 매매대금을 청산한 경우 : 매매대금 청산일

나. 토지거래허가를 받은 후에 매매대금을 청산하는 경우 : 매매대금 청산일과 소유권이전등기접수일 중 빠른 날

⑦ 배우자 등에 대한 이월과세가 적용되는 자산의 취득시기

당초 배우자가 자산을 취득한 날

⑧ 공동사업의 현물출자시 자산의 취득시기

공동사업에 현물출자일과 소유권이전등기접수일 중 빠른 날

3) 취득시기 의제

1984.12.31. 이전에 취득한 과세대상 자산의 부동산과 부동산에 관한 권리, 기타자산은 1985.1.1에 취득한 것으로 보며, 1985.12.31. 이전에 취득한 주식은 1986.1.1에 취득한 것으로 본다.

하지만, 1세대1주택 비과세 보유기간 등의 계산, 자경농지 세액감면 판단시 자경기간의 계산, 비사업용 토지 판단시 보유기간을 계산할 때는 취득시기 의제 규정에 의한 취득시기가 아닌 실제 취득일을 취득시기로 본다.

참고

양도소득세 계산구조

① 양 도 가 액	양도당시 실지거래가액·매매사례가액·감정가액·기준시가
② 취 득 가 액	㉮ 취득당시 실지거래가액 ㉯ 실지거래가액을 확인할 수 없는 경우 매매사례가액·감정가액·환산취득가액·기준시가 적용 가능
③ 기 타 필 요 경 비	㉮ 취득가액 실가 적용시 : 자본적지출액 및 양도비용 등 실제 발생액 ㉯ 취득가액 매매사례가액·감정가액·환산취득가액·기준시가 적용시 : 취득당시 기준시가의 3% 필요경비개산공제 적용
④ 전 체 양 도 차 익	(①-②-③)
⑤ 비 과 세 양 도 차 익	1세대1주택 비과세 고가주택 12억원 이하분 양도차익
⑥ 과 세 대 상 양 도 차 익 (④-⑤)	1세대1주택 비과세 고가주택 12억원 초과분 양도차익
⑦ 장 기 보 유 특 별 공 제	3년 이상 보유한 토지·건물의 양도차익 × 공제율
⑧ 양 도 소 득 금 액 (⑥-⑦)	아래 그룹별로 구분하여 계산 〔1그룹〕부동산, 부동산에 관한 권리, 기타자산 〔2그룹〕일반주식 〔3그룹〕파생상품
⑨ 기신고·결정·경정된 양도소득금액합계	기신고소득금액(예정신고), 무신고결정·경정 결정된 소득금액 등
⑩ 감면대상소득금액	조세특례제한법상 감면소득금액 등
⑪ 양 도 소 득 기 본 공 제	그룹별로 1인당 연 250만원
⑫ 과 세 표 준	(⑧+⑨-⑩-⑪)
⑬ 세 율	자산별·보유기간별·등기 여부에 따라 구분하여 적용
⑭ 산 출 세 액	양도소득 과세표준(⑫) × 적용세율(⑬)
⑮ 세 액 공 제 및 감 면 세 액	외국납부세액공제와 조세특례제한법상 감면세액 등
⑯ 가 산 세	무(과소)신고 가산세, 무(과소)납부, 환산취득 가산세 등
⑰ 기신고·결 정·경 정 세 액	기납부세액(예정신고 납부세액)
⑱ 납 부 할 세 액 (⑭-⑮+⑯-⑰)	양도일이 속하는 달의 말일로부터 2개월 이내 신고납부

02

양도차익의 산정

	양 도 가 액	…	양도자와 양수자간에 실제로 거래한 금액
(−)	취 득 가 액	…	실제 지출된 금액
(−)	기타필요경비	…	실제 발생액 또는 필요경비개산공제
(=)	양 도 차 익	…	양도가액에서 취득가액 등 필요경비를 차감한 금액

I 실지거래가액 방식과 기준시가 방식의 양도차익 계산

양도소득세 과세대상 자산의 양도차익을 계산할 때에는 실질과세 원칙에 따라 양도한 자산의 실제 양도가액에서 실제 취득가액 및 기타 필요경비를 차감하여 양도차익을 계산한다. 그러나 예외적으로 양도한 자산의 실제 거래가액을 확인할 수 없는 경우에는 양도가액은 양도 당시 기준시가를 적용하고, 취득가액도 취득 당시 기준시가로 하며 기타필요경비는 필요경비 개산공제를 적용한다.

[양도차익 계산방법]

< 구분 >	< 실제 거래가액 방식 >	< 기준시가 방식 >
양도가액	**실제 양도가액**	양도 당시 기준시가
(-)	(-)	(-)
취득가액	**실제 취득가액**	취득 당시 기준시가
(-)	(-)	(-)
기타 필요경비	**실제 지출액**	필요경비 개산공제
(=)	(=)	(=)
양도차익	**실제 양도차익**	**기준시가 양도차익**

1 양도가액

양도가액이란 양도자와 양수자가 실제로 거래한 가액으로서 그 자산의 양도 대가로 받은 금전 또는 그 밖의 재산가액을 말한다.

1) 양도가액이 분명한 경우

부동산을 양도하면서 대가로 지급받은 가액이 매매계약서와 기타 증빙자료에 의하여 객관적으로 확인되는 경우의 그 확인된 가액을 말한다.

2) 양도가액이 불분명하거나 허위인 것이 명백한 경우

납세지 관할세무서장은 해당 자산의 양도 당시 실지거래가액을 매매계약서와 기타 증빙자료에 의하여 확인할 수 없는 경우 또는 납세자가 신고한 양도가액이 허위임이 명백한 경우에는 양도가액을 매매사례가액, 감정가액, 기준시가 순으로 추계조사 결정 또는 경정할 수 있다.

배경 및 취지

매매사례가액은 당해 자산과 유사한 자산의 실제거래가액을 말하고, 감정가액은 유사 매매사례가액 등을 참고하여 평가한 금액을 말한다. 따라서 유사 매매사례가액은 실제 거래된 가액으로서 감정가액보다 객관적이므로 매매사례가액을 감정가액보다 우선 적용한다. 이 경우 매매사례가액이나 감정가액은 양도일 전후 3개월 내 가액만 인정되는데, 양도일 전후 3개월 내 매매사례가액이나 감정가액이 없는 경우에는 양도가액을 기준시가로 한다.

[추계에 의한 양도가액 적용순서]

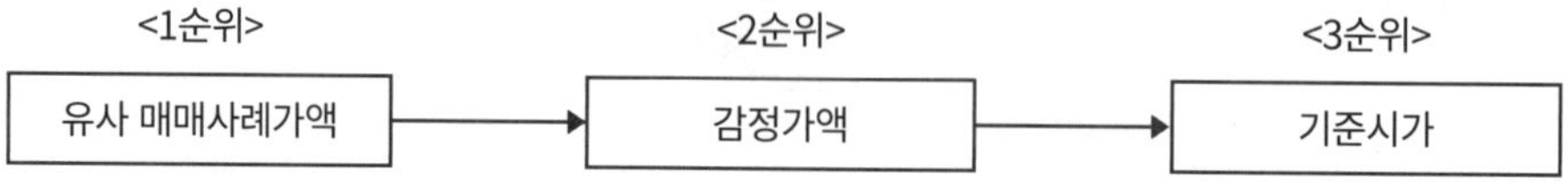

3) 부당행위계산 부인대상인 경우

소득세법상 특수관계인과 거래한 경우로서 시가와 대가의 차이가 시가의 5% 이상이거나 3억원 이상인 경우에는 특수관계인 사이에 실제 거래된 가액을 부인하고 양도가액을 상속 및 증여세법상 규정을 준용하여 감정가액, 유사매매사례가액, 기준시가 순으로 경정할 수 있다.

[부당행위계산 부인시 양도가액 적용순서]

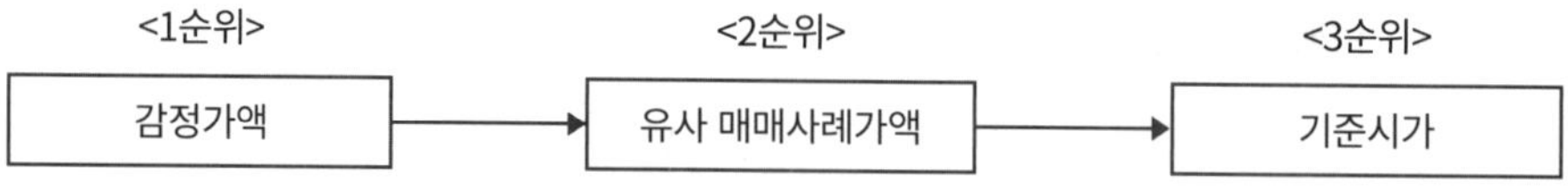

2 취득가액

1) 양도가액을 실지거래가액으로 하는 경우

취득가액은 취득 당시 자산을 취득하기 위하여 지출된 실지거래가액을 적용하며, 실지거래가액을 알 수 없는 경우에는 매매사례가액1), 감정가액2), 환산취득가액3)을 순차로 적용한다.

1) 매매사례가액 : 취득일 전·후 3개월 이내에 취득한 주택과 동일하거나 유사한 다른 주택의 매매사례가액
2) 감정가액 : 취득일 전·후 3개월 이내 해당 자산에 대한 2개 이상의 감정평가업자가 평가한 가액의 평균액. 다만, 기준시가 10억원 이하인 경우에는 1개의 감정평가업자가 평가한 가액
3) 양도가액 $\times$ $\frac{\text{취득당시 기준시가}}{\text{양도당시 기준시가}}$

배경 및 취지

실질과세원칙에 따라 양도가액을 실지거래가액으로 할 경우 취득가액도 실지 거래가액으로 적용하는 것이나, 취득가액을 알 수 없는 경우 실제 취득가액에 근접한 매매사례가액, 감정가액 순으로 적용하고 매매사례가액이나 감정가액이 없는 경우 환산취득가액을 적용하는 것이다.

[추계에 의한 취득가액 적용순서]

<1순위>		<2순위>		<3순위>		<4순위>
유사 매매사례가액	→	감정가액	→	환산취득가액	→	기준시가

여기서 잠깐

납세자가 토지나 건물의 취득가액을 환산취득가액으로 적용하여 신고한 경우에도 다음의 경우에는 과세관청에서 실제 취득가액을 확인하여 양도소득세를 경정할 수 있으므로 환산취득가액 적용시 주의해야 한다.

① 거래상대방이 이전에 양도한 자산의 양도가액을 실지거래가액으로 신고한 경우
② 경매나 공매로 취득한 경우
③ 법인으로부터 취득한 경우
④ 한국토지공사 등 공공기관으로부터 취득한 경우
⑤ 분양받아 취득한 신축주택의 경우

2) 양도가액을 기준시가로 하는 경우

취득가액은 취득 당시 기준시가를 적용한다.

3) 배우자 등에 대한 이월과세가 적용되는 경우

취득가액은 증여자인 배우자 또는 직계존비속의 취득 당시 취득가액을 적용한다.

3 기타 필요경비

1) 취득가액을 실제 취득가액으로 하는 경우

실제 지출된 가액을 기타 필요경비로 공제한다.

2) 취득가액을 매매사례가액, 감정가액, 또는 환산취득가액으로 하는 경우

실제 지출된 가액과 관계 없이 필요경비 개산공제를 적용한다.

[기타 필요경비 적용방법]

3) 필요경비개산공제

구 분	필요경비개산공제율
① 토지	취득 당시 개별공시지가 × 3%(미등기 0.3%)
② 건물	취득 당시 고시가격 × 3%(미등기 0.3%)
③ 지상권, 전세권, 등기된 부동산임차권	취득 당시 기준시가 × 7%(미등기 1%)
④ 위 이외의 자산(주식 등)	취득 당시 기준시가 × 1%

주의사항

필요경비개산공제 적용시 환산취득가액 × 필요경비개산공제율을 적용하는 것이 아님

4 주요 기타 필요경비 인정여부

1) 명도비용

① 부동산 취득 당시 지출한 명도비용

부동산의 소유권 취득과 관련된 소송에 지출된 소송비용 및 화해비용 등 명도소송 관련 비용은 필요경비로 인정되나, 법원경매로 부동산을 취득한 후 매수인이 기존 임차인을 퇴거시키는 과정에서 발생하는 명도비용은 소유권확보를 위한 직접비용으로 볼 수 없으므로 필요경비로 인정되지 않는다(소득세법 집행기준 97-163…18).

② 부동산 양도시 명도비용

매매계약에 따른 인도의무를 이행하기 위해 양도자가 지출하는 명도비용은 필요경비로 인정된다(법령해석재산-0885, 2021.6.30).

관련 해석 사례

취득에 관한 쟁송이 있는 자산에 대하여 그 소유권 등을 확보하기 위하여 직접 소요된 소송비용·화해비용 등의 금액으로서 그 지출한 연도의 각 소득금액의 계산에 있어서 필요경비에 산입된 것을 제외한 금액은 필요경비에 산입되는 것이나, 부동산을 법원경매로 취득하여 세입자를 내보내는 과정에서 지출된 명도비용은 필요경비에 산입하지 않는다. 즉, 양도자가 지출한 명도비용은 필요경비로 인정되나, 취득시 매수인이 부담한 명도비용은 필요경비로 인정되지 않는다(조심2021서5628, 2022.3.30 참조)

2) 취득시 납부한 제세공과금

취득시 납부한 취득세·등록세 및 이에 부가되는 농어촌특별세 및 지방교육세와 인지세 등은 납부영수증이 없는 때에도 취득가액에 포함되나, 감면된 세액은 취득가액에 포함되지 않는다(소득세법 집행기준 97-163…20).

3) 필요경비로 인정되는 부가가치세

자산의 취득과 관련하여 부담한 부가가치세 중 부가가치세법에 의하여 공제받지 못한 매입세액은 필요경비로 인정되며(소득세법 집행기준 97-163…23), 일반과세사업자가 사업용으로 취득한 아파트를 매입세액 공제받은 경우 해당 부가가치세는 필요경비로 인정되지 않으나, 매입시 공제받은 후 폐업으로 인해 다시 납부한 잔존재화에 대한 부가가치세는 필요경비로 인정된다(소득세법 집행기준 97-163…24).

4) 매매계약의 해약으로 발생한 위약금

부동산 매매계약의 해약으로 인하여 지급하는 위약금 등은 해당 자산의 양도거래와 직접 관련 없이 발생한 비용이므로 필요경비에 해당되지 않는다(소득세법 집행기준 97-163…25).

5) 베란다 샤시, 거실 확장공사비 등 자본적지출

주택의 이용편의를 향상시키기 위한 베란다 샤시, 거실 및 방 확장공사비, 난방시설 교체비 등의 내부시설의 개량을 위한 공사비는 자본적지출액에 해당되므로 필요경비로 인정된다(소득세법 집행기준 97-163…29).

비교학습_ 벽지·장판 또는 싱크대 교체비용 등 수익적지출

경상적인 수선 또는 경미한 개량에 해당되는 벽지·장판의 교체, 싱크대 및 주방기구 교체비용, 옥상 방수공사비, 타일 및 변기공사비 등은 부동산의 가치를 증가시켰다기 보다는 현상유지를 위한 수익적지출에 해당되므로 필요경비로 인정되지 않는다(소득세법 집행기준 97-163…30).

6) 오피스텔에 설치하는 비품 구입비

TV·에어콘·냉장고·가스레인지·식탁 등 오피스텔 비품 구입비는 임대조건을 유리하게 하기 위한 임대비용으로서 자본적지출로 볼 수 없으므로 필요경비로 인정되지 않는다(소득세법 집행기준 97-163…31).

7) 중개수수료를 과다지급한 경우

중개수수료가 통상적으로 지급하는 중개수수료에 비해 많다고 하더라도 실제 지급된 금액은 필요경비로 인정된다(소득세법 집행기준 97-163…43).

8) 법적인 지급의무 없이 지급한 비용의 경우

자산을 양도하면서 자산을 취득한 자를 대신하여 납부한 취득세 등 법적인 지급의무가 없는 상태에서 지급한 비용은 필요경비로 인정되지 않는다(소득세법 집행기준 97-163…45).

9) 상속 또는 증여받은 경우

상속이나 증여받은 자산을 양도할 때 상속이나 증여받을 당시 납부한 상속세 또는 증여세는 필요경비로 인정되지 않는다. 다만, 배우자 등에 대한 이월과세가 적용되는 경우 증여세 산출세액은 필요경비로 인정된다.

10) 주택 취득관련 이자비용

매매대금의 지급수단으로 활용된 금융기관 차입금에 대한 지급이자 상당액은 필요경비에 해당하지 아니하는 것이다(부동산거래관리과-706, 2010.5.18).

11) 선순위 임차인이 회수하지 못한 임차보증금의 취득가액 포함여부

임차주택의 확정일자를 받은 선순위의 대항력 있는 임차인이 당해 임차주택에 대한 법원의 경매에서 그 임차주택을 경락받아 양도하는 경우 당해 임차인이 회수하지 못한 임차보증금은 취득가액에 포함되는 것이다(법규과-629, 2022.2.21).

심화학습

철거된 구건물의 취득가액 필요경비 인정여부

사례 1

토지와 건물을 함께 취득 후 건물을 즉시 멸실하고 토지만 양도하는 경우

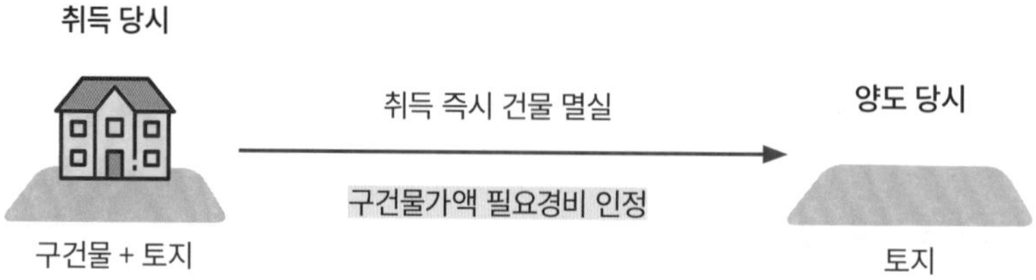

해설 토지와 건물을 함께 취득한 후 토지의 이용편의를 위하여 해당 건물을 즉시 멸실하고 토지만 양도하는 경우 구건물의 취득원가는 필요경비로 산입할 수 있다(법규과-788, 2022.3.10).

대비사례

토지와 건물을 함께 취득 후 상당기간 경과 후 건물을 멸실하고 토지만 양도하는 경우

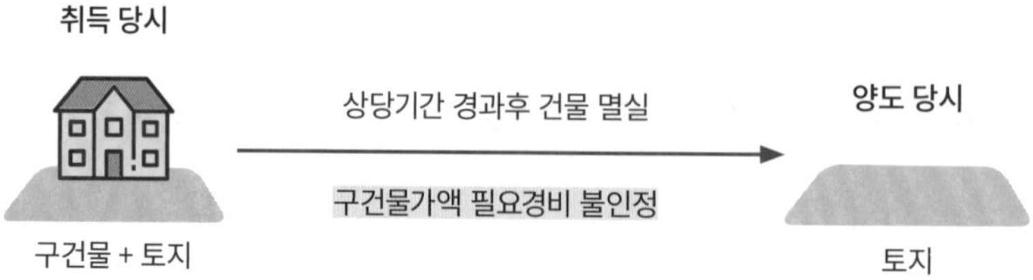

해설 토지와 건물을 함께 취득하여 장기간 사용한 후 건물을 철거하고 나대지 상태로 양도하는 경우에는 건물의 취득가액과 철거비용 등은 토지의 취득가액에 산입하지 않는다(소득세법집행기준 97-163…41참조). 다만, 토지만을 이용할 목적으로 토지와 건물을 함께 취득한 것이 명백한 것으로 인정되는 경우에는 구건물이 있는 상태의 토지를 취득하여 상당기간 사용 후 건물을 멸실하고 토지만 양도한 경우에도 토지의 양도에 대응하는 취득원가로 구건물의 취득가액을 필요경비에 포함한다(대법원 92누 7399, 1992.9.8).

사례 2

건물 취득 후 즉시 멸실하고 건물을 신축하여 토지와 함께 양도하는 경우

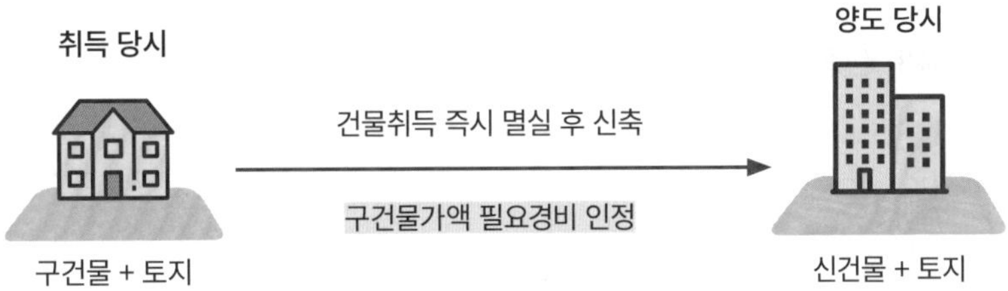

해설 토지를 취득할 당시 구건물이 있는 상태에서 취득한 즉시 건물을 멸실하고 건물을 신축하여 토지와 함께 양도하는 경우에는 건물을 신축하기 위하여 토지를 취득할 목적으로 구건물을 매수한 것으로 볼 수 있으므로 구건물의 취득원가는 토지의 양도에 대응하는 취득원가로 인정되어 필요경비에 산입하는 것이다(소득세법집행기준 97-16-40).

대비사례

건물을 상당기간 사용하다 멸실한 후 신축하여 토지와 함께 양도하는 경우

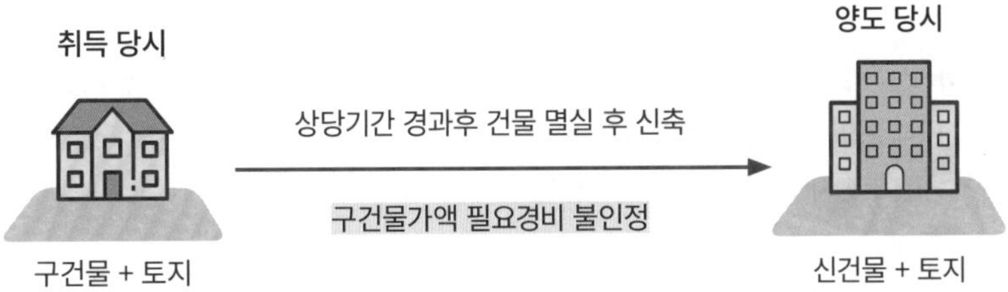

해설 토지와 함께 건물을 취득하여 상당기간 건물을 사용하다 멸실한 후 건물을 신축하여 토지와 함께 양도하는 경우에는 당초 토지만을 이용할 목적으로 토지와 함께 구건물을 취득한 것이 아니므로 구건물의 취득가액은 토지의 양도가액에 대응하는 필요경비로 인정될 수 없고, 구건물은 신축건물 양도 당시 이미 멸실되어 있는 상태로서 양도하는 신축건물과 연관성이 없으므로 신축건물의 양도가액에 대응하는 필요경비로 볼 수도 없다(조심2020인7782).

Ⅱ 양도가액 및 취득가액 등의 산정 방법

1 토지와 건물 등을 일괄양도 또는 일괄취득하는 경우

토지와 건물 등을 일괄 취득하거나 일괄 양도한 경우로서 토지와 건물 등의 매매계약서상 거래가액이 감정가액·기준시가 등을 기준으로 안분계산된 토지 및 건물의 가액과 30% 이상 차이가 있는 경우에는 토지와 건물 등의 가액 구분이 불분명한 것으로 보아 감정가액·기준시가 등을 기준으로 안분계산된 가액을 양도가액 또는 취득가액으로 하여 양도소득세를 계산한다.

[양도가액 재계산 기준비율]

$$\frac{(\text{계약서에 기재된 거래가액} - \text{감정가액·기준시가 등으로 안분한 가액})}{\text{감정가액·기준시가 등으로 안분한 가액}} \geq 30\%$$

관련 해석 사례 _ 일괄 양도하는 토지와 건물의 가액 구분이 불분명한 경우 기준시가에 따라 안분하는 경우 기준 시점

일괄 양도하는 토지와 건물의 가액 구분이 불분명한 때에는「소득세법 시행령」제166조제6항 및「부가가치세법 시행령」제64조에 따라 공급계약일 현재의 기준시가에 따라 안분계산하는 것이다(재산세제과-1077, 2022.8.31).

사례

토지 및 건물 등을 일괄양도하는 경우 양도가액 계산

● 토지와 건물을 2023.4.1. 15억원에 일괄양도

구 분	계약서상 금액	기준시가
토지	7억원	6억원
건물	8억원	4억원

* 토지와 건물의 양도가액에는 부가가치세가 포함되어 있지 않으며, 해당 토지와 건물의 양도 당시 감정가액은 없다.

해설

구 분	계약서상 금액	기준시가에 따라 안분한 금액	비율 차이
토지	7억원	15억원 $\times \frac{6억원}{10억원}$ = 9억원	$\frac{(9억원-7억원)}{9억원}$ = 22.22%
건물	8억원	15억원 $\times \frac{4억원}{10억원}$ = 6억원	$\frac{(8억원-6억원)}{6억원}$ = 33.33%

토지의 경우 계약서상 양도가액과 기준시가에 따라 안분한 가액의 비율 차이가 30% 미만에 해당하나, 건물의 경우에는 계약서상 양도가액과 기준시가에 따라 안분한 가액의 비율 차이가 30% 이상에 해당한다. 토지와 건물 중 하나라도 30% 이상 차이가 발생하는 경우에는 토지와 건물의 가액이 불분명한 것으로 보아 토지와 건물의 양도가액은 계약서상에 기재된 금액에 상관 없이 기준시가에 따라 안분계산된 9억원과 6억원으로 한다(법령해석재산-0011, 2018.2.13).

2 감가상각비를 사업소득금액 계산시 필요경비로 계상한 경우 취득가액 산정

건물의 양도차익을 계산하는 경우 건물의 보유기간 중에 사업소득금액 계산시 필요경비로 계상한 감가상각누계액은 건물의 취득가액에서 차감한다. 이 경우 취득가액을 실지거래가액으로 적용할 때 뿐만 아니라 매매사례가액·감정가액·환산취득가액으로 하는 경우에도 필요경비로 계상한 감가상각누계액을 취득가액에서 차감하는 점에 유의해야 한다.

배경 및 취지

양도소득계산시 취득가액에서 사업소득금액의 필요경비로 계상된 감가상각누계액을 차감하지 않으면 필요경비가 중복 공제되므로 이를 방지하기 위한 것이다.

사례

환산취득가액을 적용하는 경우 필요경비로 계상한 감가상각비 차감 여부

● 건물의 취득 및 양도에 관한 내역

구 분	내 용
양도일 및 양도가액	2023.4.10. 양도가액 15억원
취득일 및 취득가액	2015.5.20. 취득가액 불분명
건물 감가상각누계액	1억원의 감가상각비를 사업소득계산시 필요경비로 계상함
기준시가	양도 당시 기준시가 : 10억원
	취득 당시 기준시가 : 4억원

해설

	구 분	금 액	계산 근거
	양도가액	1,500,000,000	
(−)	취득가액	500,000,000	(15억원×4억원/10억원) - 1억원(감가상각누계액)
(−)	기타필요경비	12,000,000	필요경비개산공제 : 400,000,000×3%
(=)	양도차익	988,000,000	

3 상속 또는 증여받은 자산을 양도할 경우 취득가액 및 기타 필요경비

1) 상속 또는 증여받은 자산의 양도차익을 실지거래가액으로 계산할 경우

① 취득가액

상속 또는 증여받은 재산에 대하여 상속세 및 증여세법 제60조부터 제66조까지의 규정에 따라 평가한 가액(세무서장 등이 결정·경정한 가액 포함)으로 한다. 따라서 상속 또는 증여받은 자산의 취득가액은 시가 또는 보충적 평가방법으로 평가한 가액을 취득 당시의 실제 취득가액으로 간주하므로 환산취득가액을 적용할 수 없다.

배경 및 취지

상속 또는 증여받은 자산은 무상으로 취득한 것으로서 실제 거래가액이 없으나, 상속 및 증여세법상 시가 또는 보충적 평가방법으로 평가한 가액을 실제 거래한 것으로 보아 해당 가액을 취득가액으로 적용하는 것이다.

② 기타 필요경비

상속 또는 증여받은 자산의 평가액을 실제 취득가액으로 보므로 실제 지출한 취득세 등은 기타 필요경비로 공제되나, 상속세 또는 증여세는 필요경비로 공제받을 수 없다. 다만, 배우자 등에 대한 이월과세가 적용되는 경우 증여세를 필요경비로 공제한다.

2) 상속 또는 증여받은 자산의 양도차익을 기준시가로 계산할 경우

① 취득가액

상속개시일 또는 증여일 현재 기준시가를 적용한다.

② 기타 필요경비

기타 필요경비는 실제 지출액에도 불구하고 필요경비 개산공제를 적용한다.

사례 1

주택 취득유형별 취득가액 및 기타필요경비 산정방법

● 주택의 취득 및 양도에 관한 자료

구 분	내 용
양도일 및 양도가액	2023.3.25. 15억원
취득일 및 취득가액	2016.2.20. 취득가액 불분명
취득세	1천만원
기준시가	양도 당시 기준시가 : 10억원
	취득 당시 기준시가 : 4억원

해설

	구 분	매매로 취득한 경우	상속·증여로 취득한 경우
	양도가액	1,500,000,000	1,500,000,000
(−)	취득가액	600,000,000[1)]	400,000,000[2)]
(−)	기타필요경비	12,000,000[3)]	10,000,000[4)]
(=)	양도차익	888,000,000	1,090,000,000

1) 취득가액이 불분명하여 환산 취득가액을 적용한다.

$$1{,}500{,}000{,}000 \times \frac{400{,}000{,}000}{1{,}000{,}000{,}000} = 600{,}000{,}000$$

2) 상속 또는 증여로 자산을 취득한 경우에는 환산취득가액을 적용할 수 없고, 상속 또는 증여받을 당시 평가액을 취득가액으로 한다. 따라서 이 사례에서는 취득 당시 기준시가인 400,000,000을 취득가액으로 한다.

3) 환산 취득가액을 적용하는 경우 기타 필요경비는 필요경비 개산공제를 적용한다.
400,000,000 × 3% = 12,000,000

4) 상속 또는 증여받을 당시 평가액을 취득가액으로 하는 경우 필요경비 개산공제를 적용하지 않고, 실제 지출액인 취득세 10,000,000을 기타 필요경비로 공제한다.

사례 2

상속받은 주택을 양도하는 경우 양도차익 등 계산방법

● 주택의 취득 및 양도에 관한 자료

구 분	내 용
양도일 및 양도가액	2023.4.25. 양도가액 20억원
취득일 및 취득가액	2022.2.20. 상속받을 당시 평가액 12억원
취득세 등	1천5백만원
기준시가	양도 당시 기준시가 : 15억원
	취득 당시 기준시가 : 12억원

※ 피상속인 주택 취득일 : 2013.12.10.

해설

	구 분	금 액	
	양도가액	2,000,000,000	
(−)	취득가액	1,200,000,000	환산취득가액 적용 불가
(−)	기타필요경비	15,000,000	실제 필요경비 지출액 적용
(=)	양도차익	785,000,000	

추가해설

① 부동산을 상속받은 경우 취득시기는 상속개시일이며, 증여로 취득한 경우 취득시기는 등기접수일이 되므로 주택을 취득한 후 3년 미만 보유하다 양도하였을 경우에는 장기보유특별공제를 적용할 수 없다.

② 상속의 경우 피상속인이 자산을 취득한 날로부터 상속인이 상속자산을 양도한 날까지의 보유기간에 해당하는 세율을 적용하므로 상속개시 후 2년 이내에 주택을 양도하였더라도 단기 보유세율이 아닌 기본세율이 적용된다.

4 양수자가 양도소득세를 부담한 경우 양도가액 산정

양도자가 납부할 양도소득세 등을 양수자가 부담하기로 약정한 경우 양도자의 양도가액은 당초 매매계약서상 양도가액에 양수인이 부담하기로 약정한 양도소득세를 가산한 가액으로 하고, 양수자의 취득가액은 당초 매매계약서상 거래가액에 본인이 부담한 양도자의 양도소득세를 가산한 금액으로 한다.

사례

양수자가 양도소득세를 부담한 경우 양도가액 계산

1. 양도가액 10억원, 취득가액 6억원(양도일 2023.4.5.)
2. 양도자가 부담할 양도소득세 전액을 양수자가 부담하는 조건으로 부동산매매 계약을 체결하고, 매수자는 실제 양도자가 납부할 양도소득세를 지급하였다.
3. 세율은 기본세율을 적용하고, 기타필요경비,장기보유특별공제, 양도소득기본공제는 없는 것으로 가정한다.

해설

1. 양수인이 부담한 양도소득세를 반영하기 전 산출세액
   400,000,000 × 40% - 25,940,000(누진공제) = 134,060,000
2. 양수인이 부담한 양도소득세를 반영한 후 산출세액
   (400,000,000 + 134,060,000) × 42% - 35,940,000 = 188,365,200
3. 양도인의 양도가액 : 1,000,000,000 + 134,060,000 = 1,134,060,000

* 양수자가 대신 부담한 양도소득세는 처음 1회에 한하여 양도자의 양도가액에 합산

5 환산취득가액 적용시 기타 필요경비 계산 및 가산세 적용방법

1) 취득가액을 환산취득가액으로 적용하는 경우 필요경비 계산

취득가액을 환산취득가액으로 적용하는 경우 기타 필요경비는 필요경비개산공제만 적용되므로 실제 발생한 자본적지출액과 양도비용은 기타 필요경비로 적용할 수 없는 것이 원칙이나, 환산취득가액과 필요경비 개산공제를 적용하지 않고 자본적지출액과 양도비용의 합계액을 기타 필요경비로 적용할 수 있다.

필요경비 = Max[① 환산취득가액 + 필요경비개산공제액, ② 자본적 지출액 + 양도비용]

사례

취득가액을 환산취득가액으로 하는 경우 필요경비 계산방법

1. 토지의 취득 및 양도 자료

구 분	내 용
양도일 및 양도가액	2023.6.10. 10억원
취득일 및 취득가액	2014.3.15. 취득가액 불분명
자본적 지출액	토지조성비 등 3억5천만원
양도비용	중개수수료 3천만원

2. 토지의 기준시가

기준시가	금 액
양도 당시 기준시가	5억원
취득 당시 기준시가	1억원

해설

구 분		환산취득가액을 적용할 경우	환산취득가액을 적용하지 않을 경우
필요경비	취득가액	10억원 $\times \frac{1억원}{5억원} =$ 2억원	공제 불가
	기타 필요경비	1억원×3% = 300만원	3억5천만원+3천만원 = 3억8천만원
합 계		2억3백만원	3억8천만원

자산의 취득가액을 알 수 없는 경우에도 자산을 취득한 후 실제 지출한 필요경비를 기타 필요경비로 인정받을 수 있으나 환산취득가액은 필요경비로 인정받을 수 없다. 위 사례에서 필요경비는 환산취득가액 2억원과 필요경비 개산공제액 3백만원의 합계 2억3백만원과 자본적 지출액 3억5천만원과 양도비 3천만원의 합계 3억8천만원 중 큰 금액으로 한다.

2) 취득가액을 환산취득가액으로 하는 경우 가산세 적용

건물을 신축하거나 증축(증축의 경우 바닥면적 합계가 85㎡를 초과하는 경우에 한함)한 후, 그 건물의 취득일 또는 증축일로부터 5년 이내에 해당 건물을 양도하는 경우로서 감정가액 또는 환산취득가액을 그 취득가액으로 하는 경우 아래의 가산세액을 양도소득결정세액에 가산한다.

감정가액·환산취득가액 적용시 가산세 = 해당 건물의 감정가액· 환산취득가액 × 5%

3) 가산세 5%적용시 주의사항

① 양도차손이 발생하여 산출세액이 없는 경우 5% 가산세 적용여부

환산취득가액과 필요경비 개산공제액의 합계액이 양도가액을 초과하여 양도차손이 발생하는 경우에도 건물분 환산 취득가액에 대하여 5%의 가산세가 부과된다.

② 1세대1주택 비과세대상 주택인 경우 5% 가산세 적용여부

1세대1주택 비과세대상 주택을 양도하는 경우로서 고가주택에 해당하지 않는 경우에는 환산취득가액 적용에 따른 가산세가 부과되지 않으나, 양도가액이 12억원을 초과하는 고가주택을 양도하는 경우에는 비과세 부분과 과세부분을 구분하지 않고 주택분 환산취득가액 전체 금액에 대하여 5%의 가산세가 부과된다(부동산납세과-2631, 2022.9.7).

사례 1

건물신축후 5년 이내 양도하고 환산취득가액 적용할 경우 가산세 5% 부과

● 건물의 취득 및 양도에 관한 자료

구 분	내 용
양도 자산	건물 및 부수토지
양도일 및 양도가액	2023.6.25. 15억원
취득일 및 취득가액	토지 : 2014.11.20. 4억원
	건물 : 2018.10.10. 건물신축(취득가액 불분명)
취득세 등 필요경비	토지 취득세 1천5백만원, 건물 취득세 1천만원
기준시가	취득시 : 토지 1억5천만원, 건물 1억원
	양도시 : 토지 6억원, 건물 4억원

해설 건물을 신축하거나 증축한 후 5년 이내 양도한 경우로서 신축·증축(85㎡초과 증축에 한함)한 건물의 취득가액을 감정가액·환산가액으로 신고한 경우 감정가액·환산취득가액에 5%의 가산세가 부과된다.

	구 분	토 지	건 물	계산 근거
	양도가액	900,000,000	600,000,000	15억원을 양도당시 기준시가비율로 안분
(-)	취득가액	400,000,000	150,000,000	건물환산취득가액 : 6억원 × 1억원/4억원
(-)	기타필요경비	15,000,000	3,000,000	건물은 개산공제 적용 : 1억원 × 3%
(=)	양도차익	485,000,000	447,000,000	
(-)	장기보유특별공제	77,600,000	35,760,000	토지 16%(8년×2%), 건물 8%(4년×2%)
(=)	양도소득금액		818,640,000	토지와 건물의 양도소득금액 합계
(-)	기본공제		2,500,000	
(=)	과세표준		816,140,000	
(×)	세율		42%	
(=)	산출세액		306,838,800	816,140,000 × 42% - 35,940,000(누진공제)
(+)	가산세		7,500,000	150,000,000(건물환산취득가액) × 5%
(=)	납부할 세액		314,338,800	
(+)	지방소득세		31,433,880	314,338,800 × 10%
(=)	총부담세액		345,772,680	

사례 2

1세대1주택(고가주택)환산취득가액 적용에 따른 가산세 5% 적용방법

● 주택의 취득 및 양도에 관한 자료

구 분	내 용
양도일 및 양도가액	2023.11.25. 20억원
취득일 및 취득가액	토지 : 2019.1.10. 8억원(실지거래가액)
	건물 : 2019.11.15. 4억원(준공 후 3개월 이내 감정평가)
취득세 등 필요경비	토지 취득세 2천4백만원, 건물 취득세 1천2백만원
개별주택 공시가격	취득시 : 7억원(건물분 2억원)
	양도시 : 14억원(건물분 5억원)
기타사항	취득일부터 양도일까지 해당 주택에서 계속 거주

해설 1세대1주택 비과세되는 고가주택의 양도소득세 계산시 취득가액을 감정가액 또는 환산취득가액으로 하는 경우 주택부분 전체의 감정가액 또는 환산취득가액에 대하여 5%의 가산세를 부과한다.

	구 분	금 액	계산 근거
	양도가액	2,000,000,000	
(-)	취득가액	1,200,000,000	토지는 실지거래가액, 주택은 감정가액 적용
(-)	기타필요경비	30,000,000	토지 : 2천4백만원, 건물 : 2억원×3%
(=)	양도차익	770,000,000	
(=)	과세대상양도차익	308,000,000	7억7천만원 × (20억원 - 12억원)/20억원
(-)	장기보유특별공제	98,560,000	3억8백만원 × 32%(4년×4% + 4년×4%)
(=)	양도소득금액	209,440,000	
(-)	기본공제	2,500,000	
(=)	과세표준	206,940,000	
(×)	세율	38%	
(=)	산출세액	58,697,200	206,940,000 × 38% - 19,940,000(누진공제)
(+)	가산세	20,000,000	400,000,000(주택 감정가액) × 5%
(=)	납부할 세액	78,697,200	
(+)	지방소득세	7,869,720	78,697,200 × 10%
(=)	총부담세액	86,566,920	

6 이혼시 재산분할 또는 위자료로 양도한 주택에 대한 과세 여부

이혼으로 인한 재산분할로 자산의 소유권이 이전되는 경우에는 양도소득세 및 증여세가 과세되지 않으나, 이혼 위자료를 현금 대신 부동산으로 지급한 경우 자산을 양도한 것으로 보아 양도소득세가 과세된다. 다만, 위자료로 양도하는 주택이 1세대1주택 비과세 요건을 갖춘 경우에는 양도소득세가 비과세된다.

[이혼시 재산분할과 위자료 비교]

구 분	재산분할	위자료
법적 성격	공유물 분할	대물변제
양도소득세 과세대상 여부	과세대상 아님	과세대상
증여세 과세대상 여부	과세대상 아님	과세대상 아님
취득시기	당초 배우자의 취득일	소유권이전 등기접수일

사례

재산분할 또는 위자료 관련 주택 양도차익 계산

1. 김남편은 3억원에 취득한 주택을 이혼시 배우자 이부인에게 소유권 이전하였고, 이부인은 해당 주택을 15억원에 양도하였다.
2. 이혼 당시 주택의 시가는 10억원이고, 김남편이 이부인에게 이혼 당시 소유권 이전한 주택과 이부인이 양도한 주택은 모두 양도소득세 과세대상이다.

해설

	구 분	김남편의 양도차익		이부인의 양도차익	
	소유권 이전 원인	위자료	재산분할	위자료	재산분할
	양도가액	1,000,000,000	해당 없음	1,500,000,000	1,500,000,000
(-)	취득가액	300,000,000		1,000,000,000	300,000,000
(=)	양도차익	700,000,000		500,000,000	1,200,000,000

Ⅲ 1세대1주택 고가주택의 양도차익 및 장기보유특별공제 계산 방법

1 개요

1세대1주택 비과세 요건을 충족한 주택 또는 조합원입주권은 양도소득세가 비과세이지만 양도가액이 12억원을 초과하는 경우에는 12억원 초과분의 양도차익에 대하여는 양도소득세가 과세된다. 이 경우 양도소득세가 과세되는 양도차익 및 장기보유특별공제액은 아래와 같이 계산한다.

구 분		내 용
고가주택 양도차익	단독소유	전체 양도차익 × $\frac{(\text{양도가액} - 12\text{억원})}{\text{양도가액}}$
	공동소유	(전체 양도차익×지분율) × $\frac{(\text{양도가액} - 12\text{억원})}{\text{양도가액}}$
장기보유특별공제액		고가주택 양도차익 × 장기보유특별공제율

여기서 잠깐

각 세법에서 규정하고 있는 고가주택 등 판단 기준금액은 아래와 같다.

구 분	판단 기준 및 가액
임대소득세	1주택자의 월 임대료 과세대상 고가주택 : 과세기간 종료일 또는 양도일 현재 기준시가 12억원 초과
취득세	취득세 중과세 적용시 고급주택 : 취득 당시 시가표준액 9억원 초과
종합부동산세	1세대1주택자의 과세기준금액 판단 : 12억원

2 1세대1주택 고가주택 판단

1) 공동소유 주택

2인 이상이 1개의 주택을 공동소유하는 경우로서 각 지분소유자별로 계산한 양도가액이 12억원 이하인 경우에도 전체 양도가액이 12억원을 초과하는 경우 고가주택으로 보아 공동 소유주택 전체의 양도가액 중 12억원 초과분에 상당하는 양도차익에 대해서는 양도소득세가 과세된다. 이 경우 고가주택 판단은 전체가액을 기준으로 판단하지만, 양도차익은 각 소유자별로 양도가액 및 취득가액을 기준으로 각각 산정한다.

배경 및 취지

2인 이상이 주택을 공유하는 방식으로 소유자별 양도가액을 분산하여 고가주택 부분의 양도차익에 대한 과세를 회피하는 것을 방지하기 위하여 공동소유자 각자의 지분별로 계산한 양도가액이 아닌 주택 전체가액으로 고가주택 여부를 판단하는 것이다.

적용사례

공동소유 주택의 고가주택 양도차익

- 1세대1주택 공동소유(남편 60%, 부인 40% 소유) 주택의 양도가액 : 20억원
- 실제 취득가액 : 9억원

해설

① 남편 고가주택 양도차익 : $(20억원-9억원) \times 60\% \times \frac{20억원-12억원}{20억원} = 2.64억원$

① 부인 고가주택 양도차익 : $(20억원-9억원) \times 40\% \times \frac{20억원-12억원}{20억원} = 1.76억원$

☞ 공동소유 주택 고가주택 판단시 (전체 양도가액 × 지분율)로 판단하지 않음

2) 부담부증여

1세대1주택 소유자가 주택을 증여하면서 해당 주택에 담보된 채무를 수증자가 인수하는 경우 그 채무액이 12억원 이하에 해당하더라도 증여하는 주택가격이 12억원을 초과하면 고가주택에 해당한다.

적용사례

부담부증여 주택의 고가주택 양도차익

- 은행채무 6억원 인수조건으로 父가 소유한 1세대1주택을 子에게 증여
- 증여당시 주택가액 : 15억원
- 증여당시 은행채무 : 6억원
- 실제 취득가액 : 4억원

해설

① 양도가액 : $15\text{억원} \times \frac{6\text{억원}}{15\text{억원}}$ (채무비율) = 6억원

② 취득가액 : $4\text{억원} \times \frac{6\text{억원}}{15\text{억원}}$ (채무비율) = 1.6억원

③ 고가주택 양도차익 : $(15\text{억원}-4\text{억원}) \times \frac{6\text{억원}}{15\text{억원}} \times \frac{15\text{억원}-12\text{억원}}{15\text{억원}}$ = 0.88억원

☞ 부담부증여시 양도가액은 채무액(6억원)이나, 고가주택 여부는 증여주택가격(15억원)으로 판단한다.

3) 겸용주택

1세대1주택 비과세 요건을 충족한 겸용주택 전체 양도가액이 12억원을 초과하는 경우에는 전체 양도가액을 양도당시 기준시가 등의 비율로 안분 계산 후, 주택부분에 해당하는 가액이 12억원 이하이면 비과세가 되며, 12억원을 초과하면 고가주택으로 과세된다.

적용사례

겸용주택의 고가주택 양도차익

- 주택(1세대1주택)과 상가의 전체 양도가액 : 40억원
- 양도당시 기준시가 : 주택 15억원, 상가 10억원
- 주택(1세대1주택)과 상가의 전체 취득가액 : 28억원
- 취득당시 기준시가 : 주택 10억원, 상가 6억원

해설

고가주택 양도차익 : $(24억원^{1)} - 17.5억원^{2)}) \times \frac{24억원-12억원}{24억원} = 3.25억원$

1) 주택분 양도가액 : $40억원 \times \frac{15억원}{25억원} = 24억원$

2) 주택분 취득가액 : $28억원 \times \frac{10억원}{16억원} = 17.5억원$

4) 주택 소유자와 토지 소유자가 다른 경우 고가주택 판단

① 주택 소유자와 부수토지 소유자가 동일세대원인 경우

동일세대원이 주택과 부수토지를 각각 소유한 경우에는 전체 양도가액을 기준으로 고가주택 여부를 판단하고, 부수토지에 대해서도 1세대1주택 비과세 규정을 적용한다.

적용사례

주택과 부수토지 소유자가 동일세대인 경우

- 주택 소유자 父, 토지 소유자 子(父子는 동일세대원)
- 주택 및 토지의 일괄 양도가액 : 25억원
- 양도당시 기준시가 : 주택 12억원, 토지 8억원
- 주택 및 토지의 일괄 취득가액 : 15억원
- 취득당시 기준시가 : 주택 6억원, 토지 4억원

해설

① 주택분 고가주택 양도차익 : (15억원[1]-9억원[2]) × $\frac{25억원-12억원}{25억원}$ = 3.12억원

② 토지분 고가주택 양도차익 : (10억원[3]-6억원[4]) × $\frac{25억원-12억원}{25억원}$ = 2.08억원

1) 25억원 × $\frac{12억원}{20억원}$ = 15억원 , 2) 15억원 × $\frac{6억원}{10억원}$ = 9억원

3) 25억원 × $\frac{8억원}{20억원}$ = 10억원 , 4) 15억원 × $\frac{4억원}{10억원}$ = 6억원

② 주택 소유자와 부수토지 소유자가 별도세대원인 경우

별도세대원이 주택과 부수토지를 각각 소유한 경우에는 전체 양도가액을 기준으로 고가주택 여부를 판단한다. 이 경우 부수토지만 소유한 자에 대해서는 1세대1주택 비과세 규정이 적용되지 않는다.

적용사례

주택과 부수토지 소유자가 별도세대인 경우

- 주택 소유자 父, 토지 소유자 子(父子는 별도세대원)
- 주택 및 토지의 일괄 양도가액 : 25억원
- 양도당시 기준시가 : 주택 12억원, 토지 8억원
- 주택 및 토지의 일괄 취득가액 : 15억원
- 취득당시 기준시가 : 주택 6억원, 토지 4억원

해설

① 주택분 고가주택 양도차익 : (15억원[1]-9억원[2]) × $\frac{25억원-12억원}{25억원}$ = 3.12억원

② 토지분 고가주택 양도차익 : (10억원[3]-6억원[4]) = 4억원(전체과세)

1) 25억원 × $\frac{12억원}{20억원}$ = 15억원 , 2) 15억원 × $\frac{6억원}{10억원}$ = 9억원

3) 25억원 × $\frac{8억원}{20억원}$ = 10억원 , 4) 15억원 × $\frac{4억원}{10억원}$ = 6억원

5) 조합원입주권

도시및주거환경정비법상 재개발·재건축에 따라 종전주택이 관리처분계획인가일에 1세대1주택 비과세요건을 충족하고 조합원입주권으로 전환된 상태에서 해당 조합원입주권을 양도하는 경우에는 조합원입주권은 부동산을 취득할 수 있는 권리임에도 그 양도가액이 12억원을 초과하는 경우에는 고가주택으로 보아 양도차익을 계산한다. 이 경우 양도차익은 관리처분계획인가 전 양도차익과 관리처분계획인가 후 양도차익으로 구분해야 하는데, 그 이유는 관리처분계획인가 전 양도차익에 대해서만 장기보유특별공제가 적용되기 때문이다.

적용사례

조합원입주권의 고가주택 양도차익

- 종전주택 취득가액 : 5억원
- 관리처분계획인가 권리가액 : 14억원(관리처분계획인가 당시 평가액)
- 조합원입주권 양도가액 : 20억원

해설

① 관리처분계획인가 전 양도차익 : $(14억원-5억원) \times \frac{20억원-12억원}{20억원} = 3.6억원$

② 관리처분계획인가 후 양도차익 : $(20억원-14억원) \times \frac{20억원-12억원}{20억원} = 2.4억원$

☞ 관리처분계획인가 후 양도차익에 대해서는 장기보유특별공제가 적용되지 않음

계산사례 1

1세대1주택 비과세 요건을 충족한 고가주택의 양도소득금액 계산

● 주택의 취득 및 양도에 관한 자료

구 분	내 용
양도일	2023.3.20.
취득일	2015.10.15(해당 주택의 거주기간은 3년 7개월임).
실지양도가액	20억원
실지취득가액	5억원
취득세	1천만원
중개수수료	주택 취득시 5백만원 지급
위약금	부동산 매매계약의 해약으로 1천만원 지급
양도비용	주택 양도시 1천2백만원 중개수수료 지급
자본적지출액	건물 증축시 2천만원 지출

해설

① 기타 필요경비 : 자본적지출액, 양도시 발생한 부동산 중개수수료는 기타 필요경비로 인정되나, 부동산 매매계약의 해약으로 인하여 지급한 위약금은 기타 필요경비로 인정되지 않는다.

② 1세대1주택 고가주택의 장기보유특별공제율은 보유기간과 거주기간에 따라 각각 연 4%로 구분하여 계산하며, 보유기간과 거주기간별로 각각 최대 40%를 한도로 공제한다.

	구 분	금 액	계산 근거
	양도가액	2,000,000,000	
(-)	취득가액	515,000,000	취득세와 취득시 중개수수료 포함
(-)	기타필요경비	32,000,000	양도시 중개수수료와 자본적 지출
(=)	전체양도차익	1,453,000,000	
(-)	비과세양도차익	871,800,000	1,453,000,000 × 12억원/20억원
(=)	과세대상양도차익	581,200,000	1,453,000,000 × (20억원 - 12억원)/20억원
(-)	장기보유특별공제	232,480,000	581,200,000 × 40%(7년×4% + 3년×4%)
(=)	양도소득금액	348,720,000	

계산사례 2

단독명의와 공동명의의 경우 1세대1주택 고가주택의 양도소득세액 비교

● **주택의 취득 및 양도에 관한 자료**

6년 이상 보유 및 거주한 1세대1주택(양도가액 25억원, 취득가액 10억원)을 2023.1.10. 양도

(단위 : 천원)

	구 분	단독명의	부부 공동명의(남편 60%, 부인 40% 소유)		
			남편	부인	합계
	양도가액	2,500,000	1,500,000	1,000,000	2,500,000
(-)	취득가액	1,000,000	600,000	400,000	1,000,000
(-)	양도차익	1,500,000	900,000	600,000	1,500,000
(=)	고가주택양도차익	780,000[1)]	468,000[2)]	312,000[3)]	780,000
(-)	장기보유특별공제	374,400[4)]	224,640[5)]	149,760[6)]	374,400
(=)	양도소득금액	405,600	243,360	162,240	405,600
(-)	기본공제	2,500	2,500	2,500	2,500
(=)	과세표준	403,100	240,860	159,740	403,100
(×)	세율	40%	38%	38%	-
(=)	산출세액	135,300	71,586.8	40,761.2	112,348
	세액 비교	135,840 – 112,348 = 23,492(공동명의시 세액절감)			

해설

공동으로 소유한 주택이 고가주택에 해당 하는지 여부는 주택 전체 양도가액에 소유지분을 곱한 가액을 기준으로 하지 않고, 주택 양도가액 전체를 기준으로 판단한다.

1) $15억원 \times \frac{25억원-12억원}{25억원} = 780{,}000천원$

2) $9억원 \times \frac{25억원-12억원}{25억원} = 468{,}000천원$

3) $6억원 \times \frac{25억원-12억원}{25억원} = 312{,}000천원$

4) 780,000천원 × 48%(6년 × 4% + 6년 × 4%) = 374,400천원

5) 468,000천원 × 48%(6년 × 4% + 6년 × 4%) = 224,640천원

6) 312,000천원 × 48%(6년 × 4% + 6년 × 4%) = 149,760천원

03

기준시가

I 기준시가의 정의 및 분류

1 기준시가의 정의

기준시가란 토지나 건물 등 과세대상 자산에 대하여 법에서 정한 방법에 따라 일정시점을 기준으로 평가한 가액을 말한다. 법에 따라 고시대상이 되는 기준시가의 내용은 아래 표와 같다.

[주요 부동산 기준시가 고시내용]

구 분		고시주체	고시일
토지	개별공시지가	시장·군수·구청장	매년 5월 31일까지
주택	개별단독주택공시가격	시장·군수·구청장	매년 4월 30일까지
	공동주택공시가격	국토교통부장관	
주택외 건물	오피스텔·상업용건물*	국세청장	매년 1월 1일
	일반건물	국세청장	

* 국세청장이 토지·건물을 일괄 평가하여 고시한 가액을 적용하는 오피스텔 및 상업용건물을 말한다.

2 기준시가의 용도

① 양도차익 계산시 실지거래가액을 알 수 없는 경우 환산취득가액, 필요경비 개산공제 등의 계산을 위해 사용된다.

② 상속세와 증여세 과세대상 자산의 시가를 알 수 없는 경우에는 기준시가를 적용하여 평가한다.

③ 종합부동산세, 상속세 및 증여세, 취득세를 산출하는 기준이 되는 가액으로 사용된다.

④ 수용시 보상가액, 국공유지 매각가액, 경매물건가액, 감정가액 등을 산정하는 기초 자료로 활용된다.

[기준시가가 영향을 미치는 주요 세금 및 적용사례]

구 분	기준시가 적용사례
양도소득세	① 실지 취득가액이 불분명하여 환산취득가액 산정시 : 양도가액×취득당시 기준시가/양도당시 기준시가 ② 자경 대토 축사용지가 주거지역 등에 편입된 경우 감면소득금액 계산시 기준시가 비율로 안분계산 ③ 신축주택을 5년 경과 후 양도시 감면소득금액 계산시 기준시가 비율로 안분계산 ④ 부담부증여시 양도가액을 기준시가로 평가한 경우 취득가액도 기준시가 적용
종합부동산세	주택의 공시가격을 합산한 금액이 9억원(단독명의 1세대1주택자 12억원) 초과하는 경우
상속세 및 증여세	시가가 확인되지 않는 경우 주택공시가격 또는 토지공시지가 적용
임대소득세	1주택자의 고가주택에 대한 월세 과세시 기준시가 12억원 초과
취득세	① 상속 : 공시가격 × 세율 ② 증여 : 공시가격(2023년 증여분부터는 시가인정액) × 세율
재산세	공시가격의 60% × 세율

4 기준시가와 시가표준액의 관계

기준시가는 양도소득세, 상속 및 증여세, 부가가치세 등 국세의 부과에 기준이 되는 가액을 말하고, 시가표준액이란 취득세, 재산세 등 지방세의 과세표준을 정하기 위하여 과세관청이 결정·고시한 가액을 말한다.

[기준시가와 시가표준액의 비교]

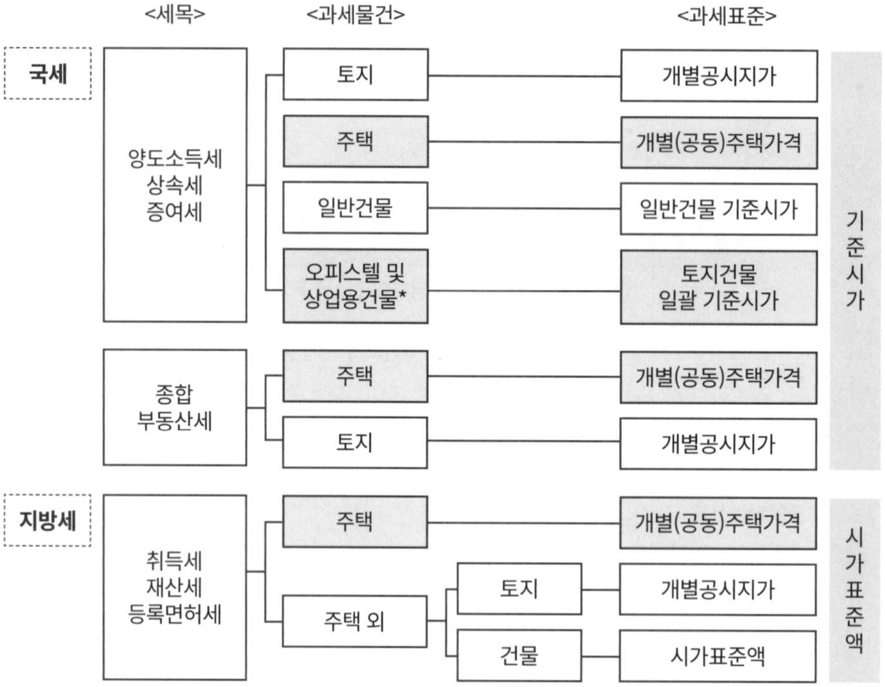

* 국세청장이 토지·건물을 일괄 평가하여 고시한 가액을 적용하는 오피스텔 및 상업용건물

범례 : ▭ 토지와 건물가격이 별도고시되는 경우

▭(음영) 토지와 건물가격이 일괄고시되는 경우

Ⅱ 부동산 종류별 기준시가 산정방법

1 토지의 기준시가(개별공시지가)

1) 1990.8.30. 이후에 취득 또는 양도한 토지의 기준시가

1990.8.30. 이후에 취득 또는 양도한 토지의 기준시가는 아래와 같이 매년 고시되는 개별공시지가를 적용한다.

[1990.8.30. 이후 취득(양도)하는 토지의 기준시가]

취득(양도) 당시 토지의 기준시가 = 취득(양도) 면적(㎡) × 취득(양도)일 현재 고시된 개별공시지가(㎡당 가액)

2) 1990.8.29. 이전에 취득한 토지의 기준시가

토지에 대한 개별공시지가는 1990.8.30.에 최초로 고시되었으므로, 1990.8.30. 개별공시지가가 고시되기 전에 취득한 토지의 취득 당시 기준시가는 아래의 산식에 의하여 계산한다.

[1990.8.29. 이전 취득한 토지의 ㎡당 취득당시 기준시가]

$$\text{1990.1.1. 기준 개별공시지가} \times \frac{\text{취득}^{1)}\text{ 당시 토지공급가액}}{(\text{1990.8.30. 현재 토지등급가액}^{2)} + \text{직전에 결정된 토지등급가액}^{2)}) \div 2}$$

1) 1984.12.31. 이전에 취득한 토지의 취득일은 1985.1.1.로 간주하고 있으므로 취득당시 토지등급가액은 1985.1.1. 현재의 토지등급가액을 말한다.

2) 토지등급가액(시가표준액)은 토지대장상에 나타난 취득일 현재의 토지등급(없는 경우 직전등급)에 대한 「토지등급가액표」상의 가액(원/㎡)을 말한다.

3) 개별공시지가가 수시로 공시되는 경우

개별공시지가가 정기고시일 이후에 분할·합병·지목변경 등의 사유가 발생하여 토지의 개별공시지가가 수시로 고시된 경우 수시로 공시된 개별공시지가를 적용한다.

4) 개별공시지가가 없는 경우

아래와 같이 개별공시지가가 없는 토지의 기준시가는 당해 개별공시지가가 없는 토지와 지목·이용 상황 등 지가형성요인이 유사한 인근 토지를 표준지로 보고 「부동산 가격공시에 관한 법률」 제3조제8항에 따른 비교표에 따라 납세지 관할세무서장이 평가한 가액을 적용하는 것이다. 이 경우 납세지 관할세무서장은 시장·군수가 산정한 가액을 평가한 가액으로 하거나 둘 이상의 감정평가업자의 감정가액을 고려하여 평가할 수 있다.

① 지적법에 의한 신규등록한 토지
② 지적법에 의하여 분할 또는 합병된 토지
③ 토지의 형질변경 또는 용도변경으로 인하여 지목이 변경된 토지

5) 개별공시지가 조회 방법

국토교통부의 부동산 공시가격 알리미(www.realtyprice.co.kr)의 "개별공시지가열람"화면에서 조회

관련 해석 사례

● 취득 후 지목이 변경된 경우 취득당시 기준시가 산정방법

1) 취득일 현재 고시된 개별공시지가 있는 토지를 취득 후 형질변경공사로 인하여 지목 또는 지번이 변경된 토지를 양도하는 경우 취득당시 적용할 기준시가는 취득일 현재 고시되어 있는 개별공시지가를 적용한다(서일46014-10014, 2002.1.7).

2) 다만, 지목변경 전 토지에 관한 개별공시지가가 고시되어 있다고 하더라도 지적법상의 지목변경으로 인하여 개별공시지가 산정의 기초자료가 되는 토지 특성이 달라져서 지목변경 전의 개별공시지가를 지목변경 후의 그것으로 보는 것이 불합리하다고 볼 특별한 사정이 있는 경우에는 개별공시지가 없는 토지로 보아 납세지 관할세무서장이 평가한 가액을 적용하는 것이다(대법원2007두13180, 2009.5.14, 부산고등법원2006누3773, 2007.5.18).

● 토지 일부를 분할하여 양도하는 경우

토지의 일부를 분할하여 양도하면 분할로 인해 새로운 지번이 부여되므로 직전의 개별공시지가가 없는 것처럼 보이나, 토지 중 일부를 분할하여 양도한 경우에는 분할 당시 모지번 토지에 관하여 개별공시지가가 고시되어 있었던 이상, 분할된 토지의 기준시가는 모지번 토지의 개별공시지가를 적용하여 평가해야 한다(대법원2000두8165, 2001.2.23). 다만, 토지의 분할로 인하여 개별공시지가 산정의 기초자료가 되는 토지 특성이 달라져서 분할 전 토지의 개별공시지가를 분할 후 토지의 지가로 보는 것이 불합리하다고 볼 특별한 사정이 있는 경우에는 분할 후 토지는 개별공시지가가 없는 토지에 해당한다고 봄이 타당하다(대법원2002두868, 2004.7.22).

사례 1

1990.8.30. 이후 취득한 토지를 양도하는 경우 양도차익 계산방법

● 토지의 취득 및 양도에 관한 자료

구 분	내 용
취득 및 양도 면적	1,000㎡
양도일 및 양도가액	2023.4.15. 양도가액 15억원
취득일 및 취득가액	2013.2.20. 취득가액 불분명

● 토지의 개별공시지가

가격기준년도	토지소재지	개별공시지가	기준일자	공시일자
2022년	경기도 성남시 ×××	1,000,000원	1월 1일	2022년 4월 29일
2013년	경기도 성남시 ×××	500,000원	1월 1일	2013년 5월 31일
2012년	경기도 성남시 ×××	400,000원	1월 1일	2012년 5월 31일

해설

	구 분	가 액	계산 근거
	양도가액	1,500,000,000	1,500,000원 × 1,000㎡
(–)	취득가액	600,000,000	해설 참조1)
(–)	기타필요경비	12,000,000	해설 참조2)
(=)	양도차익	888,000,000	

1) 환산취득가액 : 600,000,000

① 양도 당시 기준시가 : 1,000,000원 × 1,000㎡ = 1,000,000,000

② 취득 당시 기준시가 : 400,000원 × 1,000㎡ = 400,000,000

*개별공시지가가 고시되기 전에 취득한 토지는 직전 개별공시지가를 사용한다.

③ 환산취득가액 : $1{,}500{,}000{,}000 \times \frac{400{,}000{,}000}{1{,}000{,}000{,}000} = 600{,}000{,}000$

2) 기타 필요경비(필요경비개산공제) : 400,000,000 × 3% = 12,000,000

사례 2

1990.8.30. 전에 취득한 토지를 양도하는 경우 양도차익 계산방법

● 토지의 취득 및 양도에 관한 자료

구분	내 용
취득 및 양도면적	1,000㎡
양도일 및 양도가액	2023.4.15.양도가액 15억원
취득일 및 취득가액	1987.8.10.취득가액 불분명

● 토지의 개별공시지가

가격기준년도	토지소재지	개별공시지가	기준일자	공시일자
2022년	경기도 성남시 ×××	1,000,000원	1월 1일	2022년 4월 29일
1990년	경기도 성남시 ×××	150,000원	1월 1일	1990년 8월 30일

● 토지대장 상 토지의 등급가액

구 분	1984.7.1.	1987.1.1.	1989.7.1	1990.1.1.
토지등급	80	150	175	180
토지등급가액	231원	6,730원	22,700원	29,000원

해설

	구 분	가 액	계산 근거
	양도가액	1,500,000,000	1,500,000원 × 1,000㎡
(-)	취득가액	58,578,000	해설 참조1)
(-)	기타필요경비	1,171,560	해설 참조2)
(=)	양도차익	1,440,250,440	

1) 환산취득가액 : 58,578,000

① ㎡당 취득가액 : $150{,}000 \times \dfrac{6{,}730}{(29{,}000+22{,}700) \times 1/2} = 39{,}052/㎡$

② 취득당시 기준시가 : 39,052원 × 1,000㎡ = 39,052,000

③ 양도당시 기준시가 : 1,000,000원 × 1,000㎡ = 1,000,000,000

④ 환산취득가액 : $1{,}500{,}000{,}000 \times \dfrac{39{,}052{,}000}{1{,}000{,}000{,}000} = 58{,}578{,}000$

2) 기타 필요경비(필요경비개산공제) : 39,052,000 × 3% = 1,171,560

2 주택의 기준시가

1) 개별주택가격

단독주택이나 다가구주택의 취득당시 또는 양도당시 기준시가는 국토교통부장관이 공시한 개별주택가격을 말한다. 이 경우 주택부수토지에 대한 가격도 포함해서 공시한다.

예 기준시가 고시(양도일 : 2023.3.15, 취득일 : 2015.1.10.)

2022.4.29 : 500,000,000원 / 2015.4.30 : 250,000,000원 / 2014.4.30 : 200,000,000원

답 양도당시 기준시가 : 500,000,000원, 취득당시 기준시가 : 200,000,000원

※ 개별주택 공시가격 확인방법

국토교통부의 부동산 공시가격 알리미(www.realtyprice.co.kr)의 "개별단독주택공시가격열람"화면에서 조회

2) 공동주택가격(아파트, 다세대주택, 연립주택)

취득당시 기준시가는 취득일 현재 국토교통부장관(또는 국세청장)이 고시한 가액을 말하며, 양도당시 기준시가는 양도일 현재 국토교통부장관이 고시한 가액을 말한다.

예 기준시가 고시(양도일 : 2023.7.10, 취득일 : 2013.5.10.)

2022.4.28 : 800,000,000원 / 2013.4.30 : 300,000,000원 / 2012.4.30 : 250,000,000원

답 양도당시 기준시가 : 800,000,000원, 취득당시 기준시가 : 300,000,000원

※ 공동주택 공시가격 확인방법

① 2006.4.27.이전(국세청 고시)

- 국세청 홈텍스 : "조회/발급 > →기타조회 > →기준시가 조회(아파트/연립주택)"화면에서 조회

② 2006.4.28.이후(국토교통부 고시)

- 국토교통부의 부동산 공시가격 알리미(www.realtyprice.co.kr)의 "공동주택가격열람" 화면에서 조회

3 일반건물의 기준시가

일반건물의 기준시가는 신축가격·구조·용도·위치·신축연도 등을 고려하여 국세청장이 산정·고시하는 가액을 말한다. 이러한 일반건물의 기준시가는 양도소득세 및 상속·증여세를 과세할 때 시가를 알 수 없는 경우에 활용된다.

일반건물의 기준시가는 매년 12.31.에 고시되며, 다음 연도 1.1. 이후 양도분부터 적용한다. 기준시가는 취득일 또는 양도일 현재 고시되어 있는 가액을 적용하며, 기준시가가 고시되기 전에 부동산을 취득하거나 양도하는 경우에는 직전의 기준시가를 적용한다.

1) 2001.1.1. 이후 취득 및 양도하는 건물의 기준시가

건물 기준시가 = ㎡당 금액1) × 평가대상 건물 면적(㎡)2)

1) ㎡당 금액 = 건물 신축가격기준액 × 구조지수 × 용도지수 × 위치지수 × 경과연수별 잔가율

2) 연면적을 말하며, 집합건물의 경우 전유면적과 공용면적을 포함한 면적을 말함

사례 1

2001.1.1. 이후 취득한 건물을 양도하는 경우 양도차익 계산방법

● 토지 및 건물의 취득·양도에 관한 자료

구 분	내 용
구 조	철근콘크리트조
면 적	토지 300㎡, 건물 250㎡
용 도	근린생활시설
공시지가	2004.6.30. 고시가액 ㎡당 50만원, 2022.4.29. 고시가액 ㎡당 150만원
신축연도	2000년
취득일 및 취득가액	2003.8.20. 토지 및 건물 일괄취득하였고, 취득가액은 불분명함
양도일 및 양도가액	2023.8.25. 토지 및 건물 12억원에 일괄양도

해설

	구 분	토지	건물	합계
	양도가액	921,108,742[1)]	278,891,258[1)]	1,200,000,000
(-)	취득가액	307,036,247[2)]	217,995,735[2)]	525,031,982
(-)	기타필요경비	4,500,000[3)]	3,195,000[3)]	7,695,000
(=)	양도차익	609,572,495	57,700,523	667,273,018

1) 토지 및 건물의 양도가액 안분계산

① 건물의 양도 당시 기준시가 : 545,000원 × 250㎡ = 136,250,000원

구 분	신축가격	구조지수	용도지수	위치지수	잔가율	㎡당 기준시가
양도당시	820,000원	1.0	1.0	1.07	0.622	545,000원*

* 820,000원 × 1.0× 1.0 × 1.07 × 0.622 = 545,000원(1,000원 미만 절사)

② 토지의 양도 당시 기준시가 : 1,500,000원 × 300㎡ = 450,000,000원

③ 토지 및 건물 양도가액 안분

㉠ 토지 : $1{,}200{,}000{,}000 \times \dfrac{450{,}000{,}000}{586{,}250{,}000} = 921{,}108{,}742$

㉡ 건물 : 1,200,000,000 – 921,108,742 = 278,891,258

2) 토지 및 건물의 취득 당시 기준시가

① 건물의 취득 당시 기준시가 : 426,000원 × 250㎡ = 106,500,000원

구 분	신축가격	구조지수	용도지수	위치지수	잔가율	㎡당 기준시가
취득당시	460,000원	1.0	1.0	0.98	0.946	426,000원*

* 460,000원 × 1.0× 1.0 × 0.98 × 0.946 = 426,000원(1,000원 미만 절사)

② 토지의 취득 당시 기준시가 : 500,000원 × 300㎡ = 150,000,000원

③ 환산취득가액 계산

㉠ 토지 : $921,108,742 \times \frac{150,000,000}{450,000,000} = 307,036,247$

㉡ 건물 : $278,891,258 \times \frac{106,500,000}{136,250,000} = 217,995,735$

3) 기타 필요경비(필요경비개산공제)

① 토지 : 150,000,000 × 3% = 4,500,000

② 건물 : 106,500,000 × 3% = 3,195,000

2) 2000.12.31. 이전에 취득한 건물의 취득당시 건물의 기준시가

건물기준시가 = 2001.1.1. 시행 건물기준시가 × 취득당시의 건물기준시가 산정기준율[1)]

1) 건물의 구조별 및 내용연수별로 구분된 적용대상 그룹표(Ⅰ·Ⅱ·Ⅲ)에서 「해당 건물의 취득연도와 해당 건물의 신축연도가 만나는 지점에 해당하는 율」을 말한다.

사례 2

2000.12.31. 이전에 취득한 건물의 취득당시 기준시가 계산방법

● 건물 등에 관한 자료

구 분	내 용
구 조	철근콘크리트조
면 적	토지 300㎡, 건물 250㎡
용 도	근린생활시설
공시지가	취득일 현재 고시된 가액 ㎡당 30만원
신축연도	1995년
취득연도	1999년
양도연도	2023년

해설 취득당시 건물의 기준시가

① 2001.1.1 건물의 기준시가 : 348,000원

구 분	신축가격	구조지수	용도지수	위치지수	잔가율	㎡당 기준시가
취득당시	400,000원	1.0	1.0	0.94	0.928	348,000원[1)]

1) 400,000원 × 1.0× 1.0 × 0.94 × 0.928 = 348,000원(1,000원 미만 절사)

② 건물의 취득 당시 기준시가 : 348,000원 × 250㎡ × 1.004(산정기준율) = 87,348,000원

4 토지와 건물의 가액을 일괄 고시하는 오피스텔 및 상업용 건물의 기준시가

① 아래와 같이 수도권(서울·인천·경기), 5대 광역시(대전·광주·대구·부산·울산) 및 세종특별자치시에 소재하는 오피스텔과 상가 등은 토지와 건물의 가액을 일괄 평가한 ㎡당 가액에 공용면적과 전유면적을 합산한 호별 면적을 곱하여 기준시가를 고시한다.

가. 오피스텔 : 건축법상 업무시설 중 오피스텔이 포함된 건물의 전체

나. 상업용 건물 : 근린생활시설 및 판매시설이 포함된 건물 중 연면적이 3,000㎡ 이상이거나 구분 소유된 100호 이상인 건물의 전체

예시 오피스텔 및 상업용 건물 기준시가 고시가액 : 2,000,000원 × 210.65 = 421,300,000

고시일자	단위당 면적(㎡) 기준시가(원)	건물면적(㎡)
2023.1.1.	2,000,000	210.65

② 조회방법은 국세청 홈택스 "조회/발급 → 기타조회 → 기준시가 조회(상업용건물 및 오피스텔)" 화면에서 조회한다.

③ 기준시가가 고시되지 않은 오피스텔이나 상업용 건물의 기준시가는 토지는 개별공시지가를 적용하고, 건물에 대해서는 일반건물의 건물기준시가를 적용하여 평가한 가액의 합계액으로 한다.

5 기준시가 고시 전에 취득한 주택 및 오피스텔·상업용건물의 취득 당시 기준시가

주택의 공시가격 및 오피스텔·상업용건물의 일괄 고시된 가액이 공시 또는 고시되기 전에 취득한 경우 취득 당시 기준시가는 아래 산식에 의하여 계산한 가액으로 한다.

[1단계 … 취득 당시 기준시가 환산가액 산정]

$$\text{취득당시 환산가액} = \text{최초 공시(고시)가격} \times \frac{\text{취득당시 토지·건물의 기준시가 합계액}}{\text{최초로 공시(고시)한 토지·건물의 기준시가 합계액}}$$

[2단계 … 취득 당시 환산가액 안분 계산]

① $$\text{취득당시 토지의 기준시가} = \text{취득당시 환산가액} \times \frac{\text{취득당시 토지의 기준시가}}{\text{취득당시 토지의 기준시가} + \text{취득당시 건물의 기준시가}}$$

② $$\text{취득당시 건물의 기준시가} = \text{취득당시 환산가액} \times \frac{\text{취득당시 건물의 기준시가}}{\text{취득당시 토지의 기준시가} + \text{취득당시 건물의 기준시가}}$$

사례

기준시가가 고시되기 전에 취득한 아파트의 취득당시 기준시가 산정방법

● 아파트 취득에 관한 자료

구 분	내 용	
구 조	철근콘크리트조, 슬래브지붕, 최고 층수 15층	
용도	아파트 전유면적 84.88㎡, 공용면적 20.90㎡	
대지권비율	28030.6분의 33.15	
취득일 및 취득가액	1998.7.15.취득가액 불분명	
건물기준시가 및 산정기준율	1999.7.1. 아파드 최초 공시가격 : 150,000,000원	
	2001.1.1. 건물 기준시가 : 397,000원/㎡	
	1999년 기준 : 1.003, 1998년 기준 : 1.019	
공시지가	고시일	공시가격
	1998.6.30.	1,850,000원
	1999.6.30.	2,100,000원
신축연도	1997.2.10	

해설

1. 최초로 고시한 공동주택 기준시가 …… ① 150,000,000

2. 1999.7.1. 최초 고시 당시 토지 및 건물의 기준시가

〈토지 기준시가〉 …………… ②

- 2,100,000원 × 33.15㎡ = 69,615,000원

〈건물 기준시가〉 …………… ③

- ㎡당 가액 : 397,000원
- 2001.1.1. 당시 건물 기준시가 : 397,000원/㎡ × 105.78㎡ = 41,994,660원
- 건물 기준시가 : 41,994,660원 ×1.003(산정기준율)=42,120,643원

3. 1998.7.15. 취득 당시 토지 및 건물의 기준시가

〈토지 기준시가〉 …………… ④

- 1,850,000원 × 33.15㎡ = 61,327,500원

〈건물 기준시가〉 …………… ⑤

- 2001.1.1.건물 기준시가 41,994,660원 × 1.019(산정기준율) = 42,792,558원

〈1단계〉 ……………………… 취득 당시 기준시가 환산가격 산정

$$150,000,000 \times \frac{④\ 61,327,500 + ⑤\ 42,792,558}{②\ 69,615,000 + ③\ 42,120,643} = 139,776,425$$

〈2단계〉 ……………………… 취득 당시 환산가격 토지 및 건물에 안분

① 1998.7.15. 취득 당시 토지의 기준시가

$$139,776,425 \times \frac{④\ 61,327,500}{④\ 61,327,500 + ⑤\ 42,792,558} = 82,329,369$$

② 1998.7.15. 취득 당시 건물의 기준시가

139,776,425 - 82,329,369 = 57,447,056

04

양도소득세 과세표준의 계산

	양 도 차 익	…	양도가액에서 취득가액 등 필요경비를 차감한 금액
(-)	장기보유특별공제	…	자산별·보유 및 거주기간별·등기 여부에 따라 차등 공제율 적용
(=)	양 도 소 득 금 액	…	그룹별로 구분하여 계산
(-)	양도소득기본공제	…	그룹별로 양도소득금액에서 연 250만원 공제(미등기자산 제외)
(=)	양도소득과세표준	…	양도소득금액에서 양도소득기본공제액을 차감한 금액

I 장기보유특별공제

1 개요

장기보유특별공제는 3년 이상 보유한 토지나 건물에 대하여 양소득금액을 산정할 때, 보유기간에 따라 양도차익에 대해 일정율을 공제해 주는 제도이다. 여기서 주목할 점은 다주택자가 조정대상지역 내 보유기간이 3년 이상인 주택을 양도하는 경우 장기보유특별공제를 배제하다가 2022.5.10. 부동산 대책의 일환 및 세법개정으로 2024.5.9.까지 양도하는 경우에는 장기보유특별공제를 한시적 적용하여 양도소득세 부담을 완화하였다.

배경 및 취지

장기간 보유한 부동산을 양도하는 경우 장기간 축적된 보유이익이 양도시점에 일시에 실현됨으로 인해 과도하게 높은 세율을 적용받는 것을 완화하기 위하여 양도차익의 일정부분을 공제하는 것이다.

2 장기보유특별공제 적용대상 자산

3년 이상 보유한 토지·건물 및 원조합원입주권의 양도차익 중 관리처분계획인가 전 3년 이상 보유한 종전주택에 대해서만 장기보유특별공제가 적용되고, 주식과 조정대상지역 내 중과대상 주택 등에 대해서는 장기보유특별공제가 적용되지 않는다.

[자산 종류별 장기보유특별공제 적용여부]

장기보유특별공제 적용대상	장기보유특별공제 제외대상
▪3년 이상 보유한 토지와 건물 ▪원조합원의 조합원입주권 양도차익 중 관리처분계획인가 전 3년 이상 보유한 종전주택	▪3년 미만 보유한 토지와 건물 ▪관리처분계획인가 후 조합원입주권 양도차익분 ▪조정대상지역 내 중과대상 주택1) ▪미등기자산2) ▪주식

1) 2024.5.9.까지 양도시 한시적으로 장기보유특별공제 적용

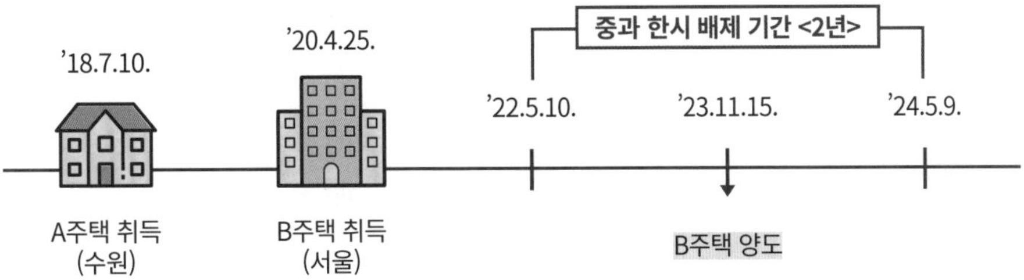

2) 미등기 양도자산에 대한 소득세법상 불이익
① 장기보유특별공제 적용배제(소득법 §95②)
② 70%의 최고세율 적용(소득법 §104①10호)
③ 양도소득기본공제 적용배제(소득법 §103①1호)
④ 양도소득세 비과세·감면 적용배제(소득법 §91①, 조특법 §129)
⑤ 필요경비 개산공제율 적용시 낮은율 적용(소득령 § 163⑥)

※ 미등기 양도에서 제외되는 주요자산

① 비과세요건을 갖춘 1세대1주택으로서「건축법」에 따른 건축허가를 받지 아니하여 등기가 불가능한 자산 등은 미등기 양도자산에서 제외한다(소득령 §168)

② 자경농지에 대한 양도소득세가 감면되는 토지

③ 농지대토에 대한 양도소득세가 감면되는 토지

3 장기보유특별공제액 계산방법

1) 일반적인 경우

3년 이상 보유한 ① 토지 및 건물, ② 거주기간이 2년 미만인 1세대1주택 비과세 대상 고가주택, ③ 비거주자의 국내 소재주택에 대하여는 최대 30%를 한도로 아래와 같이 연 2%의 장기보유특별공제율을 적용한다.

장기보유특별공제액 = 양도차익 × 보유기간별 공제율(연2%)

[소득세법 제95조 제2항 표1]에 따른 장기보유특별공제율

보유기간	공제율	보유기간	공제율
3년 이상 4년 미만	6%	10년 이상 11년 미만	20%
4년 이상 5년 미만	8%	11년 이상 12년 미만	22%
5년 이상 6년 미만	10%	12년 이상 13년 미만	24%
6년 이상 7년 미만	12%	13년 이상 14년 미만	26%
7년 이상 8년 미만	14%	14년 이상 15년 미만	28%
8년 이상 9년 미만	16%	15년 이상 ~	30%
9년 이상 10년 미만	18%	-	

2) 1세대1주택 비과세 또는 2주택 비과세특례* 대상 고가주택인 경우

양도가액이 12억원을 초과하는 고가주택의 장기보유특별공제는 조정대상지역으로 지정되어 있는지 여부와 관계없이 3년 이상 보유기간 중 2년 이상 거주한

경우 12억원 초과분에 상당하는 양도차익에 대해서 최대 80%를 한도로 아래와 같이 보유기간 및 거주기간별로 구분하여 장기보유특별공제율을 적용한다.

장기보유특별공제액 = 양도차익 ×[보유기간별 공제율(연4%) + 거주기간별 공제율(연4%)]

* 1세대2주택 비과세특례가 적용되는 주요 규정

관련 규정	내용
소득령 제155조	신규주택 취득으로 인한 2주택자가 양도하는 종전주택
	상속주택 취득으로 인한 2주택자가 양도하는 일반주택
	동거봉양합가 후 2주택자가 먼저 양도하는 주택
	혼인합가 후 2주택자가 먼저 양도하는 주택
	농어촌주택 취득으로 인한 2주택자가 양도하는 일반주택
	부득이한 사유로 수도권 밖 주택 취득 후 양도하는 일반주택
	하나의 매매단위로 양도하는 다가구주택
	장기임대주택 또는 장기가정어린이집 보유자가 양도하는 거주주택
	일정한 요건을 충족한 조합원입주권의 양도
소득령 제156조의2	주택과 조합원입주권 보유자가 양도하는 주택
소득령 제156조의3	주택과 주택분양권 보유자가 양도하는 주택
조특법 제94조	일반주택 보유자가 농어촌주택 취득 후 양도하는 일반주택
조특법 제99조의2	일반주택과 신축주택 보유자가 양도하는 일반주택

[소득세법 제95조 제2항 표2]에 따른 장기보유특별공제율

보유기간	공제율	거주기간	공제율	합계
3년 이상 4년 미만	12%	2년 이상 3년 미만	8%	20%
		3년 이상 4년 미만	12%	24%
4년 이상 5년 미만	16%	4년 이상 5년 미만	16%	32%
5년 이상 6년 미만	20%	5년 이상 6년 미만	20%	40%
6년 이상 7년 미만	24%	6년 이상 7년 미만	24%	48%
7년 이상 8년 미만	28%	7년 이상 8년 미만	28%	56%
8년 이상 9년 미만	32%	8년 이상 9년 미만	32%	64%
9년 이상 10년 미만	36%	9년 이상 10년 미만	36%	72%
10년 이상	40%	10년 이상	40%	80%

사례

1세대1주택 고가주택의 거주기간에 따른 장기보유특별공제액 계산

● 양도가액 20억원, 양도차익 12억원, 12년 보유한 주택을 양도하는 경우

	구 분	미거주	2년 6개월 거주	5년 3개월 거주	12년 거주
	양도차익	1,200,000,000	1,200,000,000	1,200,000,000	1,200,000,000
	고가주택양도차익	480,000,000	480,000,000	480,000,000	480,000,000
(-)	장기보유특별공제	115,200,000[1)]	230,400,000[2)]	288,000,000[3)]	384,000,000[4)]
(=)	양도소득금액	364,800,000	249,600,000	192,000,000	96,000,000

해설

1. 고가주택 양도차익

$$1{,}200{,}000{,}000 \times \frac{2{,}000{,}000{,}000 - 1{,}200{,}000{,}000}{2{,}000{,}000{,}000} = 480{,}000{,}000$$

2. 장기보유특별공제율 및 장기보유특별공제액

1) 2년 미만 거주한 경우 : 480,000,000 × 24%(12년×2%) = 115,200,000

2) 2년 6개월 거주한 경우 : 480,000,000 × 48%(10년×4% + 2년×4%) = 230,400,000

3) 5년 3개월 거주한 경우 : 480,000,000 × 60%(10년×4% + 5년×4%) = 288,000,000

4) 12년 거주한 경우 : 480,000,000 × 80%*(10년×4% + 10년×4%) = 384,000,000

* 보유기간 및 거주기간 별로 각각 최대 공제한도 40%가 적용되므로 40%씩 공제함

3) 특수한 경우 장기보유특별공제 계산

① 토지와 주택의 취득시기가 다른 경우 장기보유특별공제액 계산

동일세대원이 토지를 먼저 취득한 후 주택을 신축하여 토지와 주택을 일괄 양도하는 경우 장기보유특별공제율은 토지와 주택 각각의 보유기간에 따른 공제율을 적용하는 것이 원칙이나, 해당 토지 및 주택이 1세대1주택 비과세 요건을 갖춘 경우 토지의 장기보유특별공제는 최대 30%를 한도로 부수토지 전체 보유기간에 따른 연 2%의 공제율과 최대 80%를 한도로 주택의 부수토지로서 보유기간 및 거주기간에 따라 각각 연 4%의 공제율 중 큰 공제율을 적용하여 계산한다(법령해석재산-0493, 2018.7.27).

사례

토지의 보유기간이 주택의 보유기간보다 긴 경우 장기보유특별공제액 적용방법

● 1세대1주택 비과세 요건을 충족한 토지 및 주택의 취득·양도에 관한 내역

구 분	내 용
토지 취득	2005.10.15. 취득가액 5억원
주택 신축	2017.1.20. 신축가액 3억원(거주기간 4년 8개월)
일괄 양도	2023.4.10. 양도가액 25억원
양도당시 기준시가	토지 : 9억원, 주택 : 6억원

해설

	구 분	토지	주택	합계
	전체양도차익	1,000,000,000[1]	700,000,000[1]	1,700,000,000
	고가주택양도차익	520,000,000[2]	364,000,000[2]	884,000,000
(-)	장기보유특별공제	208,000,000[3]	145,600,000[4]	353,600,000
(=)	양도소득금액	312,000,000	218,400,000	530,400,000

1) 전체 양도차익(양도가액은 기준시가 비율로 안분)

① 토지 : 1,500,000,000(양도가액) - 500,000,000(취득가액) = 1,000,000,000

② 주택 : 1,000,000,000(양도가액) - 300,000,000(취득가액) = 700,000,000

2) 1세대1주택인 고가주택과 그에 부수되는 토지의 보유기간이 다른 경우 양도차익 계산

① 고가주택 해당 토지부분 양도차익 : 520,000,000

$$1{,}000{,}000{,}000 \times \frac{2{,}500{,}000{,}000 - 1{,}200{,}000{,}000}{2{,}500{,}000{,}000} = 520{,}000{,}000$$

② 고가주택 해당 주택부분 양도차익 : 364,000,000

$$700{,}000{,}000 \times \frac{2{,}500{,}000{,}000 - 1{,}200{,}000{,}000}{2{,}500{,}000{,}000} = 364{,}000{,}000$$

3) Max(①, ②) = 208,000,000

① 토지 전체 보유기간에 따른 장기보유특별공제 : 520,000,000 × 30%(15년×2%) = 156,000,000

② 주택이 부수토지로서 보유기간 및 거주기간에 따른 장기보유특별공제 : 520,000,000 × 40%(6년×4%+4년×4%) = 208,000,000

4) 주택 보유기간 등에 따른 장기보유특별공제

: 364,000,000 × 40%(6년×4%+4년×4%) = 145,600,000

② 주택과 부수토지의 소유자가 다른 경우

고가주택 판단시 주택과 부수토지의 소유자가 다른 경우에도 주택 및 부수토지의 양도가액 합계액이 12억원 초과하는 경우 고가주택으로 본다. 이 경우 주택과 부수토지의 소유자가 동일세대인 경우 주택부수토지에 대해서도 1세대1주택 고가주택 양도차익 산정규정이 적용되므로 최대 80%를 한도로 장기보유특별공제가 적용되나, 별도세대원인 경우 1세대1주택 비과세규정이 적용되지 아니하므로 주택부수토지에 대해서는 최대 30%를 한도로 장기보유특별공제가 적용된다.

③ 8년 이상 임대한 장기일반민간임대주택 양도시 특례공제율 적용

조세특례제한법 제97조의3에 따라 장기일반민간임대주택으로 등록한 주택을 8년 이상 임대하고 양도하는 경우 50%(10년 이상 임대 후 양도시 70%)의 장기보유특별공제율을 적용한다. _ p510 참고

④ 6년 이상 임대한 장기임대주택 양도시 최대 10% 추가공제율 적용

조세특례제한법 제97조의4에 따라 소득세법상 장기임대주택으로 등록한 주택을 6년 이상 임대하고 양도하는 경우 최대 10%를 한도 연 2%씩 추가공제율을 적용한다. _ p525 참고

⑤ 조합원입주권을 양도하는 경우 장기보유특별공제 적용여부

재개발·재건축에 따라 원조합원이 취득한 조합원입주권을 양도하는 경우 관리처분계획인가일 전 기존부동산분 양도차익에 대해서만 장기보유특별공제가 적용되며, 원조합원으로부터 조합원입주권을 승계취득한 승계조합원이 양도하는 조합원입주권에 대해서는 장기보유특별공제가 적용되지 않는다. _ p406 참고

⑥ 상생임대주택에 대해 최대 80% 장기보유특별공제율 적용여부

최대 80%의 장기보유특별공제는 2년 이상 거주한 1세대1주택 고가주택에만 적용되는 것이 원칙이나, 임대주택에 혜택을 주고자 상생임대인이 상생임대주택에서 보유기간 중 2년 이상 거주하지 않은 경우에도 최대 80%의 장기보유특별공제율을 적용받을 수 있다. _ p507 참고

4 장기보유특별공제 적용시 보유기간 기산일

일반적으로 주택에 대한 장기보유특별공제 적용시 양도자산의 보유기간은 양도한 자산을 취득한 날로부터 양도한 날까지 계산하나, 아래와 같이 특수한 경우에는 자산의 취득유형에 따라 장기보유특별공제 기산일이 다르게 적용된다.

취 득 유 형		보유기간 기산일
▪상속*으로 취득한 경우		상속개시일
▪증여로 취득한 경우		증여등기접수일
▪이혼으로 취득한 경우	재산분할	이혼전 배우자의 취득일
	위자료	이혼시 등기접수일
▪이월과세 적용 대상인 경우		당초 증여자의 취득일
▪증여 후 양도행위 부인규정이 적용되는 경우		당초 증여자의 취득일
▪재개발·재건축에 따른 신축 주택의 경우	원조합원	종전주택 취득일
	승계조합원	사용승인일 등 신축주택의 취득일

* 공동상속주택인 경우 거주기간은 공동상속주택을 소유한 것으로 보는 사람이 거주한 기간으로 판단한다(소득령 §159의4).

(비교) 세율 적용을 위한 보유기간 계산에서는 피상속인의 취득일로부터 기산(소득법 §104②1)

비교학습 _ 종합부동산세 세액계산시 장기보유자세액공제

장기보유자세액공제는 양도소득세의 장기보유특별공제와 유사하나, 종합부동산세 세액 계산시 1세대1주택자가 주택을 5년 이상 보유한 경우에 한해서 주택 보유연수에 따라 20%~50%까지 공제해 주는 제도라는 점에서 차이가 있다.

사례

1세대1주택 고가주택 양도시 장기보유특별공제액 계산방법

● 주택의 취득 및 양도에 관한 자료(1세대1주택 비과세 요건 충족)

구 분	일 자	실지거래가액	기준시가
양 도	2023.3.25.	15억원	10억원
취 득	2015.11.5.	불분명	4억원

① 2017.11.9.에 위 주택에 대하여 자본적 지출 1억5천만원이 발생하였다.
② 양도 당시 부동산 중개수수료 등으로 3천만원을 지출하였다.
③ 위 주택에 거주한 기간은 4년 6개월이다.
④ 양도한 주택은 조정대상지역 내에 소재하고 있다.

해설

	구 분	금 액	계산 근거
	양도가액	1,500,000,000	실지거래가액
(-)	취득가액	600,000,000	1,500,000,000 × 4억/10억(환산취득가액)
(-)	기타필요경비	12,000,000	400,000,000 × 3%(필요경비개산공제)
(=)	양도차익	888,000,000	
(-)	비과세양도차익	710,400,000	888,000,000 × 12억원/15억원
(=)	과세대상양도차익	177,600,000	888,000,000 × (15억원 - 12억원)/15억원
(-)	장기보유특별공제	78,144,000	177,600,000 × 44%(7년 × 4% + 4년 × 4%)
(=)	양도소득금액	99,456,000	

추가해설

① 환산취득가액 적용시 필요경비 계산 : Max(㉠, ㉡) = 612,000,000
  ㉠ 환산취득가액과 필요경비개산공제 합계액 : 600,000,000 + 12,000,000 = 612,000,000
  ㉡ 자본적 지출액과 양도비용 합계액 : 150,000,000 + 30,000,000 = 180,000,000

〈참고〉 1세대1주택 고가주택에 대한 장기보유특별공제율 변화

구 분	2020.1.1.~ 2020.12.31. 양도		2021.1.1. 이후 양도
장기보유 특별공제율	2년 미만 거주	6%~30%(연간 2%)	6%~30%(연간 2%)
	2년 이상 거주	24%~80%(연간 8%)	20%~80% 연간 8%(보유기간 4% + 거주기간 4%)

Ⅱ 양도차익과 양도차손의 통산

1 양도차손 그룹별 공제

양도소득금액은 아래와 같이 4개의 그룹으로 나누어 계산하고, 양도차손이 있는 경우에도 같은 그룹에 속하는 다른 자산의 양도소득금액에서 양도차손을 공제한다.

예를 들어, 1그룹 내 토지에서 발생한 양도차익과 부동산을 취득할 수 있는 권리에서 발생한 양도차손은 통산할 수 있으나, 1그룹 내 토지에서 발생한 양도차익과 2그룹에 해당하는 일반 주식에서 발생한 양도차손은 서로 통산할 수 없다.

1그룹	2그룹	3그룹	4그룹
토지, 건물, 부동산에 관한권리, 기타자산, 특정주식	일반주식	파생상품 (2016.1.1. 이후 거래분)	신탁수익권 (2021.1.1. 이후 거래분)

2 같은 그룹 내 양도차손의 공제순서

양도차손을 같은 그룹 내 양도차익에서 공제하는 경우 우선 같은 세율이 적용되는 자산의 양도소득금액에서 먼저 공제한다. 세율이 같은 자산의 소득금액에서 공제한 후에도 남은 양도차손은 같은 그룹 내 다른 세율이 적용되는 자산의 양도소득금액에서 공제하되, 다른 세율을 적용받는 자산의 양도소득금액이 2이상인 경우에는 양도소득금액의 비율에 따라 안분하여 공제한다.

3 양도차손 미공제분 소멸 및 1세대1주택 비과세 양도차손 공제 배제

같은 그룹 내에서 공제되지 않은 양도차손은 다른 그룹의 양도소득금액에서 공제할 수 없으며, 다음 연도로 이월되지 않고 소멸된다. 이 경우 비과세 요건을 충족한 1세대1주택을 양도하여 발생한 양도차손은 같은 그룹 내 다른 자산의 양도소득금액에서 공제할 수 없다.

그러나 1세대1주택인 고가주택을 양도하여 양도차손이 발생한 경우에는 고가주택의 양도차손 중 12억원 초과분에 상당하는 양도차손은 같은 그룹에 속하는 다른 자산의 양도소득금액에서 공제할 수 있다.

배경 및 취지

양도소득금액은 각 자산의 양도로 인하여 발생한 자산별 「과세대상」 소득금액과 「과세대상」 양도차손을 서로 통산하는 것이므로 양도소득세 과세대상이 아닌 1세대1주택의 양도로 발생한 양도차손은 과세대상 양도소득금액에서 공제할 수 없는 것이다.

사례 1

같은 연도에 양도한 자산의 양도차손과 양도차익 통산

● **부동산 및 주식의 취득 및 양도에 관한 자료**

구 분	비상장주식(A)	상가(B)	토지(C)	비상장주식(D)
양도일자	2023.12.15.	2023.9.20.	2023.6.30.	2023.7.10.
보유기간	5년 2개월	10년 3개월	1년 11개월	4년 10개월
적용세율	20%	기본세율	40%	10%
양도가액	1억5천만원	2억5천만원	5천만원	2천만원
취득가액	1억4천만원	1억원	1억원	4천만원
양도비용	2백만원	5백만원	-	-

해설

① **장기보유특별공제**

㉠ 상가 : 145,000,000 × 20%(10년 × 2%) = 29,000,000

㉡ 주식 : 장기보유특별공제 적용불가

② **결손금 통산** : 결손금은 같은 그룹 내 자산과 통산한다. 따라서, 결손금 통산 후 주식D에서 남은 결손금 12,000,000은 「다른 Ⅰ그룹」에서 공제할 수 없다.

	구 분	Ⅰ그룹		Ⅱ그룹	
		상가(B)	토지(C)	주식(A)	주식(D)
	양도가액	250,000,000	50,000,000	150,000,000	20,000,000
(-)	취득가액	100,000,000	100,000,000	140,000,000	40,000,000
(-)	필요경비	5,000,000	-	2,000,000	-
(=)	양도차익(차손)	145,000,000	(50,000,000)	8,000,000	(20,000,000)
(-)	장기보유특별공제	29,000,000	-	-	-
(=)	통산전 양도소득금액	116,000,000	(50,000,000)	8,000,000	(20,000,000)
	양도차손통산	△ 50,000,000	50,000,000	△ 8,000,000	8,000,000
(=)	통산후 양도소득금액	66,000,000	-	-	(12,000,000)

사례 2

같은연도에 적용 세율이 다른 자산의 양도차익과 양도차손 통산

● **2023년도에 양도한 주택의 취득 및 양도에 관한 자료**

구 분	A주택(조정지역)	B주택(조정지역)
취득일자	2022.4.30.	2015.10.20.
양도일자	2023.3.15.	2023.6.15.
적용세율	단기세율(70%)	기본세율
양도차익(양도차손)	2억원	(5천만원)

해설

같은 연도에 단기세율이 적용되는 A주택을 먼저 양도하여 예정신고 납부한 후, 기본세율이 적용되는 B주택에서 양도차손이 발생한 경우 적용 세율이 다른 경우에도 A주택과 B주택은 같은 그룹에 속하는 자산이므로 서로 통산할 수 있다.

따라서, B주택보다 먼저 양도한 A주택에 대하여 양도차익이 발생하여 양도소득세를 예정신고·납부한 후에 양도차손이 발생한 B주택을 양도하여 합산신고하는 경우 두 자산의 양도차손과 양도차익은 서로 통산할 수 있으므로 A주택분에 대하여 납부한 양도소득세 138,250,000원 중 35,000,000원은 환급받을 수 있다.

	구 분	2023.5.31. 예정신고	2023.8.31. 합산신고
		A주택	A주택+B주택
	양도차익	200,000,000	(50,000,000)
(−)	장기보유특별공제	-	-
(=)	양도소득금액	200,000,000	(50,000,000)
(+)	기신고소득금액		200,000,000
(=)	양도차손공제후 소득금액		150,000,000
(−)	양도소득기본공제	2,500,000	2,500,000
(=)	과세표준	197,500,000	147,500,000
(×)	세율	70%	70%
(−)	누진공제액	-	-
(=)	산출세액	138,250,000	103,250,000
(−)	기납부세액		138,250,000
(=)	납부할(환급받을)세액	138,250,000	(35,000,000)

사례 3

같은연도에 적용 세율이 같은 자산의 양도차손과 양도차익 통산

● 2023년도에 양도한 주택의 취득 및 양도에 관한 자료

구 분	A주택(조정지역)	B주택(조정지역)
취득일자	2014.3.25.	2017.7.31.
양도일자	2023.1.15.	2023.4.15.
적용세율	기본세율	기본세율
양도차익(양도차손)	(5천만원)	1억2천만원

* B주택은 1세대1주택 비과세 대상이 아님

해설

같은 연도에 기본세율이 적용되는 A주택을 먼저 양도하여 양도차손으로 예정신고한 후, 다른 B주택에서 양도차익이 발생한 경우에는 A주택과 B주택은 같은 그룹에 속하는 자산이므로 서로 통산할 수 있다.

따라서, 양도차손이 발생한 A주택을 먼저 예정신고한 후, 양도차익이 발생한 B주택을 나중에 합산신고하는 경우에는 양도차손과 양도차익이 서로 통산되어 원래 B주택에서 납부할 양도소득세보다 적은 금액을 납부하게 되므로 세부담을 줄일 수 있다.

	구 분	2023.3.31. 예정신고	2023.6.30. 합산신고
		A주택	A주택+B주택
	양도차익	(50,000,000)	120,000,000
(-)	장기보유특별공제	-	12,000,000
(=)	양도소득금액	(50,000,000)	108,000,000
(+)	기신고소득금액	-	(50,000,000)
(=)	양도차손공제후 소득금액	-	58,000,000
(-)	양도소득기본공제	-	2,500,000
(=)	과세표준	-	55,500,000
(×)	세율	-	24%
(-)	누진공제액	-	5,760,000
(=)	산출세액	-	7,560,000
(-)	기납부세액	-	-
(=)	납부할(환급받을)세액	-	7,560,000

사례 4

같은 과세기간에 고가주택에서 양도차손이 발생한 경우 통산여부

● 2023년도에 양도한 부동산의 취득 및 양도에 관한 자료

구 분	A주택	B토지(사업용)
양도일자	2023.1.15.	2023.4.20.
양도가액	16억원	6억원
취득가액	18억원	2억5천만원
보유기간	2년 5개월	10년 3개월
적용세율	기본세율	기본세율
양도차익(양도차손)	(2억원)	3억5천만원

* A주택은 1세대1주택 비과세 대상이며, 양도차손에 대하여 이미 예정신고를 하였다.

해설

	구 분	2023.3.31. 기 예정신고	2023.6.30. 합산신고
		A주택	A주택+B토지
	양도차익(차손)	(200,000,000)	350,000,000
	12억원 초과분 양도차손	(50,000,000)	-
(-)	장기보유특별공제	-	70,000,000
(=)	양도소득금액	-	280,000,000
(+)	기신고소득금액	-	(50,000,000)
(=)	양도차손공제후 소득금액	-	230,000,000
(-)	양도소득기본공제	-	2,500,000
(=)	과세표준	-	227,500,000
(×)	세율	-	38%
(-)	누진공제액	-	19,940,000
(=)	산출세액	-	66,510,000

1세대1주택 비과세가 적용되는 주택에서 발생한 양도차손은 같은 그룹에 속하는 다른 자산의 양도소득금액과 서로 통산할 수 없으나, 1세대1주택 고가주택에서 발생한 양도차손 중 양도가액 12억원 초과분에 상당하는 양도차손은 같은 그룹 내 다른 자산의 양도소득금액과 통산할 수 있다(조심2016부323, 2016.4.20).

* 12억원 초과분 양도차손 : $\triangle$ 200,000,000 × $\frac{(16억원-12억원)}{16억원}$ = $\triangle$ 50,000,000

Ⅲ 양도소득기본공제

1 그룹별 공제

양도소득기본공제는 각 양도자산의 그룹별로 연 250만원을 공제한다. 따라서, 같은 연도에 주식과 부동산을 양도한 경우 각각 250만원씩 양도소득기본공제가 적용된다.

그러나 같은 연도에 같은 그룹 내의 자산을 2개 이상 양도하는 경우에는 양도소득기본공제는 1회에 한하여 적용된다.

2 자산을 공동소유하는 경우

양도소득기본공제는 납세자별로 각각 공제한다. 따라서 양도소득세 과세대상 자산을 공동으로 소유하다가 양도하는 경우 각 납세자별로 연 250만원씩 양도소득기본공제를 적용한다.

3 양도소득금액에 감면소득금액이 포함된 경우

양도소득금액에 감면대상 소득금액이 포함되어 있는 경우 양도소득기본공제는 양도소득세가 감면되지 않는 소득금액에서 먼저 공제하고, 공제되지 않고 남은 금액은 감면대상 소득금액에서 공제한다.

사례

감면소득이 있는 경우 양도소득기본공제 적용 순서

양도소득금액 : 100,000,000원
① 감면소득금액 : 98,500,000원
② 감면소득금액외 소득금액 : 1,500,000원

양도소득과세표준 : 97,500,000원
감면소득금액외 소득 : 1,500,000원 - 1,500,000(기본공제액) = 0
감면소득 : 98,500,000 - 1,000,000(미공제분) = 97,500,000

4 종중과 비거주자의 양도소득기본공제 적용여부

종중을 1거주자로 보는 경우와 비거주자가 양도소득세 과세대상 자산을 양도하는 경우에도 거주자와 동일하게 연 250만원의 양도소득기본공제를 적용한다.

사례

같은 연도 중 2개 이상의 자산을 양도하는 경우 양도소득 기본공제 적용 방법

- **2023년도에 양도한 상가 및 주식의 취득 및 양도에 관한 자료**

구 분	상 가	비상장주식
양도일자	2023.2.10.	2023.6.25.
보유기간	10년 3개월	5년 2개월
적용세율	기본세율	20%
양도가액	2억5천만원	1억5천만원
취득가액	1억원	7,500만원
양도비용	500만원	200만원

해설

① 장기보유특별공제

㉠ 상가 : 145,000,000 × 20%(10년 × 2%) = 29,000,000

㉡ 주식 : 장기보유특별공제가 적용되지 않는다.

② 양도소득기본공제 : 그룹별로 각각 250만원씩 공제

	구 분	Ⅰ그룹	Ⅱ그룹
		상가	주식
	양도가액	250,000,000	150,000,000
(-)	취득가액	100,000,000	75,000,000
(-)	필요경비	5,000,000	2,000,000
(=)	양도차익	145,000,000	73,000,000
(-)	장기보유특별공제	29,000,000	-
(=)	양도소득금액	116,000,000	73,000,000
(-)	양도소득기본공제	2,500,000	2,500,000
(=)	과세표준	113,500,000	70,500,000

비교학습 1_ 종합부동산세 과세표준 계산시 공제되는 기본공제액

1. 1세대1주택 단독명의자 또는 1세대1주택 특례신청자(부부 공동명의 1세대1주택자, 일시적 2주택자, 상속주택 및 지방 저가주택 소유자) : 12억원
2. 1세대1주택 공동명의(특례 미신청자) 또는 다주택자 등 : 9억원

비교학습 2_ 주요 세목 주택 과세표준 비교

구 분		과세표준
취득세	매매	실지 취득가액
	상속	시가표준액(주택공시가격)
	증여	시가인정액(2023.1.1. 이후 증여분부터 적용)
재산세		주택공시가격 × 공정시장가액비율(60%)
종합부동산세		(주택공시가격 - 기본공제액) × 공정시장가액비율(60%)
상속세 및 증여세		재산평가액(시가 또는 기준시가) - 각종 공제액

05

양도소득세 결정세액의 계산

	양도소득과세표준	
(×)	세　　　　율	… 자산별·보유기간별·등기 여부에 따라 구분하여 적용
(=)	양도소득산출세액	
(−)	세　액　감　면	… 조세특례제한법에 따른 세액감면
	양도소득결정세액	

I 부동산 등에 대한 양도소득세율

1 일반적인 양도소득세율 적용

부동산 등에 대한 양도소득세율은 아래와 같이 크게 ① 기본세율, ② 단기세율, ③ 중과세율로 분류된다. 이 중 다주택자가 보유기간이 2년 이상인 조정대상지역 내 주택을 2022.5.10.~2024.5.9. 기간 중에 양도하는 경우에는 한시적으로 중과세율(2주택자 : 기본세율+20%, 3주택 이상자 : 기본세율+30%)을 적용하지 않고 기본세율을 적용한다.

1) 2023.1.1. 이후 양도하는 토지·건물·조합원입주권·분양권의 양도소득세율

① 기본세율(보유기간 2년 이상)

과세표준	기본세율	기본세율+10%(비사업용 토지)	누진공제
1,400만원 이하	6%	16%	-
5,000만원 이하	15%	25%	126만원
8,800만원 이하	24%	34%	576만원
1억5,000만원 이하	35%	45%	1,544만원
3억원 이하	38%	48%	1,994만원
5억원 이하	40%	50%	2,594만원
10억원 이하	42%	52%	3,594만원
10억원 초과	45%	55%	6,594만원

〈중과유예 조치〉

다주택자가 2년 이상 보유한 조정대상지역 내 주택을 2022.5.10.~2024.5.9.까지 양도하는 경우 중과세율(기본세율 + 20% 또는 기본세율 + 30%)를 적용하지 않고 기본세율 적용

② 단기세율(보유기간 2년 미만)

<table>
<tr><th colspan="2">구 분</th><th>주택외 부동산</th><th>주택·조합원입주권</th><th>주택분양권</th></tr>
<tr><td rowspan="3">보유기간</td><td>1년 미만</td><td>50%</td><td>70%</td><td>70%</td></tr>
<tr><td>2년 미만</td><td>40%</td><td>60%</td><td rowspan="2">60%</td></tr>
<tr><td>2년 이상</td><td colspan="2">기본세율</td></tr>
</table>

※ 단기세율은 종전규정과 동일

참고

2021.6.1.부터 2022.12.31.까지 양도한 경우 양도소득세율

구 분	과세표준	기본세율	2주택 중과	3주택 이상 중과	누진공제
2년 이상 보유	1,200만원 이하	6%	26%	36%	-
	4,600만원 이하	15%	35%	45%	108만원
	8,800만원 이하	24%	44%	54%	522만원
	1억5,000만원 이하	35%	55%	65%	1,490만원
	3억원 이하	38%	58%	68%	1,940만원
	5억원 이하	40%	60%	70%	2,540만원
	10억원 이하	42%	62%	72%	3,540만원
	10억원 초과	45%	65%	75%	6,540만원
1년 미만 보유	주택, 조합원입주권 : 70%				
	주택, 조합원입주권 이외 부동산 : 50%				
1년 이상 2년 미만 보유	주택, 조합원입주권 : 60%				
	주택, 조합원입주권 이외 부동산 : 40%				
주택분양권	조정대상지역 소재 여부와 관계없이 1년 미만 : 70%, 1년 이상 : 60% 적용 (오피스텔 분양권은 제외)				
비사업용토지	기본세율 + 10%				
미등기 부동산	70%				

* 〈중과유예 조치〉 다주택자가 보유기간이 2년 이상인 조정대상지역 내 주택을 2022.5.10.~2023.5.9.기간 중 양도하는 경우 중과세율(기본세율 + 20% 또는 30%)를 적용하지 않고 기본세율 적용

2 세율 적용시 보유기간 계산

양도소득세율을 적용할 때 보유기간은 해당 자산의 취득일부터 양도일까지로 하는 것이 원칙이나, 아래의 경우에는 다음에 날을 그 자산의 취득일로 본다.

① 상속받은 자산 : 피상속인이 당해 자산을 취득한 날
② 이월과세의 규정을 적용받는 자산 : 증여자가 당해 자산을 취득한 날

3 특수한 경우의 양도소득 산출세액 계산

1) 하나의 자산에 2개 이상의 세율이 적용되는 경우

① 단기세율과 비사업용토지에 대한 중과세율이 적용되는 경우(소득법 §104④)

2년 미만 보유한 비사업용토지를 양도하는 경우에는 ㉠ 기본세율에 10%를 가산하여 적용한 산출세액과 ㉡ 단기세율(40%~50%)을 적용하여 계산한 산출세액 중 큰 세액을 양도소득산출세액으로 한다.

② 단기세율과 다주택자의 중과세율이 적용되는 경우(소득법 §104⑦)

한시적 중과유예 대상은 2년 이상 보유한 조정대상지역 내 주택에 한정하고 있으므로 2년 미만 보유한 조정대상지역 내 주택을 양도하는 경우에는 중과유예 대상에 해당하지 않으므로 ㉠ 기본세율에 20% 또는 30%를 가산하여 적용한 산출세액과 ㉡ 단기세율(60~70%)을 적용하여 계산한 산출세액 중 큰 세액을 양도소득산출세액으로 한다.

사례

하나의 자산에 2개 이상의 세율이 적용되는 경우 산출세액 계산

● 주택 취득 및 양도에 관한 자료

구 분	A주택(조정대상지역)	B주택(조정대상지역)	비 고
취득일	2012.5.1.	2021.4.10.	B주택은 중과배제 주택 아님
양도일	-	2023.2.15.	
양도차익	-	1억5천만원	

해설

	구 분	금 액	계산 근거
	양도차익	150,000,000	
(-)	장기보유특별공제	-	3년 미만 보유 장기보유특별공제 배제
(=)	양도소득금액	150,000,000	
(-)	기본공제	2,500,000	
(=)	과세표준	147,500,000	
(×)	세율	60%	단기세율 적용
(=)	산출세액	88,550,000	추가해설 참조

추가해설

○ 산출세액 : Max [①(기본세율 + 20%), ②(단기세율 60%)] = 88,500,000

① 중과세율(기본세율 + 20%) : 147,500,000 × 55% - 1,544만원(누진공제) = 65,685,000

② 2년 미만 단기세율(60%) : 147,500,000 × 60% = 88,500,000

2) 같은 연도 중에 세율이 다른 2 이상의 자산을 양도하는 경우(소득법 §104⑤)

같은 연도에 세율이 다른 둘 이상의 토지, 건물 등을 양도하는 경우 양도소득 산출세액은 ① 각 자산별 양도소득산출세액의 합계액과 ② 전체 자산의 양도소득과세표준 합계액에 기본세율을 적용한 계산한 산출세액 중 큰 세액을 양도소득 산출세액으로 한다.

사례

같은 연도에 세율이 다른 둘 이상의 자산 양도시 산출세액 계산

● 주택 및 주택분양권에 관한 자료

구 분	A주택(조정대상지역)	B주택분양권
취득일	2015.9.10.	2018.6.10.
양도일	2023.1.28.	2023.5.25.
양도소득금액	2억2,500만원	1억원
세율	기본세율	단기세율
신고여부	예정신고	합산신고

해설

	구 분	2023.3.31. 예정신고	2023.7.31. 합산신고	계산 근거
		A주택	B분양권	
	양도소득금액	225,000,000	100,000,000	
(+)	기신고소득금액	-	225,000,000	기 예정신고 소득금액
(-)	기본공제	2,500,000	2,500,000	
(=)	과세표준	222,500,000	322,500,000	
(×)	세율	38%	60%	
(=)	산출세액	64,610,000	124,610,000	해설 참조
(-)	기납부세액		64,610,000	기 예정신고 납부세액
(=)	납부할세액	64,610,000	60,000,000	

추가해설

○ **산출세액 : Max (①, ②) = 124,610,000**

① 각 자산별 산출세액 합계액 : ⓐ + ⓑ = 124,610,000

ⓐ A주택(기본세율) : (225,000,000 - 250만원) × 38% - 1,994만원(누진공제) = 64,610,000

ⓑ B분양권(단기세율) : 100,000,000 × 60% = 60,000,000

② 전체 과세표준합계 × 기본세율 : (325,000,000 - 250만원) × 40% - 2,594만원(누진공제) = 103,060,000

Ⅱ 취득원인 따른 주택 취득세율

1 유상승계 취득하는 경우

매매 등으로 주택을 유상으로 취득하는 경우 ① 기존보유 주택수, ② 신규주택 소재지, ③ 주택 취득주체에 따라 아래과 같이 취득세율이 달리 적용된다. 이 경우 과세표준은 사실상의 취득가액을 적용하나, 부당행위계산 부인규정이 적용되는 경우에는 시가인정액을 적용한다.

<table>
<tr><th colspan="2" rowspan="2">구 분</th><th colspan="2">신규 취득하는 주택 소재지</th></tr>
<tr><th>조정대상지역</th><th>비조정대상지역</th></tr>
<tr><td rowspan="4">개인이 주택을 취득하는 경우</td><td>무주택 세대가 1주택 취득</td><td>주택가액에 따라 1%~3%</td><td rowspan="2">1%~3%</td></tr>
<tr><td>1세대1주택 소유자가 1주택 신규 취득</td><td>8%(일시적2주택은 1%~3%)</td></tr>
<tr><td>1세대 2주택 소유자가 1주택 신규 취득</td><td>12%</td><td>8%</td></tr>
<tr><td>1세대3주택 소유자가 1주택 신규 취득</td><td colspan="2">12%</td></tr>
<tr><td>법인이 주택을 취득하는 경우</td><td colspan="3">12%</td></tr>
</table>

* 취득세율 적용시 1세대가 보유한 주택수는 2020.8.12. 이후 취득하는 조합원입주권, 주택분양권 및 주택분 재산세가 과세되는 오피스텔을 포함하여 판단한다.

2 무상으로 취득하는 경우

1) 주택을 상속받는 경우

상속으로 취득하는 주택은 상속인의 주택보유 여부에 따라 아래과 같이 취득세율이 달리 적용되며, 과세표준은 시가표준액(주택공시가격)을 적용한다.

<table>
<tr><th>구 분</th><th>면적</th><th>취득세</th><th>지방교육세</th><th>농어촌특별세</th><th>합 계</th></tr>
<tr><td rowspan="2">유주택자 상속취득</td><td>85㎡ 이하</td><td rowspan="2">2.8%</td><td rowspan="2">0.16%</td><td>-</td><td>2.96%</td></tr>
<tr><td>85㎡ 초과</td><td>0.2%</td><td>3.16%</td></tr>
<tr><td rowspan="2">무주택자 상속취득</td><td>85㎡ 이하</td><td rowspan="2">0.8%</td><td rowspan="2">0.16%</td><td>-</td><td>0.96%</td></tr>
<tr><td>85㎡ 초과</td><td>0.2%</td><td>1.16%</td></tr>
</table>

※ 상속주택 취득세 = 과세표준(주택공시가격) × 취득세율

2) 주택을 증여받는 경우

① 증여취득세율

증여로 취득하는 주택은 주택 소재지 및 공시가격에 따라 아래와 같이 3.5%의 기본세율과 12%의 중과세율을 적용한다.

구 분	공시가격	면적	취득세	지방교육세	농어촌특별세	합계세율
조정대상지역	3억원 이상	85㎡이하	12%	0.4%	-	12.4%
		85㎡초과			1%	13.4%
	3억원 미만	85㎡이하	3.5%	0.3%	-	3.8%
		85㎡초과			0.2	4.0%
비조정대상지역		85㎡이하	3.5%	0.3%	-	3.8%
		85㎡초과			0.2%	4.0%

② 조정대상지역 소재 주택을 증여로 취득하는 경우 취득세 중과세율 적용

조정대상지역에 소재하고 있는 주택공시가격이 3억원 이상인 주택을 배우자 또는 직계존비속으로부터 증여받는 경우에는 수증자의 주택수에 관계없이 12%의 취득세 중과세율을 적용한다. 이 경우 주택의 일부지분만 증여받거나 주택의 부속토지만을 증여받은 경우에도 주택 전체의 공시가격이 3억원 이상인 경우에는 중과세율을 적용한다.

다만, 1세대 1주택자인 배우자 또는 직계존비속인으로부터 주택을 증여받은 경우에는 3.5%의 기본세율을 적용한다.

③ 2023.1.1. 이후 증여받은 주택에 대해 취득세 과세표준 시가인정액 적용

종전에는 주택을 증여받은 경우 취득세 과세표준은 상속주택과 동일하게 주택공시가격을 적용하였으나, 2023.1.1. 이후 증여분부터는 상속 및 증여세법 규정을 준용하여 증여계약일 전 6개월부터 증여계약일 후 3개월 이내 시가인정액(당해 자산의 매매사례가액, 감정가액, 공매·경매가액 또는 유사 자산의 매매사례가액)을 과세표준으로 하여 취득세를 계산한다.

다만, 주택공시가격이 1억원 이하이거나 시가인정액을 알수 없는 경우에는 주택공시가격을 과세표준으로 한다.

[시가인정액의 범위 및 적용기준일]

구 분	평가액	적용기준일
(유사)매매사례가액	해당 거래가액	매매계약일
감정평가액	둘 이상의 감정가액 평균액(시가표준액 10억원 이하는 하나의 감정가액 적용 가능)	가격산정 기준일과 감정평가서 작성일
경매 공매가액	그 경매가액 또는 공매가액	경매가액 또는 공매가액이 결정된 날
수용 보상가액	시가인정액에 적용하지 않음	

[취득세 과세표준 개정 전·후 비교]

구 분		종전	개정
원칙		취득당시의 가액	
유상승계 취득		① Max(신고한 가액, 시가표준액) ② 예외 : 사실상의 취득가격[1]	① 원칙 : 사실상의 취득가격[1] ② 부당행위부인계산 : 시가인정액[2]
상속		시가표준액	시가표준액
증여	원칙	시가표준액	시가인정액
	예외	시가표준액(시가표준액 1억원 이하, 시가인정액 불분명)	

1) ① 국가 등으로부터 취득, ② 외국으로부터의 수입에 의한 취득, ③ 법인장부 등에 의한 취득, ④ 공매방법에 의한 취득, ⑤ 부동산 실거래신고에 따른 취득

2) 매매사례가액, 감정가액, 공매가액 등 대통령령으로 정하는 바에 따라 시가로 인정되는 가액

적용사례

2023.1.1. 전·후 증여하는 경우 취득세 계산방법

Case 1

구 분	2022.12.31. 이전 증여	2023.1.1. 이후 증여
적용기준	시가표준액	시가인정액
과세표준	600,000,000	1,000,000,000
취득세율	13.4%	13.4%
취득세	80,400,000	134,000,000
적용 이유	공시가격 3억원 이상 중과세율 적용	취득세 과세표준 시가 적용

Case 2

구 분	2022.12.31. 이전 증여	2023.1.1. 이후 증여
적용기준	시가표준액	시가인정액
과세표준	600,000,000	1,000,000,000
취득세율	3.8%	3.8%
취득세	22,800,000	40,000,000
적용 이유	비조정지역 증여주택 기본세율 적용	취득세 과세표준 시가 적용

Case 3

구 분	2022.12.31. 이전 증여	2023.1.1. 이후 증여
적용기준	시가표준액	시가인정액
과세표준	600,000,000	1,000,000,000
취득세율	4%	4%
취득세	24,000,000	40,000,000
적용 이유	증여자 1세대1주택자 중과배제	취득세 과세표준 시가 적용

Case 4

구 분	2022.12.31. 이전 증여	2023.1.1. 이후 증여
적용기준	시가표준액	시가표준액
과세표준	600,000,000	600,000,000
취득세율	12.4%	12.4%
취득세	74,400,000	74,400,000
적용 이유	공시가격 3억원 이상 중과세율 적용	시가가 없어 공시가격 적용

06

양도소득세 신고 및 납부 절차

I 양도소득세 예정신고

1 예정신고 대상자

양도소득세 과세대상이 되는 자산을 양도한 자는 일정기한 내에 양도소득세 예정신고를 하여야 한다.

2 예정신고 기한

1) 토지, 건물, 부동산에 관한 권리, 기타자산

양도일이 속하는 달의 말일로부터 2개월 이내에 예정신고를 해야 한다. 다만, 부담부증여시 양도로 보는 채무부분에 대하여는 양도일이 속하는 달의 말일로부터 3개월 이내에 예정신고를 하여야 한다.

배경 및 취지

증여세 신고기한이 증여일이 속하는 달의 말일로부터 3개월 이내인 점을 감안하여 부담부증여에 따라 양도로 보는 채무부분에 대한 양도소득세 신고기한도 증여세 신고기한과 일치시켜 납세자의 신고 편의를 제고한 것이다.

2) 주식 등

양도일이 속하는 반기의 말일로부터 2개월 이내에 예정신고를 해야 한다. 다만, 기타자산에 해당하는 특정주식과 부동산과다보유법인의 주식은 부동산과 같이 양도일이 속하는 달의 말일로부터 2개월 이내에 예정신고를 하여야 한다.

[양도자산별 예정신고기한 구분]

여기서 잠깐

자산총액 중 부동산 비율이 50%를 초과하여 기타 자산으로 분류되는 특정주식과 자산총액 중 부동산비율이 80%를 초과하는 부동산 과다보유법인 주식은 부동산을 양도한 것으로 보아 주식양도가 아닌 부동산 양도에 해당하는 세율이 적용되며, 양도소득세 신고기한 또한 부동산을 양도한 것으로써 당해 주식의 양도일이 속하는 달의 말일로부터 2개월로 정하고 있다. 따라서 주식을 양도하는 경우 일반 주식에 해당하는지 기타자산에 해당하는 특정주식 또는 부동산과다보유 법인의 주식에 해당하는지 여부를 면밀히 검토해야 한다.

[토지•건물과 일반주식 양도소득세 계산구조 비교]

구 분	토지·건물(1그룹)	일반주식(2그룹)
양도차익과 양도차손 공제•통산 여부	▪그룹별로 각각 공제 가능(1그룹과 2그룹은 서로 통산불가) ▪1그룹 및 2그룹별로 미공제 양도차손은 이월공제 불가	
장기보유특별공제 적용여부	적용가능 (미등기자산, 해외부동산 제외)	적용불가
양도소득기본공제 적용여부	▪국내부동산 : 250만원 공제 ▪국외부동산 : 250만원 공제	국내외 주식 합산하여 250만원 공제
적용세율	6%~45의 기본세율 (비사업용토지 기본세율 + 10%)	▪중소기업 소액주주 : 10% ▪대주주 : 20%(과세표준 3억원 초과분 25%)
신고기한	양도일이 속하는 달의 말일로부터 2개월(부담부증여는 3개월) 이내	양도일이 속하는 반기의 말일로부터 2개월 이내
이월과세 적용여부	10년간 이월과세 적용	미적용(2025년부터 적용)

Ⅱ 확정신고

양도소득세 예정신고를 한 경우에도 아래에 해당하는 경우에는 반드시 양도한 연도의 다음연도 5.1.부터 5.31.까지 양도소득세 확정신고를 하여야 한다. 만약 확정신고를 하지 않은 경우에는 가산세를 부담하여야 한다.

① 해당 연도에 누진세율 적용대상 자산에 대해 예정신고를 2회 이상 한 자가 이미 신고한 양도소득금액과 합산하여 예정신고를 하지 않은 경우
② 2 이상의 자산을 양도한 경우로서 양도소득 산출세액 계산특례(비교과세)를 적용할 경우 당초 예정신고한 양도소득 산출세액이 달라지는 경우
③ 부동산 등을 2회 이상 양도한 경우로서 양도소득세 감면소득분과 감면 외 소득부분이 발생하여 당초 신고한 양도소득 산출세액이 달라지는 경우

사례

같은연도에 기본세율 적용자산을 2회 이상 양도하고 각각 예정신고한 경우

● A주택의 취득 및 양도에 관한 자료

구분	내용
양도일 및 양도가액	2023.4.10. 양도가액 4억원
취득일 및 취득가액	2021.6.25. 상속받은 주택으로 상속당시 기준시가 2억5천만원
기타 필요경비	양도시 중개수수료 5백만원 지출
기타사항	피상속인은 당해 주택을 2012.4.20.에 취득

● B주택의 취득 및 양도에 관한 자료(1세대1주택 비과세대상 아님)

구분	내용
양도일 및 양도가액	2023.10.10. 양도가액 8억원
취득일 및 취득가액	2012.11.30. 취득가액 불분명
기준시가	취득 당시 기준시가 : 1억원
	양도 당시 기준시가 : 4억원

해설

1. A주택 예정신고

	구 분	금 액	계산 근거
	양도가액	400,000,000	
(-)	취득가액	250,000,000	상속개시일 현재 평가액
(-)	기타필요경비	5,000,000	양도시 중개수수료
(=)	양도차익	145,000,000	
(-)	장기보유특별공제	-	3년 미만 보유(상속인의 보유기간만 적용)
(=)	양도소득금액	145,000,000	
(-)	기본공제	2,500,000	
(=)	과세표준	142,500,000	
(×)	세율	35%	피상속인 취득일 기준 기본세율 적용
(=)	산출세액	34,435,000	142,500,000×35% - 1,544만원(누진공제)

2. B주택 예정신고

	구 분	금 액	계산 근거
	양도가액	800,000,000	실지 양도가액
(-)	취득가액	200,000,000	8억원 × 1억원/4억원 : 환산취득가액
(-)	기타필요경비	3,000,000	1억원 × 3% : 필요경비 개산공제액
(=)	양도차익	597,000,000	
(-)	장기보유특별공제	119,400,000	597,000,000 × 20%(10년 × 2%)
(=)	양도소득금액	477,600,000	
(-)	기본공제	-	
(=)	과세표준	477,600,000	
(×)	세율	40%	
(=)	산출세액	165,100,000	477,600,000×40% - 2,594만원(누진공제)

3. 이미 예정신고한 A주택과 B주택에 대하여 다음 연도 5.31.까지 확정신고시 추가 납부할 세액

	구 분	A주택	B주택
	양도가액	400,000,000	800,000,000
(-)	취득가액	250,000,000	200,000,000
(-)	기타필요경비	5,000,000	3,000,000
(=)	양도차익	145,000,000	597,000,000
(-)	장기보유특별공제	-	119,400,000
(=)	양도소득금액	145,000,000	477,600,000
(+)	합산소득금액	622,600,000	
(-)	기본공제	2,500,000	
(=)	과세표준	620,100,000	
(×)	세율	42%	
(-)	누진공제	35,940,000	
(=)	산출세액	224,502,000	
(-)	기납부세액	199,535,000*	
(=)	추가납부할 세액	24,967,000	

* 34,435,000(A주택) + 165,100,000(B주택) = 199,535,000

Ⅲ 예정신고 또는 확정신고를 하지 않거나 과소신고한 경우 가산세

1 가산세의 구분

양도소득세 예정신고 또는 확정신고를 하여야 할 자가 예정신고 또는 확정신고를 하지 않거나 과소신고한 경우에는 아래와 같이 가산세가 부과된다.

1) 무신고 가산세

양도소득이 있는 자가 신고하여야 할 소득금액을 예정신고 또는 확정신고기한 내에 신고를 하지 않은 경우 아래와 같이 20%의 무신고가산세가 부과된다.

> 무신고 가산세 = 무신고 납부세액(세액공제·세액감면·기납부세액 차감한 금액)×20%

2) 과소신고 가산세

양도소득이 있는 자가 납부할 세액을 신고해야 할 세액보다 적게 신고한 경우에는 아래와 같이 10%의 과소신고가산세가 부과된다.

> 과소신고 가산세 = 과소신고 납부세액(세액공제·세액감면·기납부세액을 차감한 금액)×10%

3) 납부지연가산세

양도소득세 예정신고 또는 확정신고기한까지 납부하여야 할 양도소득세를 납부하지 않은 경우 또는 납부하여야 할 세액보다 적게 납부한 경우 아래와 같이 납부지연가산세가 부과된다.

> 납부지연 가산세 = 납부하지 않은 세액 또는 납부해야 할 세액보다 적게 납부한 세액 ×
> 법정신고기한 다음날부터 납부일까지 일수 × 10만분의 22(연 8.03%)

2 가산세 추가적용 및 중복적용 배제

1) 자산을 1건 양도한 후 예정신고 및 확정신고를 모두 하지 않은 경우

양도소득세 예정신고를 하지 않아 20%의 예정신고 무신고가산세가 부과된 경우에는 확정신고를 하지 않더라도 확정신고 무신고가산세가 부과되지 않는다.

2) 누진세율 적용 자산을 2회 이상 양도한 후 예정신고 및 확정신고를 모두 하지 않은 경우

각각의 예정신고·납부분에 대하여 20%의 무신고가산세와 납부 지연일수에 따른 납부지연가산세가 부과되고, 누진세율 적용대상 자산의 소득금액 합산으로 증가된 산출세액에 대해 20%의 확정신고 무신고가산세와 및 납부지연가산세가 부과된다.

사례

누진세율 적용대상 자산을 2회 이상 양도 후 예정 및 확정 신고를 하지 않은 경우

1. A주택은 2023.6.10. 양도하였으며 양도소득금액은 1억원이다.
2. B주택은 2023.11.15. 양도하였으며 양도소득금액은 8천만원이다. 단, 해당 주택은 1세대 1주택 비과세대상이 아니다.
3. 양도소득세 계산시 납부지연가산세는 생략하기로 한다.

해설

	구 분	예정무신고(결정내역)		확정무신고(결정내역)
		A주택	B주택	
	양도소득금액	100,000,000	80,000,000	180,000,000
(-)	기본공제	2,500,000	-	2,500,000
(=)	과세표준	97,500,000	80,000,000	177,500,000
(×)	세율	35%	24%	38%
(-)	누진공제	15,440,000	5,760,000	19,940,000
(=)	산출세액	18,685,000	13,440,000	47,510,000
(+)	무신고가산세	3,737,000[1)]	2,688,000[2)]	3,077,000[3)]
(-)	기신고·결정세액	-	-	32,125,000[4)]
(=)	납부할세액	22,422,000	16,128,000	18,462,000

1) 예정신고 무신고가산세 : 18,685,000 × 20% = 3,737,000

2) 예정신고 무신고가산세 : 13,440,000 × 20% = 2,688,000

3) 확정신고 무신고가산세 : (47,510,000 - 18,685,000 - 13,440,000) × 20% = 3,077,000

4) 예정신고 산출세액 합계 : 18,685,000 + 13,440,000 = 32,125,000

3) 누진세율 적용대상 자산을 2회 이상 양도한 후 합산신고 하지 않고, 각각 예정신고만 하고 확정신고를 하지 않은 경우

누진세율 적용대상 자산의 소득금액 합산으로 증가된 산출세액에 대해 20%의 확정신고 무신고가산세와 및 납부지연가산세가 부과된다.

사례

누진세율 적용대상 자산을 2회 이상 양도 후 각각 예정신고 하였으나, 소득금액을 합산하여 확정신고를 하지 않은 경우

1. A주택은 2023.6.10. 양도하였으며 양도소득금액은 1억원이다.
2. B주택은 2023.11.15. 양도하였으며 양도소득금액은 8천만원이다. 단, 해당 주택은 1세대1주택 비과세대상이 아니다.
3. 양도소득세 계산시 납부지연가산세는 생략하기로 한다.

해설

	구 분	예정신고		확정무신고
		A주택	B주택	
	양도소득금액	100,000,000	80,000,000	180,000,000
(-)	기본공제	2,500,000	-	2,500,000
(=)	과세표준	97,500,000	80,000,000	177,500,000
(×)	세율	35%	24%	38%
(-)	누진공제	15,440,000	5,760,000	19,940,000
(=)	산출세액	18,685,000	13,440,000	47,510,000
(+)	무신고가산세	-	-	3,077,000 1)
(-)	기신고·결정세액			32,125,000 2)
(=)	납부할 세액	18,685,000	13,440,000	18,462,000

1) 확정신고 무신고가산세 : (47,510,000 - 18,685,000 - 13,440,000) × 20% = 3,077,000

2) 예정신고 산출세액 합계 : 18,685,000 + 13,440,000 = 32,125,000

3 가산세 감면

1) 수정신고시 가산세 감면

과세표준신고서를 법정신고기한까지 제출하였으나, 양도소득세를 과소신고하여 수정신고하는 경우에는 아래와 같이 신고불성실가산세가 감면된다. 다만, 과세관청에서 과세표준과 세액을 경정할 것을 미리 알고 수정신고서를 제출한 경우에는 감면되지 않는다.

법정신고기한 경과후 신고기간	수정신고시 신고불성실가산세 감면율	비고
1개월 이내	90%	예정신고를 하였으나 확정신고기한까지 수정신고한 경우에는 신고불성실가산세 감면율 50% 적용
1개월 초과 3개월 이내	75%	
3개월 초과 6개월 이내	50%	
6개월 초과 1년 이내	30%	
1년 초과 1년 6개월 이내	20%	
1년 6개월 초과 2년 이내	10%	

사례

주택을 양도하고 예정신고 하였으나, 기타 필요경비를 잘못 신고하여 확정신고시 수정신고하는 경우

1. 아파트 취득 및 양도내역
   ① 양도가액 : 8억원(양도일자 2022.4.30.)
   ② 취득가액 : 3억원(취득일자 2012.3.25.)
   ③ 기타 필요경비 : 7천만원
2. 기타 필요경비 7천만원 중 3천만원은 수익적 지출이나, 자본적 지출로 잘못 신고하여 확정신고시 수정신고하기로 한다.
3. 양도당시 양도주택 외 서울에 2주택을 보유하고 있다.

해설

	구 분	당초 예정신고	수정신고(2023.5.31.)
	양도차익	430,000,000	460,000,000
(-)	장기보유특별공제	86,000,000[1)]	92,000,000[2)]
(=)	양도소득금액	344,000,000	368,000,000
(-)	기본공제	2,500,000	2,500,000
(=)	과세표준	341,500,000	365,500,000
(×)	세율	40%	40%
(-)	누진공제	25,400,000	25,400,000
(=)	산출세액	111,200,000	120,800,000
(+)	과소신고가산세	-	480,000[3)]
(+)	납부지연가산세	-	707,520[4)]
(-)	기신고·결정세액	-	111,200,000
(=)	납부할세액	111,200,000	10,787,520

1) 430,000,000 × 20%(10년 × 2%) = 86,000,000

2) 460,000,000 × 20%(10년 × 2%) = 92,000,000

3) 과소신고가산세(수정신고시 50% 감면) : (120,800,000−111,200,000)×10%×50% = 480,000

4) 납부지연가산세 : $(120{,}800{,}000 - 111{,}200{,}000) \times 335\text{일} \times \frac{22}{100{,}000} = 707{,}520$

2) 기한후신고시 가산세 감면

법정신고기한까지 과세표준신고서를 제출하지 않았으나 법정신고기한 경과 후 일정기한까지 기한후신고를 한 경우에는 아래와 같이 무신고가산세가 감면된다. 다만, 과세관청에서 과세표준과 세액을 결정할 것을 미리 알고 기한후신고서를 제출한 경우에는 감면되지 않는다.

법정신고기한 경과후 신고기간	기한후신고시 무신고가산세 감면율	비고
1개월 이내	50%	예정신고를 하지 않았으나 확정신고기한까지 신고한 경우에는 무신고가산세 감면율 50% 적용
1개월 초과 3개월 이내	30%	
3개월 초과 6개월 이내	20%	

사례

누진세율 적용대상 자산을 2회 이상 양도 후 예정신고를 하지 않고 확정신고하는 경우

1. 아파트는 2022.5.25. 양도하였으며 양도소득금액은 1.5억원이다.
2. 연립주택은 2022.9.10. 양도하였으며 양도소득금액은 6천만원이다.
3. 아파트와 연립주택은 모두 과세대상이다.

해설

	구 분	예정무신고		확정신고 (2023.5.31.)
		아파트	빌라	
	양도소득금액	150,000,000	60,000,000	210,000,000
(-)	기본공제	-	-	2,500,000
(=)	과세표준	-	-	207,500,000
(×)	세율	-	-	38%
(-)	누진공제	-	-	19,400,000
(=)	산출세액	-	-	59,450,000
(+)	무신고가산세	-	-	4,590,500[1)]
(+)	납부지연가산세	-	-	2,823,735[2)]
(-)	기신고•결정세액	-	-	-
(=)	납부할세액	-	-	66,864,235

1) 무신고가산세(기한후신고시 50% 감면) : 4,590,500
[(150,000,000-2,500,000)×35%-1,490만원 + 60,000,000×24% - 522만원] × 20% × 50% = 4,590,500

2) 납부지연가산세 : $36,725,000^{*} \times 304일 \times \frac{22}{100,000} + 9,180,000^{**} \times 182일 \times \frac{22}{100,000}$
= 2,823,735

* (150,000,000 - 2,500,000) × 35% - 1,490만원(누진공제) = 36,725,000

** 60,000,000 × 24% - 522만원(누진공제) = 9,180,000

Chapter 2

1세대1주택 비과세

01
1세대1주택 비과세 개요

양도일 현재 국내에 1주택을 보유한 1세대가 아래의 요건을 모두 충족한 주택을 양도하는 경우 양도소득세를 비과세한다. 다만, 주택의 양도가액이 12억원을 초과하는 경우 12억원 초과분에 상당하는 양도차익에 대해서는 양도소득세가 과세된다.

비과세 적용요건

- 1세대가 1주택을 2년(비거주자가 거주자로 전환된 경우에는 3년) 이상 보유할 것
- 조정대상지역에 있는 주택을 취득한 경우에는 보유기간 중 2년 이상 거주할 것
- 양도가액이 12억원을 초과하지 않을 것
- 주택 양도 당시 다른 주택, 조합원입주권 또는 2021.1.1. 이후 취득한 주택분양권을 보유하고 있지 않을 것

I 1세대의 범위

1 원칙

1세대란 거주자인 본인 및 그 배우자가 그들과 같은 주소 또는 거소에서 생계를 같이 하는 직계존비속 및 형제자매를 말하며, 본인과 배우자는 세대를 달리하더라도 동일 세대로 본다.

배경 및 취지

조세회피 목적으로 주택의 명의를 배우자로 분산하고 주민등록상 별도세대를 구성하여 1세대1주택 비과세 받는 것을 방지하기 위한 것이다.

2 예외

1세대가 되려면 배우자가 있어야 하나 아래의 경우에는 배우자가 없어도 독립세대로 보아 각자의 주택수에 따라 1세대1주택 비과세 여부를 판단한다.

① 해당 거주자의 나이가 30세 이상인 경우
② 배우자가 사망하거나 이혼한 경우
③ 국민기초생활 보장법상 중위소득의 40% 이상에 해당하는 일정한 소득이 있는 경우

[2023년 가구원별 국민기초생활보장법상 중위소득 및 중위소득의 40% 해당액]

(단위:천원)

가구원 구분	1인	2인	3인	4인	5인
2023년 중위소득	2,077	3,456	4,434	5,400	6,330
중위소득의 40%	830	1,382	1,773	2.160	2,532

배경 및 취지

자녀 명의로 주택을 분산하여 1세대1주택 비과세를 적용받는 경우를 방지하기 위하여 30세 미만 자녀가 주택을 취득하여 별도세대를 구성하는 경우에도 자녀는 부모와 동일세대로 보는 것이나, 자녀의 나이가 30세 미만인 경우에도 혼인하였거나 중위소득 40%이상에 해당하는 소득요건을 충족한 경우 등은 독립적인 생계를 유지할 수 있는 것으로 간주되어 별도세대로서 1세대1주택 비과세 여부를 판단하는 것이다.

[동일세대의 범위]

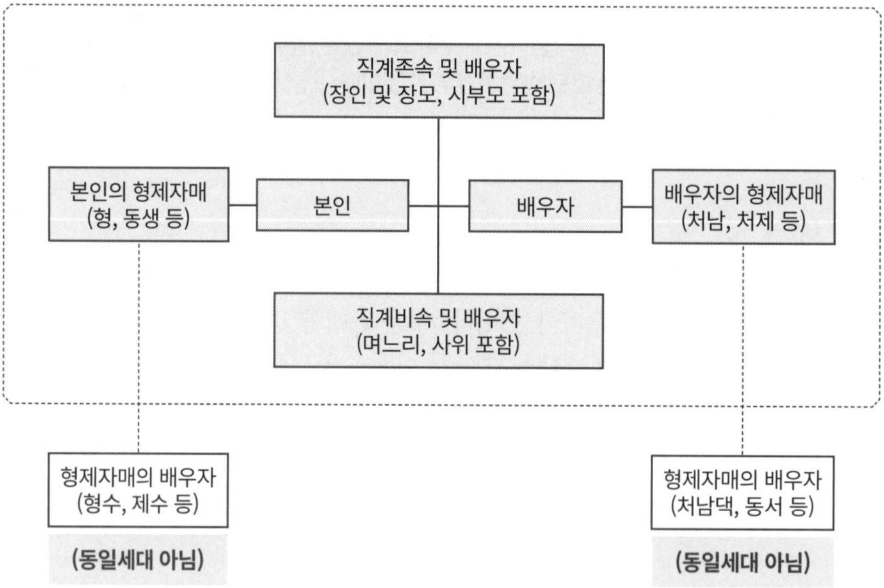

3 관련 해석사례

1) 30세 미만의 별도세대원인 자녀가 일시적 수입이 있는 경우

주택 양도 당시 23세의 학생인 자녀가 부모와 별도의 주소에 거주하면서 일시적으로 수입을 얻은 것은 독립된 생계를 유지한 것으로 볼 수 없으므로 자녀와 부모는 동일 세대를 구성한 것으로 본다(조심2020중2127, 2020.10.6).

2) 최저생계비 이상의 소득이 있는 30세 미만 자녀가 부모와 동일세대인지 여부

30세 미만 미혼자녀의 소득이 최저생계비 수준 이상으로서 소유한 주택을 관리·유지하면서, 실질적으로 부모와 다른 곳에 거주하면서 독립된 생계를 유지하고 있는 경우에는 부모와 별도세대로 판단하여 1세대1주택 비과세가 적용된다(서면-2015-부동산-0017, 2015.3.6).

3) 별도세대 구성요건을 갖추고 1주택을 보유한 아들과 무주택자인 모친이 함께 거주하는 경우

해설

별도세대 구성요건을 갖추고 1주택을 보유한 아들과 무주택자인 모친이 함께 거주하고 있고 1주택을 보유한 부친도 별도세대를 구성한 경우에는 부친과 아들은 동일세대로 보지 않으므로, 부친이 1세대1주택 비과세 요건을 충족한 주택을 양도하는 경우에는 비과세가 되며 별도세대인 아들이 보유한 주택도 1세대1주택 비과세 요건을 갖춘 경우 역시 비과세가 된다(집행기준 89-154-9).

추가해설

부친과 모친은 주소를 달리하더라도 동일세대로 보고, 실제로 함께 거주하고 있는 모친과 아들이 동일세대를 구성하고 있으므로 자칫 부친과 아들도 동일세대로 판단할 수 있으나, 부친과 아들은 각각 생계를 달리하므로 별도세대로 보아야 한다. 따라서 부친과 아들이 보유한 주택이 1세대1주택 비과세 요건을 갖춘 경우 각각 비과세 되는 것이다.

Ⅱ 주택 및 부수토지의 범위

1 1세대1주택 비과세 여부 판단시 주택의 개념

1세대1주택 비과세여부 판단시 건물의 공부상 용도나 건축허가 여부와 관계없이 실제 주거용으로 사용된 경우에는 주택으로 보고, 건물의 용도가 불분명한 경우에는 건축물대장 등 공부상의 용도에 따라 주택 여부를 판단한다.

따라서, 건축물 대장 등 공부상 건물의 용도가 주택이 아니라 하더라도 실제 주거용으로 사용된 경우에는 주택으로 보아 1세대1주택 비과세여부를 판단한다.

2 비과세되는 1세대1주택의 부수토지 범위

양도한 주택이 1세대1주택 비과세 대상인 경우 주택과 함께 양도하는 주택 부수토지도 비과세가 되지만, 주택정착면적*에 아래 용도지역별로 정한 배수를 곱한 면적을 초과하는 부수토지는 비과세가 적용되는 부수토지의 범위에서 제외되어 양도소득세가 과세될 뿐만 아니라, 비사업용토지로 보아 기본세율 + 10%의 추가세율로 과세된다.

* 건물의 수평투영면적(건물의 위에서 내려다보았을 경우 전체 건물의 그림자 면적)을 기준으로 한다.

[주택 부수토지의 용도지역별 배율]

주택 소재지역		'21.12.31. 이전 양도	'22.1.1. 이후 양도
도시지역	수도권 내 주거·상업·공업지역	5배	3배
	수도권 내 녹지지역	5배	5배
	수도권 밖	5배	5배
도시지역 밖		10배	

배경 및 취지

같은 도시지역이라도 주거·상업·공업지역의 지가가 녹지지역의 지가보다 상대적으로 높으므로 비과세되는 주거지역 등에 소재한 주택의 부수토지의 범위를 비과세되는 녹지지역 내 주택의 부수토지 범위보다 축소하여 상호 과세형평을 제고하였고, 수도권 외 지역에서는 도시지역 중 주거·상업·공업지역이라도 농촌지역이 많으므로 비과세되는 주택 부수토지의 범위를 축소하지 않고 종전대로 유지한 것이다.

여기서 잠깐

전국의 토지는 국토이용 및 계획에 관한 법률에 따라 도시지역, 농림지역, 관리지역, 자연환경보전지역으로 구분되며, 도시지역은 다시 주거지역, 상업지역, 공업지역, 녹지지역으로 구분된다. 전국에 소재한 각 토지는 법에 따라 용도지역별로 건축물의 용도와 건폐율, 용적률의 상한선이 정해져 있으므로 이를 준수해야 한다. 토지가 어떤 용도지역에 있는지는 토지이용계획확인원을 통해 확인할 수 있다.

[용도지역 분류]

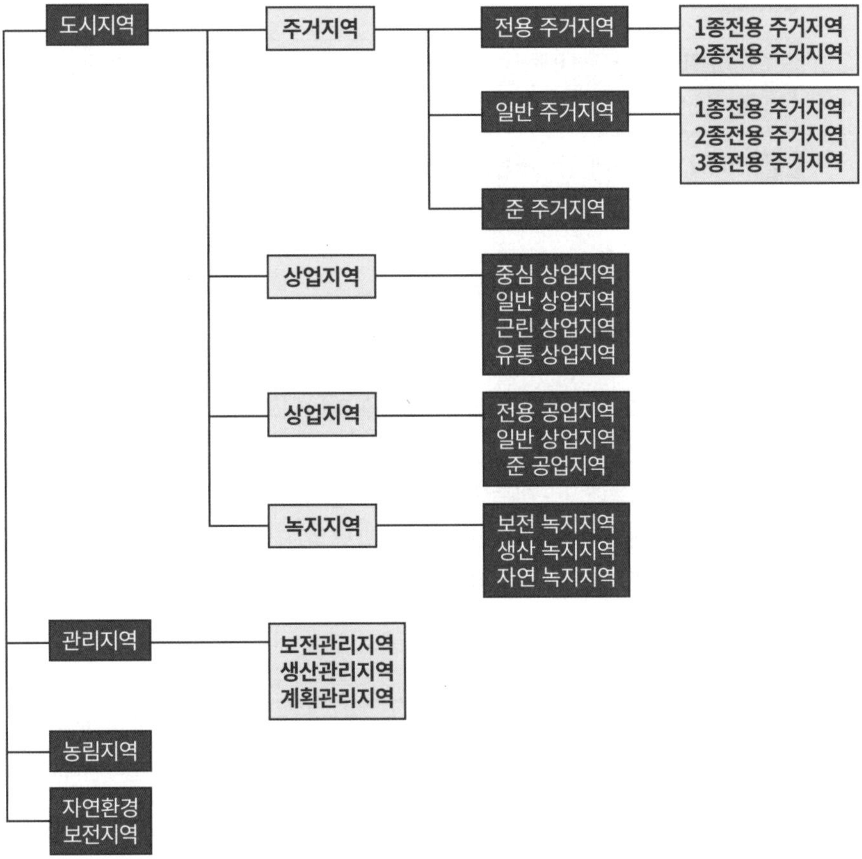

적용사례

양도일에 따른 용도지역별 비과세 주택 부수토지 판단

Case 1

양도일자	주택정착면적	주택부수토지	소재지 및 용도지역
2021.1.5	100㎡	400㎡	수도권 내 주거지역

해설 2021.12.31. 이전에 양도한 수도권 내 주거지역의 주택 부수토지는 주택 정착면적의 5배까지 비과세되므로 주택 부수토지 전체가 비과세 된다.

Case 2

양도일자	주택정착면적	주택부수토지	소재지 및 용도지역
2022.3.5	100㎡	400㎡	수도권 내 주거지역

해설 2022.1.1. 이후에 양도하는 수도권 내 주거지역의 주택 부수토지는 주택 정착면적의 3배까지 비과세되므로 300㎡까지 비과세되고, 100㎡는 비과세되지 않고 비사업용토지로서 중과세율이 적용된다.

Case 3

양도일자	주택정착면적	주택부수토지	소재지 및 용도지역
2022.3.1	100㎡	600㎡	수도권 내 녹지지역

해설 2022.1.1. 이후에 양도하는 경우에도 수도권 내 녹지지역의 경우 주택 부수토지는 주택 정착면적의 5배까지 비과세되므로 500㎡까지 비과세되고, 100㎡는 비과세되지 않고 비사업용토지로서 중과세율이 적용된다.

Case 4

양도일자	주택정착면적	주택부수토지	소재지 및 용도지역
2022.9.10	100㎡	600㎡	수도권 내 관리지역

해설 2022.1.1. 이후에 양도하는 수도권 내 관리지역의 주택 부수토지는 주택 정착면적의 10배까지 비과세되므로 주택 부수토지 전체가 비과세 된다.

Case 5

양도일자	주택정착면적	주택부수토지	소재지 및 용도지역
2022.4.7	100㎡	600㎡	수도권 외 주거지역

해설 2022.1.1. 이후에 양도하는 수도권 외 주거지역의 주택 부수토지는 주택 정착면적의 5배까지 비과세되므로 500㎡까지 비과세되고, 100㎡는 비과세되지 않고 비사업용토지로 중과세율이 적용된다.

3 1세대1주택 비과세가 적용되는 주택과 부수토지의 판단

1) 1세대1주택 비과세판단 시점

1세대1주택 비과세 여부는 양도일 현재를 기준으로 판단하나, 주택에 대한 매매계약을 체결하고, 매매특약에 따라 잔금지급일 전에 주택을 멸실하거나 주택을 상가로 용도변경하는 경우에는 아래와 같이 비과세 여부를 판단한다.

① 매매특약에 따라 잔금지급일 전에 주택을 멸실한 경우

가. 2022.12.19. 이전에 1세대1주택 상태에서 매매계약을 체결한 경우

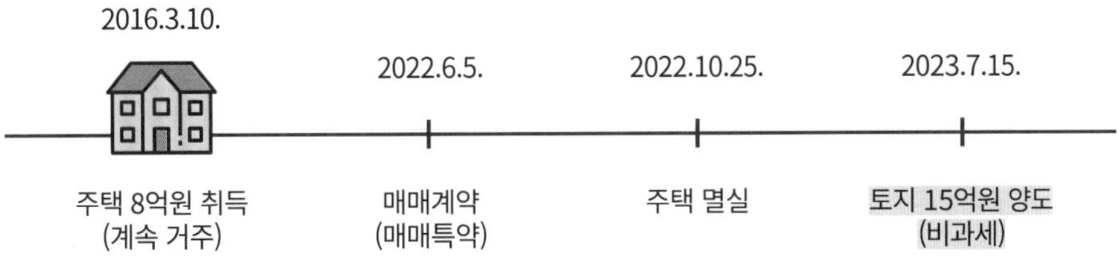

해설

매매계약 후 매매특약에 따라 잔금지급일 전에 1세대1주택에 해당하는 주택을 멸실한 경우에는 "매매계약일 현재"를 기준으로 요건을 충족한 경우 1세대1주택 비과세가 적용되고, 최대 80%의 장기보유특별공제가 적용된다(법령해석재산-0823, 2020.12.14).

구 분	세액계산 내역
양도차익	700,000,000(1,500,000,000- 800,000,000)
고가주택 양도차익	$700,000,000 \times \frac{15억원 - 12억원}{15억원} = 140,000,000$
장기보유특별공제*	140,000,000 × 48%(6년×4% + 6년×4%) = 67,200,000
양도소득금액	72,800,000

* 주택 취득일부터 멸실일까지의 보유기간 적용

나. 2022.12.20. 이후에 1세대1주택 상태에서 매매계약을 체결한 경우

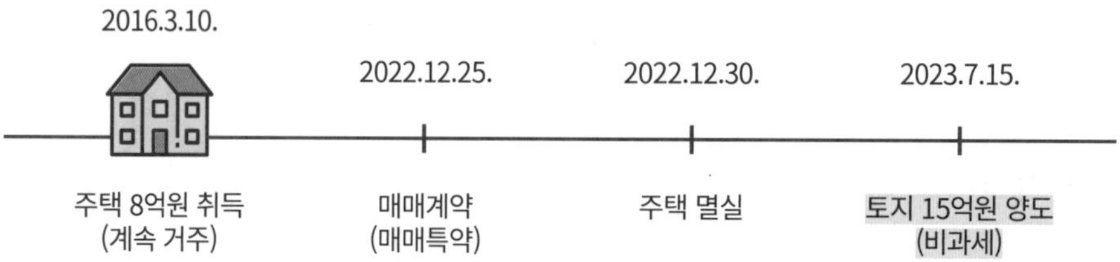

해설

2022.12.20. 이후 매매계약을 체결한 경우에는 매매특약에 따라 잔금지급일 전에 주택을 멸실한 경우에는 "양도일 현재"를 기준으로 판단하므로 양도일 현재 토지만 존재하는 경우에는 1세대1주택 비과세가 적용되지 않고 최대 30%의 장기보유특별공제가 적용된다(재산세제과-1543, 2022.12.20).

구 분	세액계산 내역
양도차익	700,000,000(1,500,000,000- 800,000,000)
고가주택 양도차익	1세대1주택 비과세 적용불가
장기보유특별공제*	700,000,000 × 14%(7년×2%) = 98,000,000
양도소득금액	602,000,000

* 주택 취득일부터 토지 양도일까지의 보유기간 적용

② 매매특약에 따라 잔금지급일 전에 주택을 상가로 용도변경한 경우

가. 2022.10.20. 이전에 1세대1주택 상태에서 매매계약을 체결한 경우

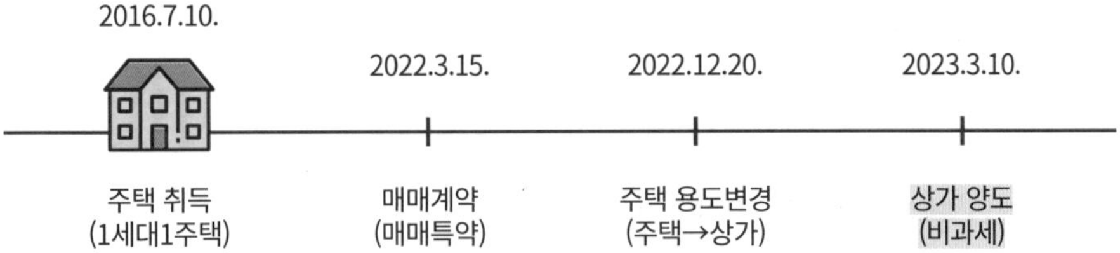

해설

매매계약 후 매매특약에 따라 잔금지급일 전에 주택을 상가로 용도변경한 경우에는 "매매계약일 현재"를 기준으로 1세대1주택 비과세여부를 판단하므로 양도소득세가 비과세된다(서일46014-10888, 2003.7.4).

나. 2022.10.21. 이후에 1세대1주택 상태에서 매매계약을 체결한 경우

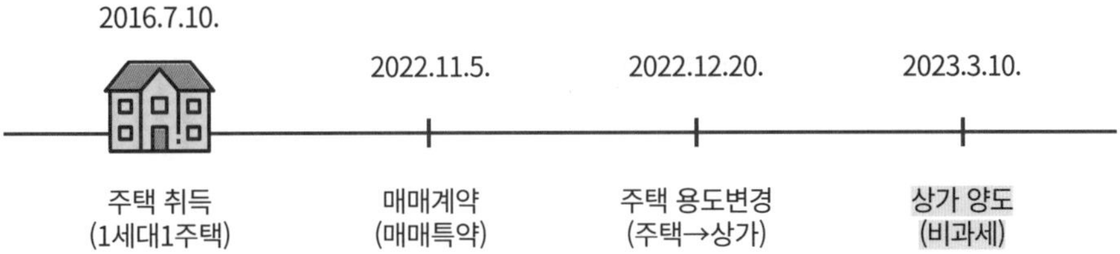

해설

2022.10.21. 이후 매매계약을 체결한 경우에는 매매특약에 따라 잔금지급일 전에 주택을 상가로 용도변경한 경우는 "양도일 현재"를 기준으로 판단하므로 양도일 현재 용도변경된 상가를 양도한 것으로 보아 양도소득세가 과세된다(재산세제과-1322, 2022.10.21.).

2) 주택과 부수토지를 지분으로 양도하는 경우

주택과 주택 부수토지를 소유한 자가 1세대1주택 비과세 요건을 충족한 주택과 함께 주택 부수토지의 일부 지분을 양도하는 경우에도 1세대1주택 비과세가 적용되나, 주택을 제외하고 주택 부수토지만 지분으로 양도하는 경우에는 비과세가 적용되지 않는다.

3) 주택과 부수토지를 분할 양도하는 경우

1세대가 한 울타리 안에 2채의 주택을 하나의 주거공간으로 사용하던 중 2채의 주택 전체를 부수토지와 함께 양도하는 경우에는 1세대1주택 비과세가 적용되나, 2채의 주택 중 1채를 먼저 양도하는 경우에는 2주택 중 1주택을 양도한 것으로 보아 비과세가 적용되지 않는다.

비교학습

1세대1주택에 해당하는 주택 및 부수토지 중 일부가 수용된 후 수용일로부터 5년 이내에 잔존주택 및 부수토지가 수용되거나 제3자에게 양도되는 경우에도 비과세된다.

4) 주택과 부수토지의 소유자가 다른 경우

동일세대원이 주택과 주택 부수토지를 각각 소유한 경우로서 1세대1주택 비과세 요건을 갖춘 주택과 부수토지를 함께 양도하는 경우 일반적으로 비과세가 적용되나, 별도세대원이 주택과 부수토지를 각각 소유한 상태에서 1세대1주택 비과세요건을 갖춘 주택과 부수토지를 함께 양도하는 경우 주택에 대해서는 비과세되고 부수토지에 대해서는 비과세가 적용되지 않는다.

[1세대1주택 및 부수토지의 소유자·세대 구분에 따른 비과세 여부]

구 분		일괄양도	주택만 양도	부수토지만 양도
주택과 부수토지의 소유자가 동일한 경우		전체 비과세	비과세	과세
주택과 부수토지의 소유자가 다른 경우	동일세대인 경우	전체 비과세	비과세	과세
	별도세대인 경우	▪ 주택 : 비과세 ▪ 토지 : 과세	비과세	과세

4 관련 해석사례

1) 주택의 부수토지만을 부담부증여한 경우

1세대1주택 비과세 요건을 충족한 주택의 부수토지라 하더라도 주택의 부수토지만을 부담부증여하는 경우 양도로 보는 채무부분에 대하여는 양도소득세가 과세된다(조심 2017서0695, 2017.4.5).

2) 주택의 보유기간은 2년 이상, 주택 부수토지의 보유기간은 2년 미만인 경우

1세대1주택 비과세 규정을 적용함에 있어서 주택은 2년 이상 보유하여 1세대1주택 비과세 요건을 갖추었으나 주택 부수토지는 2년 이상 보유하지 않은 상태에서 양도하는 경우 당해 토지에 대해서는 양도소득세가 과세된다(서면4팀-1620, 2005.9.8).

3) 공부상 근린생활시설이나 사실상 주거용으로 사용한 경우

점포나 사무실 내에 주거용 방을 설치하여 사용하고 있다고 하더라도 거주 목적이 아닌 경우에는 주택으로 볼 수 없으나, 해당 근린생활시설을 사실상 주거용으로 사용하거나, 상가를 개조하여 실제로 가족이 사실상 주거용으로 사용하였다면 주택으로 볼 수 있다(국심2003중1024, 2003.8.5).

4) 건물을 용도변경하는 경우 보유기간 및 거주기간 산정방법

하나의 건물을 주택으로 사용하다 상가로 용도변경한 후 다시 주택으로 용도변경하여 주택인 상태에서 해당 건물을 양도하는 경우 건물의 취득일부터 양도일까지의 기간 중 주택으로 사용한 기간을 통산하여 2년 이상 보유기간 및 거주기간을 충족한 경우에는 1세대1주택 비과세가 적용될 수 있다(서면4팀-638, 2006.3.20).

Ⅲ 주택유형별 주택수 판단

1 공동소유 주택

2인 이상이 1개의 주택을 공동으로 소유한 경우 공동 소유자 각자가 1개씩 주택을 소유한 것으로 보아 1세대1주택 비과세여부를 판단한다. 다만, 1세대1주택 비과세여부는 세대단위로 판단하므로 2인 이상의 동일세대원이 1개의 주택을 공동으로 소유하는 경우에는 1개의 주택을 소유한 것으로 보아 1세대1주택 비과세 여부를 판단한다.

1) 주택 공동소유자가 별도세대인 경우

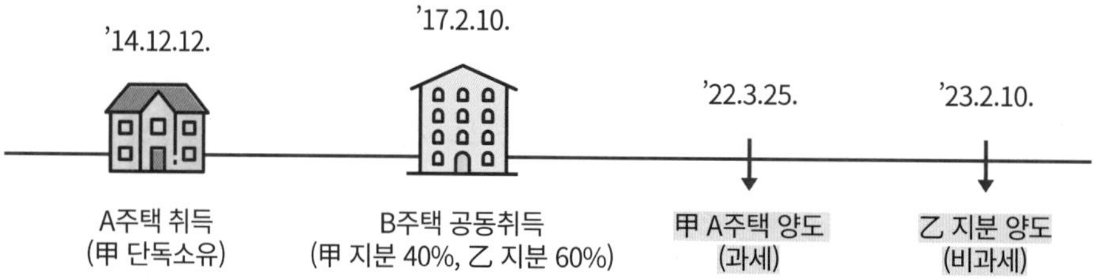

- 甲과 乙은 별도세대원이며, 乙은 B공동주택 외 다른 주택을 보유하고 있지 않음

비교학습

1개의 주택을 2인 이상이 공동으로 상속받은 경우에는 상속인 각자가 주택을 소유한 것으로 보지 않고, 최대지분권자가 상속받은 주택을 소유한 것으로 보아 상속인별로 보유주택 수에 따라 1세대1주택 비과세 여부를 판단한다.

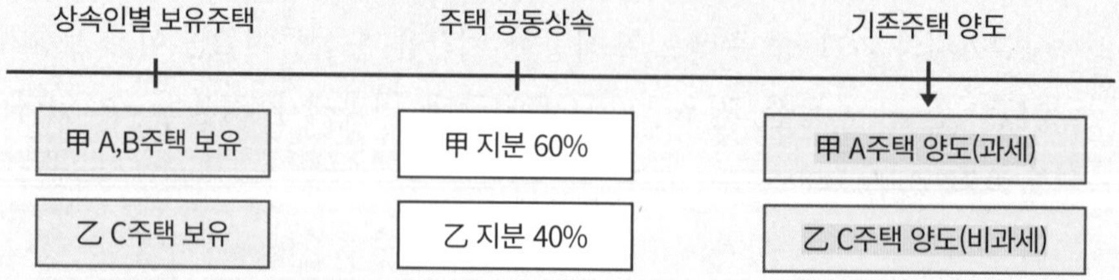

2) 주택 공동소유자가 동일세대인 경우

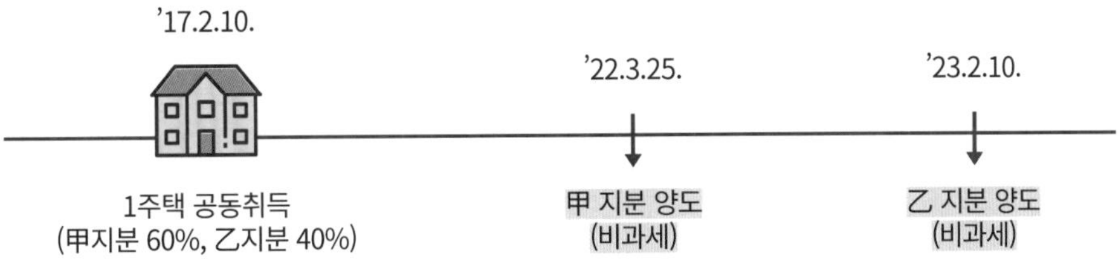

- 甲과 乙은 동일세대원으로서 공동취득한 주택 외에 다른 주택을 보유하고 있지 않음

2 다가구주택

1) 다가구주택을 양도하는 경우 비과세여부 판단

다가구주택은 건축법상 단독주택으로 취급하고 있으나, 비해 세법상으로는 공동주택으로 규정하고 있다. 다만, 예외적으로 다가구주택 전체를 하나의 매매단위로 하여 일괄로 취득하거나 양도하는 경우에는 단독주택으로 보아 1세대1주택 비과세 여부를 판단한다.

사례 1

1인이 다가구주택을 단독소유하다 부담부증여하는 경우

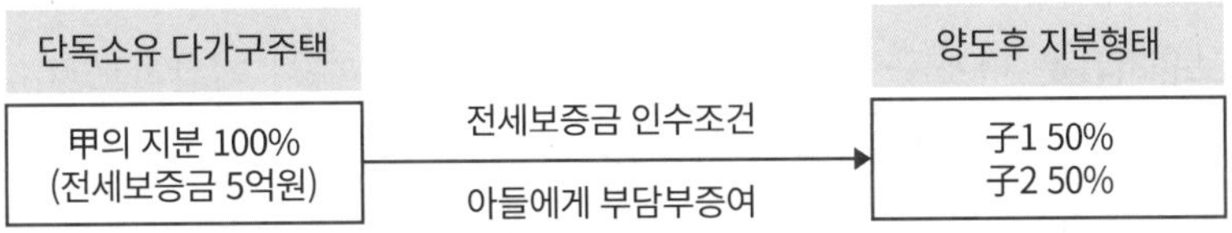

해설 소득세법 시행령 제155조 제15항에 따라 다가구주택을 하나의 매매단위로 양도하는 경우에는 전체를 하나의 주택으로 보고 1세대1주택 비과세 여부를 판단하는 것이며, 다가구주택을 부담부증여한 경우 양도로 보는 채무액에 대하여도 동일하게 1세대1주택 비과세가 적용될 수 있다(기재부 조세법령운용과-340, 2022.4.1).

사례 2

공동소유하는 다가구주택 지분 전체를 양도하는 경우

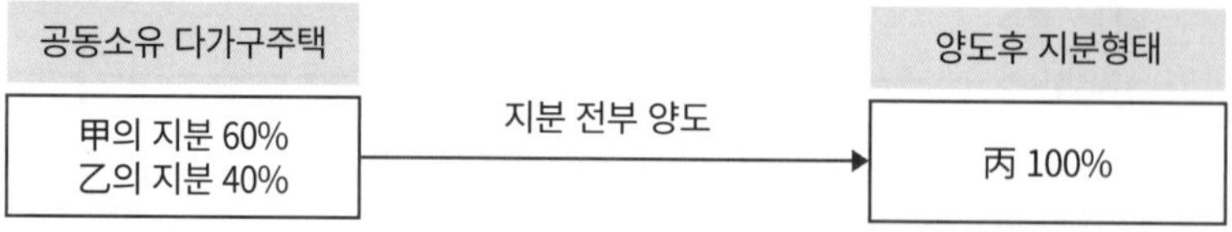

해설 다가구주택을 공동으로 소유하다가 주택 지분 전체를 일괄 양도한 경우에는 1개의 주택을 양도한 것이므로 1세대1주택 비과세가 적용된다.

대비사례

공동소유하는 다가구주택 지분 일부를 양도하는 경우

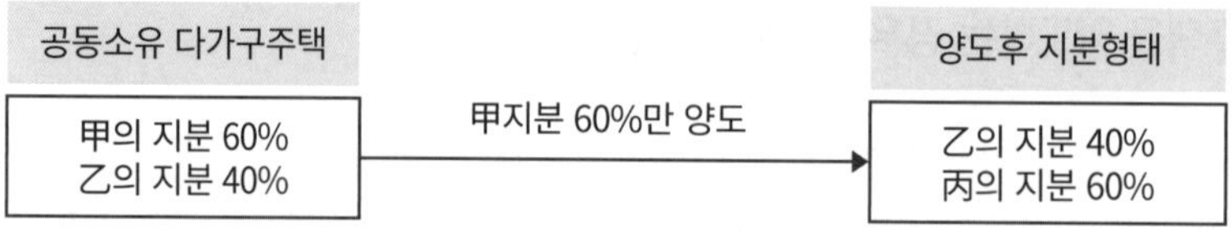

해설 다가구주택을 공동으로 소유하던 중 공동 소유자 중 특정인의 지분만을 양도하는 경우에는 단독주택의 양도가 아닌 공동주택을 양도한 것으로 보아 1세대1주택 비과세가 적용되지 않는다(법령해석재산-0089, 2017.3.30).

2) 다세대주택을 다가구주택으로 용도변경하는 경우 비과세 판단

① 종전에는 다세대주택을 다가구주택으로 용도변경한 경우 비과세를 적용받기 위한 보유기간은 다가구주택으로 용도변경된 날부터 다시 기산하므로, 용도변경 후 2년 이상 경과하지 않은 상태에서 다가구주택을 일괄 양도하는 경우에는 1세대 1주택 비과세를 적용받을 수 없었다(법령해석재산-669, 2017.12.28).

그러나 다가구주택의 층수 요건 등을 미충족하여 주택을 양도하기 전에 일부 층을 상가로 용도변경(재산세제과-1322, 2022.10.21 참조)하거나 불법으로 증축된 옥탑을 멸실(재산세제과-1543, 2022.12.20 참조)한 후, 2년 이내에 해당 주택을 양도하는 경우 양도 당시 다가구주택 요건을 충족하고 주택의 전체 보유기간이 2년 이상이면 1세대 1주택 비과세를 적용받을 수 있다(서울행법2020구간

65886, 2021.11.24).

② 2017.8.2. 이전 취득한 조정대상지역에 있는 다세대주택을 2017.8.3. 이후 다가구주택으로 용도변경한 후 하나의 매매단위로 양도하는 경우 보유기간 중 2년 이상 거주요건을 충족하지 않은 경우에도 비과세가 된다(법령해석재산-2448, 2021.3.9).

3) 다가구주택 판단시 실무상 주의사항

주택으로 사용하는 층수가 3개층 이하로 건축법상 다가구주택의 요건을 갖추어 건축허가를 받은 후 옥탑 등을 불법으로 증축하거나 상가를 주택으로 용도 변경하여 주택으로 사용한 층수가 3개층을 초과하는 경우에는 단독주택이 아닌 공동주택으로 보아 1세대1주택 비과세를 적용받을 수 없을 뿐만 아니라 오히려 다주택자 중과세 대상이 될 수 있다.

[건축법상 다가구주택과 다세대주택 비교]

구 분	다가구주택	다세대주택
층수	3개층 이하(지하층 제외*)	4개층 이하(지하층 제외*)
연면적	1개 동의 주택으로 쓰는 바닥면적의 합계가 660㎡ 이하	
세대수	19세대 이하	제한 없음
주택법상	단독주택	공동주택
등기사항	다가구주택 전체 단독등기	각 호수별로 구분등기

* 지하층은 층수 계산시에만 제외하고, 연면적 및 세대수 계산시에는 포함한다.

4) 관련 해석사례

주택으로 사용된 층수가 3층부터 5층까지 3개 층에 이를 뿐 아니라 옥탑층도 주택용도로 사용되고 있어 주택으로 사용하는 층수가 3층 이하에 해당하는 건축법상 다가구주택의 요건을 충족하지 못하여 다세대주택으로 분류되므로 양도자가 거주한 5층에 대해서만 1세대1주택 비과세가 적용되고, 나머지 주택 부분에 대하여는 양도소득세가 과세된다(조심2018서4380, 2019.06.27).

여기서 잠깐 _ 다가구주택의 주택 층수에 포함되는 옥탑 등의 기준

다가구주택은 주택으로 사용하는 층수가 3개층 이하에 해당해야 한다. 이 경우 다가구주택의 옥탑 등은 주택 층수에 포함되지 않으나 건축법시행령 제119조(면적 등의 산정방법)에 따라 승강기탑, 계단탑, 망루, 장식탑, 옥탑 그 밖에 이와 비슷한 건축물의 옥상 부분으로서 그 수평투영면적의 합계가 해당 주택 건축면적의 $1/8$을 초과하는 경우에는 주택으로 사용하는 층수에 산입하여 건축법상 다가구주택에 해당하는지 여부를 판단한다. 다만, 옥탑 등의 면적이 $1/8$이하 이더라도 사실상 주거용으로 사용하는 경우에는 주택 층수에 포함될 수도 있음에 유의해야 한다.

[다세대주택으로 분류되는 경우]

4층 옥탑	15㎡
3층 주택 100㎡	
2층 주택 100㎡	
1층 주택 100㎡	
옥탑면적이 주택건축면적의 1/8초과 → 15㎡ > 100㎡ x 1/8 =12.5㎡	

[다가구주택으로 분류되는 경우]

4층 옥탑	10㎡
3층 주택 100㎡	
2층 주택 100㎡	
1층 주택 100㎡	
옥탑면적이 주택건축면적의 1/8이하 → 10㎡ ≤ 100㎡ x 1/8 =12.5㎡	

계산사례

다가구주택 요건을 충족한 토지와 주택을 일괄 양도하는 경우

1. 1세대 1주택 비과세 요건을 충족한 다가구주택 취득 및 양도내역

양도물건	층별	용도	면적(가구수)	취득일	취득가액	양도일 및 일괄 양도가액
부수토지			300㎡	2013.7.25. (매매)	불분명	2023.4.15. (32억원)
건물	1층	다가구	150㎡(3가구)	2017.2.10. (신축)	10억원	
	2층	다가구	100㎡(2가구)			
	3층	다가구	100㎡(2가구)			

① 양도한 다가구주택은 수도권 내 도시지역(일반주거지역)에 소재하고 있으며, 양도일 현재 1층~2층은 임대 중이고 3층은 취득일부터 양도일까지 본인이 계속하여 거주하였다.

② 주택의 취득세 등 기타 필요경비 합계액은 75,000,000원이다.

③ 토지의 취득세 등 기타 필요경비 합계액은 30,000,000원이다.

2. 다가구주택의 개별주택가격 자료

공시일자	대지면적(㎡)		건물연면적(㎡)		개별주택가격
	전체	산정	전체	산정	
2022.4.29.	300	300	350	350	2,600,000,000원

3. 토지 및 건물의 기준시가 자료

구 분	토지 개별공시지가	주택건물 기준시가
양도당시 기준시가	4,000,000원/㎡	2,500,000원/㎡
취득당시 기준시가	1,750,000원/㎡	1,500,000원/㎡

해설

	구 분	주 택	토 지	합 계
	양도가액	1,349,397,590	1,850,602,410	3,200,000,000
(−)	취득가액	1,000,000,000	809,594,804	1,809,594,804
(−)	기타필요경비	75,000,000	15,750,000	90,750,000
(=)	양도차익	274,397,590	1,025,257,606	1,299,655,196
(−)	고가주택양도차익	171,498,494	640,786,004	812,284,498
(−)	장기보유특별공제	38,219,664	169,808,290	208,027,954
(=)	양도소득금액	-	-	604,256,544
(−)	기본공제	-	-	2,500,000
(=)	과세표준	-	-	601,756,544
(×)	세율	-	-	42%
(−)	누진공제	-	-	35,940,000
(=)	산출세액	-	-	216,797,748
(+)	지방소득세	-	-	21,679,774
(=)	총부담세액	-	-	238,477,522

1. 주택과 부수토지 면적 안분계산

구 분	건물 연면적	건물 정착면적	부수토지면적	기준면적이내	기준면적초과
면 적	350㎡	150㎡	300㎡	150㎡×3배= 450㎡	-

2. 양도가액 계산

1) 양도당시 토지 및 건물 기준시가 합계(①+②) = 2,075,000,000

① 건물 기준시가 : 2,500,000원 × 350㎡ = 875,000,000

② 토지 기준시가 : 4,000,000원 × 300㎡ = 1,200,000,000

2) 개별주택가격 2,600,000,000 토지 및 건물 기준시가로 안분

① 주택 : $2{,}600{,}000{,}000 \times \frac{875{,}000{,}000}{2{,}075{,}000{,}000} = 1{,}096{,}385{,}542$

② 토지 : 2,600,000,000 - 1,096,385,542 = 1,503,614,458

3) 일괄 양도가액 3,200,000,000 토지 및 건물 기준시가로 안분

① 주택 : $3{,}200{,}000{,}000 \times \frac{1{,}096{,}385{,}542}{2{,}600{,}000{,}000} = 1{,}349{,}397{,}590$

② 토지 : 3,200,000,000 - 1,349,397,590 = 1,850,602,410

※ 토지와 건물의 취득시기가 다른 주택을 일괄 양도하는 경우 일괄 고시된 개별주택가격을 주택건물 기준시가와 토지 기준시가로 안분한 다음 일괄 양도가액을 다시 안분된 주택건물 기준시가와 토지 기준시가로 안분한다(부동산거래관리과-0762, 2011.8.31).

3. 취득가액 계산

1) 주택(실제 취득가액) : 1,000,000,000

2) 토지(환산 취득가액) : 809,594,804

① 양도당시 기준시가 : 1,200,000,000

② 취득당시 기준시가 : 1,750,000 × 300㎡ = 525,000,000

③ 환산취득가액 : $1{,}850{,}602{,}410 \times \frac{525{,}000{,}000}{1{,}200{,}000{,}000} = 809{,}594{,}804$

4. 기타 필요경비

1) 주택(실제 지출가액) : 75,000,000

2) 토지(필요경비 개산공제) : 525,000,000 × 3% = 15,750,000

5. 1세대1주택 고가주택 양도차익

1) 주택 : $274,397,590 \times \frac{3,200,000,000 - 1,200,000,000}{3,200,000,000} = 171,498,494$

2) 토지 : $1,025,257,606 \times \frac{3,200,000,000 - 1,200,000,000}{3,200,000,000} = 640,786,004$

6. 장기보유특별공제 계산

1) 주택 : ① + ② = 38,219,664

① 임대 : $171,498,494 \times 12\%(6년 \times 2\%) \times \frac{250m^2}{350m^2} = 14,699,871$

② 거주 : $171,498,494 \times 48\%(6년 \times 4\% + 6년 \times 4\%) \times \frac{100m^2}{350m^2} = 23,519,793$

2) 주택 부수토지 : ① + ② = 169,808,290

① 임대 : $640,786,004 \times 18\%(9년 \times 2\%) \times \frac{215m^{2\,1)}}{300m^2} = 82,661,394$

② 거주 : $640,786,004 \times 48\%(6년 \times 4\% + 6년 \times 4\%) \times \frac{85m^{2\,2)}}{300m^2} = 87,146,896$

1) 주택부수토지 임대면적 : $300m^2 \times \frac{250m^2}{350m^2} = 215m^2$

2) 주택부수토지 거주면적 : $300m^2 \times \frac{100m^2}{350m^2} = 85m^2$

3 겸용주택

1) 개요

하나의 건물이 주거용으로 사용되는 주택부분과 주택 이외의 부분으로 복합되어 있는 경우를 겸용주택이라 한다. 2021.12.31까지는 주택면적과 주택 이외의 면적 크기에 따라 1세대1주택 비과세 규정을 적용하였으나 2022.1.1 이후 양도분부터는 겸용주택의 양도가액이 12억원을 초과하는 고가주택은 주택과 주택 이외의 면적 크기에 관계없이 주택부분만 주택으로 보아 비과세 여부를 판단한다. 다만, 양도가액이 12억원 이하인 경우에는 종전규정대로 면적 크기에 따라 비과세 여부를 판단한다.

2) 겸용주택의 전체 양도가액이 12억원 이하인 경우 비과세 여부 및 양도소득금액 계산

① 주택 연면적이 주택 이외 연면적보다 큰 경우

1세대 1주택자가 주택 연면적이 주택이외 연면적보다 큰 겸용주택을 양도한 경우 건물 전체를 주택으로 보아 1세대1주택 비과세 규정을 적용한다. 이 경우 겸용주택의 부수토지 면적계산시 건물 정착면적을 주택 정착면적보고 기준면적 초과 여부를 판단한다.

② 주택면적이 주택 이외 면적보다 작거나 같은 경우

1세대1주택 비과세 요건을 갖춘 겸용주택의 주택면적이 주택이외 면적보다 작거나 같은 경우 주택부분의 양도차익에 대해서만 전액 비과세하고, 주택 이외 부분의 양도차익에 대해서는 과세하되 최대 30%의 장기보유특별공제가 적용된다. 이 경우 겸용주택의 부수토지 면적계산시 전체 부수토지를 주택과 주택 이외 부분으로 각각 안분한 후 기준면적 초과 여부를 판단한다.

[전체 양도가액 12억원 이하 1세대1주택 겸용주택의 양도소득금액 계산방법]

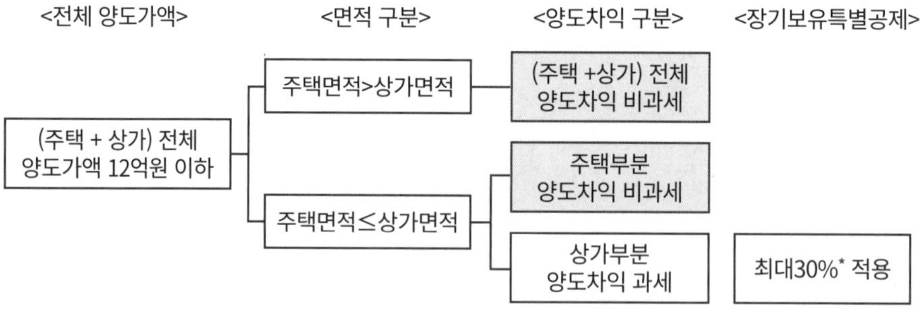

* 일반자산에 대한 장기보유특별공제율(보유연수×2%)

사례

전체 양도가액이 12억원 이하인 경우 양도소득금액 계산

1. 비과세요건을 충족한 겸용주택으로서 전체 양도가액 12억원, 전체 취득가액 7억원
   ① 양도당시 기준시가 : 주택 6억원, 상가 4억원
   ② 취득당시 기준시가 : 주택 3억원, 상가 2억원
2. 주택과 상가의 보유기간은 5년이며, 당해 주택에 거주한 기간은 없음

	구 분	주택면적 > 상가면적	주택면적 ≤ 상가면적	
			주택	상가
	양도가액	1,200,000,000	720,000,000[1)]	480,000,000[2)]
(-)	취득가액	700,000,000	420,000,000[3)]	280,000,000[4)]
(=)	전체 양도차익	500,000,000	300,000,000	200,000,000
(-)	비과세 양도차익	500,000,000	300,000,000	-
(=)	과세대상 양도차익	-	-	200,000,000
(-)	장기보유특별공제	-	-	20,000,000[5)]
(=)	양도소득금액	-	-	180,000,000

1) $1,200,000,000 \times \frac{600,000,000}{1,000,000,000} = 720,000,000$

2) $1,200,000,000 \times \frac{400,000,000}{1,000,000,000} = 480,000,000$

3) $700,000,000 \times \frac{300,000,000}{500,000,000} = 420,000,000$

4) $700,000,000 \times \frac{200,000,000}{500,000,000} = 280,000,000$

5) 200,000,000 × 10%(5년 × 2%) = 20,000,000

※ 주택 및 상가의 양도가액 및 취득가액은 양도당시(취득당시) 기준시가 비율로 안분

3) 겸용주택의 전체 양도가액이 12억원 초과하는 경우 비과세 여부 및 양도소득금액 계산

겸용주택의 전체 양도가액이 12억원을 초과하는 경우에는 건물면적과 상관없이 아래와 같이 안분계산된 주택의 양도가액을 기준으로 1세대1주택 비과세 및 장기보유특별공제 규정을 적용한다.

[전체 양도가액 12억원 초과 1세대1주택 겸용주택의 양도소득금액 계산방법]

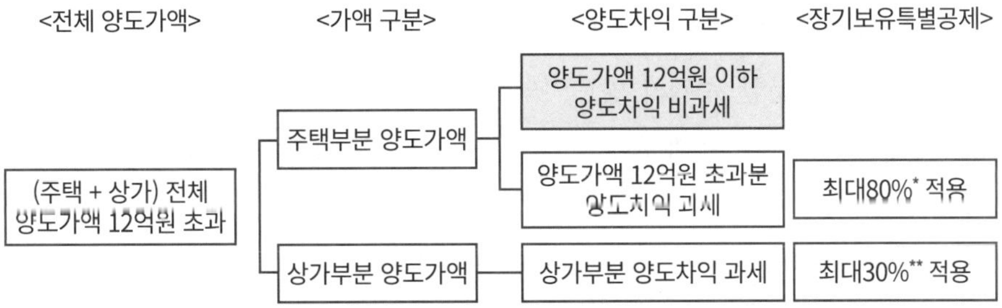

* 1세대1주택 고가주택의 양도차익에 대한 장기보유특별공제율(보유연수×4% + 거주연수×4%)

** 일반자산에 대한 장기보유특별공제율(보유연수×2%)

① 겸용주택의 전체 양도가액이 12억원을 초과하는 경우로서 양도당시 기준시가 등으로 안분한 주택의 양도가액이 12억원 이하인 경우 주택부분의 양도차익에 대해서는 전액 비과세하고, 주택 이외 부분의 양도차익에 대해서는 과세하되 최대 30%의 장기보유특별공제가 적용된다.

사례

전체 양도가액 중 주택부분 양도가액이 12억원 이하인 경우 양도소득금액 계산

1. 비과세요건을 충족한 겸용주택으로서 전체 양도가액 18억원, 전체 취득가액 5억원
① 양도당시 기준시가에 따라 안분계산된 양도가액 : 주택 11억원, 상가 7억원
② 취득당시 기준시가에 따라 안분계산된 취득가액 : 주택 4억원, 상가 1억원
2. 주택과 상가의 보유기간은 10년이며, 당해 주택에 거주한 기간은 없음

해설

	구 분	주택	상가
	양도가액	1,100,000,000	700,000,000
(-)	취득가액	400,000,000	100,000,000
(=)	전체 양도차익	700,000,000	600,000,000
(-)	비과세 양도차익	700,000,000[1)]	-
(=)	과세대상 양도차익	-	600,000,000
(-)	장기보유특별공제	-	120,000,000[2)]
(=)	양도소득금액	-	480,000,000

1) 1세대1주택 비과세요건을 충족한 주택부분 양도가액이 12억원 이하이므로 전액 비과세
2) 600,000,000 × 20%(10년 × 2%) = 120,000,000

② 겸용주택의 전체 양도가액이 12억원을 초과하는 경우로서 양도당시 기준시가 등으로 안분한 주택의 양도가액이 12억원을 초과하는 경우 주택부분의 양도차익 중 12억원 초과분에 상당하는 가액에서 대해서만 과세하고, 최대 80%의 장기보유특별공제를 적용하며, 주택 이외 부분의 양도차익 대해서는 과세하되 최대 30%의 장기보유특별공제가 적용된다.

사례

전체 양도가액 중 주택부분 양도가액이 12억원을 초과하는 경우 양도소득금액 계산

1. 비과세요건을 충족한 겸용주택으로서 전체 양도가액 25 억원, 전체 취득가액 8억원
   ① 양도당시 기준시가에 따라 안분계산된 양도가액 : 주택 16억원, 상가 9억원
   ② 취득당시 기준시가에 따라 안분계산된 취득가액 : 주택 6억원, 상가 2억원
2. 주택과 상가의 보유기간은 10년이며, 당해 주택에 거주한 기간은 없음

해설

	구 분	주택	상가
	양도가액	1,600,000,000	900,000,000
(−)	취득가액	600,000,000	200,000,000
(=)	전체 양도차익	1,000,000,000	700,000,000
(−)	비과세 양도차익	750,000,000[1)]	-
(=)	과세대상 양도차익	250,000,000	700,000,000
(−)	장기보유특별공제	50,000,000[2)]	140,000,000[3)]
(=)	양도소득금액	200,000,000	560,000,000

1) $1{,}000{,}000{,}000 \times \frac{1{,}200{,}000{,}000}{1{,}600{,}000{,}000} = 750{,}000{,}000$

2) 250,000,000 × 20%(10년 × 2%) = 50,000,000

3) 700,000,000 × 20%(10년 × 2%) = 140,000,000

4) 겸용주택의 부수토지 면적계산

① 겸용주택의 주택정착면적과 주택에 부수되는 토지면적 계산

겸용주택과 그 부수토지를 함께 양도하는 경우 주택에 부수되는 토지는 ① 전체 토지면적에 주택부분의 연면적이 건물의 전체연면적에서 차지하는 비율을 곱하여 계산하고, ② 주택의 정착면적에 ③ 용도 지역별 적용배율(3배, 5배, 10배)을 곱하여 산정한 다음 기준면적 이내분 부수토지는 비과세하고 ④ 기준면적 초과분 부수토지는 비사업용 토지로 보아 기본세율에 10%를 가산한다.

① 주택부수토지면적 안분계산

• 주택의 부수토지 = 전체 부수토지면적 × $\frac{\text{주택부분 연면적}}{\text{건물전체 연면적}}$

② 건물정착면적 안분계산

• 주택의 정착면적 = 건물 전체정착면적 × $\frac{\text{주택부분 연면적}}{\text{건물전체 연면적}}$

③ 비과세분 주택 부수토지(기준면적 이내)

• ②의 정착면적 × 적용배율(3배, 5배, 10배)

④ 과세분 주택 부수토지(기준면적 초과)

• ① - ③ = 비사업용 토지(기본세율 + 10%)

② 겸용주택의 주택 이외에 부수되는 토지면적 계산

겸용주택과 그 부수토지를 함께 양도하는 경우 주택 이외에 부수되는 토지는 ① 전체 토지면적에 주택 이외의 연면적이 건물의 전체연면적에서 차지하는 비율을 곱하여 계산하고, ② 주택 이외의 정착면적에 ③ 용도지역별 적용배율(3배, 4배, 5배, 7배)을 곱하여 산정한 기준면적 이내분 부수토지는 재산세가 별도합산과세되므로 기본세율을 적용하고 ④ 기준면적 초과분 부수토지는 재산세가 종합과세되므로 비사업용 토지로 보아 기본세율에 10%를 가산한다.

① 주택 이외의 부수토지면적 안분계산

• 주택 이외의 부수토지 = 전체 부수토지면적 × $\frac{\text{주택외의 연면적}}{\text{건물전체 연면적}}$

② 건물정착면적 안분계산

• 주택 이외의 정착면적 = 건물 전체정착면적 × $\frac{\text{주택외의 연면적}}{\text{건물전체 연면적}}$

③ 기본세율 적용 주택 이외의 부수토지(기준면적 이내)

• ②의 정착면적 × 적용배율(3배, 4배, 5배, 7배)

④ 중과세율 적용 주택 이외의 부수토지(기준면적 초과)

• ① - ③ = 비사업용 토지(기본세율 + 10%)

사례 1

양도가액 12억원 이하 겸용주택의 부수토지 기준면적 이내(초과) 여부 판단

1. 비과세요건을 충족한 3층 겸용주택으로 건물정착면적 : 100㎡
2. 전체 부수토지 면적 : 800㎡
3. 소재지 : 수도권 내 도시지역(일반주거지역)

해설

구 분	주택 연면적 >상가 연면적 (주택 150㎡ > 상가 100㎡)	주택 연면적 < 상가 연면적 (주택 100㎡ < 상가 150㎡)
주택 부수토지	800㎡	주택 : 800㎡ × 100/250 = 320㎡ 상가 : 800㎡ × 150/250 = 480㎡
건물 정착면적	상가 연면적보다 주택 연면적이 크므로 100㎡ 전체를 주택정착면적으로 한다.	주택 : 100㎡ × 100/250 = 40㎡ 상가 : 100㎡ × 150/250 = 60㎡
기준면적 이내	100㎡ × 3배 = 300㎡(비과세)	주택 : 40㎡ × 3배 = 120㎡(비과세) 상가 : 60㎡ × 4배 = 240㎡(과세)
기준면적 초과	800㎡ - 300㎡ = 500㎡(비사업용)	주택 : 320㎡ - 120㎡ = 200㎡(비사업용) 상가 : 480㎡ - 240㎡ = 240㎡(비사업용)

사례 2

양도가액 12억원 초과 겸용주택의 부수토지 기준면적 이내(초과) 여부 판단

1. 비과세요건을 충족한 3층 겸용주택으로 건물정착면적 : 100㎡
2. 전체 부수토지 면적 : 800㎡
3. 소재지 : 수도권 내 도시지역(일반주거지역)

해설

구 분	주택 연면적 >상가 연면적 (주택 150㎡ > 상가 100㎡)	주택 연면적 < 상가 연면적 (주택 100㎡ < 상가 150㎡)
주택 부수토지	주택 : 800㎡ × 150/250 = 480㎡ 상가 : 800㎡ × 100/250 = 320㎡	주택 : 800㎡ × 100/250 = 320㎡ 상가 : 800㎡ × 150/250 = 480㎡
건물 정착면적	주택 : 100㎡ × 150/250 = 60㎡ 상가 : 100㎡ × 100/250 = 40㎡	주택 : 100㎡ × 100/250 = 40㎡ 상가 : 100㎡ × 150/250 = 60㎡
기준면적 이내	주택 : 60㎡ × 3배 = 180㎡(비과세) 상가 : 40㎡ × 4배 = 160㎡(과세)	주택 : 40㎡ × 3배 = 120㎡(비과세) 상가 : 60㎡ × 4배 = 240㎡(과세)
기준면적 초과	주택 : 480㎡ - 180㎡ = 300㎡(비사업용) 상가 : 320㎡ - 160㎡ = 160㎡(비사업용)	주택 : 320㎡ - 120㎡ = 200㎡(비사업용) 상가 : 480㎡ - 240㎡ = 240㎡(비사업용)

5) 공용으로 사용되는 부분의 면적산정 방법

겸용주택의 용도구분은 양도일 현재 실제 사용 용도에 따라 판단하지만, 그 사용 용도가 불분명한 경우에는 주택의 면적과 주택 이외의 면적 비율로 안분 계산 한다. 예를 들어 지하실, 계단, 보일러실, 옥탑방, 창고 등의 부분은 그 사용 용도를 확인하여 주택 전용으로 사용되었다면 주택면적에 포함하지만, 주택과 주택 이외의 사용 용도가 불분명한 경우에는 공용으로 사용한 것으로 보아 아래와 같이 주택면적과 주택 이외의 면적 비율로 안분 계산한다(부동산납세과-250, 2013.12.24).

▪ 공용으로 사용되는 건물의 안분계산

$$\text{주택면적} = \text{주택 전용면적} + \text{공용면적} \times \frac{\text{주택면적}}{\text{주택면적} + \text{주택이외 면적}}$$

따라서, 건물면적을 공부상으로만 판단하지 말고, 개별주택가격확인원상의 주택면적, 재산세 과세자료, 포털사이트의 항공사진·로드뷰사진, 현장확인 등을 통해 실제 주택면적 여부를 추가 확인해야 한다.

6) 겸용주택의 취득가액 또는 양도가액 안분계산

① 취득가액 또는 양도가액을 자산별 기준시가로 안분하는 경우 계산방법

겸용주택을 일괄 양도하는 경우로서 기준시가로 안분할 때 주택부분은 고시된 개별주택가격에 의하며, 주택 이외의 건물과 부수토지에 대하여는 일반건물의 기준시가 및 토지의 기준시가를 적용하여 안분 계산한다.

① 주택과 주택 부수토지의 취득가액 또는 양도가액

㉠ 전체 취득(양도)가액 × $\frac{\text{개별주택가격}}{\text{개별주택가격 + 상가 및 상가 부수토지 기준시가}}$

㉡ 주택분 취득(양도)가액 = ㉠ × $\frac{\text{주택 기준시가}}{\text{주택 기준시가 + 주택 부수토지 기준시가}}$

㉢ 주택 부수토지의 취득(양도)가액 = ㉠ - ㉡

② 상가의 취득가액 또는 양도가액

= 전체 취득(양도)가액 × $\frac{\text{상가 기준시가}}{\text{개별주택가격 + 상가 및 상가 부수토지 기준시가}}$

③상가 부수토지의 취득가액 또는 양도가액

= 전체 취득(양도)가액 - (①+②)

② 일괄 취득 또는 양도시 양도가액 등을 계약서에 구분한 경우 안분계산

겸용주택의 취득가액 또는 양도가액은 이를 각각 구분하여 기장하되, 구분기장 하지 않아 그 가액 구분이 불분명할 때에는 「부가가치세법 시행령」 제64조에서 정하는 바에 따라 안분계산한다. 즉, 감정가액이 모두 있는 경우에는 감정가액에 의하고, 감정가액이 없는 경우에는 기준시가 등으로 안분계산한 금액으로 한다.

만일 구분 기장한 가액이 기준시가 등으로 안분한 가액과 30% 이상 차이가 있는 경우에는 가액 구분이 불분명한 것으로 보아 기준시가 등으로 안분 계산한다.

사례

겸용주택을 일괄양도하는 경우 양도가액 계산

●2023.4.1. 겸용주택을 30억원에 일괄양도

구 분	계약서상 가액	기준시가
주택 및 주택부수토지	18억원	10억원
상가	4억원	4억원
상가부수토지	8억원	6억원

* 겸용주택의 양도가액에는 부가가치세가 포함되어 있지 않으며, 양도 당시 감정평가액은 없다.

해설

구 분	계약서상 가액	기준시가로 안분한 가액	비율 차이
주택 및 주택부수토지	18억원	30억원 × $\frac{10억원}{20억원}$ = 15억원	$\frac{(18억원-15억원)}{15억원}$ = 20%
상가	4억원	30억원 × $\frac{4억원}{20억원}$ = 6억원	$\frac{(6억원-4억원)}{6억원}$ = 33.33%
상가부수토지	8억원	30억원 × $\frac{6억원}{20억원}$ = 9억원	$\frac{(9억원-8억원)}{9억원}$ = 11.11%

계약서상 가액과 기준시가로 안분한 가액의 비율 차이가 주택 및 주택부수토지와 상가부수토지는 30%미만이지만, 상가의 경우 33.33%로 30% 이상 차이가 발생하므로 토지 및 건물의 가액이 불분명한 경우에 해당하므로 기준시가로 안분한 가액 ① 주택 및 주택부수토지 : 15억원, ② 상가 : 6억원, ③ 상가부수토지 : 9억원을 각각 양도가액으로 한다.

종합사례 1

양도가액이 12억원 이하인 겸용주택(주택면적>상가면적)을 양도하는 경우

1. 1세대 1주택 비과세 요건을 충족한 겸용주택 취득 및 양도내역

양도물건	층별	용도	면적(가구수)	양도일 및 일괄 양도가액	취득일 및 일괄 취득가액
부수토지			500㎡	2023.4.25. (1,200,000,000원)	2014.7.15. (불분명)
건물	1층	상가	100㎡		
	2층	주택	100㎡(2가구)		
	3층	주택	100㎡(3가구)		
	4층	주택	100㎡(1가구)		

① 양도한 건물은 수도권 내 도시지역(일반주거지역)에 소재하고 있으며, 양도일 현재 1층~3층은 임대 중이고 4층은 취득일부터 양도일까지 본인이 계속하여 거주하였다.
② 취득세 등 필요경비 합계액은 30,000,000원이다.

2. 겸용주택의 개별주택가격 자료

공시일자	대지면적(㎡)		건물연면적(㎡)		개별주택가격
	전체	산정	전체	산정	
2022.4.29.	500	375	400	300	750,000,000원
2014.4.30.	500	375	400	300	300,000,000원

3. 토지 및 건물의 기준시가 자료

구 분	토지 (개별공시지가)	건물(일반건물 기준시가)	
		주택	상가
양도당시 기준시가	1,250,000원/㎡	600,000원/㎡	500,000원/㎡
취득당시 기준시가	500,000원/㎡	250,000원/㎡	200,000원/㎡

해설

	구 분	건물 및 부수토지	토 지(비사업용)	합 계
	양도가액	849,552,306	350,447,694	1,200,000,000
(-)	취득가액	341,064,425	138,935,574	479,999,999
(-)	기타필요경비	8,153,571	3,321,428	11,474,999
(=)	양도차익	500,334,310	208,190,692	708,525,002
(-)	비과세양도차익	500,334,310	-	500,334,310
(-)	장기보유특별공제	-	33,310,510	33,310,510
(=)	양도소득금액	-	174,880,182	174,880,182
(-)	기본공제	-	2,500,000	2,500,000
(=)	과세표준	-	172,380,182	172,380,182
(×)	세율	-	48%	48%
(-)	누진공제	-	19,940,000	19,940,000
(=)	산출세액	-	62,802,487	62,802,487
(+)	지방소득세	-	6,280,248	6,280,248
(=)	총부담세액	-	69,082,735	69,082,735

1. 건물과 부수토지 면적 안분계산

구 분	건물 연면적	건물 정착면적	부수토지면적	기준면적이내	기준면적초과
면 적	400㎡	100㎡[1)]	500㎡	100㎡×3배[2)]= 300㎡	200㎡[3)]

1) 주택정착면적은 $100㎡ \times \frac{300㎡}{400㎡} = 75㎡$ 이지만 주택연면적이 상가면적보다 큰 경우에는 건물 전체가 주택에 해당하므로 100㎡를 주택정착면적으로 본다.

2) 수도권 내 도시지역(일반주거지역)의 용도지역별 배율은 3배이다.

3) 기준면적초과 200㎡(500㎡ - 300㎡)는 비사업용토지로 기본세율 + 10%가 추가과세 된다.

2. 양도가액 계산

1) 자산별 양도당시 기준시가 안분계산

주택		상가	
건물	토지	건물	토지
208,092,485[1)]	541,907,515[2)]	500,000×100㎡ = 50,000,000	1,250,000×125㎡ = 156,250,000

1) $750,000,000 \times \dfrac{180,000,000}{648,750,000^{*}} = 208,092,485$

* 주택 및 부수토지 기준시가 : 600,000 × 300㎡ + 1,250,000 × 375㎡ = 648,750,000

2) 750,000,000 - 208,092,485 = 541,907,515

2) 건물 양도가액 = 전체 양도가액 × $\dfrac{\text{주택 및 상가 기준시가 합계}}{\text{건물 기준시가 합계 + 토지 기준시가 합계}}$

323,880,765 (비과세) $= 1,200,000,000 \times \dfrac{208,092,485 + 50,000,000}{258,092,485 + 698,157,515}$

※ 양도가액이 12억 이하로서 주택면적이 상가면적보다 큰 경우에는 전부 주택으로 보아 건물분 전체 양도가액 비과세

3) 토지 양도가액 = 1,200,000,000 - 323,880,765 = 876,119,235

4) 토지 양도가액 안분

① 기준면적이내 : $876,119,235 \times \dfrac{300㎡}{500㎡} = 525,671,541$(비과세)

② 기준면적초과 : 876,119,235 - 525,671,541 = 350,447,694(기본세율 + 10%)

3. 취득가액 계산

1) 자산별 취득당시 기준시가 안분계산

주택		상가	
건물	토지	건물	토지
85,714,286[1)]	214,285,714[2)]	200,000×100㎡ = 20,000,000	500,000×125㎡ = 62,500,000

1) $300,000,000 \times \dfrac{75,000,000}{262,500,000^{*}} = 85,714,286$

* 주택 및 토지 기준시가 = 250,000 × 300㎡ + 500,000 × 375㎡ = 262,500,000

2) 300,000,000 - 85,714,286 = 214,285,714

2) $\frac{\text{건물 취득가액}}{}$

2) 건물 취득가액(환산취득가액) = 건물 양도가액 × $\dfrac{\text{취득당시 주택 및 상가 기준시가 합계}}{\text{양도당시 주택 및 상가 기준시가 합계}}$

132,661,064(비과세) = 323,880,765 × $\dfrac{85{,}714{,}286 + 20{,}000{,}000}{208{,}092{,}485 + 50{,}000{,}000}$

3) 토지 취득가액(환산취득가액) = 토지 양도가액 × $\dfrac{\text{취득당시 토지 기준시가 합계}}{\text{양도당시 토지 기준시가 합계}}$

347,338,935 = 876,119,235 × $\dfrac{214{,}285{,}714 + 62{,}500{,}000}{541{,}907{,}515 + 156{,}250{,}000}$

4) 토지 환산취득가액 안분

① 기준면적이내 : 347,338,935 × $\dfrac{300㎡}{500㎡}$ = 208,403,361(비과세)

② 기준면적초과 : 347,338,935 - 208,403,361 = 138,935,574(기본세율+10%)

4. 기타 필요경비(필요경비 개산공제) 계산

1) 주택 및 상가 건물분 : (85,714,286 + 20,000,000) × 3% = 3,171,428(비과세)

2) 건물 부수토지 필요경비 안분

① 기준면적이내 : (214,285,714 + 62,500,000) × $\dfrac{300㎡}{500㎡}$ × 3% = 4,982,143(비과세)

② 기준면적초과 : (214,285,714 + 62,500,000) × $\dfrac{200㎡}{500㎡}$ × 3% = 3,321,428(기본세율+10%)

5. 비사업용토지 장기보유특별공제 계산

208,190,692 × 16%(8년 × 2%) = 33,310,510

종합사례 2

양도가액이 12억원 이하인 겸용주택(주택면적〈상가면적)을 양도하는 경우

1. 1세대 1주택 비과세 요건을 충족한 겸용주택 취득 및 양도내역

양도물건	층별	용도	면적(가구수)	양도일 및 일괄 양도가액	취득일 및 일괄 취득가액
부수토지			500㎡	2023.4.25. (1,200,000,000원)	2014.7.15. (750,000,000원)
건물	1층	상가	100㎡		
	2층	상가	100㎡		
	3층	상가	50㎡		
		주택	50㎡(1가구)		
	4층	주택	100㎡(1가구)		

① 양도한 건물은 수도권 내 도시지역(일반주거지역)에 소재하고 있으며, 양도일 현재 1층~3층은 임대 중이고 4층은 취득일부터 양도일까지 본인이 계속하여 거주하였다.

② 취득세 등 필요경비 합계액은 30,000,000원이다.

2. 겸용주택의 개별주택가격 자료

공시일자	대지면적(㎡)		건물연면적(㎡)		개별주택가격
	전체	산정	전체	산정	
2022.4.29.	500	187.5	400	150	400,000,000원
2014.4.30.	500	187.5	400	150	250,000,000원

3. 토지 및 건물의 기준시가 자료

구 분	토지 (개별공시지가)	건물	
		주택	상가
양도당시 기준시가	1,200,000원/㎡	550,000원/㎡	500,000원/㎡
취득당시 기준시가	540,000원/㎡	240,000원/㎡	200,000원/㎡

해설

	구 분	주 택 및 부수토지 (비과세)	상 가 및 부수토지 (기본세율)	비사업용토지 (기본세율+10%)
	양도가액	377,235,772	566,666,667	256,097,561
(-)	취득가액	281,967,213	296,000,000	172,032,787
(-)	기타필요경비	11,278,688	11,840,000	6,881,312
(=)	양도차익	83,989,870	258,826,667	77,183,462
(-)	비과세양도차익	83,989,870	-	-
(-)	장기보유특별공제	-	41,412,267	12,349,354
(=)	양도소득금액	-	217,414,400	64,834,108
(-)	기본공제	-	2,500,000	-
(=)	과세표준	-	214,914,400	64,834,108
(×)	세율	-	38%	34%
(-)	누진공제		19,940,000	5,760,000
(=)	산출세액	-	86,364,433 (해설 참조)	
(+)	지방소득세	-	8,636,443	
(=)	총부담세액	-	95,000,876	

1. 건물과 부수토지 면적 안분계산

구 분	건물 연면적	건물 정착면적	부수토지면적	기준면적이내	기준면적초과
주 택	150㎡	37.5㎡1)	187.5㎡3)	112.5㎡5)	75㎡7)
상 가	250㎡	62.5㎡2)	312.5㎡4)	250㎡6)	62.5㎡8)
합 계	400㎡	100㎡	500㎡	362.5㎡	137.5㎡

1) $100㎡ \times \frac{150㎡}{400㎡} = 37.5㎡$, 2) $100㎡ \times \frac{250㎡}{400㎡} = 62.5㎡$

3) $500㎡ \times \frac{150㎡}{400㎡} = 187.5㎡$, 4) $500㎡ \times \frac{250㎡}{400㎡} = 312.5㎡$

5) 37.5㎡ × 3배(수도권 내 일반주거지역) = 112.5㎡

6) 62.5㎡ × 4배(일반주거지역) = 250㎡

7) 187.5㎡ - 112.5㎡ - 75㎡

8) 312.5㎡ - 250㎡ = 62.5㎡

2. 양도가액 계산

1) 자산별 양도당시 기준시가 안분계산

주택		상가	
건물	토지	건물	토지
107,317,073[1)]	292,682,927[2)]	500,000×250㎡ = 125,000,000	1,200,000×312.5㎡ = 375,000,000

1) $400{,}000{,}000 \times \frac{82{,}500{,}000}{307{,}500{,}000^{*}} = 107{,}317{,}073$

* 주택 및 부수토지 기준시가 : 550,000 × 150㎡ + 1,200,000 × 187.5㎡ = 307,500,000

2) 400,000,000 - 107,317,073 = 292,682,927

2) 주택 양도가액 = 전체 양도가액 × $\frac{\text{주택 기준시가}}{\text{개별주택가격 + 상가 및 상가토지 기준시가}}$

143,089,430 (비과세) = $1{,}200{,}000{,}000 \times \frac{107{,}317{,}073}{400{,}000{,}000 + 125{,}000{,}000 + 375{,}000{,}000}$

3) 상가 양도가액 = 전체 양도가액 × $\frac{\text{상가 기준시가}}{\text{개별주택가격 + 상가 및 상가토지 기준시가}}$

$166{,}666{,}667 = 1{,}200{,}000{,}000 \times \frac{125{,}000{,}000}{400{,}000{,}000 + 125{,}000{,}000 + 375{,}000{,}000}$

4) 토지 양도가액 (주택분) = 전체 양도가액 × $\frac{\text{주택 부수토지 기준시가}}{\text{개별주택가격 + 상가 및 상가토지 기준시가}}$

$390{,}243{,}903 = 1{,}200{,}000{,}000 \times \frac{292{,}682{,}927}{400{,}000{,}000 + 125{,}000{,}000 + 375{,}000{,}000}$

① 주택 부수토지 기준면적이내 : $390{,}243{,}903 \times \frac{112.5㎡}{187.5㎡}$ = 234,146,341(비과세)

② 주택 부수토지 기준면적초과 : 390,243,903 - 234,146,341 = 156,097,561(기본세율+10%)

5) 토지 양도가액 (상가분) = 전체 양도가액 × $\frac{\text{상가 부수토지 기준시가}}{\text{개별주택가격 + 상가 및 상가토지 기준시가}}$

$500{,}000{,}000 = 1{,}200{,}000{,}000 \times \frac{375{,}000{,}000}{400{,}000{,}000 + 125{,}000{,}000 + 375{,}000{,}000}$

① 상가 부수토지 기준면적이내 : $500{,}000{,}000 \times \frac{250㎡}{312.5㎡}$ = 400,000,000(기본세율)

② 상가 부수토지 기준면적초과 : 500,000,000 - 400,000,000 = 100,000,000(기본세율+10%)

3. 취득가액 계산

1) 자산별 취득당시 기준시가 안분계산

주택		상가	
건물	토지	건물	토지
65,573,770[1)]	184,426,230[2)]	200,000×250㎡ = 50,000,000	540,000×312.5㎡ = 168,750,000

1) $250,000,000 \times \dfrac{36,000,000}{137,500,000^{*}} = 65,573,770$

* 주택 및 부수토지 기준시가 : 240,000 × 150㎡ + 540,000 × 187.5㎡ = 137,250,000

2) 250,000,000 − 65,573,770 = 184,426,230

2) 주택 취득가액 = 전체 취득가액 × $\dfrac{\text{주택 기준시가}}{\text{개별주택가격 + 상가 및 상가토지 기준시가}}$

$$104,918,032 = 750,000,000 \times \frac{65,573,770}{250,000,000 + 50,000,000 + 168,750,000}$$

3) 상가 취득가액 = 전체 취득가액 × $\dfrac{\text{상가 기준시가}}{\text{개별주택가격 + 상가 및 상가토지 기준시가}}$

$$80,000,000 = 750,000,000 \times \frac{50,000,000}{250,000,000 + 50,000,000 + 168,750,000}$$

4) 토지 취득가액(주택분) = 전체 취득가액 × $\dfrac{\text{주택 부수토지 기준시가}}{\text{개별주택가격 + 상가 및 상가토지 기준시가}}$

$$295,081,968 = 750,000,000 \times \frac{184,426,230}{250,000,000 + 50,000,000 + 168,750,000}$$

① 주택 부수토지 기준면적이내 : 295,081,968 × $\dfrac{112.5㎡}{187.5㎡}$ = 177,049,181(비과세)

② 주택 부수토지 기준면적초과 : 295,081,968 − 177,049,181 = 118,032,787(기본세율+10%)

5) 토지 취득가액(상가분) = 전체 취득가액 × $\dfrac{\text{상가 부수토지 기준시가}}{\text{개별주택가격 + 상가 및 상가토지 기준시가}}$

$$270,000,000 = 750,000,000 \times \frac{168,750,000}{250,000,000 + 50,000,000 + 168,750,000}$$

① 상가 부수토지 기준면적이내 : 270,000,000 × $\dfrac{250㎡}{312.5㎡}$ = 216,000,000(기본세율)

② 상가 부수토지 기준면적초과 : 270,000,000 − 216,000,000 = 54,000,000(기본세율+10%)

4. 기타 필요경비 계산(취득가액 비율로 안분)

1) 주택건물 : 30,000,000 × $\frac{104,918,032}{750,000,000}$ = 4,196,721

2) 상가건물 : 30,000,000 × $\frac{80,000,000}{750,000,000}$ = 3,200,000

3) 주택 부수토지

① 주택 부수토지 기준면적이내 : 11,803,279*× $\frac{112.5㎡}{187.5㎡}$ = 7,081,967(비과세)

② 주택 부수토지 기준면적초과 : 11,803,279 - 7,081,967 = 4,721,312(기본세율+10%)

* 30,000,000 × $\frac{295,081,968}{750,000,000}$ = 11,803,279

4) 상가 부수토지

① 상가 부수토지 기준면적이내 : 10,800,000*× $\frac{250㎡}{312.5㎡}$ = 8,640,000(비과세)

② 상가 부수토지 기준면적초과 : 10,800,000 - 8,640,000 = 2,160,000(기본세율+10%)

* 30,000,000 - (4,196,721 + 3,200,000 + 11,803,279) = 10,800,000

5. 장기보유특별공제 계산

1) 상가 및 부수토지 장기보유특별공제 : 258,826,667 × 16%(8년×2%) = 41,412,267

2) 비사업용토지 장기보유특별공제 : 77,183,462 × 16%(8년×2%) = 12,349,354

6. 산출세액(둘 이상 자산 양도시 비교과세) : Max(①, ②) = 86,364,433

① 자산별 산출세액 합계(㉠, ㉡) = 78,011,069

㉠ 기본세율 : 214,914,400 × 38% - 19,940,000(누진공제) = 61,727,472

㉡ 기본세율 + 10% : 64,834,108 × 34% - 5,760,000(누진공제) = 16,283,597

② 모든 자산의 과세표준 합계에 대한 산출세액

279,748,508 × 38% - 19,940,000(누진공제) = 86,364,433

종합사례 3

양도가액이 12억원을 초과하는 겸용주택을 양도하는 경우

1. 1세대 1주택 비과세 요건을 충족한 겸용주택 취득 및 양도내역

양도물건	층별	용도	면적(가구수)	양도일 및 일괄양도가액	취득일 및 일괄 취득가액
부수토지			400㎡	2023.3.25. (4,000,000,000원)	2013.2.10. (1,200,000,000원)
건물	1층	상가	150㎡		
	2층	주택	150㎡(2가구)		
	3층	주택	150㎡(3가구)		
	4층	주택	150㎡(1가구)		

① 건물은 수도권 내 도시지역(일반 주거지역)에 소재하고 있으며, 1층~3층은 양도일까지 계속 임대하였으며, 4층에서는 주택 취득일부터 양도일까지 본인이 계속하여 거주하였다.

② 기타 필요경비는 없는 것으로 가정한다.

2. 겸용주택의 개별주택가격

가격기준연도 (기준일)	대지면적(㎡)		건물 연면적(㎡)		개별주택가격
	전체	산정	전체	산정	
2022/01/01	400	300	600	450	2,000,000,000원
2013/01/01	400	300	600	450	820,000,000원
2012/01/01	400	300	600	450	700,000,000원

3. 토지 및 건물의 기준시가 자료

구 분	토지 (개별공시지가)	건물	
		주택	상가
2023년	3,400,000원/㎡	1,400,000원/㎡	1,200,000원/㎡
2022년	3,200,000원/㎡	1,250,000원/㎡	1,000,000원/㎡
2013년	2,000,000원/㎡	400,000원/㎡	350,000원/㎡
2012년	1,500,000원/㎡	350,000원/㎡	300,000원/㎡

해설

	구 분	주택	주택 부수토지	상가 및 부수토지
	양도가액	1,267,924,528	1,932,075,472	800,000,000
(-)	취득가액	265,927,978	664,819,945	269,252,077
(=)	양도차익	1,001,996,550	1,267,255,527	530,747,923
(=)	고가주택양도차익	701,397,585	887,078,869	-
(-)	장기보유특별공제	218,212,582	354,831,547	106,149,585
(=)	양도소득금액	483,185,003	532,247,322	424,598,338
(=)	합산소득금액	1,440,030,663		
(-)	기본공제	2,500,000		
(=)	과세표준	1,437,530,663		
(×)	세율	45%		
(-)	누진공제	65,940,000		
(=)	산출세액	580,948,798		
(+)	지방소득세	58,094,879		
(=)	총부담세액	639,043,677		

1. 상가와 주택의 부수토지 면적 안분계산

구 분	연면적(㎡)	정착면적(㎡)	부수토지면적(㎡)	부수토지면적(㎡) 한도
상 가	150	150×150/600=37.5	400×150/600=100	37.5×4배=150
주 택	450	150×450/600=112.5	400×450/600=300	112.5×3배=337.5
합 계	600	150	400	487.5

2. 양도가액 계산

1) 자산별 양도당시 기준시가 안분계산

주택		상가	
건물	부수토지	건물	부수토지
792,452,830[1)]	1,207,547,170[2)]	1,200,000×150㎡ = 180,000,000	3,200,000×100㎡ = 320,000,000

[1)] $2{,}000{,}000{,}000 \times \dfrac{630{,}000{,}000}{1{,}590{,}000{,}000^{*}} = 792{,}452{,}830$

*주택 및 부수토지 기준시가 : 1,400,000 × 450㎡ + 3,200,000 × 300㎡ = 1,590,000,000

2) 2,000,000,000 - 792,452,830 = 1,207,547,170

$$2)\ 주택\ 양도가액 = 전체\ 양도가액 \times \frac{주택\ 기준시가}{개별주택가격 + 상가\ 및\ 상가토지\ 기준시가}$$

$$1{,}267{,}924{,}528 = 4{,}000{,}000{,}000 \times \frac{792{,}452{,}830}{2{,}000{,}000{,}000 + 180{,}000{,}000 + 320{,}000{,}000}$$

$$3)\ 상가\ 양도가액 = 전체\ 양도가액 \times \frac{상가\ 기준시가}{개별주택가격 + 상가\ 및\ 상가토지\ 기준시가}$$

$$288{,}000{,}000 = 4{,}000{,}000{,}000 \times \frac{180{,}000{,}000}{2{,}000{,}000{,}000 + 180{,}000{,}000 + 320{,}000{,}000}$$

$$4)\ \begin{matrix}토지\ 양도가액\\(주택분)\end{matrix} = 전체\ 양도가액 \times \frac{주택\ 부수토지\ 기준시가}{개별주택가격 + 상가\ 및\ 상가토지\ 기준시가}$$

$$1{,}932{,}075{,}472 = 4{,}000{,}000{,}000 \times \frac{1{,}207{,}547{,}170}{2{,}000{,}000{,}000 + 180{,}000{,}000 + 320{,}000{,}000}$$

5) 토지 양도가액(상가분)

4,000,000,000 - (1,267,924,528+288,000,000+1,932,075,472) = 512,000,000

3. 취득가액 계산

1) 취득당시 기준시가

주택		상가	
건물	부수토지	건물	부수토지
200,000,000 1)	500,000,000 2)	350,000×150㎡ = 52,500,000	1,500,000×100㎡ = 150,000,000

1) $700{,}000{,}000 \times \frac{180{,}000{,}000}{630{,}000{,}000^*} = 200{,}000{,}000$

*주택건 및 부수토지 기준시가 : 400,000 × 450㎡ + 1,500,000 × 300㎡ = 630,000,000

2) 700,000,000 - 200,000,000 = 500,000,000

$$2)\ 주택\ 취득가액 = 전체\ 취득가액 \times \frac{주택\ 기준시가}{개별주택가격 + 상가\ 및\ 상가토지\ 기준시가}$$

$$265{,}927{,}978 = 1{,}200{,}000{,}000 \times \frac{200{,}000{,}000}{700{,}000{,}000 + 52{,}500{,}000 + 150{,}000{,}000}$$

3) 상가 취득가액 = 전체 취득가액 × $\frac{\text{상가 기준시가}}{\text{개별주택가격 + 상가 및 상가토지 기준시가}}$

$69{,}806{,}094 = 1{,}200{,}000{,}000 \times \frac{52{,}500{,}000}{700{,}000{,}000 + 52{,}500{,}000 + 150{,}000{,}000}$

4) 토지 취득가액(주택분) = 전체 취득가액 × $\frac{\text{주택 부수토지 기준시가}}{\text{개별주택가격 + 상가 및 상가토지 기준시가}}$

$664{,}819{,}945 = 1{,}200{,}000{,}000 \times \frac{500{,}000{,}000}{700{,}000{,}000 + 52{,}500{,}000 + 150{,}000{,}000}$

5) 토지 취득가액(상가분)

1,200,000,000 – (265,927,978+69,806,094+664,819,945) = 199,445,983

4. 1세대1주택 고가주택 양도차익

1) 주택 : $1{,}001{,}996{,}550 \times \frac{4{,}000{,}000{,}000 - 1{,}200{,}000{,}000}{4{,}000{,}000{,}000} = 701{,}397{,}585$

2) 토지 : $1{,}267{,}255{,}527 \times \frac{4{,}000{,}000{,}000 - 1{,}200{,}000{,}000}{4{,}000{,}000{,}000} = 887{,}078{,}869$

5. 장기보유특별공제 계산

1) 주택분 장기보유특별공제

① 주택 : ㉠ + ㉡ = 218,212,582

㉠ 임대 : 701,397,585 × 20%(10년 × 2%) × $\frac{300㎡}{450㎡}$ = 93,519,678

㉡ 거주 : 701,397,585 × 80%(10년 × 4% + 10년 × 4%) × $\frac{100㎡}{450㎡}$ = 124,692,904

② 주택 부수토지 : ㉠ + ㉡ = 354,831,547

㉠ 임대 : 887,078,869 × 20%(10년 × 2%) × $\frac{200㎡^{1)}}{300㎡}$ = 118,277,182

㉡ 거주 : 887,078,869 × 80%(10년 × 4% + 10년 × 4%) × $\frac{100㎡^{2)}}{450㎡}$ = 236,554,365

1) 주택부수토지 임대면적 : 300㎡ × $\frac{300㎡}{450㎡}$ = 200㎡

2) 주택부수토지 거주면적 : 300㎡ × $\frac{150㎡}{450㎡}$ = 100㎡

2) 상가 및 상가 부수토지분 장기보유특별공제

530,747,923 × 20%(10년 × 2%) = 106,149,585

4 오피스텔

1) 1세대1주택 비과세 판단시 오피스텔 주택수 포함 여부

오피스텔은 건축법상 주거용이 아닌 업무시설이나, 등기부등본이나 건축물대장 등 공부상의 용도와 관계없이 사실상 주거용으로 사용한 경우 주택으로 보아 1세대1주택 비과세 여부를 판단한다. 오피스텔이 주거용으로 사용되는 경우 오피스텔 이외 다른 주택을 양도할 때 1세대1주택 비과세를 적용받지 못하거나 다주택자 중과세 규정이 적용될 수 있으므로 주의하여야 한다.

2) 관련 해석사례

① 오피스텔 취득 후 부동산임대 사업자등록을 한 사실이 없고 내부에는 세탁기, 싱크대 등이 붙박이로 설치되어 있었던 점, 당시 임차인은 오피스텔 인근 회사에 근무하며 오피스텔에 거주하였던 점 등에 비추어 사실상 주거에 공하는 건물로 주택에 해당한다(대법2013두1782, 2013.5.9).

② 종업원들이 숙소로 사용하고 있었던 점, 독립된 주거가 가능한 형태를 갖추고 있는 점, 영구적으로 주방으로서의 기능이 상실된 것으로 보기 어려운 점, 양도하는 경우 주거용 건물로 양도될 것으로 예상되며 실제 오피스텔에 전입하여 주거로 사용하고 있는 것으로 보이는 점 등으로 보아 주택에 해당한다(부산고법2016누20395, 2016.7.22).

③ 오피스텔이 공부상 업무시설로 등재되어 있고 재산세도 업무용 시설로 부과되었으나, 오피스텔의 소유자인 청구인의 배우자와 임차인간 작성된 전세계약서에 용도가 주거용으로 기재되어 있고 임차인과 가족이 쟁점오피스텔에 거주하며 주택임대차보호법에 따른 확정일자를 부여받은 것이 확인되는 점 등에 비추어 주택으로 판단된다(조심2020서7941, 2020.12.15).

④ 공실로 보유 중인 오피스텔이 내부시설 및 구조 등을 주거용으로 사용될 수 있도록 변경하지 않고 당초 건축법상의 업무용으로 사용승인된 형태를 유지되고 있는 경우에는 주택으로 볼 수 없다(서면4팀-285, 2005.2.23).

⑤ 오피스텔의 구조가 상시 주거용으로 사용될 수 있는 상태이고 수도요금과 전

기요금이 주거용으로 부과되었더라도 업무용 이외 거주목적으로 사용하지 않기로 한 당사자 간의 계약이 체결되어 실제 임차인이 보험모집인으로 부정기적으로 업무용으로 사용된 점과 오피스텔을 거주목적으로 사용하였다는 명확한 증빙을 제시하지 못하는 점 등으로 보아 해당 오피스텔을 주택으로 볼 수 없다(조심2017중4461, 2018.1.25).

5 가정어린이집

가정어린이집은 아파트나 단독주택을 개조하여 어린이집 용도로 사용하는 주택으로서 구조상 언제든지 주택으로 전환하여 사용할 수 있으므로 1세대1주택 비과세 판단시 주택수에 포함된다. 다만, 5년 이상 운용한 장기가정어린이집을 보유한 상태에서 2년 이상 거주한 주택을 양도하는 경우 가정어린이집은 거주자의 주택수에 포함되지 않으므로 거주주택에 대하여 비과세 특례가 적용될 수 있다.

6 부동산매매업자 및 주택신축판매업자가 재고자산으로 보유한 주택

부동산매매업자 및 주택신축판매업자가 재고자산으로 보유하는 주택은 1세대1주택 비과세 판단시 주택수에서 제외된다.

7 종업원기숙사

공장에 부속되어 종업원 기숙사로 사용되는 건물은 주택으로 보지 않으나, 주거용으로 신축된 아파트 등을 종업원의 기숙사로 사용하는 경우에는 언제든지 일반주택으로 사용될 수 있으므로 주택에 해당된다.

8 펜션 및 민박

펜션 또는 민박을 숙박 용역을 제공하는 용도로만 사용하는 경우에는 주택에 해당하지 않으나, 세대원이 해당 건물을 주택으로 사용하는 부분은 주택에 해당된다.

9 조합원입주권 및 주택분양권

1) 조합원입주권

도시및주거환경정비법에 따라 관리처분계획인가로 취득한 조합원입주권은 주택을 취득할 수 있는 권리로서 주택은 아니나, 1세대1주택 비과세여부를 판단하거나 다른 주택의 양도소득세 중과세 여부를 판단할 때 주택 수에 포함된다.

2) 주택분양권

2021.1.1. 이후 취득한 주택분양권은 조합입주권과 마찬가지로 1세대1주택 비과세여부를 판단하거나 다른 주택의 양도소득세 중과세 여부를 판단할 때 주택 수에 포함되나, 2020.12.31. 이전에 취득한 주택분양권은 주택 수에 포함되지 않는다.

참고

주택 유형별 1세대1주택 비과세 및 중과세 적용 여부

구 분	1세대1주택 판단시 주택수		중과적용 여부	
	포함 여부	관련 법령	주택수[1] 포함여부	양도시[2] 중과여부
부동산매매업자의 재고자산	제외	소득법 §19	포함	제외
주택신축판매업자의 재고자산	제외	소득법 §19	제외	제외
장기임대주택	제외	조특법 §97	포함	제외
신축임대주택	제외	조특법 §97의2	포함	제외
미분양주택	제외	조특법 §98	포함	제외
수도권 밖 미분양주택	제외	조특법 §98의2	포함	제외
서울특별시 밖 미분양주택	제외	조특법 §98의3	포함	제외
수도권 밖 미분양주택	제외	조특법 §98의5	포함	제외
준공 후 미분양주택	제외	조특법 §98의6	포함	제외
미분양주택	제외	조특법 §98의7	포함	제외
준공 후 미분양주택	제외	조특법 §98의8	포함	제외
신축주택 등 감면주택	제외	조특법 §99의2	포함	제외
농어촌주택	제외	조특법 §99의4	포함	제외
상속주택	제외	소득령 §155②	포함	제외
장기임대주택 및 장기가정어린이집	제외	소득령 §155⑳	포함	제외
장기보유특별공제율 특례적용 임대주택	제외	조특법 §97의3	포함	적용
장기보유특별공제율 추가적용 임대주택	제외	조특법 §97의4	포함	적용
양도소득세 100%감면 임대주택	제외	조특법 §97의5	포함	적용
신축감면주택	포함	조특법 §99 및 99의3	포함	제외

1) 당해 주택 외 다른 주택을 양도할 때 당해 주택이 중과대상 주택수에 포함되는지 여부를 말함
2) 당해 주택을 양도할 경우 당해 주택이 중과세 대상이 되는지 여부를 말함

02

1세대1주택 비과세 판단시 보유기간 및 거주기간

I 개요

1세대1주택 비과세를 적용받으려면 주택을 취득하고 2년 이상 보유한 후 양도해야 한다. 다만, 조정대상지역에 있는 주택을 취득한 경우에는 2년 이상의 보유요건 이외에 추가로 2년 이상 거주요건을 충족해야 1세대1주택 비과세된다.

관련 법령(소득세법시행령 제154조 1항)

비과세되는 1세대1주택은 1세대가 양도일 현재 국내에 1주택을 보유하고 있는 경우로서 해당 주택의 보유기간이 2년(비거주자의 주택인 경우는 3년) 이상인 것[취득 당시에 조정대상지역에 있는 주택의 경우에는 해당 주택의 보유기간이 2년(비거주자의 주택인 경우에는 3년) 이상이고 그 보유기간 중 거주기간이 2년 이상]을 말한다.

[1세대1주택 비과세 거주요건 적용여부]

구 분	2017.8.2. 이전 취득	2017.8.3. 이후 취득
취득 당시 조정대상지역	거주요건 없음	취득 후 2년 이상 거주요건 있음
취득 당시 비조정대상지역		거주요건 없음

※ 조정대상지역 지정현황(2023.1.5. 현재) : 강남 3구(강남, 서초, 송파), 용산

Ⅱ 거주요건 적용 여부

1세대1주택 비과세를 적용받기 위해서는 2년 이상 보유요건 이외에 추가로 2년 이상 거주요건이 적용되는 경우와 적용되지 않는 경우가 있는데, 이에 대한 구체적인 내용을 살펴보면 아래와 같다.

1 2년 이상 거주요건이 적용되는 경우

2017.8.2. 부동산대책에 따라 2017.8.3. 이후 조정대상지역 내에 있는 주택을 취득하는 경우에는 2년 이상 보유요건 외 2년 이상 거주요건을 충족해야 1세대1주택 비과세된다.

배경 및 취지

2017.8.2. 정부는 부동산 대책을 발표하여 주택가격이 급등하는 지역에 소재한 주택에 대한 투기수요를 억제하기 위해 조정대상지역에 소재한 주택을 취득하는 경우 비과세 요건을 강화하여 2년 이상 거주요건을 추가하였다.

2 2년 이상 거주요건이 적용되지 않는 경우

① 계약금 지급일 현재 무주택 세대가 2017.8.2. 이전에 매매계약 또는 분양계약을 체결한 경우

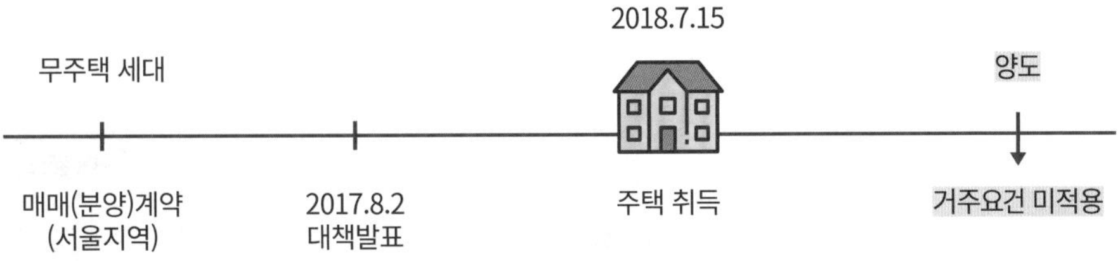

② 계약금 지급일 현재 무주택 세대가 조정대상지역 공고일 이전에 매매계약 또는 분양계약을 체결한 경우

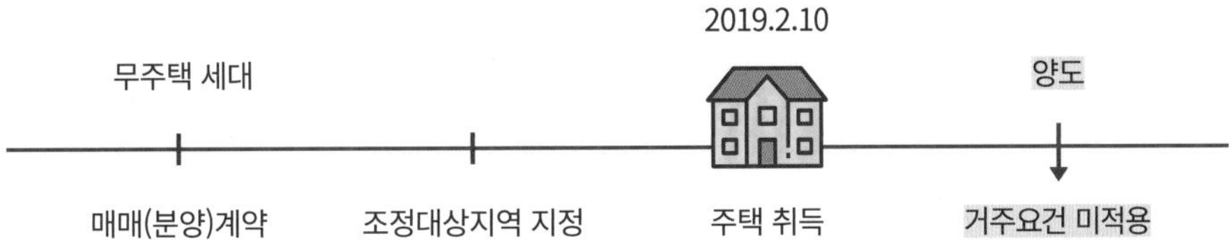

③ 세무서와 지방자치단체에 임대주택으로 등록하고, 의무임대기간 및 임대료 인상률 5% 이내 요건을 준수하는 경우

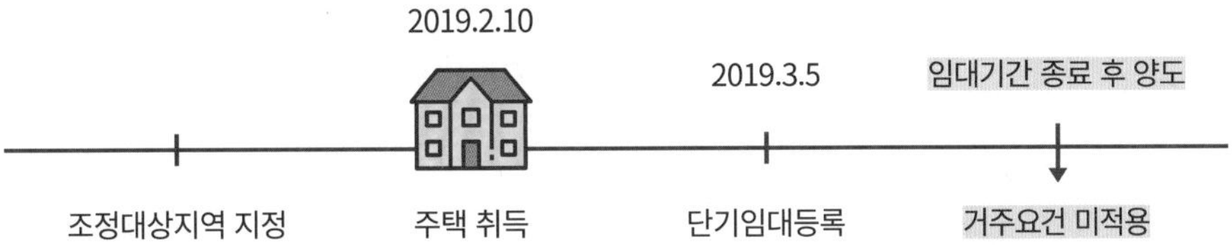

그러나 2019.12.16. 발표한 부동산대책에 따라 2019.12.17. 이후에 조정대상지역에 소재한 주택을 임대주택으로 등록한 경우에는 의무임대기간 종료 후 2년 이상 거주해야 비과세된다.

3 조정대상지역에서 해제된 경우 거주요건 적용여부

1세대1주택 비과세 판단시 2년 이상 거주요건은 취득일 현재 조정대상지역으로 지정된 경우에 적용되므로 조정대상지역 내 소재한 주택을 취득하여 보유하던 중 조정대상지역에서 해제된 후 주택을 양도하는 경우에도 2년 이상 거주요건을 충족해야 비과세된다.

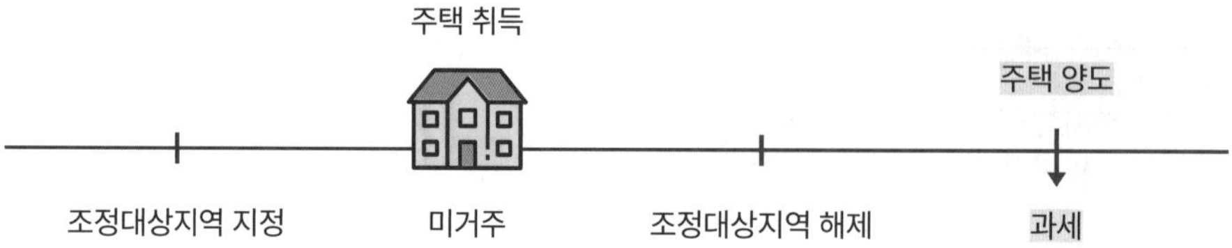

[2년 이상 거주요건 적용여부]

취득당시 조정지역	’17.8.2. 이전 취득	’17.8.3. 이후 취득			
		주택임대등록 하지않은 경우	주택임대등록 시점		양도당시 조정지역 해제
			’19.12.16.이전	’19.12.17.이후	
거주요건 적용여부	미적용	적용	미적용	적용	적용

비교학습

다주택자 중과세적용 여부는 양도일 현재 기준으로 판단하므로 취득 당시에 조정대상지역이 아니었으나, 양도 당시 조정대상지역에 소재하고 있는 주택을 양도하는 경우에는 중과세가 적용될 수 있다. 다만, 2024.5.9.까지는 중과되지 않는다.

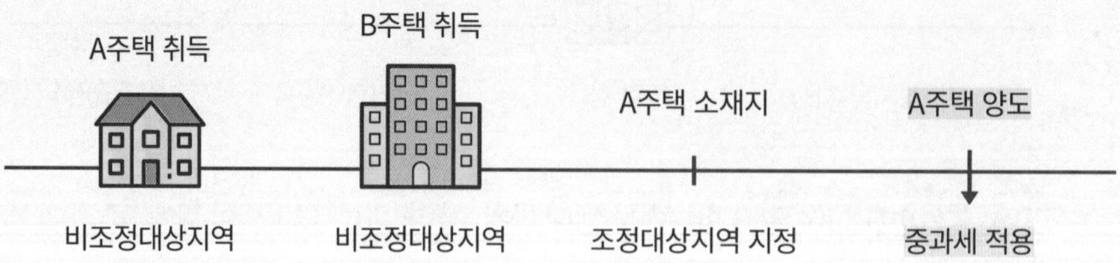

사례 1

분양권 취득 시점에 농어촌주택 등을 보유한 경우 거주요건 적용여부

해설 계약금 지급일 현재 무주택 세대가 조정대상지역 공고일 이전에 매매계약 또는 분양계약을 체결한 경우 2년 이상 거주요건을 적용하지 않으나 농어촌주택을 보유한 상태에서 분양권 매매계약을 한 경우 무주택자로 보지 않으므로 분양권 매매계약일 현재 조정대상지역으로 지정되지 않은 경우에도 신축주택에 대한 잔금지급일 현재 조정대상지역으로 지정된 경우에는 2년 이상 보유요건 이외에 2년 이상 거주요건을 충족한 경우에만 1세대1주택 비과세된다. (부동산납세과-1164, 2018.12.6).

또한, 1세대1주택 비과세 판단시 주택수에서 제외되는 조특법 제99조의2 감면대상 신축주택 또는 공동상속주택의 소수지분을 보유한 자가 조정대상지역으로 지정되기 전에 분양권에 대한 매매계약을 체결하고 조정대상지역으로 지정된 후에 소유권이전등기를 한 주택도 2년 이상 거주요건을 충족해야 1세대1주택 비과세된다(법령해석재산-240, 2018.5.3, 법령해석재산-6226, 2021.4.27).

비교학습 _ 1세대1주택 비과세 판단시 주택수에서 제외되는 주택과의 차이

1세대1주택 비과세를 적용할 때 일정한 요건을 갖춘 상속받은 농어촌주택, 조특법 제99조의2에 따라 신축주택에 대한 양도소득세 감면이 적용되는 주택, 공동상속주택 중 소수지분권자의 주택은 없는 것으로 보고 다른 일반주택 양도시 1세대1주택 비과세 여부를 판단하나, 조정대상지역 내 주택에 대한 2년 이상 거주요건 판단시에는 특례 주택을 보유한 경우 무주택세대로 보지 않으므로 조정대상지역 지정 후 취득한 다른 일반주택 양도시 2년 이상 거주요건을 충족한 경우에만 비과세된다.

사례 2

분양권 매매계약 체결일과 같은 날에 주택을 취득한 경우 거주요건 적용여부

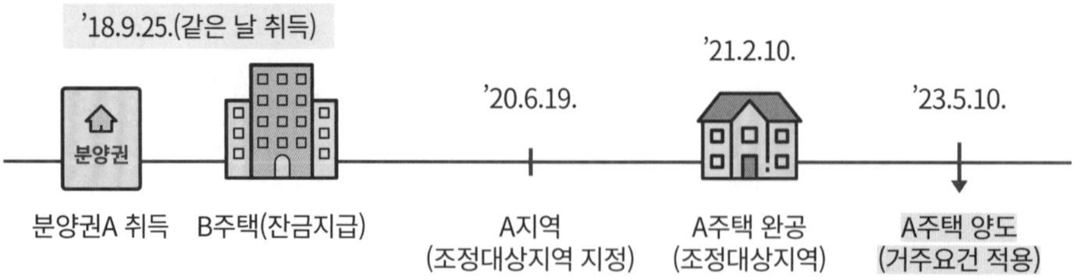

해설 분양권A에 대한 계약금을 지급하는 날 B주택을 취득한 경우에는 무주택세대에 해당하는 것으로 보지 않으므로, 2021.2.10.에 취득한 A주택은 취득일부터 2년 이상 보유 및 거주해야 비과세된다(법령해석재산-2693, 2021.01.11).

비교학습 _ 주택을 같은 날에 취득하고 양도한 경우 소유 주택수 계산방법

① 거주주택과 임대주택을 보유한 1세대가 거주주택을 양도한 날에 신규주택을 취득한 경우에는 거주주택을 양도한 후 신규주택을 취득한 것으로 본다(법령해석재산-0818, 2020.9.29).

② 같은 날에 1주택을 취득 및 양도한 경우에는 1주택을 양도한 후 다른 1주택을 취득한 것으로 보아 1세대1주택 비과세 여부를 판단한다(법령해석재산-0421, 2016.11.15).

③ 같은 날 주택을 양도하고 세대합가한 경우 먼저 주택을 양도하고 세대합가를 한 것으로 보아 1세대1주택 비과세 규정을 적용한다(부동산거래관리과-1032, 2011.12.13)..

④ 다주택 중과여부 판단시 같은 날에 주택을 취득하고 양도한 경우 주택을 먼저 양도한 후 다른 주택을 취득한 것으로 본다(집행기준 104-167의3-8).

대비사례

무주택 상태에서 분양권 매매계약 후 주택을 취득한 경우 거주요건 적용여부

해설 무주택 상태에서 분양권A에 대한 매매계약을 체결한 이후 조정대상지역으로 지정되기 전에 다른 주택을 취득한 경우 분양권A에 대한 계약시점에서 무주택 세대이므로 A주택에 거주하지 않은 경우에도 비과세된다.

사례 3

분양권 및 입주권 보유상태에서 다른 분양권을 취득한 경우 거주요건 적용 여부

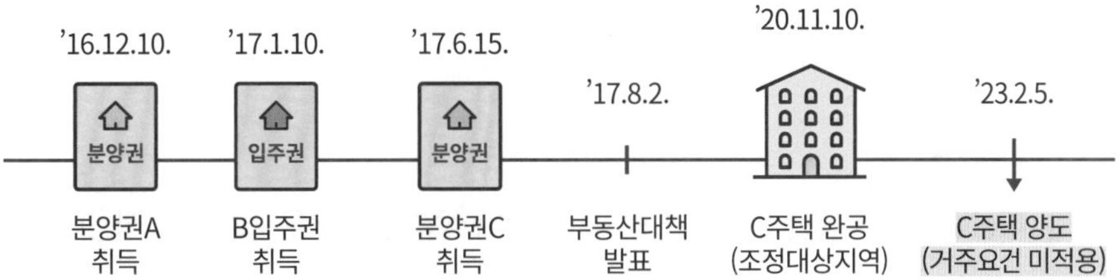

해설 1세대가 분양권A 및 입주권B를 보유한 상태에서 2017.8.2. 이전에 매매계약을 체결하고 계약금을 지급하여 취득한 조정대상지역 내 분양권C가 주택으로 완공되어 해당 C주택를 양도하는 경우 분양권A 및 입주권B를 보유한 경우에도 무주택세대로 보므로 C주택에서 2년 이상 거주하지 않은 경우에도 비과세된다(법령해석재산-3264, 2019.10.30).

사례 4

분양권 계약시점에서 동일세대원이 주택을 보유한 경우 거주요건 적용여부

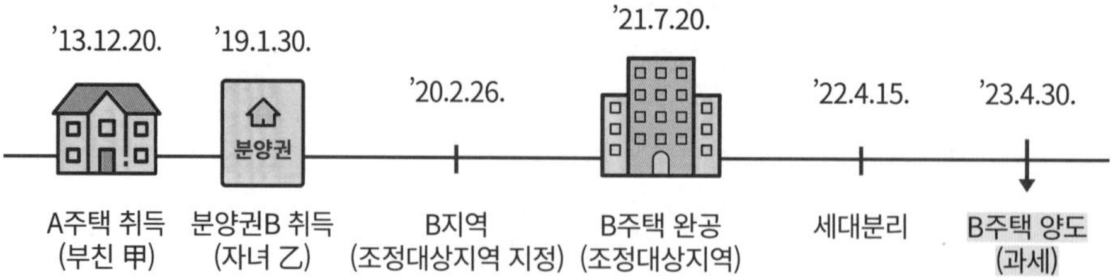

* 甲과 乙은 분양권B 취득시점에서는 동일세대였으나 '22.4.15.에 세대분리하였고, 乙은 B주택에서 거주하지 않고 2년 이상 보유한 후 B주택(1주택)을 '23.4.30. 양도함

해설 무주택 세대가 조정대상지역 공고일 이전에 매매계약 또는 분양계약을 체결한 경우 2년 이상 거주요건을 적용하지 않으나, 분양권B 취득일 현재 동일세대원이 주택을 보유한 경우에는 무주택자에 해당되지 않아 신축주택의 취득일 현재 조정대상지역으로 지정되어 있는지 여부에 따라 2년 이상 거주요건을 판단한다. 이 사례에서는 B주택을 양도하기 전에 세대분리하였더라도 조정대상지역에 소재한 B주택을 양도할 경우 2년 이상 거주요건을 충족하지 않아 양도소득세가 과세된다(부동산납세과-952, 2021.7.7).

사례 5

피상속인이 취득한 분양권을 동일세대원이 상속받은 경우 거주요건 적용여부

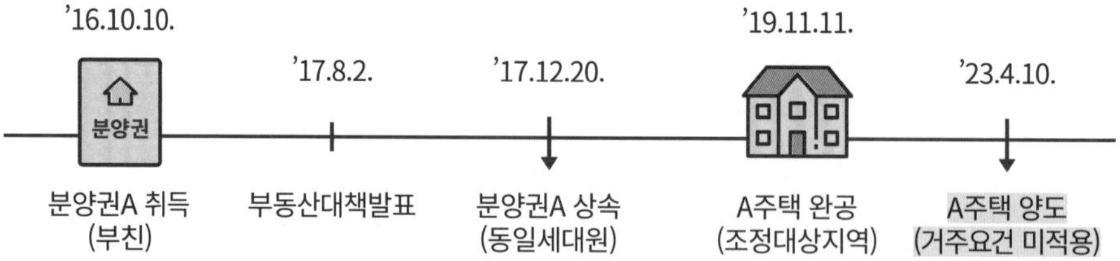

해설 1세대1주택 비과세여부는 세대단위로 판단하므로 피상속인이 2017.8.2. 이전에 매매계약을 체결하고 계약금을 지급한 상태에서 분양권을 2017.8.3. 이후 피상속인과 동일세대원인 상속인이 상속받아 주택으로 완공된 후 양도하는 경우에는 2년 이상 거주하지 않아도 비과세된다(법령해석재산-2708, 2020.12.24).

대비사례

조합원입주권을 별도세대원이 상속받은 경우 거주요건 적용여부

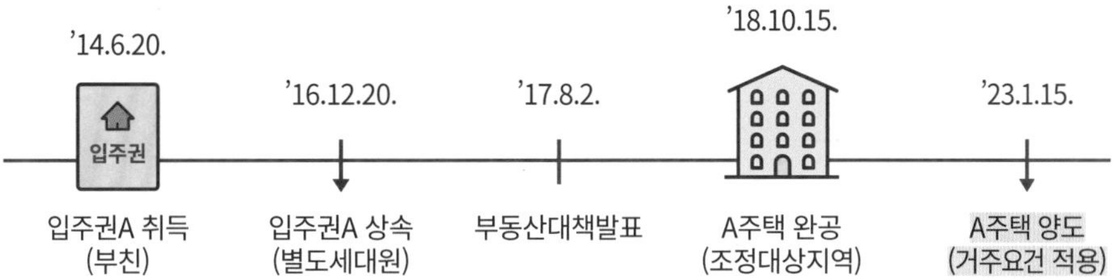

해설 2017.8.2. 이전에 별도세대원으로부터 상속받은 조합원입주권에 의해 2017.8.3. 이후 취득한 신축주택이 취득 당시 조정대상지역 소재하는 경우 해당 신축주택 양도시 1세대1주택 비과세 요건 중 2년 이상 거주요건을 적용한다(법규과-1905, 2022.6.24).

사례 6

남편이 취득한 분양권을 배우자에게 1/2 증여한 경우 거주요건 적용여부

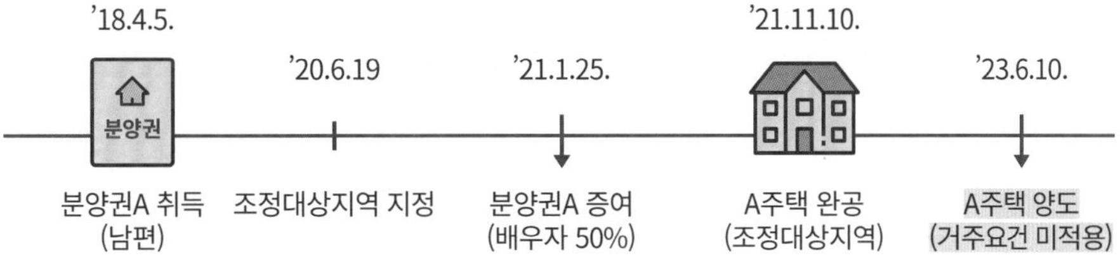

해설 1세대1주택 비과세여부는 세대단위로 판단하므로 남편이 조정대상지역으로 지정되기 전에 무주택 상태에서 분양계약을 체결하고 조정대상지역으로 지정된 후 분양권 지분 중 1/2을 동일세대원인 부인에게 증여한 경우 비과세를 받기 위하여 2년 이상 거주요건을 충족하지 않아도 비과세된다(부동산납세과-1099, 2018.11.28).

대비사례 1

분양권을 증여받고 세대분리 후 주택양도 시 거주요건 적용여부

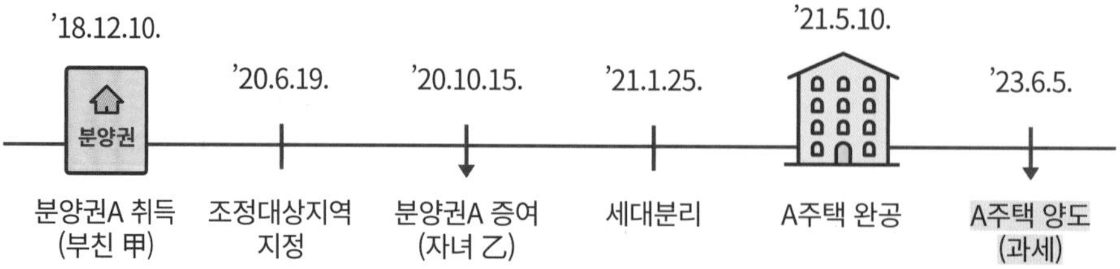

▪ 甲 분양권 취득시점에서 甲과 乙은 동일세대였으나 '21.1.25.에 세대분리하였고, 乙은 A주택에서 거주하지 않고 2년 이상 보유한 후 A주택을 '23.6.5.양도함

해설 무주택 세대가 조정대상지역 지정 전에 취득한 분양권을 조정대상지역 지정 후 동일세대원인 자녀에게 증여하고, 증여 이후 자녀는 세대분리하여 별도의 독립된 1세대를 구성한 상태에서 증여받은 분양권이 주택으로 완공된 경우에는 1세대1주택 비과세를 적용받기 위해서는 거주요건이 적용된다. 따라서 자녀는 A주택에서 2년 이상 거주하지 않았으므로 양도소득세가 과세된다(법규과-1584, 2022.5.23).

대비사례 2

별도세대원이 조정대상지역 지정 전에 증여받은 경우 거주요건 적용여부

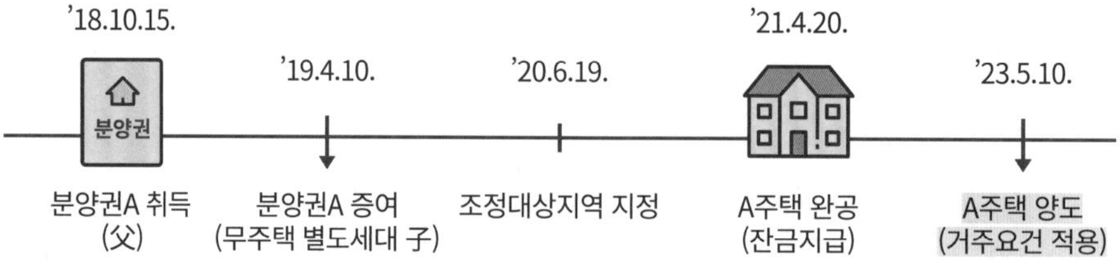

해설 무주택상태에서 조정대상지역으로 지정되기 전에 매매계약을 체결하여 분양권을 취득한 경우에는 2년 이상 거주요건을 적용하지 않으나, 별도세대인 자녀가 무주택 상태에서 조정대상지역으로 지정되기 전에 父로부터 증여받은 분양권이 주택으로 완성된 경우에는 매매계약을 체결하여 분양권을 취득한 경우가 아니므로 비과세를 적용받기 위해서는 2년 이상 거주요건을 충족해야 한다(법령해석재산-4354, 2021.11.18).

사례 7

'17.8.2. 이전에 취득한 주택이 재건축으로 완공된 경우 거주요건 적용여부

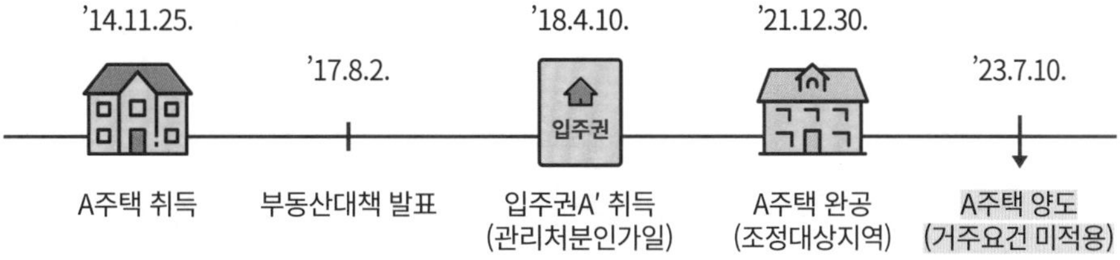

해설 재개발·재건축으로 완공된 주택은 기존주택의 연장으로 보므로 2017.8.2. 이전 취득한 주택이 조정대상지역으로 지정된 후 재건축으로 완공된 경우에는 2년 이상 거주하지 않은 경우에도 1세대1주택 비과세된다(부동산납세과-1983, 2022.7.7).

사례 8

조정대상지역 지정 전에 취득한 오피스텔 분양권 거주요건 적용여부

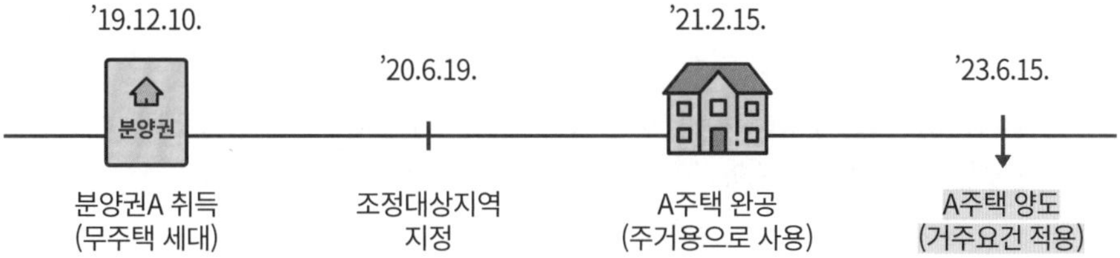

▪ 분양권A는 오피스텔 분양권에 해당함

해설 무주택 세대가 조정대상지역 지정 전에 취득한 오피스텔 분양권이 조정대상지역 지정 후 완공되어 주거용으로 사용할 경우에는 1세대1주택 비과세를 적용받기 위해서는 거주요건이 적용된다(재산세제과-1312, 2022.10.19).

V 보유요건 및 거주요건 모두 제한을 받지 않고 비과세되는 경우

1 임차일부터 양도일까지 5년 이상 거주한 건설임대주택 등을 양도하는 경우

민간건설임대주택, 공공건설임대주택 또는 공공매입임대주택을 분양받아 양도하는 경우로서 해당 건설임대주택의 「임차일로부터 양도일까지」의 기간 중 세대전원(부득이한 사유로 세대원 중 일부가 거주하지 못하는 경우 포함)이 거주한 기간이 5년 이상이면 주택 취득 이후 2년 이상 보유기간 및 거주요건을 충족하지 않은 경우에도 비과세된다(소득령 §154①단서 및 1호).

또한, 최초 임대차계약 당시 임차계약자와 분양받는 자가 다른 경우에도 최초 임대차 계약자의 동일세대원이 분양받은 경우에는 비과세특례가 적용되며, 동일세대원 간에 상속·증여가 이루어진 경우에는 상속·증여 전후의 거주기간을 통산한 기간으로 5년 이상 거주여부를 판단하여 비과세특례를 적용한다.

배경 및 취지

건설임대주택을 임차하여 거주하던 중 분양받은 자에 대하여 비과세요건을 완화함으로서 건설임대주택의 수요를 촉진하여 임대주택 건설을 활성화하기 위한 것이다.

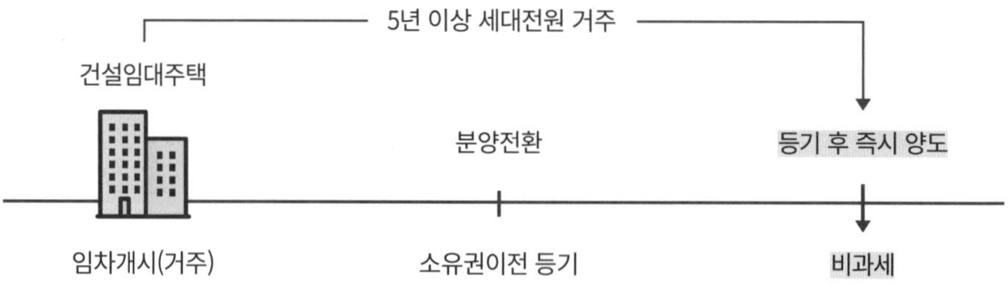

비교학습

건설임대주택을 임차하여 5년 이상 거주하고 분양전환된 주택을 2년 미만 보유하다 양도하는 경우 양도소득세 계산

① 양도가액 12억원 이하 : 전액 비과세

② 양도가액 12억원 초과 : 12억원 초과분에 상당하는 양도차익에 대해서는 장기보유특별공제가 배제되고, 취득 후 1년 미만 보유 후 양도시 70%, 취득 후 1년 이상 2년 미만 보유 후 양도시 60%의 단기 보유세율이 적용된다.

사례 1

건설임대주택 분양 전에 다른 주택 취득하고 건설임대주택을 양도하는 경우

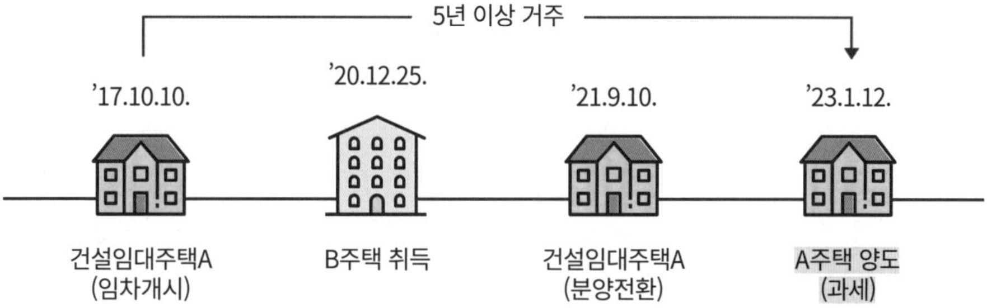

해설 1주택을 취득한 후 5년 이상 거주한 건설임대주택을 분양전환으로 취득하여 1세대 2주택이 된 상태에서 나중에 취득한 건설임대주택을 먼저 양도하는 경우에는 건설임대주택 임차일부터 양도일까지 5년 이상 거주한 경우에도 양도소득세가 과세된다(집행기준 89-154-40).

만일 B주택을 분양전환된 A주택 취득일로부터 일시적 2주택 비과세 양도기한 내에 양도하면 비과세된다.

사례 2

건설임대주택 취득 후 1년 이내 신규주택을 취득하고 분양전환된 건설임대주택을 양도하는 경우

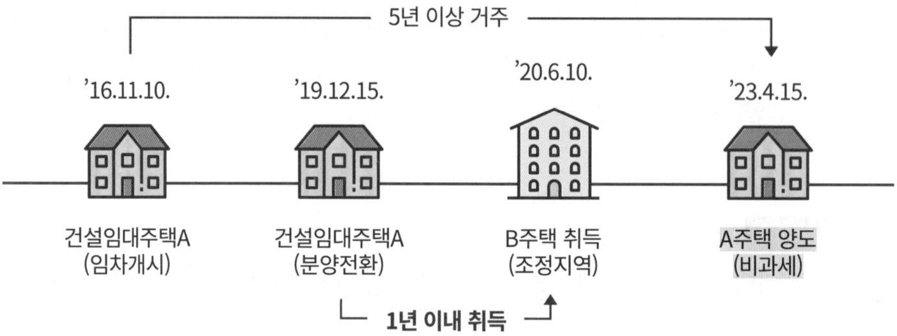

해설 종전주택을 취득한 날로부터 1년 경과한 후 신규주택을 취득하고 신규주택 취득일로부터 종전주택 비과세 양도기한 내에 종전주택을 양도하는 경우에는 양도소득세가 비과세되는 것이나, 종전주택이 건설임대주택에 해당하는 경우에는 「종전주택을 취득한 날로부터 1년 경과한 후 다른 주택을 취득」해야 비과세되는 요건을 적용하지 않으므로 종전주택A 취득일로부터 1년 이내 신규주택B를 취득하고 종전주택A를 3년 이내 양도하는 경우에도 비과세된다.

2 사업인정고시일 전에 취득한 주택 등을 협의매수·수용으로 양도하는 경우

1세대1주택자가 사업인정고시일 전에 취득한 주택 및 그 부수토지의 전부 또는 일부가 사업시행자에게 협의매수·수용되는 경우 2년 이상 보유기간 및 거주기간요건을 충족하지 않은 경우에도 비과세된다. 이 경우 협의매수·수용일부터 5년 이내에 양도하는 그 잔존주택 및 부수토지도 양도일 현재 다른 주택을 보유하지 않은 경우에는 보유기간 및 거주기간에 제한없이 비과세된다(소득령 § 154①단서 및 2호).

배경 및 취지

1주택을 취득한 후 2년 이상 보유요건 등을 충족한 후 양도하면 비과세가 되는데, 2년 내에 협의매수·수용으로 인해 비과세 혜택의 기회가 상실되는 것을 방지하기 위해 2년 이상 보유·거주하지 않은 경우에도 비과세가 되고, 수용 후 남은 주택의 부수토지는 면적이 협소한 경우 등의 사유로 매각이 곤란한 경우가 있는 점을 감안하여 주택이 없는 상태에서 수용 후 5년 이내 부수토지만 양도하는 경우에도 비과세되는 것이다.

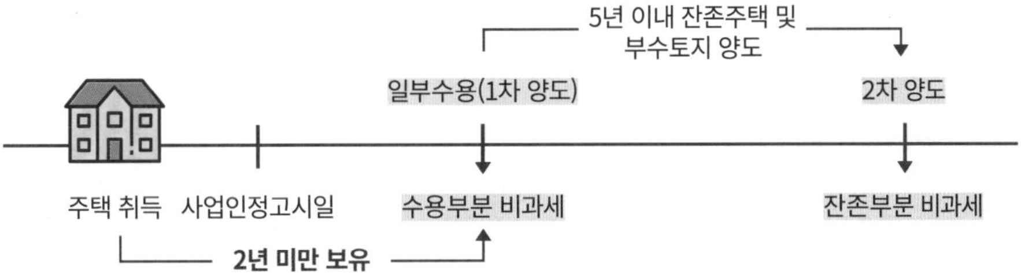

사례 1

주택과 부수토지가 순차로 수용되는 경우 고가주택의 양도차익 계산

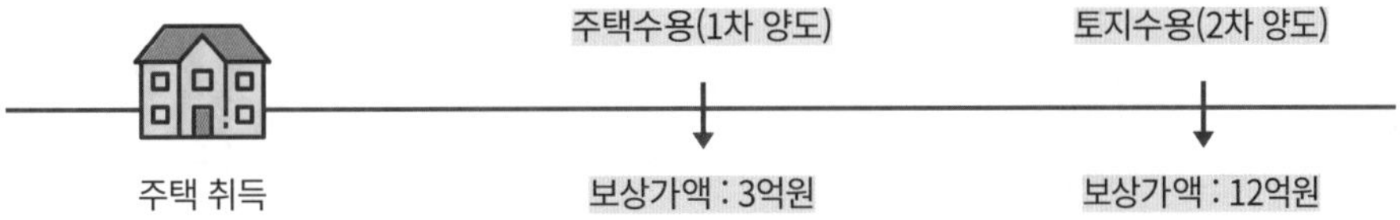

- 주택 취득시 취득가액은 건물분 1억원, 토지분 2억원임

해설 1세대1주택 비과세 요건을 갖춘 주택과 부수토지가 시차를 두고 수용되는 경우 고가주택 여부는 수용 당시 자산별 가액으로만 판단하는 것이 아니라, 주택과 부수토지의 전체 보상가액 합계액을 기준으로 판단하는 것이므로 전체 보상가액이 12억원을 초과하는 경우 그 초과분에 상당하는 양도차익에 대해서는 양도소득세가 과세된다.

구 분	고가주택 양도차익 계산 내역	
	주택 수용분	토지 수용분
양도차익	3억원 – 1억원 – 2억원	12억원 – 2억원 = 10억원
고가주택 양도차익	2억×(15억-12억)/15억 = 0.4억원	10억×(15억-12억)/15억 = 2억원

사례 2

사업인정고시일 후에 상속받은 주택이 수용되는 경우 비과세 특례적용 여부

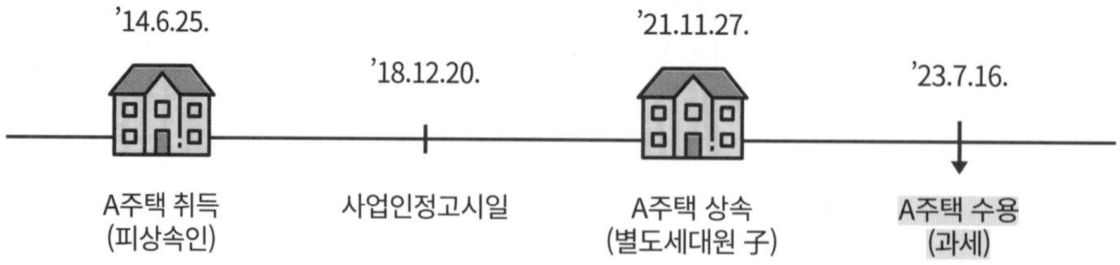

▪ 피상속인은 상속개시일 현재 1주택자이고 상속인은 수용일 현재 다른 주택을 보유하고 있지 않음

해설 사업인정고시일 이후 별도세대원이 상속받은 주택이 수용되는 경우에는 수용 등에 따른 비과세 특례가 적용되지 않으므로, 2021.11.27. 피상속인의 사망으로 상속인이 상속받은 주택 및 그 부수토지가 2023.7.16. 수용되는 경우 상속개시 후 2년 미만 보유하여 비과세가 적용되지 않는다(서면5팀-2508, 2007.9.10).

사례 3

건물을 제3자에게 먼저 양도한 후 부수토지만 수용되는 경우 비과세 특례적용 여부

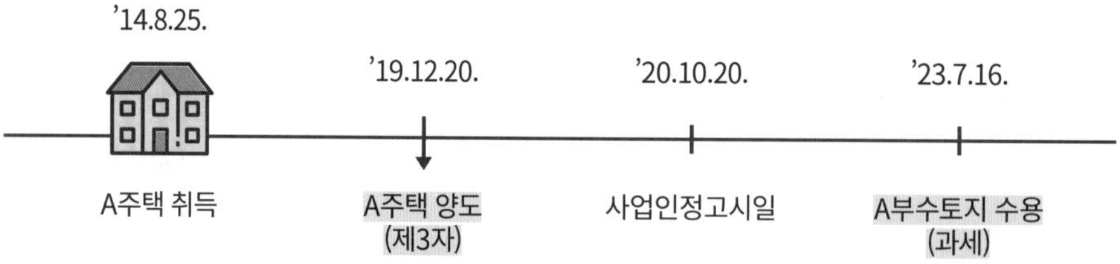

해설 수용 등에 대한 비과세 특례 규정은 주택이 먼저 수용되거나 주택과 부수토지가 동시에 일부 수용된 후 남은 부분을 5년 이내 양도하는 경우에 적용되므로(법령해석재산-0413, 2017.9.19. 참조) 1주택을 소유한 1세대가 주택의 건물부분을 제3자에게 먼저 양도한 후 나중에 토지가 수용되는 경우 당해 토지는 비과세되지 않는다(재산세과-4098, 2008.12.4).

3 해외이주 등으로 출국일 현재 보유한 1주택을 출국일로부터 2년 이내 양도하는 경우

1세대1주택자가 해외이주 또는 1년 이상 국외거주를 필요로 하는 취학·근무상 형편으로 세대전원이 출국하는 경우 출국일 현재 1주택을 보유하고 있는 경우로서 출국일로부터 2년 이내에 해당 주택을 양도하는 경우에는 2년 이상 보유기간 및 거주기간을 충족하지 않은 경우에도 비과세된다(소득령 §154①2호).

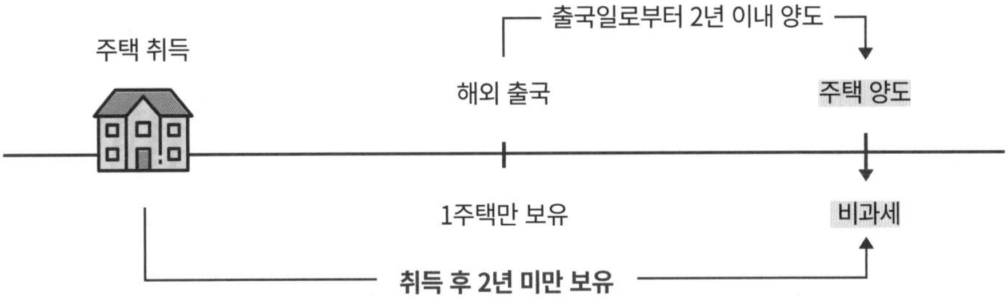

배경 및 취지

1세대1주택 비과세는 거주자에게만 적용되는 것이 원칙이나, 해외이주 또는 해외근무 등 불가피한 사정으로 인한 경우에는 비거주자가 된 상태에서 비과세요건을 충족하지 못한 주택을 양도하는 경우에도 비과세하는 것이며, 비거주자 상태에서 장기투자목적으로 주택을 보유하다 양도하는 경우에는 비과세 대상에서 제외하기 위하여 출국 후 2년 이내에 양도하는 경우에만 비과세를 적용하는 것이다.

사례 1

분양권을 취득한 후 해외이주하고 준공된 아파트 양도시 비과세 여부

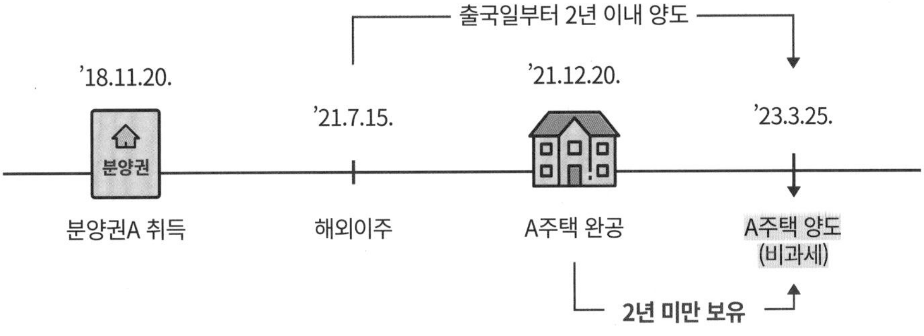

해설 국내에서 신규로 아파트를 분양 받아 중도금을 불입하던 중 「해외이주법」에 따른 해외이주로 세대전원이 출국한 후 2년 이내에 신축주택을 양도하는 경우에는 보유기간 및 거주기간의 제한 없이 1세대1주택으로 보아 비과세된다(서면4팀-976, 2008.4.17). 이 경우 아파트의 분양권을 승계 취득하여 중도금을 불입하던 중 해외이주로 세대전원이 출국한 후 당해 준공된 아파트를 양도하는 경우에도 비과세된다(서면5팀-1596, 2007.5.17).

대비사례

출국당시 1분양권과 1주택을 보유한 상태에서 신규분양 주택 양도시 비과세 여부

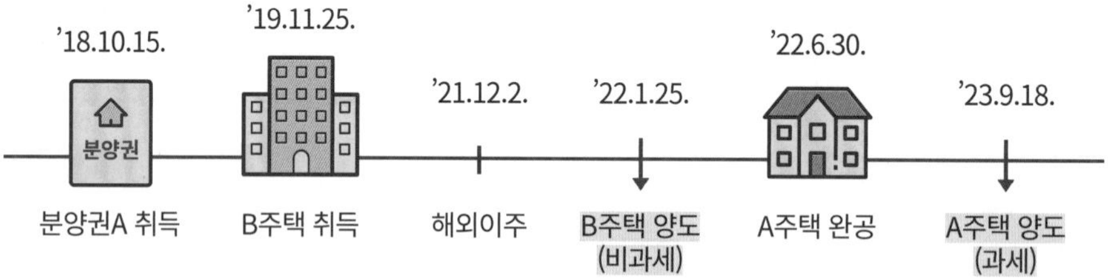

해설 국내에서 신규아파트를 분양받아 중도금 불입 중 1년 이상 계속하여 국외 거주를 필요로 하는 근무상의 형편으로 세대전원이 출국한 후 당해 준공된 아파트를 양도하는 경우로서 출국당시 분양권 이외에 다른 주택을 보유한 경우에는 특례규정을 적용받을 수 없으므로 양도소득세가 과세된다(서면4팀-67, 2006.01.18).

사례 2

보유주택이 출국 후 조합원입주권으로 변환되어 입주권 양도시 해외이주 특례여부

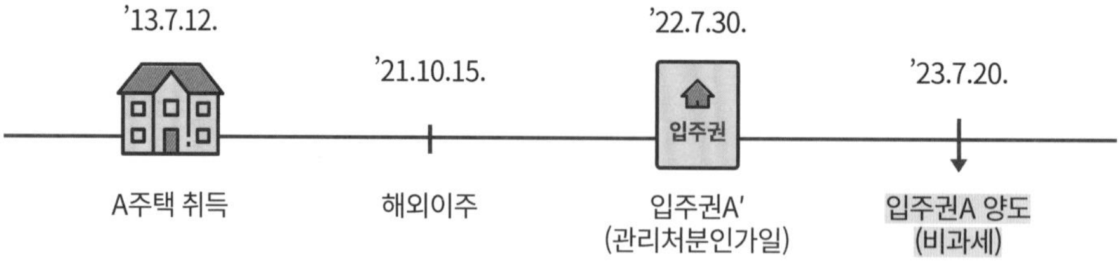

해설 1주택을 보유한 1세대가 해외이주로 세대전원이 출국한 후 주택이 재건축사업으로 조합원입주권으로 전환되어 해당 조합원입주권을 양도하는 경우로서 양도일 현재 다른 주택이 없는 경우에는 보유기간 및 거주기간의 제한 없이 비과세 된다(서면4팀-637, 2008.3.13).

대비사례

입주권 보유 상태에서 해외출국 후 해당 입주권 양도시 해외이주 특례여부

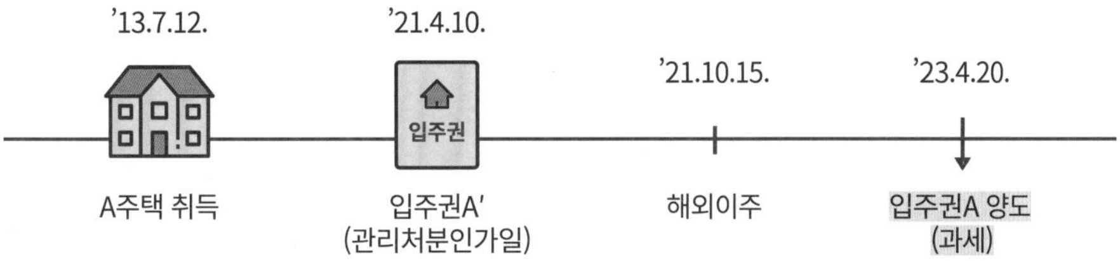

해설 출국하기 전에 보유하던 주택이 이미 조합원입주권으로 전환된 상태에서 출국한 후 해당 조합원입주권을 양도하는 경우에는 1세대1주택 비과세 규정이 적용되지 않는다(조심 2019전2185, 2020.1.9.).

사례 3

입주권 보유 상태에서 해외출국 후 완공된 주택 양도시 해외이주 특례여부

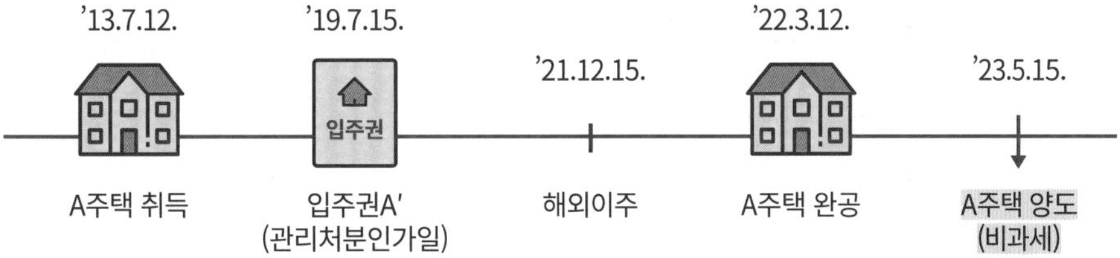

해설 원조합원입주권을 보유한 상태에서 해외이민으로 세대전원이 출국한 후 완공된 신축주택을 양도하는 경우 해외이주 특례가 적용되어 비과세된다(서면5팀-2325, 2007.8.16).

대비사례

입주권을 승계취득하고 해외출국 후 완공된 주택 양도시 비과세 여부

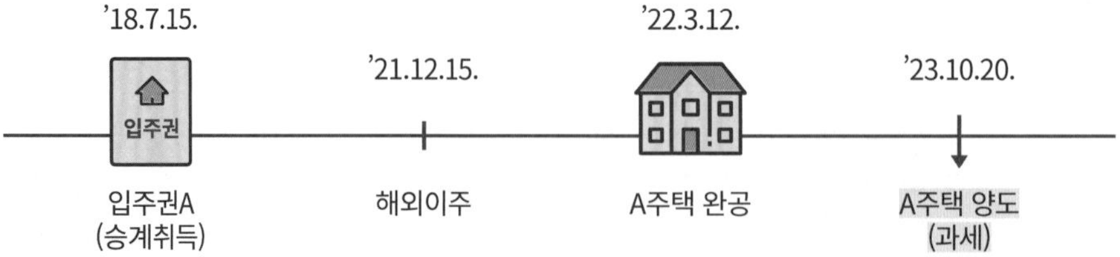

해설 조합원입주권을 취득한 승계조합원이 해외로 출국한 후 완공된 주택을 양도하는 경우에는 해외이주특례가 적용되지 않으므로 양도소득세가 과세된다(부동산거래관리과-659, 2012.12.6).

사례 4

세대원 전원이 출국한 후 영주권을 취득하고 양도하는 주택의 비과세 여부

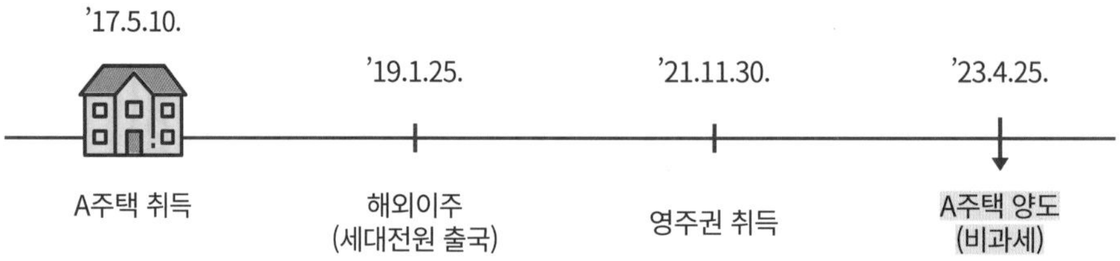

해설 1세대가 출국일 현재 국내에 1주택을 보유하고 있는 경우로서, 「해외이주법」에 따른 현지이주를 하고 영주권 또는 그에 준하는 장기체류 자격을 취득한 날부터 2년 이내에 1세대가 출국일 당시 보유하던 1주택을 양도하면 1세대1주택 비과세된다(법령해석재산-0493, 2019.10.21).

사례 5

일시적2주택 상태에서 해외이주로 세대전원이 출국한 경우 비과세 여부

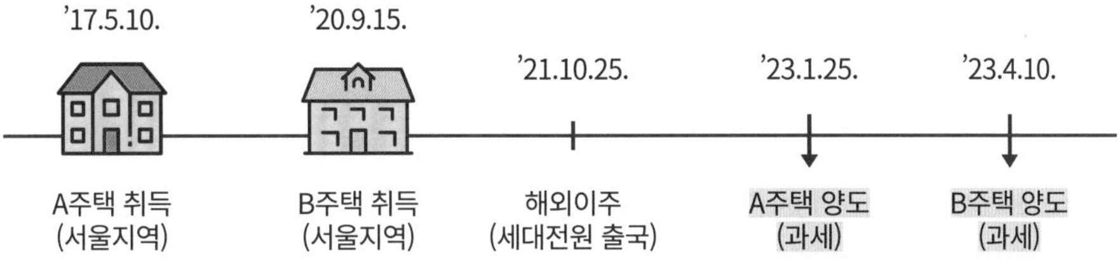

해설 국내에 1주택을 소유한 1세대가 그 주택을 양도하기 전에 다른 주택을 취득함으로써 일시적으로 2주택이 된 상태에서 「해외이주법」에 따른 해외이주로 세대전원이 출국하는 경우에는 「소득세법 시행령」 제155조 제1항에 따른 일시적 2주택 비과세 특례가 적용되지 않는다. 또한, A주택을 양도(과세)한 후, 출국일로부터 2년 이내 B주택을 양도하더라도 비과세되지 않는다(법령해석재산-0493, 2019.10.21).

유사사례

출국당시 1주택과 감면주택을 포함하여 2주택 상태에서 세대전원이 출국한 경우 비과세 여부

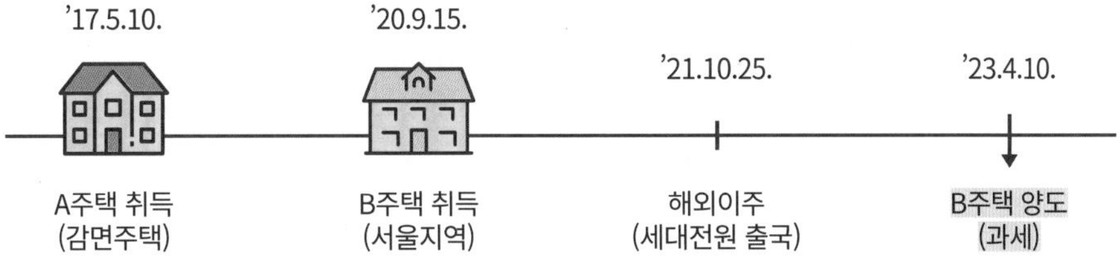

해설 1세대가 「조세특례제한법」제99조의2이 적용되는 감면주택A와 다른 1주택B를 보유하다 「해외이주법」에 따른 해외이주를 하고 비거주자인 상태에서 출국일 당시 보유하던 2주택 중 감면주택A 외의 B주택을 양도하는 경우 1세대1주택 비과세특례가 적용되지 않는다(법령해석재산-0734, 2019.12.27).

추가해설 해외이주 등으로 세대전원 출국하는 경우 출국일 현재 1주택만 보유하고 있는 경우로서 출국일로부터 2년 이내 양도해야 해외이주 등으로 인한 1세대1주택 비과세특례를 적용받을 수 있으므로, 출국일 당시 다른 특례주택(상속주택, 임대주택, 감면주택 등)을 보유하고 있는 경우에는 해당 특례를 적용받을 수 없다.

심화학습

비거주자에게 적용되는 양도소득세 등 관련 규정

1. 비거주자의 정의

일반적으로 비거주자는 국내에 생계를 같이하는 가족이 없고, 직업 및 재산상태에 비추어 1과세기간(1.1~12.31.) 동안 계속하여 183일 이상 국내에 거주할 것으로 인정되지 않는 자를 말하며, 국내에 1과세기간 동안 계속하여 183일 이상 거주하는 경우에도 국내에 생계를 같이하는 가족이 있는지 여부, 국내에 소재하는 자산이 있는지 여부와 직업 등 생활관계의 객관적인 사실을 종합하여 거주자 여부를 판단한다.

2. 비거주자에 대한 1세대1주택 비과세 등 적용여부

1) 해외출국한 경우

1세대1주택 비과세 규정은 원칙적으로 거주자에게만 적용되고 비거주자에게는 적용되지 않으나, 거주자가 해외이주 등으로 비거주자가 된 경우로서 출국일 현재 보유하던 1주택을 출국한 날로부터 2년 이내 양도하는 경우에는 보유기간 및 거주기간에 제한 없이 비과세된다. 이 경우 고가주택에 해당하여 양도소득세가 과세되는 양도차익에 대한 장기보유특별공제액은 비거주자로서 양도하는 것이므로 보유기간과 거주기간으로 나누어 각각 4%의 공제율을 적용하지 않고, 보유기간에 따라 최대 30%를 한도로 연 2%의 공제율을 적용한다.

2) 비거주자가 양도한 주택에 대한 장기보유특별공제 적용여부

거주자가 비거주자가 되었다가 다시 거주자가 되어 양도하는 주택이 1세대1주택 비과세 대상이 되는 경우 장기보유특별공제액은 최대 30%를 한도로 주택 전체 보유기간에 따라 연 2%의 장기보유특별공제율을 적용한 금액과 최대 80%를 한도로 거주자로서 보유기간 및 거주기간에 따라 각각 연 4%의 장기보유특별공제율을 적용하여 산출한 금액 중 큰 금액을 적용한다.

3. 비거주자의 다주택자 중과세 적용여부

거주자에게 적용되는 다주택자 중과규정은 비거주자에게도 동일하게 적용된다.

4. 비거주자에게 적용되는 감면 및 과세특례 규정

원칙적으로 비거주자는 양도소득세 감면규정 등을 적용받을 수 없으나, 예외적으로 아래의 규정은 비거주자에도 적용된다.

구 분	내 용
주택감면	▪장기임대주택 장기보유특별공제 추가공제(조특법 제97조의4) ▪미분양주택 취득자에 대한 과세특례(조특법 제98조의3) ▪수도권 밖의 미분양주택 취득자에 대한 과세특례(조특법 제98조의5) ▪준공후 미분양주택 취득자에 대한 과세특례(조특법 제98조의6) ▪신축주택 등 취득자에 대한 과세특례(조특법 제99조의2)
농지감면*	▪자경농지에 대한 감면(조특법 제69조) ▪축사용지에 대한 감면(조특법 제69조의2) ▪농지대토에 대한 감면(조특법 제70조)
수용감면	▪공익사업용 토지에 대한 감면(조특법 제77조)

* 자경농지에 대한 감면, 축사용지에 대한 감면 및 농지대토에 대한 감면규정은 거주자가 비거주자가 된 날로부터 2년 이내에 양도하는 경우에 한하여 적용

5. 비거주자가 거주자로 전환된 경우 1세대1주택의 보유기간 및 거주기간

1) 비거주자인 상태에서 주택을 취득하고 거주자로 전환된 경우

비거주자인 상태에서 취득한 주택을 3년 이상 계속 보유하고 거주하던 중 거주자로 전환된 후 양도하는 경우 비거주자로서 보유 및 거주한 기간과 거주자로서 보유 및 거주한 기간을 합산하여 1세대1주택 비과세 여부를 판단한다.

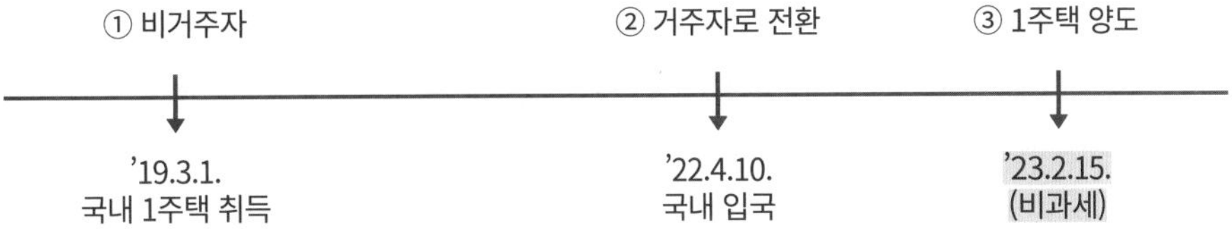

2) 거주자인 상태에서 주택을 취득한 후 비거주자가 되었다가 다시 거주자가 된 경우

거주자인 상태에서 취득한 주택을 국외이주 등으로 비거주자가 되었다가 귀국하여 거주자가 된 상태에서 양도하는 경우 거주자로서 보유 및 거주한 기간만을 합산하여 1세대1주택 비과세 여부를 판단한다.

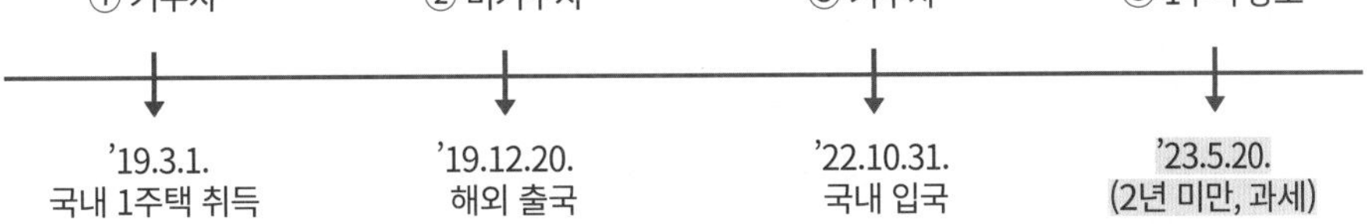

6. 비거주자가 부동산을 양도하는 경우 양수자인 법인의 원천징수의무

비거주자가 국내에 있는 부동산을 법인에게 양도하는 경우 해당 법인은 양도대가를 지급하는 때 부동산 양도대가의 10% 또는 부동산 양도차익의 20%중 적은 금액을 원천징수하여 납부한 후, 양도자인 비거주자는 양도소득세를 신고할 때 해당 원천징수세액을 기납부세액으로 공제하여 정산한다. 다만, 비거주자가 양도소득세를 이미 신고·납부하였거나, 비과세 또는 과세미달에 해당하는 경우에는 양도자산 소재지 관할세무서장으로부터 「비과세 등 확인서」를 발급받아 법인에 제출하는 경우 법인은 원천징수의무가 없다.

예를 들어 비거주자인 甲이 15억원에 취득한 주택을 2023.5.10. 국내법인 乙과 25억원에 양도하기로 계약(계약금 2.5억원 수령)하고 잔금 22.5억원은 2023.6.25. 수령하기로 한 경우, 乙은 2억원을 공제한 후 20.5억원을 甲에게 지급하고 원천징수한 세액 2억원은 2023.7.10.까지 세무서에 납부해야 한다.

※ 원천징수액 : Min [25억원×10%, (25억원-15억원)×20%] = 2억원

7. 비거주자 등에게 적용되는 각종 확인서 발급 의무

1) 재외국민 인감증명서 발급 경유 확인서

재외국민이나 외국인이 지방자치단체에 부동산 매도용 인감증명서를 발급받기 위해서는 세무서에서 「인감증명서 발급 경유 확인서」를 발급받아 제출해야 하지만, 재외공관의 인증을 받아 등기신청하는 경우 세무서장으로부터 발급받은 「부동산 등 양도신고 확인서」를 등기관서장에게 제출하면 「인감증명서 발급 경유 확인서」를 제출하지 않아도 된다.

배경 및 취지

국내에 있는 부동산을 매각하고 소유권을 이전하기 위해서는 매도자용 인감증명서가 필요한데, 보통 인감증명서가 없는 재외국민이나 외국인의 세금탈루를 방지하기 위하여 소유권 이전(잔금지급)하기 전에 양도소득세를 신고·납부하고 세무서장으로부터 확인서(인감경유)를 발급받아 지방자치단체에 제출하는 것이다.

2) 재외국민·외국인 부동산등 양도신고확인서

재외국민과 외국인이 부동산을 양도하고 소유권이전 등기를 하는 경우 세무서장으로부터 발급받은 「부동산등 양도신고확인서」를 등기관서장에게 제출하여야 한다. 다만, 세무서에 인감경유를 한 경우에는 부동산 등 양도신고확인서를 제출한 것으로 것으로 본다.

3) 부동산 매각자금 확인서

재외국민·외국인 또는 비거주자가 부동산을 처분한 후 처분대금을 국외로 반출하는 경우 부

동산 소재지 관할 세무서장으로부터 「부동산 매각자금 확인서」를 발급받아 외국환은행장에게 제출해야 한다.

[비거주자의 국내소재 부동산 양도시 신고 등 절차]

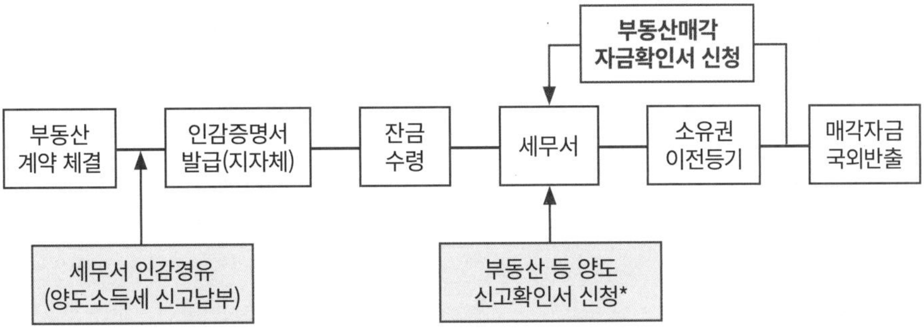

* 인감경유를 한 재외국민 등은 부동산 등 양도신고확인서 신청 생략

4) 기타 확인서

① 예금 등에 대한 자금출처 확인서

재외동포가 국내 예금 등을 국외로 반출하는 경우로서 반출자금 누계액이 미화 10만불을 초과하는 경우 전체 금액에 대하여 지정거래 외국환은행 소재 관할세무서장으로부터 「예금 등에 대한 자금출처 확인서」를 발급받아 지정거래 외국환은행장에게 제출하여야 한다.

② 해외이주비 등 자금출처 확인서

해외이주자 또는 해외이주예정자가 지정거래 외국환은행을 통해 해외이주비를 지급하고자 하는 경우로서 세대별 해외이주비 지급 누계액이 미화 10만불을 초과하는 경우 해외이주비 전체 금액에 대하여 해외이주자 등의 최종 주소지 관할세무서장으로부터 「해외이주비 등 자금출처 확인서」를 발급받아 지정거래 외국환은행장에게 제출하여야 한다.

8. 비거주자에게 적용되는 주요 기타 세목

1) 피상속인이 비거주자인 경우 상속공제

피상속인이 거주자인 경우에는 인적공제와 물적공제 등 각종 공제가 적용되지만, 비거주자의 사망으로 상속이 개시되는 경우에는 각종 공제는 적용되지 않고 상속세 과세가액에서 2억원(기초공제)만 공제한다.

2) 수증자가 비거주자인 경우 연대납세의무 및 증여재산공제 여부

증여세는 수증자가 납부하는 것이 원칙이나, 수증자가 비거주자인 경우 조세채권 확보가 어려운 점을 감안하여 수증자가 납부할 증여세를 증여자가 연대하여 납부할 의무를 부담한다. 예를 들어 수증자가 납부할 증여세를 연대납세의무가 없음에도 부모가 대납하면 재차 증여로 보아 당초 증여재산과 합산되지만, 부모가 외국에 있는 자녀에게 증여한 후 대신 증여세를 납부하면 부모는 연대납세의무가 있기 때문에 증여세 대납에 따른 추가적인 증여세는 부담하지 않는다.

한편, 수증자가 비거주자인 경우에는 거주자에게 적용되는 증여재산공제【10년 누적 배우자 6억원, 직계존속 및 직계비속 5천만원(미성년자는 2천만원), 기타 친족 1천만원】는 적용되지 않는다.

사례

시가 10억원의 부동산을 부모가 성인자녀에게 증여하고 증여세를 대신 납부한 경우

해설

	구 분	수증자가 거주자인 경우	수증자가 비거주자인 경우
	증여재산가액	1,000,000,000	1,000,000,000
(+)	증여세대납액	348,692,811*	-
(-)	증여재산공제	50,000,000	-
(=)	과세표준	1,298,692,811	1,000,000,000
(×)	세율	40%	30%
(-)	누진공제	160,000,000	60,000,000
(=)	산출세액	359,477,124	240,000,000
(-)	신고세액공제	10,784,313	7,200,000
(=)	납부할세액	348,692,811	232,800,000

* 증여세 대납액(X) : [{(10억원+X)-5천만원} × 40% - 1억6천만원]× 0.97 = X

∴ X = 348,692,811

3) 비거주자가 국내에 1주택만을 보유한 경우 종합부동산세 계산방법

종합부동산세 계산시 1세대 1주택자는 주택 공시가격에 12억원을 공제하고 고령자 및 장기보유자 세액공제를 적용하나, 비거주자가 국내에 1주택만을 소유한 경우 1세대 1주택자에 해당하지 않으므로 주택 공시가격에 9억원의 기본공제를 적용하고 세액공제는 적용되지 않는다.

4 부득이한 사유로 1년 이상 거주한 주택을 양도하는 경우

1) 개요

취학·근무상 형편·질병의 치료나 요양·학교폭력으로 인한 전학 등 부득이한 사유로 세대전원이 다른 시·군으로 이사하면서 1년 이상 거주한 주택을 양도하는 경우에는 2년 이상 보유기간 및 거주기간을 충족하지 않더라도 비과세된다(소득령 §154①3호).

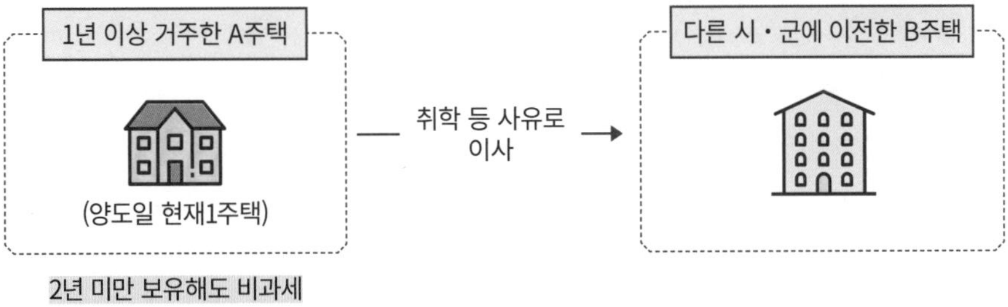

2) 부득이한 사유

① 취학

취학은 「초·중등교육법」에 따른 학교에의 취학을 의미하므로 고등학교 이상의 취학부터 적용한다. 따라서 유치원·초등학교·중학교 취학은 부득이한 사유에 해당하지 않는다. 예를 들어 중학교 취학 자녀는 거주하지 않고 부모만 1년 이상 거주한 주택을 양도하는 경우에는 비과세특례 규정이 적용되지 않는다.

② 근무상 형편

근무상 형편의 사유는 직장의 변경, 새로운 직장에 취업 및 동일 직장 내의 전근 등은 포함되지만, 자영업자의 사업장 소재지 변경 및 사업상 형편은 근무상 형편의 범위에 포함되지 않는다.

관련 해석 사례

① 장기임대주택을 소유한 1세대가 근무상 형편으로 2년 이상 거주요건을 갖추지 못한 일반 주택을 양도할 때에는 비과세 특례를 적용할 수 없다(부동산납세과-712, 2017.6.22).

② 「소득세법 시행령」제167조의3제1항제2호 각 목에 따른 주택(장기임대주택)을 보유하고 거주주택을 양도하는 경우 세대원 중 일부가 '근무상 형편' 등 부득이한 사유로 취득할 때부터 2년 거주요건을 충족하지 못한 경우에도 1세대 1주택 비과세 특례적용하는 것이다(부동산납세과-95, 2020.1.22).

③ 1세대가 조정대상지역에 있는 1주택을 양도하는 경우 거주요건 적용시 배우자 등이 부득이한 사유로 처음부터 해당 주택에 거주하지 않고 나머지 세대원이 거주요건을 충족한 경우에는 1세대가 거주한 것으로 본다(부동산납세과-533, 2019.5.27).

③ 질병의 치료나 요양

질병의 치료나 요양은 1년 이상의 치료나 요양을 필요로 하는 질병의 치료 또는 요양인 경우를 말한다. 이 경우 출산을 위한 치료 및 요양도 포함될 수 있다.

④ 학교폭력으로 인한 전학

「학교폭력예방 및 대책에 관한 법률」에 따른 학교폭력대책 자치위원회가 피해 학생에게 전학이 필요하다고 인정하는 경우의 학교폭력으로 인한 전학을 말한다.

3) 부득이한 사유 발생 후에 주택을 취득한 경우

1년 이상 거주한 주택에 대한 보유기간 및 거주기간 특례를 적용받기 위해서는 부득이한 사유가 발생하기 전에 주택을 취득해야 하므로 부득이한 사유가 발생한 후에 주택을 취득한 경우에는 해당 규정을 적용받을 수 없다. 다만, 분양계약을 체결한 후 잔금 지급일 사이에 부득이한 사유가 발생하고 분양권이 주택으로 준공되고 1년 이상 거주한 후 양도하는 경우에는 아래 해석사례와 같이 견해가 엇갈리고 있다.

관련 해석 사례

1. 분양권 보유 중 '부득이한 사유' 발생시 비과세가 적용되는 사례

아파트를 분양받아 중도금 불입 중에 근무상 형편에 의해 전근된 경우로서 당해 아파트가 준공되어 세대전원이 1년 이상 거주한 사실이 있는 당해 아파트를 양도하고 직장 소재지가 있는 다른 시로 거주 이전한 경우 비과세특례 규정이 적용된다(서면상담5팀-195, 2008.1.28).

2. 분양권 보유 중 '부득이한 사유' 발생시 비과세가 적용되지 않는 사례

근무상 형편 등에 따른 1세대 1주택 비과세특례는 아파트 중도금 불입 중에 근무상 형편 등의 사유가 발생한 경우에는 적용되지 않는 것이다(부동산거래관리과-1163, 2010.9.17).

4) 세대전원이 다른 시·군으로 이사

원칙적으로 다른 시(특별시 및 광역시 포함)·군으로 이사를 해야 하는데, 광역시 지역 안의 구지역과 읍·면지역 간의 주거이전 및 도농 복합형태의 시지역 안에서 동지역과 읍·면지역 간의 주거이전은 포함되나, 같은 특별시와 광역시의 구와 구 간의 주거이전한 경우와 부득이한 사유가 발생하기 전에 주거를 이전하는 경우에는 해당 특례가 적용되지 않는다.

5) 1년 이상 거주한 주택의 양도기한

부득이한 사유로 인하여 주거이전의 경우 종전주택의 양도시기는 부득이한 사유가 발생한 날부터 부득이한 사유가 해소(졸업, 퇴사, 질병 치유 등)되기 전에 양도해야 한다. 따라서 부득이한 사유가 해소되지 않은 상태에서 주택을 양도하는 경우에는 특례규정이 적용되나, 부득이한 사유가 해소된 상태에서 주택을 양도하는 경우에는 해당 특례를 적용할 수 없다.

관련 해석 사례

「소득세법 시행령」제154조제1항제3호 및「같은법 시행규칙」제71조제3항 적용과 관련하여 양도일 현재 동항 각 호의 어느 하나에 해당하는 부득이한 사유가 해소된 상태에서 주택을 양도하는 경우에는 당해 규정을 적용받을 수 없다(부동산거래관리과-707, 2010.5.18).

핵심요약

비과세 등 세제혜택 적용시 거주요건이 필요한 경우

구 분	거주요건	관련 법령
1세대1주택 비과세	2017.8.3. 이후 조정대상지역 내 소재한 주택을 취득하는 경우 2년 이상 거주 필요	소득령 §154①
거주주택 비과세	장기임대주택·장기어린이집을 보유한 상태에서 거주주택 양도에 대한 비과세 특례를 받기 위해서는 조정대상지역과 상관없이 2년 이상 거주 필요	소득령 §155⑳
입주권 취득하고 3년 경과 후 종전주택 양도하여 비과세되는 경우	1주택을 보유한 1세대가 조합원입주권을 취득한 후 종전주택을 3년 경과한 후 양도하는 경우 조합원입주권에 의해 완공된 주택에 세대전원이 이사하여 1년 이상 거주 필요	소득령 §156의2④
분양권 취득하고 3년 경과 후 종전주택 양도하여 비과세되는 경우	1주택을 보유한 1세대가 주택분양권을 취득한 후 종전주택을 3년 경과한 후 양도하는 경우 주택분양권에 의해 완공된 주택에 세대전원이 이사하여 1년 이상 거주 필요	소득령 §156의3③
조합원입주권 보유 상태에서 대체주택 취득후 양도하여 비과세되는 경우	재개발사업 등 시행기간 동안 대체주택을 취득 후 양도할 경우 1년 이상 거주 필요	소득령 §156의2⑤
임대주택법에 따른 건설임대주택 비과세	건설임대주택 임차일로부터 양도일까지 세대전원이 5년 이상 거주 필요	소득령 §154①1호
부득이한 사유로 다른 시·군으로 이전하는 경우 종전주택 비과세	취학·근무상 형편·질병의 요양 등 부득이한 사유로 다른 시·군으로 이전하는 경우 1년 이상 거주 필요	소득령 §154①3호
장기보유특별공제 적용	1세대1주택 고가주택에 대해 연 8%(보유연수 4% + 거주연수 4%) 장기보유특별공제율 적용시 2년 이상 거주 필요	소득법 §95②

03

보유기간 및 거주기간 통산 여부

I 상속으로 취득한 주택의 비과세 판단 및 세액 계산 방법

1 피상속인과 상속인이 동일세대인 경우

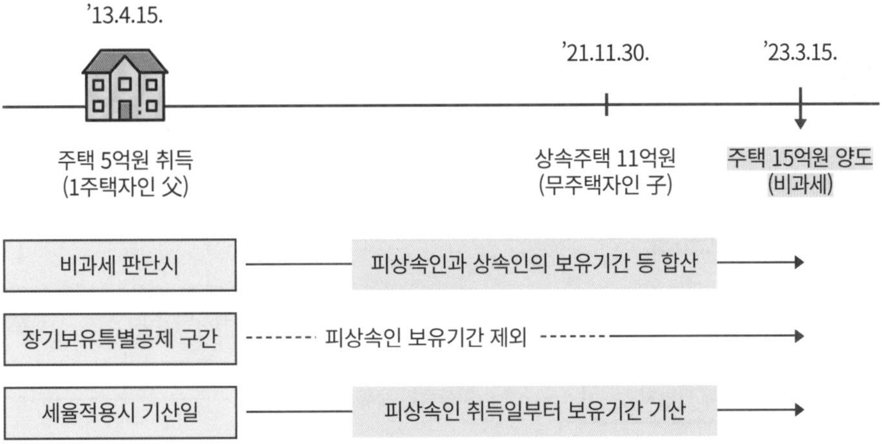

해설

1. 보유기간 또는 거주기간 합산 여부

피상속인과 상속인이 상속개시 당시 동일세대인 경우 주택의 보유기간 또는 거주기간을 계산할 때 피상속인의 보유기간과 상속개시일 이후 상속인의 보유기간은 합산되므로 주택 보유기간이 2년 이상이므로 1세대1주택 비과세가 적용된다.

2. 장기보유특별공제 적용 여부

장기보유특별공제 적용시 피상속인과 상속인이 상속개시 당시 동일세대원이더라도 상속개시일부터 보유연수 등에 따른 공제율을 적용하므로 상속개시일부터 주택 양도일까지 보유기간이 3년 미만에 해당하여 장기보유특별공제가 적용되지 않는다.

3. 세율 적용

상속인이 양도하는 주택에 대해 적용 세율은 피상속인의 주택 취득일부터 기산한다. 따라서 상속인이 양도한 주택의 보유기간은 2년 미만이지만, 피상속인을 기준으로 보유기간이 2년 이상이므로 단기세율이 아닌 기본세율이 적용된다.

	구 분	계산 근거
	양도차익	400,000,000(1,500,000,000 - 1,100,000,000)
	고가주택 양도차익	400,000,000 × (15억원 - 12억원)/15억원 = 80,000,000
(-)	장기보유특별공제	3년 미만 보유하여 공제불가
(=)	양도소득금액	80,000,000
(-)	양도소득기본공제	2,500,000
(=)	산출세액	77,500,000 × 24% - 5,760,000(누진공제) = 12,840,000

2 피상속인과 상속인이 별도세대인 경우

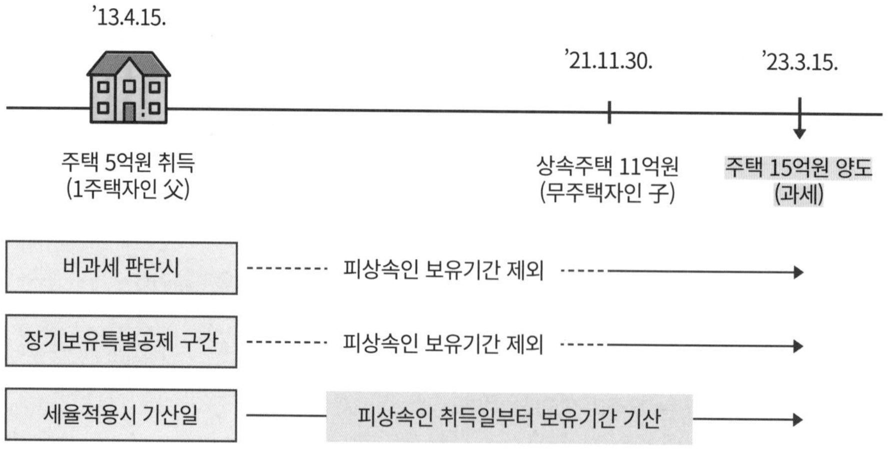

해설

1. 보유기간 또는 거주기간 합산 여부

피상속인과 상속인이 상속개시 당시 별도세대인 경우 주택의 보유기간 또는 거주기간을 계산할 때 상속개시일 이후 상속인의 보유기간만으로 1세대 1주택 비과세 여부를 판단하므로 상속개시일부터 주택 보유기간이 2년은 비과세되지 않는다.

2. 장기보유특별공제 적용 여부

장기보유특별공제 적용시 피상속인과 상속인이 동일세대인지 여부를 불문하고 상속개시일부터 보유연수 등에 따른 공제율을 적용하므로 상속개시일부터 주택 양도일까지 보유기간이 3년 미만에 해당하여 장기보유특별공제가 적용되지 않는다.

3. 세율 적용

상속인이 양도하는 주택에 대해 적용 세율은 상속개시 당시 별도세대원이더라도 피상속인의 주택 취득일부터 상속인의 주택 양도일까지의 보유기간을 기준으로 적용한다. 따라서 상속인이 양도한 주택의 보유기간은 2년 미만이지만, 피상속인을 기준으로 보유기간이 2년 이상이므로 단기세율이 아닌 기본세율이 적용된다.

	구 분	계산 근거
	양도차익	400,000,000(1,500,000,000 - 1,100,000,000)
	고가주택 양도차익	보유기간 2년 미만으로 비과세 불가
(-)	장기보유특별공제	3년 미만 보유하여 공제불가
(=)	양도소득금액	400,000,000
(-)	양도소득기본공제	2,500,000
(=)	산출세액	397,500,000 × 40% - 25,940,000(누진공제) = 133,060,000

심화사례

동일세대원으로부터 상속받은 주택의 장기보유특별공제 계산시 보유기간 기산일

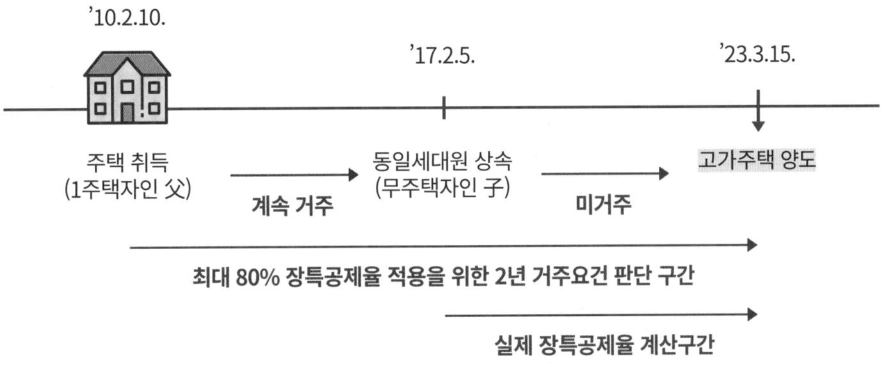

해설 1세대1주택 비과세되는 고가주택에 대하여 최대 80%가 적용되는 장기보유특별공제를 적용받기 위해서는 2년 이상 거주요건이 필요하다. 이 경우 동일세대원으로부터 상속받은 주택에 대하여 최대 80%의 장기보유특별공제를 적용받기 위하여 2년 이상 거주하였는지

여부를 판단할 때에는 피상속인과 상속인의 거주기간을 통산하되 실제 장기보유특별공제액은 주택을 상속받은 후 상속인이 보유한 기간과 거주한 기간으로 나누어 계산한다.
위 사례에서 父로부터 주택을 상속받은 후 상속주택에서 子가 거주하지 않은 경우에도 父의 거주기간이 2년 이상이므로 동일세대원인 父와 子가 상속주택에 거주한 기간을 통산하면 최대 80% 장기보유특별공제율을 적용하되 실제 장기보유특별공제액을 계산할 때에는 상속인이 상속개시일 이후 보유한 기간과 거주한 기간으로 구분하여 상속인의 보유기간에 대한 장기보유특별공제율은 보유연수×4%를 적용하지만 해당 주택에서 실제 거주하지 않았으므로 거주기간에 따른 장기보유특별공제율은 적용하지 않는다.

* 장기보유특별공제율 : 24%(보유연수 6년×4% + 거주연수 0년×4%)

Ⅱ 증여로 취득한 주택의 비과세 판단 및 세액 계산 방법

1 증여자와 수증자가 동일세대인 경우

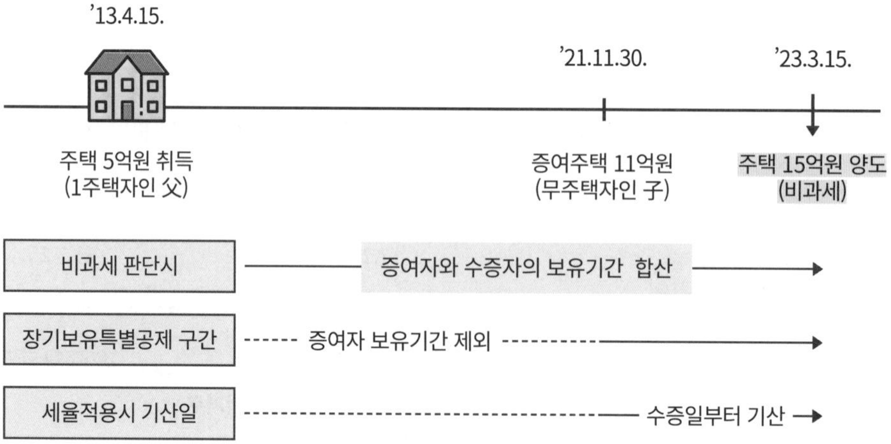

해설

1. 보유기간 또는 거주기간 합산 여부

증여자와 수증자가 증여 당시 동일세대인 경우 주택의 보유기간 또는 거주기간을 계산할 때 증여자의 보유기간과 증여일 이후 수증자의 보유기간은 합산되므로 주택 보유기간이 2년 이상이므로 1세대1주택 비과세가 적용된다. 다만, 동일세대원 간의 증여로 인한 취득이라 하더라도 주택을 양도하기 전에 세대를 분리한 경우에는 수증자가 증여받은 날부터 보유기간을 계산함에 주의해야 한다.

2. 장기보유특별공제 적용 여부

장기보유특별공제 적용시 증여자와 수증인이 증여 당시 동일세대인지 여부를 불문하고 증여받은 날부터 보유연수 등에 따른 공제율을 적용하므로 수증일로부터 주택 양도일까지 보유기간이 3년 미만에 해당하여 장기보유특별공제가 적용되지 않는다.

3. 세율 적용

수증인이 양도하는 주택에 대해 적용 세율은 상속과는 달리 증여자와 수증자가 증여 당시 동일세대원 이더라도 수증자가 증여받은 날부터 수증자의 주택 양도일까지의 보유기간만을 기준으로 적용한다. 따라서 수증자가 양도한 주택의 보유기간은 2년 미만이므로 60%의 단기세율을 적용한다.

	구 분	계산 근거
	양도차익	400,000,000(1,500,000,000 - 1,100,000,000)
	고가주택 양도차익	400,000,000 × (15억원 - 12억원)/15억원 = 80,000,000
(-)	장기보유특별공제	3년 미만 보유하여 공제불가
(=)	양도소득금액	80,000,000
(-)	양도소득기본공제	2,500,000
(=)	산출세액	77,500,000 × 60%(2년 미만 단기세율) = 46,500,000

비교학습 _ 동일세대원으로부터 매매(경매)로 취득한 주택을 양도하는 경우 1세대1주택 보유 및 거주기간 계산방법

동일세대원으로부터 증여로 취득한 경우 1세대 1주택의 보유기간 계산은 동일세대로서 보유한 기간을 통산하나, 동일세대원으로부터 매매 또는 경매로 취득한 경우 1세대 1주택 보유기간 계산은 매수인의 취득일(잔금청산일, 경락대금을 완납한 날)부터 기산하여 적용한다(부동산납세과-2766, 2022.9.20).

2 증여자와 수증자가 별도세대인 경우

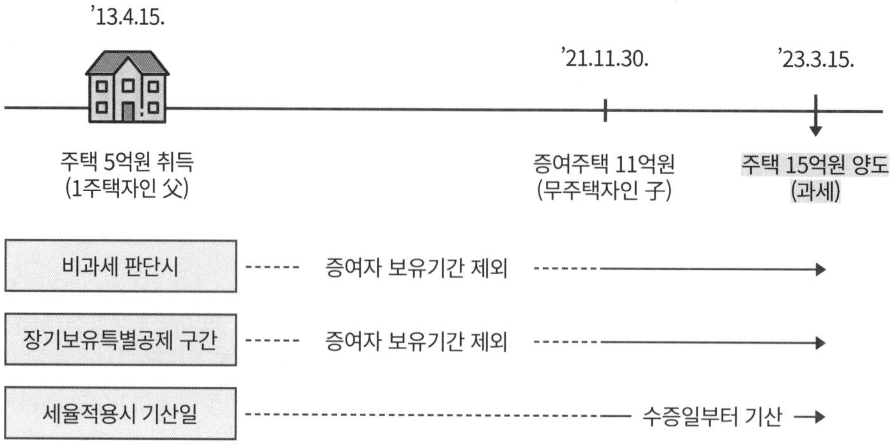

해설

1. 보유기간 또는 거주기간 합산 여부

증여자와 수증자가 증여 당시 별도세대인 경우 주택의 보유기간 또는 거주기간을 계산할 때 증여일 이후 수증자의 보유기간만으로 1세대 1주택 비과세 여부를 판단하므로 주택 보유기간이 2년 미만이므로 비과세되지 않는다.

2. 장기보유특별공제 적용 여부

장기보유특별공제 적용시 증여자와 수증인이 증여 당시 동일세대인지 여부를 불분하고 증여받은 날부터 보유연수 등에 따른 공제율을 적용하므로 수증일로부터 주택 양도일까지 보유기간이 3년 미만에 해당하여 장기보유특별공제가 적용되지 않는다.

3. 세율 적용

수증인이 양도하는 주택에 대해 적용 세율은 수증자가 증여받은 날부터 수증자의 주택 양도일까지의 보유기간만을 기준으로 적용한다. 따라서 수증자가 양도한 주택의 보유기간은 2년 미만이므로 60%의 단기세율을 적용한다.

	구 분	계산 근거
	양도차익	400,000,000(1,500,000,000 - 1,100,000,000)
	고가주택 양도차익	보유기간 2년 미만으로 비과세 불가
(-)	장기보유특별공제	3년 미만 보유하여 공제불가
(=)	양도소득금액	400,000,000
(-)	양도소득기본공제	2,500,000
(=)	산출세액	397,500,000 × 60%(2년 미만 단기세율) = 238,500,000

Ⅲ 이혼으로 취득한 주택의 비과세 판단 및 세액 계산 방법

1 재산분할로 취득한 경우

재산분할은 혼인기간 중 공동의 노력으로 형성된 재산을 배우자 각자의 소유로 청산하는 과정이므로 재산분할로 취득한 주택을 양도할 경우 주택의 취득시기는 배우자로부터 소유권을 이전받은 시기가 아니라 당초 배우자가 주택을 취득한 날로부터 기산하고, 거주기간도 당초 배우자와 함께 해당 주택에서 거주한 날로부터 거주기간을 기산하여 1세대1주택 비과세여부를 판단한다.

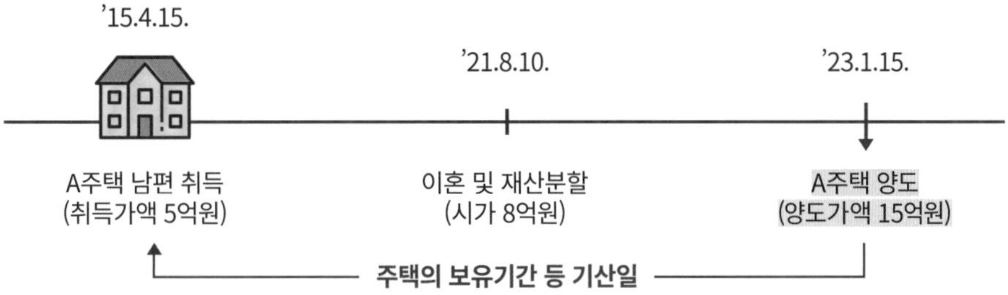

▪ 남편은 A주택 외 다른 주택을 보유하고 있지 않으며, 무주택자인 부인은 남편과 협의이혼하면서 재산분할로 취득한 A주택에서 남편 취득일부터 본인 양도일까지 계속 거주함

해설

① **남편의 경우** : 남편이 재산분할로 배우자에게 지급한 주택은 양도소득세 과세대상이 아니므로 양도소득세 납세의무가 없다.

② **부인의 경우** : 재산분할로 취득한 주택을 양도할 경우 취득가액 및 취득시기는 남편을 기준으로 판단하므로, 부인이 재산분할로 취득한 주택의 보유 및 거주기간이 2년 미만이더라도 양도소득세가 비과세된다.

	구 분	계산 근거
	양도차익	1,000,000,000(1,500,000,000 - 500,000,000)
	고가주택 양도차익	1,000,000,000 × (15억원 - 12억원)/15억원 = 200,000,000
(-)	장기보유특별공제	200,000,000 × 56%(7년×4% + 7년×4%) = 112,000,000
(=)	양도소득금액	88,000,000
(-)	양도소득기본공제	2,500,000
(=)	산출세액	85,500,000 × 24% - 5,760,000(누진공제) = 14,760,000

2 위자료로 취득한 경우

위자료는 혼인기간 중 배우자로부터 받은 정신적 손해에 대하여 금전 등으로 손해배상을 받는 것이므로 위자료로 취득한 주택의 취득시기는 소유권이전등기 접수일이 된다.

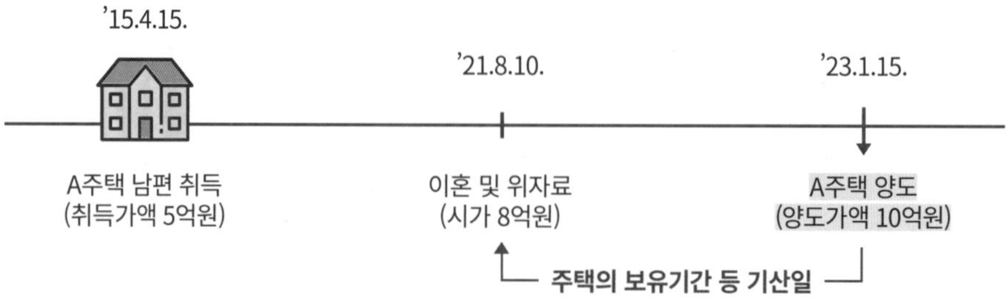

- 남편은 A주택(중과대상 아님) 외 다른 주택을 보유하고 있으며, 무주택자인 부인은 남편과 협의이혼하면서 위자료로 취득한 A주택에서 남편 취득일부터 본인 양도일까지 계속 거주함

해설

① **남편의 경우** : 남편은 위자료로 지급할 금액 대신 주택으로 대물변제한 것이므로 해당 주택에 대하여는 양도소득세 납세의무가 있으나, 해당 주택이 1세대1주택 비과세 요건을 갖춘 경우에는 비과세된다. 위 사례에서 남편은 위자료로 소유권을 이전한 A주택 외 다른 주택을 보유하고 있으므로 양도소득세가 과세된다.

	구 분	계산 근거
	양도차익	300,000,000(800,000,000 - 500,000,000)
	고가주택 양도차익	1세대2주택자로 비과세 불가
(-)	장기보유특별공제	300,000,000 × 12%(6년 × 2%) = 36,000,000
(=)	양도소득금액	264,000,000
(-)	양도소득기본공제	2,500,000
(=)	산출세액	261,500,000 × 38% - 19,940,000(누진공제) = 79,430,000

② **부인의 경우** : 위자료로 받은 주택을 양도하는 경우 취득가액은 위자료로 주택을 취득할 당시 시가 8억원을 적용하고, 1세대1주택 비과세 판단시 보유기간은 위자료로 소유권을 이전받은 때로부터 기산하므로 2년 내 주택을 양도하여 비과세되지 않는다.

	구 분	계산 근거
	양도차익	200,000,000(1,000,000,000 - 800,000,000)
	고가주택 양도차익	보유기간 2년 미만으로 비과세 불가
(-)	장기보유특별공제	3년 미만 보유하여 공제불가
(=)	양도소득금액	200,000,000
(-)	양도소득기본공제	2,500,000
(=)	산출세액	197,500,000 × 60%(2년미만 단기세율) = 118,500,000

Ⅳ 재건축한 주택의 비과세 판단시 보유기간 및 거주기간 계산

1 소실·노후로 인한 재건축인 경우

1) 보유기간

공사기간과 종전주택 및 신축주택의 보유기간을 합산하여 1세대1주택 비과세 여부를 판단한다.

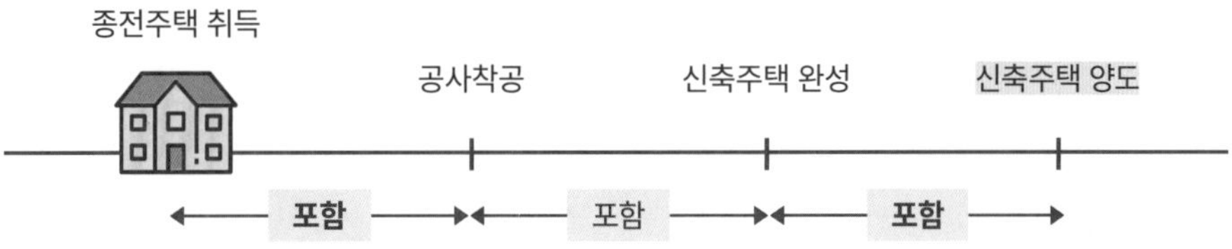

비교학습

소실·노후로 인한 경우를 제외한 임의재건축의 경우에는 신축한 건물의 사용승인일로부터 보유기간을 기산하여 1세대1주택 비과세여부를 판단한다.

2) 거주기간

공사기간은 제외하고 종전주택과 신축주택에서 실제 거주한 기간만 합산하여 1세대1주택 비과세 여부를 판단한다.

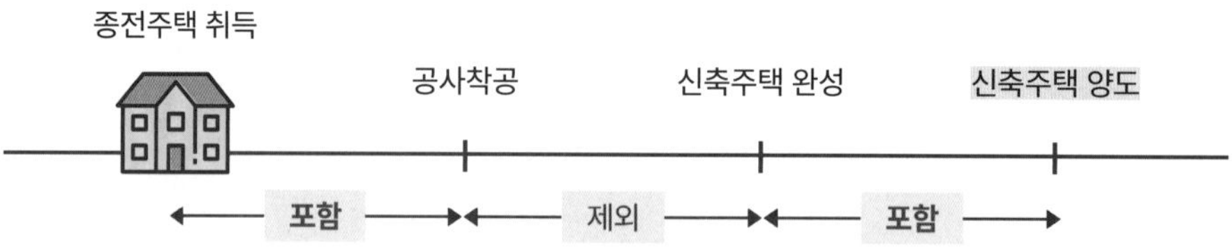

2 도시및주거환경정비법에 따른 재건축인 경우

1) 보유기간

종전주택과 신축주택의 보유기간 및 공사기간을 합산하여 1세대1주택 비과세 여부를 판단한다.

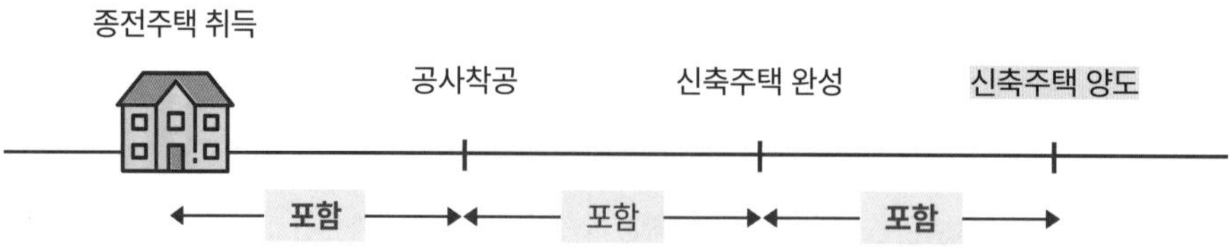

배경 및 취지

도시 및 주거환경정비법상 재개발·재건축은 도시환경 정비라는 공익성이 있으므로 재건축·재개발 사업을 세제상 지원하기 위하여 공사기간도 주택 보유기간에 포함하여 1세대1주택 비과세여부를 판단하는 것이다.

2) 거주기간

공사기간은 제외하고 종전주택과 신축주택에서 실제 거주한 기간만 합산하여 1세대1주택 비과세 여부를 판단한다.

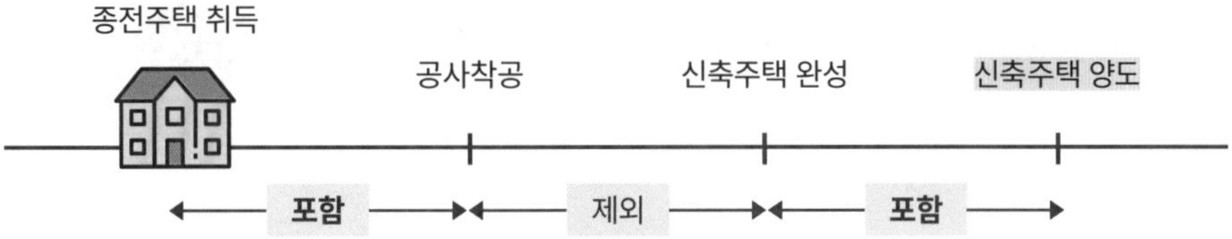

04

취득세 등 기타 세목 주요 내용

I 취득세에서 규정하는 세대의 개념

1 1세대의 범위

취득세 중과여부를 판단할 때 주택 수는 세대단위로 계산하며, 이 경우 세대단위란 주택을 취득하는 사람과 주민등록표에 함께 기재되어 있는 가족을 말한다. 양도소득세에서는 1세대를 실질에 의해 판단하고, 취득세에서는 형식에 의해 판단한다.

예를 들어, 아버지와 성년의 아들이 주민등록상으로 세대분리되어 있으나 실제는 한 주택에서 생계를 같이 하고 있다면 양도소득세에서는 실질에 따라 아버지와 아들을 동일세대로 보지만, 취득세에서는 실제 거주여부와 상관없이 주민등록을 기준으로 판단하므로 아버지와 아들은 각각 별도세대로 취급된다.

2 1세대의 판단기준일

양도소득세법상 1세대 여부는 주택 양도일을 기준으로 적용하나, 취득세에서 1세대는 주택 취득일을 기준으로 판단한다.

예를 들어, 자녀가 주택의 계약 시점에는 2주택을 보유하고 있는 부모와 동일한 세대를 구성하고 있다가 주택 취득일(잔금지급일) 전에 세대를 분리한 경우 자녀가 취득한 주택에 대하여는 1주택자로서 1~3%의 취득세 기본세율이 적용된다.

Ⅱ 주택 유형별 기타 세목 관련 내용

1 오피스텔

1) 부가가치세

① 취득 및 보유시

오피스텔을 분양받거나 매매로 취득하여 건물분 부가가치세를 환급받은 후 업무용이 아닌 주거용으로 사용하는 경우 환급받은 부가가치세를 납부해야 한다.

② 분양시

전용면적 85㎡ 이하 국민주택을 공급하는 경우 부가가치세가 면제되나, 오피스텔은 건축법상 업무시설로 분류되므로 국민주택규모 이하의 오피스텔을 주거용으로 공급하는 경우에도 부가가치세가 과세된다(대법원2020두44749, 2021.1.28).

2) 취득세

오피스텔을 취득하여 주택임대사업자로 등록하고 주택으로 사용한다고 하더라도 주택에 대한 취득세율을 적용하지 않고, 공부상 용도에 따라 업무시설로 보아 농어촌특별세 및 지방교육세 포함 4.6%의 취득세율이 적용된다. 다만, 전용면적 60㎡이하인 오피스텔을 건설사업자로부터 최초로 분양받아 지방자치단체에 임대주택으로 등록한 경우 취득세를 감면받을 수 있다.

한편, 2020.8.12. 이후 취득한 오피스텔이 주택분으로 재산세가 과세되는 경우 취득세 중과대상 주택수 판단시 주택수에 포함되므로 오피스텔을 보유한 상태에서 다른 주택을 유상으로 취득하는 경우 취득세가 중과될 수 있다. 다만, 시가표준액 1억원 이하인 오피스텔은 취득세 중과대상 판단시 주택수에서 제외된다.

※ 주의 : 오피스텔 공시가격이 상승하여 시가표준액이 1억 초과시 주택수에 포함된다.

3) 오피스텔 분양권

2021.6.1. 이후 양도하는 주택분양권은 소재지역을 불문하고 1년 미만 보유시 70%의 양도소득세율이 적용되나, 오피스텔 분양권은 주택분양권이 아니므로 1년 미만 보유시 50%의 세율이 적용되고, 2021.1.1. 이후 취득하는 주택분양권은 1세대1주택 비과세여부 판단시 주택수에 포함되나, 오피스텔 분양권은 주택수에 포함되지 않는다.

또한 취득세 중과대상 주택수 판단시 2020.8.12. 이후 취득하는 주택분양권은 주택수에 포함되나 오피스텔 분양권은 주택수에 포함되지 않는다.

2 가정어린이집

1) 중과세 적용 여부

지방자치단체장의 인가를 받고 세무서에 사업자등록을 한 후 5년 이상 가정어린이집으로 사용한 경우 가정어린이집으로 사용하지 않게 된 날부터 6개월 이내 해당 가정어린이집을 양도할 경우 양도소득세를 중과하지 않는다.

2) 종합부동산세

지방자치단체장의 인가를 받아 과세기준일 현재 5년 이상 계속하여 가정어린이집으로 운영한 주택은 종합부동산세 합산과세 대상에서 제외된다.

3) 취득세

가정어린이집으로 운영하기 위하여 취득한 주택은 보유 주택수에 상관없이 1~3%의 기본세율이 적용되고, 취득세 중과대상 주택수 판단시 주택수에서 제외한다. 다만, 가정어린이집을 취득일로부터 1년 이내 직접 가정어린이집으로 사용하지 않거나 취득일로부터 3년 이내 처분할 경우에는 취득세가 추징된다.

3 주택신축판매업자의 종합부동산세

주택신축판매업자가 과세기준일인 매년 6월 1일 현재 소유하고 있는 미분양주택으로서 사용승인일로부터 5년이 경과하지 않은 주택은 종합부동산세 합산과세 대상에서 제외된다.

4 겸용주택 관련 기타 세목

<table>
<tr><th colspan="3">구분</th><th>내용</th></tr>
<tr><td colspan="3">취득세(유상취득)</td><td>전체 취득가액을 주택부분과 상가부분의 시가표준액 비율로 안분한 다음 아래와 같이 취득세율 적용
▪주택부분 : 기본세율 또는 중과세율
▪상가부분 : 4.6% 부과</td></tr>
<tr><td rowspan="3">재산세</td><td colspan="2">1동의 건물</td><td rowspan="2">주택부분은 주택으로, 상가부분은 상가로 각각의 재산세 부과</td></tr>
<tr><td rowspan="2">1구의 건물</td><td>주택면적<상가면적</td></tr>
<tr><td>주택면적≥상가면적</td><td>전체를 주택으로 보아 주택분 재산세 부과</td></tr>
<tr><td colspan="3">종합부동산세</td><td>▪주택부분 : 종합부동산세 대상으로서 공시가격 합계액 9억원(1세대 1주택자는 12억원) 초과시 과세
▪상가부분 : 건물부분은 종합부동산세 과세대상이 아니나 상가부속토지의 공시가격 합계액이 80억원 초과시 과세</td></tr>
<tr><td rowspan="2">부가가치세</td><td colspan="2">겸용주택 임대시</td><td>▪주택면적>상가면적 : 전체를 주택으로 보아 면세
▪주택면적≤상가면적 : 주택부분 면세, 상가부분은 과세</td></tr>
<tr><td colspan="2">겸용주택 양도시</td><td>▪주택부분 : 면세
▪상가부분 : 과세</td></tr>
<tr><td colspan="3">종합소득세</td><td>▪주택부분 : 종합과세 또는 분리과세(2,000만원 이하)
▪상가부분 : 무조건 종합과세</td></tr>
</table>

겸용주택 재산세 과세대상 구분 _ 지방세법 제106조 2항

주거용과 주거 외의 용도를 겸하는 건물 등에서 주택의 범위를 구분하는 방법, 주택 부속토지의 범위 산정은 다음 각 호에서 정하는 바에 따른다.

1. 1동(棟)의 건물이 주거와 주거 외의 용도로 사용되고 있는 경우에는 주거용으로 사용되는 부분만을 주택으로 본다. 이 경우 건물의 부속토지는 주거와 주거 외의 용도로 사용되는 건물의 면적비율에 따라 각각 안분하여 주택의 부속토지와 건축물의 부속토지로 구분한다.
2. 1구(構)의 건물이 주거와 주거 외의 용도로 사용되고 있는 경우에는 주거용으로 사용되는 면적이 전체의 100분의 50 이상인 경우에는 주택으로 본다.

5 주택 부수토지 관련 취득세 및 종합부동산세

1) 취득세 중과여부

주택의 부수토지만 소유하고 있는 경우에도 주택수에 포함되어 다른 주택을 취득할 경우 취득세가 중과될 수 있다. 예를 들어 주택 부수토지만을 소유하고 있는 상태에서 조정대상지역 내 1개의 주택을 신규로 취득하는 경우 8%의 취득세율이 적용된다.

배경 및 취지

주택을 소유한 상태에서 추가로 주택을 취득할 경우 취득세가 중과될 수 있으므로 주택을 멸실하고 부수토지만을 소유한 상태에서 주택을 취득함으로서 취득세 중과를 회피하는 경우를 방지하기 위하여 주택 부수토지만을 소유한 경우에도 주택수에 포함하여 취득세 중과 여부를 판단하는 것이다.

2) 주택과 다른 주택의 부수토지를 소유한 경우 종합부동산세 계산방법

① 본인이 1주택을 소유한 상태에서 본인이 타인 소유 주택의 부수토지를 소유한 경우

본인이 1주택을 소유한 상태에서 타인 소유 주택의 부수토지를 소유한 경우에는 1세대1주택자로 보아 종합부동산세 계산시 주택공시가격 합계액에서 12억원을 공제하며, 고령자 세액공제 및 장기보유 세액공제가 적용된다.

해설 타인 소유 B주택의 부수토지도 주택분 종합부동산세가 부과되기 때문에 B주택의 개별주택가격을 토지와 건물분으로 안분하여 토지분 개별주택가격과 甲소유 A주택공시가격을 합산한 후, 1세대1주택자에게 적용되는 12억원의 기본공제 및 최대 80%의 세액공제를 적용하여 종합부동산세를 계산한다.

② 본인이 1주택을 소유한 상태에서 다른 세대원이 타인 소유 주택의 부수토지를 소유한 경우

본인이 1주택을 소유한 상태에서 세대원 중 1명이 타인 소유 주택의 부수토지를 소유하고 있는 경우에는 1세대1주택자에 해당하지 않아 주택공시가격 합계액에서 9억원이 공제되며, 세액공제는 적용되지 않는다.

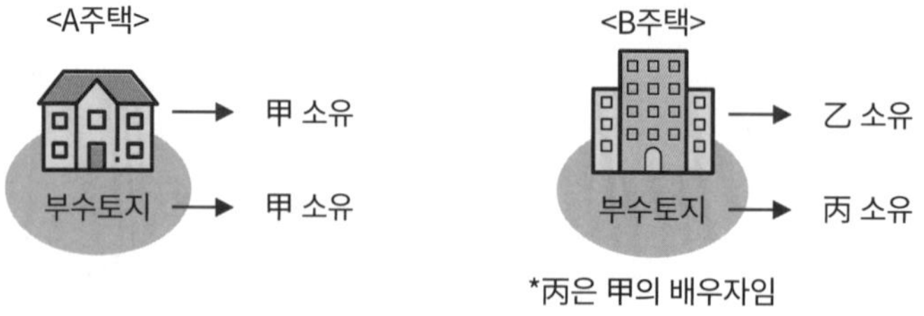

해설 타인 소유 B주택의 부수토지는 다른 세대원인 丙이 소유하고 있으므로 甲은 1세대1주택자에 해당하지 않으므로 甲소유 A주택공시가격과 丙소유 B토지분 개별주택가격은 합산되지 않지만 1세대1주택자에게 적용되는 12억원의 기본공제 및 최대 80%의 세액공제는 적용받을 수 없다.

관련 해석 사례 _ 주택의 부속토지만을 소유한 경우에도 주택분으로 종합부동산세 부과

종합부동산세법」 제7조에 따라 과세기준일 현재 주택분 재산세 납세의무자는 종합부동산세를 납부할 의무가 있고, 「지방세법」 제107조 제1항에서 주택의 건물과 부속토지의 소유자가 다를 경우 그 주택에 대한 산출세액을 건물과 그 부속토지의 시가표준액 비율로 안분 계산한 부분에 대하여 그 소유자에게 각각 주택분 재산세가 과세된다고 규정하고 있는바, 종합부동산세를 과세함에 있어 주택의 부속토지를 소유하고 있는 경우에도 주택을 소유하고 있는 것과 동일하게 보고 있는 점 등에 비추어 이 건 처분은 잘못이 없는 것으로 판단된다(조심2022중1434, 2022.4.8).

3) 피상속인의 주택부수토지를 상속받은 경우 동거주택상속공제 적용여부

해설 피상속인은 주택부수토지를 소유하고, 상속인은 주택을 소유하고 있던 중 상속이 개시되어 피상속인과 10년 이상 동거한 상속인이 해당 주택부수토지를 상속받은 경우에는 동거주택상속공제를 적용받을 수 없다(상속증여-4150, 2022.10.31).

4) 법인주택의 주택부수토지만 양도하는 경우 추가과세 적용여부

① 주택과 부수토지의 소유자가 동일한 경우

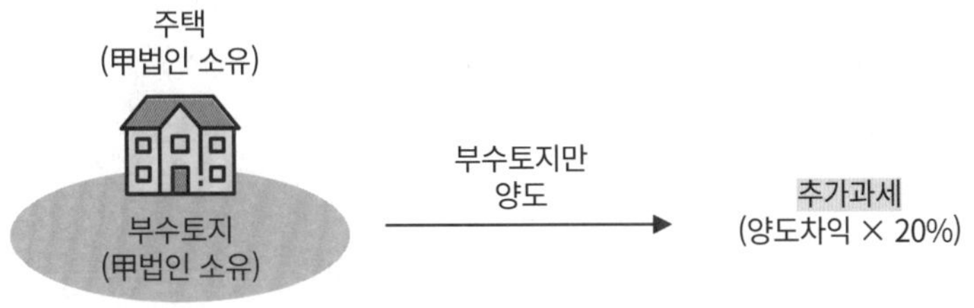

해설 법인이 주택과 부수토지를 소유한 상태에서 부수토지만 양도하는 경우 해당 토지의 양도에 대하여는 법인이 주택을 양도할 경우 양도차익의 20%에 대해 추가과세가 적용되는 것과 동일하게 부수토지의 양도차익에 대해서도 추가과세를 적용한다(법규과-306, 2022.1.25).

③ 주택과 부수토지의 소유자가 다른 경우

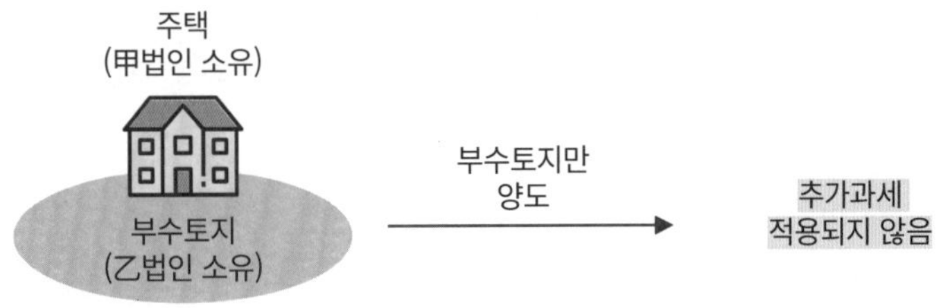

해설 주택은 타인이 소유하고 법인이 부수토지만 소유한 상태에서 부수토지만 양도하는 경우 토지 등 양도소득 과세대상인 「주택」에 해당하지 않으므로 추가과세가 적용되지 않는다(법인세과-4107, 2020.11.17).

Chapter 3

1세대 2주택 비과세 특례

1세대가 2주택(조합원입주권, 2021.1.1. 이후 취득한 분양권 포함)을 보유한 상태에서 먼저 양도하는 주택은 양도소득세가 과세되는 것이 원칙이나, 이사목적으로 신규주택을 취득하는 경우, 상속, 세대합가 또는 정책적 목적으로 임대주택이나 농어촌주택 등을 취득하여 불가피하게 2주택자가 된 경우로서 아래와 같이 일정한 요건을 충족한 경우에는 1세대1주택 비과세 규정을 적용받을 수 있다.

[1세대 2주택 비과세 특례규정 주요내용]

취득 유형	비과세 적용요건	관련 조문
종전주택 + 신규주택	종전주택을 보유한 상태에서 1년 경과 후 신규주택을 취득하고 신규주택을 취득한 날부터 3년 이내에 종전주택 양도시 비과세	소령 §155①
일반주택 + 선순위 단독상속주택	일반주택을 보유한 상태에서 선순위 1주택을 단독으로 상속받고 일반주택 양도시 비과세	소령 §155②
일반주택 + 선순위 공동상속주택	일반주택을 보유한 상태에서 선순위 1주택을 공동으로 상속받고 일반주택 양도시 비과세	소령 §155③
자녀주택 + 부모주택	동거봉양합가일부터 10년 이내 둘 중 하나 양도시 비과세	소령 §155④
남자주택 + 여자주택	혼인합가일부터 5년 이내 둘 중 하나 양도시 비과세	소령 §155⑤
일반주택 + 농어촌주택	일반주택과 농어촌주택(상속, 이농, 귀농)을 보유한 상태에서 일반주택 양도시 비과세	소령 §155⑦
	일반주택을 보유한 상태에서 농어촌주택을 취득한 후 일반주택 양도시 비과세	조특 §99의4
일반주택 + 수도권 밖 소재 주택	일반주택을 보유한 상태에서 수도권 밖에 소재한 주택을 취득한 후 부득이한 사유가 해소된 날부터 3년 이내 일반주택 양도시 비과세	소령 §155⑧
거주주택 + 장기임대주택 거주주택 + 장기어린이집	장기임대주택(장기어린이집)과 2년 이상 거주한 주택을 보유하다가 거주주택 양도시 비과세	소령 §155⑳
종전주택 + 조합입주권 또는 주택분양권	종전주택을 보유한 상태에서 1년 경과 후 조합원입주권(또는 분양권)을 취득하고 조합원입주권(또는 분양권)을 취득한 날부터 3년 이내 종전주택 양도시 비과세	소령§156의2③ 소령§156의3②
	종전주택을 보유한 상태에서 1년 경과 후 조합원입주권(또는 분양권)을 취득하고 조합원입주권(또는 분양권)을 취득한 날부터 3년 경과한 후 종전주택 양도시 비과세	소령§156의2④ 소령§156의3③
원조합원입주권 + 신규주택	조합원입주권을 보유한 상태에서 신규주택을 취득한 후 3년 이내 조합원입주권 양도시 비과세	소법§89①4호
원조합원입주권 + 대체주택	종전주택이 조합원입주권으로 전환된 상태에서 사업시행인가일 이후 대체주택을 취득하고 대체주택 양도시 비과세	소령§156의2⑤

01

일시적 2주택 비과세 특례

배경 및 취지

일시적 2주택 비과세특례 제도는 1세대가 1주택을 보유하면서 불가피하게 이사 등을 위해 추가로 주택(또는 분양권)을 취득하여 일시적으로 1세대 2주택이 된 경우 종전주택을 일정 기한 내에 양도하면 1세대1주택 비과세와 동일하게 세제혜택을 적용하는 것이다.

I 종전주택을 보유한 상태에서 신규주택을 취득한 경우 일시적 2주택 비과세 특례

1세대가 1주택을 보유한 상태에서 다른 주택을 취득하여 2주택자가 된 상태에서 종전주택을 양도하면 과세되는 것이 원칙이나, 아래의 요건을 모두 충족하는 경우에는 양도소득세가 비과세된다.

1 일시적 2주택 비과세 기본요건

① 종전주택 취득일로부터 1년 경과한 후 신규주택을 취득할 것
② 종전주택을 2년 이상 보유(취득당시 조정대상지역인 경우 2년 이상 거주)할 것
③ 신규주택 취득일로부터 3년 이내 종전주택을 양도할 것

2 일시적 2주택 비과세 요건의 구체적인 내용

1) 종전주택 취득일로부터 1년 경과한 후 신규주택을 취득할 것

종전주택을 취득한 후 1년 이내에 신규주택을 취득하는 경우에는 이사 등 목적으로 주택을 취득한 것이 아니라 투기목적으로 주택을 취득한 것으로 보아 비과세되지 않지만 아래의 경우에는 종전주택을 취득한 날로부터 1년 이내 신규주택을 취득하더라도 일시적 2주택 비과세특례가 적용된다.

① 건설임대주택을 취득한 후 1년 이내 신규주택을 취득하는 경우
② 종전주택이 수용된 후 1년 이내 신규주택을 취득하는 경우
③ 1년 이상 거주한 종전주택이 있는 상태에서 근무상 형편 등 부득이한 사유로 1년 이내 신규주택을 취득하는 경우
④ 수도권 내 1주택을 보유하던 1세대가 근무하던 법인이 수도권 밖으로 이전한 경우 이전기관 소재지 내 지역에서 1년 이내 신규주택을 취득하는 경우

여기서 잠깐 _ 신규주택의 범위

일시적 2주택 비과세 규정에서 신규주택 취득은 매매뿐만 아니라 상속, 증여 등 유상·무상 불문하고 적용된다. 물론 상속으로 취득한 경우에는 별도의 특례조항이 있어 굳이 「일시적 2주택」규정을 적용할 필요는 없다.

또한, 신규주택을 증여로 취득하는 경우에는 별도세대원으로부터 증여를 받아야 일시적 2주택 비과세특례 규정을 적용할 수 있다. 왜냐하면 비과세 규정은 세대단위로 적용하기 때문에 동일세대원으로부터 신규주택을 증여로 취득하더라도 세대를 기준으로는 증여 전후 1세대 2주택자에는 변함이 없기 때문이다.

2) 종전주택을 2년 이상 보유(취득당시 조정대상지역인 경우 2년 이상 거주)할 것

종전주택을 2년 이상 보유해야 하며, 2017.8.3. 이후 조정대상지역 내에 소재한 주택을 취득한 경우에는 2년 이상 보유기간 중 2년 이상 거주해야 양도소득세가 비과세된다. 이 경우 조정대상지역에서 해제된 후 종전주택을 양도하는 경우에도 2년 이상 거주요건은 충족해야 비과세를 적용받을 수 있다. 왜냐하면 2년 이상 거주요건은 취득 당시를 기준으로 판단하기 때문이다.

3) 종전주택을 신규주택 취득일로부터 비과세 기한 내에 양도할 것

종전에는 주택 소재지, 신규주택의 취득시기 및 종전주택의 양도시기에 따라 종전주택의 비과세 양도기한을 다르게 적용하였으나, 2023.1.12. 이후 양도하는 분부터는 주택 소재지 등 상관없이 종전주택을 신규주택 취득일로부터 3년 이내 양도하면 일시적 2주택 비과세특례가 적용된다.

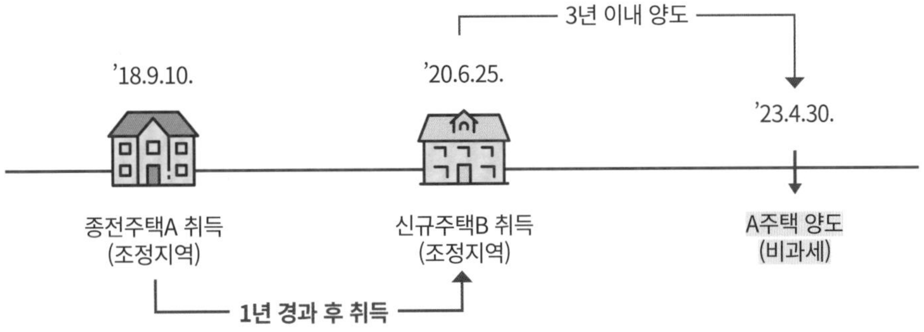

예외 수도권에 소재한 법인 또는 공공기관이 수도권 밖의 지역으로 이전하는 경우로서 법인 및 공공기관의 종사자인 종전주택 보유자가 해당 법인 등이 이전한 시·군 또는 이와 연접한 시·군 안의 지역에 소재하는 신규주택을 취득한 경우에는 해당 신규주택 취득일로부터 5년 이내 종전주택을 양도하면 비과세 된다.

참고

신규주택 취득시기별·종전주택 양도시기별 비과세 적용기한

① 2022.5.9. 이전에 종전주택을 양도한 경우

종전주택 소재지	신규주택		종전주택 비과세 양도기한
	소재지	취득시기	
조정대상지역	조정대상지역	2018.9.13. 이전 취득	신규주택 취득일부터 3년 이내
		2018.9.14. ~ 2019.12.16. 취득	신규주택 취득일부터 2년 이내
		2019.12.17. 이후 취득	신규주택 취득일부터 1년 이내 양도 + 1년 이내 신규주택에 전입
조정대상지역	비조정대상지역	-	신규주택 취득일부터 3년 이내
비조정대상지역	조정대상지역		
비조정대상지역	비조정대상지역		

② 2022.5.10. 이후부터 2023.1.11. 이전에 종전주택을 양도한 경우

종전주택 소재지	신규주택		종전주택 비과세 양도기한
	소재지	취득시기	
조정대상지역	조정대상지역	2018.9.13. 이전 취득	신규주택 취득일부터 3년 이내
		2018.9.14. 이후 취득	신규주택 취득일부터 2년 이내
조정대상지역	비조정대상지역	-	신규주택 취득일부터 3년 이내
비조정대상지역	조정대상지역		
비조정대상지역	비조정대상지역		

③ 2023.1.12. 이후에 종전주택을 양도하는 경우

종전주택 소재지	신규주택 소재지	종전주택 비과세 양도기한
조정대상지역	조정대상지역	신규주택 취득일부터 3년 이내
조정대상지역	비조정대상지역	
비조정대상지역	조정대상지역	
비조정대상지역	비조정대상지역	

Ⅱ 종전주택을 보유한 상태에서 분양권을 취득한 경우 일시적 2주택 비과세 특례

1 개요

2020.12.31. 이전에 취득한 주택분양권은 주택을 취득할 수 있는 권리로 취급되어 주택 수에 포함되지 않았으나, 2021.1.1. 이후 취득하는 주택분양권은 다른 주택의 1세대1주택 비과세 및 중과대상 여부를 판단할 때 주택 수에 포함된다. 따라서, 분양권의 취득시기에 따라 일시적 2주택 비과세 여부가 다르게 적용될 수 있다. 이 경우 주택분양권의 취득유형별 취득시기는 아래와 같다.

[취득유형별 분양권의 취득시기]

구 분	취득시기
최초로 주택을 분양받은 경우	분양권 당첨일
분양권을 승계 취득한 경우	분양권 잔금청산일
분양권을 증여받은 경우	분양권의 권리의무 승계일
분양권을 상속받은 경우	상속개시일

※ 오피스텔 분양권은 주택분양권에 해당하지 않으므로 주택 수에 포함되지 않음

비교학습

조합원입주권도 주택분양권과 마찬가지로 부동산을 취득할 수 있는 권리에 속하나, 조합원입주권은 2020.12.31.이전에 취득한 경우에도 다른 주택의 1세대1주택 비과세 여부 판단 시 주택 수에 포함된다.

2 2021.1.1 이후 취득한 주택분양권에 대한 비과세 특례

1세대가 1주택을 보유한 상태에서 2021.1.1. 이후에 주택분양권을 취득한 후 종전주택을 양도하면 과세되는 것이 원칙이나, 아래의 요건을 모두 충족한 경우에는 양도소득세가 비과세된다. 해당 규정은 〈4장. 조합원입주권 비과세특례 규정〉과 동일하게 적용된다. _ p384 참고

1) 분양권을 취득한 날로부터 3년 이내 종전주택을 양도하는 경우(소득령 §156의3②)

① 종전주택 취득일로부터 1년 경과한 후 분양권을 취득할 것
② 종전주택을 2년 이상 보유(취득당시 조정대상지역인 경우 2년 이상 거주)할 것
③ 신규 분양권 취득일로부터 3년 이내 종전주택을 양도할 것

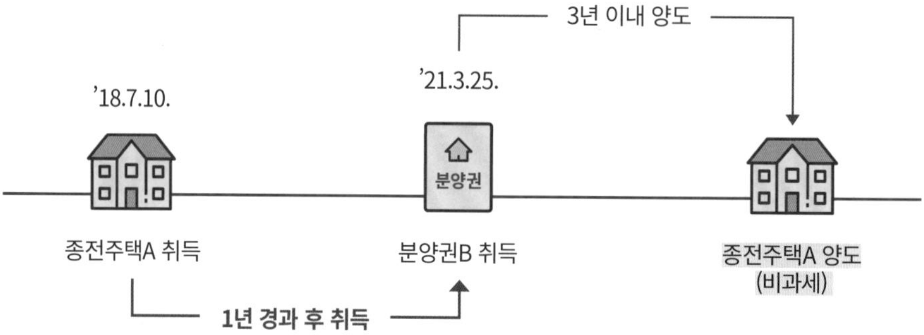

2) 분양권을 취득한 날로부터 3년 경과 후 종전주택을 양도하는 경우(소득령 §156의3③)

① 종전주택 취득일로부터 1년 경과*한 후 분양권을 취득할 것
② 종전주택을 2년 이상 보유(취득당시 조정대상지역인 경우 2년 이상 거주)할 것
③ 분양권이 주택으로 완성되기 전에 종전주택을 양도하거나 또는 분양권이 주택으로 완성된 후 3년 이내 종전주택을 양도할 것
④ 분양권이 주택으로 완성된 후 3년 이내 세대전원이 신축주택으로 이사하여 1년 이상 계속 거주할 것

* 2022.2.15. 이후 취득분부터 적용

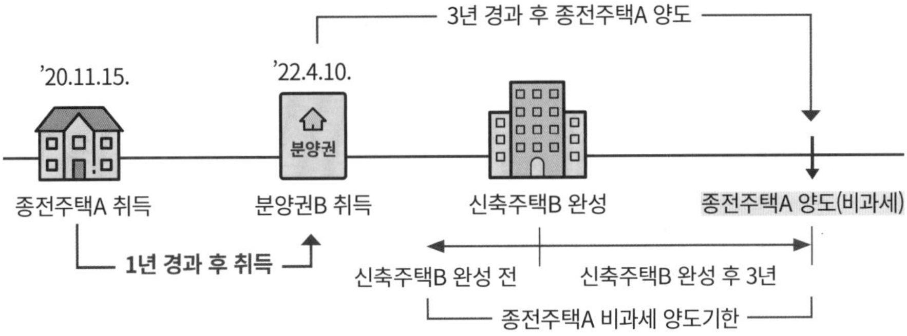

▪ 3년 이내 세대 전원이 신축주택B로 이사하여 1년 이상 계속 거주

배경 및 취지

분양권 취득 후 공사가 지연되는 등 불가피한 사정으로 3년 내에 신축주택에 입주할 수 없는 사정이 발생할 수 있는 점을 감안하여 분양권 취득일로부터 3년 경과한 후 종전주택을 양도한 경우에도 비과세되는 것으로 종전주택의 양도기한을 폭 넓게 인정해 주는 대신 신축주택 완성일로부터 3년 이내 종전주택을 양도하고 신축주택에 3년 이내 전입하여 1년 이상 거주해야 하는 요건을 추가한 것이다.

비교학습 _ 주택에 대한 일시적 2주택(주택+주택)과 분양권에 대한 일시적 2주택(주택+분양권)의 비교

1. 주택에 대한 일시적 2주택 비과세

종전주택 보유자가 2020.12.31. 이전에 분양권을 취득한 후 해당 분양권이 신축주택으로 전환된 경우에는 주택에 대한 일시적 2주택 규정(소득령 §155조①)이 적용된다.

2. 분양권에 대한 일시적 2주택 비과세

종전주택 보유자가 2021.1.1. 이후 분양권을 취득한 경우에는 소득령 §156조의3②(3년 이내 종전주택 양도) 및 소득령 §156조의3③(3년 경과 종전주택 양도)의 규정이 적용되므로 주택에 대한 일시적 2주택 규정은 적용되지 않는다.

[종전주택 보유자의 분양권 취득시기별 종전주택 비과세 양도기한]

분양권 취득시기	종전주택 비과세 양도기한	적용 조문
'20.12.31. 이전 취득	신축주택 완공일로부터 3년 이내	소령 §155조①
'21.1.1. 이후 취득	분양권 취득일로부터 3년 이내(또는 3년 경과)	소령 §156의3②,③

일반사례

사례를 통한 일시적 2주택 비과세특례 적용여부

사례 1

종전주택을 보유한 상태에서 '20.12.31. 이전에 분양권을 취득한 후 종전주택을 양도하는 경우 일시적 2주택 비과세 여부

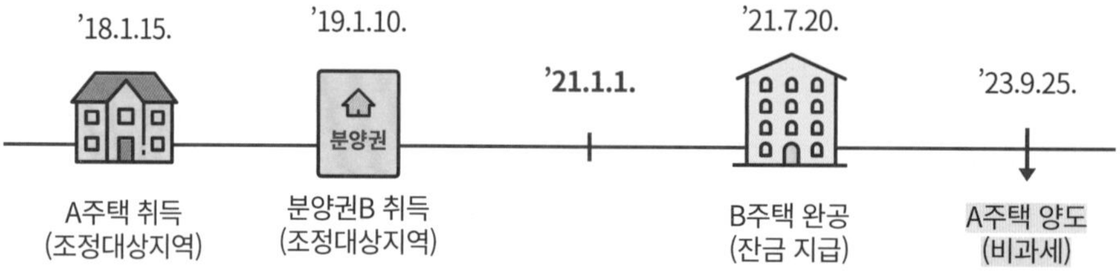

해설 2020.12.31. 이전에 취득한 분양권은 주택 수에 포함되지 않으므로 종전주택A를 보유한 상태에서 분양권B를 2020.12.31. 이전에 취득한 경우에는 종전주택A를 신규주택B 취득일로부터 3년 이내 양도하는 규정 「소득세법 시행령」 제155조 1항(주택+주택의 일시적 2주택 비과세)을 적용하여 비과세한다(법규과-710, 2022.2.24).

대비사례

종전주택을 보유한 상태에서 '21.1.1. 이후에 분양권을 취득한 후 종전주택을 양도하는 경우 일시적 2주택 비과세 여부

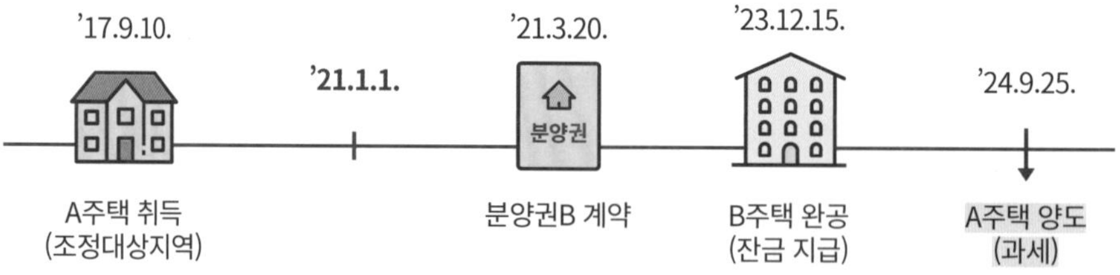

- 소득령 제156의3③ 규정(3년 경과 후 양도)은 적용하지 않는 것으로 가정

해설 2021.1.1. 이후에 취득한 분양권은 주택 수에 포함되므로 「소득세법 시행령」 제155조 1항(주택+주택의 일시적 2주택 비과세) 규정이 적용되지 않고 「소득세법 시행령」 제156조의3 2항,3항(주택+분양권의 일시적 2주택 비과세) 규정이 적용된다. 따라서 분양권B 취득일로부터 3년 경과하여 종전주택A를 양도하였으므로 비과세되지 않는다(재산세제과-1181, 2022.9.20).

[종전주택을 보유한 상태에서 신규주택(분양권) 취득시 종전주택 비과세 양도기한]

종전주택(A)	신규주택(B)	비과세 적용시 종전주택(A) 양도기한	적용법령
주택	주택	B주택 취득한 후 3년 이내 양도	§소령155①
주택	분양권 (20.12.31.이전 취득)	분양권B가 주택으로 완성된 후 3년 이내 양도	
주택	분양권 (21.1.1.이후 취득)	분양권B 취득한 후 3년 이내 양도	§소령156의3②
주택		분양권B 취득한 후 3년 경과 후 양도	§소령156의3③

사례 2

주택을 보유하지 않은 상태에서 '20.12.31. 이전에 분양권 2개를 취득한 경우 일시적 2주택 비과세 양도기한 적용기준

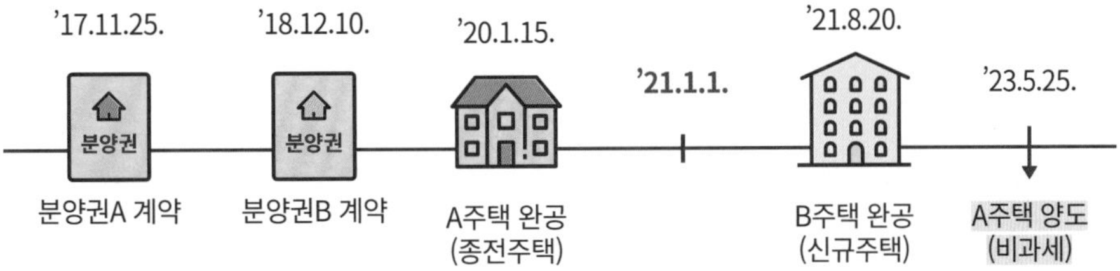

해설 주택을 보유하지 않은 상태에서 2020.12.31. 이전에 2개의 분양권을 취득한 후 순차적으로 주택으로 완성된 경우 먼저 신축된 A주택을 종전주택A로 보아 신축주택B 취득일로부터 3년 이내 종전주택A를 양도하면 비과세된다(법규과-77, 2023.1.11).

대비사례 1

주택을 보유하지 않은 상태에서 '21.1.1. 이후에 2개의 분양권을 취득한 후 먼저 완성된 주택을 양도하는 경우 비과세 여부

해설 2021.1.1. 이후 취득한 2개의 분양권이 순차적으로 주택으로 완성된 후, 먼저 완성된 A주택을 양도하는 경우에는 소득령 §155① 적용대상이 아니며, 1세대가 종전주택을 보유한 상태에서 2021.1.1. 이후 분양권을 취득한 경우에도 해당하지 않으므로 소득령 §156의3 적용대상도 아니다. 따라서 2021.1.1. 이후 2개의 분양권을 취득한 후 분양권에 의해 완공된 주택을 양도하는 경우에는 비과세가 적용되지 않는다(법규과-2849, 2022.10.6).

대비사례 2

주택을 보유하지 않은 상태에서 1개의 분양권은 '20.12.31. 이전에 취득하고 다른 분양권은 '21.1.1. 이후에 취득한 경우 비과세 여부

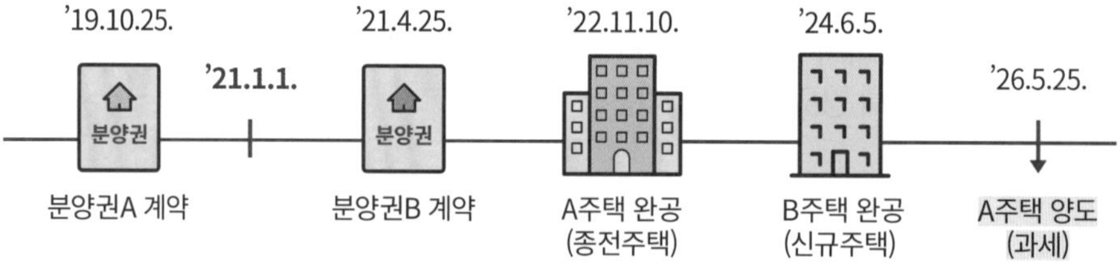

해설 2020.12.31. 이전에 취득한 분양권A를 보유한 1세대가 2021.1.1. 이후 분양권B를 취득한 후, 먼저 완성된 A주택을 나중에 완성된 B주택 취득일로부터 3년 이내 양도하는 경우에도 소득령 §155①에 따른 일시적 2주택 비과세를 적용할 수 없으며, 1세대가 종전주택을 보유한 상태에서 2021.1.1. 이후 분양권을 취득한 경우에도 해당하지 않으며 소득령 §156의3 적용대상도 아니므로 비과세가 적용되지 않는다(재산세제과-1181, 2022.9.20).

대비사례 3

주택을 보유하지 않은 상태에서 '21.1.1. 이후 분양권과 주택을 순차로 취득한 경우 일시적 2주택 비과세 여부

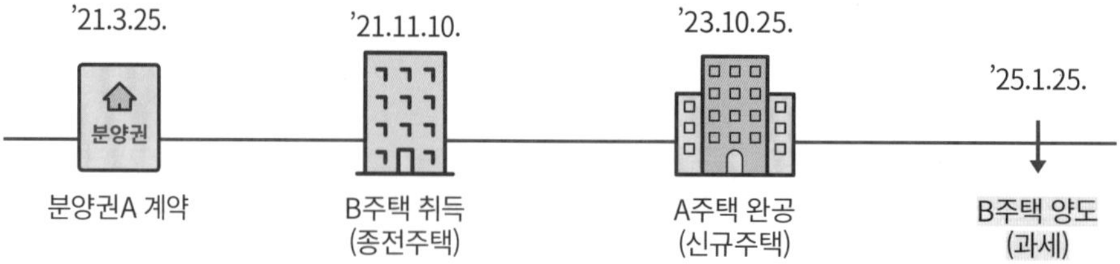

해설 2021.1.1. 이후 분양권A와 B주택을 순차로 취득한 경우로서 해당 분양권A에 기한 신축주택A가 완공된 후, B주택을 신축주택A 취득일로부터 3년 이내 양도하는 경우에는 소득령 §155①의 규정 뿐만 아니라, 소득령 §156의3②·③의 규정도 적용되지 않으므로 과세된다(법규과-479, 2023.2.23).

[종전주택이 없는 상태에서 분양권을 취득한 경우 비과세 적용요건]

<table>
<tr><th colspan="3">취득 순서(A → B → 신축주택)</th><th rowspan="2">비과세 적용여부</th></tr>
<tr><th>분양권(A)</th><th>부동산(B)</th><th>신축주택</th></tr>
<tr><td>분양권
('20.12.31.이전 취득)</td><td>주택</td><td>신축주택A</td><td>A주택 취득한 후 3년 이내 B주택 양도시 비과세</td></tr>
<tr><td>분양권
('21.1.1.이후 취득)</td><td>주택</td><td>신축주택A</td><td>비과세 적용불가</td></tr>
<tr><td rowspan="2">분양권
('20.12.31.이전 취득)</td><td rowspan="2">분양권
('20.12.31.이전 취득)</td><td>先신축주택A
+ 後신축주택B</td><td>B주택 취득한 후 3년 이내 A주택 양도시 비과세</td></tr>
<tr><td>先신축주택B
+ 後신축주택A</td><td>A주택 취득한 후 3년 이내 B주택 양도시 비과세</td></tr>
<tr><td>분양권
('20.12.31.이전 취득)</td><td>분양권
('21.1.1.이후 취득)</td><td>先신축주택A
+ 後신축주택B</td><td rowspan="2">비과세 적용불가</td></tr>
<tr><td>분양권
('21.1.1.이후 취득)</td><td>분양권
('21.1.1.이후 취득)</td><td>先신축주택B
+ 後신축주택A</td></tr>
</table>

사례 3

'20.12.31. 이전에 취득한 2개의 분양권 중 1개 분양권이 주택으로 완공된 후 1년 이내 다른 분양권이 주택으로 완공된 경우 비과세 여부

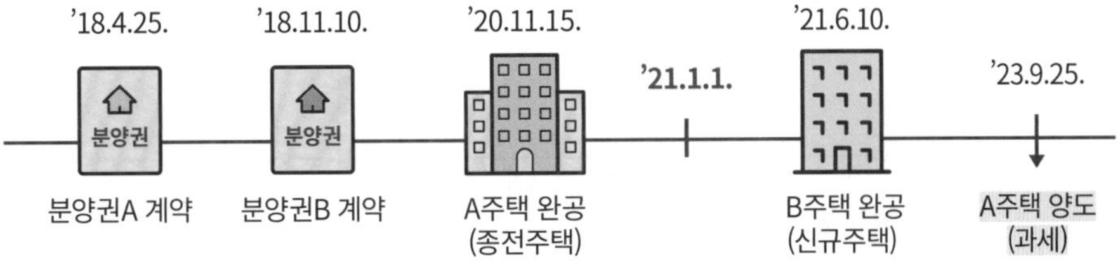

해설 분양권A와 분양권B를 2020.12.31. 이전에 취득한 후 종전주택A를 신규주택B 취득일로부터 3년 이내 양도하는 경우「소득세법 시행령」제155조 1항(주택+주택의 일시적 2주택 비과세) 규정이 적용되는 것이 원칙이나, 종전주택A를 취득한 날부터 1년 이내 신규주택B를 취득하였으므로 일시적 2주택 비과세규정이 적용되지 않는다.

사례 4

종전주택을 보유한 상태에서 1년 이내 '21.1.1. 이후 분양권을 취득한 후 종전주택을 양도하는 경우 비과세 여부

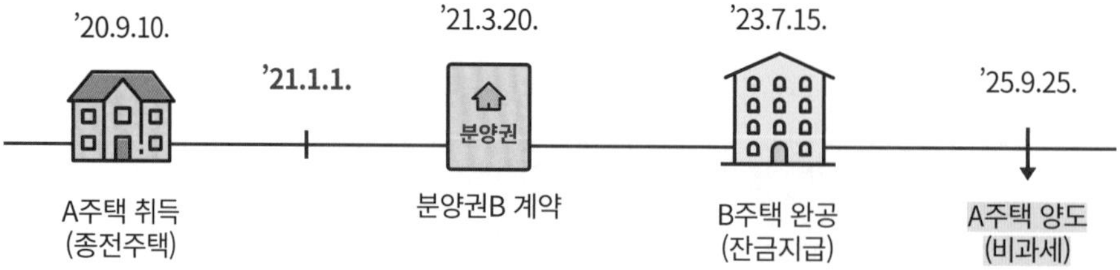

- 소득령 제156의3③ 규정(3년 경과 후 양도) 요건은 충족한 것으로 가정

해설 종전주택A를 보유한 상태에서 2021.1.1. 이후에 분양권B를 취득하고 종전주택A를 양도하여 비과세를 적용받기 위해서는 「소득세법 시행령」 제156조의3 제2항 또는 제3항에 따른 요건을 충족해야 한다. 이 경우 「소득세법 시행령」 제156조의3 제2항은 '종전주택을 취득한 날부터 1년 경과한 후' 분양권을 취득해야 하나, 「소득세법 시행령」 제156조의3 제3항은 2022.2.15. 전에 취득한 분양권에 대해서는 '종전주택을 취득한 날부터 1년 경과한 후' 요건은 적용하지 않으므로, 종전주택A를 분양권B 취득일로부터 3년 경과하여 양도한 경우로서 「소득세법 시행령」 제156조의3 제3항에 따른 요건을 충족한 경우에는 비과세된다(서면법규재산2021-3939, 2022.5.31).

사례 5

일시적 2주택 상태에서 '20.12.31. 이전에 분양권을 취득한 후 종전주택을 양도하는 경우 비과세 여부

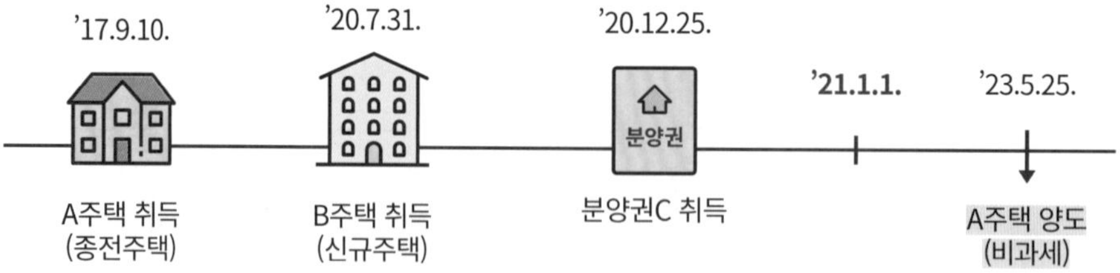

해설 2020.12.31. 이전에 취득한 분양권C는 주택 수에 포함되지 않으므로 종전주택A와 신규주택B를 보유한 상태에서 신규주택B 취득일로부터 3년 이내에 종전주택A를 양도하였으므로 일시적 2주택 비과세특례가 적용된다.

대비사례

일시적 2주택 상태에서 '21.1.1. 이후에 분양권을 취득한 후 종전주택을 양도하는 경우 비과세 여부

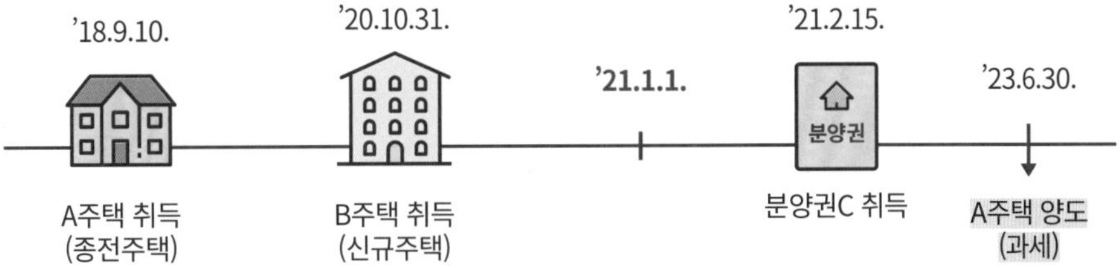

해설 일시적 2주택 상태에서 2021.1.1. 이후 추가 취득한 분양권은 주택 수에 포함되어 1세대 3주택자에 해당하므로 종전주택A를 신규주택B 취득일로부터 3년 이내 양도하더라도 일시적 2주택 비과세특례 규정을 적용받을 수 없다.

응용사례

일시적 2주택 상태에서 '20.12.31. 이전에 분양권을 취득하고 분양권이 신축주택으로 완공되기 전에 종전주택을 양도한 후 재차 비과세 여부

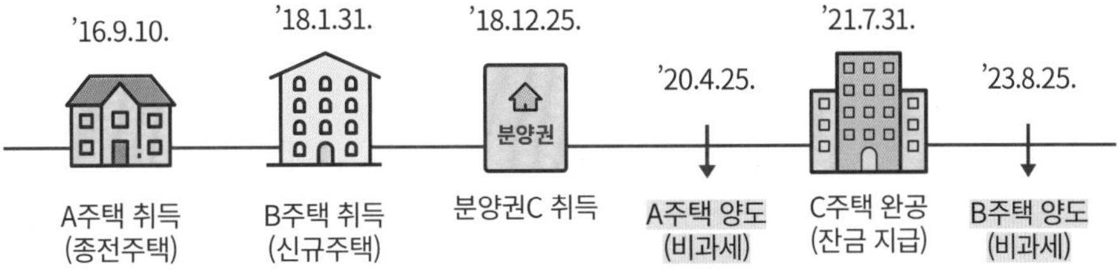

해설 2020.12.31. 이전에 취득한 분양권C는 주택 수에 포함되지 않으므로 일시적 2주택자가 종전주택A를 신규주택B 취득일로부터 3년 이내 비과세로 양도한 후, 1주택(B주택) 상태에서 분양권C가 신축주택으로 전환되어 다시 일시적 2주택(B,C 주택)이 된 경우 신축주택C 취득일로부터 3년 이내 B주택을 양도하면 재차 일시적 2주택 비과세특례가 적용된다.

사례 6

'20.12.31. 이전에 취득한 분양권을 '21.1.1. 이후 배우자에게 50% 증여한 후 종전주택을 양도하는 경우 비과세 여부

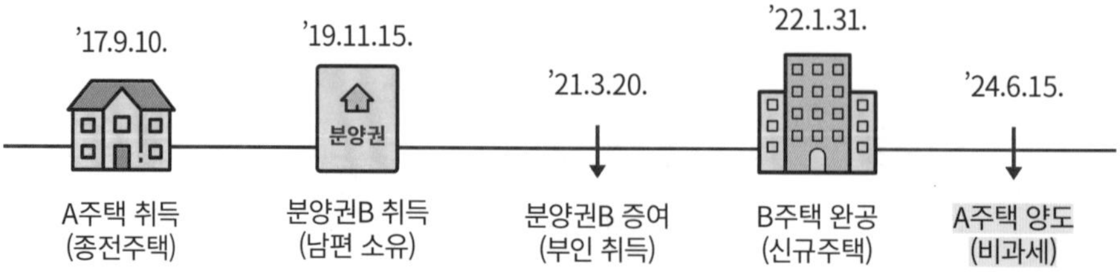

해설 2020.12.31. 이전에 취득한 분양권B의 1/2 지분을 2021.1.1. 이후 배우자에게 증여한 경우 세대단위로 주택 수를 판단하면 분양권B는 2020.12.31.이전에 취득한 것이므로 주택 수에 포함되지 않는다. 따라서 분양권에 의한 일시적 2주택 특례규정이 아닌 주택에 의한 일시적 2주택 규정을 적용받게 되며, 종전주택A를 신규주택B 취득일로부터 3년 이내 양도하였으므로 비과세된다(법령해석재산-0918, 2021.7.23).

대비사례

'20.12.31. 이전에 취득한 분양권을 '21.1.1. 이후 별도세대 자녀에게 증여한 후 종전주택을 양도하는 경우 비과세 적용 양도기한

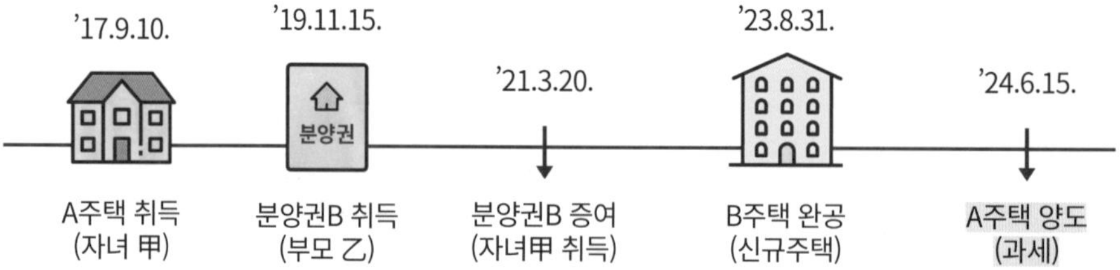

▪ 소득령 제156의3③ 규정(3년 경과 후 양도)은 적용하지 않는 것으로 가정

해설 일시적2주택 비과세 판단시 보유 주택 수는 세대단위로 판단하므로 2020.12.31. 이전에 취득한 분양권B를 2021.1.1. 이후 별도세대원인 자녀에게 증여하는 경우 분양권B는 2021.1.1. 이후에 취득한 것으로 자녀 소유 종전주택A를 분양권B 취득일로부터 3년 경과하여 양도하였으므로 과세된다.

추가해설 주택에 대한 일시적 2주택인지 분양권에 대한 일시적 2주택인지 여부는 동일세대원으로부터 분양권을 증여받는 경우 당초 증여자가 분양권을 취득(계약)한 날을 기준으로 판단하고, 별도세대원으로부터 분양권을 증여받은 경우에는 증여받은 날을 기준으로 판단한다(부동산납세과-1909, 2022.7.4).

사례 7

2주택을 보유한 1세대가 별도세대원에게 종전주택을 부담부증여하는 경우 일시적 2주택 비과세 여부

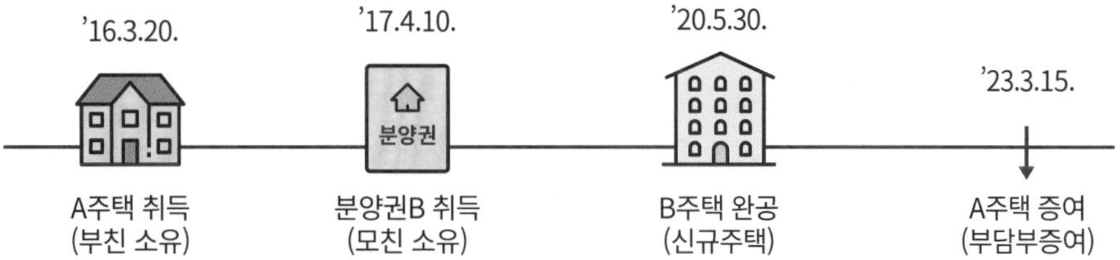

- 2023.3.15에 증여한 A주택은 별도세대인 자녀에게 전세보증금 승계조건으로 증여한 것임

해설 1세대가 신규주택B를 추가로 취득하여 2주택이 된 상태에서 일시적2주택 비과세 요건을 충족한 종전주택A를 별도세대원인 아들에게 부담부증여한 경우에도 양도로 보는 채무부분에 대하여는 일시적 2주택 비과세특례를 적용받을 수 있다(국심2001서3220, 2002.4.26).

대비 해석사례

1세대1주택 비과세 규정은 세대단위로 주택수를 판단하게 되므로 종전주택을 동일세대원에게 부담부증여한 경우에는 부담부증여한 이후에도 1세대 2주택자에 해당되므로 양도로 보는 채무부분에 대하여 일시적 2주택 비과세특례가 적용되지 않는다(부동산거래관리과-512, 2012.9.25).

사례 8

2주택을 보유한 1세대가 신규주택을 동일세대원에게 증여한 후 종전주택을 양도하는 경우 비과세 적용 양도기한

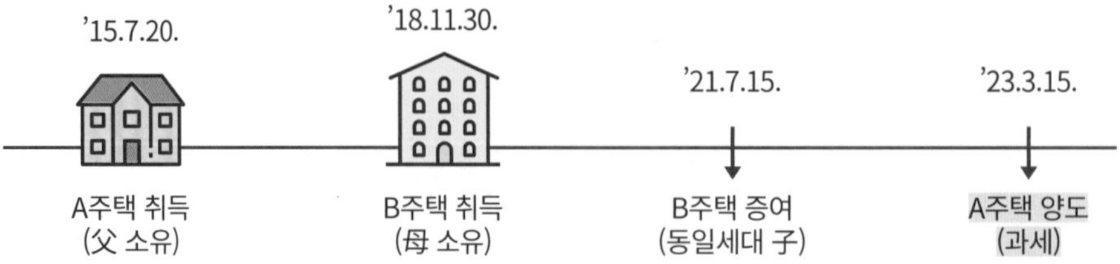

해설 父가 종전주택A를 보유한 상태에서 母가 새로운 B주택을 취득하고, 母가 보유한 신규주택B를 동일세대원인 아들에게 증여한 후, 父가 보유하던 종전주택A를 양도하는 경우 비과세 양도기한 기산일은 당초 증여자(母)의 취득일을 기준으로 판단하므로, 2018.11.30. 이후 3년이 경과하여 종전주택A를 양도하였으므로 비과세되지 않는다(서면부동산-0094, 2015.3.13).

비교사례

동일세대원으로부터 종전주택을 상속받은 후, 1년 이내 신규주택을 취득한 후 종전주택을 양도하는 경우 비과세 여부

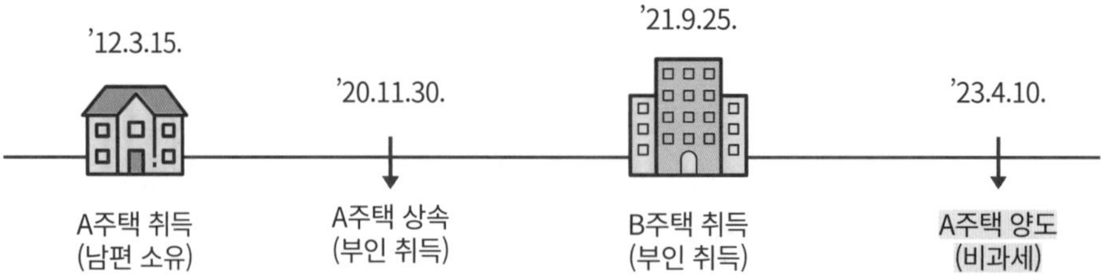

해설 1세대 1주택자인 남편이 사망하여 동일세대원인 부인이 A주택을 상속받은 후, 부인이 상속주택 취득일로부터 1년 이내 신규주택B를 취득한 경우에도 동일세대원간 보유기간은 통산되므로 남편이 취득한 A주택의 취득일인 2012.3.15.부터 1년 경과 후 신규주택B를 취득한 것이므로 종전주택A를 신규주택B 취득일로부터 3년 이내 양도하게 되면 일시적 2주택 비과세특례가 적용된다(부동산-468, 2014.7.4).

사례 9

재산분할로 취득한 주택을 양도하는 경우 일시적 2주택 비과세 여부

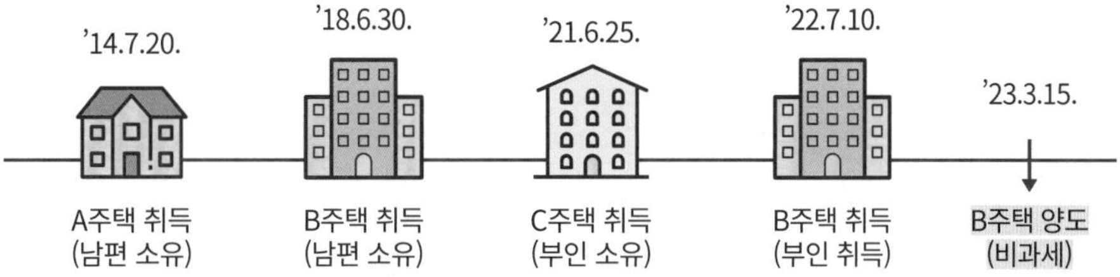

- 부인이 2022.7.10.에 취득한 남편 소유 B주택은 협의이혼 하면서 재산분할로 취득한 주택임

해설 협의이혼 또는 재판상 이혼을 하면서 재산분할청구권의 행사에 따라 남편이 소유하던 B주택을 부인에게 소유권을 이전한 후, 부인이 B주택을 양도하는 경우 재산분할로 취득한 B주택의 취득시기는 다른 이혼자인 남편의 당초 취득시기인 2018.6.30.되므로 부인이 보유한 C주택 취득일로부터 3년 이내 B주택을 양도하였으므로 비과세된다(부동산납세과-8, 2014.1.9).

대비사례

위자료로 취득한 주택을 양도하는 경우 일시적 2주택 비과세 여부

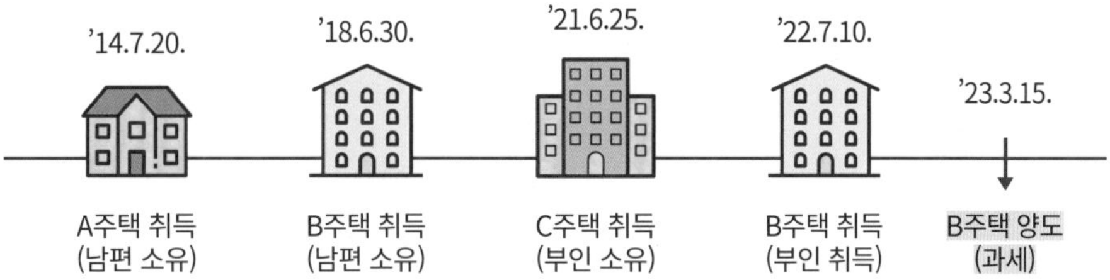

- 부인이 2022.7.10.에 취득한 남편 소유 B주택은 협의이혼 하면서 위자료로 취득한 주택임

해설 협의이혼 또는 재판상 이혼을 하면서 위자료 명목으로 남편이 소유하던 B주택을 부인에게 소유권을 이전한 후, 부인이 B주택을 양도하는 경우 위자료로 취득한 B주택의 취득시기는 부인이 소유권을 이전 받은 날인 2022.7.10.되므로 비과세되지 않는다. 만일 부인이 B주택이 아닌 종전에 보유하던 C주택을 양도하는 경우에는 신규주택B 취득일로부터 3년 이내 양도하였으므로 비과세가 될 수 있다.

Ⅲ 일시적 2주택과 다른 특례주택(상속, 임대, 합가주택 등) 취득하여 일시적 3주택이 된 경우 비과세 특례 적용여부

[일시적 3주택 비과세특례 주요 내용]

취득 유형	취득 순서	비과세 적용요건
상속 주택	종전주택A + 상속주택B + 신규주택C	A주택과 상속주택B를 보유한 상태에서 A주택 취득일로부터 1년 경과 후 C주택을 취득하고 C주택 취득일로부터 3년 이내 A주택 양도시 비과세
	일시적 2주택(A,신규주택B) + 상속주택C	일시적 2주택자가 C주택을 상속받은 후, B주택 취득일로부터 3년 이내 A주택 양도시 비과세
장기임대 주택	거주주택A + 장기임대주택B + 신규주택C	거주주택A와 장기임대주택B를 보유한 상태에서 A주택 취득일로부터 1년 경과 후 C주택을 취득하고 C주택 취득일로부터 3년 이내 거주주택A 양도시 비과세
	일시적 2주택(A,신규주택B) + 장기임대주택C	일시적 2주택자가 장기임대주택C를 취득한 후, B주택 취득일로부터 3년 이내 거주주택A 양도시 비과세
동거봉양 합가	일반주택A + 합가주택B + 신규주택C	A주택과 합가주택B를 보유한 상태에서 A주택 및 합가주택B 취득일로부터 1년 경과 후 C주택을 취득하고 C주택 취득일로부터 3년 이내 A주택 또는 합가주택B 양도시 비과세
	일시적 2주택(A,신규주택B) + 합가주택C	① 일시적 2주택자와 동거봉양합가하여 3주택 상태에서 B주택 취득일로부터 3년 이내 A주택 양도시 비과세 ② A주택을 양도한 후 합가일로부터 10년 이내 B주택 또는 합가주택C 양도시 비과세
혼인 합가	일반주택A + 합가주택B + 신규주택C	A주택과 합가주택B를 보유한 상태에서 A주택 및 합가주택B 취득일로부터 1년 경과 후 C주택을 취득하고 C주택 취득일로부터 3년 이내 A주택 또는 합가주택B 양도시 비과세
	일시적 2주택(A,신규주택B) +합가주택C	① 일시적 2주택자와 혼인합가하여 3주택 상태에서 B주택 취득일로부터 3년 이내 A주택 양도시 비과세 ② A주택을 양도한 후 합가일로부터 5년 이내 B주택 또는 합가주택C 양도시 비과세
감면주택 또는 농어촌주택	일반주택A + 감면주택등 B + 신규주택C	A주택과 감면주택(또는 농어촌주택)B를 보유한 상태에서 A주택 취득일로부터 1년 경과 후 C주택을 취득하고 C주택 취득일로부터 3년 이내 A주택 양도시 비과세
	일시적 2주택(A,신규주택B) +감면주택등 C	일시적 2주택자가 감면주택(또는 농어촌주택)C를 취득하고 B주택 취득일로부터 3년 이내 A주택 양도시 비과세

1 일시적 2주택 비과세특례와 상속주택 비과세특례 중복적용 여부

사례 1

일시적 2주택자가 상속주택을 취득한 후 종전주택을 양도하는 경우

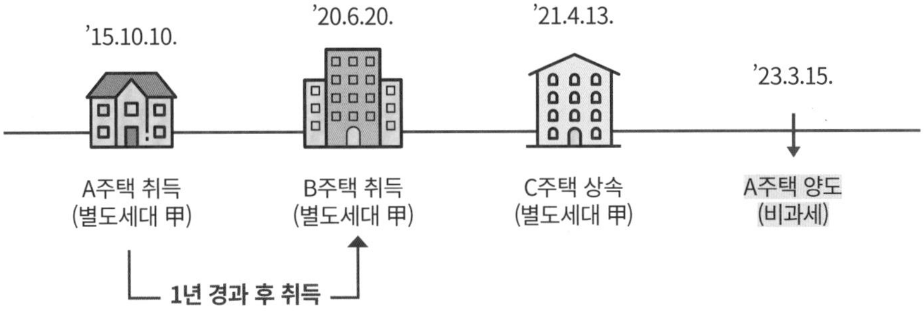

▪ C주택은 선순위 상속주택에 해당함

해설 일시적 2주택자가 별도세대원으로부터 C주택을 상속받은 후, 종전주택A를 신규주택 B 취득일로부터 3년 이내에 양도하는 경우에는 상속주택은 없는 것으로 보아 비과세된다(재산세과-232, 2009.9.17).

응용사례

일시적 2주택자가 상속주택을 취득한 후 종전주택을 양도하여 비과세받고, 다시 신규주택을 양도하는 경우 상속주택 비과세특례 여부

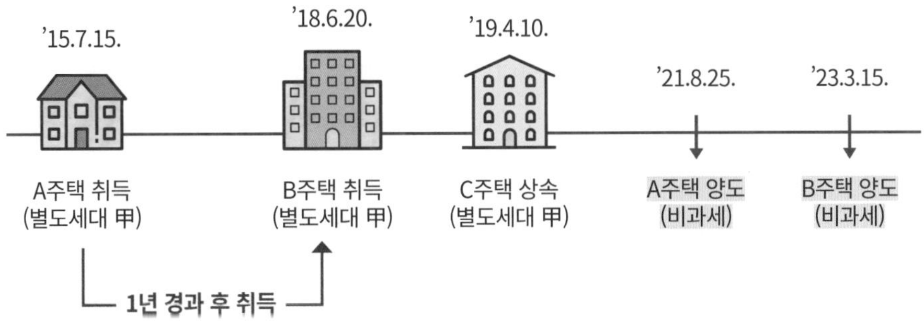

해설 일시적 2주택자가 상속주택을 취득하여 1세대 3주택이 된 상태에서 종전주택A를 신규주택B 취득일로부터 3년 이내 양도하여 「소득령 제155조 1항」규정에 따라 비과세를 받은 후, 신규주택B를 양도하는 경우 신규주택B는 상속개시일 현재 상속인이 보유하고 있는 일반주택에 해당하여 상속주택 비과세특례 규정(소득령 제155조 2항 규정)에 따라 양도기한에 제한없이 비과세된다.

사례 2

일반주택과 상속주택을 보유한 상태에서 신규주택을 취득한 후 종전주택을 양도하는 경우

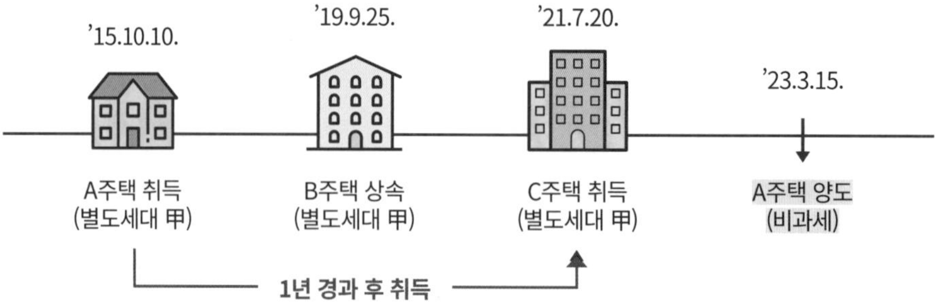

▪ B주택은 선순위 상속주택에 해당함

해설 1세대가 종전주택A와 상속주택B를 보유하다가 종전주택A를 취득한 날부터 1년 경과 한 후 신규주택C를 취득하여 1세대3주택이 된 상태에서 신규주택C 취득일로부터 3년 이내에 종전주택A를 양도하는 경우 상속주택은 없는 것으로 보아 일시적 2주택 비과세된다(법령해석재산-0374, 2019.10.21).

응용사례

종전주택과 상속주택을 보유한 자가 신규주택을 취득한 후 종전주택을 양도하여 비과세받고, 다시 신규주택을 양도하는 경우 상속주택 비과세특례 여부

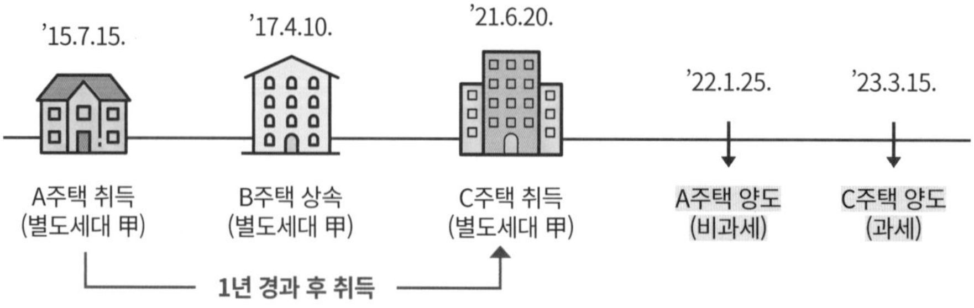

해설 종전주택과 상속주택을 보유한 상태에서 신규주택을 취득한 후 종전주택A를 신규주택C 취득일로부터 3년 이내 양도하여「소득령 제155조 1항 규정」에 따라 비과세를 받은 후, 신규주택C를 양도하는 경우 신규주택C는 상속개시일 현재 상속인이 보유하고 있는 일반주택에 해당하지 않으므로 상속주택 비과세특례(소득령 제155조 2항 규정)는 적용받을 수 없다. 만일 신규주택C가 아닌 상속주택B를 양도하는 경우에는 상속주택B와 신규주택C가「소득령 제155조 1항」에 해당하는 경우 비과세를 받을 수 있다.

2 일시적 2주택 비과세특례와 임대주택 비과세특례 중복적용 여부

사례 1

일시적 2주택자가 임대주택을 취득한 후 거주주택을 양도하는 경우

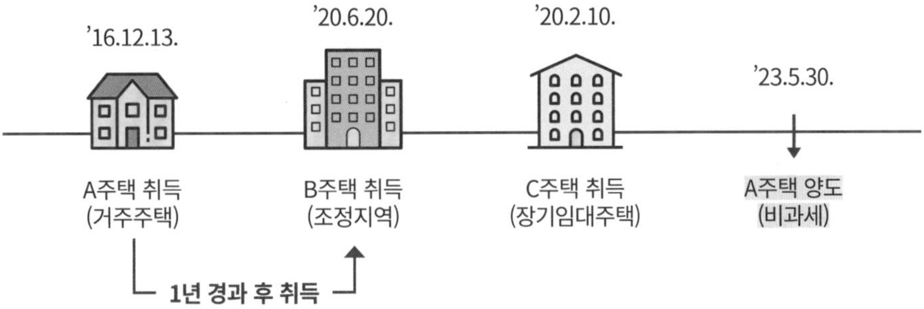

▪ C주택(조정지역)은 임대등록(지자체 + 세무서), 임대개시 당시 기준시가 6억원 이하

해설 1세대가 일시적 2주택을 보유한 상태에서 C주택을 취득하여 장기임대주택으로 등록한 후, 신규주택B 취득일로부터 3년 이내에 2년 이상 거주한 종전주택A를 양도하는 경우 임대주택은 없는 것으로 보아 비과세된다(법령해석재산-0320, 2021.1.20).

사례 2

거주주택과 임대주택을 보유한 상태에서 신규주택 취득 후 거주주택을 양도하는 경우

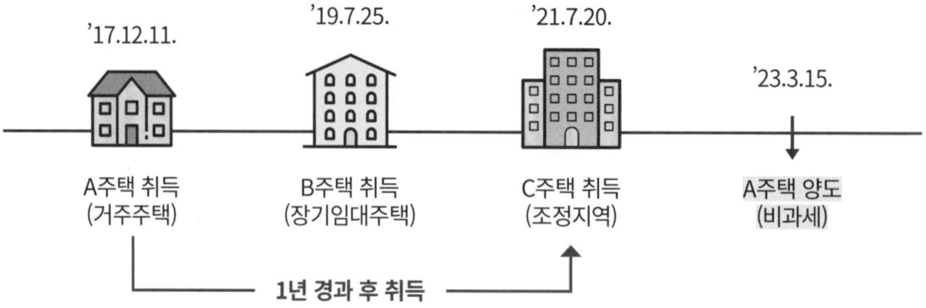

▪ B주택(조정지역)은 임대등록(지자체 + 세무서), 임대개시 당시 기준시가 6억원 이하

해설 1세대가 거주주택A와 법정 요건을 충족한 장기임대주택B를 보유한 상태에서 신규주택C를 취득한 후, 신규주택C 취득일로부터 종전주택A를 3년 이내 양도하면 비과세된다.

3 일시적 2주택 비과세특례와 동거봉양(혼인)합가 비과세특례 중복적용 여부

사례 1

일시적 2주택자가 1주택을 보유한 자와 혼인한 후 종전주택을 양도하는 경우

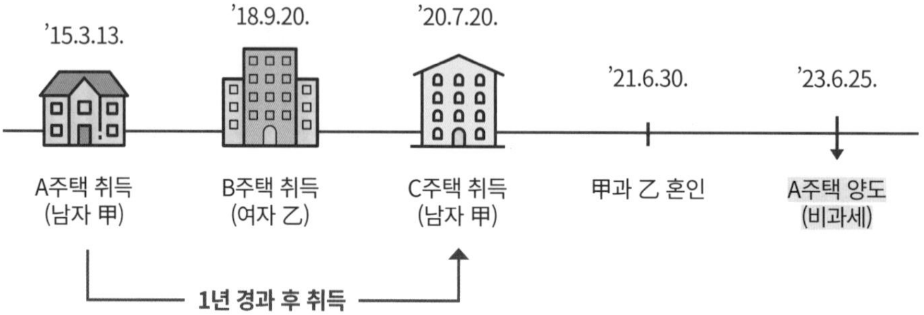

해설 일시적 2주택을 보유한 甲과 1주택을 보유한 乙이 혼인하여 1세대 3주택이 된 후, 신규주택C를 취득한 날로부터 3년 이내에 종전주택A를 양도하는 경우에는 비과세된다. 또한 A주택을 비과세로 양도한 후 B주택 또는 C주택을 혼인합가일로부터 5년 이내 양도하는 경우에도 혼인합가로 인한 비과세특례가 적용된다(법령해석재산-0038, 2017.2.16).

대비사례

혼인으로 3주택이 된 상태에서 종전주택을 양도하여 비과세를 적용받고 다시 신규주택을 취득한 경우 비과세 적용여부

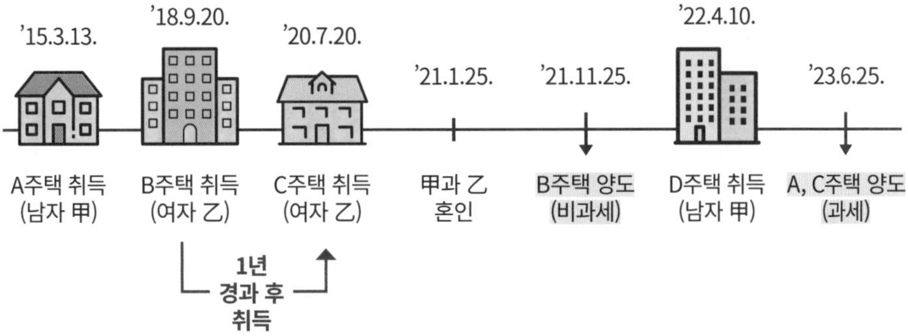

해설 1주택자인 甲과 일시적 2주택 보유자인 乙이 혼인한 후, 신규주택C 취득일로부터 3년 이내 乙이 보유한 종전주택B를 양도하여 비과세를 적용받고 다시 甲이 신규주택D를 취득하여 3주택이 된 상태에서 신규주택D 취득일로부터 3년 이내에 A주택 또는 C주택을 양도하는 경우에는 비과세를 적용받을 수 없다(부동산거래관리과-421, 2012.8.10).

사례 2

혼인합가 후 2주택 상태에서 신규주택 취득한 후 종전주택을 양도하는 경우

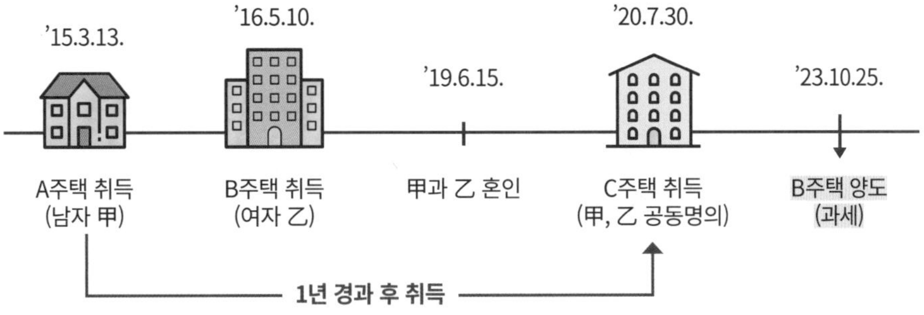

해설 1주택자인 甲과 1주택자인 乙이 혼인하여 1세대 2주택이 된 상태에서 신규주택C를 취득한 후 3년 이내에 A주택 또는 B주택을 양도하면 비과세되나, 이 사례에서는 B주택을 신규주택C 취득일로부터 3년 경과한 후 양도하였으므로 비과세되지 않는다(법령해석재산 0737, 2020.6.22).

응용사례

일시적 2주택자와 일시적 2주택자가 혼인한 후 종전주택을 양도하는 경우

해설 일시적 2주택자와 1주택자가 혼인하거나, 1주택자와 1주택자가 혼인 후 신규로 주택을 취득하여 3주택인 된 경우에는 혼인합가로 인한 비과세특례와 일시적 2주택 비과세특례가 중복 적용되나, 일시적 2주택자와 일시적 2주택자가 혼인하여 1세대 4주택이 된 상태에서 A주택을 양도하는 경우에는 비과세특례가 적용되지 않는다.
만약 위 사례에서 A주택을 과세로 양도한 후, B주택 또는 C주택을 D주택 취득일로부터 3년 이내 양도하는 경우 비과세될 수 있다(부동산거래관리과-108, 2010.1.20).

사례 3

일시적 2주택자와 2주택을 보유한 자가 동거봉양합가한 후 종전주택을 양도하는 경우

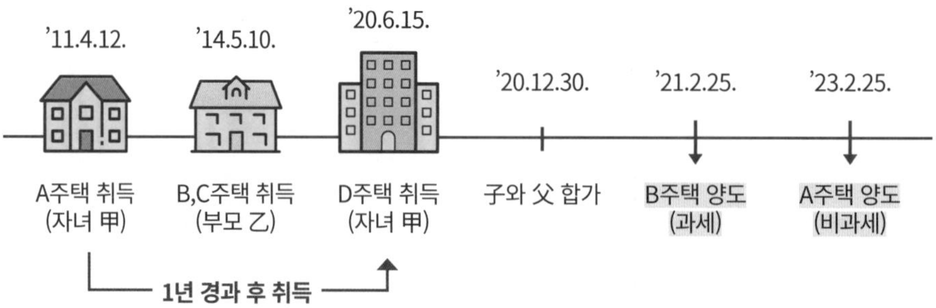

해설 1세대가 일시적 2주택 상태에서 2주택을 보유한 자와 동거봉양을 위해 합가한 후, 부모가 소유하고 있던 2주택 중 B주택을 먼저 과세로 양도하고 자녀가 신규주택D를 취득한 날로부터 3년 이내에 종전주택A를 양도하는 경우에는 비과세된다(부동산거래관리과-108, 2010.1.20).

4 일시적 2주택 비과세특례와 농어촌주택 또는 감면주택 비과세특례 중복적용 여부

사례 1

일반주택과 농어촌주택을 보유한 상태에서 신규주택을 취득한 후 종전주택을 양도하는 경우

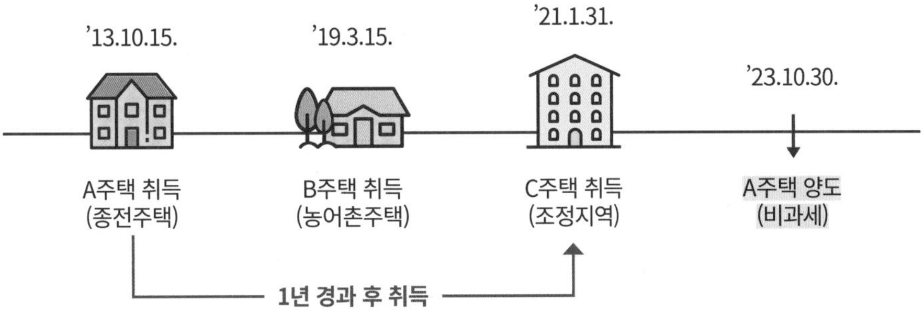

해설 1세대가 일반주택A와 조세특례제한법 제99조의4에 해당하는 농어촌주택B를 보유한 상태에서 신규주택C를 취득하여 일시적 3주택이 된 후, 신규주택 취득일로부터 3년 이내 종전주택A를 양도하는 경우 B주택은 없는 것으로 보아 일시적 2주택 비과세특례를 적용받을 수 있다(부동산납세과-2367, 2015.2.2).

사례 2

일시적 2주택자가 농어촌주택을 취득한 후 종전주택을 양도하는 경우

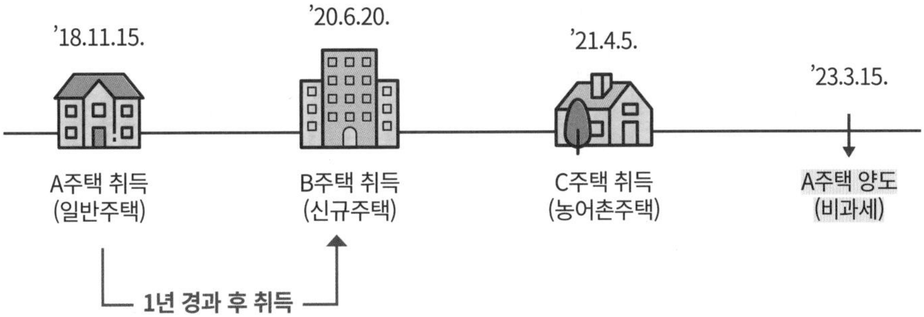

해설 일시적 2주택자가 「조세특례제한법 제99조의4에 따른 농어촌주택을 취득하여 1세대 3주택이 된 상태에서 종전주택A를 신규주택B 취득일로부터 3년 이내 양도하는 경우 농어촌주택은 주택 수에서 제외되므로 비과세된다(부동산납세과-2669, 2022.9.14).

사례 3

일반주택과 감면주택을 보유한 상태에서 신규주택을 취득한 후 종전주택을 양도하는 경우

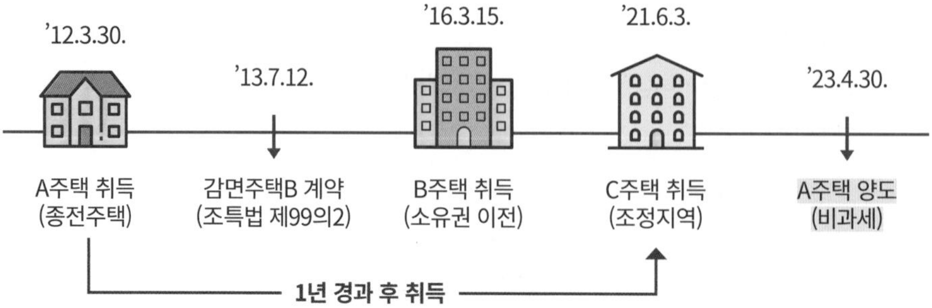

해설 조세특례제한법 제99조의2가 적용되는 감면주택을 포함하여 양도일 현재 1세대가 3주택이 된 경우 감면주택은 1세대1주택 비과세 판단시 주택수에서 제외되므로 종전주택A를 신규주택C 취득일로부터 3년 이내 양도하는 경우 일시적 2주택 비과세특례가 적용된다(법령해석재산-0586, 2017.10.11).

5 일시적 2주택 비과세특례와 2개의 비과세 특례규정 중복적용 여부

사례

일시적 2주택과 거주주택 및 상속주택 비과세 특례의 중복적용 여부

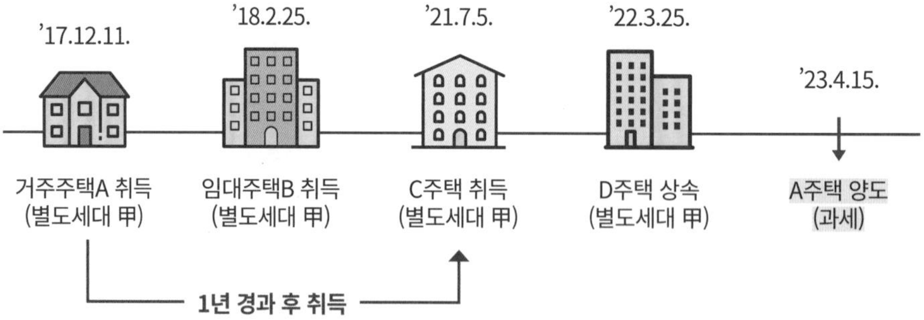

해설 1세대가 거주주택A와 법정 요건을 충족한 장기임대주택B를 보유한 상태에서 거주주택A를 취득한 날부터 1년 경과하여 신규주택C를 취득한 후, 별도세대원으로부터 D주택을 상속받아 1세대 4주택이 된 상태에서 신규주택C를 취득한 날로부터 3년 이내 2년 이상 거주한 종전주택A를 양도하는 경우에는 비과세되지 않는다(재산세제과-30, 2022.1.6).

배경 및 취지

일시적 2주택 비과세특례와 상속주택 또는 임대주택 비과세특례 등과 같이 2가지 특례가 동시에 적용되는 경우 또는 1주택자와 1주택자가 동거봉양(혼인)을 위해 세대를 합가한 후 실수요 목적으로 1주택을 취득하여 1세대 3주택자가 된 경우에는 예외적으로 중복적용이 가능하나, 위 사례와 같이 3가지 특례가 동시에 중복 적용되는 경우에는 투기목적으로 주택을 취득한 것으로 보아 비과세특례가 인정되지 않는 것이다.

Ⅳ 일시적2주택에 대한 취득세 중과적용 여부

1주택을 보유하고 있는 1세대가 조정대상지역에 있는 주택을 신규로 취득하는 경우에는 투기목적으로 취득한 것으로 보아 원칙적으로 8%의 취득세 중과세율이 적용된다. 그러나 실수요 목적으로 주택을 취득하여 일시적2주택이 된 경우에는 취득세 중과세율을 적용하지 않고 1~3%의 기본세율이 적용된다.

1 일시적2주택에 대한 취득세 기본세율 적용요건

1주택(2020.8.12. 이후 취득한 조합원입주권, 주택분양권 및 오피스텔 포함)을 보유하고 있는 1세대가 조정대상지역에 있는 주택을 신규로 취득한 경우에는 원칙적으로 8%의 취득세율이 적용되나, 신규주택 취득일[1]로부터 3년(종전주택 등과 신규주택이 모두 조정대상지역에 있는 경우에는 2년) 이내에 종전주택[2]등을 처분(증여, 용도변경, 멸실 등 포함)하는 경우 일시적2주택자로 보아 조정대상지역에 소재하는 신규주택에 대해 1~3%의 기본세율이 적용된다.

1) 조합원입주권 또는 주택분양권을 보유한 상태에서 신규주택을 취득한 후 해당 조합원입주권 또는 주택분양권으로 인해 주택이 완성 또는 신축되는 경우에는 완성일 또는 잔금지급일을 기준으로 일시적2주택 기간을 계산한다. 〈사례3 참조〉

2) 신축주택이 주택분양권에 의하여 완공된 주택〈사례2 참조〉이거나, 종전주택이 조합원입주권 또

는 주택분양권에 의한 신축주택인 경우에도 해당 신축주택을 종전주택 범위에 포함하여 일시적 2주택 해당 여부를 판단한다. 〈사례3 참조〉

[일시적2주택자의 취득세 기본세율 적용 종전주택 처분기한]

종전주택	신규주택	종전주택 등 처분기한
조정대상지역	조정대상지역	3년[3)]
비조정대상지역	조정대상지역	3년
조정대상지역	비조정대상지역	취득세 중과대상 아님
비조정대상지역	비조정대상지역	

3) 2023.1.12. 이후 주택을 취득하는 경우 또는 2023.1.12. 이후 종전주택 등을 처분하는 경우 일시적2주택 취득세 중과배제 허용기한이 2년에서 3년으로 연장되었다.

2 주택 종류별 일시적2주택 취득세 중과적용 여부

사례 1

종전주택을 보유한 상태에서 신규주택을 취득한 경우

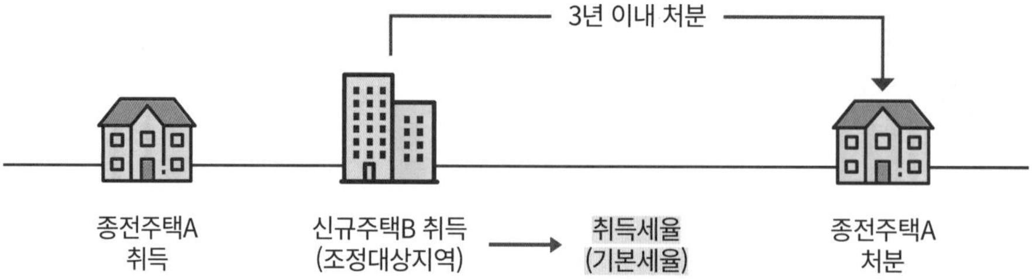

해설 종전주택을 보유한 상태에서 신규로 취득한 B주택은 조정대상지역에 소재하고 있으므로 8%의 취득세 중과세율이 적용되어야 하나, 신규주택B 취득일로부터 3년 이내에 종전주택A를 처분한 경우에는 일시적2주택에 해당하여 B주택의 취득세율은 1~3%의 기본세율이 적용된다.

사례 2

종전주택을 보유한 상태에서 주택분양권을 취득한 경우

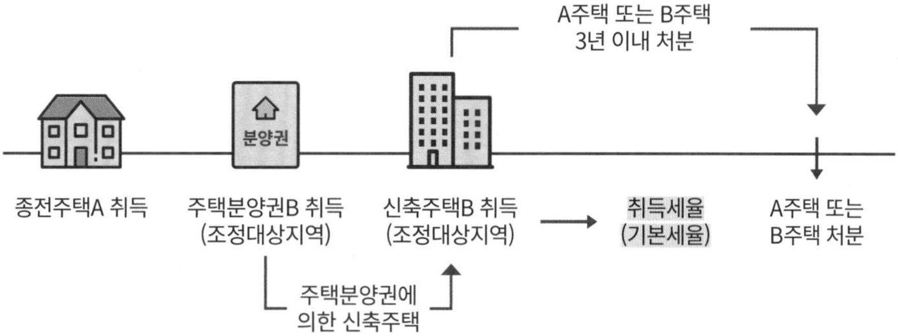

해설 종전주택을 보유한 상태에서 신규로 취득한 B주택은 조정대상지역에 소재하고 있으므로 8%의 취득세 중과세율이 적용되어야 하나, 신규주택B 취득일로부터 3년 이내에 종전주택A 또는 신축주택B 중 1채를 처분한 경우에는 일시적2주택에 해당하여 신축주택B의 취득세율은 1~3%의 기본세율이 적용된다.

비교사례

종전주택을 보유한 상태에서 조합원입주권을 취득한 경우

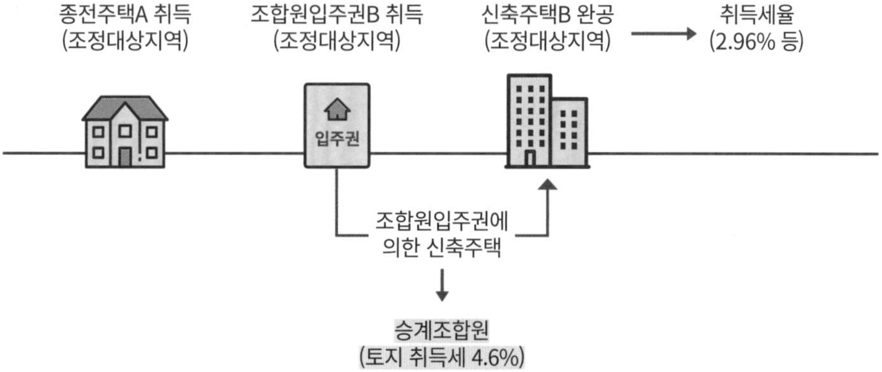

해설 종전주택A를 보유한 상태에서 조정대상지역에 소재하고 있는 조합원입주권B를 취득한 후 B주택이 완공되었을 때 신축주택을 취득한 것으로 볼 수 있으나, 조합원입주권이 주택으로 완공된 경우에는 유상취득이 아닌 원시취득에 해당하므로 취득세 중과세율이 적용되지 않는다. 따라서, 조합원입주권이 주택으로 완공된 경우에는 주택 규모에 따라 2.96%~3.16%의 취득세율이 적용된다.

사례 3

조합원입주권 또는 주택분양권을 보유한 상태에서 신규주택을 취득한 경우

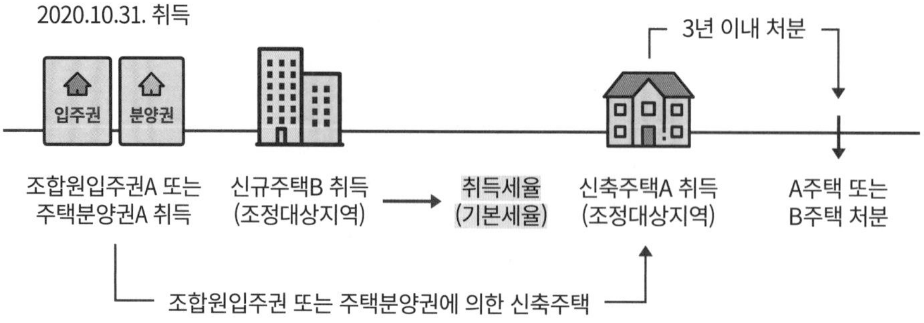

해설 2020.8.12. 이후 취득한 조합원입주권A 또는 주택분양권A를 보유한 상태에서 신규로 취득한 B주택은 조정대상지역에 소재하여 8%의 2주택 중과세율이 적용되어야 하나, 조합원입주권(주택분양권)에 의해 완공된 신축주택A 또는 신규주택B 중 1채를 신축주택A를 취득한 날부터 3년 내에 처분한 경우에는 신규주택B의 취득세율은 1%~3%의 기본세율이 적용된다.

3 일시적2주택에 대한 취득세 기본세율 적용 후 종전주택 등 미처분시 추징

신규주택에 대하여 일시적2주택 규정을 적용받아 1~3%의 기본세율로 취득세를 납부한 후, 일시적2주택 처분기한 내에 종전주택 등을 처분하지 않은 경우에는 2주택자 중과세율과 당초 기본세율로 납부한 세액과의 차액에 대하여 가산세를 포함한 세액이 추징된다. 다만, 처분기한 경과 후 60일 이내 신고하는 경우 가산세는 부과하지 않는다.

참고

취득세 중과대상 주택수 판단시 조합원입주권 또는 주택분양권 포함 여부

1. 조합원입주권

2020.8.11. 이전에 취득한 조합원입주권(2020.8.11. 이전에 매매계약을 체결한 조합원입주권 포함)은 취득세 중과여부 판정시 주택수에 포함되지 않았으나, 2020.8.12. 이후 취득한 조합원입주권은 취득세 중과여부 판정시 주택수에 포함되어 다른 주택을 취득할 경우 취득세가 중과될 수 있다. 이 경우 조합원입주권의 취득시기는 원조합원의 경우 관리처분계획인가 후 주택이 멸실된 시점이고, 승계조합원은 원조합원으로부터 매매·증여·상속 등으로 승계취득한 날이다.

비교학습

양도소득세법상 조합원입주권은 2020.8.11. 이전에 취득한 경우에도 1세대1주택 비과세 판단시 또는 중과대상 주택수 판단시 주택수에 포함되고, 원조합원의 조합원입주권 취득시기는 관리처분계획인가일로 규정하고 있다.

사례

조합원입주권을 보유한 상태에서 조정대상지역 내 다른 주택을 취득한 경우

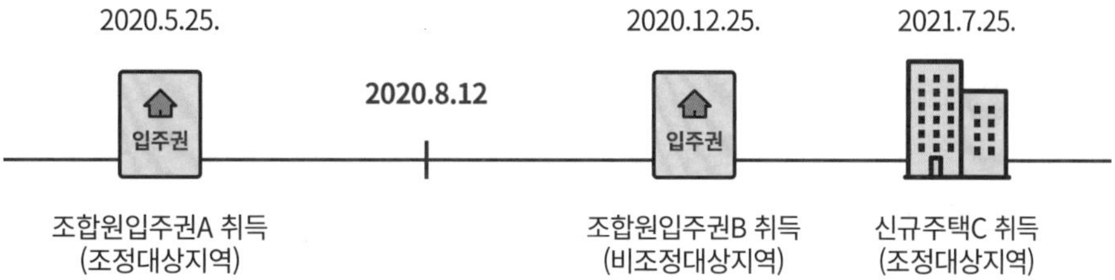

해설 2020.8.11. 이전에 취득한 조합원입주권A는 취득세 중과주택수 판단시 주택수에서 제외되고, 조합원입주권B는 2020.8.12. 이후 취득하여 중과대상 주택수 판단시 주택수에 포함되므로 조정대상지역 내 신규주택 C는 8%의 취득세 중과세율이 적용된다. 단, 일시적2주택 처분기한 내에 신축주택B 또는 신규주택C 중 1채를 처분한 경우에는 1~3%의 취득세 기본세율이 적용된다.

2. 주택분양권의 경우

2020.8.11. 이전에 취득한 주택분양권(2020.8.11. 이전에 매매계약을 체결한 주택분양권 포함)은 취득세 중과여부 판정시 주택수에 포함되지 않았으나, 2020.8.12. 이후 취득한 주택분양권은 취득세 중과여부 판정시 주택수에 포함되어 다른 주택을 취득할 경우 취득세가 중과될 수 있다.

비교학습

양도소득세법상 주택분양권은 2020.12.31. 이전에 취득한 경우에는 1세대1주택 비과세 판단시 또는 중과대상 주택수 판단시 주택수에 포함되지 않았으나, 2021.1.1. 이후 취득분부터 주택수에 포함되어 취득세 중과 적용시 주택분양권 취득시기와 달리 규정하고 있다.

사례 1

주택분양권을 보유한 상태에서 조정대상지역 내 다른 주택을 취득한 경우

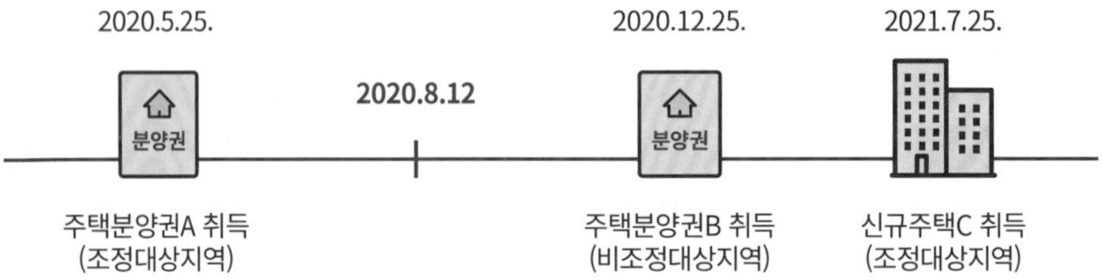

해설 2020.8.11. 이전에 취득한 주택분양권A는 취득세 중과주택수 판단시 주택수에서 제외되고, 주택분양권B는 2020.8.12. 이후 취득하여 주택수에 포함되므로 조정대상지역 내 신규주택C는 8%의 중과세율이 적용된다. 단, 일시적2주택 처분기한 내에 신축주택B 또는 신규주택C 중 1채를 처분한 경우에는 1~3%의 취득세 기본세율이 적용된다.

사례 2

주택분양권이 주택으로 완공된 시점에 따른 취득세 중과여부 판단

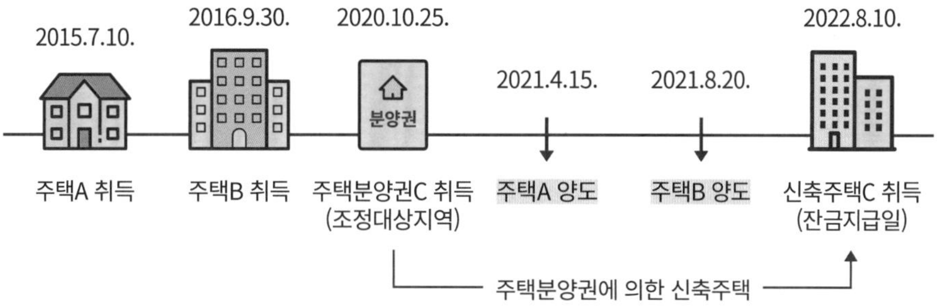

해설 2020.8.12. 이후 취득한 주택분양권C에 의해 완공된 신축주택은 주택분양권 취득일(계약일, 승계취득분은 잔금지급일)을 기준으로 주택수를 판정한다. 위 사례에서 기존 주택 A,B를 모두 처분하여 2022.8.10. 신축주택C 취득시점에서 1주택자에 해당하더라도 주택분양권 취득시점에서는 이미 2주택을 보유하였으므로 신축주택C의 취득세율은 조정대상지역 3주택자 중과세율인 12%가 적용된다.

[주택분양권 취득 시점별 취득세 중과대상 여부 판단]

구 분	'20.7.10. 이전	'20.7.11. ~ '20.8.11.	'20.8.12. 이후
다른 주택 취득세 적용시 분양권 주택수 포함여부	주택수 제외		주택수 포함
신축주택에 대한 취득세 적용시 중과대상 주택수 판단기준일	주택취득일(잔금지급일)		분양권 취득일

필자의 견해

2020.8.12. 이후 취득한 분양권이 추후 주택으로 완공된 경우 주택 완공 시점에서 보유한 주택수를 기준으로 중과여부를 판단하지 않고, 주택분양권 취득 당시 주택수를 기준으로 판단하는 것은 불합리하므로 분양권이 주택으로 완공된 시점의 주택수만으로 중과여부를 판단하는 것이 합리적이라고 생각한다.

V 일시적 2주택자에 대한 종합부동산세 과세특례

1 과세특례 요건

1세대가 종전주택을 보유한 상태에서 신규주택을 취득하여 과세기준일(6월1일) 현재 일시적으로 2주택이 된 경우 신규주택 취득일로부터 3년 이내에 종전주택을 처분하는 경우에는 1세대 1주택자로 보아 종합부동산세 계산시 12억원의 기본공제와 최대 80%의 세액공제를 받을 수 있다. 다만, 1세대 1주택 특례를 신청한 경우에도 과세표준 계산시 2주택의 주택공시가격은 모두 합산된다.

2 1세대1주택 과세특례 신청

종합부동산세 1세대 1주택 과세특례를 적용받으려면 해당연도의 9월16일부터 9월30일까지 주소지 관할세무서장에게 과세특례를 신청해야 한다.

3 신규주택 취득일로부터 3년 이내 종전주택 미처분시 추징

일시적 2주택자가 신규주택 취득일로부터 3년 이내에 종전주택을 처분하지 못한 경우에는 경감받은 세액과 이자상당액을 추가로 납부해야 한다.

비교학습

양도소득세 일시적2주택 비과세특례를 적용받으려면 종전주택을 취득하고 1년 경과한 후에 신규주택을 취득해야 하나, 종합부동산세 일시적2주택 과세특례의 경우에는 종전주택을 취득 후 1년 이내 신규주택을 취득해도 과세특례가 적용된다.

적용사례

일시적 2주택자가 1주택 특례적용 신청시 종합부동산세 계산방법

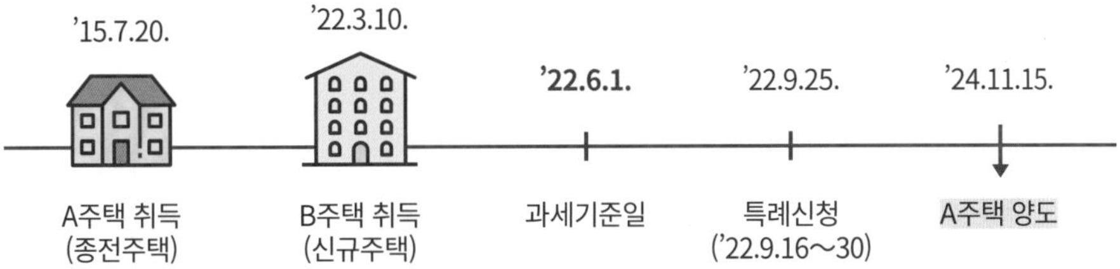

해설 2021년 귀속분까지는 일시적 2주택자에 대한 과세특례 제도가 없었으나, 세법 개정으로 2022년 귀속분부터는 납세자가 특례를 신청한 경우 1주택자로 보아 종합부동산세 계산시 12억원의 기본공제와 최대 80%의 세액공제가 적용된다. 위 사례를 기준으로 2023년 과세기준일 현재 거주자의 연령이 67세이며, A주택과 B주택의 공시가격은 각각 9억원과 6억원인 경우 종합부동산세 계산은 다음과 같다.

	구 분	금 액	계산근거
	주택공시가격합계액	1,500,000,000	A주택과 B주택의 공시가격 합산
(-)	기본공제	1,200,000,000	1세대1주택자에 대한 기본공제액[1]
(×)	공정시장가액비율	60%	-
(=)	과세표준	180,000,000	-
(×)	세율	0.5%	과세표준 3억원 이하 기본세율
(=)	산출세액	900,000	-
(-)	세액공제	270,000	고령자 및 장기보유자 세액공제[2]
(=)	납부세액	630,000	-
(+)	농어촌특별세	126,000	종합부동산세 납부세액의 20%
(=)	총부담세액	756,000	-

1) 일시적 2주택 특례 적용시와 미적용시 공제금액

구 분	적용시	미적용시
기본공제	12억원	9억원
세액공제	최대 80%	공제불가

2) 고령자 및 장기보유자 세액공제는 종전주택에 해당하는 세액에 대해서만 적용하는데, 그

세액공제 계산방법은 아래와 같다.

$$\text{산출세액} \times \frac{\text{종전주택 공시가격}}{\text{전체 공시가격 합계액}} \times \text{연령 및 보유기간별 공제율*}$$

$$= 900{,}000 \times \frac{900{,}000{,}000}{1{,}500{,}000{,}000} \times (30\%+20\%) = 270{,}000$$

* 연령별 및 보유기간별 세액공제율

종합 한도	주택 소유자의 연령별 공제율			주택 보유기간별 공제율		
	60세 이상	65세 이상	70세 이상	5년 이상	10년 이상	15년 이상
80%	20%	30%	40%	20%	40%	50%

02

상속주택 보유자의 일반주택 양도시 비과세 특례

I 개요

1세대가 1주택(이하 "일반주택"이라 함)을 보유하던 중 별도세대원인 피상속인으로부터 1주택(이하 "상속주택"이라 함)을 상속받아 2주택이 된 상태에서 비과세 요건을 갖춘 일반주택을 먼저 양도하는 경우 양도소득세가 비과세된다. 이는 1세대1주택자가 주택 1채를 상속받아 본인 의사와 무관하게 1세대 2주택자가 된 것이므로 상속주택은 없는 것으로 보아 비과세를 적용하는 것이다(소득령 §155②).

비교학습

신규주택을 취득하여 일시적 2주택이 된 경우나 동거봉양·혼인합가 등으로 2주택자가 된 경우에는 법에서 정한 일정한 기한 내에 주택을 양도해야 비과세되나, 상속으로 2주택자가 된 후 일반주택을 양도하는 경우에는 양도 기한에 제한 없이 비과세된다.

사례 1

일반주택을 보유한 상태에서 1주택을 상속받고 일반주택을 먼저 양도하는 경우

해설 1세대가 일반주택을 보유하다가 1주택을 상속받아 2주택이 된 상태에서 2년 이상 보유 등 비과세요건을 갖춘 일반주택을 양도하는 경우 상속주택은 없는 것으로 보아 양도기간에 제한없이 비과세된다.

대비사례

일반주택을 보유한 상태에서 1주택을 상속받고 상속주택을 먼저 양도하는 경우

해설 상속주택 비과세특례 규정은 상속으로 2주택이 된 경우로서 일반주택을 먼저 양도해야 비과세되므로 상속주택을 먼저 양도하는 경우에는 비과세되지 않는다.

사례 2

상속주택을 보유한 상태에서 '13.2.15. 이후에 일반주택을 취득한 후 일반주택을 양도하는 경우

해설 상속주택을 보유한 상태에서 2013.2.15.이후에 일반주택을 취득한 후 일반주택을 먼저 양도하는 경우에는 본인의 의사에 따라 신규로 주택을 취득하여 1세대 2주택자가 된 것이므로 비과세되지 않는다.

대비사례

상속주택을 보유한 상태에서 '13.2.14. 이전에 일반주택을 취득한 후 일반주택을 양도하는 경우

해설 2013.2.15. 이후에 취득한 일반주택을 양도하는 경우 상속개시 당시 일반주택을 보유한 상태에서 상속주택을 취득해야 상속주택 비과세특례를 적용받을 수 있으나, 2013.2.14. 이전에 취득한 일반주택의 경우에는 상속주택을 먼저 취득한 후 일반주택을 취득하고 일반주택을 양도하였더라도 비과세된다.

배경 및 취지

상속주택을 보유한 상태에서 투기목적으로 일반주택을 수차례 취득하고 양도하는 경우 반복해서 비과세 혜택을 받을 수 있으므로 상속주택을 보유한 상태에서 2013.2.15. 이후 일반주택을 취득하였다가 양도하는 경우에는 1세대1주택 비과세가 적용되지 않는 것이다.

[일반주택 취득시기에 따른 상속주택 비과세특례 적용여부]

<table>
<tr><th>일반주택 취득시점</th><th>단독상속, 공동상속 최다지분권자</th><th>공동상속 소수지분권자</th></tr>
<tr><td>2013.2.14. 이전 취득</td><td>취득순서에 관계없이 비과세 적용</td><td rowspan="2">취득순서에 관계없이 비과세 적용</td></tr>
<tr><td>2013.2.15. 이후 취득</td><td>일반주택을 먼저 취득한 후 상속주택을 취득해야 비과세 적용</td></tr>
</table>

응용사례

상속주택을 보유한 상태에서 일반주택을 취득한 후 상속주택을 양도하는 경우

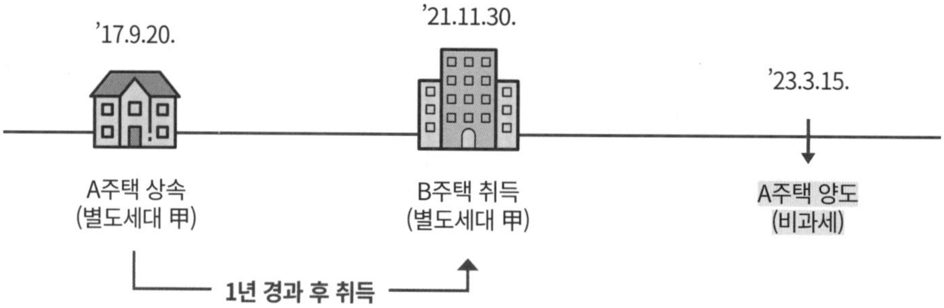

해설 1주택을 상속받은 상태에서 상속개시일로부터 1년 경과 후 신규주택을 취득하고 신규주택 취득일로부터 3년 이내 종전의 상속주택을 양도하는 경우에는 일시적 2주택 비과세 규정을 적용받을 수 있다.

Ⅱ 일반주택과 상속주택의 범위

상속주택 비과세 특례규정이 적용되는 일반주택과 상속주택의 범위는 아래와 같다.

1 일반주택의 범위

상속주택 비과세특례가 적용되는 일반주택의 범위는 아래와 같이 취득 및 보유단계에서는 주택뿐만 아니라 조합원입주권이나 2021.1.1. 이후 취득한 주택분양권도 포함되나 양도단계에서는 주택으로 양도하는 경우에만 비과세된다. 다만, 상속개시일로부터 소급하여 2년 이내 피상속인으로부터 증여받은 주택(조합원입주권 및 주택분양권 포함)은 일반주택에서 제외된다.

따라서, 조합원입주권이나 2021.1.1. 이후 취득한 주택분양권이 주택으로 완공되기 전 권리 상태에서 양도되는 경우에는 일반주택의 범위에 포함되지 않으므로 비과세되지 않는다.

[상속주택 비과세특례 적용시 일반주택의 범위]

구분		내용
포함	주택	상속개시 당시 보유하던 주택
	조합원입주권에 의한 신축주택	상속개시 당시 보유하던 조합원입주권이 사업시행이 완료됨으로써 취득한 신축주택
	2021.1.1. 이후 취득한 분양권에 의한 신축주택	상속개시 당시 보유하던 2021.1.1. 이후 취득한 분양권이 사업시행이 완료됨으로써 취득한 신축주택
제외	상속개시 전 2년 이내 증여받은 주택 등	① 상속개시일로부터 소급하여 2년 이내에 피상속인으로부터 2018.2.13. 이후 증여받은 주택 및 조합원입주권 ② 상속개시일로부터 소급하여 2년 이내에 2021.1.1. 이후 취득한 분양권을 피상속인으로부터 증여받은 경우
	2020.12.31. 이전에 취득한 분양권에 의한 신축주택	상속개시 당시 보유하던 2020.12.31. 이전에 취득한 분양권이 사업시행이 완료됨으로써 취득한 신축주택

사례 1

상속개시 당시 상속인이 보유하던 조합원입주권이 신축주택으로 완성된 경우

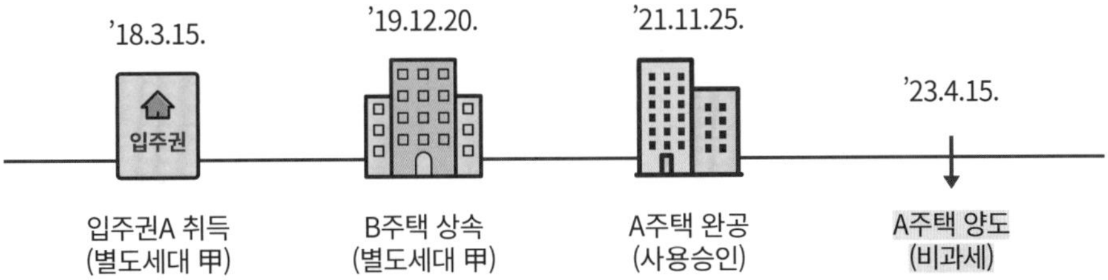

해설 상속인이 조합원입주권을 보유한 상태에서 주택을 상속받은 후 조합원입주권을 양도하는 경우 비과세되지 않으나, 조합원입주권이 신축주택으로 전환된 후 해당 신축주택을 양도하는 경우에는 일반주택의 범위에 포함되므로 A주택 양도시 상속주택 비과세특례를 받을 수 있다(법규과-1205, 2022.4.28).

사례 2

'21.1.1. 이후에 상속인이 취득한 분양권이 신축주택으로 완성된 경우

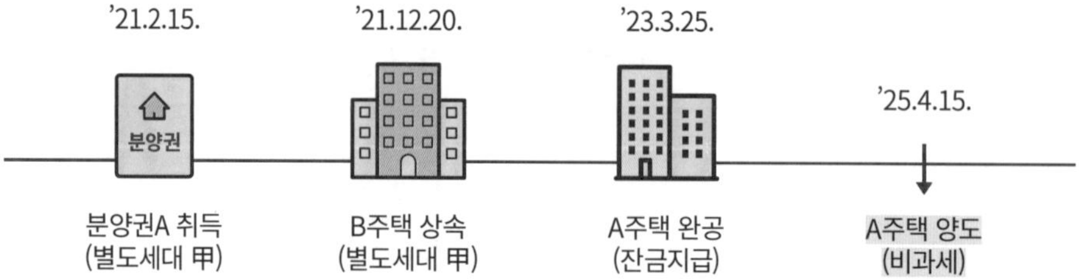

해설 2021.1.1. 이후에 취득한 주택분양권을 보유한 상태에서 주택을 상속받은 후 주택분양권을 양도하는 경우 비과세되지 않으나, 주택분양권이 신축주택으로 전환된 후 해당 신축주택을 양도하는 경우에는 일반주택의 범위에 포함되므로 A주택 양도시 상속주택 비과세특례를 받을 수 있다.

대비사례

'20.12.31. 이전에 상속인이 취득한 분양권이 신축주택으로 완성된 경우

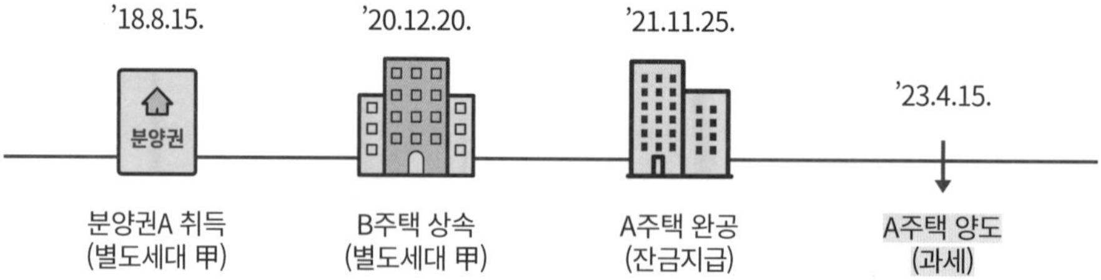

해설 2020.12.31. 이전에 취득한 주택분양권을 보유한 상태에서 주택을 상속받은 후 분양권이 주택으로 완공되어 취득한 신축주택을 양도하는 경우에는 신축주택A 취득(2020.11.25.) 당시 이미 상속주택을 보유하고 있었으므로 1세대 2주택자에 해당되어 A주택을 양도하는 경우 상속주택 비과세특례를 적용받을 수 없다(재산세제과-861, 2021.9.29).

응용사례

'20.12.31. 이전에 상속인이 취득한 분양권이 신축주택으로 완성된 경우

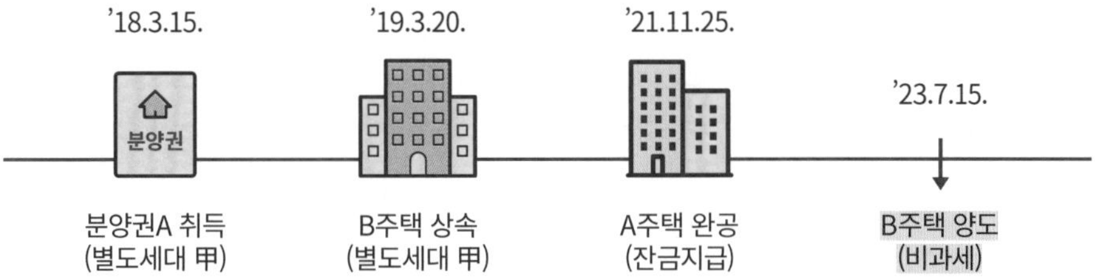

해설 2020.12.31. 이전에 취득한 주택분양권은 부동산을 취득할 수 있는 권리로서 일반주택의 범위에 포함되지 않으므로 신축주택A 취득일인 2021.11.25. 당시 이미 상속주택을 보유하여 A주택을 양도하는 경우 상속주택 비과세특례를 적용받을 수 없으나, 신규주택A 취득일로부터 3년 이내 종전주택B를 양도하는 경우 상속주택B를 종전주택으로 보아 일시적 2주택 비과세가 적용될 수 있다.

사례 3

상속개시일 전 2년 이내 증여받은 주택 등의 일반주택 범위 포함 여부

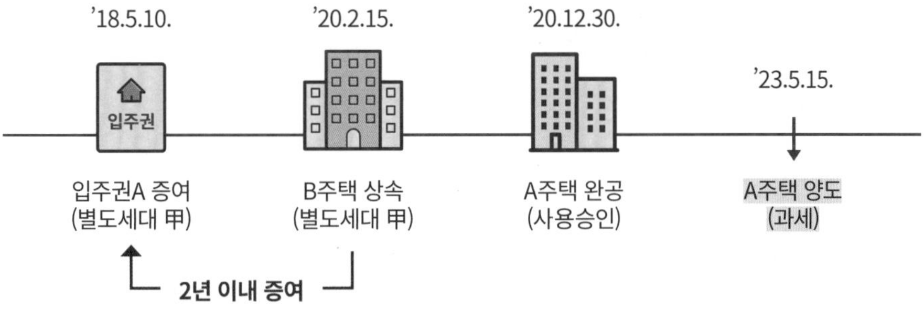

- 입주권A는 피상속인으로부터 증여받음

해설 상속개시일부터 소급하여 2년 이내에 피상속인으로부터 증여받은 주택 또는 증여받은 조합원입주권이나 분양권에 의하여 사업시행 완료 후 취득한 신축주택은 일반주택에서 제외되므로 A주택 양도시 상속주택 비과세특례를 적용받을 수 없다.

배경 및 취지

2개의 주택을 상속받은 후 먼저 양도하는 상속주택은 양도소득세가 비과세되지 않으므로 상속받을 예정인 2개의 주택(조합원입주권 또는 분양권 포함) 중 1주택은 상속개시 전에 먼저 증여받고 다른 주택을 상속받아 상속개시 전에 증여로 취득한 1주택을 일반주택으로 비과세받는 경우가 있으므로 이를 방지하기 위하여 2018.2.13. 이후 증여분(분양권은 2021.1.1. 이후 증여분)부터 상속개시일로부터 소급하여 2년 이내에 증여받은 주택을 일반주택에서 제외하도록 한 것이다.

2 상속주택의 범위

상속주택의 범위에는 일반주택과 마찬가지로 주택뿐만 아니라 조합원입주권이나 2021.1.1. 이후 취득한 주택분양권도 포함된다. 다만, 1채의 일반주택을 보유한 자가 동일세대원으로부터 주택(조합원입주권 또는 2021.1.1. 이후 취득한 주택분양권 포함)을 상속받은 경우에는 상속개시 당시 이미 1세대 2주택자에 해당되어 원칙적으로는 상속주택 비과세특례를 적용받을 수 없다.

그러나 1주택 등을 보유한 1세대가 1주택을 보유하고 있는 60세 이상 직계존속을 동거봉양하기 위하여 합가하여 2주택이 된 상태에서 합가 전에 직계존속이 보유하던 1주택을 상속받은 후 직계비속이 보유하던 일반주택을 양도하는 경우에는 상속주택 비과세특례가 적용된다.

배경 및 취지

동거봉양을 위하여 합가한 후 동일세대원으로부터 상속받은 주택 등에 대하여 상속주택 비과세특례 규정을 적용하지 않게 되면 노부모 봉양을 장려하는 미풍양속에 역행하며, 동거봉양합가에 따른 비과세 규정의 취지와 부합하지 않기 때문이다.

사례 1

조합원입주권을 상속받은 경우 상속주택 범위 포함 여부

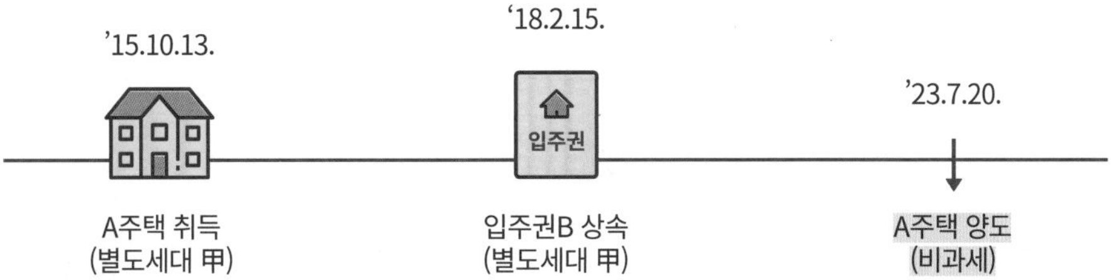

▪ 피상속인은 상속개시 당시 조합원입주권 이외에 다른 주택을 소유하고 있지 않음

해설 상속주택의 범위에는 입주권B도 포함되므로 상속인이 상속개시 당시 보유하던 일반주택을 양도하는 경우에는 상속주택 비과세특례가 적용된다.

사례 2

'20.12.31. 이전에 취득한 분양권을 상속받은 경우 상속주택 범위에 포함 여부

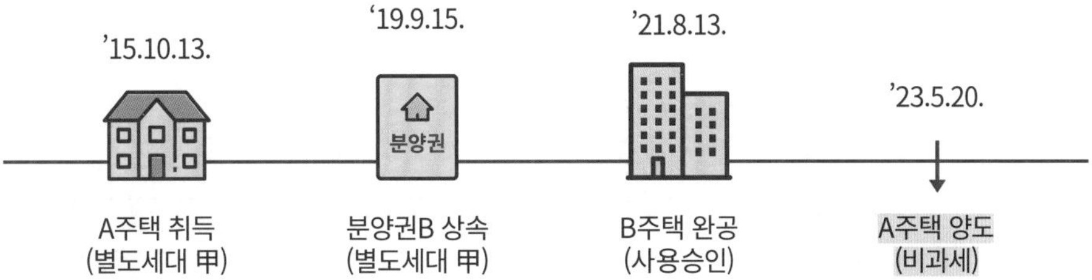

▪ 피상속인은 상속개시 당시 주택분양권 이외에 다른 주택 및 입주권을 소유하고 있지 않음

해설 2020.12.31. 이전에 피상속인이 취득한 주택분양권이 상속된 후 주택으로 완공된 경우에는 상속주택 범위에 포함되지 않으므로 상속주택 비과세특례는 적용받을 수 없으나, 일시적 2주택 비과세 규정에 따라 신규주택 취득일로부터 3년 이내에 종전주택A를 양도하는 경우에는 비과세된다(국심 2001서2549.2002.1.22).

대비사례

'21.1.1. 이후 취득한 분양권을 상속받은 경우 상속주택 범위 포함 여부

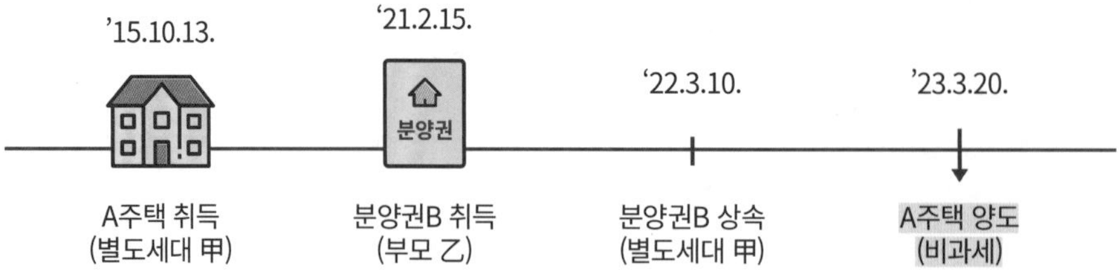

▪ 피상속인은 상속개시 당시 분양권B 이외에 다른 주택을 소유하고 있지 않음

해설 피상속인이 2021.1.1. 이후 취득한 주택분양권을 상속인이 상속받는 경우 해당 주택분양권도 상속주택 범위에 포함되므로 상속인이 상속개시 당시 보유하던 일반주택을 양도하는 경우에는 상속주택 비과세특례가 적용된다.

사례 3

상속주택이 조합원입주권으로 전환된 후 일반주택을 양도하는 경우

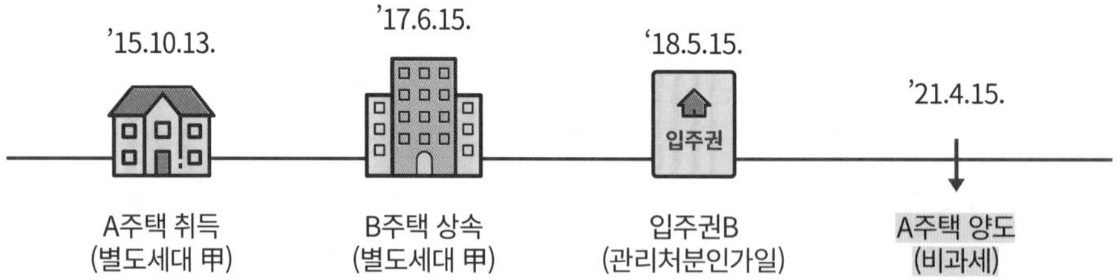

▪ 피상속인은 상속개시 당시 B주택 이외에 다른 주택을 소유하고 있지 않음

해설 상속받은 주택이 조합원입주권으로 전환된 후 주택으로 완성되지 않은 상태에서 일반주택을 양도하는 경우에도 상속주택 비과세특례가 적용된다.

사례 4

동거봉양합가 후 동일세대원으로부터 상속받은 주택에 대한 비과세 여부

해설 1세대1주택자가 직계존속을 동거봉양하기 위해 세대를 합침에 따라 2주택을 보유하게 되는 경우로서 직계존속이 합가 이전부터 소유하고 있던 주택은 동일세대원으로부터 상속받은 경우에도 별도세대원으로부터 상속받은 것으로 보아 상속주택 비과세특례가 적용된다.

유사사례

동거봉양합가 후 동일세대원으로부터 상속받은 입주권에 대한 비과세 여부

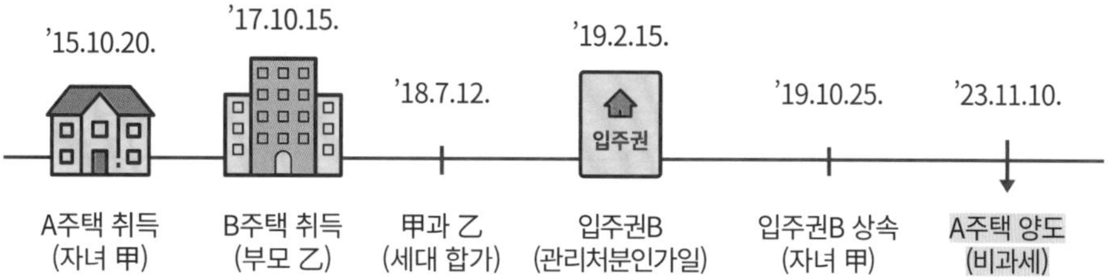

해설 원칙적으로 상속개시일 현재 동일세대원으로부터 상속받은 조합원입주권은 상속주택 비과세특례가 적용되지 않으나, 동거봉양 합가 후 직계존속의 기존주택이 조합원입주권으로 전환된 후 조합입주권을 상속받은 경우에는 상속주택 비과세특례가 적용된다.

대비사례 1

합가 후 직계존속이 취득한 주택을 상속받은 경우 비과세 여부

해설 합가 당시 무주택 상태에서 직계존속이 합가한 후 신규로 취득한 주택을 직계비속이 상속받고 합가 전에 직계비속이 소유하던 일반주택을 양도하는 경우에는 상속주택 비과세 특례가 적용되지 않는다(법령해석재산-1566, 2021.10.29).

대비사례 2

동거봉양 합가 후 직계비속이 취득한 일반주택을 양도하는 경우 비과세 여부

해설 합가 당시 무주택자인 직계비속이 합가한 후 신규주택을 취득하고 합가 전에 직계존속이 소유하고 있던 주택을 직계비속이 상속받은 경우로서 직계비속이 합가 후에 취득한 일반주택을 양도하는 경우에는 상속주택 비과세특례가 적용되지 않는다.

Ⅲ 2주택 이상을 단독으로 상속받는 경우 상속주택 비과세특례 적용방법

피상속인으로부터 2주택 이상을 상속받는 경우에는 선순위 1주택만 상속주택으로 보아 상속주택 비과세특례가 적용되고, 나머지 상속주택은 후순위 상속주택이 되어 상속주택 비과세특례가 적용되지 않는다. 따라서 선순위 상속주택과 후순위 상속주택을 상속받는 경우 상속인의 주택 보유 상황에 따라 1세대1주택 비과세 여부가 달라 질수 있으며, 상속주택 비과세특례가 적용되는 선순위 상속주택을 정하는 순서는 피상속인 기준으로 아래와 같다(소득령 §155②).

① 피상속인이 소유한 기간이 가장 긴 1주택
② 피상속인이 거주한 기간이 가장 긴 1주택
③ 피상속인이 상속개시 당시 거주한 1주택
④ 기준시가가 가장 높은 1주택(기준시가가 같은 경우에는 상속인이 선택하는 1주택)

배경 및 취지

피상속인이 보유한 다수의 상속주택을 여러 상속인이 각각 상속받아 각자 상속주택 비과세특례 적용받게 되는 불합리한 점을 방지하기 위하여 피상속인을 기준으로 선순위 1주택에 대해서만 특례 상속주택으로 인정하는 것이다.

사례 1

종전주택을 보유한 상태에서 동일한 피상속인으로부터 2주택을 상속받은 후 종전주택을 양도하는 경우 비과세 여부

▪ 자녀 甲은 피상속인이 소유한 2주택(B주택 10년, C주택 7년 보유)을 단독 상속받음

해설 1세대 1주택자인 甲이 별도세대원인 피상속인으로부터 2주택(B,C)을 상속받는 경우 상속주택 비과세특례를 적용받을 수 없을뿐 만 아니라 선순위 상속주택B를 "상속주택"으로 후순위 상속주택C를 "신규주택"으로 보아 일시적 2주택 비과세특례도 적용받을 수 없으므로 A주택 양도시 과세된다(서면법규과-1330, 2014.12.17).

대비사례

종전주택을 보유한 상태에서 서로 다른 피상속인으로부터 2주택을 상속받은 후 종전주택을 양도하는 경우 비과세 여부

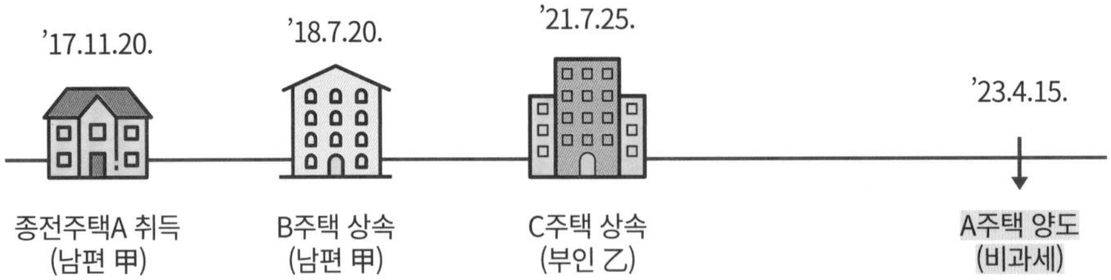

- B주택은 별도세대인 남편이 父親 소유 1주택을 상속받은 주택임
- C주택은 별도세대인 부인이 母親 소유 1주택을 상속받은 주택임

해설 1세대 1주택자인 남편 甲이 부친으로부터 B주택을 상속받고 무주택자인 배우자 乙은 모친으로부터 C주택을 상속받은 경우 먼저 상속받은 B주택을 "상속주택"으로 나중에 상속받은 C주택을 "신규주택"으로 보아 C주택 취득일로부터 3년 이내 A주택을 양도하는 경우 일시적 2주택 비과세특례 규정을 적용하여 비과세된다(서면4팀-3478, 2007.12.5).

응용사례

부친 소유 1주택을 상속받고 종전주택을 비과세로 양도한 후, 다시 모친 소유 1주택을 상속받은 후 먼저 취득한 상속주택B를 양도하는 경우 비과세 여부

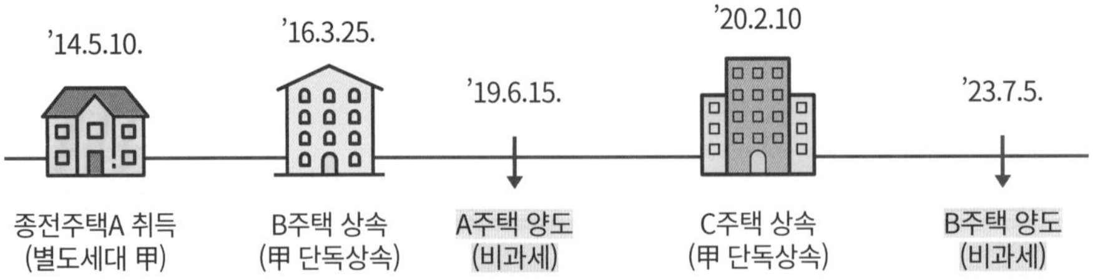

- 자녀 甲은 부친 소유 B주택을 단독 상속받은 후, B주택으로 이사하여 거주하던 중 별도 세대인 모친이 '18.4.25.에 취득한 C주택을 단독 상속받음

해설 1세대 1주택자인 甲이 별도세대원인 부친으로부터 B주택을 상속받아 甲 소유 종전 주택을 비과세 양도한 후, B주택으로 이사하여 거주하던 중 별도세대원인 모친으로 다시 C 주택을 상속받고 B주택을 양도하는 경우에도 상속주택 비과세특례 규정된다.

사례 2

종전주택을 보유한 상태에서 2주택을 상속받고 선순위 상속주택을 먼저 과세로 양도한 후 종전주택을 양도하는 경우 비과세 여부

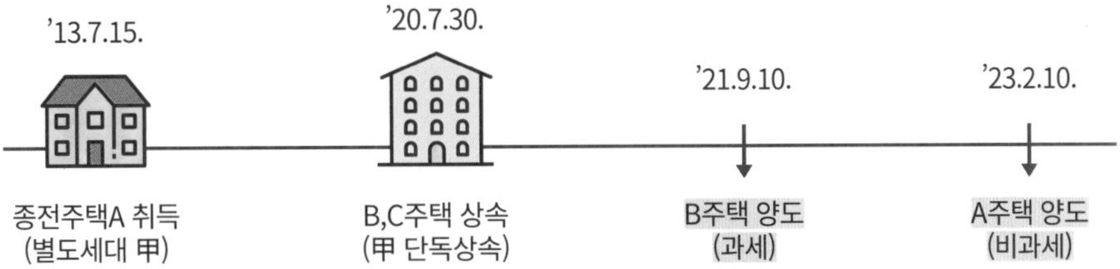

▪ 자녀 甲은 피상속인이 소유한 2주택(B주택 10년, C주택 7년 보유)을 단독 상속받음

해설 상속주택 비과세특례 규정은 상속개시 당시로 판단하므로 선순위 상속주택B를 먼저 과세로 양도한 후, 2주택(일반주택A과 후순위 상속주택C)을 보유한 상태에서 일반주택A를 양도하는 경우에도 후순위 상속주택C를 상속주택으로 볼 수 없다. 다만, 후순위 상속주택C를 신규주택으로 보아 상속주택C를 취득한 날로부터 3년 이내 종전주택을 양도하는 경우 일시적 2주택 비과세특례가 적용될 수 있다.

대비사례

종전주택을 보유한 상태에서 2주택을 상속받고 후순위 상속주택을 먼저 과세로 양도한 후 종전주택을 양도하는 경우 비과세 여부

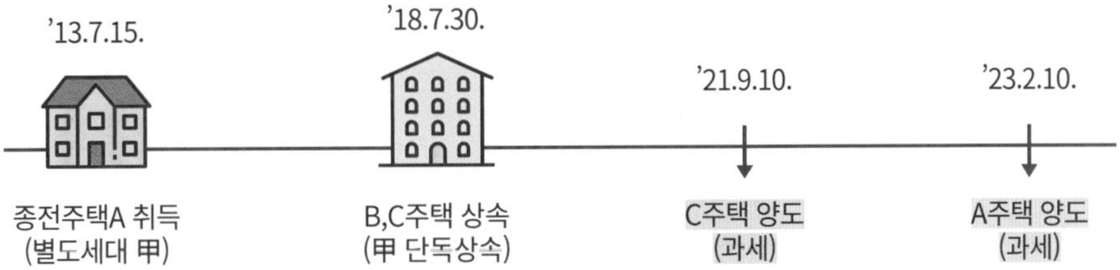

▪ 자녀 甲은 피상속인이 소유한 2주택(B주택 10년, C주택 7년 보유)을 단독 상속받음

해설 종전주택을 보유한 별도세대인 상속인이 피상속인으로부터 2주택을 상속받은 후, 후순위 상속주택C를 먼저 과세로 양도하고 일반주택A와 선순위 상속주택B를 보유한 상태에서 일반주택A를 양도하는 경우 상속주택 비과세특례는 상속개시 당시로 판단하므로 상속개시 당시 2주택을 상속받은 것에는 변함이 없으므로 상속주택 비과세특례가 적용되지 않는다(조심 2022서1439, 2022.7.20).

심화사례

2채의 선순위 상속주택 중 1채를 별도세대원에게 증여 후 일반주택을 양도하는 경우 상속주택 비과세 여부

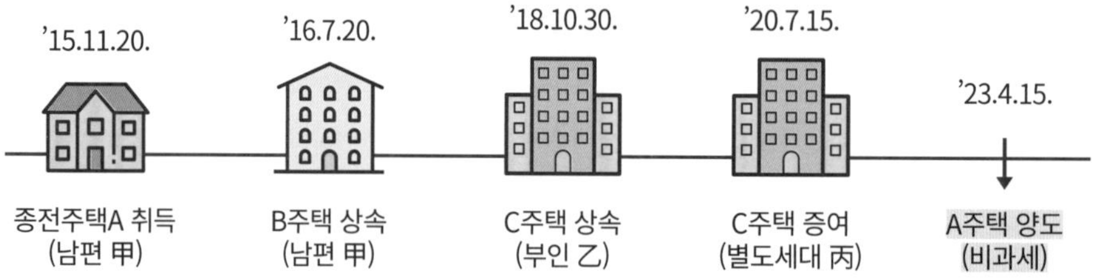

- B주택은 별도세대인 남편이 父親으로부터 상속받은 선순위 상속주택임
- C주택은 별도세대인 부인이 母親으로부터 상속받은 선순위 상속주택임

해설 일반주택 1채를 보유한 1세대가 서로 다른 피상속인으로부터 선순위 상속주택을 각각 1채씩 상속받아 선순위 상속주택 2채를 보유한 상태에서 상속주택 중 1채를 별도세대에 증여한 후, 일반주택을 양도하는 경우에는 상속주택 비과세특례가 적용된다. 만일 부인이 상속받은 C주택이 후순위 상속주택인 경우로서 해당 주택을 처분한 후 A주택을 양도하는 경우에는 상속주택 비과세특례가 적용되지 않는다(재산세제과-1126, 2022.9.14).

사례 3

종전주택을 보유한 상태에서 2주택 중 후순위 상속주택을 취득한 후 종전주택을 양도하는 경우 비과세 여부

- 자녀 甲은 피상속인 소유 2주택(B주택 10년, C주택 7년 보유) 중 C주택을 상속받음

해설 1세대1주택자가 별도세대원으로부터 후순위 상속주택을 상속받은 경우에는 상속주택 비과세특례는 적용받을 수 없으나, 상속주택B를 취득한 날로부터 3년 이내에 종전주택A를 양도하는 경우에는 일시적2주택 비과세특례는 적용된다(부동산거래관리과-293, 2011.4.5).

배경 및 취지

별도세대인 상속인이 일반주택을 보유한 상태에서 2채의 상속주택을 모두 상속받은 경우에는 3주택자로서 일시적 2주택 비과세를 적용할 수 없으나, 일반주택을 보유한 상태에서 2채의 상속주택 중 선순위 상속주택과 후순위 상속주택을 각각 다른 상속인이 상속받는 경우에는 선순위 상속주택을 취득한 상속인은 상속주택 비과세특례를 적용받을 수 있고, 후순위 상속주택을 취득한 상속인은 일시적 2주택 비과세특례를 적용받을 수 있는 것이다.

사례 4

부인이 종전주택을 보유한 상태에서 2주택 중 선순위 상속주택을 취득한 후 종전주택을 양도하는 경우 비과세 여부

- 부인 甲은 피상속인(남편) 소유 2주택(B주택 10년, C주택 7년 보유) 중 B주택을 상속받음

해설 남편인 피상속인과 배우자는 동일세대원으로서 배우자가 선순위 상속주택B를 상속받았더라도 상속받기 전부터 이미 1세대 2주택자에 해당하므로 상속주택 비과세특례는 물론 일시적 2주택 비과세특례 규정도 적용되지 않으므로 배우자 소유 종전주택 양도시 양도소득세가 과세된다.

사례 5

무주택자인 자녀가 서로 다른 피상속인으로부터 주택을 상속받은 후 먼저 상속받은 주택을 양도하는 경우 비과세 여부

- 조정대상지역 소재 A주택은 별도세대인 남편이 父親으로부터 상속받은 주택임
- 조정대상지역 소재 B주택은 별도세대인 부인이 母親으로부터 상속받은 주택임

해설 무주택자인 부부 甲과 乙이 서로 다른 별도세대원인 피상속인으로부터 주택 1채를 각각 상속받은 경우 먼저 상속받은 A주택을 "일반주택"으로 나중에 상속받은 B주택을 "상속주택"으로 보고 1세대1주택 비과세요건을 충족한 A주택을 양도하는 경우에는 상속주택 비과세특례가 적용된다(집행기준 89-155-9).

유사 해석 사례

무주택자인 자녀가 별도세대인 이혼한 부모로부터 각각 1주택을 상속받고 먼저 상속받은 주택을 나중에 취득한 주택 취득일로부터 3년 이내 양도하면 일시적2주택 비과세특례(소득령 §155①)가 적용되며, 3년 경과한 후 양도하더라도 상속주택 비과세특례(소득령 §155②)가 적용된다(법령해석재산-2944, 2018.5.11).

대비사례

무주택자인 자녀가 별도세대원인 동일한 피상속인으로부터 2주택을 상속받고 후순위 상속주택을 양도하는 경우 비과세 여부

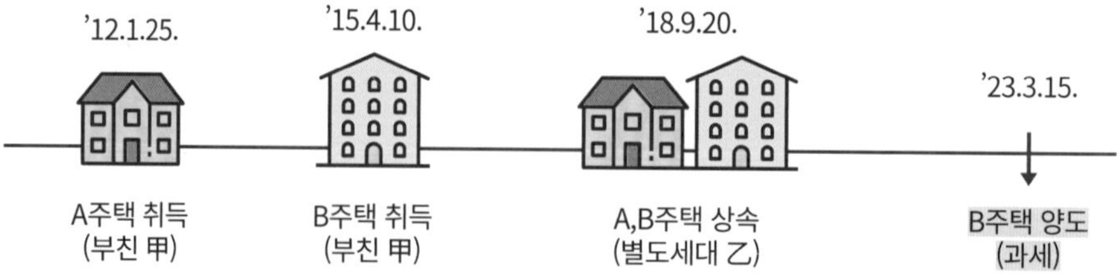

- 무주택자인 자녀 乙은 피상속인 소유 2주택(A주택 선순위, B주택 후순위)을 단독 상속받음

해설 무주택자인 자녀 乙이 별도세대원인 피상속인으로부터 주택 2채를 같은 날 상속받는 경우에도 후순위 상속주택B를 먼저 취득하여 일반주택으로, 선순위 상속주택A를 나중에 취득한 것으로 보아 B주택 양도시 상속주택 비과세특례가 적용되지 않는다. 따라서 동일한 피상속인으로부터 주택 2채를 상속받은 경우에는 선순위 상속주택이든 후순위 상속주택이든 먼저 양도하는 주택은 비과세를 받을 수 없다(조심 2018서 3806, 2019.4.18).

Ⅳ 1주택을 공동으로 상속받는 경우 상속주택 비과세특례 적용방법

1주택을 여러 사람이 공동으로 상속받는 경우 공동상속주택은 상속지분이 가장 큰 상속인*이 소유한 것으로 보며, 상속지분이 가장 큰 상속인이 2명 이상인 경우에는 아래 순서에 따라 정해진 자의 상속주택으로 보아 상속주택 외의 다른 주택 양도시 상속주택 비과세특례규정을 적용한다(소득령 §155③).

① 해당 상속주택에 거주하는 자
② 최연장자

* 상속지분이 가장 큰 상속인을 최다지분권자, 최다지분권자 아닌 지분소유자를 소수지분권자라 하는데, 소수지분권자가 보유한 공동상속주택은 다른 주택 양도시 주택 수에서 제외된다.

사례 1

종전주택을 보유한 상태에서 부친으로부터 1주택을 공동으로 상속받은 후 종전주택을 양도하는 경우 비과세 여부

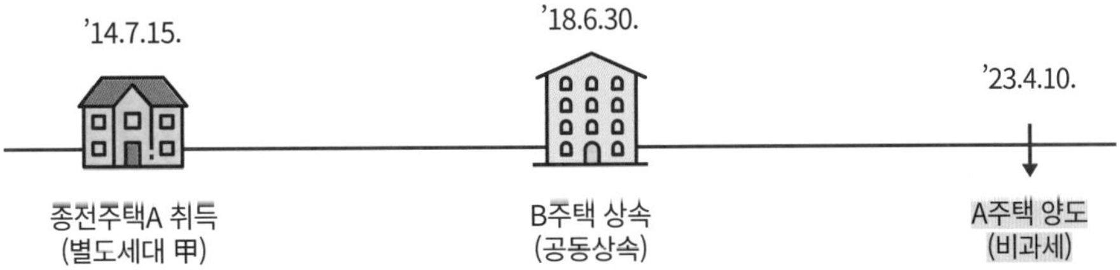

- B주택은 甲(장남) 40%, 乙(차남) 30%, 丙(삼남) 30%씩 공동으로 상속받음

해설 1세대 1주택자인 甲이 별도세대원인 피상속인으로부터 B주택을 공동으로 상속받은 경우 최다지분권자인 甲이 상속받은 것으로 보아 상속주택 비과세특례(제155조 2항)를 적용하고, 甲을 제외한 다른 상속인(소수지분권자)은 해당 주택을 소유하지 않는 것이다. 따라서 甲이 A주택을 양도하는 경우에는 상속주택 비과세특례 규정 제155조 2항에 따라 비과세된다.

[공동상속주택 비과세특례 규정 비교]

상속인	일반주택 보유현황	공동상속주택 상속지분	비과세 적용 관련 법령
甲	1주택	40%(주택수 포함)	소득령 제155조 ②
乙	1주택	30%(주택수 제외)	소득령 제155조 ③
丙	1주택	30%(주택수 제외)	

비교사례

부친으로부터 1주택을 공동으로 상속받은 후 종전주택을 비과세로 양도하고 다시 신규주택을 취득한 후 신규주택을 양도하는 경우 비과세 여부

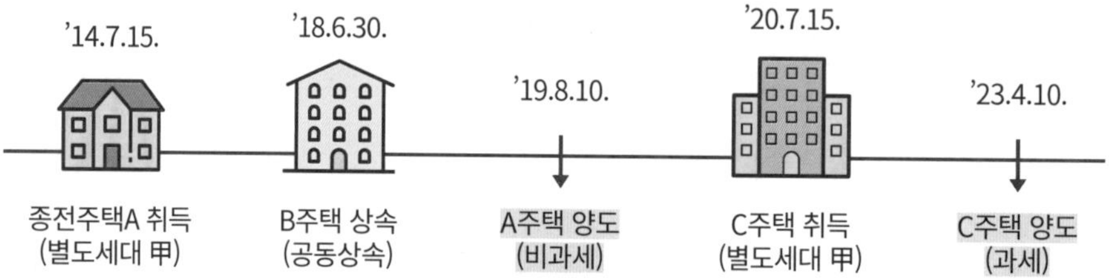

- B주택은 甲(장남) 40%, 乙(차남) 30%, 丙(배우자) 30%씩 공동으로 상속받음

해설 1세대 1주택자인 甲이 별도세대원인 피상속인으로부터 B주택을 공동으로 상속받은 경우 최다지분권자인 甲이 상속받은 것으로 보아 상속주택 비과세특례를 적용받은 후, 다시 C주택을 취득하여 양도하는 경우 상속개시 당시 일반주택을 보유하지 않았으므로 과세된다.

사례 2

종전주택을 보유한 상태에서 부친으로부터 1주택을 공동으로 상속받은 후 종전주택을 양도하는 경우 비과세 여부

▪ B주택은 甲(장남) 40%, 乙(차남) 30%, 丙(배우자) 30%씩 공동으로 상속받음

해설 1세대 1주택자인 乙이 별도세대원인 피상속인으로부터 B주택을 공동으로 상속받은 경우 소수지분권자인 乙은 해당 주택을 소유하지 않는 것으로 보므로 乙이 A주택을 양도하는 경우에는 상속주택 비과세특례 규정(제155조 3항)에 따라 비과세된다.

비교사례

부친으로부터 1주택을 공동으로 상속받은 후 종전주택을 비과세로 양도하고 다시 신규주택을 취득한 후 신규주택을 양도하는 경우 비과세 여부

▪ B주택은 甲(장남) 40%, 乙(차남) 30%, 丙(배우자) 30%씩 공동으로 상속받음

해설 1세대 1주택자인 乙이 별도세대원인 피상속인으로부터 B주택을 공동으로 상속받은 경우 소수지분권자인 乙이 상속주택 비과세특례를 적용받은 후, 다시 C주택을 취득하여 양도하는 경우 최다지분권자와는 달리 소수지분권자의 공동상속주택은 주택 수에서 제외되므로 재차 비과세가 적용된다(법규과-1841, 2022.6.21).

[공동상속주택 최다지분권자와 소수지분권자의 비과세 특례 비교]

구 분		최다지분 상속주택 비과세	소수지분 상속주택 비과세
1주택 공동상속 (비과세 특례)	별도세대 여부	동일세대원으로부터 상속받는 주택은 비과세 불가능(동거봉양합가시 제외)	
	취득 순서	일반주택 先 취득, 상속주택 後 취득	일반주택 취득순서 상관없음
	선순위 판단	상속지분 큰 자 > 상속주택 거주자 > 최연장자	
2주택 이상 공동상속	주택수 판단 (비과세 특례)	▪선순위(소유기간>거주기간>상속당시거주>기준시가) 1주택만 주택수 제외 ▪후순위 공동상속주택(소수지분 포함) 주택수 포함	
일반주택 양도기한		제한 없음	

사례 3

종전주택을 보유한 상태에서 남편으로부터 1주택을 공동으로 상속받은 후 종전주택을 양도하는 경우 비과세 여부

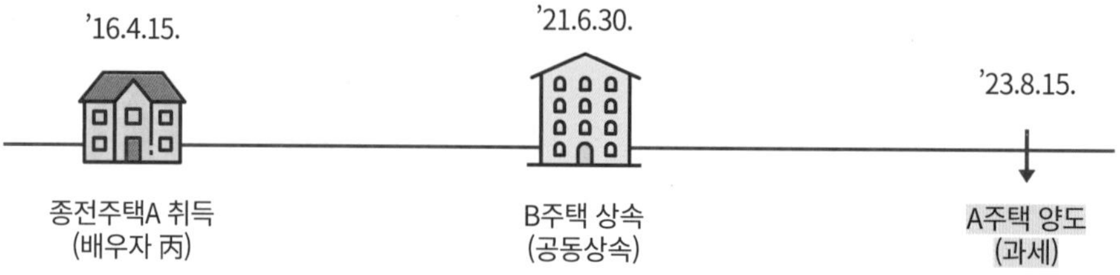

▪ B주택은 甲(장남) 40%, 乙(차남) 30%, 丙(배우자) 30%씩 공동으로 상속받음

해설 배우자가 종전주택을 보유한 상태에서 공동상속주택 소수지분을 상속받았더라도 피상속인과 배우자는 동일세대원로서 이미 1세대 2주택자에 해당하므로 상속주택 비과세특례는 물론 일시적 2주택 비과세특례 규정도 적용되지 않으므로 배우자 소유 A주택 양도시 양도소득세가 과세된다(대법원 2021두33562, 2021.5.27).

[동일세대원으로부터 상속받은 공동상속주택 소수지분권자의 일반주택 양도시 비과세 여부]

구 분	비과세 여부	관련 판례	비 고
국세청	과세	법령해석재산2021-199(2021.5.31.)	동거봉양합가로 동일세대가 된 후 상속받은 경우에는 비과세 가능
대법원		대법원2021두33562(2021.5.27.)	
조세심판원	비과세	조심2018중0424(2018.4.19.)	

V 2주택 이상을 공동으로 상속받는 경우 상속주택 비과세특례 적용방법

2인 이상의 상속인이 피상속인으로부터 2주택 이상을 각각 공동으로 상속받는 경우에는 앞서 설명한 2주택 이상을 단독으로 상속받는 경우와 동일하게 적용한다. 여기서 주의할 점은 2채의 공동상속주택 소수지분에 해당하는 경우에도 1채의 선순위 공동상속주택 소수지분에 대해서만 주택 수에서 제외되므로 2채의 공동상속주택 소수지분을 상속받는 경우에는 다른 주택 양도시 비과세를 받을 수 없다.

사례 1

2채의 공동상속주택 소수지분을 상속받은 후 일반주택을 양도하는 경우 비과세 여부

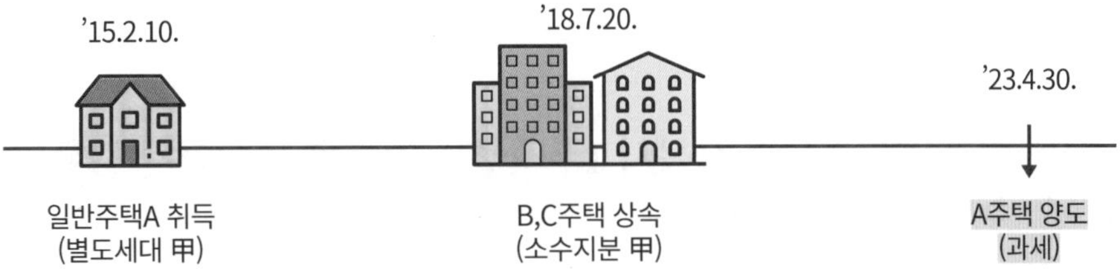

해설 1세대 1주택자가 2채의 주택을 소수지분으로 상속받은 후 종전주택을 양도하는 경우에는 1채의 선순위 공동상속주택의 소수지분에 대해서만 주택 수에서 제외되므로 비과세를 받을 수 없다(조심 2019서4322, 2020.2.12).

사례 2

소수지분 2개를 상속받고 후순위 소수지분을 먼저 양도한 후 일반주택을 양도하는 경우 비과세 여부

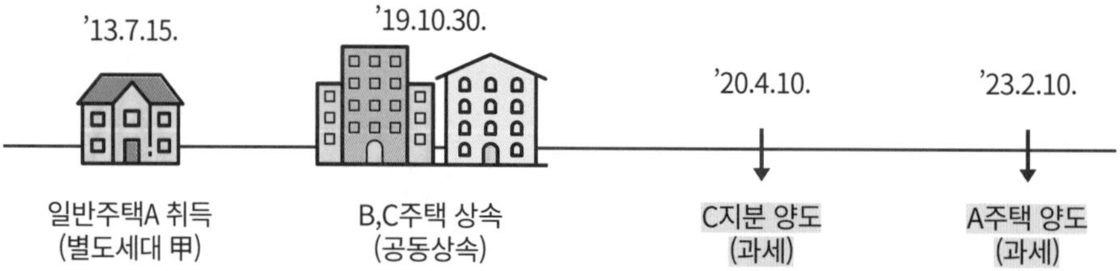

해설 1세대 1주택자인 甲이 별도세대원인 피상속인으로부터 2채의 주택을 공동상속주택 소수지분으로 상속받고 후순위 상속주택C를 먼저 과세로 양도한 후, 일반주택A와 선순위 상속주택B를 보유한 상태에서 일반주택A를 양도하는 경우에는 상속주택 비과세특례가 적용되지 않는다(법령해석재산-21685, 2015.3.10).

Ⅵ 비과세 거주요건 적용시 1주택을 공동으로 상속받은 경우 주택 소유자 판단

조정대상지역 내 주택을 공동으로 상속받은 후 양도하는 경우에도 2년 이상 거주요건을 충족해야 1세대1주택 비과세가 적용되며, 이 경우 상속주택에 2년 이상 거주하였는지 여부는 최다지분권자 등 공동상속주택을 소유한 것으로 보는 사람이 거주한 기간으로 판단한다.

사례

1주택을 공동으로 상속받은 경우 주택 소유자 및 거주요건 판단

상속인	상속인(별도세대) 보유주택 현황	조정대상지역 소재 공동상속주택 상속지분
甲	무주택	50%
乙	무주택	30%
丙	1주택	20%

해설

1. 甲이 공동상속주택의 지분을 양도하는 경우

甲은 최다지분권자에 해당하므로 조정대상지역 내 소재하는 주택의 지분을 상속받아 양도하는 경우 2년 이상 보유 및 거주요건을 갖추어야 1세대1주택 비과세된다.

2. 乙이 공동상속주택의 소수지분을 양도하는 경우

乙은 소수지분권자에 해당하므로 조정대상지역 내 소재하는 주택의 소수지분을 상속받아 양도하는 경우 거주요건을 충족하지 않은 경우에도 2년 이상 보유요건만 충족하면 1세대1주택 비과세된다.

3. 丙이 일반주택 또는 공동상속주택 지분을 양도하는 경우

공동상속주택의 소수지분은 주택수에서 제외되므로 丙이 보유한 일반주택을 양도하는 경우 1세대1주택 비과세되나, 공동상속주택의 소수지분을 일반주택보다 먼저 양도하는 경우에는 비과세를 적용받을 수 없다.

유사 해석 사례

父의 사망으로 母와 자녀들(甲, 乙, 丙, 丁)이 1주택을 상속(최다지분권자 母)받은 후, 母가 사망하여 자녀들이 母의 상속지분을 재차 상속(최다지분권자 甲)받은 경우, 자녀들이 상속주택 양도시 소득령 제159의4 후단의 거주기간 및 장기보유특별공제 산정방법은 공동상속주택의 비과세판단시 거주기간 2년 충족여부와 장기보유특별공제 적용여부 판단시 거주기간 2년은 공동상속주택 양도일 현재 최다지분권자인 甲의 거주기간으로 판단한다(재산세제과-960, 2022.8.12).

Ⅶ 최초분할 후 공동상속주택의 지분이 변동되는 경우 주택 소유자 판정기준일

1 최초분할 후 소수지분권자가 지분변동으로 최다지분권자로 된 경우

최초로 상속지분을 분할한 후 상속인 사이에 매매 또는 증여로 인하여 상속지분의 변동이 발생한 경우에도 최초로 상속재산을 분할한 당시의 상속지분의 현황에 따라 주택소유자를 판단한다.

사례

상속받은 1주택을 최초분할 후 일부 지분변동이 있는 경우

상속인	상속인(별도세대) 보유주택 현황	공동상속주택B 상속지분		일반주택A 양도시
		최초분할 당시	일부지분 변동 후	
甲	일반주택A	50%	30%	비과세 가능
乙	일반주택B	30%	50%	
丙	일반주택C	20%	20%	

※ 甲은 최초분할 당시 소유한 공동상속주택 소유지분 20%를 乙에게 양도하였다.

해설

1. 甲이 일반주택을 양도하는 경우

甲은 상속개시 당시 공동상속주택 최다지분권자에 해당하므로 해당 공동상속주택 지분은 甲의 주택수에 포함되나, 상속주택 비과세특례 규정(소득령 §155②)에 따라 甲이 소유한 일반주택을 양도하는 경우 1세대1주택 비과세된다.

2. 乙이 일반주택을 양도하는 경우

乙은 상속개시 당시 공동상속주택 소수지분권자에 해당하므로 공동상속주택 소수지분은 주택수에서 제외되므로 乙이 소유한 일반주택을 양도하는 경우 1세대1주택 비과세된다(소득령 §155③).

3. 丙이 일반주택을 양도하는 경우

丙은 상속개시 당시 공동상속주택 소수지분권자에 해당하므로 공동상속주택 소수지분은 주택수에서 제외되므로 丙이 소유한 일반주택을 양도하는 경우 1세대1주택 비과세된다(소득령 §155③).

2 소수지분권자가 다른 상속인의 지분을 모두 취득하여 단독 소유하게 된 경우

매매 또는 증여로 인하여 최초 상속재산 분할 당시의 상속지분이 상속인 중 1인에게 모두 이전된 경우에는 최초 분할 당시의 현황에 따라 판단하지 않고, 양도 당시 실제 보유현황에 따라 소유자를 판단한다(집행기준89-155-14참조).

사례

상속받은 1주택을 최초분할 후 소수지분권자가 100% 소유하게 된 경우

<table>
<tr><th rowspan="2">상속인</th><th rowspan="2">상속인(별도세대)
보유주택 현황</th><th colspan="2">공동상속주택B 상속지분</th><th rowspan="2">일반주택A 양도시</th></tr>
<tr><th>최초분할 당시</th><th>소유지분 변동 후</th></tr>
<tr><td>甲</td><td>일반주택A</td><td>50%</td><td>-</td><td rowspan="3">비과세 가능</td></tr>
<tr><td>乙</td><td>일반주택B</td><td>30%</td><td>100%</td></tr>
<tr><td>丙</td><td>일반주택C</td><td>20%</td><td>-</td></tr>
</table>

※ 甲과 丙은 乙에게 최초분할 당시 소유한 공동상속주택의 지분을 모두 양도하였다.

해설

1. 甲이 상속지분을 양도한 후 일반주택A를 양도한 경우

甲은 상속개시 당시 공동상속주택 최다지분권자에 해당하였으나, 상속개시 이후 상속지분을 전부 양도하여 1주택자에 해당하므로 A주택 양도시 1세대1주택 비과세가 적용된다.

2. 乙이 상속지분을 전부 매수한 후 일반주택B를 양도한 경우

乙은 상속개시 당시 공동상속주택 소수지분권자에 해당하였으나, 甲과 丙으로부터 상속지분을 전부 매수하여 양도시점에 乙이 단독소유하게 된 경우에도 상속주택 비과세특례가 적용되므로 B주택 양도시 1세대1주택 비과세가 적용된다(법령해석재산-3032, 2021.8.31).

3. 丙이 상속지분을 양도한 후 일반주택C를 양도한 경우

丙은 상속개시 당시 공동상속주택 소수지분권자에 해당하였으나, 상속개시 이후 상속지분을 전부 양도하여 1주택자에 해당하므로 C주택 양도시 1세대1주택 비과세가 적용된다.

Ⅷ 농어촌주택을 상속받는 경우 비과세 특례

1세대가 별도세대인 피상속인으로부터 상속받은 주택으로서 피상속인이 취득 후 5년 이상 거주한 수도권 밖 읍(도시지역 제외)·면 지역에 소재하는 농어촌주택과 일반주택을 각각 1개씩 소유하고 있는 상태에서 일반주택을 양도하는 경우에는 상속받은 농어촌주택은 없는 것으로 보아 1세대1주택 비과세 규정을 적용한다(소득령 §155⑦).

비교학습

일반적인 상속주택 비과세특례 규정은 일반주택을 보유한 상태에서 상속주택을 취득하고 일반주택을 먼저 양도하는 경우에 적용되나, 피상속인이 취득 후 5년 이상 거주한 농어촌주택을 상속받은 경우에는 상속주택을 먼저 취득하고 일반주택을 나중에 취득한 경우에도 양도하는 일반주택에 대하여 비과세가 적용된다.

사례 1

일반주택보다 농어촌상속주택을 먼저 취득한 후 일반주택을 양도하는 경우

▪ A주택은 피상속인이 5년 이상 거주한 수도권 밖 소재 농어촌주택에 해당함

해설 피상속인이 취득 후 5년 이상 거주한 농어촌주택을 상속받아 보유하던 중 신규로 1주택을 취득한 후 신규주택을 양도하는 경우에도 주택 취득순서와 관계없이 1세대1주택 비과세를 적용받을 수 있다.

사례 2

일반주택을 비과세 양도한 후 신규주택을 취득하여 양도하는 경우

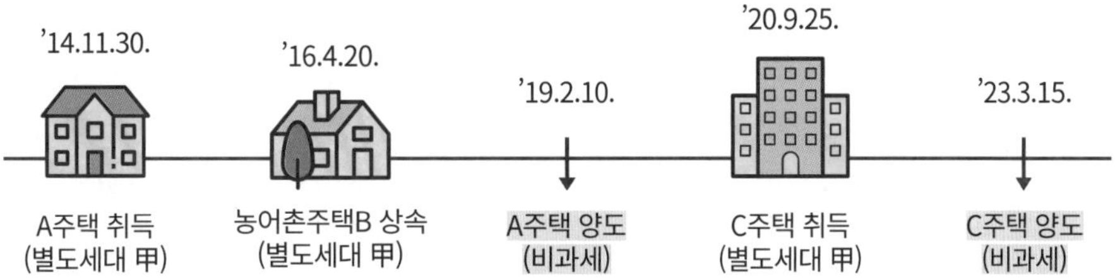

- B주택은 피상속인이 5년 이상 거주한 수도권 밖 소재 농어촌주택에 해당함

해설 일반주택A와 농어촌주택B를 보유한 상태에서 일반주택A를 양도하여 비과세를 적용받은 후, 다시 신규주택C를 취득하여 양도하는 경우에도 농어촌상속주택은 주택 수에서 제외되므로 1세대 1주택 비과세를 적용받을 수 있다.

Ⅸ 상속받은 주택을 협의분할하였으나 상속등기를 하지 않은 경우

상속인이 상속주택을 「민법 제1013조」에 따라 협의분할하였으나, 아직 상속등기를 하지 않은 경우에는 민법상 법정상속지분 비율이 가장 높은 상속인이 상속주택을 소유한 것으로 보며, 민법상 법정상속지분 비율이 동일한 경우에는 연장자가 상속주택을 소유한 것으로 보아 1세대1주택 비과세를 판단한다.

한편, 상속등기를 하기 전에 상속인 소유 일반주택을 양도하여 비과세를 적용받았다가 협의분할에 의해 상속등기 후 비과세가 되지 않는 경우에는 그 등기일이 속하는 달의 말일로부터 2개월 이내 양도소득세를 신고·납부해야 한다.

배경 및 취지

협의분할 후 상속등기를 하지 않고 상속인이 상속주택 이외에 다른 주택을 취득·양도하여 1세대1주택 비과세를 적용받거나 양도소득세 중과세를 회피할 수 있으므로 이를 방지하기 위하여 법정상속지분 비율로 상속받은 것으로 보고 상속주택 소유자를 판단하는 것이다.

비교학습 _ 상속등기를 하지 않은 경우 종합부동산세 납세의무자

「지방세법」제107조 제2항 제2호에 따라 상속이 개시된 재산으로서 상속등기가 이행되지 아니하고 사실상 소유자를 신고하지 아니하였을 때에는 「지방세법 시행규칙」제53조에서 정하는 주된 상속인이 주택분 재산세 및 종합부동산세 납세의무자가 된다. 이 경우 주된 상속인은 ① 민법상 상속지분이 가장 높은 자, ② 나이가 가장 많은 자 순으로 판단하고 그 외의 공동상속자는 해당 주택의 상속지분에 대해서 재산세 및 종합부동산세 납세의무가 없다(법규과-3003, 2022.10.20).

사례 1

동일세대원이 1주택을 상속받은 후 상속등기를 하지 않은 경우

상속인	상속인 보유주택 현황	민법상 법정상속지분비율	일반주택 양도시
甲(배우자)	일반주택(1주택)	1.5	과세
乙(자녀)	일반주택(1주택)	1	비과세

해설 상속재산을 협의분할하였으나 상속등기를 하지 않은 경우에는 민법상 법정상속지분비율이 가장 큰 甲이 해당 상속주택을 소유한 것으로 본다. 따라서 甲이 동일세대원으로서 상속받은 주택은 비과세특례가 적용되지 않으므로 甲이 일반주택을 양도할 경우 양도소득세가 과세되며, 乙이 상속주택을 제외한 본인 소유의 일반주택을 양도하는 경우에는 1세대1주택 비과세를 적용받을 수 있다.

사례 2

별도세대원인 상속인이 상속받은 1주택을 상속등기 하지 않은 경우

상속인	상속인 보유주택 현황	민법상 법정상속지분비율	일반주택 양도시
甲(장남)	일반주택(1주택)	1	비과세
乙(차남)	일반주택(1주택)	1	비과세

해설 상속등기를 하지 않은 경우에는 민법상 법정상속지분비율이 가장 큰 소유자의 주택으로 보게 되고, 법정상속지분비율이 동일한 경우에는 상속인 중 연장자의 주택으로 본다. 따라서 법정상속지분비율이 동일한 경우 甲과 乙중 연장자인 甲이 해당 상속주택을 소유한 것이므로 甲은 상속주택 비과세특례 규정에 따라 일반주택 양도시 비과세를 받을 수 있으며 乙은 상속주택을 제외한 본인 소유의 1주택을 양도하는 경우 1세대1주택 비과세를 적용받을 수 있다.

X 상속관련 기타 세법규정

1 유증·사인증여로 주택을 취득한 경우 상속주택 비과세특례 적용여부

구분		내용
유증·사인증여로 주택을 상속받은 경우	법정상속인이 취득한 경우	상속주택 비과세 특례적용 가능
	법정상속인이 아닌 자가 취득한 경우	상속주택 비과세 특례적용 불가*

* 민법상 상속인이 아닌 손녀가 조부모로부터 주택을 유증받는 경우에는 상속주택 특례가 적용되지 않는다(법규과-75, 2013.1.24).

2 종합부동산세

1) 일반적인 경우

1주택자와 2주택자에 대한 종합부동산세 계산시 적용되는 기본공제 및 세액공제 등은 아래와 같다.

구 분	1세대 1주택자	2주택자
과세표준 계산시 기본공제	12억원	9억원
고령자 및 장기보유자 세액공제	적용가능	적용불가
세율	기본세율	
세부담상한율	150%	

2) 상속주택에 대한 종합부동산세 과세특례

1세대 1주택자가 주택을 상속받은 경우로서 과세기준일(6월1일) 현재 상속주택이 아래 어느 하나에 해당하는 경우 상속주택 수에 상관없이 1세대 1주택자로 보아 종합부동산세 계산시 12억원의 기본공제와 최대 80%의 세액공제를 적용받을 수 있다. 다만, 1세대 1주택 특례를 신청한 경우에도 과세표준 계산시 주택공시가격은 모두 합산된다.

① 상속개시일로부터 5년이 경과하지 않은 경우에는 모든 상속주택

적용사례

일반주택 보유자가 2주택을 단독 상속받은 경우 1주택 특례적용시 종합부동산세 계산방법

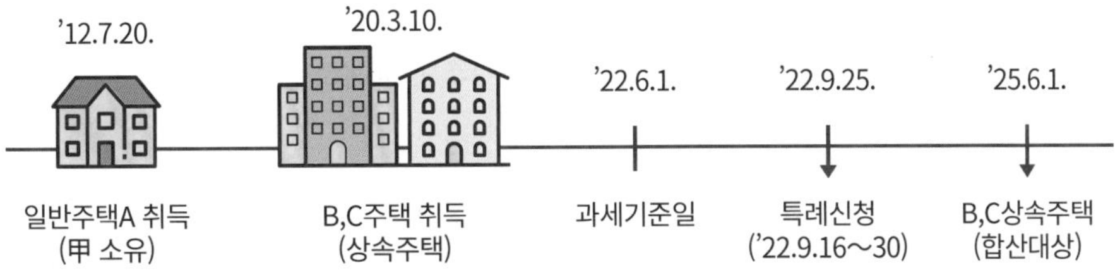

▪ 수도권 소재 B,C 주택은 별도세대인 甲이 단독 상속받음

해설 2021년 귀속분까지는 1주택 보유자가 상속주택을 보유한 경우 과세특례 제도가 없었으나, 세법 개정으로 2022년 귀속분부터는 납세자가 특례를 신청한 경우 1주택자로 보아 종합부동산세 계산시 12억원의 기본공제와 최대 80%의 세액공제가 적용된다. 위 사례를 기준으로 2023년 과세기준일 현재 거주자의 연령이 67세, A주택의 공시가격은 10억원이며 B,C 주택의 공시가격은 각각 8억원과 7억원인 경우 종합부동산세 계산은 다음과 같다.

	구 분	금 액	계산근거
	주택공시가격합계액	2,500,000,000	A,B,C주택의 공시가격 합산
(−)	기본공제	1,200,000,000	1세대1주택자에 대한 기본공제액
(×)	공정시장가액비율	60%	-
(=)	과세표준	780,000,000	-
(×)	세율	1%	과표 6억원~12억원 이하 기본세율
(=)	산출세액	5,400,000	1) 참조
(−)	세액공제	1,512,000	고령자 및 장기보유자 세액공제2)
(=)	납부세액	3,888,000	-
(+)	농어촌특별세	777,600	종합부동산세 납부세액의 20%
(=)	총부담세액	4,665,600	-

1) 780,000,000 × 1% − 2,400,000(누진공제) = 5,400,000

2) 고령자 및 장기보유자 세액공제는 일반주택에 해당하는 세액에 대해서만 적용하는데, 그 세액공제 계산방법은 아래와 같다.

$$\text{산출세액} \times \frac{\text{일반주택 공시가격}}{\text{전체 공시가격 합계액}} \times \text{연령 및 보유기간별 공제율}$$

$$= 5{,}400{,}000 \times \frac{1{,}000{,}000{,}000}{2{,}500{,}000{,}000} \times (30\%+40\%) = 1{,}512{,}000$$

응용사례

일반주택과 상속주택 보유자가 다른 경우 1주택 특례적용 여부

해설 상속주택 특례는 일반주택과 상속주택을 보유한 자가 동일한 경우에만 적용되는 것이므로, 일반주택은 남편이 보유하고 상속주택은 배우자가 보유한 경우에는 상속주택 특례대상이 아니다. 따라서 남편과 배우자 각자 종합부동산세 계산시 9억원의 기본공제는 적용되나 최대 80%의 세액공제는 적용되지 않는다(부동산납세과-3736, 2022.12.13).

② 상속개시일로부터 5년이 경과한 경우 상속주택의 지분율이 40% 이하이거나, 그 지분율에 상당하는 공시가격이 6억원(수도권 밖은 3억원) 이하인 상속주택

적용사례

일반주택 보유자가 2주택을 공동으로 상속받은 경우 1주택 특례적용시 종합부동산세 계산방법

- 수도권 소재 B,C 주택은 별도세대인 甲이 30%씩 공동으로 상속받은 주택임

해설 상속받은 지분율이 40% 이하이거나 그 지분율에 상당하는 공시가격이 6억원(수도권 밖 3억원) 이하인 경우에는 상속개시일로부터 5년이 경과하더라도 1세대 1주택자 특례적용 대상이 되므로 종합부동산세 계산시 12억원의 기본공제와 최대 80%의 세액공제가 적용된다. 위 사례를 기준으로 2023년 과세기준일 현재 거주자의 연령이 67세, A주택의 공시가격은 10억원이며 B,C주택의 공시가격은 각각 8억원과 7억원인 경우 종합부동산세 계산은 다음과 같다.

	구 분	금 액	계산근거
	주택공시가격합계액	1,450,000,000	A주택과 B,C주택 지분(30%) 공시가격 합산
(-)	기본공제	1,200,000,000	1세대1주택자에 대한 기본공제액
(×)	공정시장가액비율	60%	-
(=)	과세표준	150,000,000	-
(×)	세율	0.5%	과세표준 3억원 이하 기본세율
(=)	산출세액	750,000	-
(-)	세액공제	362,069	고령자 및 장기보유자 세액공제*
(=)	납부세액	387,931	-
(+)	농어촌특별세	77,586	종합부동산세 납부세액의 20%
(=)	총부담세액	465,517	-

$$* \ 750{,}000 \times \frac{1{,}000{,}000{,}000}{1{,}450{,}000{,}000} \times (30\% + 40\%) = 362{,}069$$

응용사례

일반주택과 상속주택을 동일세대원이 보유한 경우 1주택 특례적용 여부

해설 아들이 1주택과 상속주택을 별도세대원인 모친과 공동소유한 경우에는 세대원 중 1명만이 상속주택을 소유한 것이므로 1세대1주택자 특례를 적용받을 수 있으나, 위 사례와 같이 동일세대원인 모친과 공동으로 상속받은 경우에는 상속주택을 2명의 세대원이 소유한 것이므로 1세대1주택자 특례를 적용받을 수 없다(부동산납세과-358, 2023.2.6).

3) 1세대1주택 과세특례 신청

종합부동산세 1세대 1주택 과세특례를 적용받으려면 해당연도의 9월16부터 9월30일까지 주소지 관할세무서장에게 과세특례를 신청해야 한다.

4) 상속주택에 대한 양도소득세와 종합부동산세 차이 비교

① 2주택 이상 상속받는 경우 특례적용 여부

피상속인으로부터 2주택 이상 상속받는 경우 양도소득세 비과세특례는 선순위 상속주택에 대해서만 비과세가 적용되나, 종합부동산세 과세특례는 상속주택 수에 상관없이 1세대 1주택자 특례를 적용받을 수 있다.

② 상속주택 취득 순서에 따른 특례적용 여부

양도소득세 비과세특례는 일반주택을 보유한 상태에서 상속주택을 취득해야 비과세가 적용되나, 종합부동산세 과세특례의 경우에는 주택의 취득순서와 상관없이 1세대 1주택자 특례를 적용받을 수 있다.

3 취득세

상속주택을 보유한 상태에서 조정대상지역에 소재한 주택을 신규로 취득한 경우에는 취득세 중과세율이 적용되나, 아래와 같은 경우에는 취득세 중과세 여부 판단시 주택수에서 제외되므로 신규주택에 대하여는 기본세율이 적용될 수 있다.

1) 상속받은 주택을 단독 소유하는 경우

① 상속주택을 보유한 상태에서 조정대상지역 내에서 추가로 1주택을 취득한 경우

2020.8.12. 이후 상속받은 주택(조합원입주권, 주택분양권 및 오피스텔 포함)을 보유한 상태에서 상속개시일로부터 5년 이내에 조정대상지역 내에서 신규로 1주택을 취득한 경우에는 중과세율이 아닌 1~3%의 취득세 기본세율이 적용된다. 이 경우 2020.8.11. 이전에 상속받은 주택이 이미 상속개시일로부터 5년이 경과된 경우에도 2020.8.12.부터 다시 기산하여 5년간 주택수에서 제외된다.

사례 1

상속주택을 보유한 상태에서 조정대상지역 내 1주택을 취득한 경우

해설 취득세 중과여부 판정시 상속주택을 보유한 상태에서 조정대상지역 내 주택을 추가로 취득하는 경우 상속주택은 상속개시일로부터 5년간 주택수에서 제외되므로, B주택을 취득할 경우 1~3%의 취득세 기본세율이 적용된다.

사례 2

상속개시일로부터 5년 경과 후 조정대상지역 내 1주택을 취득한 경우

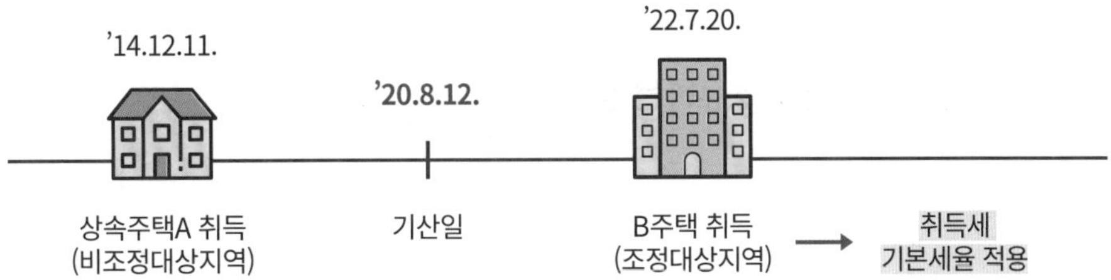

해설 2020.8.11. 이전에 상속받은 주택의 경우 2020.8.12. 이후부터 5년의 기간을 다시 기산하므로, B주택를 취득할 경우 1~3%의 취득세 기본세율이 적용된다.

비교학습

양도소득세법에서는 선순위 1주택만 상속주택으로 보아 1세대1주택 비과세 규정을 적용하나, 취득세 중과세율 적용여부 판단시에는 2주택 이상을 상속받은 경우에도 선순위 상속주택 여부와 관계없이 5년 이내 상속받은 주택은 다른 주택에 대한 취득세 중과대상 주택수 판단시 주택수에서 제외된다.

② 상속주택을 포함하여 2주택을 보유한 상태에서 조정대상지역 외 소재한 1주택을 취득한 경우

2020.8.12. 이후 상속받은 주택(조합원입주권, 주택분양권 및 오피스텔 포함)과 일반주택을 포함하여 2주택 이상을 보유한 상태에서 조정대상지역외 소재한 1주택을 취득한 경우에는 1~3%의 취득세 기본세율이 적용된다.

유사사례

상속주택 포함 2주택을 보유한 상태에서 조정대상지역 외 주택을 신규로 취득한 경우

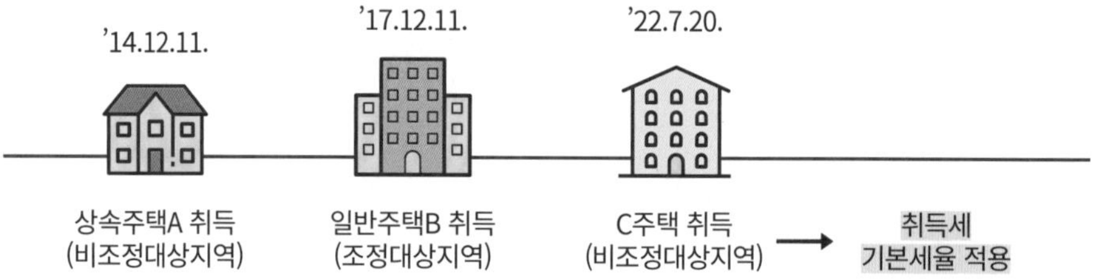

해설 상속주택을 포함하여 2주택을 보유한 상태에서 조정대상지역 외에 소재하는 주택을 추가로 취득하는 경우 상속주택은 상속개시일로부터 5년간 주택수에서 제외되므로, C주택 취득시 1~3%의 취득세 기본세율이 적용된다.

2) 상속받은 주택을 공동소유하는 경우

상속받은 주택을 공동소유하는 경우 ① 상속지분이 가장 큰 상속인, ② 해당 상속주택에 거주하는 상속인, ③ 최연장자 순으로 주된 상속인의 주택수에만 포함하고, 공동상속주택 소수지분은 상속개시일로부터 5년이 경과한 경우에도 취득세 중과대상 주택수 판단시 주택수에서 제외된다.

3) 상속받은 조합원입주권 또는 주택분양권이 5년 이내 주택으로 전환된 경우

상속받은 조합원입주권 또는 주택분양권이 완공되어 주택으로 전환된 경우에는 상속개시일로부터 5년의 기간이 경과하지 않았더라도 주택수에 포함되므로 조정대상지역 내에서 신규로 1주택을 취득한 경우에는 중과세율이 적용될 수 있다.

사례 3

상속받은 분양권을 보유한 상태에서 조정대상지역 내 1주택을 취득한 경우

해설 2020.8.12. 이후 상속받은 주택분양권(또는 조합원입주권)을 보유한 상태에서 조정대상지역 내 주택을 추가 취득하는 경우 상속받은 주택분양권(조합원입주권)은 상속개시일로부터 5년간 주택수에서 제외되므로, B주택 취득시 1~3%의 취득세 기본세율이 적용된다.

대비사례

상속받은 분양권이 주택으로 완성된 후 신규주택을 취득하는 경우

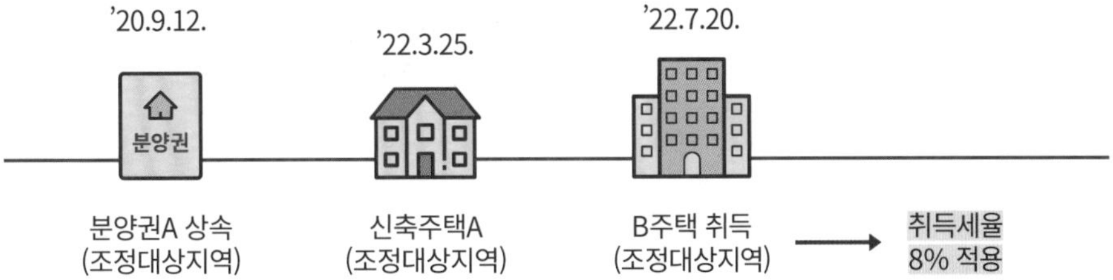

해설 취득세 중과여부 판정시 상속주택을 보유한 상태에서 조정대상지역 내 주택을 추가로 취득하는 경우 상속주택은 상속개시일로부터 5년간 주택수에서 제외되어 추가로 취득한 주택에 대해서는 기본세율이 적용되는 것이 원칙이나, 위 사례에서 주택분양권이 주택으로 전환된 경우에는 5년의 기간이 경과되지 않은 경우에도 주택수에 포함되어 B주택 취득시 8%의 취득세 중과세율이 적용된다.

03

동거봉양합가 및 혼인합가에 대한 비과세 특례

I 동거봉양합가에 따른 비과세 특례

1세대1주택자가 1주택을 보유하고 있는 60세* 이상의 직계존속(배우자의 직계존속을 포함하며, 직계존속 중 한 사람이 60세 미만인 경우 포함)을 동거봉양하기 위하여 세대를 합침으로써 1세대가 2주택을 보유하게 된 경우 세대를 합친 날로부터 10년 이내에 먼저 양도하는 주택이 비과세 요건을 갖춘 경우에는 양도소득세가 비과세된다(소득령 §155④).

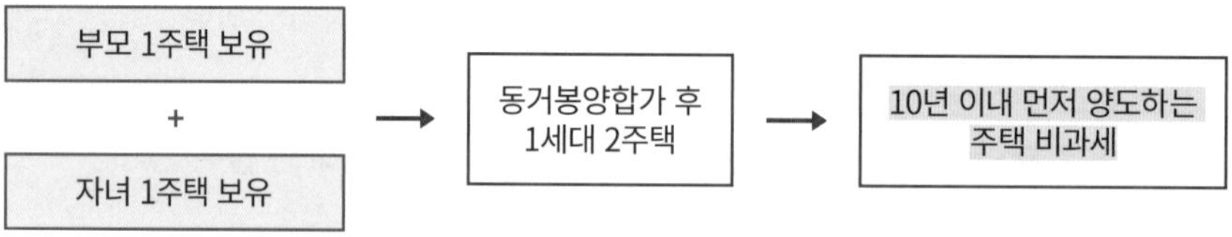

* 직계존속의 연령은 세대 합가일을 기준으로 판단한다. 이 경우 암이나 희귀성 질환 등 중대한 질병이 발생한 경우에는 60세 미만이라도 2주택 비과세특례가 적용된다.

Ⅱ 혼인합가에 따른 비과세 특례

1세대1주택자가 1주택을 보유한 자와 혼인함으로써 1세대가 2주택을 보유하게 된 경우 또는 1주택을 보유한 60세 이상 직계존속(배우자의 직계존속을 포함하며, 직계존속 중 한 사람이 60세 미만인 경우 포함)을 동거봉양하는 무주택자가 1주택을 보유한 자와 혼인함으로써 1세대가 2주택을 보유하게 된 경우 혼인한 날로부터 5년 이내에 먼저 양도하는 주택이 비과세 요건을 갖춘 경우에는 양도소득세가 비과세된다(소득령 §155⑤).

1) 1주택자가 1주택자와 혼인한 경우

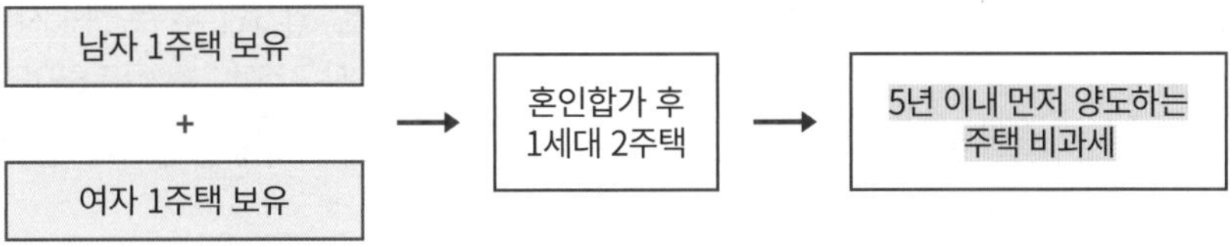

2) 1주택자인 직계존속과 동일세대원인 무주택자가 1주택자와 혼인한 경우

Ⅲ 동거봉양합가 및 혼인합가에 따른 비과세특례 사례

사례 1

동거봉양합가 후 주택을 상속받고 신규주택을 취득한 경우 비과세 여부

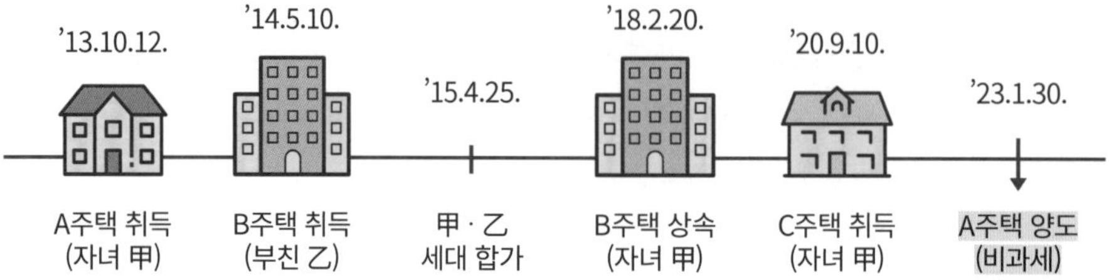

해설 1주택을 보유한 자가 1주택을 보유한 자와 동거봉양 합가한 후 부친이 사망하여 B주택을 상속받고 종전주택A를 취득한 날부터 1년 경과 후 신규주택C를 취득하여 일시적으로 1세대 3주택이 된 경우 신규주택C를 취득한 날로부터 3년 이내에 종전주택A를 양도하면 비과세된다(법령해석재산-1439, 2016.6.3).

사례 2

동거봉양합가 후 부모로부터 증여받은 주택을 양도하는 경우 비과세 여부

해설 동거봉양합가로 인하여 1세대 2주택이 된 상태에서 부친으로부터 B주택을 증여받은 후 A주택보다 먼저 양도하는 경우에는 1세대1주택 비과세가 적용되지 않으나, 동거봉양합가 전 자녀가 보유하던 A주택을 합가일로부터 10년 이내 양도하는 경우 비과세된다(양도집행 89-155-20).

유사사례

혼인합가 후 2주택 상태에서 5년 이내 배우자가 사망한 경우 비과세 여부

해설 혼인으로 인하여 1세대 2주택이 된 상태에서 5년 이내 배우자가 사망한 경우 상속받은 B주택을 먼저 양도하는 경우에는 혼인합가로 인한 비과세특례가 적용되지 않으나, 생존한 배우자가 당초 보유하던 A주택을 양도하는 경우 비과세특례가 적용된다(서면4팀-3305, 2006.9.27).

사례 3

혼인합가 후 주택이 조합원입주권으로 전환된 후 입주권 양도시 비과세 여부

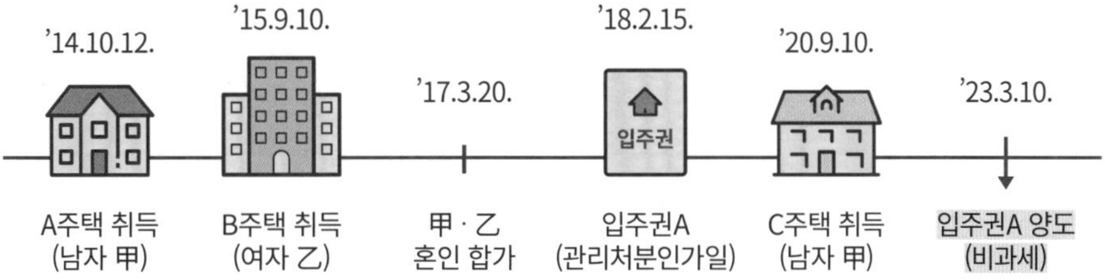

해설 혼인합가로 인하여 1세대 2주택이 된 후 혼인 전 보유하던 주택A가 조합원입주권으로 전환된 상태에서 신규주택C를 취득한 경우 신규주택 취득일로부터 3년 이내 조합원입주권을 양도하면 비과세된다(부동산납세과-1347, 2015.8.27).

유사사례

1주택자가 1입주권을 보유한 자와 혼인한 후 신규주택을 취득하고 종전주택 양도시 비과세 여부

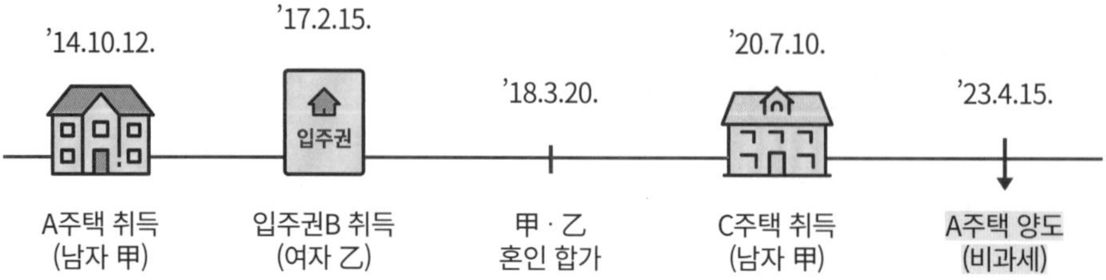

해설 1세대1주택자가 1조합원입주권을 소유하고 있는 자와 혼인한 후, 신규주택을 취득한 경우에도 신규주택 취득일로부터 3년 내에 A주택을 양도하면 비과세된다(부동산납세과-481, 2019.5.7).

사례 4

동거봉양합가 후 2주택 상태에서 1주택자와 혼인합가한 경우 비과세 여부

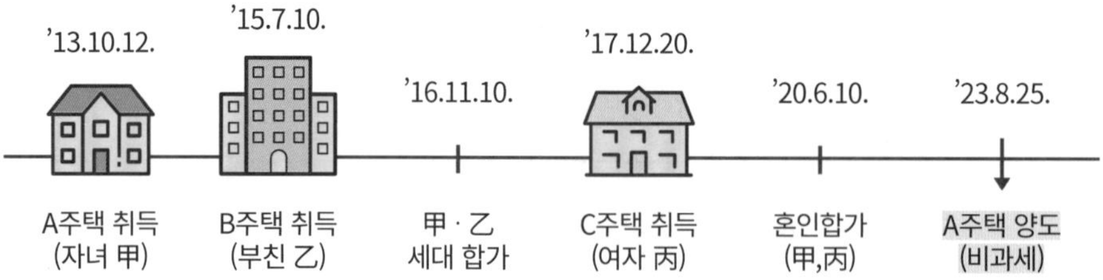

해설 1주택자인 甲과 1주택자인 乙이 동거봉양합가로 인하여 1세대 2주택자가 된 상태에서 甲이 1주택자인 丙과 혼인하여 1세대가 3주택을 보유한 경우 혼인합가일로부터 5년 이내 먼저 양도하는 주택은 비과세된다(부동산거래관리과-611, 2010.4.28).

사례 5

일시적2주택자인 직계비속과 1주택자인 직계존속이 합가한 후 종전주택을 양도하는 경우 비과세 여부

해설 1주택자인 甲과 일시적 2주택자인 乙이 동거봉양합가한 후, 乙이 신규주택C 취득일로부터 3년 이내 종전주택B를 양도하는 경우에는 일시적2주택 비과세특례와 동거봉양합가 특례가 중복하여 적용이 가능하므로 양도소득세가 비과세된다.

사례 6

1주택자가 1주택자와 혼인한 후 ’21.1.1. 이후에 분양권을 취득하고 분양권 취득일로부터 3년 이내 종전주택을 양도하는 경우 비과세 여부

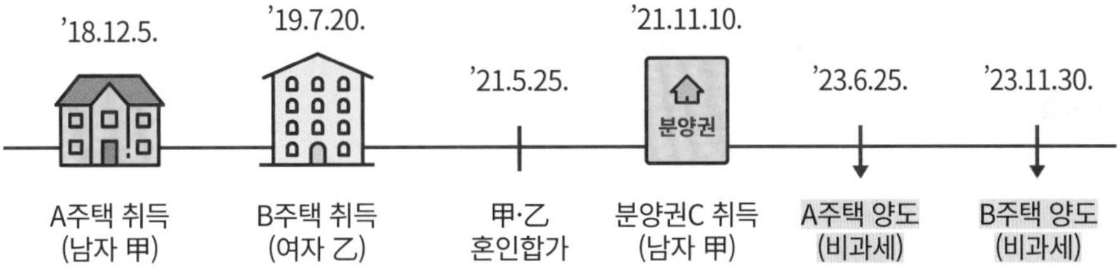

해설 1주택자와 1주택자가 혼인함으로써 1세대 2주택 상태에서 종전주택(A, B주택 중 나중에 취득한 주택)을 취득한 날로부터 1년 이상 지난 후 분양권을 취득하고 분양권을 취득한 날로부터 3년 이내에 혼인 전 보유하던 주택(A,B)을 순차적으로 양도하는 경우에는 양도소득세가 비과세된다(부동산납세과-1014, 2022.4.21).

유사 해석 사례

1주택자가 동거봉양합가로 1세대 2주택이 된 상태에서 2021.1.1. 이후 분양권을 취득하고 종전주택을 분양권 취득일로부터 3년 이내 양도하는 경우 동거봉양합가 특례(소득령 §155④)와 주택+분양권 비과세 특례(소득령 156의3②,③)가 중첩적용 되어 비과세 가능(부동산납세과-1911, 2022.7.4).

비교사례

1주택자가 '20.12.31. 이전 취득한 1분양권 소유자와 혼인한 후 종전주택 양도하는 경우 비과세 여부

해설 1주택자가 2020.12.31. 이전 취득한 분양권 소유자와 혼인한 후, A주택을 혼인합가일로부터 5년 이내 양도하는 경우 혼인합가 비과세특례는 적용할 수 없으나, 분양권B에 의해 신규주택을 취득한 경우에는 일시적 2주택 비과세특례는 적용될 수 있다. 따라서, 신규주택 B 취득일로부터 3년 이내 종전주택A를 양도하였으므로 양도소득세가 비과세된다(부동산납세과-1030, 2022.4.21).

Ⅳ 조합원입주권 또는 주택분양권 등을 보유한 상태에서 합가시 비과세 특례

아래의 사례와 같이 1주택, 1조합원입주권(1분양권) 또는 1주택과 1조합원입주권(1분양권)을 보유한 자가 1주택, 1조합원입주권(1분양권) 또는 1주택과 1조합원입주권(1분양권)을 보유한 자와 동거봉양·혼인합가 후 합가일로부터 10년(혼인은 5년) 이내 비과세 요건을 갖춘 주택을 양도하는 경우 1세대1주택으로 보아 비과세한다.

구 분	1주택 등을 보유한 자	1주택 등을 보유한 자	합가 후
사례1	1주택	1입주권(1분양권)	1주택 + 1입주권(1분양권)
사례2	1주택	1주택 + 1입주권(1분양권)	2주택 + 1입주권(1분양권)
사례3	1입주권(1분양권)	1입주권(1분양권)	2입주권(2분양권)
사례4	1주택 + 1입주권(1분양권)	1입주권(1분양권)	1주택 + 2입주권(2분양권)
사례5	1주택 + 1입주권(1분양권)	1주택 + 1입주권(1분양권)	2주택 + 2입주권(2분양권)

※ 분양권은 2021.1.1. 이후 취득한 주택분양권을 말함

1 1주택 보유자 + 1조합원입주권(또는 분양권) 보유자 합가

1주택을 보유한 자가 1조합원입주권(또는 2021.1.1. 이후 취득한 주택분양권)을 보유한 자와 합가한 후 10년(혼인은 5년) 이내 먼저 양도하는 종전주택 또는 재건축 등으로 인하여 완공된 신축주택

사례 1

1주택 보유자가 1조합원입주권 보유자와 동거봉양(혼인)합가한 경우

해설 동거봉양(혼인)합가에 따른 1세대1주택 비과세 특례대상에는 주택뿐만 아니라 합가 전에 보유하던 조합원입주권이 합가 후 재건축 등으로 완공된 신축주택도 포함된다. 따라서, 동거봉양(혼인)합가한 날로부터 10년(혼인은 5년) 이내에 A주택 또는 신축주택B를 양도하는 경우에는 비과세되나, 합가 후 조합원입주권 상태에서 양도하는 경우에는 비과세 되지 않는다.

사례 2

'21.1.1. 이후 취득한 분양권을 보유한 상태에서 합가한 경우

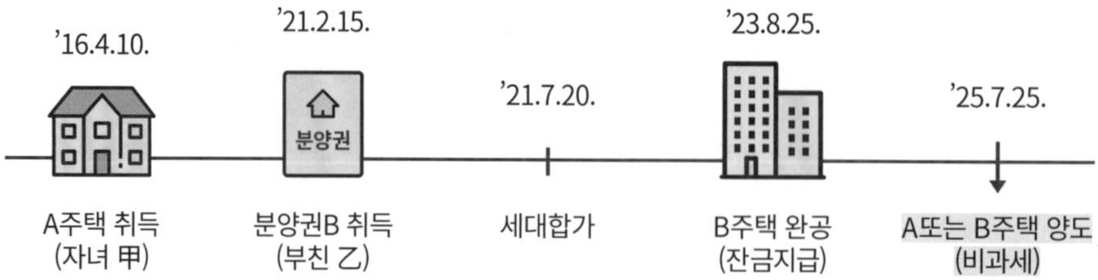

해설 2021.1.1. 이후 취득한 분양권은 주택수에 포함되므로 1주택 보유자와 1분양권 보유자가 동거봉양(혼인)합가한 경우에는 동거봉양(혼인)합가에 따른 1세대1주택 비과세특례가 적용되므로 동거봉양(혼인)합가한 날로부터 10년(혼인은 5년) 이내에 A주택 또는 신축주택B를 양도하는 경우 비과세된다.

대비사례

'20.12.31. 이전에 취득한 분양권을 보유한 상태에서 합가한 경우

해설 2020.12.31. 이전에 취득한 분양권은 주택수에 포함되지 않으므로 1주택을 보유한 자가 1개의 분양권을 보유한 자와 동거봉양(혼인)합가한 후, 2020.12.31. 이전에 취득한 분양권에 의한 완공된 신축주택를 양도하는 경우에는 동거봉양(혼인)합가에 따른 1세대1주택 비과세특례가 적용되지 않으나 분양권이 주택으로 완공된 후 종전주택A를 신규주택B 취득일로부터 3년 이내 양도하면 일시적 2주택 비과세특례는 적용된다.

2 1주택 보유자 + 1주택과 1조합원입주권(또는 분양권) 보유자 합가

1주택을 보유한 자가 1주택과 1조합원입주권(또는 2021.1.1. 이후 취득한 주택분양권)을 보유한 자와 합가한 후 10년(혼인은 5년) 이내 먼저 양도하는 주택

사례 1

1주택을 보유한 자가 1주택과 1입주권을 보유한 자와 동거봉양(혼인)합가한 경우

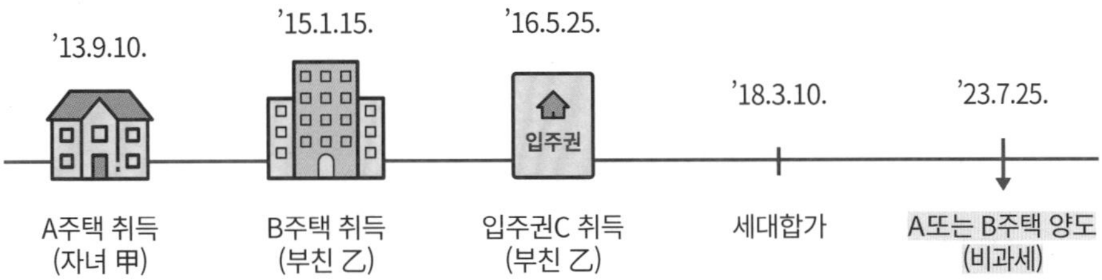

해설 1주택을 보유한 자가 1주택과 1조합원입주권을 보유한 자와 동거봉양(혼인)합가한 후, 합가한 날로부터 10년(혼인은 5년) 이내에 A주택 또는 B주택을 양도하는 경우 비과세된다.

사례 2

1주택과 1입주권 보유자가 1주택 보유자와 동거봉양(혼인)합가한 경우

해설 1주택이 조합원입주권으로 전환된 후 거주목적으로 대체주택을 취득하여 1조합원입주권과 1대체주택을 보유한 상태에서 1주택을 보유한 자와 동거봉양(혼인)합가한 후, 합가한 날로부터 10년(혼인은 5년) 이내에 대체주택B 또는 C주택을 양도하는 경우 비과세된다.

3 1조합원입주권 보유자 + 1조합원입주권 (또는 분양권)보유자 합가

1조합원입주권(또는 2021.1.1. 이후 취득한 주택분양권)을 보유한 자가 1조합원입주권(또는 2021.1.1. 이후 취득한 주택분양권)을 보유한 자와 합가한 후 10년(혼인은 5년) 이내 먼저 양도하는 재건축 등에 따라 완공된 신축주택

사례

1조합원입주권 보유자가 1조합원입주권 보유자와 동거봉양(혼인)합가한 경우

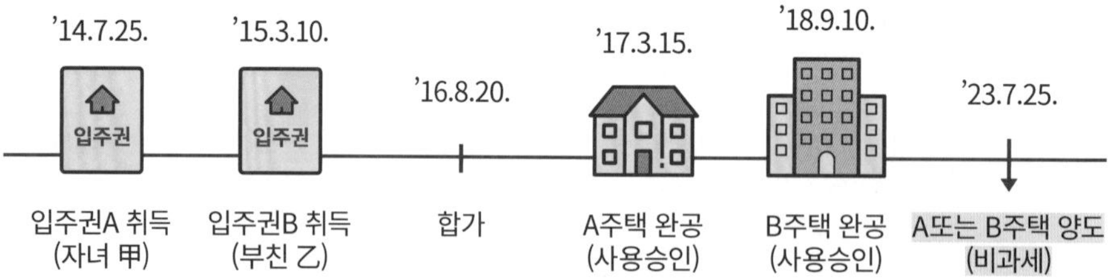

해설 1조합원입주권을 보유한 자가 1조합원입주권을 보유한 자와 동거봉양(혼인)합가한 후 합가한 날로부터 10년(혼인은 5년) 이내에 재건축 등에 따라 신축된 A주택 또는 B주택을 양도하는 경우 비과세된다.

4 1주택과 1조합원입주권(또는 분양권) 보유자 + 1조합원입주권(또는 분양권) 보유자 합가

1주택과 1조합원입주권(또는 2021.1.1. 이후 취득한 주택분양권)을 보유한 자가 1조합원입주권(또는 2021.1.1. 이후 취득한 주택분양권)을 보유한 자와 합가한 후 10년(혼인은 5년) 이내 먼저 양도하는 주택 또는 재건축 등에 따라 완공된 신축주택

사례 1

1주택과 1입주권 보유자가 1입주권 보유자와 동거봉양(혼인)합가한 경우

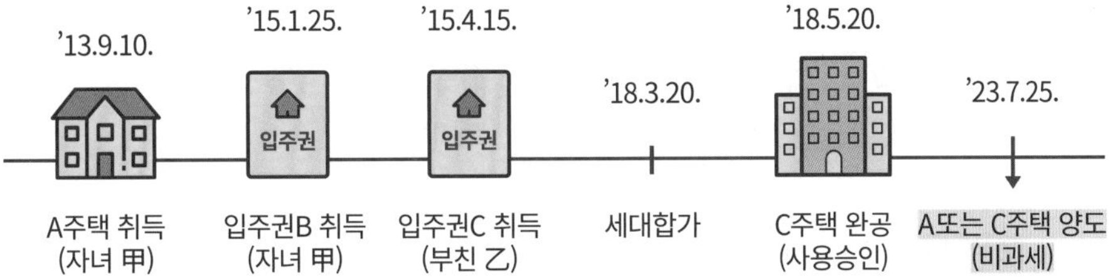

해설 1조합원입주권을 승계취득하여 1주택과 1조합원입주권을 보유한 자가 1조합원입주권을 보유한 자와 동거봉양(혼인) 합가한 후, 합가한 날로부터 10년(혼인은 5년) 이내에 종전주택A 또는 신축주택C를 양도하는 경우 비과세된다.

사례 2

1입주권과 1주택 보유자가 1입주권 보유자와 동거봉양(혼인)합가한 경우

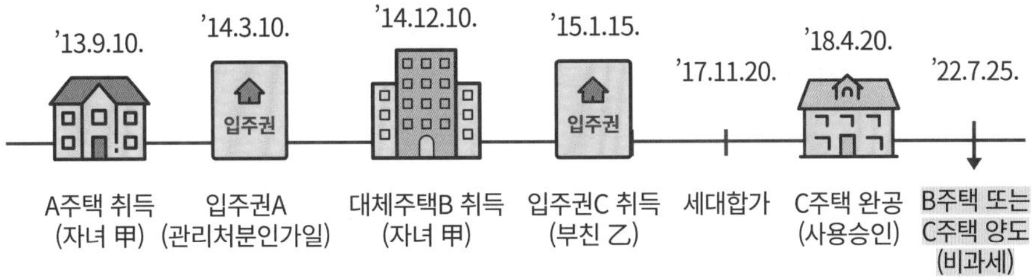

해설 1주택이 조합원입주권으로 전환된 후 거주목적으로 대체주택을 취득하여 1조합원입주권과 1대체주택을 보유한 상태에서 1조합원입주권을 보유한 자와 동거봉양(혼인) 합가한 후, 합가한 날로부터 10년(혼인은 5년) 이내에 대체주택B 또는 신축주택C를 양도하는 경우 비과세된다.

5 1주택과 1조합원입주권(또는 분양권) 보유자 + 1주택과 1조합원입주권(또는 분양권) 보유자 합가

1주택과 1조합원입주권(또는 2021.1.1. 이후 취득한 주택분양권) 보유자가 1주택과 1조합원입주권(또는 2021.1.1. 이후 취득한 주택분양권) 보유자와 합가한 후 10년(혼인은 5년) 이내 먼저 양도하는 종전주택

사례

1주택과 1입주권 보유자가 1주택과 1입주권 보유자와 동거봉양(혼인)합가한 경우

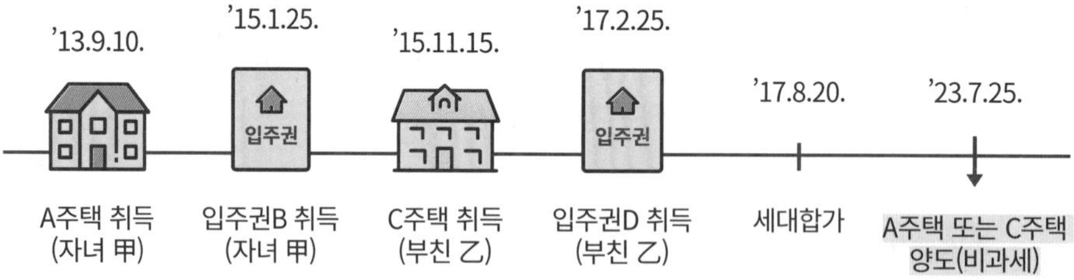

해설 1조합원입주권을 승계취득하여 1주택과 1조합원입주권을 보유한 자가 1조합원입주권을 승계취득하여 1주택과 1조합원입주권을 보유한 자와 동거봉양(혼인)합가한 후, 합가한 날로부터 10년(혼인은 5년) 이내에 종전주택A 또는 종전주택C를 양도하는 경우 비과세된다.

V 동거봉양(혼인)합가 관련 기타 세법규정

1 세대합가로 인한 종합부동산세 계산시 주택수 합산여부

1) 동거봉양을 위해 합가한 경우

동거봉양합가로 인하여 과세기준일 현재 2주택이 된 경우 합가한 날로부터 10년 동안 자녀와 60세 이상의 부모를 각각 1세대로 보아 인별로 종합부동산세를 계산하므로 자녀와 부모가 각각 1주택자인 경우 종합부동산세 계산시 각각 12억원의 기본공제와 최대 80%의 세액공제를 적용한다.

2) 혼인으로 인하여 합가한 경우

혼인합가로 인하여 과세기준일 현재 2주택이 된 경우 혼인한 날로부터 5년 동안 본인과 배우자를 각각 1세대로 보아 인별로 종합부동산세를 계산하므로 본인과 배우자가 각각 1주택자인 경우 종합부동산세 계산시 각각 12억원의 기본공제와 최대 80%의 세액공제를 적용한다.

사례

남녀가 혼인 후 각각 1주택을 취득한 경우 종부세 혼인합가 특례적용 여부

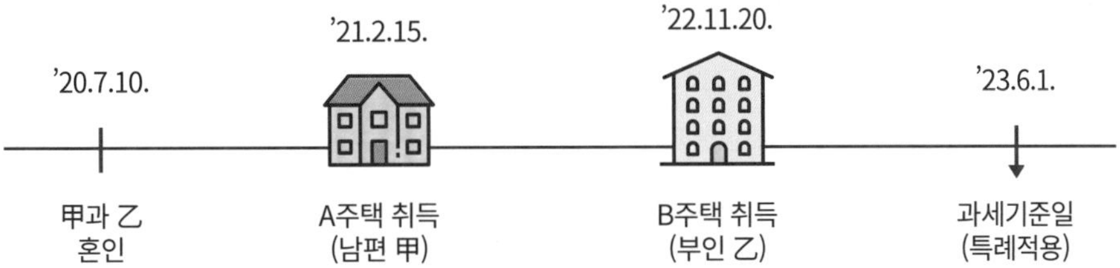

해설 남녀가 혼인 후 각각 1주택을 취득한 경우에도 혼인합가에 따른 종합부동산세 과세특례가 적용되므로 혼인한 날로부터 5년간은 甲과 乙은 1세대 1주택자로 보아 종합부동산세 계산시 12억원의 기본공제와 최대 80%의 세액공제가 각각 적용된다(부동산납세과-138, 2023.1.17).

2 취득세 중과여부 판단시 주택수 계산

1주택을 보유한 자가 1주택을 보유한 65세 이상 직계존속을 동거봉양하기 위하여 합가한 후 주택을 추가로 취득할 경우 직계존속과 자녀는 각각 별도세대로 보아 주택수를 계산하여 취득세 중과여부를 판단한다.

예를 들어 1주택을 보유한 자와 조정대상지역 내 1주택을 보유한 65세 이상 직계존속이 세대합가로 인하여 1세대 2주택이 된 상태에서 조정대상지역 내 1주택을 추가로 취득한 경우에는 1세대 3주택자가 아닌 1세대 2주택자로 보아 8%의 취득세 중과세율이 적용된다.

04

농어촌주택에 대한 비과세 특례

I 소득세법상 농어촌주택에 대한 비과세 특례

다음 중 어느 하나에 해당하는 수도권 밖 읍·면 지역에 소재한 농어촌주택과 그 밖의 일반주택을 국내에 각각 1개씩 소유하고 있는 1세대가 일반주택을 먼저 양도하는 경우에는 농어촌주택은 없는 것으로 보아 양도소득세를 비과세한다(소득령 §155⑦).

① 피상속인이 5년 이상 거주한 상속주택
② 이농인(어업에서 떠난 자 포함)이 취득일 후 5년 이상 거주한 이농주택
③ 영농 또는 영어의 목적으로 취득한 귀농주택. 다만, 2016.2.17. 이후 취득하는 귀농주택부터는 취득일로부터 5년 이내 일반주택을 양도하는 경우에 한함

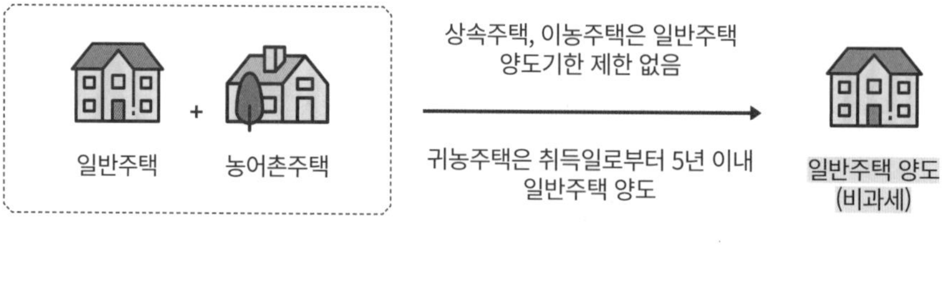

1 일반주택과 농어촌 상속주택을 보유한 상태에서 일반주택 양도시 비과세특례

1) 피상속인이 5년 이상 거주한 농어촌주택을 상속받을 것

피상속인이 5년 이상 거주한 농어촌주택을 피상속인과 별도세대원이 상속받은 후 일반주택을 양도할 경우 양도소득세가 비과세된다.

2) 상속주택의 소재지 요건

농어촌주택에 해당하는 상속주택은 수도권 밖 읍·면지역에 소재하여야 한다.

3) 일시적 2주택과 중복적용 여부

농어촌 상속주택에 대한 비과세특례는 상속주택과 일반주택을 각각 1개씩 소유한 경우에만 적용되는 것이 원칙이나, 일시적 2주택 비과세특례 규정과 중복하여 적용될 수 있다.

기본사례

상속농어촌주택 비과세특례 관련 사례

사례 1

동거봉양합가 후 농어촌주택을 상속받고 일반주택을 재차 양도하는 경우

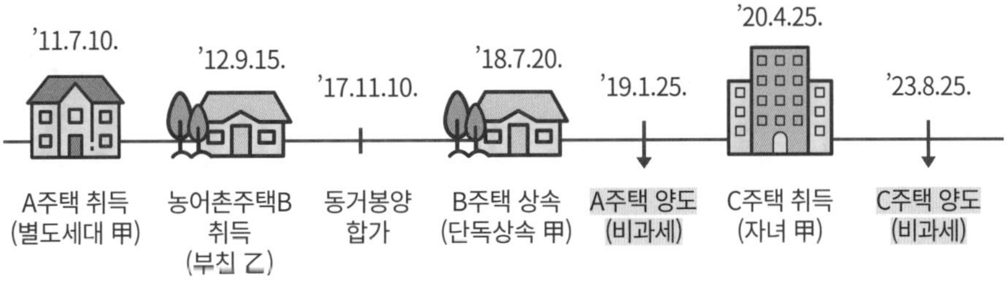

해설 1세대1주택자인 자녀가 동거봉양 합가 이후 농어촌주택을 상속받고 합가 당시 보유한 일반주택을 비과세로 양도한 후, 다시 일반주택을 취득하여 양도한 경우에도 농어촌주택 비과세특례가 적용된다(재산세제과-529, 2018.6.18).

대비사례

동거봉양합가 후 1주택을 먼저 양도하여 비과세받고, 신규주택을 취득한 상태에서 농어촌주택을 상속받은 후 신규주택을 양도하는 경우 비과세 여부

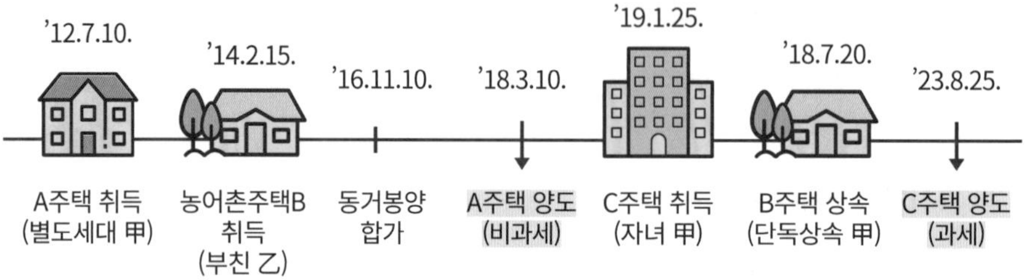

해설 동거봉양합가 후 2주택 상태에서 상속인 소유 1주택을 먼저 양도하여 비과세를 받고 재차 신규주택을 취득한 후, 부친으로부터 농어촌주택을 상속받은 상태에서 신규주택을 양도하는 경우에는 농어촌주택 비과세특례가 적용되지 않는다(부동산납세과-121, 2013.11.5).

사례 2

농어촌주택을 먼저 상속받고 일반주택을 취득한 후 일반주택을 양도하는 경우

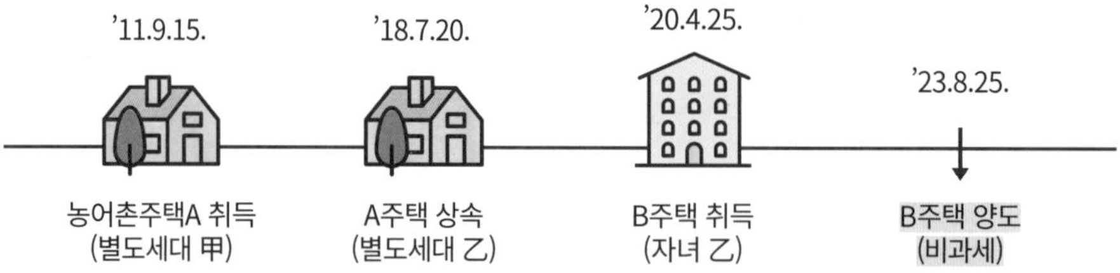

해설 피상속인이 5년 이상 거주한 소득세법 시행령 제155조 제7항에 해당하는 농어촌주택을 상속받아 보유한 상태에서 일반주택을 취득한 후 일반주택을 양도하는 경우에도 1세대1주택 비과세특례가 적용된다(부동산납세과-1898, 2016.12.12).

비교학습

일반주택을 보유한 상태에서 소득세법 시행령 제155조 제2항에 해당하는 상속주택과 조세특례제한법 제99조의4에 해당하는 농어촌주택을 취득한 후 일반주택을 양도하는 경우에만 비과세된다.

사례 3

일반주택과 상속받은 농어촌주택을 보유한 상태에서 신규주택을 취득한 후 종전주택을 양도하는 경우 비과세 여부

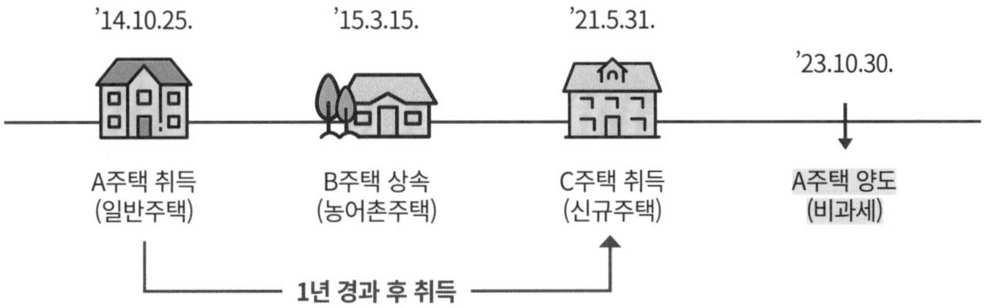

해설 1세대1주택자가 별도세대원으로부터 소득세법 시행령 제155조 제7항에 해당하는 농어촌주택B를 상속받아 1세대 2주택자가 된 상태에서 신규주택C를 취득하여 일시적으로 3주택이 된 후 신규주택 취득일부터 3년 이내 종전주택A를 양도하는 경우에도 일시적 2주택 비과세특례를 적용받을 수 있다(부동산거래관리과-388, 2011.5.11).

사례 4

일반주택과 농어촌 상속주택을 배우자로부터 상속받고 신규주택을 취득한 후 일반주택을 양도하는 경우 비과세 여부

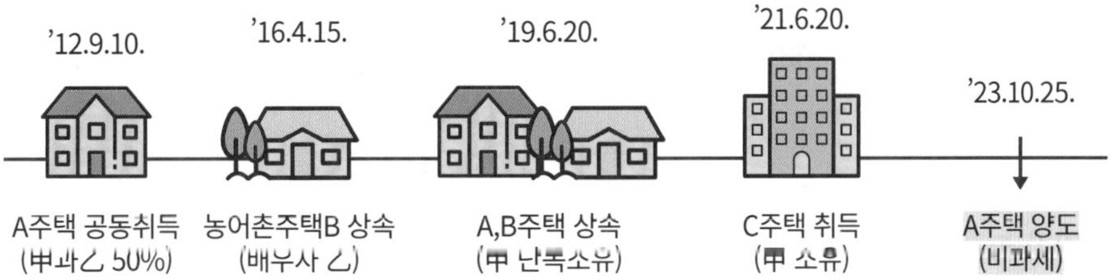

- 甲과 乙은 부부이며, B주택은 乙의 父親이 5년 이상 거주한 농어촌주택에 해당함

해설 A주택을 甲과 乙이 공동 소유하고, 乙이 농어촌주택B를 별도 세대의 부친으로부터 상속받아 일반주택 1채와 「소득세법 시행령」 제155조제7항제1호에 따른 농어촌주택B를 보유하던 중 배우자인 乙이 사망하여 A주택의 乙지분과 농어촌주택B를 甲이 전부 상속받은 후, 甲이 신규주택C를 취득한 후 C주택 취득일로부터 3년 이내에 A주택을 양도하는 경우에는 양도소득세가 비과세된다(법령해석재산-1649, 2021.12.20).

[일반 상속주택 비과세특례와 농어촌 상속주택 비과세특례규정 비교]

구 분	상속주택 특례규정	농어촌 상속주택 특례규정
관련법령	소득령 §155②③	소득령 §155⑦
소재지	상속주택의 소재지 제한 없음	수도권 밖 읍·면 소재
피상속인의 거주요건	거주요건 없음	피상속인이 취득 후 5년 이상 거주할 것
일반주택 취득시기	일반주택을 보유한 상태에서 상속주택을 취득하고 일반주택을 1차례 양도하는 경우에만 비과세 적용	농어촌 상속주택을 보유한 상태에서 일반주택을 수차례 취득하고 양도해도 비과세 적용
비과세 주택	일반주택 양도	일반주택 양도
별도세대 여부	별도세대 (동거봉양합가는 예외)	별도세대 (동거봉양합가는 예외)
일반주택 양도기한	제한 없음	제한 없음
2채 이상 상속시	선순위 상속주택만 적용	명문규정 없음 (심판례 : 선순위 상속주택만 적용)

2 이농주택을 보유한 상태에서 일반주택 취득 후 일반주택 양도시 비과세특례

1) 이농인이 5년 이상 거주한 이농주택일 것

이농인(어업에서 떠난 자 포함)이 전업으로 인하여 다른 시·구·읍·면으로 전출함으로써 이농인이 전출 당시 소유하고 있던 취득 후 5년 이상 거주한 사실이 있는 농어촌주택이어야 한다.

2) 이농주택의 소재지 요건

농어촌주택에 해당하는 이농주택은 수도권 밖 읍·면지역에 소재하여야 한다.

3) 일반주택의 취득 및 양도 요건

농어촌주택을 먼저 취득한 후 나중에 취득한 일반주택을 양도하는 경우에만 이농주택(농어촌주택)에 대한 비과세특례가 적용되므로 일반주택을 먼저 취득하고 나중에 농어촌주택을 취득한 후 일반주택을 양도하는 경우에는 비과세 되지 않는다.

배경 및 취지

이농주택에 대한 비과세특례는 농어촌주택에 거주하면서 영농에 종사하던 자가 이농함에 따라 다른 지역에 소재한 일반주택을 취득한 경우에도 당해 이농주택을 양도하지 않고 보유하도록 하는데 목적이 있으므로 농어촌주택을 먼저 취득하고 나중에 일반주택을 취득한 후 일반주택을 양도한 경우에 한하여 비과세되는 것이다.

기본사례

이농주택 비과세특례 관련 사례

사례 1

일반주택을 먼저 취득한 후 농어촌주택을 취득하고 일반주택을 양도하는 경우

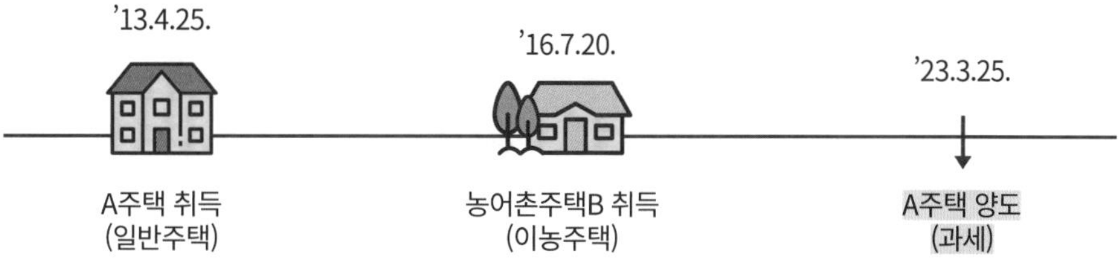

- B주택은 5년 이상 거주한 수도권 밖 소재 이농주택에 해당함

해설 이농주택은 영농에 종사하던 자가 전업으로 인하여 다른 시·구·읍·면으로 전출할 당시 소유한 주택을 말하는 것이므로, 일반주택을 먼저 취득한 후 농어촌주택을 취득한 경우 해당 농어촌주택은 이농주택에 해당하지 않는다(집행기준 89-155-24).

사례 2

농어촌주택을 먼저 취득한 후 일반주택을 취득하고 농어촌주택을 양도하는 경우

▪ A주택은 5년 이상 거주한 수도권 밖 소재 이농주택에 해당함

해설 이농주택의 비과세특례는 이농주택을 먼저 취득한 후 다른 시·구·읍·면으로 전출함에 따라 이농주택은 양도하지 않고 보유한 상태에서 일반주택을 취득 및 양도하는 경우 비과세특례가 적용되는 것이므로 위 사례와 같이 이농주택을 먼저 취득한 후 일반주택이 아닌 이농주택을 양도하는 경우에는 해당 특례가 적용되지 않는다.

사례 3

농어촌주택을 먼저 취득한 후 일반주택을 취득하고 일반주택을 양도하여 비과세받고 다시 일반주택을 취득 및 양도하는 경우

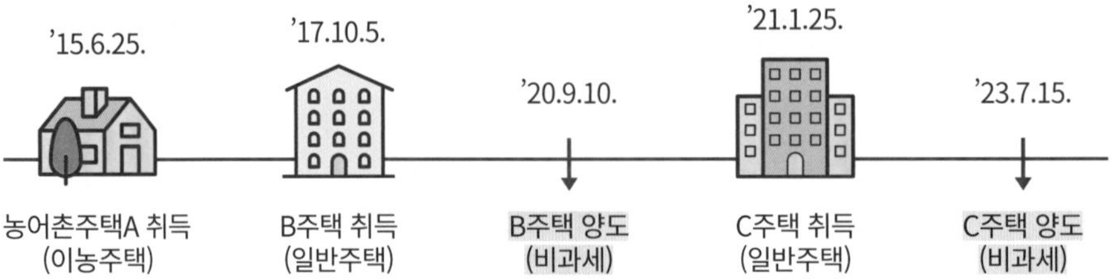

▪ A주택은 5년 이상 거주한 수도권 밖 소재 이농주택에 해당함

해설 이농주택A와 일반주택B를 보유한 상태에서 일반주택B를 비과세 양도한 후, 다시 일반주택C를 취득하여 2년 이상 보유 및 거주한 후 해당 일반주택C를 양도하는 경우 재차 이농주택에 대한 비과세특례를 적용받을 수 있다.

3 일반주택을 보유한 상태에서 귀농주택 취득 후 일반주택 양도시 비과세특례

1) 귀농주택(귀농 이전에 취득한 것을 포함)의 요건

① 취득 당시에 고가주택에 해당하지 않을 것

② 대지면적이 660㎡ 이내일 것

③ 취득 요건

귀농주택은 영농·영어의 목적으로 취득하는 것으로서 다음(㉠~㉢)의 어느 하나에 해당하여야 한다.

> ㉠ 1,000㎡ 이상의 농지를 소유하는 자 또는 그 배우자가 당해 농지 소재지에 있는 주택을 취득할 것
> ㉡ 1,000㎡ 이상의 농지를 소유하는 자 또는 그 배우자가 해당 농지를 소유하기 전 1년 이내에 해당 농지소재지에 있는 주택을 취득하는 것일 것
> ㉢ 수산업법에 의한 신고·허가 및 면허 어업자(고용된 어업 종사자 포함)가 취득할 것

④ 세대 전원이 귀농주택으로 이사하여 거주할 것

⑤ 2016.2.16. 이전에 취득한 귀농주택은 연고지에 소재할 것

2) 귀농주택의 소재지 요건

귀농주택은 아래의 요건을 모두 충족한 농지가 소재하는 시·군·자치구 안의 지역, 농지소재지와 연접한 시·군·자치구 안의 지역 또는 농지로부터 직선거리 30㎞ 이내에 있는 지역에 소재해야 한다.

> ① 수도권 밖의 읍·면지역
> ② 농지면적이 1,000㎡이상

3) 일반주택의 취득 및 양도 요건

① 취득요건

귀농주택에 대한 비과세특례규정도 상속주택과 이농주택에 대한 특례규정과 마찬가지로 일시적 2주택 등 다른 특례주택과 중복하여 적용될 수 있으나, 귀농주택을 먼저 취득하여 귀농한 후 새로 취득한 일반주택에 대해서는 비과세특례가 적용되지 않는다.

② 양도요건

귀농주택에 대한 비과세특례는 상속주택 및 이농주택과는 달리 1개의 일반주택에 대해서만 비과세특례가 적용되므로, 귀농주택을 보유한 상태에서 다시 일반주택을 취득하여 양도하는 경우에는 비과세를 적용받을 수 없다.

또한, 2016.2.17. 이후 귀농주택을 취득한 날로부터 5년 이내에 일반주택을 양도해야 비과세특례를 적용받을 수 있다.

4) 귀농일로부터 3년 이상 계속하여 영농·영어에 종사하고 귀농주택에 거주할 것

귀농주택 소유자가 귀농일부터 계속하여 3년 이상 영농 또는 영어에 종사하지 않거나 해당 주택에 거주하지 않은 경우에는 먼저 양도하여 1세대1주택 비과세 받은 일반주택에 대한 세액이 추징된다. 이 경우 3년의 기간 중에 상속이 개시된 때에는 피상속인의 영농·영어 기간과 상속인의 영농·영어 기간을 통산한다.

※ 귀농주택이 상속, 수용, 멸실 등 사유에 해당하는 경우에는 일반주택에 대한 비과세특례가 적용된다.

기본사례

귀농주택 비과세특례 관련 사례

사례 1

귀농주택을 보유하던 중 일반주택을 취득한 후 일반주택을 먼저 양도하는 경우

해설 귀농주택을 먼저 취득하여 귀농한 후 일반주택을 취득하여 일반주택을 먼저 양도하는 경우에는 귀농주택에 대한 비과세특례가 적용되지 않는다(부동산거래관리과-386, 2010.3.15).

사례 2

귀농주택을 보유한 상태에서 일반주택을 양도하여 비과세를 적용받고 다시 일반주택을 취득하여 재차 양도하는 경우 비과세 여부

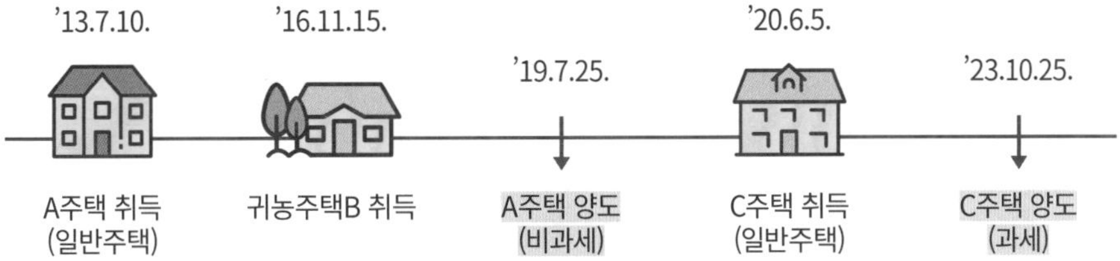

해설 일반주택을 보유한 상태에서 귀농주택을 취득하여 귀농한 후 일반주택을 양도하는 경우에만 비과세가 적용되고, 재차 취득한 일반주택에 대해서는 비과세가 적용되지 않는다.

비교사례

일반주택을 보유한 상태에서 귀농주택을 취득한 후 일반주택을 귀농주택 취득일로부터 5년 이상 경과하여 양도한 경우

해설 2016.2.17. 이후 귀농주택을 취득한 경우로서 귀농주택을 취득한 날로부터 5년 이내 일반주택을 양도해야 비과세되나, 일반주택A를 귀농주택B 취득일로부터 5년 이상 경과한 후 양도하여 비과세되지 않는다.

사례 3

남편이 일반주택과 귀농주택을 보유한 상태에서 부인이 취득한 주택을 먼저 과세로 양도한 후, 남편 소유 일반주택 양도시 비과세 여부

해설 귀농주택에 대한 비과세특례 규정은 일반주택을 보유한 상태에서 귀농주택을 취득하고 귀농 후 최초로 양도하는 1개의 일반주택에 대해서만 적용하는 것이므로 부인이 취득한 C주택을 양도하여 과세되었더라도 남편이 취득한 주택에 대해 귀농주택 비과세특례를 적용받지 않은 경우에는 A주택 양도시 비과세된다(집행기준 89-155-25).

[소득세법상 농어촌주택 요약 비교]

구 분	상속·이농주택	귀농주택
주택 규모	제한 없음	▪취득 당시 고가주택 제외 ▪대지면적 660㎡ 이내
거주 요건	▪상속주택 : 피상속인 5년 이상 거주 ▪이농주택 : 이농인 5년 이상 거주	1,000㎡ 이상의 본인 또는 배우자 소유 농지와 함께 귀농주택 취득 및 3년 이상 거주하면서 영농에 종사
주택 보유	농어촌주택과 일반주택을 각각 1채씩 보유	
비과세 대상	일반주택	▪세대전원이 이사하여 최초로 양도하는 일반주택에 한함 ▪귀농주택을 2016.2.17. 이후 취득한 경우 일반주택은 귀농주택 취득일로부터 5년 이내 양도할 것
사후관리	해당 없음	귀농하여 3년 이상 영농(영어)에 종사

Ⅱ 조세특례제한법상 농어촌주택에 대한 비과세 특례

1세대가 일반주택을 보유한 상태에서 2003.8.1.부터 2025.12.31.까지 농어촌주택(고향주택은 2009.1.1.부터 2025.12.31.까지)을 취득한 후 일반주택을 먼저 양도하는 경우 농어촌주택 등은 없는 것으로 보아 양도소득세를 비과세한다(조특법 §99의4).

[농어촌주택 취득순서 따른 일반주택 양도시 비과세 여부]

구 분	주택 취득유형		비과세 여부
소득세법상 농어촌주택 (소득령 §155⑦)	상속주택	① 先일반주택 + 後농어촌주택	비과세 가능
		② 先농어촌주택 + 後일반주택	
	이농주택	① 先일반주택 + 後농어촌주택	비과세 불가
		② 先농어촌주택 + 後일반주택	비과세 가능
	귀농주택	① 先일반주택 + 後농어촌주택	비과세 가능
		② 先농어촌주택 + 後일반주택	비과세 불가
조세특례제한법상 농어촌주택(조특법 §99조의4)	농어촌주택 (고향주택)	① 先일반주택 + 後농어촌주택	비과세 가능
		② 先농어촌주택 + 後일반주택	비과세 불가

1 비과세특례 적용요건

1) 지역요건

취득 당시 아래 지역을 제외[1]한 읍·면 또는 동[2]에 소재하는 농어촌주택 또는 가족관계등록부에 10년 이상 등재된 등록기준지 10년 이상 거주한 사실이 있는 인구 20만명 이하의 시 지역에 소재하는 고향주택

1) 과세특례 제외지역

① 수도권 지역(경기도 연천군, 인천광역시 옹진군·강화군 제외)
② 도시지역 및 토지거래 허가구역*
③ 조정대상지역
④ 관광단지

2) 인구 20만명 이하의 시지역에 속한 동으로서 보유하고 있던 일반주택이 소재하는 동과 같거나 연접하지 않은 동을 말함

* 고향주택은 도시지역 및 토지거래 허가구역 소재도 가능

2) 가액기준

취득 당시 주택 및 부수토지의 기준시가 합계액이 아래의 취득시기별로 기준가액 이하에 해당해야 한다. 이 경우 주택과 주택 부수토지의 소유자가 다른 경우 또는 2인 이상이 농어촌주택 등을 공동으로 취득한 경우에는 주택과 주택 부수토지 전체의 기준시가로 판단한다.

[취득시기별 농어촌주택 등의 취득당시 기준시가 요건]

취득시기	'07.12.31. 이전	'08.1.1.~'08.12.31.	'09.1.1. 이후	비 고
기준금액	7천만원	1억5천만원	3억원	'14.1.1. 이후 취득하는 한옥은 4억원

3) 보유기간 요건

농어촌주택 등을 법에서 정한 기간 내에 취득하고 3년 이상 보유해야 한다.

4) 비과세특례가 적용되지 않는 경우

일반주택을 보유한 상태에서 일반주택과 같은 읍·면 지역 또는 일반주택과 연접한 읍·면 지역에 있는 농어촌주택 등을 취득한 후 일반주택을 양도하거나 아래 사례와 같이 농어촌주택을 먼저 취득하고 일반주택을 취득한 후 일반주택을 양도하는 경우에는 비과세특례가 적용되지 않는다.

2 비과세특례 적용 후 사후관리

농어촌주택 등을 3년 이상 보유하지 않은 상태에서 일반주택을 먼저 양도하는 경우에도 양도소득세를 비과세한다. 그러나 일반주택에 대하여 비과세 받은 후 농어촌주택 등을 3년 이상 보유하지 않고 양도한 경우에는 기존에 일반주택에 대하여 비과세받은 세액을 신고·납부해야 한다. 다만, 농어촌주택 등이 수용, 상속, 멸실 등의 사유로 3년 이상 보유요건을 충족하지 않게 된 경우에는 이미 비과세받은 세액은 추징되지 않는다.

사례 1

일반주택에 대하여 비과세 받고 농어촌주택을 3년 이상 보유한 후 양도한 경우 비과세 받은 세액 추징여부

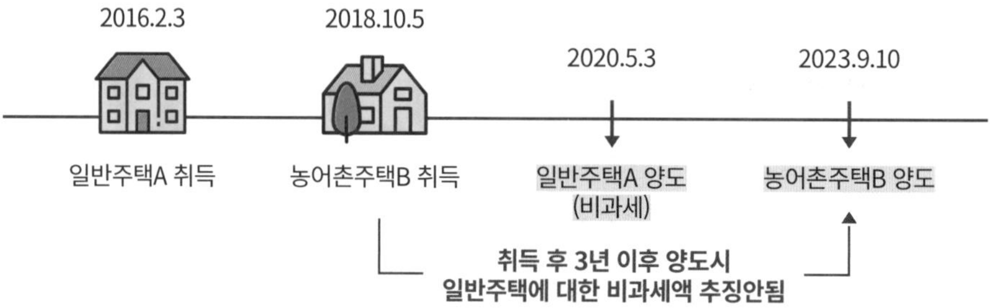

사례 2

일반주택을 비과세 받고 농어촌주택을 3년 내 양도한 경우 비과세받은세액 추징여부

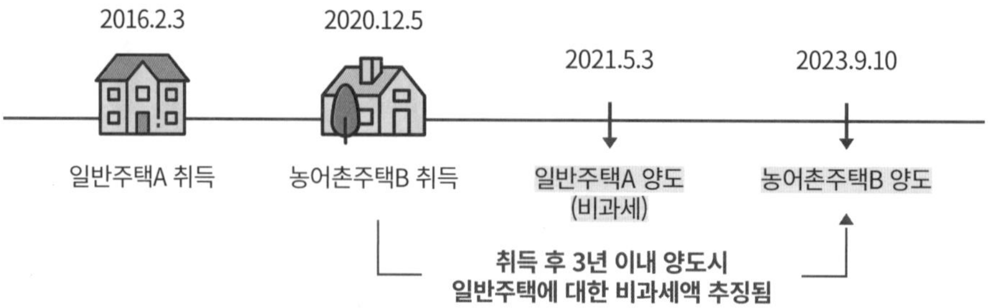

3 일반주택 비과세 양도 후 농어촌주택 등 양도시 보유기간 재산정 여부

일반주택과 조세특례제한법 제99조의4에 해당하는 농어촌주택 등을 보유한 상태에서 일반주택을 먼저 양도하여 1세대1주택 비과세 받은 후, 농어촌주택 등을 양도하는 경우 1세대1주택 비과세 보유기간은 해당 농어촌주택 등의 취득일부터 기산한다.

사례

일반주택 비과세 양도 후 농어촌주택 양도시 보유기간 등 재계산 여부

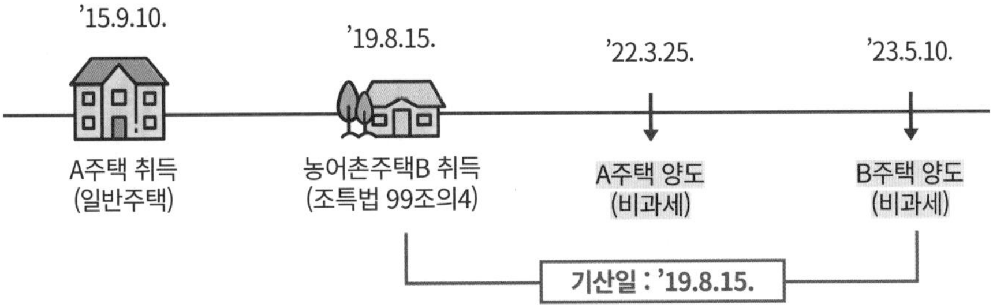

해설 종전에는 일반주택A와 조세특례제한법 제99조의4에 따른 농어촌주택B를 보유한 상태에서 일반주택A에 대하여 1세대1주택 비과세를 적용받은 후, 1주택이 된 농어촌주택B를 양도하는 경우에는 일반주택A 양도 후 농어촌주택B를 다시 2년 이상 보유 해야만 1세대1주택 비과세가 가능했지만(부동산납세과-1232, 2021.9.3 참조),

새로운 해석사례에 따르면 일반주택A를 비과세 양도 후 남은 농어촌주택B를 양도하는 경우 보유기간은 농어촌주택B의 취득일부터 기산하므로 1세대1주택 비과세된다(재산세제과-1049, 2022.8.25).

기존해석(보유기간 재산정 ○)	→	변경해석(보유기간 재산정 ×)
일반주택 양도 후 다시 2년 이상 농어촌주택을 보유해야 1세대1주택 비과세 가능	(변경)	농어촌주택 취득일로부터 2년 이상 보유하면 1세대1주택 비과세 가능

기본사례

조특법99조의4 농어촌주택 비과세특례 관련 사례

사례 1

농어촌주택을 보유한 동일세대원이 일반주택을 상속받은 후 일반주택을 양도하는 경우 비과세 여부

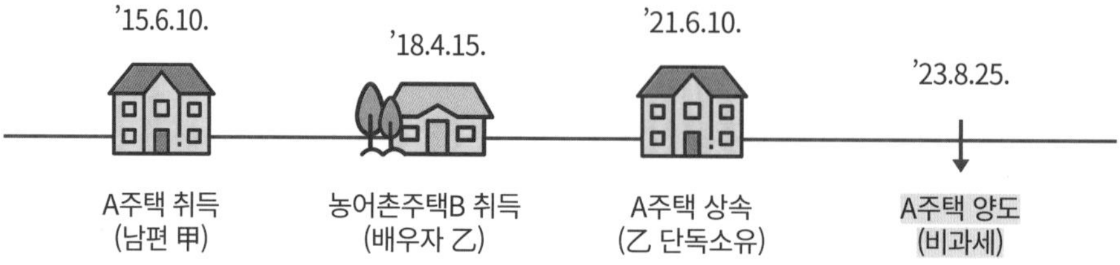

해설 일반주택A를 피상속인의 배우자인 乙이 상속받아 양도하는 경우 甲과 乙은 배우자로서 동일세대원에 해당하여 일반주택A 취득일부터 상속개시일까지 보유기간을 통산하므로 취득일로부터 양도일까지 2년 보유기간 요건을 충족한 경우에 해당하고, 조세특례제한법 제99조의4에 따라 농어촌주택은 1세대1주택 비과세여부 판단시 주택수에 포함하지 않으므로 일반주택A를 양도할 경우 비과세된다(부동산납세과-441, 2014.6.24).

사례 2

비과세 요건을 충족한 일반주택이 입주권으로 전환된 상태에서 농어촌주택을 취득 후 신축주택을 양도하는 경우 비과세 여부

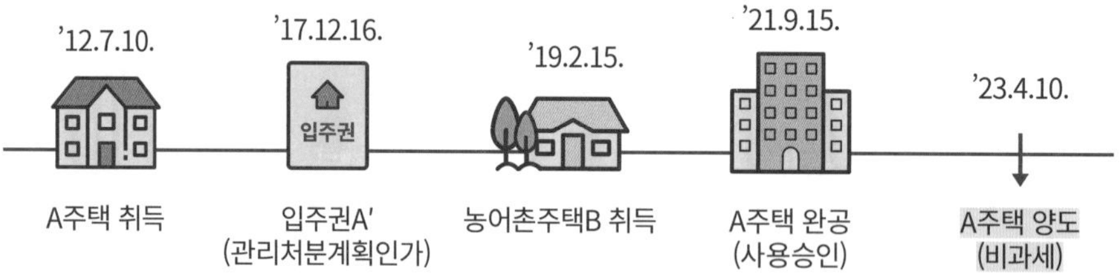

해설 1세대가 보유한 일반주택이「도시 및 주거환경정비법」에 따라 조합원입주권으로 전환된 후 조세특례제한법 제99조의4의 요건을 충족한 농어촌주택을 취득한 상태에서 재건축으로 완성된 신축주택을 양도하는 경우에도 기존주택의 연장으로 보아 신축주택 양도시 비과세가 적용된다(부동산납세과-884, 2020.7.24).

유사사례

비과세 요건을 충족한 일반주택이 입주권으로 전환된 상태에서 농어촌주택을 취득한 후 조합원입주권을 양도하는 경우 비과세 여부

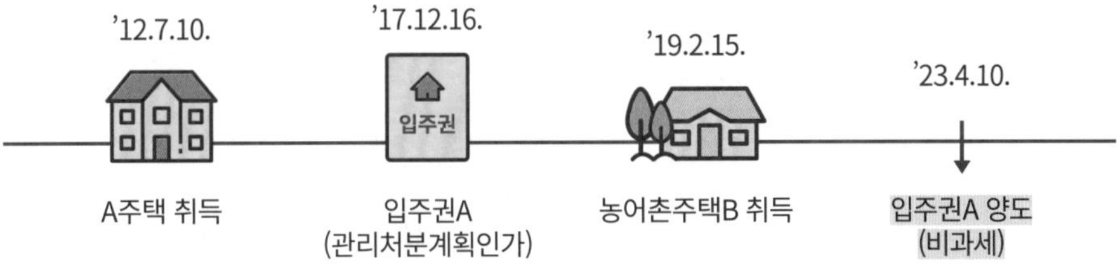

해설 조세특례제한법 제99조의4 규정에 해당하는 농어촌주택은 1세대1주택 비과세 여부 판단시 주택수에서 제외되므로 관리처분계획인가일 현재 1세대1주택 비과세 요건을 충족한 조합원입주권을 양도하는 경우 비과세된다(서면4팀-767, 2005.5.16).

사례 3

일반주택과 감면주택을 보유한 상태에서 농어촌주택을 취득한 후 일반주택을 양도하는 경우 비과세 여부

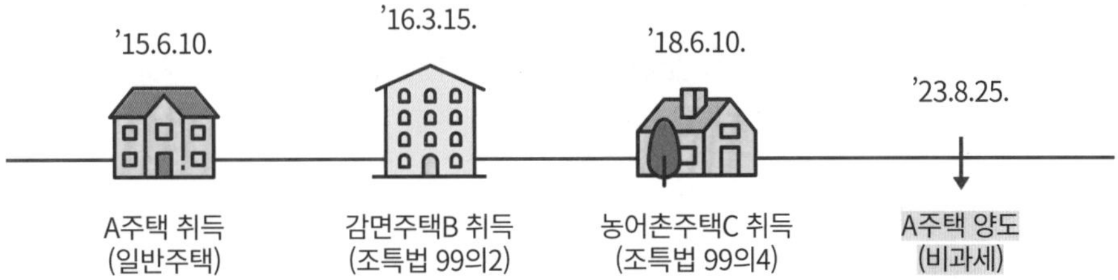

해설 일반주택A와 조세특례제한법 제99조의2에 해당하는 감면주택B를 보유한 1세대가 조세특례제한법 제99조의4에서 규정하는 농어촌주택C를 취득한 후 일반주택A를 양도하는 경우에는 비과세된다(서면5팀-997, 2006.11.27).

사례 4

일반주택과 다른 특례주택(동거봉양주택, 상속주택, 농어촌주택)을 보유한 상태에서 일반주택을 양도하는 경우 비과세 여부

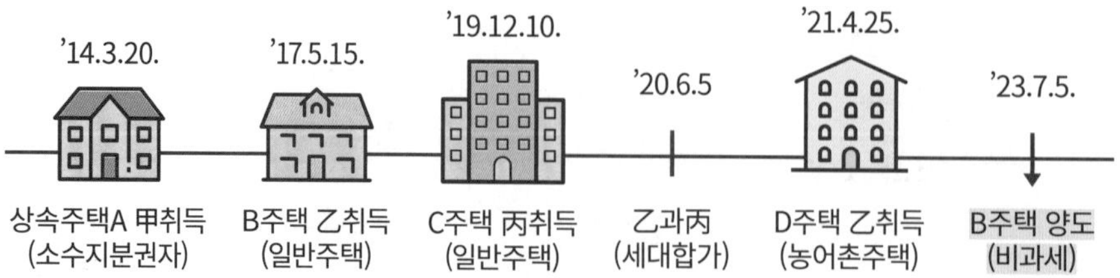

▪ 甲은 乙의 부인이며, 丙은 乙의 母親이며, D주택은 조특법 99조의4에 해당하는 주택임

해설 소수지분 공동상속주택A, 일반주택B(직계비속의 주택), 일반주택C(직계존속의 주택)을 보유하다가 2020.6.5. 직계비속과 직계존속이 동거봉양합가한 후, 직계비속이 농어촌주택D(조세특례제한법 제99조의4에 따른 주택)을 추가로 취득하여 1세대4주택 상태에서 일반주택B를 양도하는 경우에는 소수지분 공동상속주택A와 농어촌주택B는 주택수에서 제외하고 동거봉양합가에 따른 1세대1주택 비과세규정이 적용되어 양도소득세가 비과세된다(부동산납세과-948, 2022.4.18).

사례 5

일반주택과 농어촌주택을 보유한 상태에서 '21.1.1. 이후에 분양권을 취득한 후 일반주택을 양도하는 경우 비과세 여부

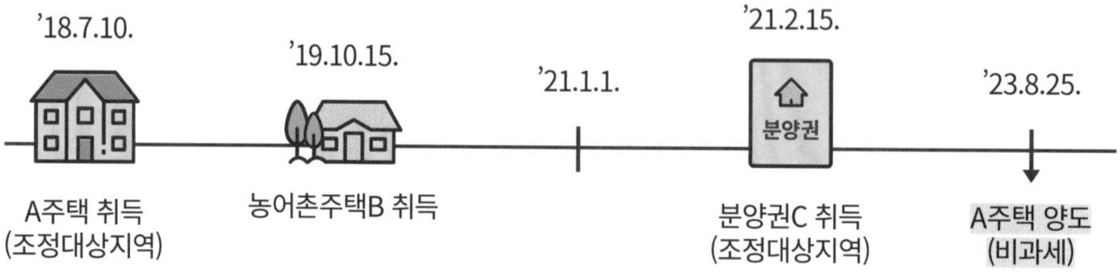

▪ B,C주택은 조세특례제한법 제99조의4에 해당하는 농어촌주택임

해설 종전주택과「조세특례제한법」제99조의4에 따른 농어촌주택을 소유한 1세대가 2021.1.1. 이후 분양권을 취득한 후, 종전주택을 양도하는 경우 1세대 1주택으로 보아 양도소득세가 비과세된다(부동산납세과-156, 2023.1.19).

사례 6

일반주택 보유자가 농어촌주택 2채를 취득한 경우 비과세 여부

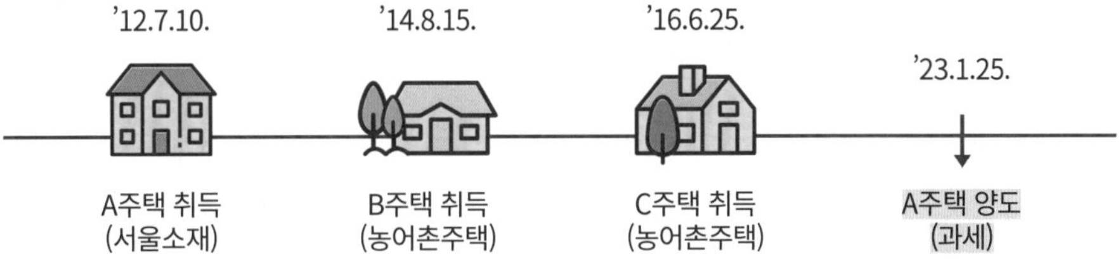

▪ B,C주택은 조세특례제한법 제99조의4에 해당하는 농어촌주택임

해설 일반주택을 보유한 자가「조세특례제한법」제99조의4에 해당하는 농어촌주택을 2채 취득하는 경우에는 농어촌주택 등 취득자에 대한 양도소득세 비과세특례 규정이 적용되지 않는다(부동산납세과-1163, 2019.11.12).

[소득세법상 농어촌주택과 조특법상 농어촌주택의 비교]

구 분	소득령 제155조⑦	조특법 99의4
대 상	상속주택, 이농주택, 귀농주택	농어촌주택·고향주택
소 재	수도권 밖 읍·면지역으로 하되, 도시지역은 제외	수도권 밖 읍·면지역으로 하되, 도시지역, 토지거래 허가지역 등은 제외
면적기준	대지면적 660㎡ 이내(귀농주택만 해당)	-
보유요건 거주요건	▪ 상속주택 및 이농주택은 5년 거주요건 필요 ▪ 귀농주택은 3년 이상의 영농종사기간 동안 거주요건 필요	▪ 취득 후 3년 이상 보유요건 필요(농어촌주택·고향주택을 3년 이상 보유하지 않은 상태에서 일반주택 양도시 비과세 가능) ▪ 거주요건 불필요
가액기준	고가주택이 아닐 것(귀농주택만 해당)	취득 당시 기준시가 3억원(한옥은 4억원) 이하
취득순서 및 취득기한	▪ 先 이농주택 보유 + 後 일반주택 취득 ▪ 先 일반주택 보유 + 後 귀농주택 취득	▪ 농어촌주택 : '03.8.1.~ '25.12.31. ▪ 고향주택 : '09.1.1.~'25.12.31. ▪ 先 일반주택 보유 + 後 농어촌주택 취득
특례내용	일반주택 양도시 농어촌주택은 주택수에서 제외하고 1세대1주택 비과세 여부 판정	

Ⅲ 농어촌주택 관련 기타 세납규정

1 취득세 중과여부 판단시 주택수 계산

아래 요건을 갖춘 농어촌주택을 취득하는 경우에는 취득세 중과가 적용되지 않으며, 농어촌주택을 보유한 상태에서 다른 주택을 취득할 경우에도 해당 농어촌주택은 취득세 중과대상 주택수 판단시 주택수에서 제외된다.

> ① 대지면적 660㎡이내, 주택의 연면적이 150㎡ 이내일 것
> ② 주택의 시가표준액이 6,500만원 이내일 것
> ③ 수도권 지역 등 법 소정 지역에 소재하지 않을 것

2 지방 저가주택에 대한 종합부동산세 과세특례

1세대 1주택자가 수도권(군 제외*)·광역시(군 제외)·특별자치시(읍·면 제외) 이외의 지역에 소재하는 공시가격 3억원 이하의 주택을 보유함에 따라 과세기준일(6월1일) 현재 2주택자가 된 경우 과세특례를 신청하면 1세대 1주택자로 보아 종합부동산세 계산시 12억원의 기본공제와 최대 80%의 세액공제를 적용받을 수 있다. 이 경우에도 일시적 2주택 및 상속주택 과세특례와 마찬가지로 과세표준 계산시 주택공시가격은 모두 합산된다.

* 제외지역 : 경기도 연천군, 인천광역시 옹진군·강화군

※ 지방 저가주택이 경기도 읍·면지역에 소재한 경우 1세대1주택 특례대상 아님

사례

일반주택과 지방 저가주택 1채를 보유한 경우 1주택 특례적용시 종합부동산세 계산방법

- 강원도 원주 소재 B주택은 2023년 과세기준일 현재 주택공시가격은 2억원임

해설 2021년 귀속분까지는 1주택 보유자가 지방 저가주택 1채를 보유하여 2주택자가 된 경우 과세특례 제도가 없었으나, 세법 개정으로 2022년 귀속분부터는 납세자가 특례를 신청한 경우 1주택자로 보아 종합부동산세 계산시 12억원의 기본공제와 최대 80%의 세액공제가 적용된다. 위 사례를 기준으로 2023년 과세기준일 현재 거주자의 연령이 67세이며, A주택의 공시가격은 10억원, B주택의 공시가격은 2억원인 경우 12억원 기본공제가 적용되므로 종합부동산세는 부과되지 않는다.

	구 분	금 액	계산근거
	주택공시가격합계액	1,200,000,000	A,B주택의 공시가격 합산
(-)	기본공제	1,200,000,000	1세대1주택자에 대한 기본공제액
(×)	공정시장가액비율	60%	-
(=)	과세표준	-	-

응용사례 1

일반주택과 지방 저가주택 2채를 보유한 경우 1주택 특례적용 여부

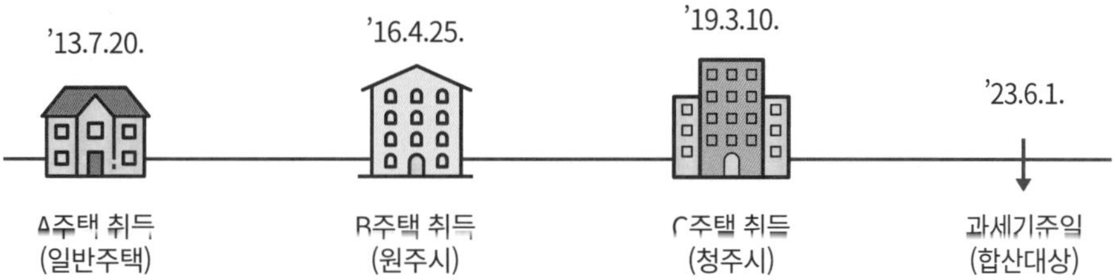

- B,C주택은 2023년 과세기준일 현재 주택공시가격은 각각 2억원과 2.5억원임

해설 지방 저가주택에 대한 1세대1주택자 과세특례는 1주택 보유자가 지방 저가주택 1채를 보유한 경우에만 적용되므로 위 사례와 같이 지방 저가주택 2채를 보유한 경우에는 특례대상이 될 수 없다. 따라서 종합부동산세 계산시 3주택의 공시가격 합계액에서 9억원의 기본공제는 적용되나 최대 80%의 세액공제는 적용되지 않는다.

응용사례 2

일반주택과 지방 저가주택 보유자가 다른 경우 1주택 특례적용 여부

▪ 강원도 원주 소재 B주택은 2023년 과세기준일 현재 주택공시가격은 3억원임

해설 지방 저가주택 특례는 일반주택과 지방 저가주택을 보유한 자가 동일한 경우에만 적용되는 것이므로, 일반주택은 남편이 보유하고 지방 저가주택은 배우자가 보유한 경우에는 지방 저가주택 특례대상에서 제외된다. 따라서 남편과 배우자 각자 종합부동산세 계산시 9억원의 기본공제는 적용되나 최대 80%의 세액공제는 적용되지 않는다(법규과-3155, 2022.11.2).

05

부득이한 사유로 취득한 수도권 밖 소재 주택에 대한 비과세 특례

I 개요

1세대가 일반주택을 보유하고 있는 상태에서 고등학교 이상의 취학·근무상의 형편·1년 이상의 질병치료 또는 요양·학교폭력에 따른 전학 등 부득이한 사유로 수도권 밖에 소재한 주택을 취득하여 일시적으로 2주택이 된 경우 학교 졸업 등 부득이한 사유가 해소된 날로부터 3년 이내에 비과세요건을 갖춘 일반주택을 양도하는 경우에는 비과세된다(소득령 §155⑧).

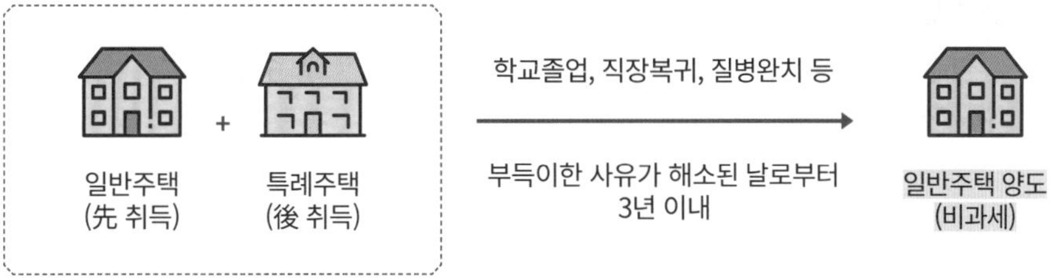

Ⅱ 비과세가 적용되지 않는 경우

사례 1

수도권 밖 소재 주택을 먼저 취득한 후 일반주택을 취득하고 일반주택을 먼저 양도하는 경우

▪A주택은 근무상 형편으로 취득한 주택임

해설 1세대 1주택자가 근무상 형편 등 부득이한 사유로 수도권 밖 소재 주택을 취득하여 1세대 2주택이 된 상태에서 종전주택을 양도하는 경우 비과세가 되나, 위 사례와 같이 수도권 밖 소재 주택을 먼저 취득한 후 일반주택을 취득하여 양도하는 경우에는 비과세되지 않는다.

사례 2

일반주택을 취득하고 수도권 밖 소재 주택을 취득한 후 수도권 밖 소재 주택을 먼저 양도하는 경우

▪B주택은 근무상 형편으로 취득한 주택임

해설 부득이한 사유로 취득한 수도권 밖 소재 주택을 일반주택보다 먼저 양도하는 경우 비과세는 적용받을 수 없으나, 당해 주택이 양도일 현재 조정대상지역에 소재하고 있는 경우에는 중과세는 적용되지 않는다.

[1세대1주택 비과세 규정 비교]

구 분	일반주택에 대한 비과세특례	보유 및 거주기간에 대한 특례
관련법령	소득령 §155⑧	소득령 §154①3
관련내용	일반주택 보유자가 수도권 밖 소재 주택 취득 후 일반주택 양도시 비과세	세대전원이 다른 시·군으로 이전시 2년 이상 보유요건 등 미 충족시에도 비과세
이전지역	수도권 밖 소재	다른 시·군
비과세 대상 양도주택	비과세 요건을 충족한 일반주택	1년 이상 거주한 주택
양도기한	부득이한 사유가 해소된 후 3년 이내	제한 없음

관련 해석 사례 _ 부득이한 사유가 해소되지 않은 상태에서 일반주택을 양도하는 경우

서울에서 근무하던 거주자가 근무상의 형편 등의 부득이한 사유로 수도권 밖 소재 주택을 취득하고, 세대전원이 수도권 밖 소재 주택으로 이전하여 거주하다가 부득이한 사유가 해소되지 않은 상태에서 일반주택을 양도하는 경우에도 비과세가 적용되는 것이다(법령해석재산-0834, 2020.10.26).

06

장기임대주택 또는 장기가정어린이집 보유자의 거주주택 비과세 특례

I 장기임대주택 보유자의 거주주택 비과세 특례

1 개요

1세대가 소득세법시행령 제167조의3 규정에 따른 장기임대주택을 임대하고 있는 상태에서 아래의 요건을 충족한 거주주택을 양도하는 경우 장기임대주택은 없는 것으로 보아 1세대1주택 비과세 규정을 적용한다.

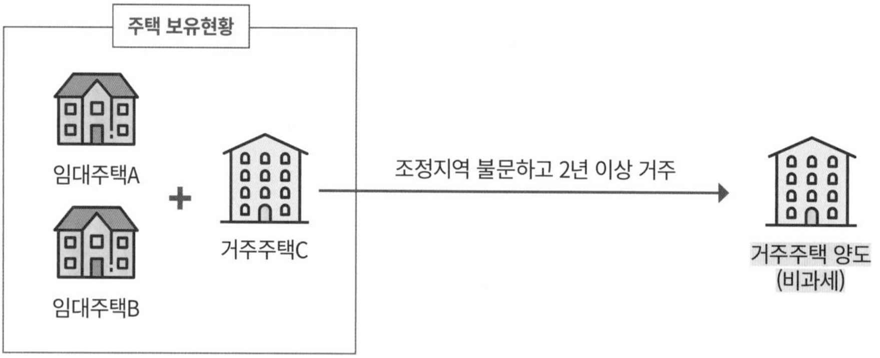

[거주주택과 장기임대주택의 요건]

구 분	적용요건
거주주택	조정대상지역 지정여부와 상관없이 세대전원이 보유기간 중 2년 이상 거주1)하였을 것
장기임대 주택	① 임대개시일2) 당시 기준시가 6억원(수도권 밖 3억원) 이하일 것 ② 의무임대기간을 준수할 것 ③ 거주주택 양도일 현재 임대주택을 임대 중일 것 ④ 임대료 증액제한규정을 준수할 것 ⑤ 지방자치단체 및 세무서에 주택임대사업자로 등록할 것

1) 양도일 현재 해당 거주주택에서 거주하지 않은 경우에도 세대전원(세대원 중 일부가 취학, 질병, 근무상 형편 등 부득이한 사유로 거주기간 2년을 충족하지 못한 경우 포함)이 보유기간 중 통산하여 2년 이상 거주하면 비과세된다. 이 경우 2년 이상 거주기간을 계산할 때 임차하여 거주하다가 해당 주택을 취득한 경우 임차상태로 거주한 기간은 제외한다.

2) 임대개시일은 ① 지방자치단체 임대사업자등록일, ② 세무서 주택임대사업자등록일, ③ 실제 임대개시일 중 가장 늦은 날로 한다. 예를 들어 분양권 상태에서 세무서와 지방자치단체에 각각 임대등록한 후 임대한 경우 위 3개 일자 중 가장 늦은 날인 실제 임차인 전입일을 임대개시일로 한다.

[거주주택 비과세특례 적용 임대주택 요건]

구 분	'20.7.10. 이전 등록	'20.7.11.~'20.8.17. 등록	'20.8.18. 이후 등록
대상주택	모든 주택1)		아파트를 제외한 모든 주택
면적기준	▪매입임대주택 : 제한 없음 ▪건설임대주택 : 전용면적 149㎡이하		
가액기준	▪매입임대주택 : 임대개시일 현재 기준시가 6억원(수도권 밖 3억원) 이하 ▪건설임대주택 : 임대개시일 현재 기준시가 6억원 이하		
임대유형	단기임대, 장기임대	장기임대	장기임대
임대기간	5년 이상 임대	8년 이상 임대	10년 이상 임대
증액제한2)	임대료(또는 임대보증금) 인상률 5% 이내		
등록기관	시군구 + 세무서		

1) 2020.7.11. ~ 2020.8.17. 사이 단기임대주택을 장기임대주택으로 변경신고 하거나, 장기임대주택으로 등록 신청한 아파트는 제외

2) 2019.2.12. 이후 임대차계약을 갱신하거나 새로 체결하는 분부터 적용

2 주택 취득시기에 따른 거주주택 비과세 적용범위

1) 2019.2.11. 이전에 취득한 거주주택을 양도하는 경우

장기임대주택을 보유한 상태에서 2019.2.11. 이전에 취득한 주택에 대하여는 횟수에 제한없이 거주주택 비과세특례가 적용된다. 다만, 장기임대주택을 보유한 상태에서 신규주택을 취득한 경우가 아니라 의무임대기간 종료 후 장기임대주택을 거주주택으로 전환하여 2년 이상 보유요건 등을 충족한 후 양도하는 경우에는 직전 거주주택 양도일 이후에 발생한 양도차익에 대해서만 비과세가 적용된다.

[2019.2.11. 이전에 취득한 거주주택 비과세]

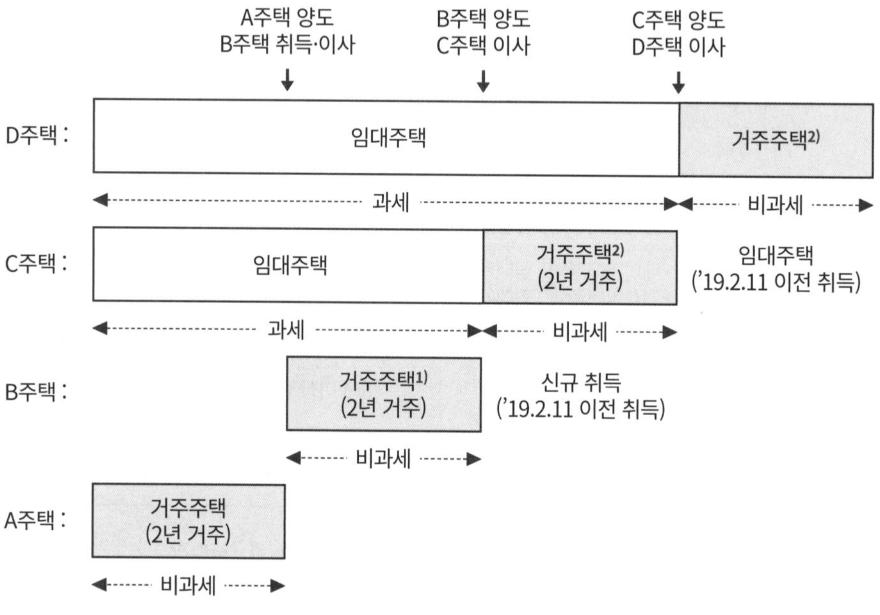

1) 2년 이상 거주한 A주택을 양도하여 거주주택 비과세를 받은 경우에도, 2019.2.11. 이전에 B주택을 신규로 취득하여 2년 이상 거주하고 양도하면 재차 거주주택 비과세를 받을 수 있다.

2) 임대등록한 C주택 또는 D주택의 보유기간 중에 직전 거주주택 A주택 또는 B주택을 양도하여 거주주택 비과세특례를 적용받은 후, 의무임대기간 종료 후 C주택 또는 D주택을 거주주택으로 전환하여 비과세 요건을 충족한 후 양도하는 경우에는 양도소득금액 전체가 아닌 A주택 또는 B주택 양도일 이후 기간분에 대해서만 비과세를 적용한다. 이 경우 마지막으로 남은 D주택이 2017.8.3. 이후 취득한 조정대상지역 내 주택으로서 2019.12.16. 이전에 임대등록하였거나, 2017.8.2. 이전에 취득한 주택에 해당하는 경우에는 2년 이상 거주요건이 적용되지 않으므로 D주택 양도시 2년 이상 보유요건만 충족하면 된다.

사례

'19.2.11. 이전에 취득한 주택에 대한 재차 거주주택 비과세 적용여부

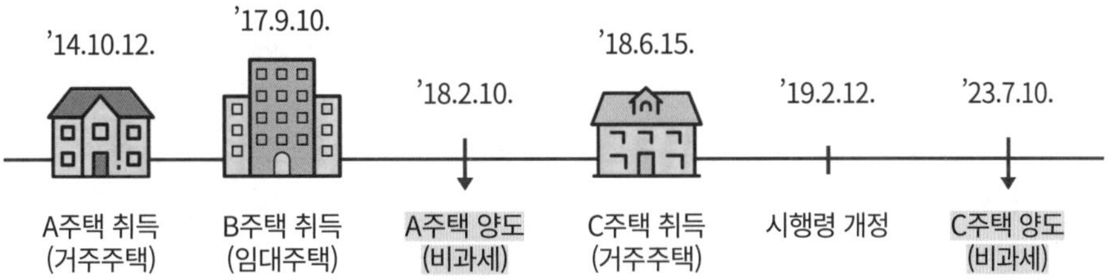

해설 임대주택B를 보유한 상태에서 2019.2.11. 이전에 취득한 주택은 횟수에 제한없이 거주주택 비과세특례가 적용되므로, A주택을 양도하여 거주주택 비과세특례를 적용받고 2018.6.15.에 취득한 C주택을 2년 이상 거주한 후 양도할 경우 재차 거주주택 비과세가 적용된다.

계산사례 1

거주주택을 양도한 후 의무임대기간이 종료된 임대주택을 양도하는 경우

● **주택 임대 및 양도에 관한 자료**

구 분	내 용
거주주택A	3년 전에 이미 거주주택 비과세특례를 적용받음
일반주택B	▪ 양도일 : 2023.2.15. ▪ 양도가액 : 11억원 ▪ 양도차익 : 6억원 ▪ 1세대1주택 비과세 요건 충족하고, 전체 보유기간 10년으로 가정
기준시가	거주주택A 양도 당시 임대주택B 기준시가 : 5억원
	일반주택B 양도 당시 기준시가 : 7억원
	임대주택B 취득 당시 기준시가 : 2억원

※ 일반주택B는 당초 장기임대주택으로 등록하여 임대하다 의무임대기간 종료 후 1년 6개월 거주하다 양도한 주택임

해설

1. B주택의 전체 양도소득금액 : 600,000,000 - 600,000,000 × 20% = 480,000,000

* 의무임대기간 종료 후 B주택에서 2년 이상 거주하지 않았으므로 최대 30%를 한도로 20%(10년 × 2%)의 장기보유특별공제율이 적용된다.

2. 직전 거주주택A 양도일 이전 B주택 보유기간분에 대한 과세소득금액

$$\text{B주택 전체 양도소득금액} \times \frac{\text{직전거주주택 양도 당시 임대주택 기준시가} - \text{취득 당시 기준시가}}{\text{양도 당시 기준시가} - \text{취득 당시 기준시가}}$$

$$= 480{,}000{,}000 \times \frac{(500{,}000{,}000 - 200{,}000{,}000)}{(700{,}000{,}000 - 200{,}000{,}000)} = 288{,}000{,}000$$

추가해설 의무임대기간이 종료된 후 1세대1주택 비과세 요건을 충족한 B주택을 양도하는 경우 양도소득금액 4.8억원 전체에 대하여 비과세되는 것이 아니라, 직전 거주주택A의 양도일 이후 발생한 양도소득금액 1.92억원에 대해서만 비과세된다. 이 경우 직전 거주주택A의 양도일 이후 발생한 양도소득금액은 기준시가 비율로 안분하여 계산한다.

$$※\ \text{비과세} : 480{,}000{,}000 \times \frac{(700{,}000{,}000 - 500{,}000{,}000)}{(700{,}000{,}000 - 200{,}000{,}000)} = 192{,}000{,}000$$

계산사례 2

고가주택에 해당하는 임대주택을 의무임대기간 종료 후 양도하는 경우

● **주택 임대 및 양도에 관한 자료**

구 분	내 용
거주주택A	3년 전에 이미 거주주택 비과세특례를 적용받음
일반주택B	▪ 양도일 : 2023.2.15. ▪ 양도가액 : 20억원 ▪ 양도차익 : 8억원 ▪ 1세대1주택 비과세 요건 충족하고, 전체 보유기간 10년으로 가정
기준시가	거주주택A 양도 당시 임대주택B 기준시가 : 9억원
	일반주택B 양도 당시 기준시가 : 12억원
	임대주택B 취득 당시 기준시가 : 4억원

※ 일반주택B는 당초 장기임대주택으로 등록하여 임대하다 의무임대기간 종료 후 2년 6개월 거주하다 양도한 주택임

해설

1. 직전 거주주택A 양도일 이전 B주택의 보유기간분에 대한 과세소득금액

① 전체 양도소득금액 : 800,000,000 – 800,000,000 × 20%(10년 × 2%) = 640,000,000

② B주택의 양도소득금액

$$640{,}000{,}000 \times \frac{(900{,}000{,}000 - 400{,}000{,}000)}{(1{,}200{,}000{,}000 - 400{,}000{,}000)} = 400{,}000{,}000$$

2. 직전 거주주택A 양도일 이후 B주택 보유기간분에 대한 12억원 초과분 양도소득금액

① 전체 양도소득금액 : 800,000,000 - 800,000,000 × 48% = 416,000,000

* 의무임대기간 종료 후 주택B에서 2년 이상 거주하였으므로 최대 80%를 한도로 48%(10년×4% + 2년×4%)의 장기보유특별공제율이 적용된다.

② B주택에 대한 12억원 초과분 양도소득금액

$$416{,}000{,}000 \times \frac{(1{,}200{,}000{,}000 - 900{,}000{,}000)}{(1{,}200{,}000{,}000 - 400{,}000{,}000)} \times \frac{20억원-12억원}{20억원} = 62{,}400{,}000$$

3. 양도소득금액 합계 : 400,000,000 + 62,400,000 = 462,400,000

2) 2019.2.12. 이후에 취득한 거주주택을 양도하는 경우

임대주택을 보유한 상태에서 거주주택 비과세특례를 적용받은 후, 2019.2.12. 이후 취득한 주택(장기임대주택을 거주주택으로 전환한 주택 포함)을 양도하는 경우에는 거주 여부를 불문하고 재차 거주주택 비과세특례가 적용되지 않는다. 다만, 2019.2.12. 현재 거주하고 있는 주택과 2019.2.11. 이전에 거주주택을 취득하기 위해 매매계약을 체결하고 계약금을 지급한 사실이 확인되는 주택(2019.2.12. 당시 보유 중인 분양권 또는 조합원입주권 포함)은 종전규정이 적용되어 다시 거주주택 비과세특례를 적용받을 수 있다.

[2019.2.12. 이후에 취득한 거주주택 비과세]

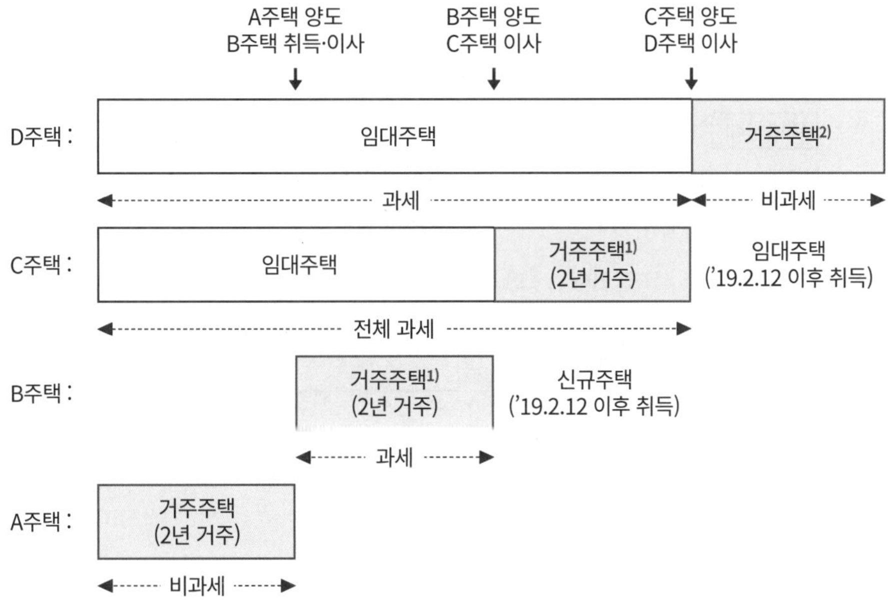

1) 2019.2.12. 이후 취득한 B주택을 2년 이상 거주하고 양도하는 경우에는 A주택에 대해 이미 거주주택 비과세를 받았으므로 재차 거주주택 비과세를 적용받을 수 없으며, 2019.2.12. 이후 취득한 C주택을 임대주택으로 등록한 후 의무임대기간 종료 후 거주주택으로 전환하여 비과세 요건을 충족한 후 양도하는 경우에도 전체 양도소득금액에 대해 과세된다.
2) 1세대1주택 비과세 요건을 충족한 최종 임대주택D만 보유하게 된 경우에는 직전 거주주택C 양도일 이후 발생한 양도소득금액에 대해서는 비과세된다. 이 경우 마지막으로 남은 D주택이 2017.8.3. 이후 취득한 조정대상지역 내 주택으로서 2019.12.16. 이전에 임대등록하였거나, 2017.8.2. 이전에 취득한 주택에 해당하는 경우에는 2년 이상 거주요건이 적용되지 않으나, 2019.12.17. 이후에 임대등록한 경우에는 2년 이상 거주요건이 적용된다.

사례

'19.2.11. 이전에 비과세 받고 2019.2.12. 이후 취득한 거주주택의 비과세 여부

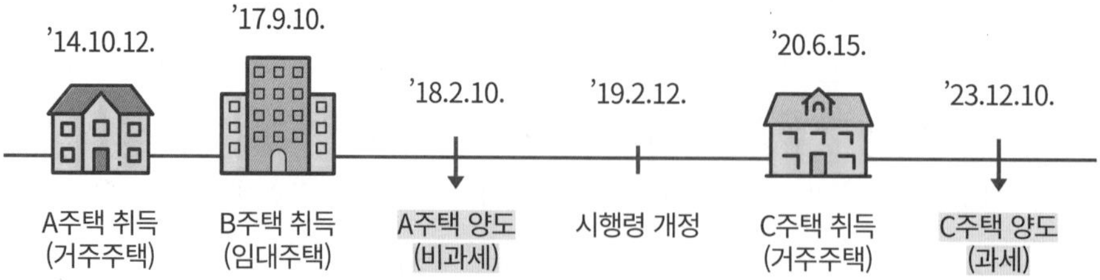

해설 임대주택을 보유한 상태에서 거주주택A에 대하여 비과세 받은 후 2019.2.12. 이후 취득한 C주택을 양도하는 경우 평생 1회만 비과세를 적용하므로 재차 거주주택 비과세를 받을 수 없다. 이 경우 평생 비과세 1회 적용은 2019.2.12. 이후 취득한 주택분부터 적용하는 것이 아니라 2019.2.11. 이전에 취득한 주택을 포함해서 평생 1회를 적용하는 것이므로 이미 거주주택 비과세를 적용받은 경우에는 다시 거주주택 비과세를 적용받을 수 없다(재산세세과-192, 2020.2.18).

대비사례

'19.2.11. 이전에 신규주택에 대해 매매계약을 체결한 후 '19.2.12. 이후에 주택을 취득한 경우 재차 거주주택 비과세 적용여부

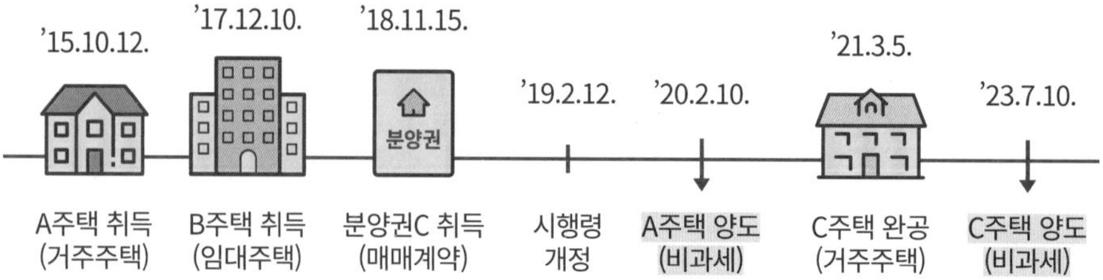

해설 임대주택을 보유한 상태에서 거주주택A에 대하여 이미 비과세를 받은 경우에도 2019.2.11. 이전에 C주택에 대해 매매계약을 체결하고 계약금을 지급한 후 2019.2.12. 이후 신축주택을 취득하여 2년 이상 거주요건을 충족한 C주택을 양도하는 경우에는 재차 거주주택 비과세가 적용된다(법령해석재산-1409, 2021.4.27).

응용사례 1

임대주택이 없는 상태에서 '19.2.11. 이전에 신규주택에 대한 매매계약을 체결한 경우

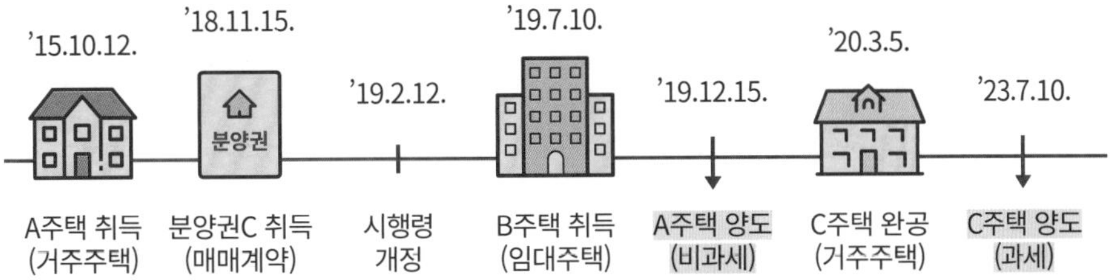

해설 2019.2.11. 이전에 임대주택을 보유하지 않은 상태에서 C주택에 대하여 매매계약을 체결하고 계약금을 지급한 후 2019.2.12. 이후 장기임대주택을 취득하고 주택분양권에 의해 준공된 C주택을 2년 이상 거주한 후 양도할 경우에는 거주주택A에 대하여 이미 비과세를 받았기 때문에 재차 거주주택 비과세를 받을 수 없다(법규과-2767, 2022.9.29).

응용사례 2

장기임대주택과 거주주택을 보유한 상태에서 신규주택을 취득한 후 거주주택을 먼저 과세로 양도하고 신규주택을 양도하는 경우 거주주택 비과세 여부

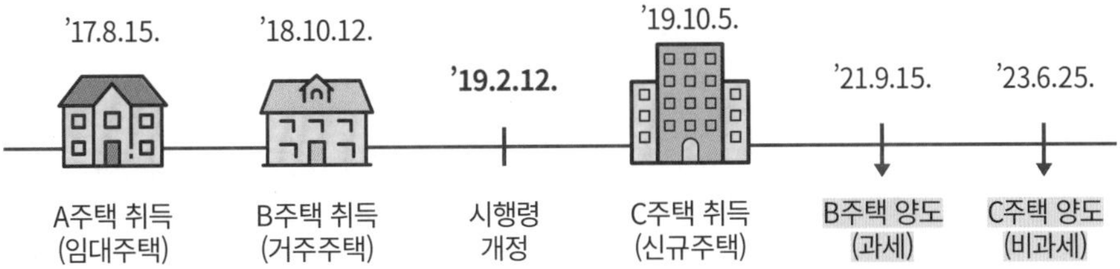

해설 장기임대주택A와 2019.2.11. 이전에 취득한 거주주택B를 보유하고 있는 1세대가 2019.2.12.이후에 신규주택C를 취득하고 먼저 거주주택B를 과세로 양도한 후, 다시 거주용 주택으로 사용한 신규주택C를 양도하는 경우 거주주택 비과세가 적용된다(법규과-3668, 2022.12.22).

3 의무임대기간 중 거주주택에 대해 비과세 받은 경우 임대주택에 대한 사후관리

장기임대주택의 의무임대기간이 종료되기 전에 거주주택을 양도하는 경우에도 비과세를 받을 수 있으나 거주주택 비과세를 적용받은 후 ① 임대의무호수를 임대하지 않은 기간이 6개월 이상인 경우 ② 의무임대기간이 경과되기 전에 포괄양도하는 경우 ③ 본인이 임대주택에 직접 거주하는 경우 등 의무임대기간요건을 충족하지 못하게 된 때에는 그 사유가 발생한 날이 속하는 달의 말일로부터 2개월 이내에 아래 계산식에 따라 계산한 금액을 신고·납부하여야 한다.

거주주택 양도 당시 임대주택을 장기임대주택으로 보지 않을 경우에 납부하였어야 할 세액
- 거주주택 양도 당시 1세대1주택 비과세 규정을 적용받아 납부한 세액

여기서 잠깐 _ 거주주택 비과세를 받은 후, 임대주택 의무임대기간 미충족으로 사유발생일 말일로부터 2개월 이내 신고하지 않은 경우 가산세

1. 무신고 가산세 적용

거주주택에 비과세특례를 적용받은 후, 의무임대기간을 충족하지 못한 채 임대주택을 처분하였으나 그 사유발생일 말일로부터 2개월이 경과하여 신고하는 경우에는 무신고가산세 20%가 부과된다. 다만, 6개월 이내 기한 후 신고하면 일정부분 가산세가 감면된다.

2. 납부지연가산세

사유발생일 말일로부터 2개월이 경과하여 신고하는 경우 납부지연가산세가 부과된다. 이 경우 무납부일수 계산시 당초 신고한 법정신고기한의 다음 날부터 기산하는 것이 아니라, 사유발생일 말일로부터 2개월의 다음 날부터 기산하여 납부지연가산세를 계산한다.

4 임대등록 시점별 거주주택 비과세 적용 여부

1) 2020.7.10. 이전까지 임대주택으로 등록한 경우

2020.7.10. 이전까지 소득세법상 장기임대주택으로 등록한 경우 장단기 구분 없이 5년 이상 임대하면 양도한 거주주택에 대하여 비과세특례가 적용된다.

2) 2020.7.11. 이후 임대주택으로 등록한 경우

2020.7.11. 이후부터는 단기임대로 등록할 수 없고 장기임대로 등록하여야 하며, 8년(2020.8.18. 이후 등록분부터는 10년) 이상의 의무임대기간을 충족해야 거주주택 비과세를 적용받을 수 있으므로 아파트를 제외한 주택을 2020.7.11. 이후 장기임대주택으로 등록하는 경우에는 취득시기 및 조정대상지역 소재여부와 관계 없이 거주주택 비과세 규정을 적용받을 수 있다.

사례 1

조정대상지역 소재 아파트를 '20.7.10. 이전에 단기임대주택으로 등록한 경우

▪B주택은 취득일에 임대등록하였고, 법적 요건을 충족한 것으로 가정

해설 2020.7.10.까지 임대등록한 주택은 장단기 불문하고 거주주택 비과세 규정을 적용받을 수 있으므로, 거주주택A를 양도할 경우 비과세된다.

사례 2

'18.9.14. 이후 취득한 조정대상지역 소재 아파트를 단기임대주택으로 등록한 경우

▪B주택은 취득일에 임대등록하였고, 법적 요건을 충족한 것으로 가정

해설 2018.9.14. ~ 2020.7.10.까지 취득한 조정대상지역 내 주택을 임대등록한 경우 장단기 및 조정대상지역 지정여부를 불문하고 거주주택 비과세 규정을 적용받을 수 있으므로, 거주주택A를 양도할 경우 비과세된다.

사례 3

'20.7.11. 이후 취득한 조정대상지역 소재 다가구주택을 단기임대로 등록한 경우

▪B주택은 취득일에 임대등록하였고, 법적 요건을 충족한 것으로 가정

해설 2020.7.11. 이후에는 장기임대로 등록한 경우에만 거주주택 비과세 규정을 적용받을 수 있으므로 거주주택A를 양도할 경우 거주주택 비과세를 적용받을 수 없으나, 2023.1.12. 이후에 종전주택을 양도하는 경우에는 3년 이내 양도하면 일시적 2주택 비과세특례가 적용되므로 비과세된다.

사례 4

'20.7.11. 이후 취득한 조정대상지역 소재 아파트를 장기임대주택으로 등록한 경우

- B주택은 취득일에 임대등록하였고, 법적 요건을 충족한 것으로 가정

해설 2020.7.11. 이후부터는 아파트는 조정대상지역 여부를 불문하고 더 이상 임대등록을 할 수 없으므로 거주주택 비과세는 적용받을 수 없고, 2019.12.17. 이후 조정대상지역 내 신규주택을 취득한 경우로서 종전주택을 2023.1.11. 이전에 양도하는 경우에는 2년 이내 양도해야만 일시적 2주택 비과세특례가 적용되나, 해당 사례에서는 2년 경과하여 종전주택을 양도하였으므로 비과세되지 않는다.

5 거주주택 비과세 관련 주요 사례

사례 1

임대주택을 동일세대원이 공동소유한 경우 거주주택 비과세 여부

- B주택은 甲과 배우자 乙이 각각 50%씩 공동소유하고 있음

해설 甲과 乙은 동일세대원으로서 1세대를 기준으로 1호 이상의 주택을 임대한 것이므로 임대주택을 보유한 상태에서 거주주택을 양도하는 경우 비과세된다(부동산납세과-989, 2020.8.31).

대비사례

임대주택을 별도세대원이 공동소유한 경우 거주주택 비과세 적용 여부

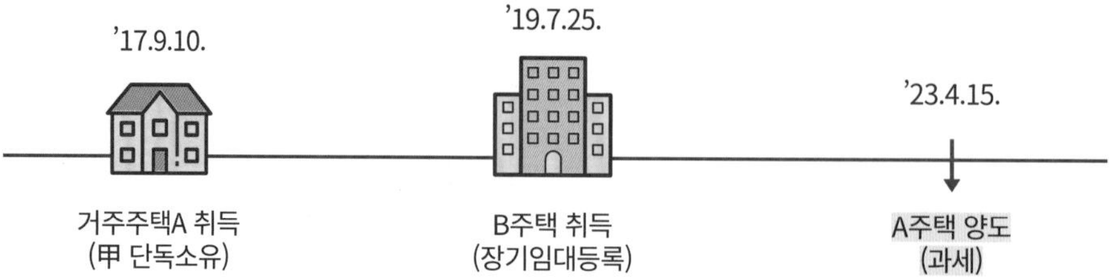

▪ B주택은 甲과 별도세대원인 乙이 각각 50%씩 공동소유하고 있음

해설 1세대가 1호 이상의 임대주택을 보유하고 있는 상태에서 거주주택을 양도해야 비과세 되므로 별도세대원인 甲과 乙이 50%씩 공동으로 소유한 임대주택은 세대당 1호 이상 임대호수 요건을 충족하지 않아 거주주택 비과세를 적용받을 수 없다(법규과-279, 2023.1.31).

※ (반대해석사례) 비과세 가능(조심2022서 0109, 2022.7.19).

응용사례

별도세대원이 다가구주택을 임대주택으로 등록하여 공동소유한 경우

甲은 별도세대원인 乙,丙과 공동으로 2018년 수도권 소재 다가구주택을 취득하여(甲,乙,丙 소유지분 각각 1/3) 임대사업자로 등록하고 임대하던 중 매입 후 2년 이상 거주한 주택을 2023.2.15.에 양도하였다. 甲이 거주주택을 양도할 당시 乙,丙과 함께 취득한 다가구주택의 임대현황은 아래와 같다.

● **다가구주택 및 상가 임대 현황**

층별	가구수	용도	연면적(㎡)	취득당시 기준시가
지상3층	2가구	주택	100	1,650,000,000
지상2층	2가구	주택	100	
지상1층		근린생활시설	100	250,000,000
지하1층		근린생활시설	60	100,000,000
계			360	2,000,000,000

해설 거주주택 비과세는 1세대가 1호 이상의 임대주택을 임대하고 있는 상태에서 거주주택을 양도하는 경우에 한하여 적용된다. 이 때 다가구주택을 공동소유한 경우 1호 이상을 임대하는지 여부는 공동소유한 다가구주택의 전체 임대호수에 1세대에 속한 소유자의 지분비율

을 곱하여 판단한다(부동산납세과-361, 2019.4.5).

위 사례에서 전체 임대호수 4호에 甲의 지분비율 1/3을 곱한 임대호수는 1.333호로서 甲은 1호 이상 임대호수 요건을 충족하고 있고, 다가구주택의 전체 취득당시 기준시가 16.5억원을 전체임대 4호로 나눈 가액이 4.12억원으로서 취득당시 수도권 기준가액 6억원 이하에 해당하여 가구당 가액기준도 충족하므로 甲이 양도한 거주주택A는 비과세를 적용받을 수 있다.

사례 2

동일세대인 父로부터 부담부증여로 취득한 거주주택을 양도하는 경우 거주기간 계산

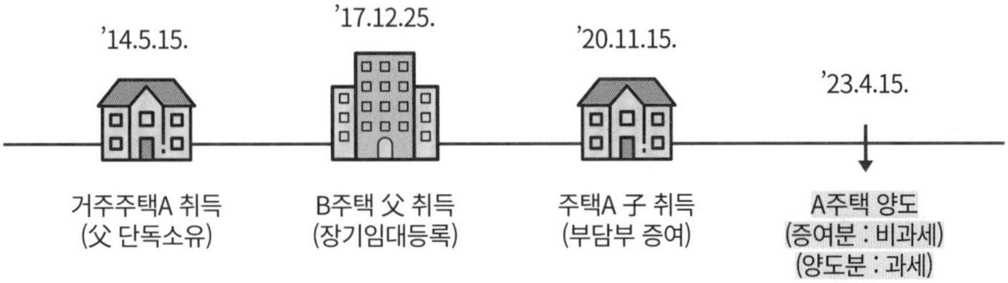

▪자녀는 거주주택A를 부담부증여로 취득한 후 해당 주택에서 거주하지 않음

해설 동일세대원으로부터 부담부증여로 취득한 주택을 양도한 경우 증여로 보는 부분에 대한 거주기간은 증여자와 수증자가 동일세대로서 거주한 기간을 통산하며, 양도로 보는 채무액에 해당하는 부분에 대한 거주기간은 수증자가 증여받은 날부터 거주주택 양도일까지 계산하여 거주주택 비과세 여부를 판단한다.

따라서 위 사례에서 증여로 취득한 부분의 양도차익에 대하여는 2년 이상 거주요건을 충족하여 비과세되나, 양도로 보는 채무액에 해당하는 부분의 양도차익에 대하여는 2년 이상 거주요건을 충족하지 못하여 양도소득세가 과세된다(법령해석재산-2718, 2021.5.17).

사례 3

장기임대주택과 상속주택을 보유하고 있는 경우 거주주택 비과세 여부

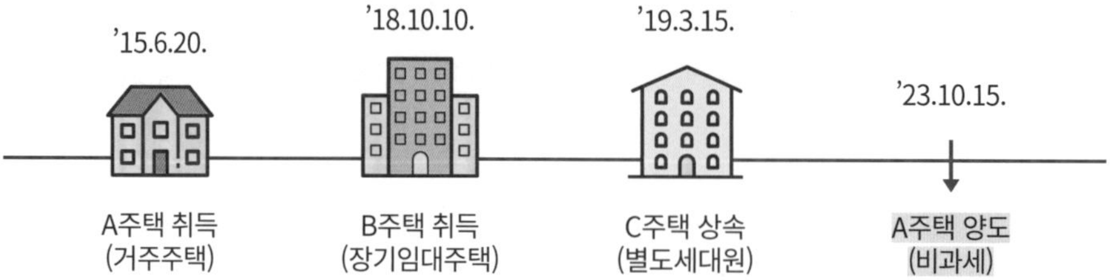

해설 장기임대주택 보유자에 대한 거주주택 비과세와 상속주택 비과세는 중복적용되므로 장기임대주택과 상속주택을 보유한 상태에서 거주주택을 양도하는 경우에도 비과세된다(부동산거래관리과-0010, 2012.1.3).

사례 4

거주주택과 장기임대주택을 보유한 상태에서 출국한 경우 비과세 여부

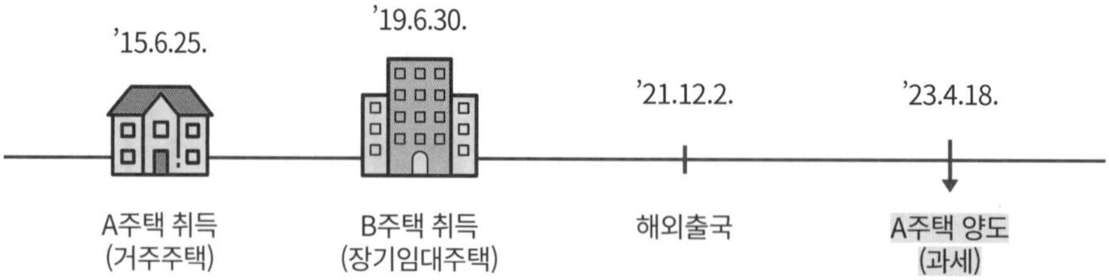

해설 거주주택과 장기임대주택을 보유한 1세대가 해외이주로 세대전원이 출국하는 경우 출국일 현재 1주택자가 아니므로 출국일로부터 2년 이내 양도한 거주주택은 비과세를 적용받을 수 없다(법령해석재산-4922, 2017.8.22).

사례 5

임대주택 양도시 거주주택 비과세특례 적용요건 중 거주요건 적용여부

해설 거주주택A, 임대주택B, 신규주택C를 순차로 취득한 후 거주주택A를 양도하여 1세대 1주택 비과세를 적용받은 후, 임대주택B과 신규주택C를 보유한 상태에서 임대주택B를 양도한 경우 일시적 2주택 특례 적용시 소득령 §155⑳에 따른 거주주택의 거주요건은 적용하지 않고 비과세 여부를 판단한다. 다만, 거주주택A 양도일 이후의 기간분에 대한 양도차익에 대해서만 비과세를 적용한다(법규과-2557, 2022.9.6).

ⓘ 실무상 주의점 _ 거주주택과 임대주택을 보유한 경우 거주주택 비과세 선택여부

<방법1>과 같이 거주주택과 임대주택이 있는 상태에서 거주주택을 먼저 비과세로 양도하고 임대주택을 양도하면 임대주택의 양도차익은 거주주택 양도일 이후분에 대해서만 1세대 1주택 비과세가 적용되며, <방법2>와 같이 처음부터 거주주택 비과세 적용받지 않고 과세로 신고한 후, 임대주택 양도시 전체 보유기간에 대해서는 비과세로 신고할 수 있으나, 거주주택과 임대주택을 보유하고 있는 경우에는 거주주택 비과세 여부를 선택할 수 없고 <방법1>과 같이 거주주택을 먼저 양도해야 한다(부동산납세과-2222, 2022.8.2).

<방법1>

① 거주주택 양도 : 소득령 제155조 20항을 적용하여 1세대1주택 비과세 신고
② 임대주택 양도 : 거주주택 양도일 이후의 양도차익에 대해서만 비과세 적용

<방법2>

① 거주주택 양도 : 소득령 제155조 20항을 적용하지 않고 과세로 신고
② 임대주택 양도 : 전체 보유기간에 대해 1세대1주택 비과세 신고

사례 6

신축주택, 임대주택 및 거주주택을 보유한 상태에서 분양권을 취득한 날로부터 3년 이내 거주주택 양도시 비과세 여부

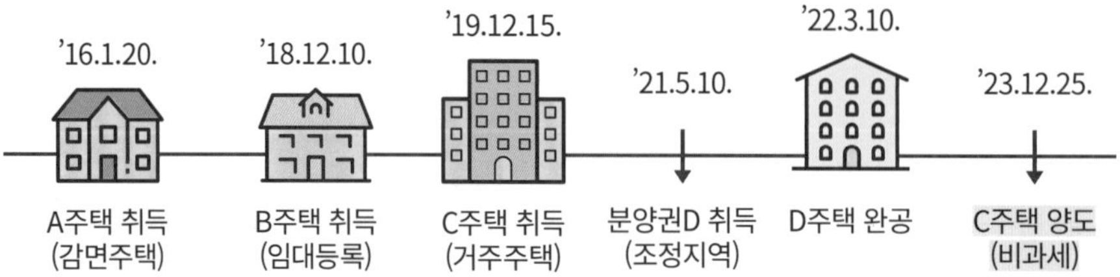

▪ 서울 소재 임대주택B는 지자체 및 세무서에 단기임대사업자로 등록

해설 「조세특례제한법」 제99조의2제1항에 따른 신축주택A와 「소득세법 시행령」 제155조 제20항 각 호의 요건을 충족한 장기임대주택B 및 거주주택C를 소유한 1세대가 2021.1.1. 이후 종전주택C를 취득한 날부터 1년 경과 후에 분양권D를 취득하고 그 분양권을 취득한 날부터 3년 이내에 종전주택C를 양도하는 경우에는 비과세된다(법규과-1326, 2022.4.26).

사례 7

거주주택을 조합원입주권으로 전환된 상태에서 양도되는 경우

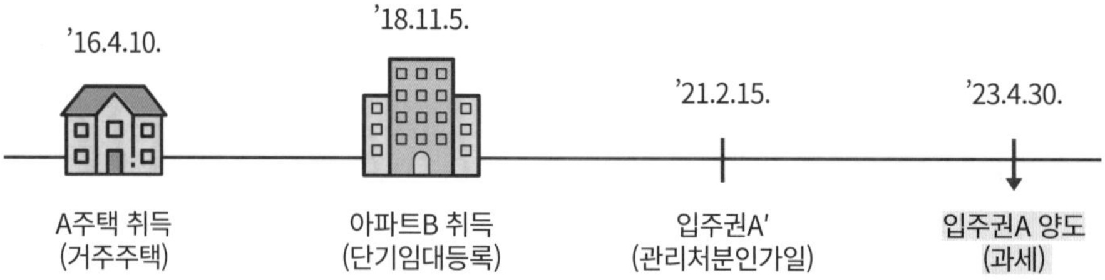

해설 거주주택과 임대주택을 보유하다가 거주주택이 조합원입주권으로 전환된 상태에서 해당 조합원입주권을 양도하는 경우 종전 거주주택에서 2년 이상 거주하였더라도 거주주택 비과세특례를 적용받을 수 없다(법령해석재산-87, 2020.3.19).

대비사례

거주주택이 조합원입주권으로 전환되었다가 신축된 후 양도하는 경우

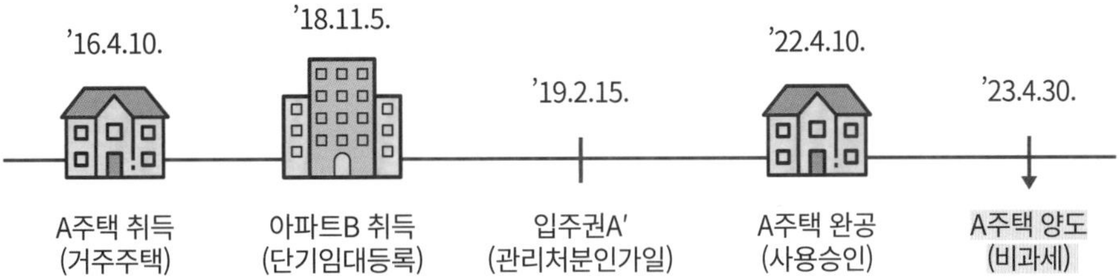

해설 거주주택과 임대주택을 보유하다가 거주주택이 조합원입주권으로 전환되었다가 조합원입주권이 다시 주택으로 완공된 후 신축주택을 양도하는 경우에는 거주주택 비과세특례를 적용받을 수 있다.

사례 8

임대주택이 조합원입주권으로 전환된 상태에서 거주주택을 양도하는 경우

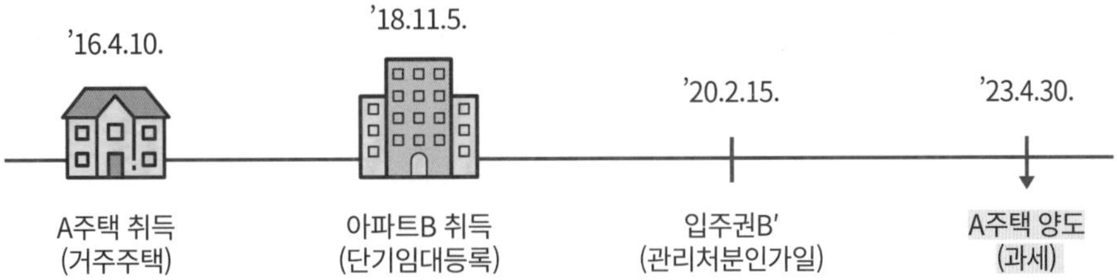

해설 임대주택이 「도시 및 주거환경정비법」에 따라 조합원입주권으로 전환된 상태에서 거주주택을 양도하는 경우에는 거주주택 비과세특례를 적용받을 수 없다(부동산납세과-823, 2017.7.19).

또한, 임대주택이 재건축사업으로 인해 의무임대기간이 경과되기 전에 임대등록이 직권말소된 경우에도 말소일로부터 5년 이내 거주주택을 양도하더라도 거주주택 비과세 특례를 적용받을 수 없다(부동산납세과-2813, 2022.9.22). _ p556(응용사례) 참고

배경 및 취지

종전에는 재개발·재건축 이후 임대주택이 신축주택으로 완공되어 계속 임대하는 것을 전제로 비과세 특례를 인정하였으나, 2020.8.18. 이후 아파트는 더 이상 매입임대주택으로 등록이 불가능하며 의무임대기간이 종료되면 자동말소되므로 거주주택 비과세 특례의 세제 혜택을 받을 수 없는 것이다.

Ⅱ 장기가정어린이집 보유자의 거주주택 비과세 특례

1 개요

소득세법 시행령 제167조의3 제1항 제8호의2에 따라 거주주택 양도일 현재 세무서에 사업자등록을 하고 5년 이상 운영한 장기가정어린이집을 보유한 상태에서 거주주택 보유기간 중 세대전원이 2년 이상 거주한 주택을 양도하는 경우 장기가정어린이집은 없는 것으로 보아 1세대1주택 비과세 규정을 적용한다.

2 2019.2.12. 이후 취득한 주택에 대한 거주주택 비과세 재차 적용여부

장기임대주택을 보유한 자가 2019.2.12. 이후 취득한 거주주택에 대하여는 평생 1회에 대한 제한이 있으나, 장기가정어린이집을 보유한 자가 2019.2.12. 이후에 취득한 거주주택에 대해서는 횟수에 제한없이 거주주택 비과세특례가 적용된다.

사례

장기어린이집을 보유한 상태에서 '19.2.11. 이전에 거주주택 비과세를 적용받은 후 2019.2.12. 이후 취득한 거주주택의 비과세 여부

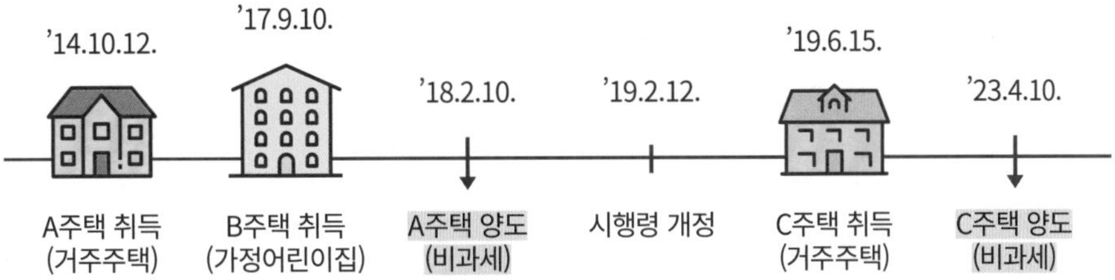

해설 거주주택A와 장기가정어린이집B를 보유한 상태에서 거주주택A에 대하여 비과세를 적용받은 후, 2019.2.12. 이후 취득한 C주택을 양도할 경우에도 평생 1회 제한이 없으므로 재차 거주주택 비과세를 적용받을 수 있다.

3 양도 당시 가정어린이집으로 사용하지 않은 경우

5년 이상 장기가정어린이집으로 운영하였다 하더라도 거주주택 양도일 현재 가정어린이집 용도로 사용하고 있지 않는 경우에는 거주주택 비과세특례는 적용받을 수 없다.

사례

거주주택 양도일 현재 장기가정어린이집으로 운영하지 않는 경우

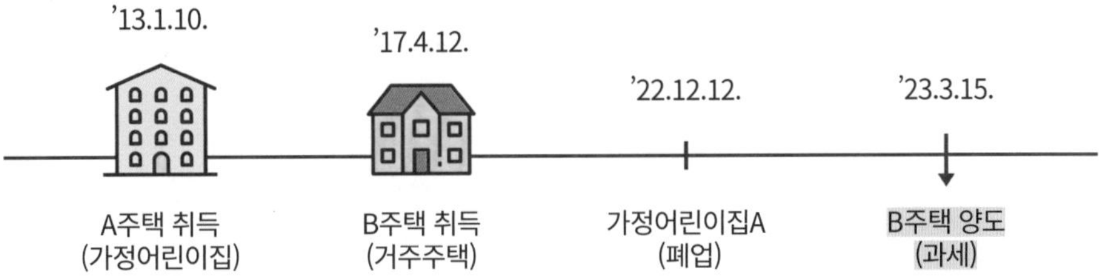

해설 장기가정어린이집과 거주주택을 보유하다가 5년 이상 운영한 장기가정어린이집을 폐업한 후 양도일 현재 가정어린이집으로 운영하지 않은 상태에서 거주주택을 양도하는 경우에는 거주주택 비과세가 적용되지 않는다(법규과-667, 2022.2.23).

Chapter 4

재개발·재건축 등에 대한 양도소득세

01
재개발·재건축 등에 대한 총설

I 조합원입주권의 범위

1 조합원입주권의 정의

도시및주거환경정비법에 따른 재개발·재건축 사업을 통해 조합원이 기존에 보유하고 있던 주택이나 토지를 조합에 제공하고 관리처분계획인가에 따라 신축주택을 분양받을 수 있는 권리를 말한다.

1) 소득세법상 조합원입주권에 대한 취급

① 부동산을 취득할 수 있는 권리로 취급되는 경우 세법상 영향

조합원입주권은 신축주택을 분양받을 수 있는 권리로서 조합원입주권을 보유한 기간동안 발생한 양도차익에 대하여 장기보유특별공제가 적용되지 않으며, 승계조합원이 조합원입주권을 취득하여 신축주택으로 양도하는 경우 조합원입주권으로 보유한 기간은 신축주택의 보유기간으로 인정되지 않는다.

② 주택으로 취급되는 경우 세법상 영향

조합원입주권은 신축주택을 분양받을 수 있는 권리임에도 불구하고 다른 주택의 1세대1주택 비과세여부나 중과여부 판단시 주택수에 포함되고, 1세대1주택 비과세요건을 갖춘 조합원입주권을 양도하는 경우 비과세 될 수 있다.

2) 조합원입주권에 포함되는 정비사업 범위

2021.12.31. 이전까지는 도시및주거환경정비법에 따른 재개발·재건축사업과 빈집 및 소규모주택정비에 관한 특례법상 소규모 재건축사업 과정에서 취득한 신축주택을 분양받을 수 있는 권리만 조합원입주권에 포함되었으나, 2022.1.1. 이후부터는 자율주택정비사업, 가로주택정비사업 및 소규모재개발사업 과정에서 취득한 입주권도 조합원입주권에 포함된다.

배경 및 취지

조합원입주권이나 주택분양권과 마찬가지로 소규모 정비사업과정에서 취득한 입주권도 다른 주택의 1세대1주택 비과세여부나 중과여부 판단시 주택수에 포함하여 투기수요를 억제하기 위한 것이다.

[정비사업별 조합원입주권 및 주택분양권 해당 여부]

근거 법령	정비사업 종류	조합원입주권 해당 여부	
		2021.12.31. 이전 취득	2022.1.1. 이후 취득
도시 및 주거환경정비법	재개발사업	포함	포함
	재건축사업	포함	포함
빈집 및 소규모주택정비에 관한 특례법	소규모 재건축사업	포함	포함
	자율주택정비사업	제외	포함
	가로주택정비사업	제외[1]	포함
	소규모 재개발사업	제외	포함

근거 법령	정비사업 종류	주택분양권 해당 여부	
		2020.12.31.이전 취득	2021.1.1.이후 취득
주택법	지역·직장주택조합 (조합원입주권 아님)	부동산을 취득할 수 있는 권리[2]	주택분양권[3]

1) 가로주택정비사업을 시행하는 정비사업조합의 조합원으로서 2022.1.1. 전에 취득한 입주자로 선정된 지위는 「소득세법」 제94조 제1항 제2호 가목에 따른 부동산을 취득할 권리에는 해당하나 「소득세법」 제88조 제10호에 따른 주택분양권에는 해당하지 않는다(재산세제과-1424, 2022.11.14).

2) 2020.12.31. 이전에 사업계획승인된 지역주택조합의 지위는 신규주택을 취득할 수 있는 권리에 해당하므로 종전주택을 신규주택 취득일(사용승인일)로부터 3년 이내 양도하면 일시적 2주택 비과세특례가 적용된다.

3) 지역주택조합의 조합원이 2021.1.1. 이후 사업계획승인된 「주택법」 제2조 제11호 가목에 따라 주택을 공급받는 자로 선정된 지위를 취득한 경우 해당 권리는 「소득세법 시행령」 제155조 제1항 제2호에 따른 주택분양권에 해당한다(법규과-164, 2022.1.18).

Ⅱ 주택과 조합원입주권간 상호 변환시기

1 종전주택이 조합원입주권으로 변환되는 시기

도시및주거환경정비법에 따른 재개발·재건축 사업에 따라 조합원이 조합에 제공한 종전 주택은 관리처분계획인가일*에 조합원입주권으로 변환된다.

* 지방자치단체의 공보에 고시한 날

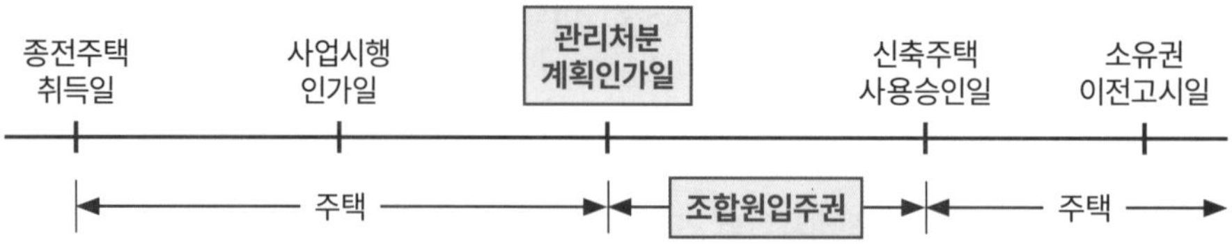

2 조합원입주권이 신축주택으로 변환되는 시기

관리처분계획인가일에 변환된 조합원입주권이 다시 신축주택으로 변환되는 시기는 신축주택의 준공일 또는 사용승인일이다. 이 경우 원조합원의 신축주택 취득시기는 종전주택을 취득한 날이며, 조합원입주권을 승계 취득한 승계조합원의 경우 신축주택 취득시기는 신축주택의 사용승인일이 된다.

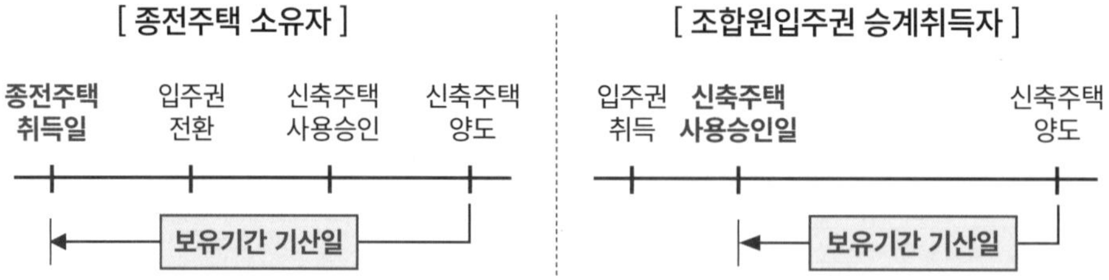

예를 들어 무주택자가 관리처분계획인가 전 A시점에서 주택을 취득하여 재건축·재개발 공사가 완료된 후 신축주택을 양도한 경우 신축주택은 종전주택의 연장으로 보므로 2년 이상 보유기간을 충족하여 양도소득세가 비과세될 수 있으나, 관리처분계획인가 후 B시점에서 주택을 취득한 경우에는 조합원입주권을 승계 취득한 것이 되어 신축주택 취득일은 2022.2.10.이 되므로 신축주택을 양도할 경우 비과세가 되지 않을 뿐만 아니라, 장기보유특별공제가 적용되지 않고 1년 미만 보유에 따른 70%의 단기세율이 적용된다.

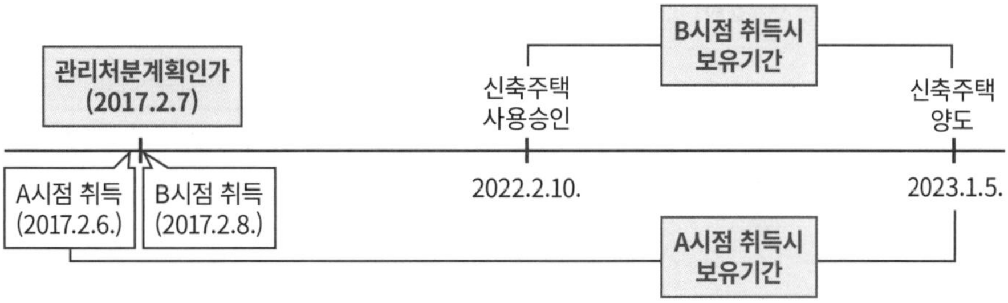

Ⅲ 조합원입주권의 주택수 포함 및 중과세 적용 여부

조합원입주권은 주택은 아니나 1세대1주택 비과세 판단시 또는 다주택자 중과세 판단시 주택수에 포함되므로, 조합원입주권 외에 다른 주택을 양도할 경우 1세대1주택 비과세를 받지 못하거나 다주택자로 중과될 수 있다.

[조합입주권이 주택 양도에 미치는 영향]

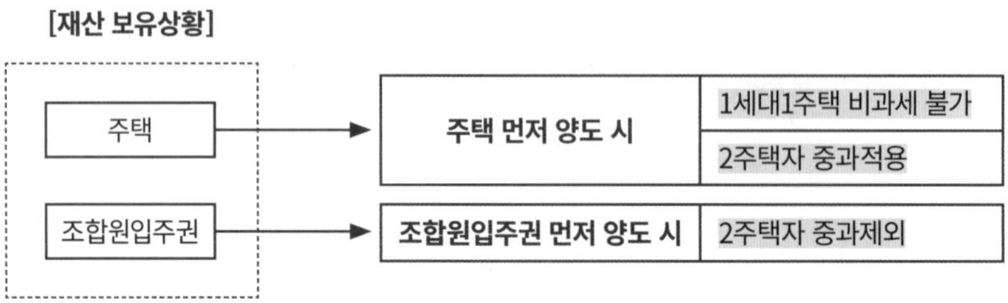

[주택과 조합원입주권의 비교]

구 분	주택	조합원입주권
세법상 취급	부동산	부동산을 취득할 수 있는 권리
1세대1주택 비과세 여부	적용 가능 (소득세법§89①제3호)	적용 가능 (소득세법§89①제4호)
비과세 판단시 주택수 포함 여부	포함	포함
다주택자 중과시 주택수 포함 여부	포함	포함
양도시 다주택자 중과 여부	중과 대상	중과 제외

02

조합원입주권 등에 대한 비과세 특례

I 개요

조합원입주권을 양도하거나 조합원입주권과 주택을 보유한 상태에서 조합원입주권 또는 주택을 양도하는 경우 1세대 1주택 비과세되지 않는 것이 원칙이나, 아래와 같이 일정한 요건을 충족하는 경우에는 1세대 1주택 비과세특례 규정이 적용된다.

[조합원입주권 등에 대한 1세대 1주택 비과세특례 규정 요약]

구 분	적용 요건	조합원 유형 (관련 법령)
종전주택이 권리로 전환된 상태에서 조합원입주권을 양도하는 경우	① 종전주택이 인가일 현재 비과세요건을 충족할 것 ② 양도일 현재 다른 주택 또는 분양권을 보유하지 않을 것	원조합원 (소법89①4호가목)
	① 양도일 현재 1주택외 분양권을 보유하지 않을 것 ② 1주택 취득일로부터 3년 이내 조합원입주권을 양도할 것	원조합원 (소법89①4호나목)
종전주택 보유자가 조합원입주권을 승계 취득하고 종전주택을 양도하는 경우	① 종전주택 취득일로부터 1년 이상 지난 후 조합원입주권을 취득할 것 ② 조합원입주권 취득일로부터 3년 이내 종전주택을 양도할 것	승계조합원 (소령156의2③)
	① 종전주택 취득일로부터 1년 이상 지난 후 조합원입주권을 취득할 것 ② 조합원입주권 취득일로부터 3년 이상 지난 경우로서 신축주택 완성 전 또는 완성 후 3년 이내 종전주택을 양도할 것 ③ 신축주택 완성 후 3년 이내 해당 신축주택으로 이사하여 1년 이상 계속 거주할 것	승계조합원 (소령156의2④)
종전주택이 조합원입주권으로 전환된 후 대체주택을 취득하고 대체주택을 양도하는 경우	① 사업시행인가일 이후 대체주택을 취득하여 1년 이상 거주할 것 ② 신축주택 완성 전 또는 완성 후 3년 이내 대체주택을 양도할 것 ③ 신축주택 완성 후 3년 이내 해당 신축주택으로 이사하여 1년 이상 계속 거주할 것	원조합원 (소령156의2⑤)

Ⅱ 1세대 1주택 비과세 특례가 적용되는 조합원입주권에 대한 구체적인 내용

1 종전주택이 조합원입주권으로 전환된 후 조합원입주권을 양도하는 경우

1세대가 보유한 종전주택이 관리처분계획인가일 또는 사업시행계획인가일 현재 비과세 요건을 충족한 상태에서 해당 주택이 조합원입주권으로 전환된 후 조합원입주권을 양도하는 경우로서 아래의 요건을 충족한 경우 양도소득세가 비과세된다(소득세법 89조①항4호. 가목 및 나목).

> ㉮ 양도일 현재 1조합원입주권 외에 다른 주택 또는 분양권을 보유하지 아니할 것
> ㉯ 양도일 현재 1조합원입주권과 1주택(분양권을 보유하지 않은 경우로 한정)을 보유한 경우로서 해당 1주택을 취득한 날로부터 3년 이내에 조합원입주권을 양도할 것

배경 및 취지

> 1세대 1주택 비과세 요건을 갖춘 종전주택을 관리처분계획인가 전에 주택 상태에서 양도하면 비과세되고 관리처분계획인가 후 조합원입주권 상태에서 양도하면 권리로 보아 비과세를 받지 못하게 되는 불합리함을 제거하고 납세자간 과세형평을 제고하기 위하여 조합원입주권을 종전주택의 연장으로 간주하여 비과세하는 것이다.

1) 양도일 현재 조합원입주권만 보유한 경우

① 2021.12.31. 이전에 종전주택이 조합원입주권으로 전환된 경우에는 양도일 현재 다른 주택·조합원입주권을 보유하고 있지 않을 것

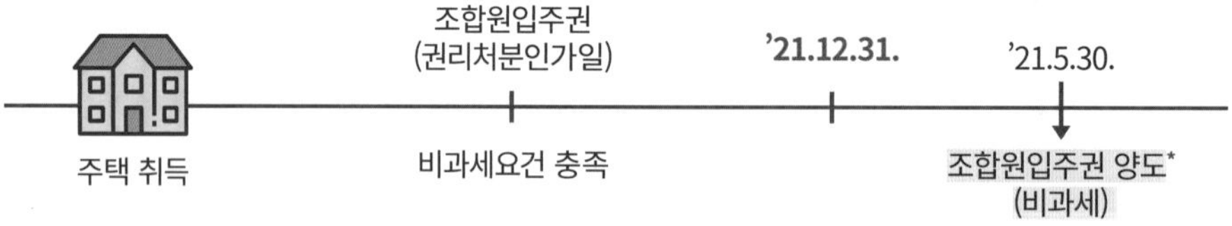

*조합원입주권 양도 당시 다른 주택·조합원입주권을 보유하고 있지 않음

② 2022.1.1. 이후에 종전주택이 조합원입주권으로 전환된 경우에는 양도일 현재 다른 주택·조합원입주권·2022.1.1. 이후 취득한 주택분양권을 보유하고 있지 않을 것

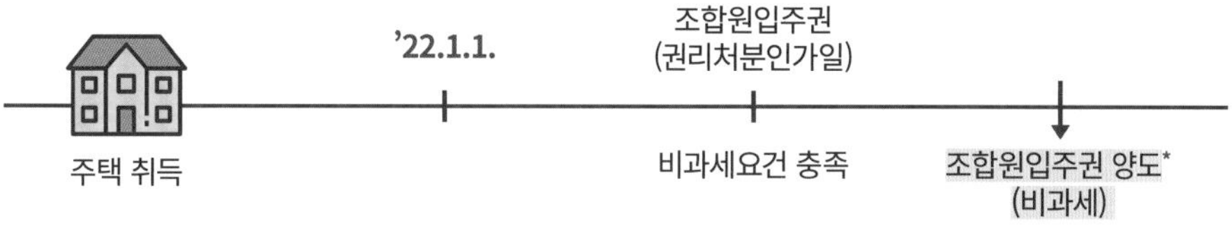

*조합원입주권 양도 당시 다른 주택·조합원입주권·분양권을 보유하고 있지 않음

2) 양도일 현재 조합원입주권과 1주택을 보유한 경우

① 2021.12.31. 이전에 종전주택이 조합원입주권으로 전환된 후 1주택을 취득하고 양도일 현재 1조합원입주권 외에 1주택만 보유한 경우로서 1주택 취득일로부터 3년 이내 조합원입주권을 양도할 것

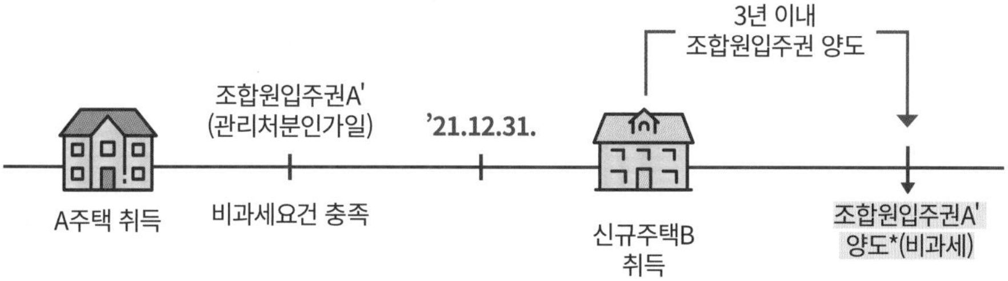

*조합원입주권 양도 당시 1조합원입주권과 1주택만 보유하고 있음

② 2022.1.1. 이후에 종전주택이 조합원입주권으로 전환된 후 1주택을 취득하고 양도일 현재 1조합원입주권 외에 1주택만 보유한 경우로서 1주택 취득일로부터 3년 이내 조합원입주권을 양도할 것. 다만, 양도 당시 2022.1.1. 이후 취득한 주택분양권을 보유하지 않을 것

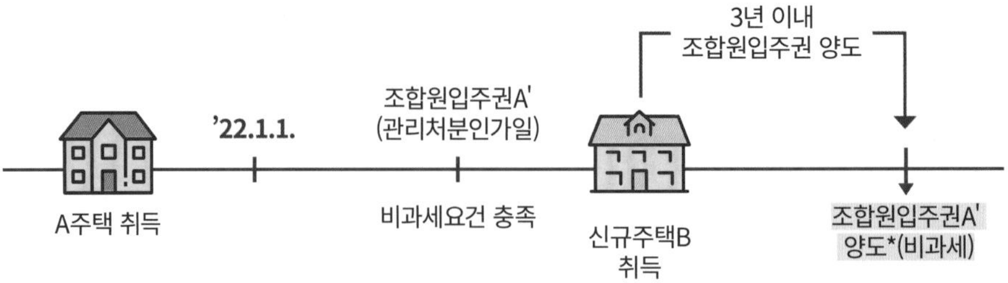

*조합원입주권 양도 당시 1조합원입주권과 1주택만 보유하고 있음

배경 및 취지

조합원입주권은 2006.1.1. 이후 관리처분계획인가를 받아 취득하는 분부터 1세대1주택 비과세 여부 및 중과대상 주택수 판단시 주택수에 포함되었으나, 주택분양권은 2020.12.31. 이전 취득분까지는 주택수에 포함되지 않다가 주택을 취득할 수 있는 권리라는 측면에서 조합원입주권과 성격이 유사하므로 과세형평 차원에서 2021.1.1. 이후 취득분부터는 1세대1주택 비과세 여부 및 다주택 중과세 판단시 주택수에 포함되도록 소득세법 시행령이 개정되었다. 다만, 2022.1.1. 이후 전환된 조합원입주권 비과세 판단시 주택분양권은 2022.1.1. 이후 취득분부터 주택수에 포함된다.

[조합원입주권과 주택의 일시적 2주택 비과세특례 비교]

구 분	조합원입주권 비과세 특례	일시적 2주택 비과세 특례
관련법령	소득법 §89①4호나목	소득령 §155①
특례적용 대상	원조합원입주권 + 신규주택	종전주택 + 신규주택
신규주택 취득요건	조합원입주권 취득일로부터 1년 경과 후 취득요건 없음	종전주택 취득일로부터 1년 경과 후 취득
비과세 양도자산	원조합원입주권	종전주택
비과세 양도기한	조정대상지역 상관없이 3년 이내 양도	

일반사례

조합원입주권 비과세 관련 사례

사례 1

관리처분계획인가일 현재 2주택을 보유하다 1주택이 조합원입주권으로 전환된 후 남은 1주택을 먼저 과세로 양도하고 조합원입주권을 양도하는 경우 비과세 여부

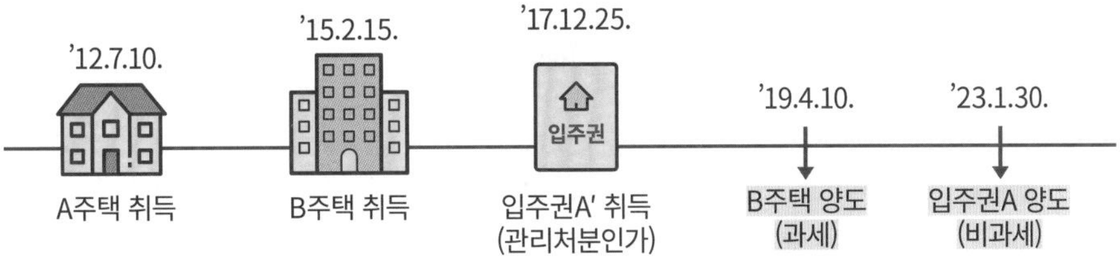

해설 1세대1주택 비과세 여부는 양도일 현재를 기준으로 판단하므로 A주택의 관리처분계획인가일 현재 2주택을 보유하고 있었더라도 관리처분계획인가일 현재 2년 이상 보유 등 비과세 요건을 충족한 조합원입주권A 양도시점에서는 다른 주택을 보유하고 있지 않아 1세대1주택 비과세가 적용된다(대판2007두10501, 2008.6.12).

사례 2

종전주택이 조합원입주권으로 전환된 후 다른 조합원입주권을 승계 취득하고 승계조합원입주권이 주택으로 완성되기 전에 원조합원입주권을 양도하는 경우 비과세 여부

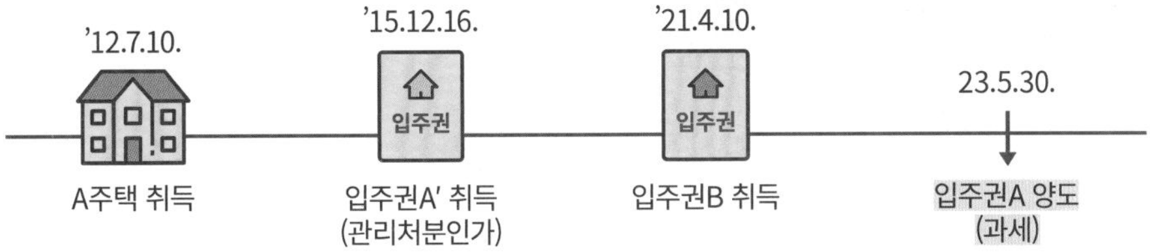

해설 1세대1주택 비과세요건을 갖춘 주택이 조합원입주권으로 전환된 상태에서 신규로 주택을 취득한 경우 실수요 목적으로 주택을 취득한 것으로 보아 조합원입주권에 대하여 비과세되는 것이나, 신규로 조합원입주권을 취득한 경우 실수요 목적이 아니라 투기목적으로 취득한 것으로 보아 1세대1주택 비과세요건을 갖춘 조합원입주권을 양도하는 경우에도 비과세 되지 않는 것이다(부동산납세과-1439, 2017.12.28).

대비사례 1

승계조합원입주권이 주택으로 완성된 후 3년 이내 원조합원입주권을 양도하는 경우 비과세 여부

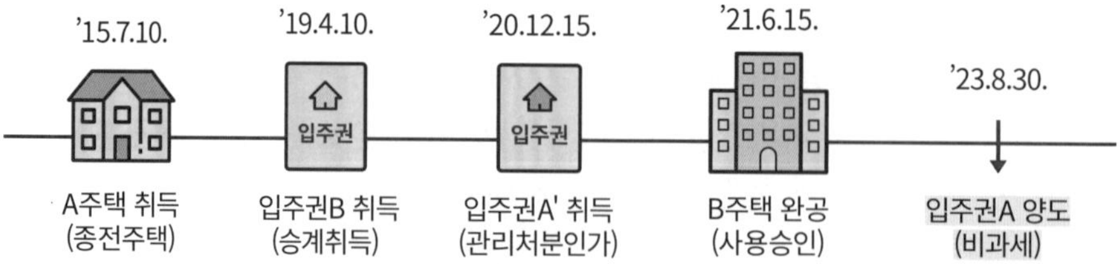

해설 종전주택A를 보유한 상태에서 조합원입주권B를 승계 취득하고 종전주택A가 조합원입주권A'로 전환된 후, 승계 취득한 조합원입주권B가 신축주택B로 완성된 경우로서 해당 신축주택B 완성일로부터 3년 이내 조합원입주권A를 양도하는 경우에는 소득법 §89①(4)나목을 적용하여 비과세한다(법규과-101, 2023.1.12).

대비사례 2

원조합원입주권과 승계조합원입주권을 보유하다 승계조합원입주권이 주택으로 완성된 후 원조합원입주권을 양도하는 경우 비과세 여부

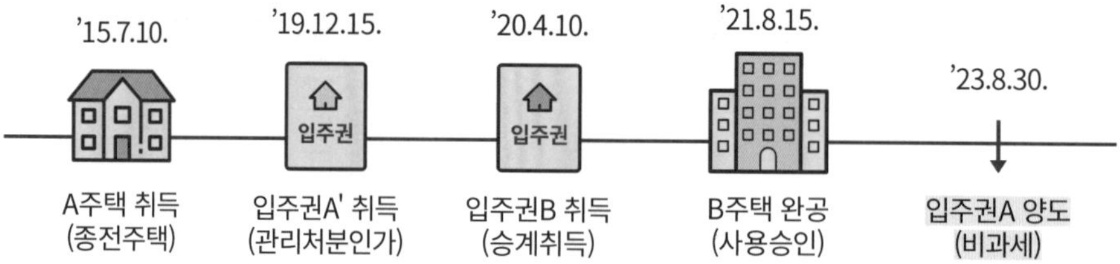

해설 1개의 조합원입주권A를 보유한 1세대가 새로운 조합원입주권B를 승계 취득하고 승계조합원입주권B가 신축주택B로 완공된 후, 3년 이내에 조합원입주권A를 양도하는 경우 「소득세법」 제89조제1항제4호나목에 따른 비과세 특례가 적용된다(재산세제과-50, 2023.1.10).

사례 3

'22.1.1. 이후 종전주택이 조합원입주권으로 전환된 시점에 '21.12.31. 이전에 취득한 분양권을 보유한 상태에서 조합원입주권을 양도하는 경우 비과세 여부

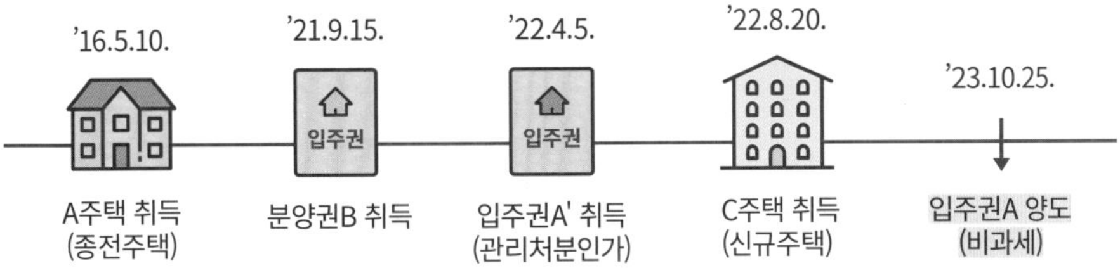

해설 2022.4.5.에 종전주택A가 조합원입주권A'로 전환된 시점에 2021.12.31. 이전에 취득한 분양권B를 보유하고 있는 상태에서 C주택을 증여로 취득한 후, 조합원입주권A를 C주택 취득일로부터 3년 이내 양도하는 경우 2021.12.31. 이전에 취득한 분양권B는 주택수에서 제외되므로 비과세된다.

대비사례

22.1.1. 이후 종전주택이 조합원입주권으로 전환된 상태에서 '22.1.1. 이후 분양권을 취득하고 조합원입주권을 양도하는 경우 비과세 여부

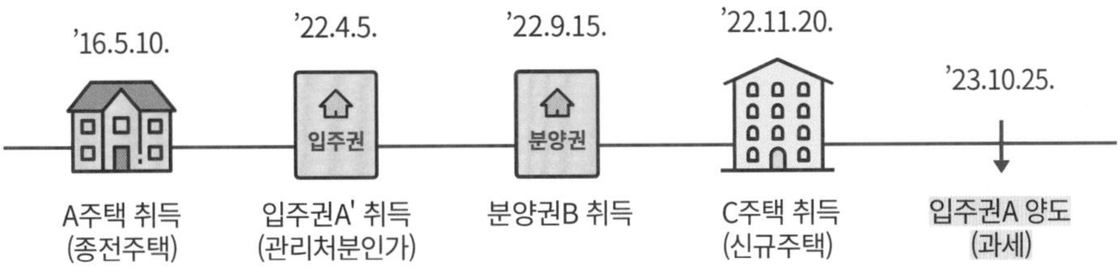

해설 2022.4.5.에 종전주택A가 조합원입주권A'로 전환되고 2022.9.15.에 분양권B를 취득한 상태에서 C주택을 증여로 취득한 후, 조합원입주권A를 C주택 취득일로부터 3년 이내 양도하는 경우 2022.1.1. 이후에 취득한 분양권B는 주택수에 포함되므로 과세된다.

[조합원입주권 전환시점별 비과세 적용요건 비교]

조합원입주권 전환시점	분양권 취득시점	비과세 요건
2021.12.31. 이전 전환	2021.12.31. 이전 취득	① 양도일 현재 다른 주택·조합원입주권을 보유하지 아니할 것 ② 양도일 현재 1조합원입주권 외에 1주택을 보유한 경우로서 1주택을 취득한 날로부터 3년 이내에 조합원입주권을 양도할 것
	2022.1.1. 이후 취득	
2022.1.1. 이후 전환	2021.12.31. 이전 취득	① 양도일 현재 다른 주택·조합원입주권을 보유하지 아니할 것 ② 양도일 현재 1조합원입주권 외에 1주택을 보유한 경우로서 1주택을 취득한 날로부터 3년 이내에 조합원입주권을 양도할 것
	2022.1.1. 이후 취득	① 양도일 현재 다른 주택·조합원입주권·분양권을 보유하지 아니할 것 ② 양도일 현재 1조합원입주권 외에 1주택(분양권을 보유하지 않은 경우로 한정)을 보유한 경우로서 1주택을 취득한 날로부터 3년 이내에 조합원입주권을 양도할 것

사례 4

2주택이 1개의 조합원입주권으로 전환된 후 해당 조합원입주권을 양도하는 경우 비과세 여부

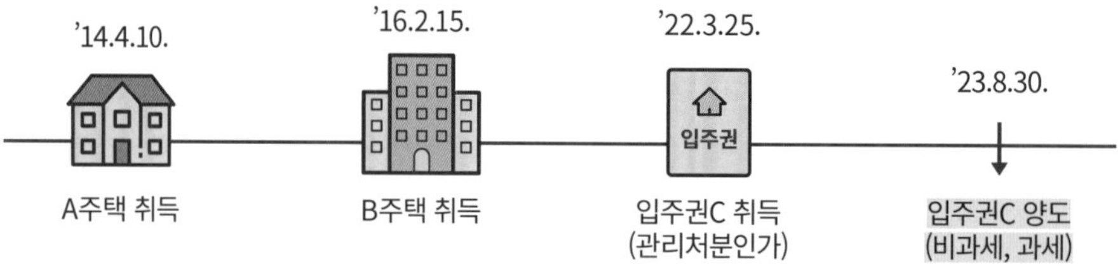

해설 재개발사업에 따라 2주택이 1개의 조합원입주권으로 전환된 후, 해당 조합원입주권을 양도하는 경우 조합원입주권의 양도차익을 안분계산하여 납세자의 선택에 따라 종전 2주택 중 1주택의 양도차익에 대하여는 비과세를 적용하고 다른 주택의 양도차익에 대해서는 과세한다(조심2019서2706, 2019.12.12).

사례 5

2주택을 보유하던 중 신규주택이 입주권으로 전환된 상태에서 다시 새로운 주택을 취득한 후 종전주택을 과세로 양도하고 입주권을 양도하는 경우 비과세 여부

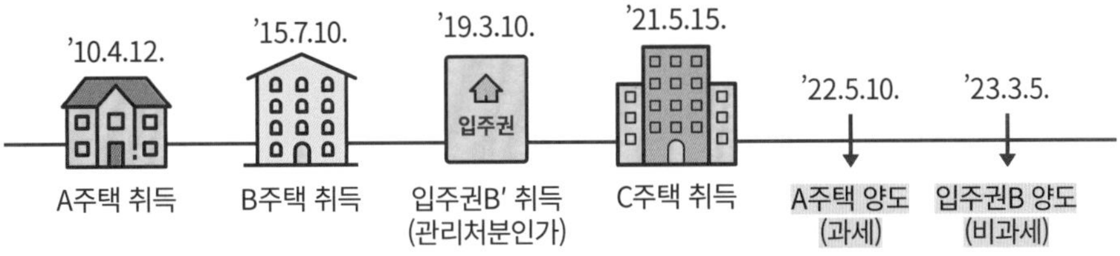

해설 A, B주택을 보유하던 중 B주택이 조합원입주권으로 전환된 상태에서 C주택을 먼저 취득하고 A주택을 양도한 후, 관리처분계획인가일 현재 2년 이상 보유 등 비과세요건을 충족한 조합원입주권B를 신규C주택 취득일로부터 3년 이내 양도하는 경우에는 비과세된다(부동산납세과-1076, 2017.9.25).

유사사례

2주택을 보유하다 1주택을 먼저 과세로 양도하고 신규주택을 취득하여 종전주택이 입주권으로 전환된 후 입주권을 양도하는 경우 비과세 여부

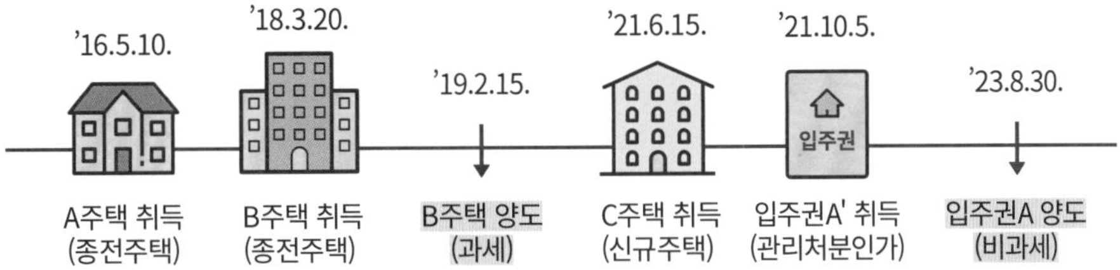

해설 1세대가 2주택(A,B)을 보유한 상태에서 B주택을 먼저 과세로 양도하고 신규주택C를 취득하여 A주택이 조합원입주권A'로 전환된 이후, 해당 조합원입주권A를 신규주택C 취득일로부터 3년 이내에 양도하는 경우 소득법 §89①(4)나목에 따라 비과세된다(법규과-999, 2022.3.29).

사례 6

혼인합가로 2주택이 된 후 그 중 1주택이 입주권으로 전환되어 양도된 경우 비과세 여부

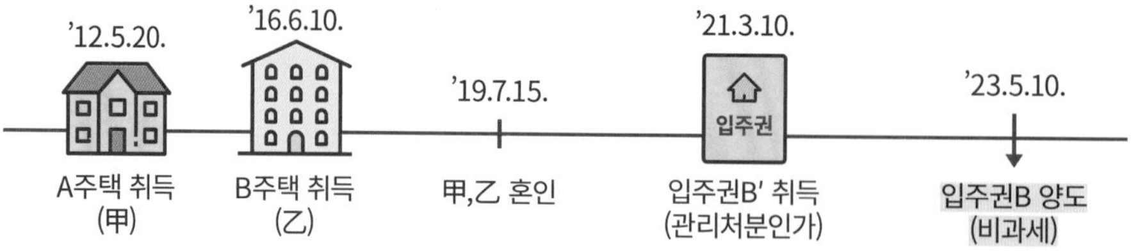

해설 甲, 乙이 각각 1주택을 보유하다가 혼인한 후 B주택이 조합원입주권으로 전환되고 혼인한 날로부터 5년 이내에 관리처분계획인가일 현재 1세대1주택 비과세요건을 갖춘 조합원입주권B를 양도하는 경우 비과세된다(재산세제과-1410, 2009.9.10).

사례 7

일반주택이 입주권으로 전환된 상태에서 선순위 상속주택을 취득한 후 3년 이내 입주권을 양도하는 경우 비과세 여부

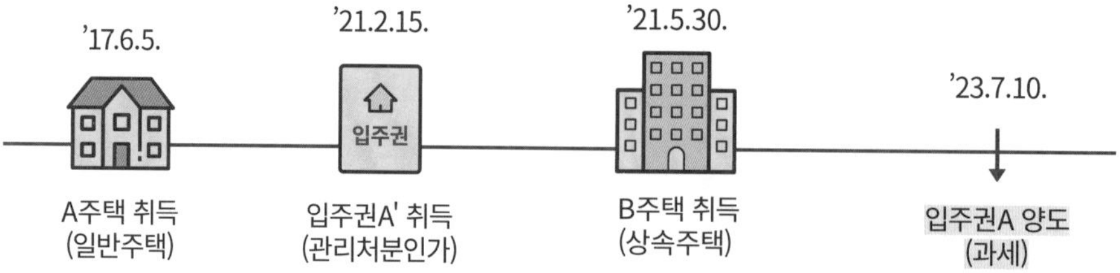

해설 일반주택A가 조합원입주권A'로 전환된 상태에서 별도세대원인 피상속인으로부터 선순위 B주택을 상속받은 후, B주택 취득일로부터 3년 이내 양도하는 경우에도 상속주택 비과세특례 규정은 주택을 양도하는 경우에만 적용되므로 비과세되지 않는다(법규과-1384, 2022.4.29).

관련 해석 사례 _ 조합원입주권을 상속받은 후, 신축주택을 양도한 경우

1. 상속주택을 취득한 후 조합원입주권이 아닌 신축주택을 양도하는 경우

만일 위 사례에서 조합원입주권A'가 신축주택A로 완성된 후, 신축주택A를 양도하는 경우에는 양도기한에 제한없이 상속주택 비과세특례가 적용되므로 비과세된다(법규과-1205, 2022.4.28).

2. 2개의 소수지분 공동상속주택과 1개의 조합원입주권 보유 중 조합원입주권 등을 양도하는 비과세 여부

일반주택과 2개의 소수지분인 공동상속주택을 보유하다 일반주택이 조합원입주권으로 전환되어 1개의 조합원입주권과 2개의 소수지분 공동상속주택을 보유한 상태에서 해당 조합원입주권을 양도하거나 해당 조합원입주권으로 취득한 신축주택을 양도하는 경우에는 비과세되지 않는다.

그러나, 2개의 소수지분인 공동상속주택 중 1개의 소수지분 공동상속주택을 양도하고 1개의 조합원입주권과 1개의 소수지분 공동상속주택을 보유한 상태에서 해당 조합원입주권을 양도하는 경우 비과세되지 않지만, 해당 조합원입주권으로 취득한 신축주택을 양도하는 경우에는 비과세된다(법령해석재산-4373, 2017.3.29).

사례 8

감면주택과 일반주택을 보유하다 일반주택이 입주권으로 전환된 상태에서 해당 입주권을 양도하는 경우 비과세 여부

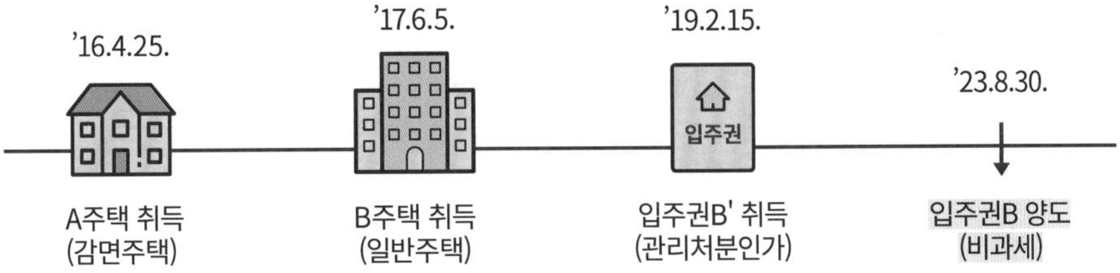

해설 조세특례제한법 제99조의2에 해당하는 감면주택A와 일반주택B를 보유하다 일반주택B가 조합원입주권B'로 전환된 후 조합원입주권B를 양도하는 경우 감면주택A는 소유주택으로 보지 않으므로 비과세된다(법규과-926, 2022.3.23).

2 조합원입주권을 승계취득 후 종전주택 양도시 비과세

1) 조합원입주권 승계취득한 후 3년 이내 종전주택을 양도하는 경우

1세대가 종전주택을 보유한 상태에서 1년 경과 후 조합원입주권을 승계취득한 후, 조합입주권 취득일로부터 3년 이내에 종전주택을 양도하는 경우에는 양도소득세가 비과세된다(소득령 §156의2③).

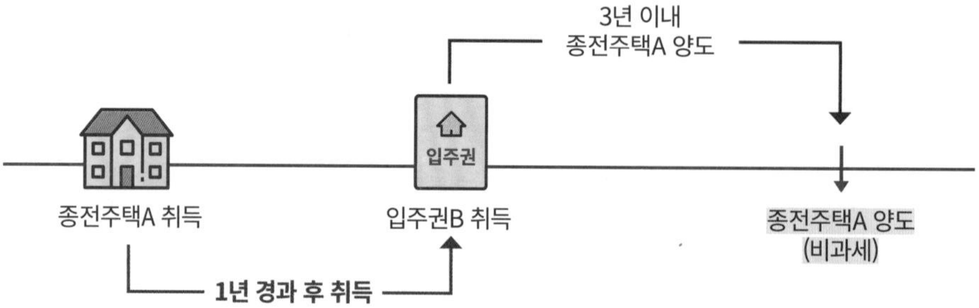

2) 조합원입주권 승계취득 후 3년 경과 후 종전주택을 양도하는 경우

1세대가 종전주택을 보유한 상태에서 조합원입주권을 승계취득한 후, 조합입주권 취득일로부터 3년이 경과하여 후 종전주택을 양도하는 경우로서 아래의 요건을 모두 충족한 경우에는 양도소득세가 비과세된다(소득령 §156의2④).

① 종전주택 취득일로부터 1년 경과 후* 조합원입주권을 승계 취득할 것
② 조합원입주권이 주택으로 완성되기 전에 종전주택을 양도하거나 조합원입주권이 주택으로 완성된 후 3년 이내에 종전주택을 양도할 것
③ 조합원입주권이 주택으로 완성된 후 3년 이내에 세대전원이 신축주택으로 이사하여 1년 이상 계속 거주할 것

* 2022.2.15.이후 취득분부터 적용

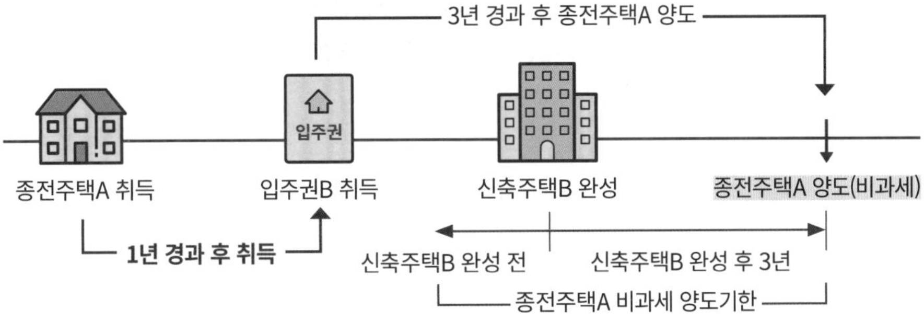

- 3년 이내 세대 전원이 신축주택B로 이사하여 1년 이상 계속 거주

배경 및 취지

재개발·재건축사업이 지연되는 등 불가피한 사정으로 3년 내에 신축주택에 입주할 수 없는 사정이 발생할 수 있는 점을 감안하여, 조합원입주권 취득일로부터 3년 이상 경과한 후 종전주택을 양도한 경우에도 비과세되는 것으로, 종전주택의 양도시기를 완화하는 대신 신축주택 완성일로부터 3년 이내 종전주택을 양도하고 신축주택에 전입해야 하는 등 전입요건을 강화하여 비과세 혜택의 균형을 맞춘 것이다.

비교 1

조합원입주권과 종전주택의 비과세 특례 비교

구 분	조합원입주권 비과세 특례	종전주택 비과세 특례
관련법령	소득법 §89①4호나목	소득령 §156의2③,④
특례적용 대상	원조합원입주권 + 신규주택	종전주택 + 승계조합원입주권
신규주택(입주권) 취득요건	조합원입주권 취득일로부터 1년 경과 후 취득요건 없음	종전주택 취득일로부터 1년 경과 후 취득
비과세 양도자산	원조합원입주권	종전주택
비과세 양도기한	3년 이내 양도 (예외없음)	▪ 원칙 : 3년 이내 양도(§156의2③) ▪ 예외 : 3년 경과 양도(§156의2④)
이사 및 거주 요건	해당없음	신축주택 완성 후 3년 이내 이사 + 1년 이상 계속 거주(§156의2④)

비교 2

조합원입주권 또는 분양권 취득 후 종전주택 양도시 비과세 특례 비교

구 분		종전주택+입주권 → 종전주택 양도	종전주택+분양권 → 종전주택 양도
관련법령		소득령 §156의2③,④	소득령 §156의3②,③
특례적용 대상		종전주택 + 입주권	종전주택 + 분양권('21.1.1. 이후 취득)
취득요건		종전주택 취득일로부터 1년 경과 후 신규 입주권(분양권) 취득*	
비과세 양도자산		종전주택	
비과세 양도기한	원칙	3년 이내 양도(소득령 §156의2③, §156의3②)	
	예외	신축주택 완성 전에 종전주택을 양도하거나, 신축주택 완성 후 3년 이내 종전주택 양도(소득령 §156의2④, §156의3③)	
이사 및 거주 요건		신축주택 완성 후 3년 이내 이사 + 1년 이상 계속 거주(소득령 §156의2④, §156의3③)	

* 종전주택을 보유한 상태에서 신규 입주권(분양권) 취득시 1년 경과 후 취득요건 적용여부

구 분	소득령 §156의2③ 및 156의3②	소득령 §156의2④ 및 156의3③
2022.2.14. 이전 입주권(분양권) 취득	취득요건 적용	취득요건 미적용
2022.2.15. 이후 입주권(분양권) 취득	취득요건 적용	

3) 상속으로 1주택 또는 1조합원입주권(1분양권) 등을 보유한 경우 비과세 특례

1세대가 종전주택을 보유한 상태에서 상속으로 취득한 1주택(1조합원입주권 또는 1분양권* 포함)과 매매나 증여로 조합원입주권(또는 분양권*)을 취득한 후, 종전주택을 양도하는 경우로서 「소득세법 시행령」 제156조의2 제3항, 제4항 및 「소득세법 시행령」 제156조의3 제2항, 제3항의 규정 요건을 갖춘 경우에는 상속주택 등은 없는 것으로 보아 양도소득세를 비과세한다(소득령 §156의2⑦, 소득령 §156의3⑤).

* 2021.1.1. 이후 취득한 분양권만 적용

① 종전주택(A) + 상속주택등(B) + 입주권(C) → 입주권(C) 취득일로부터 3년 이내* 또는 3년 이상 경과 후** 종전주택 양도시 비과세

* (소득령 §156의2③)
**(소득령 §156의2④)

가. 상속주택 등을 먼저 취득하고 나중에 입주권을 취득한 경우

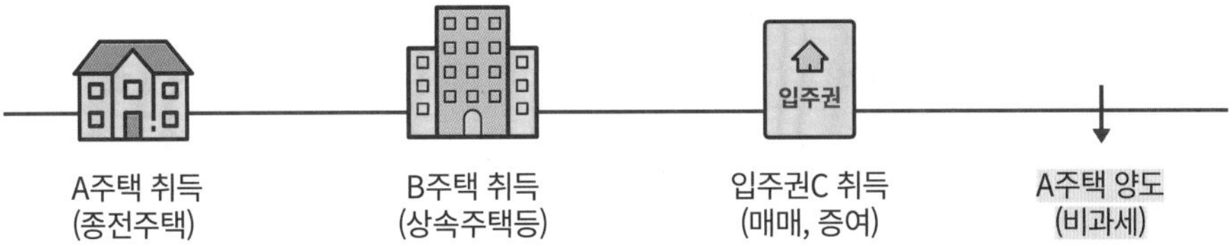

나. 입주권을 먼저 취득하고 상속주택 등을 나중에 취득한 경우

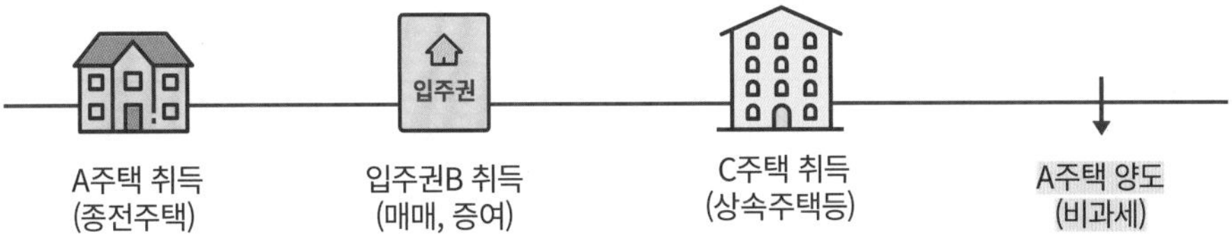

② 종전주택(A) + 상속주택등(B) + 분양권(C) → 분양권(C) 취득일로부터 3년 이내* 또는 3년 이상 경과 후 종전주택 양도시 비과세**

* (소득령 §156의3②)

**(소득령 §156의3③)

가. 상속주택 등을 먼저 취득하고 분양권을 나중에 취득한 경우

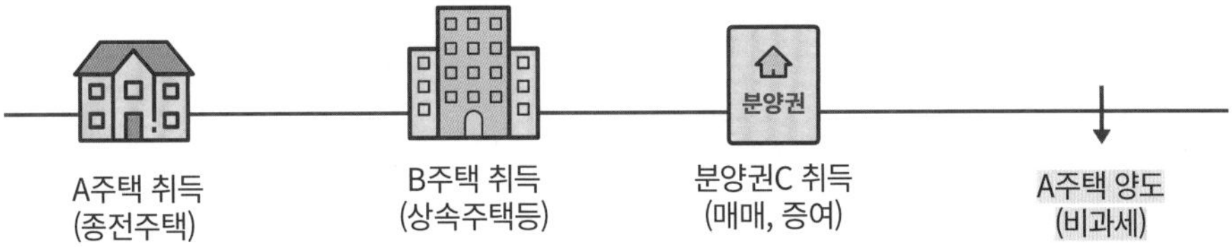

나. 분양권을 먼저 취득하고 상속주택 등을 나중에 취득한 경우

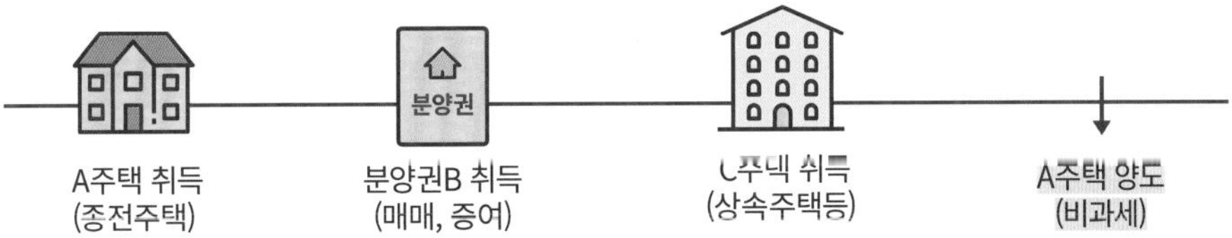

[상속주택등 및 신규입주권(분양권) 취득 후 종전주택 양도시 비과세특례 규정]

일반주택	상속주택등		신규입주권(분양권)	
	취득유형(상속)	적용법령	취득유형(상속외)	적용법령
종전주택	상속주택	소득령 §156의2⑦	신규입주권	소득령 §156의2③,④
	상속입주권1)			
	상속분양권2)			
종전주택	상속주택	소득령 §156의3⑤	신규분양권 (21.1.1.이후 취득)	소득령 §156의3②,③
	상속입주권1)			
	상속분양권2)			

1) 피상속인이 상속개시 당시 주택 또는 분양권을 소유하지 않은 경우의 상속받은 조합원입주권

2) 피상속인이 상속개시 당시 주택 또는 조합원입주권을 소유하지 않은 경우로서 피상속인이 2021.1.1. 이후에 취득한 경우의 상속받은 분양권

사례 1

입주권이 재건축되어 준공일로부터 3년 경과 후 종전주택 양도시 비과세 여부

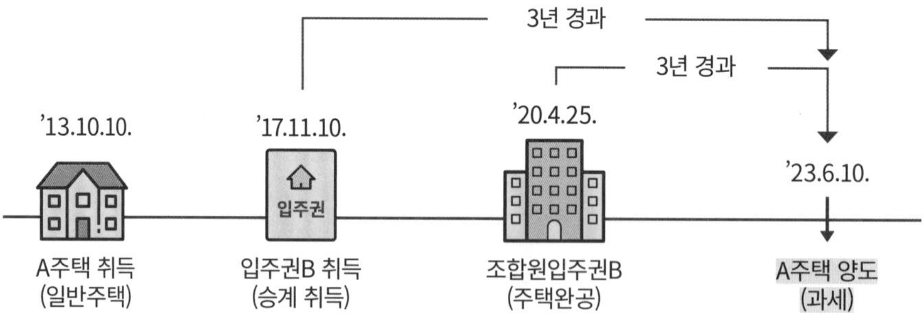

해설 1주택자가 조합원입주권을 승계 취득한 날로부터 3년 이내에 종전주택을 양도하는 경우 소득령 §156의2③에 따라 비과세되며, 3년 경과 후 종전주택을 양도하는 경우에도 소득령 §156의2④에 따라 신축주택의 준공일로부터 3년 이내 종전주택을 양도하면 비과세된다. 이 사례에서는 종전주택을 조합원입주권 승계취득일로부터 3년 경과 후 양도하는 경우로서 조합원입주권이 주택으로 완공된 후 3년이 경과하여 종전주택을 양도하였으므로 비과세가 적용되지 않는다.

사례 2

거주주택과 장기임대주택을 보유한 상태에서 조합원입주권을 승계 취득한 후 거주주택을 양도하는 경우 비과세 여부

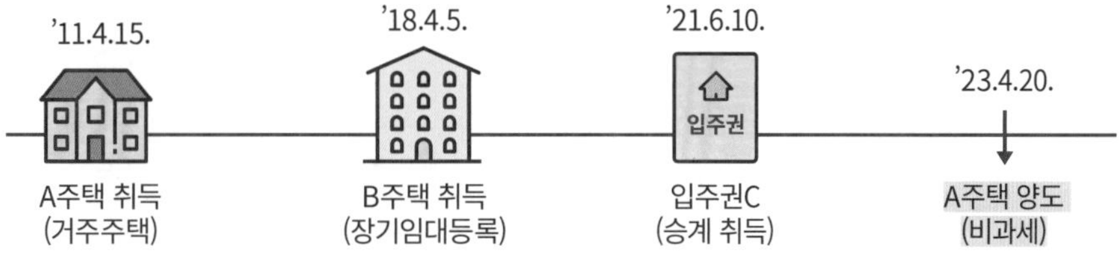

해설 거주주택A와 장기임대주택B를 보유한 상태에서 조합원입주권C를 승계 취득한 후, 2년 이상 거주한 A주택을 조합원입주권C 취득일로부터 3년 이내 양도하는 경우 소득령 §156의2③에 따라 비과세되며, 3년이 경과하여 양도하는 경우에도 소득령 §156의2④에 따라 비과세된다(부동산납세과-1526, 2022.5.27).

사례 3

2주택과 1입주권을 보유한 상태에서 1주택을 먼저 과세로 양도한 후 종전주택을 양도하는 경우 비과세 여부

해설 A주택을 보유한 상태에서 조합원입주권B를 승계 취득하고 다시 C주택을 취득하여 양도한 후, A주택을 조합원입주권B를 승계 취득한 날로부터 3년 이내 양도하는 경우「소득세법 시행령」제156조의2제3항에 따라 비과세되며 또한, 3년 경과한 후에 양도하는 경우로서 「소득세법 시행령」 제156조의2제4항의 요건을 모두 갖춘 경우에도 비과세된다(부동산납세과-1270, 2017.11.13).

사례 4

종전주택이 입주권으로 전환된 상태에서 신규입주권을 취득하고 종전입주권이 신축 주택으로 완성된 후 양도하는 경우 비과세 여부

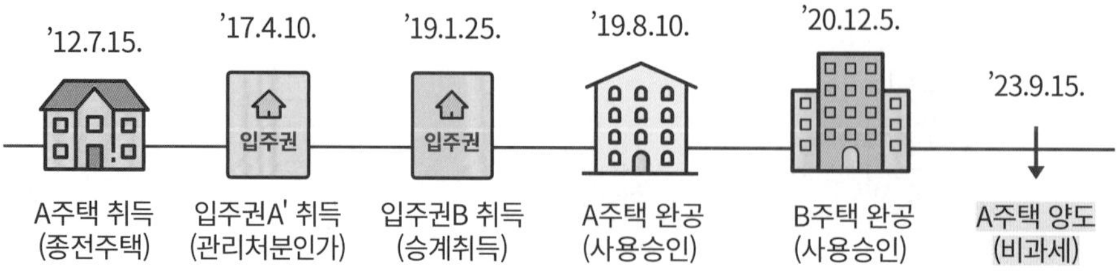

▪ B주택 완성 후 3년 이내 세대전원이 이사하여 1년 이상 계속 거주한 것으로 가정

해설 종전주택A가 조합원입주권A'로 전환된 상태에서 조합원입주권B를 승계 취득한 후 먼저 완공된 신축주택A를 조합원입주권B 취득일로부터 3년이 경과하여 양도한 경우로서 신축주택B 완공일로부터 3년 이내 양도하는 경우에는 소득세법 시행령 제156조의2제4항에 따라 비과세된다(재산세제과-964, 2022.8.12).

유사사례

종전주택이 입주권으로 전환된 상태에서 신규입주권을 취득하고, 신규입주권 취득 후 3년 이내 신축주택을 양도하는 경우 비과세 여부

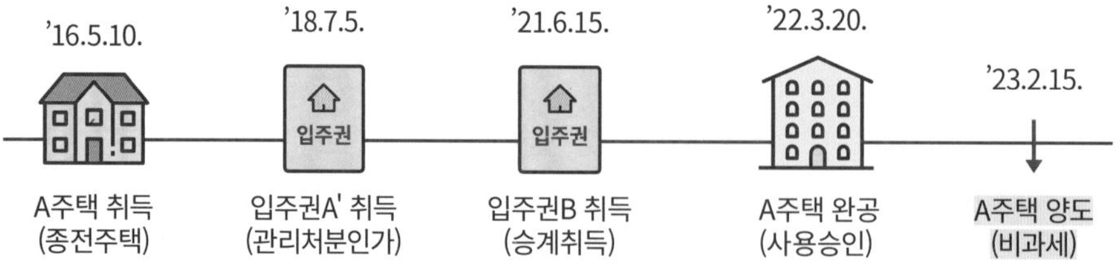

해설 종전주택A가 조합원입주권A'로 전환된 상태에서 조합원입주권B를 승계 취득한 후, 먼저 완공된 신축주택A를 조합원입주권B 취득일로부터 3년 이내에 양도하는 경우에는 소득세법 시행령 제156조의2제3항에 따라 비과세된다(재산세제과-927, 2022.8.9).

사례 5

종전주택이 없는 상태에서 분양권과 입주권을 순차적으로 취득한 후 먼저 준공된 신축주택을 양도하는 경우 비과세 여부

해설 2021.1.1. 이후 1세대가 분양권A를 승계 취득하고 조합원입주권B를 추가로 취득하여 일시적으로 1분양권과 1조합원입주권을 보유하게 된 경우로서 이후 완공된 A주택을 양도하게 되면 종전주택을 보유한 상태에서 조합원입주권을 취득한 경우에 해당하지 않으므로 소득령 §156의2③ 및 ④에 따른 비과세규정이 적용되지 않는다(법규과-1632, 2022.5.26).

사례 6

상가입주권이 주택입주권으로 변경된 후 주택입주권 취득일로부터 3년 이내 종전주택을 양도하는 경우 비과세 여부

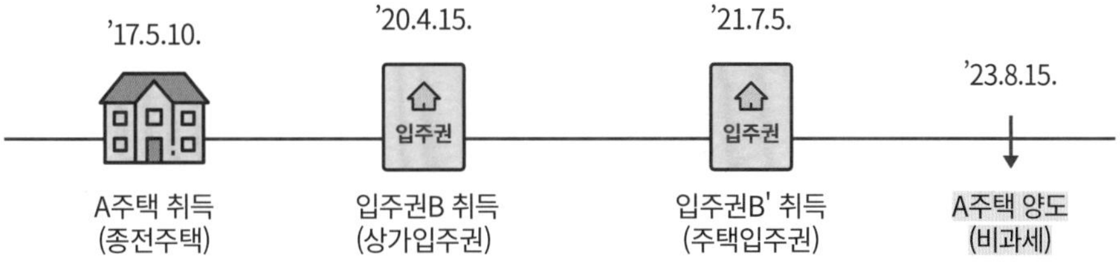

해설 종전주택A를 소유한 1세대가 상가분 조합원입주권B를 취득한 후 해당 조합원입주권이 관리처분계획변경인가로 주택분 조합원입주권B'로 변경된 경우로서 조합원입주권B' 취득일로부터 3년 이내에 A주택을 양도하는 경우에는 비과세된다(법규과-1544, 2022.5.18).

3 종전주택이 조합원입주권으로 전환된 후 대체주택을 취득하고 대체주택 양도시 비과세

1) 원칙

1세대가 종전주택이 조합원입주권으로 전환된 후 재개발사업 등의 시행기간 동안 거주하기 위하여 대체주택을 취득한 후, 해당 대체주택을 양도하는 경우로서 아래의 요건을 모두 충족한 경우에는 양도소득세가 비과세된다(소득령 § 156의2⑤).

① 종전주택이 재개발 등의 사업으로 조합원입주권으로 전환되었을 것
② 사업시행인가일 현재 1세대가 무주택자이거나 1주택(일시적 2주택 포함)을 보유할 것
③ 사업시행인가일 이후 대체주택(조합원입주권 또는 분양권을 취득하여 주택으로 전환된 경우 포함)을 취득하여 1년 이상 거주할 것
④ 조합원입주권이 주택으로 완성되기 전에 대체주택을 양도하거나 조합원입주권이 주택으로 완성된 후 3년 이내에 대체주택을 양도할 것
⑤ 조합원입주권이 주택으로 완성된 후 3년 이내에 세대전원이 신축주택으로 이사하여 1년 이상 계속 거주할 것

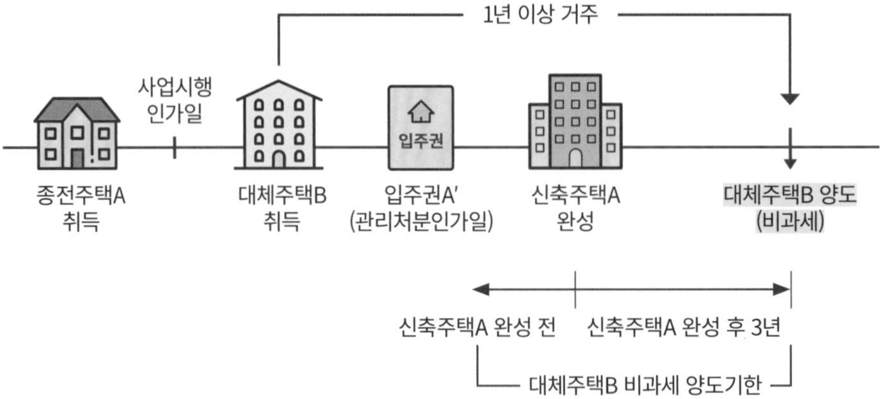

▪ 3년 이내 세대전원이 신축주택A로 이사하여 1년 이상 계속 거주

배경 및 취지

보유하던 종전주택이 재건축·재개발 되는 경우 사업시행기간 동안 거주할 대체주택을 실수요 목적으로 취득할 경우, 2년 이상 보유 등 비과세요건을 갖추지 못한 경우에도 1년 이상 거주 등 대체주택 비과세 요건을 갖춘 주택을 양도하는 경우에는 비과세를 적용하여 이주가 원활히 진행되도록 세제상으로 지원하기 위한 것이다.

2) 상속으로 1주택 또는 1조합원입주권(1분양권) 등을 보유한 경우 비과세 특례

1세대가 종전주택에서 권리로 전환된 조합원입주권과 상속으로 취득한 1주택(1조합원입주권 또는 1분양권* 포함)을 취득한 상태에서 대체주택을 취득한 후, 해당 대체주택을 양도하는 경우로서 「소득세법 시행령」 제156조의2 제5항의 규정요건을 갖춘 경우에는 상속주택 등은 없는 것으로 보아 양도소득세를 비과세한다(소득령 §156의2⑦).

* 2021.1.1. 이후 취득한 분양권만 적용

[종전주택과 대체주택의 비과세 특례 비교]

구 분	종전주택 비과세 특례		대체주택 비과세 특례
관련법령	소득령 §156의2③	소득령 §156의2④	소득령 §156의2⑤
특례적용 대상	종전주택 + 승계조합원입주권		원조합원입주권 + 대체주택
신규입주권(주택) 취득요건	종전주택 취득일로부터 1년 경과 후 신규입주권 취득		사업시행인가일 이후 대체주택 취득
비과세 양도자산	종전주택(2년 이상 보유·거주)		대체주택(1년 이상 거주)
비과세 양도기한	3년 이내 양도	신축주택 완성 전에 종전주택 또는 대체주택을 양도하거나 신축주택 완성 후 3년 이내 종전주택 또는 대체주택 양도	
이사 및 거주 요건	해당없음	신축주택 완성 후 3년 이내 이사 + 1년 이상 계속 거주	

참고

원조합원과 승계조합원의 차이 비교

구 분		원 조합원	승계조합원
비과세 특례	조합원입주권 양도	비과세 적용가능	비과세 적용불가
	조합원입주권 + 주택 취득 → 조합원입주권 양도	비과세 적용가능	비과세 적용불가
	종전주택 + 조합원입주권 취득 → 종전주택 양도	비과세 적용불가	비과세 적용가능
	사업시행기간 중 취득한 대체주택 양도	비과세 적용가능	비과세 적용불가
1세대1주택 비과세 판단시 주택수 포함 여부		포함	포함
중과대상 주택수 판단시 주택수 포함 여부		포함	포함
조합원입주권 양도시 세율 적용을 위한 보유기간 계산		종전주택 취득일부터 입주권 양도일까지	입주권 취득일부터 입주권 양도일까지
조합원입주권 양도시 장기보유특별공제 보유기간 범위		종전주택 취득일부터 관리처분계획인가일까지	적용 불가
신축주택 양도시 보유기간 계산		종전주택 취득일부터 신축주택 양도일까지	신축주택 사용승인일부터 신축주택 양도일까지

사례 1

조합원입주권으로 취득한 대체주택에 1년 이상 거주한 후 해당 대체주택을 양도하는 경우 비과세 여부

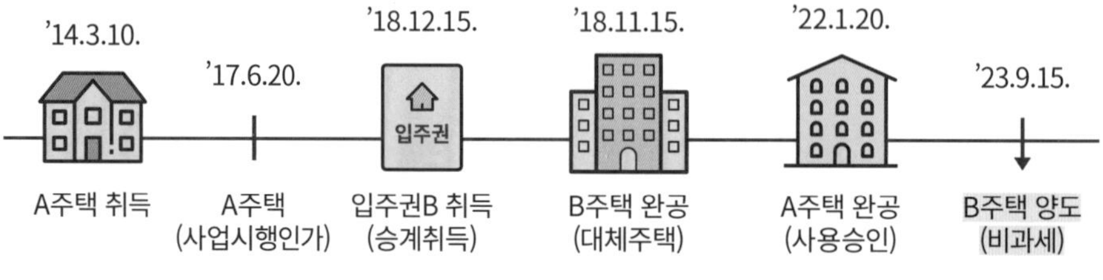

▪ 대체주택의 거주요건 및 신축주택의 이사요건 등 특례요건은 충족한 것으로 가정

해설 A주택이 재건축됨에 따라 거주목적으로 승계 취득한 조합원입주권B가 대체주택B로 전환된 후 해당 대체주택B를 신축주택A 완성일 전에 양도하거나 완성 후 3년 이내 양도하는 경우에는 소득세법 시행령 제156조의2 제5항의 규정에 따라 비과세된다(부동산납세과-231, 2022.2.8).

사례 2

승계조합원입주권을 보유한 자가 대체주택 취득 및 양도시 비과세 여부

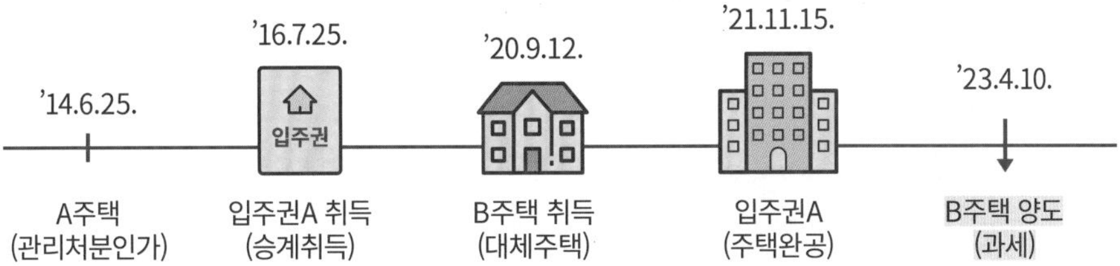

해설 종전주택을 보유하다 재건축사업 시행에 따라 대체주택을 취득하여 1년 이상 거주하다 양도하는 경우에 대체주택 비과세가 적용되나, 승계조합원입주권을 취득한 후 대체주택을 취득한 경우에는 대체주택 비과세가 적용되지 않는다(부동산납세과-511, 2020.4.21).

사례 3

재건축대상 거주주택과 대체주택을 보유한 상태에서 임대주택을 취득한 후 대체주택을 양도하는 경우 비과세 여부

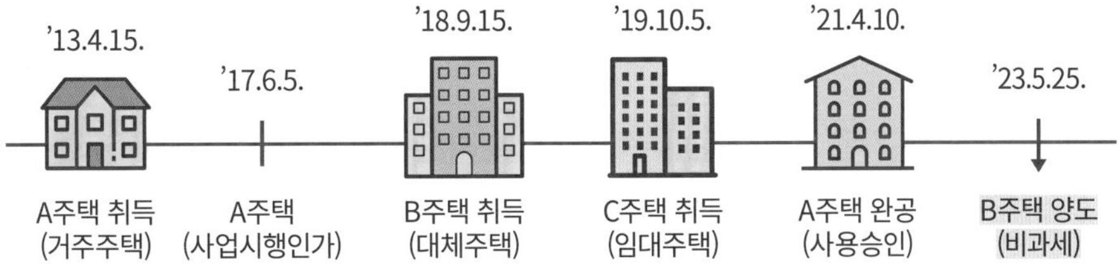

▪거주주택과 대체주택의 거주요건 및 신축주택의 이사요건 등 특례요건은 충족한 것으로 가정

해설 1세대가 2년 이상 거주한 재건축대상 거주주택A와 재건축사업 기간 중에 거주목적으로 취득한 대체주택B를 보유한 상태에서 임대주택C를 취득한 후, 1년 이상 거주한 대체주택B를 신축주택A 완성일로부터 3년 이내 양도하는 경우 임대주택은 소유주택으로 보지 않으므로 비과세된다(부동산납세과-601, 2019.6.11).

대비사례

재건축대상 거주주택과 임대주택을 보유한 상태에서 대체주택을 취득한 후 임대주택을 먼저 과세로 양도하고 대체주택을 양도하는 경우 비과세 여부

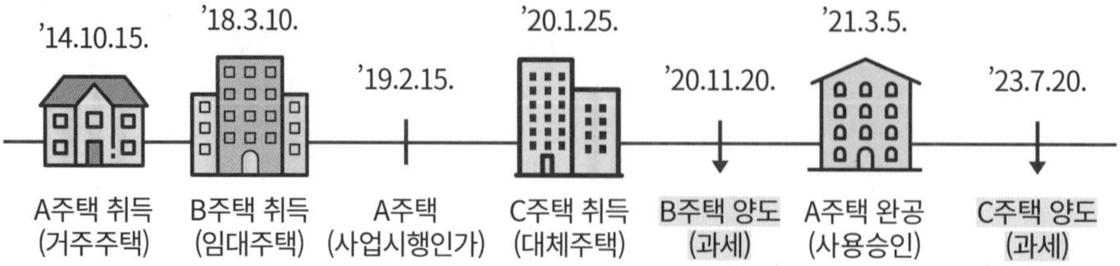

▪ 대체주택 및 신축주택은 소득령§156의2⑤의 요건은 충족하나, 거주주택은 거주요건 불충족

해설 1세대가 2년 이상 거주하지 않은 재건축대상 거주주택A와 장기임대주택B를 보유한 상태에서 대체주택C를 먼저 취득한 후, 장기임대주택B를 과세로 양도하고 대체주택C를 신축주택A 완성일로부터 3년 이내 양도하는 경우에는 사업시행인가일 현재 비과세 요건을 갖추지 못한 2주택을 보유한 상태에서 대체주택C를 먼저 취득한 후 1주택을 양도하였으므로 비과세되지 않는다(법규과-2903, 2022.10.12).

사례 4

사업시행인가된 재건축대상주택 취득일 현재 일시적 2주택자가 대체주택을 취득하고 양도하는 경우 비과세 여부

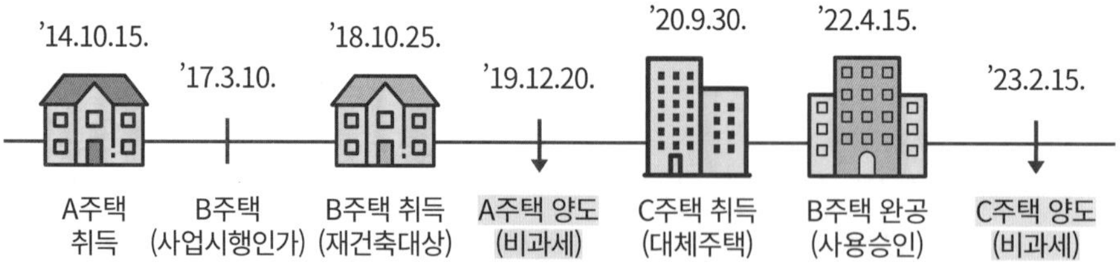

▪ 대체주택의 거주요건 및 신축주택의 이사요건 등 특례요건은 충족한 것으로 가정

해설 종전주택A를 소유한 1세대가 사업시행인가된 재건축대상 B주택(관리처분인가일 2019.4.10.)을 취득한 후, 종전주택A를 먼저 양도하여 일시적 2주택 비과세특례를 적용받고 재건축사업 시행기간 동안 거주하기 위하여 대체주택C를 취득한 후 1년 이상 거주한 대체주택C를 신축주택B 완성일로부터 3년 이내 양도하는 경우 비과세된다(부동산납세과-2630, 2022.9.7).

유사사례 1

사업시행인가 당시 2주택자가 1주택을 먼저 과세로 양도한 후 대체주택을 취득하고 양도하는 경우 비과세 여부

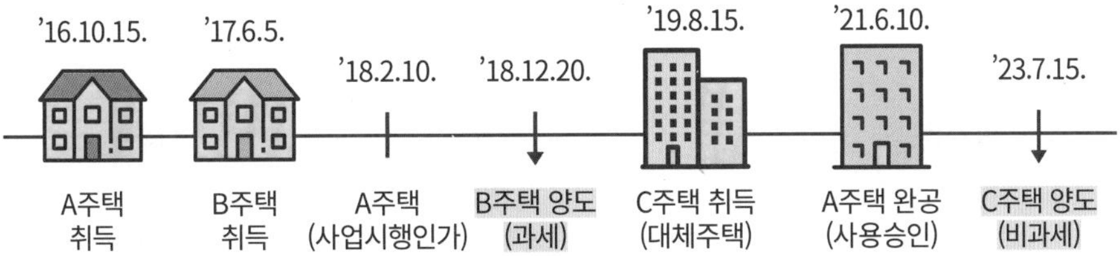

▪대체주택의 거주요건 및 신축주택의 이사요건 등 특례요건은 충족한 것으로 가정

해설 사업시행인가일 현재 2주택(A,B)을 보유한 상태에서 B주택을 먼저 과세로 양도한 후, 재건축대상 A주택을 보유하던 중 대체주택C를 취득하고 1년 이상 거주한 대체주택C를 양도하는 경우 비록 사업시행인가 당시 2주택이었더라도 대체주택C 취득 당시 1주택만을 보유한 경우에는 일정한 요건을 충족하면 대체주택C에 대해서 비과세가 적용된다(조심2021서5174, 2022.11.7).

유사사례 2

사업시행인가 당시 무주택자가 재건축대상 주택을 취득한 후 다른 주택(B,C)을 순차로 취득하고 대체주택을 양도하는 경우 비과세 여부

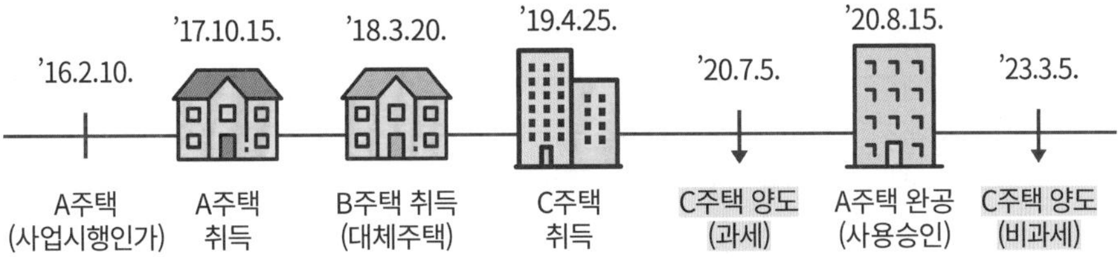

▪대체주택의 거주요건 및 신축주택의 이사요건 등 특례요건은 충족한 것으로 가정

해설 주택을 소유하지 않은 1세대가 재건축대상 A주택을 취득한 후, 다른 주택(B,C)을 순차로 취득하고 C주택을 먼저 과세로 양도한 후 1년 이상 거주한 대체주택B를 양도하는 경우에는 양도일 현재 기준으로「소득법 시행령」제156조의2 제5항 요건을 충족한 경우 비과세가 적용된다(법령해석재산-0780, 2020.8.30).

대비사례

사업시행인가 당시 2주택자가 대체주택을 먼저 취득한 후 1주택을 과세로 양도하고 대체주택을 양도하는 경우 비과세 여부

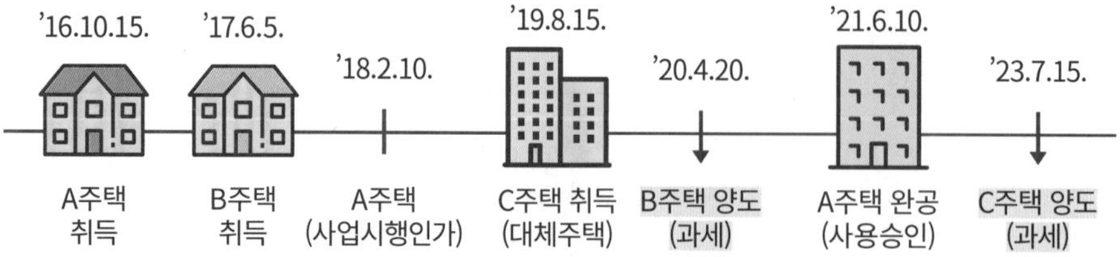

▪ 대체주택의 거주요건 및 신축주택의 이사요건 등 특례요건은 충족한 것으로 가정

해설 사업시행인가일 현재 2주택(A,B)을 보유한 상태에서 대체주택C를 먼저 취득하고 B주택을 과세로 양도한 후, 1년 이상 거주한 대체주택C를 양도하는 경우에는 대체주택C 취득 당시 2주택을 보유하고 있었으므로 비과세가 되지 않는다(조심2021서5174, 2022.11.7).

사례 5

일반주택과 상속주택을 보유한 상태에서 대체주택을 취득하고 양도하는 경우 비과세 여부

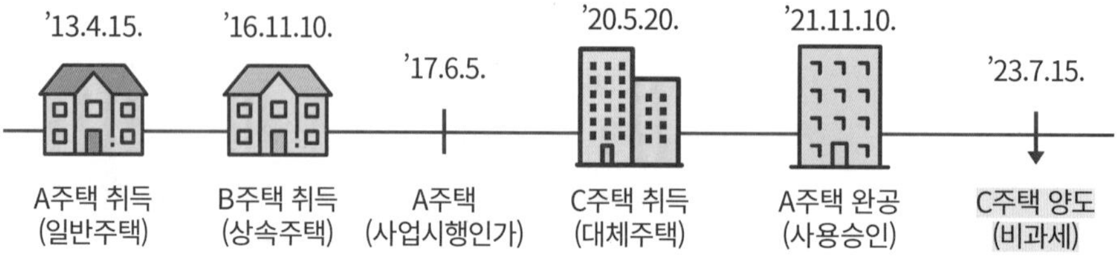

▪ 대체주택의 거주요건 및 신축주택의 이사요건 등 특례요건은 충족한 것으로 가정

해설 일반주택과 선순위 상속주택을 보유한 상태에서 종전주택A의 재개발 사업시행인가 후 취득한 대체주택C를 신축주택A 완성일로부터 3년 이내 양도하는 경우 상속주택은 없는 것으로 보아 비과세된다(부동산납세과-1127, 2020.9.28).

사례 6

재건축사업 시행기간 중 동일세대원이 조합원입주권을 상속받은 후, 대체주택을 취득하고 양도하는 경우 비과세 여부

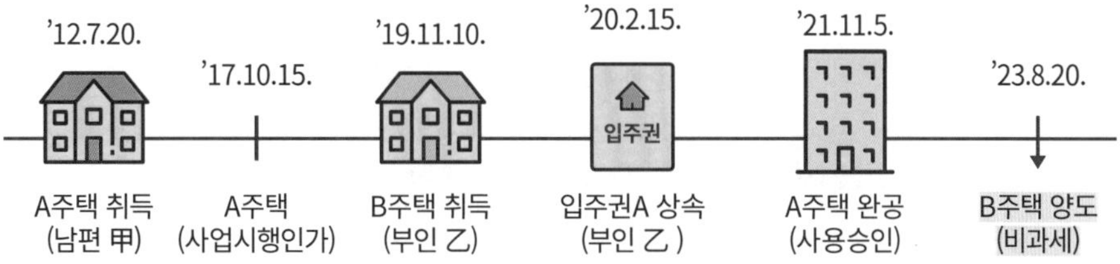

▪ B주택은 대체주택이며 소득세법 시행령 제156조의2제5항 요건은 충족한 것으로 가정

해설 남편 소유 A주택이 재건축됨에 따라 거주목적을 위해 대체주택B를 부인 명의로 취득하였으나 그 후에 남편이 사망하여 부인이 조합원입주권A를 상속받고 조합원입주권A가 주택으로 완공된 후, 대체주택B를 신축주택A 완공일로부터 3년 이내 양도하는 경우 비과세된다(법규과-1131, 2022.4.8).

사례 7

재건축사업에 따른 신축주택이 완공된 후에 취득한 대체주택을 양도하는 경우 비과세 여부

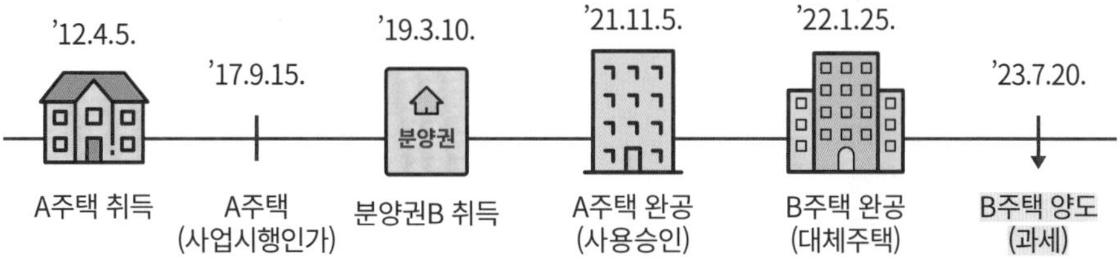

▪ 대체주택의 거주요건 및 신축주택 이사요건 등 특례요건은 충족한 것으로 가정

해설 대체주택 비과세특례 규정은 1주택을 소유한 1세대가 해당 주택에 대한 재개발사업 등의 시행기간 동안 거주하기 위하여 다른 주택(대체주택)을 취득한 경우에 적용되는 것이므로, 재건축사업의 시행기간이 종료된 후에 취득한 B주택은 대체주택에 해당하지 않으므로 비과세되지 않는다(법규과-2299, 2022.8.10).

심화학습 1

1+1 형태의 조합원입주권 과세문제

배경 및 취지

조합원이 보유한 종전주택의 전용면적이나 감정평가액이 새로 분양받는 아파트 2채의 면적이나 분양가액보다 큰 경우 기존에 분양신청하는 1개의 조합원입주권 이외에 1개의 조합원입주권을 추가로 신청하여 받게 되는 경우가 있는데, 이를 1+1조합원입주권이라 한다. 1+1 조합원입주권은 1조합원입주권+현금청산보다 투자 수익률면에서는 유리하나 세제측면에서는 불리하다.

1+1 조합원입주권이 2주택으로 전환되어 먼저 양도하는 주택 비과세 여부

1세대가 비과세 요건을 충족한 1주택을 보유하던 중 주택이 재개발·재건축으로 2채의 신축주택으로 완공된 경우 양도일 현재 2주택자에 해당되어 신축주택 중 먼저 양도하는 주택은 비과세되지 않는다(법령해석재산-0528, 2017.10.20).

1+1조합원입주권을 보유한 상태에서 대체주택(156조의2⑤) 양도시 비과세 적용 여부

종전주택이 관리처분계획인가로 2개의 조합원입주권으로 전환된 상태에서 재건축공사기간 중 거주할 목적으로 대체주택을 취득하여 1년 이상 거주한 후 양도하는 경우 비과세 되지 않을 뿐만 아니라, 해당 대체주택이 조정대상지역에 소재하고 있는 경우 3주택자 중과세 대상이 될 수 있다.

사례

1주택이 2개의 조합원입주권으로 변환된 상태에서 대체주택을 취득한 경우

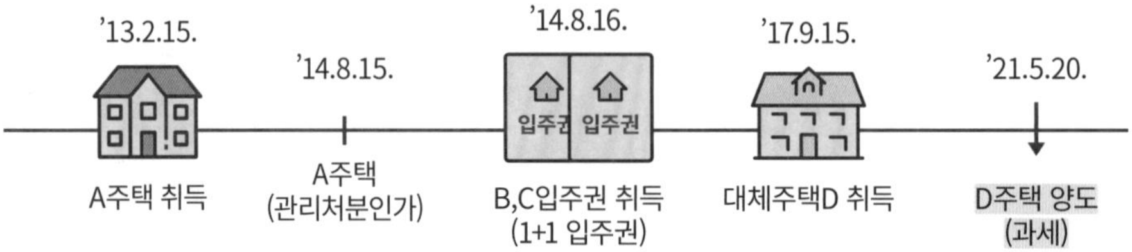

해설 1세대1주택자가 보유한 1주택이 도시 및 주거환경정비법에 따른 관리처분계획인가에 따라 2개의 조합원입주권으로 변환된 상태에서 재건축사업의 시행기간 동안 거주하기 위하여 대체주택을 취득하였다가 양도하는 경우에는 비과세되지 않는다(법령해석재산-3798, 2019.9.3).

심화학습 2

일시적2주택 비과세 특례와 재건축주택 또는 신축주택과의 관계

사례 1

일시적 2주택 상태에서 신규주택이 입주권으로 전환된 후 종전주택을 양도하는 경우 일시적 2주택 비과세 적용여부

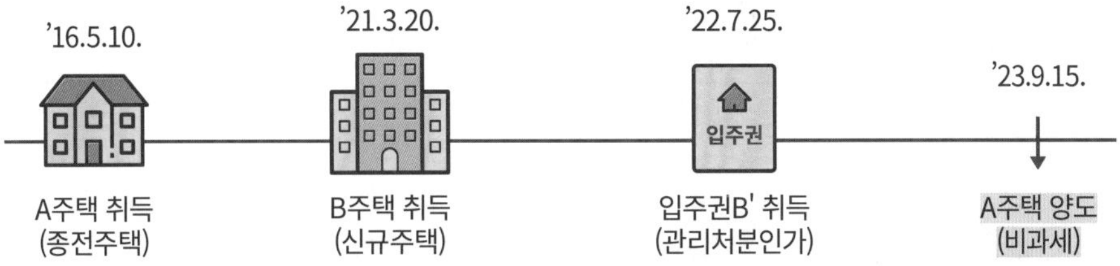

해설 1세대가 일시적 2주택을 보유한 상태에서 신규주택B가 재건축사업의 관리처분계획인가로 조합원입주권B'로 전환된 후, 당초 B주택 취득일로부터 3년 이내에 A주택을 양도하는 경우에는 소득령 §155①에 따른 일시적 2주택 비과세특례가 적용된다(부동산납세과-918, 2019.9.6).

대비사례

신규주택이 입주권으로 전환된 후 종전주택을 신축주택 완공일로부터 3년 이내 양도하는 경우 일시적 2주택 비과세 적용여부

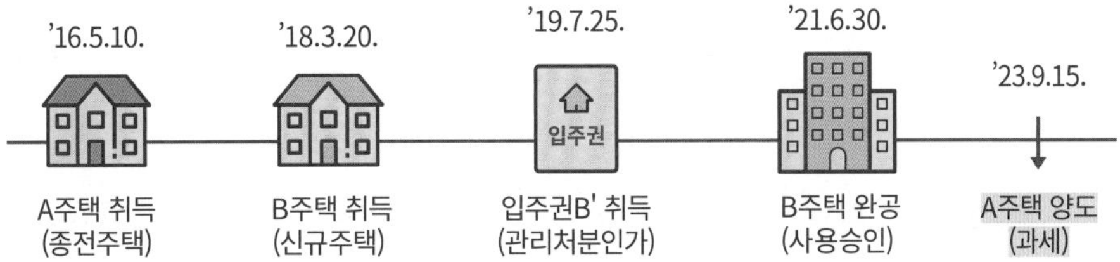

해설 1세대가 일시적 2주택을 보유한 상태에서 신규주택B가 재건축사업의 관리처분계획인가로 조합원입주권B'로 전환된 후, 당초 B주택의 취득일이 아닌 신축주택B 취득일로부터 3년 이내에 A주택을 양도하는 경우에는 소득령 §155①에 따른 일시적 2주택 비과세특례와 소득령 §156의2④ 비과세특례 규정이 적용되지 않으므로 비과세되지 않는다(재산세제과-858, 2022.8.1).

사례 2

종전주택이 입주권으로 전환된 후 신규주택을 취득하고 입주권에 의한 신축주택을 양도하는 경우 일시적 2주택 비과세 적용여부

해설 종전주택A가 조합원입주권A'로 전환된 상태에서 신규주택B를 취득하고 신축주택A가 완성된 후, 신규주택B 취득일로부터 3년 이내에 신축주택A를 양도하는 경우에는 일시적 2주택 비과세특례가 적용된다(부동산납세과-1250, 2021.9.8).

사례 3

종전주택과 신규주택 모두 입주권으로 전환된 후 종전주택의 입주권을 먼저 양도하는 경우 일시적 2주택 비과세 적용여부

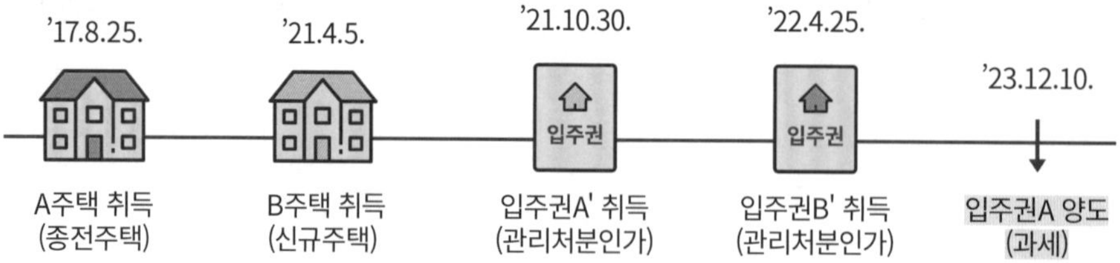

해설 종전주택A와 신규주택B를 보유하던 중 2개의 주택이 조합원입주권A' 및 조합원입주권B'로 전환된 상태에서 조합원입주권A를 신규주택B 취득일로부터 3년 이내 양도하더라도 비과세되지 않는다(재산세제과-538, 2018.6.20).

사례 4

승계 취득한 2개의 조합원입주권을 보유하다 순차로 완성된 신축주택을 양도하는 경우 일시적 2주택 비과세 적용여부

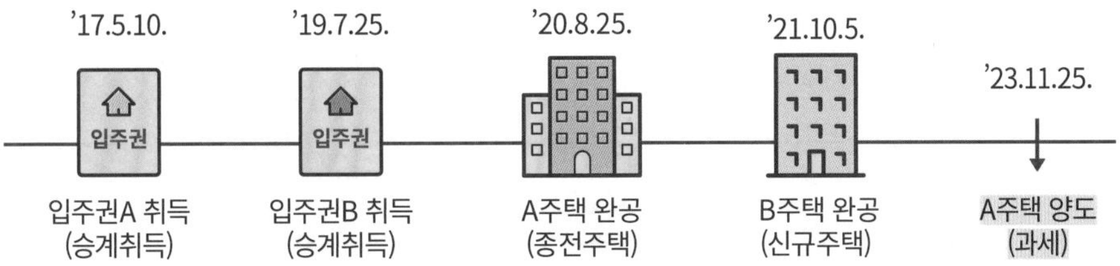

해설 A, B 조합원입주권을 승계 취득한 후, A, B 조합원입주권이 순차로 완공되어 일시적 2주택이 된 상태에서 종전주택A를 신규주택B 취득일로부터 3년 이내에 양도하는 경우에도 일시적 2주택 비과세특례를 적용할 수 없다(부동산납세과-1231, 2021.9.3).

〈유사 해석사례〉 2021.1.1. 이후 2개의 분양권을 각각 취득한 후 해당 분양권이 순차로 완공되어 일시적 2주택 된 상태에서 양도하는 주택은 비과세특례(소득령 §155① 및 소득령 §156의3)가 적용되지 않는다(법규과-2849, 2022.10.6).

사례 5

'21.1.1. 이후에 분양권과 주택을 순차로 취득한 후 나중에 취득한 주택을 양도하는 경우 일시적 2주택 비과세 적용여부

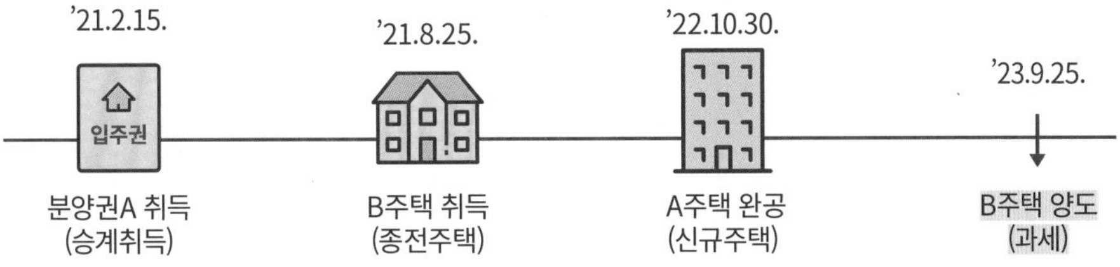

해설 2021.1.1. 이후 분양권A와 B주택을 순차로 취득한 경우로서 분양권A가 신축주택A로 완성된 후 B주택을 A주택 취득일로부터 3년 이내에 양도하는 경우에도 일시적 2주택 비과세특례를 적용할 수 없다(법규과-479, 2023.2.23).

대비사례

'20.12.31. 이전에 분양권을 취득하여 보유하던 중 다른 주택을 취득한 후 해당 주택을 양도하는 경우 일시적 2주택 비과세 적용여부

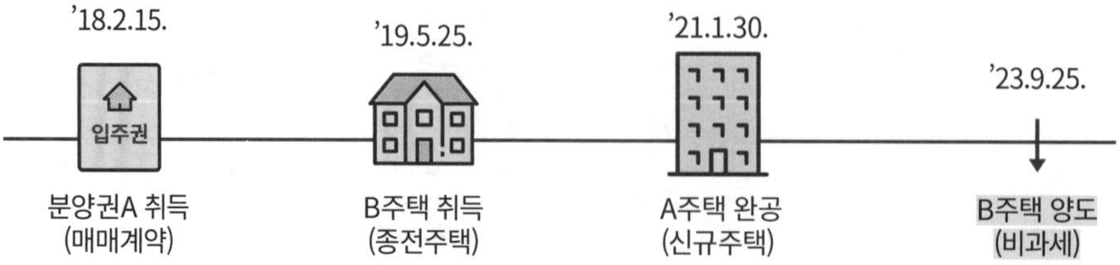

해설 2020.12.31. 이전에 취득한 분양권A를 보유하다 주택B를 취득하고 분양권A가 신축주택A로 완성된 후 B주택을 A주택 취득일로부터 3년 이내에 양도하는 경우에도 일시적 2주택 비과세특례가 적용된다.

03

조합원입주권을 양도하는 경우 양도소득세 계산

I 조합원입주권을 양도하는 경우

1 개요

재개발 및 재건축사업 등으로 종전주택이 조합원입주권으로 전환된 후, 조합원입주권을 양도하는 경우에는 「아래의 요약표」와 같이 청산금을 납부한 경우와 청산금을 수령한 경우로 나누고 다시 관리처분계획인가 전 양도차익과 관리처분계획인가 후 양도차익을 구분하여 계산한 후 동 금액을 합산하여 전체 양도차익을 산정한다.

[조합원입주권을 양도하는 경우 양도소득 계산방법(소득령 §166①1,2호및⑤1호)]

구 분		양도차익	장기보유특별공제 보유기간 계산
청산금 납부	관리처분인가전 (종전주택 부분)	권리가액 - 취득가액	종전주택 취득일 ~ 관리처분인가일
	관리처분인가후 (입주권 부분)	양도가액 - (권리가액 + 청산금)	공제불가
청산금 수령	관리처분인가전 (청산금 수령외)	(권리가액 - 취득가액) × $\frac{(\text{권리가액}-\text{청산금})}{\text{권리가액}}$	종전주택 취득일 ~ 관리처분인가일
	관리처분인가전 (청산금 수령분)	(권리가액 - 취득가액) × $\frac{\text{청산금}}{\text{권리가액}}$	종전주택 취득일 ~ 이전고시다음날
	관리처분인가후 (입주권 부분)	양도가액 - (권리가액 - 청산금)	공제불가

2 양도차익 구분의 필요성

조합원입주권을 양도한 경우 양도소득세를 계산하기 위해서는 종전주택을 취득하여 조합원입주권을 양도할 때까지 발생한 전체 양도차익을 관리처분계획인가 전 양도차익과 관리처분계획인가 후 양도차익으로 구분해야 한다. 양도차익을 구분하는 이유는 종전주택을 보유한 기간 동안 발생한 양도차익에 대해서는 장기보유특별공제가 적용되나, 조합원입주권을 보유한 기간 동안 발생한 양도차익에 대하여는 장기보유특별공제가 적용되지 않기 때문이다.

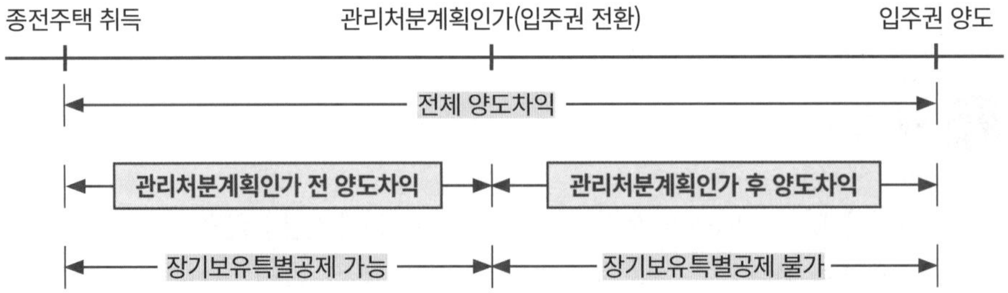

배경 및 취지

조합원입주권은 주택을 취득할 수 있는 권리로 보기 때문에 조합원입주권을 보유한 기간 동안 발생한 양도차익은 장기보유특별공제가 적용되지 않는 것이다.

3 양도차익의 구분계산

1) 관리처분계획인가 전 양도차익

종전주택을 보유하는 기간 동안 발생한 양도차익으로서 종전주택의 권리가액에서 종전주택의 취득가액 및 필요경비를 차감하여 계산한다.

[관리처분계획인가 전 양도차익]

종전주택의 권리가액 - (종전주택의 취득가액 + 필요경비)

2) 관리처분계획인가 후 양도차익

조합원입주권을 보유하는 기간 동안 발생한 양도차익으로서 조합원입주권 양도가액에서 종전주택의 권리가액과 양도 당시 지출한 필요경비를 차감하여 계산한다.

[관리처분계획인가 후 양도차익]

조합원입주권 양도가액 - (종전주택의 권리가액 + 필요경비)

여기서 잠깐 _ 종전주택 권리가액이란?

조합원이 조합에 출자한 종전주택의 가액을 종전주택 권리가액이라고 하며, 종전주택의 권리가액은 도시 및 주거환경정비법에 따라 감정평가한 가액을 기초로 산정된다. 종전주택의 권리가액은 신축아파트의 분양대금으로 불입한 금액으로 보게 되므로 종전주택의 권리가액이 신축아파트의 분양가액보다 큰 경우 조합원은 청산금을 수령하게 되고, 종전주택의 권리가액이 신축아파트의 분양가액보다 작은 경우 조합원은 추가분담금에 해당하는 청산금을 납부하게 된다.

[조합원이 청산금을 수령하는 경우]

종전주택 권리가액 > 신축주택 분양가액

[조합원이 청산금을 납부하는 경우]

종전주택 권리가액 < **신축주택 분양가액**

아래와 같이 종전주택의 권리가액은 종전주택의 양도차익을 계산할 때 종전주택의 양도가액으로 사용되고, 조합원입주권의 양도차익을 계산할 때 조합원입주권의 취득가액으로 사용된다.

[입주권 양도가액 − 종전주택 취득가액] = [입주권 양도가액 − **종전주택 권리가액**] + [**종전주택 권리가액** − 종전주택 취득가액]

(종전주택 권리가액: 서로 상계)

계산사례

종전주택이 조합원입주권으로 변환된 후 조합원입주권을 양도하는 경우

● 종전주택 취득 및 조합원입주권 양도에 관한 자료

구 분	내 용
1. 종전주택 취득내역	취득일 : 2014.1.10.
	실지 취득가액 : 5억원
	취득세 등 기타 필요경비 : 1천만원
2. 관리처분계획인가 내역	인가일 : 2020.3.5.
	종전주택의 권리가액 : 9억원
3. 조합원입주권 양도내역	양도일 : 2023.2.16.
	양도가액 : 15억원
	기타 필요경비 : 2천만원
4. 기타 내용	입주권 양도 당시 2주택 보유

계산내역

	구 분	관리처분인가 전 (종전주택 부분)	관리처분인가 후 (입주권 부분)	계
	양도가액	900,000,000	1,500,000,000	
(−)	취득가액	500,000,000	900,000,000	
(−)	기타 필요경비	10,000,000	20,000,000	
(=)	양도차익	390,000,000	580,000,000	970,000,000
(−)	장기보유특별공제	46,800,000	-	46,800,000
(=)	양도소득금액	343,200,000	580,000,000	923,200,000
(−)	양도소득기본공제			2,500,000
(=)	과세표준			920,700,000
	산출세액	920,700,000 × 42% - 35,940,000		350,754,000
(+)	지방소득세	350,754,000 × 10%		35,075,400
(=)	총부담세액			385,829,400

해설

1. 양도소득금액의 계산

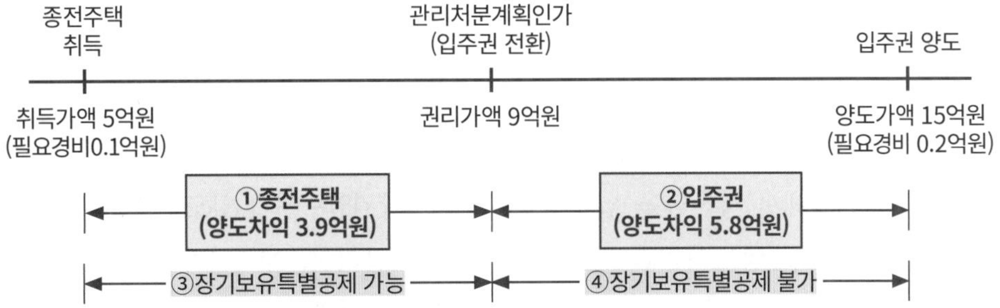

① 종전주택 양도차익은 종전주택의 권리가액 9억원에서 종전주택의 취득가액 5억원과 필요경비 0.1억원을 차감한 3.9억원이다.

② 조합원입주권 양도차익은 입주권의 양도가액 15억원에서 종전주택의 권리가액 9억원과 필요경비 0.2억원을 차감한 5.8억원이다.

③ 주택을 보유한 기간동안 발생한 양도차익에 대하여만 장기보유특별공제가 적용되므로 종전주택 취득일부터 관리처분계획인가일까지 장기보유특별공제를 적용한다.

장기보유특별공제액 : 390,000,000 × 12%(6년×2%) = 46,800,000

④ 조합원입주권을 보유한 기간동안 발생한 양도차익에 대하여는 장기보유특별공제가 적용되지 않는다.

2. 세율 적용시 보유기간 계산

조합입주권을 양도하는 경우 세율 적용시 보유기간 계산은 종전주택의 취득일로부터 양도일까지로 한다.

Ⅱ 조합원이 청산금을 납부하고 조합원입주권을 양도하는 경우 양도소득세 계산

1 개요

조합원이 조합에 종전주택을 현물제공하고 그 대가로 조합원입주권을 취득하는 과정에서 청산금을 납부하는 경우 조합원입주권의 양도차익은 관리처분계획인가 전 양도차익과 청산금을 반영한 관리처분계획인가 후 양도차익으로 구분하여 계산한 후, 해당 금액을 합산하여 전체 양도차익을 산정한다(소득령 §166①1호).

2 양도차익 계산

1) 관리처분계획인가 전 양도차익

관리처분계획인가 전 양도차익은 종전주택부분에 대한 양도차익으로서 이는 원조합원이 보유하던 종전주택을 관리처분계획인가일 현재 종전주택에 대한 권리가액으로 조합에 양도한 것으로 보아 아래와 같이 계산한다.

[관리처분계획인가 전 양도차익]

종전주택의 권리가액 - (종전주택의 취득가액 + 필요경비*)

* 종전주택 취득과 관련된 지출액

2) 관리처분계획인가 후 양도차익

관리처분계획인가 후 양도차익은 종전주택이 조합원입주권으로 전환된 권리부분에 대한 양도차익으로서 이는 원조합원이 조합으로부터 조합원입주권을 권리가액으로 다시 취득하고 추가로 청산금 납부한 상태에서 조합원입주권을 양도한 것으로 보아 아래와 같이 계산한다.

[관리처분계획인가 후 양도차익]

조합원입주권 양도가액 - (신축주택 분양가액* + 필요경비)**

* 신축주택 분양가액 = 권리가액 + 청산금 납부액

** 조합원입주권 양도와 관련된 지출액

3 조합원입주권이 1세대 1주택에 해당하는 고가주택인 경우 양도차익 계산

조합원입주권이 1세대1주택 비과세 대상이면서 양도가액이 12억원을 초과하는 경우 양도차익은 아래와 같이 종전주택부분과 입주권부분으로 구분하여 계산한다.

[종전주택 부분 고가주택 양도차익]

$$\text{관리처분계획인가 전 양도차익} \times \frac{(\text{조합원입주권 양도가액} - 12\text{억원})}{\text{조합원입주권 양도가액}}$$

[입주권 부분 고가주택 양도차익]

$$\text{관리처분계획인가 후 양도차익} \times \frac{(\text{조합원입주권 양도가액} - 12\text{억원})}{\text{조합원입주권 양도가액}}$$

여기서 잠깐 _ 청산금이란?

조합원이 조합에 청산금을 납부하는 경우와 조합으로부터 청산금을 수령하는 경우 종전주택 양도차익과 조합원입주권 양도차익에 미치는 영향은 아래와 같다.

[청산금을 납부하는 경우]

종전주택의 권리가액이 10억원이고 조합원이 분양받는 신축주택의 분양가액이 12억원이라 가정하면 조합원은 청산금 2억원을 납부해야 한다. 이 경우 납부한 청산금 2억원은 종전주택을 양도하는 과정에서 발생한 것이 아니고, 신축주택을 취득하면서 종전주택의 권리가액 10억원에 2억원을 추가로 납부한 것이므로 조합원입주권의 양도차익을 계산할 때 조합원입주권의 취득가액에 가산한다.

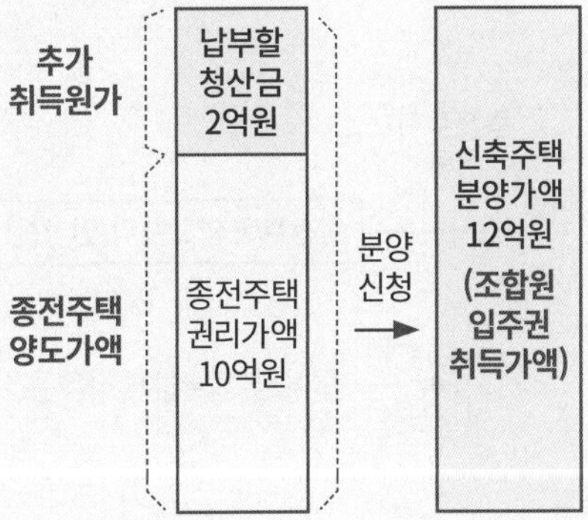

[청산금을 수령하는 경우]

종전주택의 권리가액이 10억원이고 조합원이 분양받는 신축주택의 분양가액 8억원이라 가정하면 조합원은 청산금 2억원을 수령하게 된다. 이 경우 조합원이 수령한 청산금 2억원은 종전주택을 일부 양도한 것이므로 종전주택의 양도차익에 영향을 주는 것이며, 조합원입주권의 취득가액은 종전주택의 권리가액 10억원에서 청산금 수령액 2억원을 차감한 8억원이 된다.

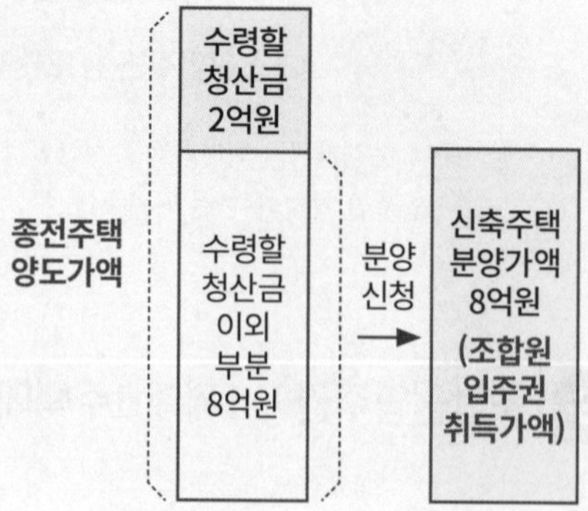

4 장기보유특별공제 계산

청산금을 납부하고 조합원입주권을 양도하는 경우 장기보유특별공제는 관리처분계획인가 전 양도차익(종전주택 양도차익)에 대해서만 종전주택의 취득일부터 관리처분계획인가일까지의 보유기간에 따른 공제율을 적용하여 계산하며 관리처분계획인가 후 양도차익(입주권 양도차익)에 대해서는 장기보유특별공제를 적용하지 않는다(소득령 §166⑤).

[청산금을 납부하고 조합원입주권을 양도하는 경우 양도차익 및 장기보유특별공제 계산]

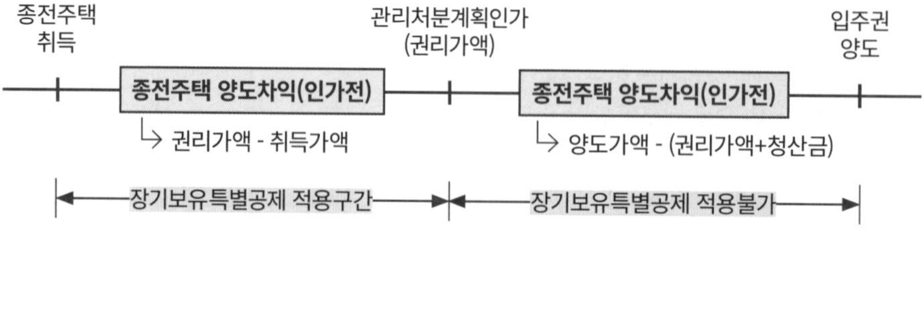

계산사례 1

청산금을 납부하고 원조합원입주권을 양도하는 경우

● 종전주택 취득 및 조합원입주권 양도에 관한 자료

구 분	내 용
1. 종전주택 취득내역	취득일 : 2011.1.10.
	실지 취득가액 : 6억원
	취득세 등 기타 필요경비 : 4천만원
2. 관리처분계획인가 내역	인가일 : 2020.3.5.
	종전주택의 권리가액 : 10억원
	신축주택의 분양가액 : 14억원
	납부할 청산금 : 4억원
3. 조합원입주권 양도내역	양도일 : 2023.4.10.
	양도가액 : 20억원
	기타 필요경비 : 6천만원
4. 기타 내용	입주권 양도 당시 2주택 보유

계산내역

	구 분	관리처분인가 전 (종전주택 부분)	관리처분인가 후 (입주권 부분)	계
	양도가액	1,000,000,000	2,000,000,000	
(-)	취득가액	600,000,000	1,400,000,000	
(-)	기타 필요경비	40,000,000	60,000,000	
(=)	양도차익	360,000,000	540,000,000	900,000,000
(-)	**장기보유특별공제**	64,800,000	-	**64,800,000**
(=)	양도소득금액	295,200,000	540,000,000	835,200,000
(-)	양도소득기본공제			2,500,000
(=)	과세표준			832,700,000
	산출세액	832,700,000 × 42% - 35,940,000		313,794,000
(+)	지방소득세	313,794,000 × 10%		31,379,400
(=)	총부담세액			345,173,400

해설

1. 양도소득금액의 계산

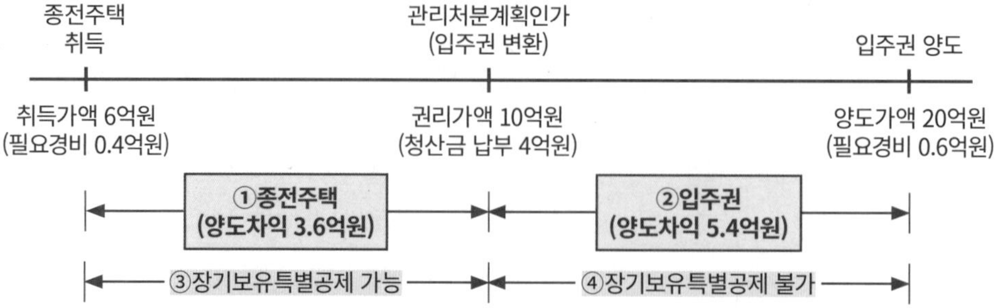

① 종전주택 양도차익은 종전주택의 권리가액 10억원에서 종전주택의 취득가액 6억원과 필요경비 0.4억원을 차감한 3.6억원이 된다. 이 경우 청산금 납부액 4억원은 종전주택을 양도하면서 발생한 것이 아니라 새로운 주택을 분양받으면서 추가 불입하는 것이므로 종전주택 양도차익에는 영향을 주지 않는다.

② 조합원입주권 양도차익은 입주권의 양도가액 20억원에서 종전주택의 권리가액 10억원, 청산금 납부액 4억원 및 필요경비 0.6억원을 차감한 5.4억원이 된다. 청산금 납부액 4억원은 신축주택을 분양받으면서 추가로 납부한 것이므로 조합원입주권 취득가액에 포함된다.

③ 주택을 보유한 기간 동안 발생한 양도차익에 대하여는 종전주택 취득일부터 관리처분계획인가일까지에 대하여 장기보유특별공제가 적용된다.

장기보유특별공제액 : 360,000,000 × 18% (9년×2%) = 64,800,000

④ 조합원입주권을 보유한 기간동안 발생한 양도차익에 대하여는 장기보유특별공제가 적용되지 않는다.

2. 세율 적용시 보유기간 계산

조합입주권을 양도하는 경우 세율 적용시 보유기간 계산은 종전주택의 취득일로부터 양도일까지로 한다.

계산사례 2

청산금을 납부하고 비과세 요건을 충족한 조합원입주권을 양도하는 경우

● 종전주택 취득 및 조합원입주권 양도에 관한 자료

구 분	내 용
1. 종전주택 취득내역	취득일 : 2011.3.20.
	실지 취득가액 : 10억원
	취득세 등 기타 필요경비 : 2천만원
2. 관리처분계획인가 내역	인가일 : 2020.4.9.
	종전주택의 권리가액 : 16억원
	신축주택의 분양가액 : 18억원
	납부할 청산금 : 2억원
3. 조합원입주권 양도내역	양도일 : 2023.4.10.
	양도가액 : 20억원
	기타 필요경비 : 1천만원
4. 기타 내용	① 종전주택은 관리처분계획인가 당시 1세대1주택 비과세요건 충족 ② 종전주택에서 5년 2개월 거주

계산내역

	구 분	관리처분인가 전 (종전주택 부분)	관리처분인가 후 (입주권 부분)	계
	양도가액	1,600,000,000	2,000,000,000	
(-)	취득가액	1,000,000,000	1,800,000,000	
(-)	기타 필요경비	20,000,000	10,000,000	
(=)	양도차익	580,000,000	190,000,000	770,000,000
	12억원 초과분 양도차익	**232,000,000**	**76,000,000**	**308,000,000**
(-)	**장기보유특별공제**	**129,920,000**	-	**129,920,000**
(=)	양도소득금액	102,080,000	76,000,000	178,080,000
(-)	양도소득기본공제			2,500,00
(=)	과세표준			175,580,000
	산출세액	175,580,000 × 38% - 19,940,000		46,780,400
(+)	지방소득세	46,780,400 × 10%		4,678,040
(=)	총부담세액			51,458,440

해설

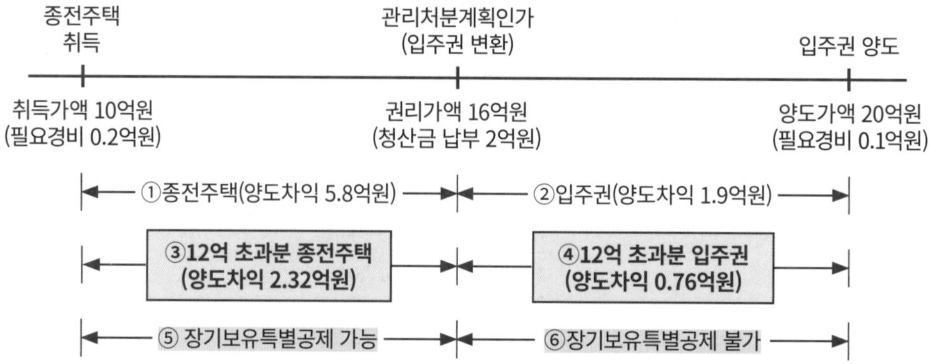

① 종전주택 양도차익은 종전주택의 권리가액 16억원에서 종전주택의 취득가액 10억원과 필요경비 0.2억원을 차감한 5.8억원이다.

② 조합원입주권 양도차익은 입주권의 양도가액 20억원에서 종전주택의 권리가액 16억원, 청산금 납부액 2억원 및 필요경비 0.1억원을 차감한 1.9억원이다.

③ 1세대1주택 비과세 고가주택 12억원 초과분에 대한 양도차익은 종전주택의 양도차익 5.8억원에 전체 양도가액 20억원 중 12억원을 초과한 8억원이 전체 양도가액 20억원에서 차지하는 비율 40%를 곱한 2.32억원이다.

$$580{,}000{,}000 \times \frac{(2{,}000{,}000{,}000 - 1{,}200{,}000{,}000)}{2{,}000{,}000{,}000} = 232{,}000{,}000$$

④ 1세대1주택 비과세 고가주택 12억원 초과분에 대한 양도차익은 입주권의 양도차익 1.9억원에 전체 양도가액 20억원 중 12억원을 초과한 8억원이 전체 양도가액 20억원에서 차지하는 비율 40%를 곱한 0.76억원이다.

$$190{,}000{,}000 \times \frac{(2{,}000{,}000{,}000 - 1{,}200{,}000{,}000)}{2{,}000{,}000{,}000} = 76{,}000{,}000$$

⑤ 관리처분계획인가일 현재 1세대1주택 비과세 요건을 갖추었으므로 입주권 상태로 양도하는 경우에도 비과세되나, 양도가액이 12억원을 초과하여 고가주택에 해당하므로 주택으로 보유한 기간 동안 발생한 양도차익에 대하여만 보유기간과 거주기간으로 구분하여 장기보유특별공제를 적용한다.

$$232{,}000{,}000 \times 56\%(\text{보유기간 9년} \times \text{연4\%} + \text{거주기간 5년} \times \text{연4\%}) = 129{,}920{,}000$$

⑥ 조합원입주권을 보유한 기간동안 발생한 양도차익에 대하여는 장기보유특별공제가 적용되지 않는다.

계산사례 3

종전주택의 취득가액은 불분명하고 비과세 요건을 충족한 조합원입주권을 양도하는 경우

● 종전주택 취득 및 조합원입주권 양도에 관한 자료

구 분	내 용
1. 종전주택 취득내역	취득일 : 2011.1.10.취득가액 불분명
	종전주택 취득 당시 기준시가 : 토지 2억원, 건물 1억원
2. 관리처분계획인가 내역	인가일 : 2019.3.5.
	종전주택의 권리가액 : 9억원
	조합원 분양가액 : 12억원
	납부할 청산금 : 3억원
	관리처분인가일 현재 기준시가 : 토지 5억원, 건물 3억원
3. 조합원입주권 양도내역	양도일 : 2023.4.10.
	양도가액 : 15억원
4. 기타 내용	종전주택은 관리처분계획인가 당시 1세대1주택 비과세요건 충족하였고, 취득일 이후 관리처분계획인가일까지 계속 종전주택에 거주함

계산내역

	구 분	관리처분인가 전 (종전주택 부분)	관리처분인가 후 (입주권 부분)	계
	양도가액	900,000,000	1,500,000,000	
(−)	취득가액	337,500,000	1,200,000,000	
(−)	기타 필요경비	9,000,000	-	
(=)	양도차익	553,500,000	300,000,000	853,500,000
	고가주택 양도차익	110,700,000	60,000,000	170,700,000
(−)	**장기보유특별공제**	70,848,000	-	70,848,000
(=)	양도소득금액	39,852,000	60,000,000	99,852,000
(−)	양도소득기본공제			2,500,000
(=)	과세표준			97,352,000
	산출세액	97,352,000 × 35% - 15,440,000		18,633,200
(+)	지방소득세	18,633,200 × 10%		1,863,320
(=)	총부담세액			20,496,520

해설

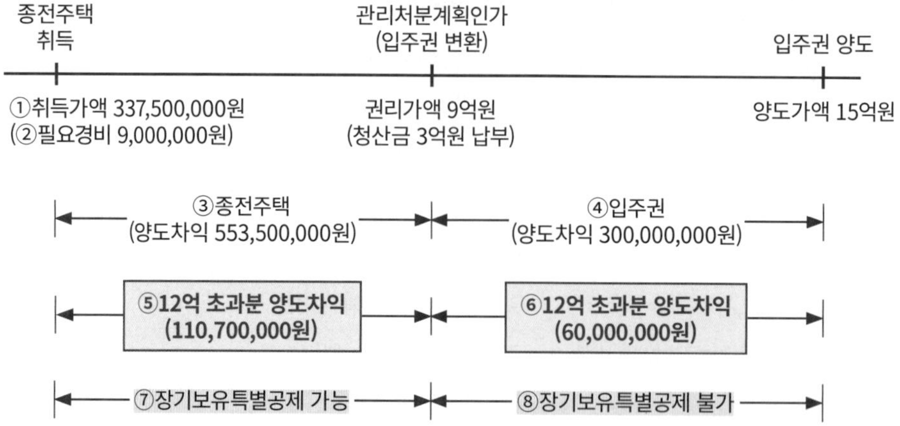

① 종전주택과 그 부수토지의 취득가액을 확인할 수 없는 경우에는 아래와 같이 환산취득가액으로 계산한다.

$$\text{종전주택·부수토지의 취득가액} = \text{종전주택·부수 토지의 권리가액} \times \frac{\text{취득일 현재 종전주택·부수토지의 기준시가}}{\text{관리처분계획인가일 현재 종전주택·부수토지의 기준시가}}$$

$$337{,}500{,}000 = 900{,}000{,}000 \times \frac{300{,}000{,}000}{800{,}000{,}000}$$

② 필요경비개산공제는 취득 당시 기준시가의 3%를 적용하여 계산한다.

취득당시 토지 및 주택의 기준시가 합계 300,000,000 × 3% = 9,000,000

③ 종전주택 양도차익은 종전주택의 권리가액 900,000,000원에서 종전주택의 환산취득가액 337,500,000원과 필요경비 개산공제 9,000,000원을 차감한 553,500,000원이다.

④ 조합원입주권 양도차익은 입주권의 양도가액 15억원에서 종전주택의 권리가액 9억원과 청산금 납부액 3억원을 차감한 3억원이다.

⑤ 1세대1주택 비과세 고가주택 12억원 초과분에 대한 종전주택 양도차익은 종전주택의 양도차익 553,500,000원에 전체 양도가액 15억원 중 12억원을 초과한 3억원이 전체 양도가액 15억원에서 차지하는 비율 20%를 곱한 110,700,000원이다.

$$553{,}500{,}000 \times \frac{(1{,}500{,}000{,}000 - 1{,}200{,}000{,}000)}{1{,}500{,}000{,}000} = 110{,}700{,}000$$

⑥ 1세대1주택 비과세 고가주택 12억원 초과분에 대한 입주권 양도차익은 입주권의 양도차익 3억원에 전체 양도가액 15억원 중 12억원을 초과한 3억원이 전체 양도가액 15억원에서 차지하는 비율 20%를 곱한 0.6억원이다.

$$300{,}000{,}000 \times \frac{(1{,}500{,}000{,}000 - 1{,}200{,}000{,}000)}{1{,}500{,}000{,}000} = 60{,}000{,}000$$

⑦ 종전주택 취득일로부터 관리처분계획인가일까지 주택으로 보유한 기간동안 발생한 양도차익에 대하여 보유기간과 거주기간으로 구분하여 장기보유특별공제를 적용한다.

110,700,000 × 64%(보유기간 8년 × 4%+ 거주기간 8년 × 4%) = 70,848,000

⑧ 조합원입주권을 보유한 기간동안 발생한 양도차익에 대하여는 장기보유특별공제가 적용되지 않는다.

Ⅲ 조합원이 청산금을 수령하고 조합원입주권을 양도한 경우 양도소득세 계산

1 개요

조합원이 조합에 종전주택을 제공하고 그 대가로 조합원입주권을 취득하는 과정에서 청산금을 수령하는 경우 조합원입주권의 양도차익은 관리처분계획인가 전 양도차익과 관리처분계획인가 후 양도차익으로 나누고, 관리처분계획인가 전 양도차익은 다시 청산금 수령분 이외의 양도차익과 청산금 수령분의 양도차익으로 구분하여 계산한다. 세 가지로 양도차익을 구분하는 이유는 조합원입주권 보유분의 양도차익에 대해서는 장기보유특별공제가 적용되지 않으며, 청산금 수령분 이외의 양도차익과 청산금 수령분의 양도차익에 대해서는 보유기간이 다르게 적용되기 때문이다(소득령 §166①2호).

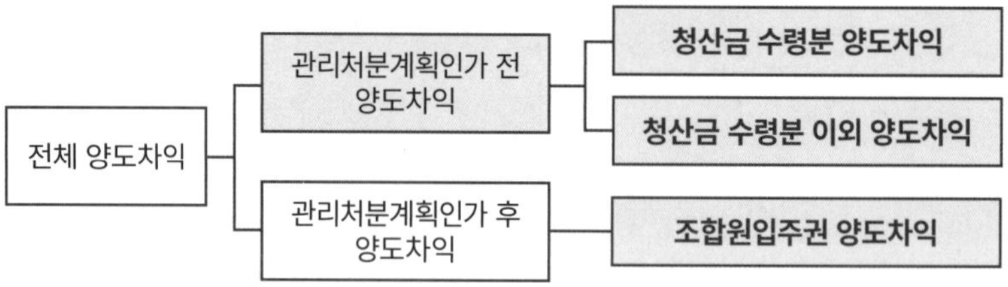

2 양도차익 계산

1) 관리처분계획인가 전 양도차익

관리처분계획인가 전 양도차익은 관리처분계획인가일 현재 종전주택의 권리가액에서 종전주택의 취득가액 및 필요경비를 차감하여 산정한 후, 다시 청산금 수령분 이외의 양도차익과 청산금 수령분의 양도차익으로 구분하여 계산한다.

① 종전주택의 청산금 수령 이외분 양도차익

청산금 수령 이외분의 양도차익은 아래와 같이 관리처분계획인가 전 양도차익에 종전주택의 권리가액에서 청산금 수령액을 차감한 가액이 종전주택의 권리가액에서 차지하는 비율을 곱하여 계산한다.

$$\text{관리처분계획인가 전 양도차익}^{*} \times \frac{\text{종전주택의 권리가액 - 청산금 수령액}}{\text{종전주택의 권리가액}}$$

* 종전주택의 권리가액 - (종전주택의 취득가액 + 필요경비)

② 종전주택의 청산금 수령분 양도차익

청산금 수령분의 양도차익은 아래와 같이 관리처분계획인가 전 양도차익에 청산금 수령분이 종전주택의 권리가액에서 차지하는 비율을 곱하여 계산한다.

$$\text{관리처분계획인가 전 양도차익} \times \frac{\text{청산금 수령액}}{\text{종전주택의 권리가액}}$$

$$= \text{청산금 수령액 - (종전주택의 취득가액 + 필요경비)} \times \frac{\text{청산금 수령액}}{\text{종전주택의 권리가액}}$$

예를 들어 종전주택의 권리가액 및 양도차익이 각각 1,000 및 500이며 청산금을 400 수령한 경우 청산금 수령분의 양도차익은 종전주택의 양도차익 500에 청산금 수령액 400이 종전주택의 권리가액 1,000에서 차지하는 비율 40%를 곱한 200이 된다.

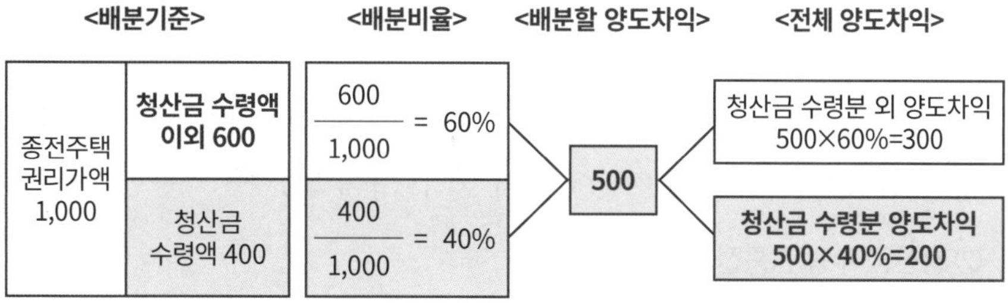

2) 관리처분계획인가 후 양도차익

관리처분계획인가 후 양도차익은 조합원입주권의 양도가액에서 신축주택의 분양가액 및 필요경비를 차감하여 아래와 같이 계산한다.

[관리처분계획인가 후 양도차익]

- 조합원입주권의 양도가액 - (신축주택의 분양가액* + 필요경비)
  = 조합원입주권의 양도가액 - (종전주택의 권리가액 - 청산금 수령액) - 필요경비

* 신축주택의 분양가액 = 권리가액 - 청산금 수령액

예를 들어 조합원입주권의 양도가액이 9억원이고 종전주택의 권리가액이 6억원인 상태에서 청산금 1억원을 수령한 경우 신축주택의 분양가액은 종전주택의 권리가액 6억원에서 청산금 수령액 1억원을 차감한 금액인 5억원이 되며, 조합원입주권의 양도차익은 조합원입주권의 양도가액 9억원에서 신축주택의 분양가액 5억원을 차감한 4억원이 된다.

[청산금을 수령하고 조합원입주권을 양도하는 경우 양도차익 신고방법]

- 합산신고 : 청산금 수령 이외분 양도차익 + 조합원입주권 양도차익
- 별도신고 : 청산금 수령분 양도차익

3 장기보유특별공제 계산

① 청산금 수령 이외분(종전주택부분)

청산금 수령 이외분의 양도차익에 대해서는 종전주택의 취득일부터 관리처분계획인가일까지의 보유기간에 대해 장기보유특별공제를 적용한다.

② 청산금 수령분(종전주택부분)

청산금 수령분의 양도차익에 대해서는 종전주택의 취득일부터 소유권이전 고시일의 다음날까지의 보유기간에 대해 장기보유특별공제를 적용한다.

[청산금을 수령하고 조합원입주권을 양도하는 경우 양도차익 및 장기보유특별공제 계산]

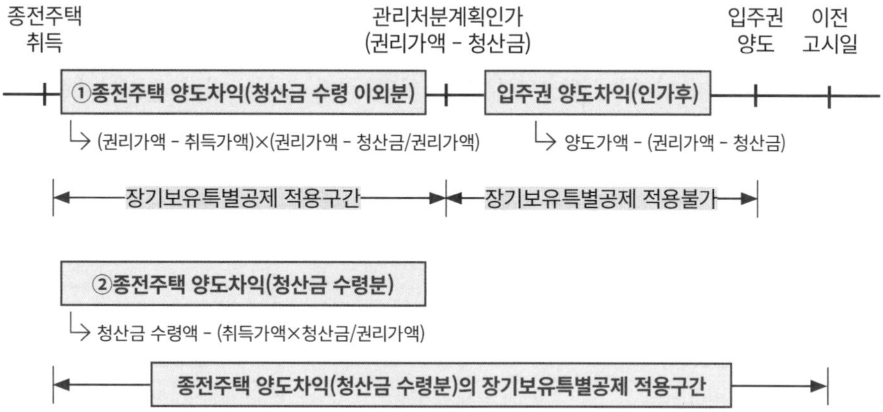

4 청산금 수령분에 대한 양도소득세 기타 주요 내용

1) 청산금 수령분에 대한 납세의무자

수령할 청산금은 원조합원이 종전주택을 조합에 제공함에 따라 일부 대가로 받는 것이므로 납세의무자는 원조합원이다. 일반적으로 청산금을 수령하기 전에 매도자는 조합원입주권을 양도하면서 매수자로부터 수령할 청산금을 포함하여 양도대금을 받게 되고 향후 매수자인 승계조합원은 조합으로부터 청산금을 수령한다. 이는 청산금 수령권을 이전한 것에 불과하므로 승계조합원이 조합으로부터 청산금을 수령한다고 하더라도 청산금 수령분에 대한 납세의무자는 변경되지 않는다. 따라서, 원조합원은 조합원입주권을 양도하면서 청산금 수령권까지 양도한 것이므로 양도소득세를 두 번 신고해야 한다.

2) 비과세 판단

청산금을 수령한 경우에는 종전주택의 일부를 유상으로 양도한 것이므로 과세되는 것이 원칙이나, 양도 당시(소유권이전 고시일의 다음날) 청산금에 상당하는 종전주택 이외 다른 주택 등이 없고 청산금에 상당하는 종전주택이 관리처분계획인가일 현재 1세대 1주택 비과세 요건을 갖춘 경우에는 양도소득세가 비과세된다. 이 경우 청산금 수령분이 1세대 1주택 비과세대상 고가주택에 해당하는지 여부는 관리처분계획인가일 현재 종전주택의 권리가액을 기준으로 판단한다.

[청산금 수령분에 대한 비과세 및 고가주택 판단]

구 분	내 용
1세대 1주택 여부 판단	양도일(소유권이전 고시일의 다음날) 기준으로 주택 수 판단
비과세요건 충족 여부 판단	관리처분계획인가일 기준으로 비과세 요건(2년 이상 보유 등) 판단
고가주택 여부 판단	관리처분계획인가일 기준으로 권리가액 12억원 초과 여부 판단

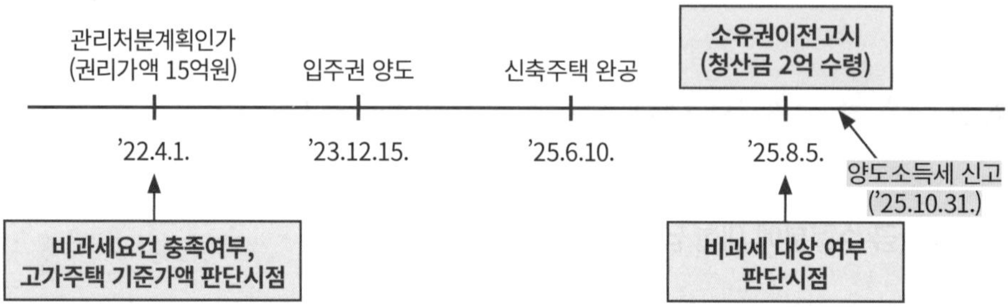

위 사례에서 종전주택이 1세대1주택 비과세대상인 경우 종전주택에 대한 청산금 수령액 2억원으로 판단하게 되면 양도소득세가 전액 비과세되나, 관리처분계획인가일 현재 종전주택 권리가액이 15억원으로서 고가주택 기준금액 12억원을 초과하므로 청산금 수령액이 12억원 이하라 하더라도 권리가액 12억원 초과분에 대한 양도차익에 대하여는 양도소득세가 과세되며, 과세되는 고가주택 양도차익은 아래와 같이 계산된다.

$$\text{관리처분계획 인가 전 양도차익} \times \frac{\text{수령한 청산금}}{\text{종전주택의 권리가액}} \times \frac{(\text{종전주택의 권리가액} - \text{12억원})}{\text{종전주택의 권리가액}}$$

3) 기타 내용

① 양도시기

일반적으로 수령할 청산금은 관리처분계획에 따라 개략적으로 예상가액을 정하고 소유권이전 고시를 통해 청산금이 확정되고 이전고시일 이후 청산금을 지급하게 되므로 청산금 수령분에 대한 양도시기는 소유권이전 고시일의 다음 날이 된다.

* 소유권 이전고시 : 정비사업으로 조성된 대지 및 건물 등의 소유권을 분양받을 자에게 이전하는 행정처분

② 종전주택의 취득가액이 불분명하여 환산취득가액 적용시 기준시가

일반적으로 부동산의 양도차익 산정시 취득가액이 불분명하여 환산취득가액을 적용하는 경우 양도가액에 양도 당시 기준시가에 대한 취득 당시 기준시가 비율을 곱하여 계산하지만, 조합원입주권 및 신축주택의 양도차익 산정시 종전주택의 환산취득가액은 양도일이 아닌 관리처분계획인가일을 기준으로 아래와 같이 계산한다.

- 일반 부동산의 양도차익 산정시 환산취득가액 = 양도가액 $\times \dfrac{\text{취득당시 기준시가}}{\text{양도당시 기준시가}}$
- 입주권 등의 양도차익 산정시 환산취득가액 = 권리가액 $\times \dfrac{\text{취득당시 기준시가}}{\text{인가일 현재 기준시가}}$

③ 청산금 수령분에 대한 양도소득세 감면적용 여부

청산금을 수령하는 경우에는 조세특례제한법 제77조(공익사업용토지 등에 대한 양도소득세 감면) 규정을 준용하여 「도시및주거환경정비법」에 따른 정비구역의 토지 등을 사업시행자에게 양도함으로써 발생하는 소득에 대해서는 양도소득세 산출세액의 10%(현금청산)를 감면한다. 다만, 감면세액의 20%는 농어촌특별세로 납부해야 한다.

필자의 견해

정비사업이 완료되면 종전주택 등기는 폐쇄되고, 신축주택 소유권은 소유권이전고시일 다음 날 조합원에게 이전된다. 이 때 조합원이 수령할 청산금은 도시및주거환경정비법상 소유권이전 고시일에 지급하도록 규정하고 있으므로 조합원이 수령할 청산금의 양도시기는 소유권이전 고시일의 다음날이 된다.

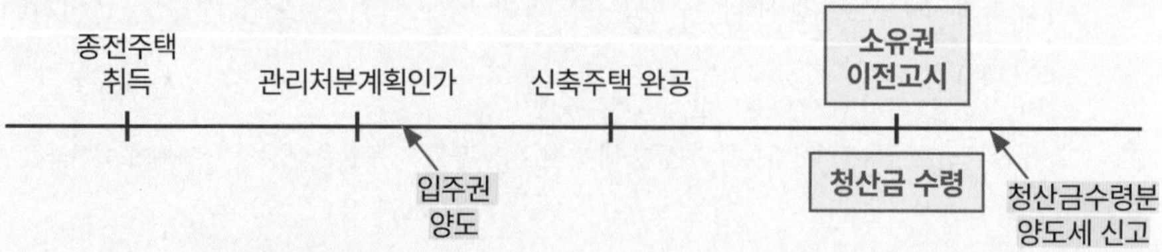

다만 다른 관점에서 볼 때, 청산금수령액의 양도시기를 소유권이전 고시일의 다음날로 보는 것은 다음과 같은 문제를 갖고 있다.

첫째, 조합원입주권 거래 시점에 원조합원과 승계조합원 사이에서 청산금이 정산되어 원조합원 입장으로 보면 조합원입주권 매매시점에 이미 양도차익이 실현된 경우 굳이 청산금 수령액의 양도시기를 소유권이전 고시일의 다음날로 늦춤으로서 조합원입주권을 양도한 후 몇 년을 기다렸다가 양도소득세 신고를 하여야 하므로 납세자 입장에서 큰 불편이 따른다.

둘째, 조합원입주권을 양도한 날 현재 주택 보유상황이 아니라 양도일로부터 몇 년이 지난 후 소유권이전 고시일의 다음날 현재 주택 보유상황에 따라 1세대1주택 비과세 여부나 다주택 중과여부가 결정된다면 1세대1주택 상태에서 조합원입주권을 양도한 후 주택을 매입하면 예측하지 못하게 1세대1주택 비과세를 받지 못하거나 다주택 중과가 되는 경우가 발생할 수 있다.

따라서 조합원입주권 매매 당시에 원조합원과 승계조합원 사이에 청산금을 정산하는 경우에는 청산금 수령액의 양도시기를 소유권이전 고시일의 다음날이 아니라 조합원입주권의 매매대금을 정산한 날로 하는 것이 합리적이라고 판단된다.

계산사례

청산금을 수령하고 조합원입주권을 양도하는 경우

● **종전주택 취득 및 조합원입주권 양도에 관한 자료**

구 분	내 용
1. 종전주택 취득내역	취득일 : 2011.4.15.
	실지 취득가액 : 5억원
2. 관리처분계획인가 내역	인가일 : 2020.3.10.
	종전주택의 권리가액 : 8억원
	신축주택의 분양가액 : 6억원
	수령할 청산금 : 2억원
3. 조합원입주권 양도내역	양도일 : 2023.3.31.
	양도가액 : 15억원
4. 기타 내용	입주권 양도 당시 2주택을 보유하고 있으며, 수령한 청산금은 양도소득세 과세대상임
	소유권 이전고시일 : 2023.5.15.
	사업시행인가일 : 2017.4.2.

계산내역

	구 분	청산금 수령분(별도신고)	청산금 수령 이외분(①+② 합산신고)		
			①종전주택부분	②입주권부분	계
	양도가액	200,000,000	600,000,000	1,500,000,000	
(-)	취득가액	125,000,000	375,000,000	600,000,000	
(=)	양도차익	75,000,000	225,000,000	900,000,000	1,125,000,000
(-)	**장기보유특별공제**	**18,000,000**	**36,000,000**	-	**36,000,000**
(=)	양도소득금액	57,000,000	189,000,000	900,000,000	1,089,000,000
(-)	양도소득기본공제	2,500,000			2,500,000
(=)	과세표준	54,500,000			1,086,500,000
	산출세액	7,320,000	해설 참조		422,985,000
(-)	감면세액	732,000			
(=)	감면후 세액	6,588,000			422,985,000
(+)	지방소득세	658,800			42,298,500
(+)	농어촌특별세	146,400			-
(=)	총부담세액	7,393,200			465,283,500

해설

1. 양도소득금액의 계산

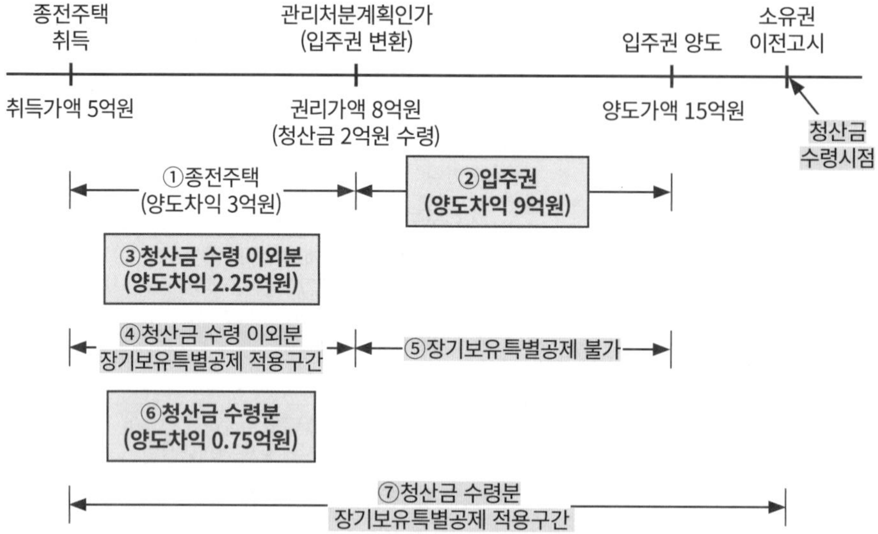

① 청산금을 수령한 경우 종전주택의 전체 양도차익은 종전주택의 권리가액 8억원에서 종전주택의 취득가액 5억원을 차감한 3억원이다.

② 조합원입주권 양도차익은 입주권 양도가액 15억원에서 신축주택의 분양가액 6억원을 차감한 9억원이다.

③ 청산금 수령분 이외 종전주택의 양도차익은 관리처분계획인가 전 양도차익 3억원에 종전주택의 권리가액 8억원에서 청산금 수령분 2억원을 차감한 가액이 권리가액 8억원에서 차지하는 비율 75%를 곱한 2.25억원이다.

$$300{,}000{,}000 \times \frac{(800{,}000{,}000 - 200{,}000{,}000)}{800{,}000{,}000} = 225{,}000{,}000$$

④ 청산금 수령분 이외 종전주택의 양도차익 225,000,000원에 대하여는 종전주택의 취득일부터 관리처분계획인가일까지 보유기간에 대하여 장기보유특별공제를 적용한다.

$$225{,}000{,}000 \times 16\%(\text{보유기간 8년} \times 2\%) = 36{,}000{,}000$$

⑤ 조합원입주권을 보유한 기간동안 발생한 양도차익에 대하여는 장기보유특별공제가 적용되지 않는다.

⑥ 청산금 수령분의 종전주택 양도차익은 관리처분계획인가 전 양도차익 3억원에 청산금 수령분 2억원이 권리가액 8억원에서 차지하는 비율 25%를 곱한 0.75억원이다.

$$300,000,000 \times \frac{200,000,000}{800,000,000} = 75,000,000$$

⑦ 일반적으로 청산금은 소유권 이전고시일에 수령하게 되므로 조합원입주권을 양도하고 추후 청산금을 수령하는 경우 청산금 수령분에 대한 장기보유특별공제는 종전주택 취득일부터 소유권이전 고시일의 다음날까지의 보유기간에 대하여 적용한다.

양도차익 75,000,000 × 24%(보유기간12년 × 2%) = 18,000,000

2. 산출세액

1) 청산금 수령분

54,500,000 × 24% - 5,760,000(누진공제) = 7,320,000

2) 청산금 수령분 이외

1,086,500,000 × 45% - 65,940,000(누진공제) = 422,985,000

3. 청산금 수령분 양도소득세 신고

조합원이 수령할 청산금은 도시 및 주거환경정비법상 소유권이전 고시일 이후에 지급하도록 규정하고 있으므로 조합원이 수령할 청산금의 양도시기는 소유권이전 고시일의 다음날이 되는 것이며, 이 날의 말일로부터 2개월 이내 양도소득세를 신고해야 한다. 이 경우 사업시행인가일로부터 소급하여 2년 이전에 취득한 토지 등을 사업시행자에게 양도하는 경우에는 현금 청산금에 양도소득세의 10%를 감면하며, 감면되는 양도소득세의 20%를 농어촌특별세로 납부하여야 한다.

1) 감면세액

7,320,000 × 10% = 732,000

2) 농어촌특별세

732,000 × 20% = 146,400

04

신축주택을 양도하는 경우 양도소득세 계산

I 개요

재개발 및 재건축사업 등으로 조합원입주권이 신축주택으로 전환된 후, 신축주택을 양도하는 경우에는 「아래의 요약표」와 같이 청산금을 납부한 경우와 청산금을 수령한 경우로 구분한다. 양도차익을 산정하는 원리는 조합원입주권의 양도차익 계산방법과 유사하나, 신축주택에 대해서는 청산금 납부분을 제외하고는 종전주택의 취득일로부터 신축주택의 양도일까지 전체 보유기간에 대해 장기보유특별공제가 적용된다.

[신축주택을 양도하는 경우 양도소득 계산방법(소득령 §166②1,2호및⑤2호)]

구 분		양도차익	장기보유특별공제 보유기간 계산
청산금 납부	종전주택 부분 (ⓐ + ⓑ)	ⓐ = 관리처분인가전 양도차익[1] ⓑ = 관리처분인가후 양도차익[2] $\times \frac{\text{권리가액}}{\text{분양가액}}$	종전주택 취득일 ~ 신축주택 양도일
	청산금 납부분	관리처분인가후 양도차익[2] $\times \frac{\text{청산금}}{\text{분양가액}}$	관리처분인가일 ~ 신축주택 양도일
청산금 수령	종전주택 부분 (청산금 수령외)	양도가액 - [취득가액 $\times \frac{(\text{권리가액 - 청산금})}{\text{권리가액}}$]	종전주택 취득일 ~ 신축주택 양도일
	종전주택 부분 (청산금 수령분)	청산금 수령액 - (취득가액 $\times \frac{\text{청산금}}{\text{권리가액}}$)	종전주택 취득일 ~ 이전고시다음날

1) 관리처분인가전 양도차익 : 권리가액 - 취득가액

2) 관리처분인가후 양도차익 : 양도가액 - (권리가액 + 청산금)

Ⅱ 관리처분계획인가 전후 양도차익의 구분 불필요성

조합원입주권을 양도하는 경우에는 주택으로 보유한 기간의 양도차익(관리처분계획인가 전 양도차익)에 대해서만 장기보유특별공제가 적용되기 때문에 관리처분계획인가 전후로 양도차익을 구분하였으나, 종전주택이 조합원입주권으로 전환되었다가 다시 주택으로 완공된 후 신축주택을 양도하는 경우에는 청산금 납부분을 제외하고는 종전주택의 취득일부터 신축주택의 양도일까지 전체 보유기간에서 발생한 양도차익에 대하여 장기보유특별공제를 적용되기 때문에 관리처분계획인가 전후로 양도차익을 구분할 필요가 없다.

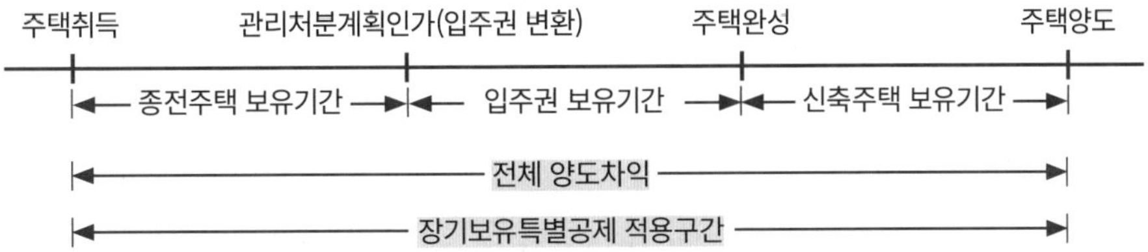

배경 및 취지

관리처분계획인가 후 신축주택 완공까지 대략 3~5년의 기간이 소요되는데, 조합원입주권으로 보유한 기간에 대하여 장기보유특별공제가 적용되지 않을 경우 조합원이 정비사업을 기피하는 경우가 생기므로 공익성이 있는 정비사업의 원활한 진행을 위해 세제상 지원할 필요가 있으며, 원조합원은 승계조합원과 달리 시세차익 목적으로 입주권을 취득한 것이 아니라 정비사업 과정에서 신축주택 완공 전까지 불가피하게 입주권 상태로 보유하게 된 것이므로 조합원입주권으로 보유한 기간에 대하여도 장기보유특별공제를 적용하는 것이다.

계산사례

청산금 납부 또는 수령하지 않고 비과세요건을 충족한 신축주택을 양도하는 경우

● **종전주택 취득 및 신축주택 양도에 관한 자료**

구 분	내 용
1. 종전주택 취득내역	취득일 : 2009.5.1
	실지 취득가액 : 5억원
2. 관리처분계획인가 내역	인가일 : 2019.7.20.
	종전주택의 권리가액 : 10억원
3. 신축주택 양도내역	양도일 : 2023.4.16.
	양도가액 : 20억원
4. 기타 내용	종전주택 취득일부터 양도일까지 계속 거주하였으며, 양도 당시 다른 주택 보유하고 있지 않음
	신축주택 사용승인일 : 2023.1.10.

계산내역

	구 분	관리처분인가 전 (종전주택 부분)	관리처분인가 후 (신축주택 부분)	계
	양도가액	1,000,000,000	2,000,000,000	
(−)	취득가액	500,000,000	1,000,000,000	
(=)	양도차익	500,000,000	1,000,000,000	1,500,000,000
	12억원 초과분 양도차익	**200,000,000**	**400,000,000**	**600,000,000**
(−)	**장기보유특별공제**	**160,000,000**	**320,000,000**	**480,000,000**
(=)	양도소득금액	40,000,000	80,000,000	120,000,000
(−)	양도소득기본공제			2,500,000
(=)	과세표준			117,500,000
	산출세액	117,500,000 × 35% - 15,440,000		25,685,000
(+)	지방소득세	25,685,000 × 10%		2,568,500
(=)	총부담세액			28,253,500

해설

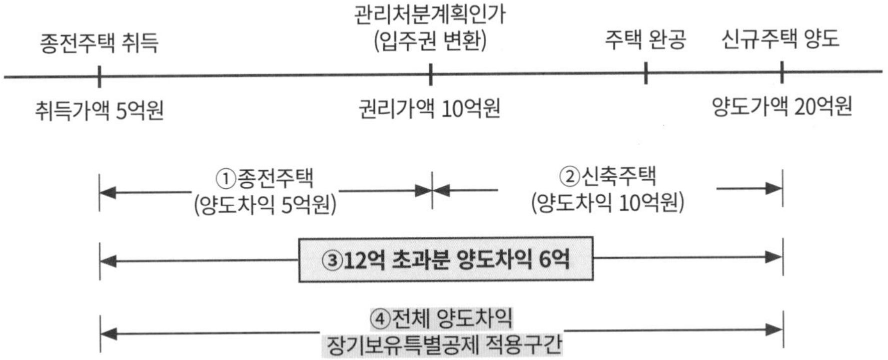

① 관리처분계획인가 전 양도차익은 종전주택의 권리가액 10억원에서 종전주택 취득가액 5억원을 차감한 5억원이다.

② 관리처분계획인가 후 양도차익은 신축주택의 양도가액 20억원에서 종전주택 권리가액 10억원을 차감한 10억원이다.

③ 1세대1주택 비과세 고가주택 12억원 초과분에 대한 양도차익은 전체 양도차익 15억원에 20억원 중 12억원을 초과한 8억원이 전체 양도가액 20억원에서 차지하는 비율 40%를 곱한 6억원이다.

$$1{,}500{,}000{,}000 \times \frac{(2{,}000{,}000{,}000 - 1{,}200{,}000{,}000)}{2{,}000{,}000{,}000} = 600{,}000{,}000$$

④ 1세대1주택 고가주택의 장기보유특별공제는 종전주택 취득일부터 신축주택 양도일까지의 보유기간 및 거주기간에 따른 공제율을 적용한다.

600,000,000 × 80%(보유기간 10년 × 연4%+ 거주기간 10년 × 연4%) = 480,000,000

※ 청산금이 없는 경우에는 종전주택 취득일부터 신축주택 양도일까지의 전체 기간에 대하여 장기보유특별공제가 적용되므로 관리처분계획인가 전후로 구분할 필요없이 아래와 같이 계산하면 보다 쉽게 양도소득금액을 산정할 수 있다.

	구 분	금 액	계산 근거
	양도가액	2,000,000,000	신축주택 양도가액
(-)	취득가액	500,000,000	종전주택 취득가액
(=)	양도차익	1,500,000,000	
	12억원 초과분 양도차익	600,000,000	1,500,000,000×(20억원 - 12억원)/20억원
(-)	장기보유특별공제	480,000,000	600,000,000 × 80%(10년×4% + 10년×4%)
(=)	양도소득금액	120,000,000	

Ⅲ 조합원이 청산금을 납부하고 신축주택을 양도하는 경우 양도소득세 계산

1 개요

조합원이 조합에 종전주택을 제공하고 관리처분계계획 등에 따라 청산금을 납부한 후에 신축주택을 양도하는 경우 양도차익은 종전주택분 양도차익과 청산금 납부분 양도차익으로 구분하여 계산한다(소득령 §166②1호).

2 양도차익 계산

1) 종전주택분 양도차익(청산금 납부 이외분 양도차익)

청산금을 납부하고 신축주택을 양도하는 경우 종전주택분의 양도차익은 아래와 같이 ① 관리처분계획인가 후 양도차익에 종전주택의 권리가액이 신축주택의 분양가액에서 차지하는 비율을 곱한 금액과 ② 관리처분계획인가 전 양도차익을 합산하여 계산한다.

[종전주택분 양도차익 = ① + ②]

$$① \text{ 관리처분계획인가 후 양도차익}^{1)} \times \frac{\text{종전주택의 권리가액}}{\text{신축주택의 분양가액}^{2)}}$$

② 관리처분계획인가 전 양도차익(권리가액 - 종전주택의 취득가액 등)

1) 신축주택의 양도가액 - (종전주택 권리가액 + 청산금 납부액) - 기타 필요경비
2) 신축주택의 분양가액 = 종전주택의 권리가액 + 청산금 납부액

2) 청산금 납부분 양도차익

청산금 납부분의 양도차익은 아래와 같이 관리처분계획인가 후 양도차익에 청산금 납부액이 신축주택의 분양가액에서 차지하는 비율을 곱하여 계산한다.

[청산금 납부분 양도차익]

$$\text{관리처분계획인가 후 양도차익} \times \frac{\text{청산금 납부액}}{\text{신축주택의 분양가액}}$$

참고

양도차익 간편계산

1. 종전주택분 양도차익

청산금이 없다면 신축주택의 양도차익은 순양도가액(양도가액 - 기타 필요경비)에서 종전주택의 취득가액 등을 차감하면 된다. 같은 논리로 청산금 납부하고 신축주택을 양도하는 경우에는 신축주택의 전체 순양도가액에서 청산금 납부액에 상당하는 순양도가액(순양도가액×청산금/분양가액)을 제외하면 신축주택에 대한 종전주택의 순양도가액이 산출되고 여기에 종전주택의 취득가액 등을 차감하면 아래와 같이 종전주택분 양도차익을 보다 쉽게 계산할 수 있다.

① 인가전 : 권리가액 - (취득가액 - 필요경비)

② 인가후 : $(\text{양도가액} - \text{권리가액} - \text{청산금} - \text{필요경비}) \times \dfrac{\text{권리가액}}{\text{권리가액} + \text{청산금}}$

$= (\text{양도가액} - \text{필요경비}) \times \dfrac{\text{권리가액}}{\text{권리가액} + \text{청산금}} - \text{권리가액}$

③ ①과 ②를 합치면 종전주택분 양도차익은 다음과 같이 산출된다.

$= (\text{양도가액} - \text{필요경비}) \times \dfrac{\text{권리가액}}{\text{권리가액} + \text{청산금}} - \cancel{\text{권리가액}} + \cancel{\text{권리가액}} - (\text{취득가액} - \text{필요경비})$

$= (\text{양도가액} - \text{필요경비}) \times \dfrac{\text{권리가액}}{\text{권리가액} + \text{청산금}} - (\text{취득가액} - \text{필요경비})$ _ p444(해설) 참고

2. 청산금 납부분 양도차익

청산금 납부액은 종전주택이 조합원입주권으로 전환된 후 신축주택을 취득하는 과정에서 발생한 추가 분담금이다. 따라서 신축주택의 순양도가액에는 종전주택의 기여분과 납부한 청산금의 기여분이 혼재되어 있으므로 신축주택의 전체 순양도가액에 분양가액 중 청산금의 비율을 곱하면 청산금 납부액에 대한 순양도가액이 산출되고 여기에 취득가액인 청산금 납부액을 차감하면 아래와 같이 청산금 납부분 양도차익을 보다 쉽게 계산할 수 있다.

• 인가후 : $(\text{양도가액} - \text{권리가액} - \text{청산금} - \text{필요경비}) \times \dfrac{\text{청산금}}{\text{권리가액} + \text{청산금}}$

$= (\text{양도가액} - \text{필요경비}) \times \dfrac{\text{청산금}}{\text{권리가액} + \text{청산금}} - \text{청산금}$ _ p444(해설) 참고

[종전주택분 양도차익과 청산금 납부분 양도차익의 도출과정(예시)]

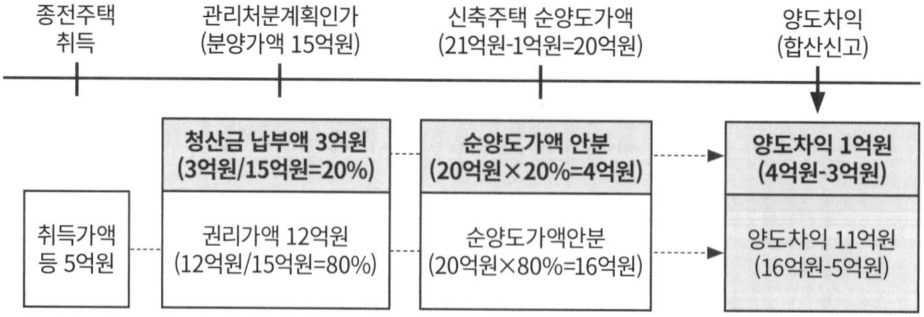

• 전체 양도차익 = 21억원(양도가액) - 8억원(취득가액+청산금납부액) - 1억원(필요경비) = 12억원

3 장기보유특별공제 계산

1) 종전주택분

종전주택분에서 발생한 양도차익에 대하여는 종전주택 취득일부터 신축주택 양도일까지의 보유기간에 대해 장기보유특별공제를 적용한다.

2) 청산금 납부분

청산금 납부분에서 발생한 양도차익에 대하여는 관리처분계획인가일부터 신축주택 양도일까지의 보유기간에 대해 장기보유특별공제를 적용한다.

배경 및 취지

납부할 청산금이 발생한 경우 관리처분계획인가 후 신축주택 완공일까지 정비사업에 소요되는 비용을 충당하기 위하여 수회에 걸쳐 납부하게 되는데, 각 회차별로 납부하는 청산금에 대하여 양도일까지 장기보유특별공제를 적용하면 계산이 매우 복잡해지므로 각 회차별로 납부한 청산금 전체를 관리처분계획인가일에 일괄 납부한 것으로 보아 관리처분계획인가일부터 신축주택 양도일까지 장기보유특별공제를 적용하는 것이다.

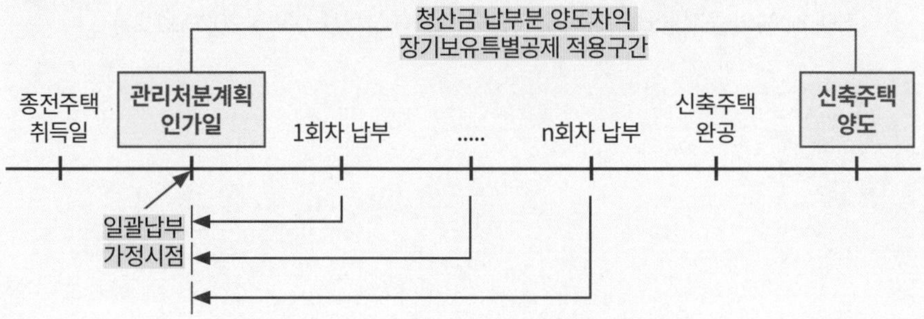

[청산금을 납부하고 신축주택을 양도하는 경우 양도차익 및 장기보유특별공제 계산]

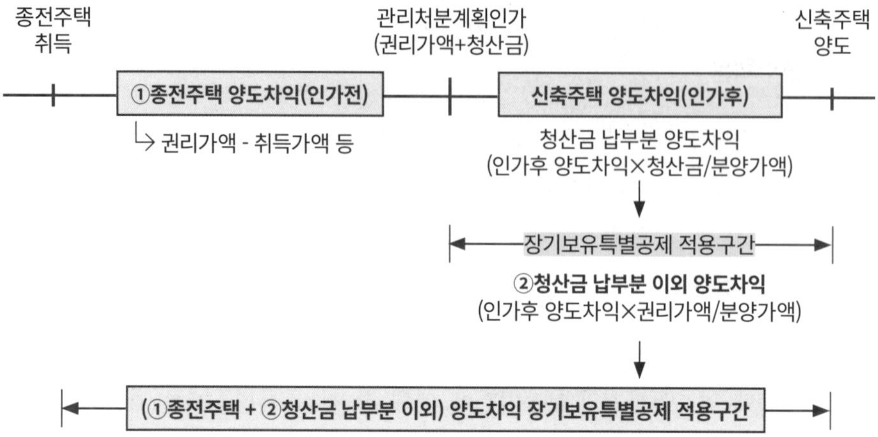

관련 해석 사례 _ 청산금 납부분 양도차익에 대한 장기보유특별공제 적용

재건축사업을 시행하는 정비사업조합의 조합원이 해당 조합에 종전주택과 그 부수토지를 제공하고 청산금을 납부한 후 관리처분계획인가에 따라 취득한 1세대1주택에 해당하는 신축주택을 양도하는 경우로서 종전주택에서는 2년 이상 거주했으나 신축주택에서는 2년 이상 거주하지 않은 경우 청산금 납부분 양도차익에 대해서는 보유기간 및 거주기간에 따른 최대 80%의 공제율을 적용하지 않는다(법령해석재산-0386, 2020.11.23).

계산사례 1

청산금을 납부하고 신축주택을 양도하는 경우

● 종전주택 취득 및 신축주택 양도에 관한 자료

구 분	내 용
1. 종전주택 취득내역	취득일 : 2008.5.15.
	실지 취득가액 : 5억원
2. 관리처분계획인가 내역	인가일 : 2018.7.20.
	종전주택의 권리가액 : 12억원
	신축주택의 분양가액 : 15억원
	납부할 청산금 : 3억원
3. 신축주택 양도내역	양도일 : 2023.6.25.
	양도가액 : 20억원
4. 기타 내용	신축주택 사용승인일 : 2023.1.10.
	양도주택 외 2주택 보유

계산내역

	구 분	청산금 납부분	종전주택분	계
	양도가액	400,000,000	1,600,000,000	2,000,000,000
(-)	취득가액	300,000,000	500,000,000	800,000,000
(=)	양도차익	100,000,000	1,100,000,000	1,200,000,000
(-)	장기보유특별공제	8,000,000	330,000,000	338,000,000
(=)	양도소득금액	92,000,000	770,000,000	862,000,000
(-)	양도소득기본공제			2,500,000
(=)	과세표준			859,500,000
	산출세액	859,500,000 × 42% - 35,940,000		325,050,000
(+)	지방소득세	325,050,000 × 10%		32,505,000
(=)	총부담세액			357,555,000

해설

1. 양도소득금액의 계산

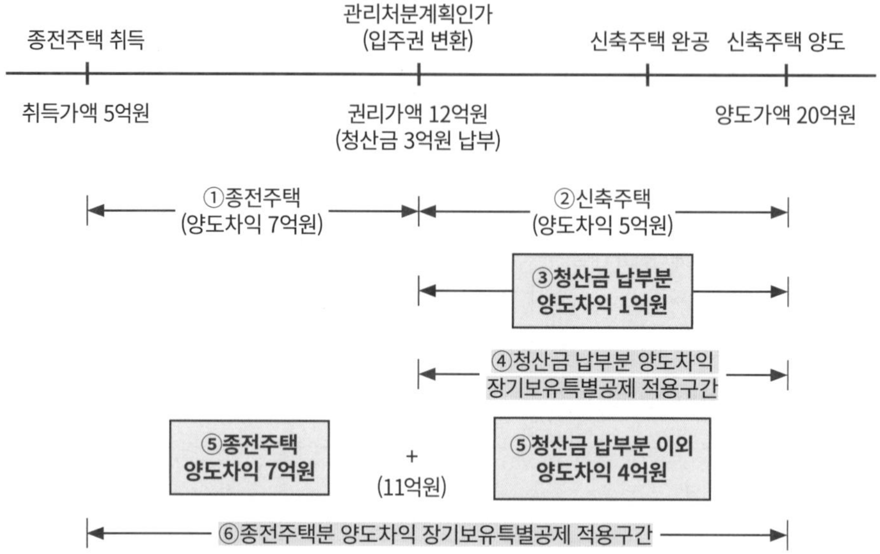

① 종전주택 양도차익은 종전주택의 권리가액 12억원에서 종전주택의 취득가액 5억원을 차감한 7억원이다.

② 신축주택 양도차익은 신축주택의 양도가액 20억원에서 종전주택의 권리가액 12억원과 청산금 납부액 3억원을 차감한 5억원이다.

③ 청산금 납부분 양도차익은 관리처분계획인가 후 양도차익 5억원에 청산금 납부액 3억원이 분양가액 15억원에 차지하는 비율 20%를 곱한 1억원이다.

$$500{,}000{,}000 \times \frac{300{,}000{,}000}{(1{,}200{,}000{,}000 + 300{,}000{,}000)} = 100{,}000{,}000$$

※ 청산금 납부분 양도차익 : 4억원(양도가액) - 3억원(취득가액) = 1억원

$$\text{양도가액} : 20\text{억원} \times \frac{3\text{억원}}{15\text{억원}} = 4\text{억원}$$

취득가액 : 청산금 납부액 = 3억원

④ 청산금 납부액은 관리처분계획인가일에 모두 납부하였다고 보아 청산금 납부분 양도차익 1억원에 대하여는 관리처분계획인가일로부터 신축주택 양도일까지 기간에 대하여 장기보유특별공제를 적용한다.

100,000,000 × 8%(보유기간 4년 × 연2%) = 8,000,000

⑤ 종전주택분 양도차익은 관리처분계획인가 후 양도차익 5억원에 권리가액 12억원이 분양가액 15억원에서 차지하는 비율 80%를 곱한 4억원과 관리처분계획인가 전 양도차익 7억원을 합산한 11억원이다.

$$500,000,000 \times \frac{1,200,000,000}{(1,200,000,000 + 300,000,000)} + 700,000,000 = 1,100,000,000$$

※ 종전주택분 양도차익 : 16억원(양도가액) - 5억원(취득가액) = 11억원

$$\text{양도가액} : 20\text{억원} \times \frac{12\text{억원}}{15\text{억원}} = 16\text{억원}$$

취득가액 : 종전주택 취득가액 = 5억원

⑥ 종전주택분 양도차익 11억원에 대하여는 종전주택 취득일부터 신축주택 양도일까지의 전체 보유기간에 대하여 장기보유특별공제를 적용한다.

1,100,000,000 ×30% (보유기간15년 × 2%) = 330,000,000

2. 세율 적용시 보유기간 계산

청산금을 납부하고 신축주택을 양도하는 경우 세율 적용시 보유기간 계산은 종전주택분과 청산금 납부분을 구분하지 않고 종전주택의 취득일부터 신축주택의 양도일까지로 한다.

계산사례 2

청산금을 납부하고 비과세대상 고가주택을 양도하는 경우

● 종전주택 취득 및 신축주택 양도에 관한 자료

구 분	내 용
1. 종전주택 취득내역	취득일 : 2009.3.20.
	실지 취득가액 : 7억원
	취득세 등 기타 필요경비 : 2천만원
2. 관리처분계획인가 내역	인가일 : 2017.4.15.
	종전주택의 권리가액 : 17.5억원
	신축주택의 분양가액 : 25억원
	납부할 청산금 : 7.5억원
3. 조합원입주권 양도내역	양도일 : 2023.6.10.
	양도가액 : 30억원
	기타 필요경비 : 5천만원
4. 기타 내용	양도주택외 다른 주택은 없으며, 종전주택에서는 7년4개월 거주하였으나, 신축주택에서는 거주하지 않음

계산내역

	구 분	청산금 납부분	종전주택분	계
	양도가액	900,000,000	2,100,000,000	3,000,000,000
(−)	취득가액	750,000,000	700,000,000	1,450,000,000
(−)	기타필요경비	15,000,000	55,000,000	70,000,000
(=)	양도차익	135,000,000	1,345,000,000	1,480,000,000
	12억원 초과분 양도차익	81,000,000	807,000,000	888,000,000
(−)	장기보유특별공제	9,720,000	548,760,000	558,480,000
(=)	양도소득금액	71,280,000	258,240,000	329,520,000
(−)	양도소득기본공제			2,500,000
(=)	과세표준			327,020,000
	산출세액	327,020,000 × 40% - 25,940,000		104,868,000
(+)	지방소득세	104,868,000 × 10%		10,486,800
(=)	총부담세액			115,354,800

해설

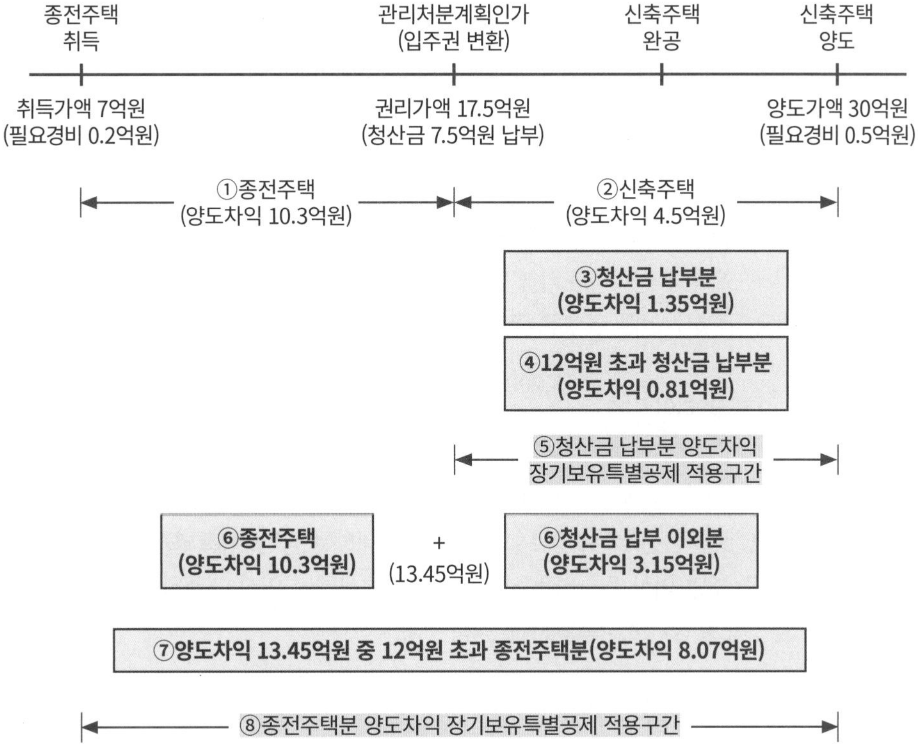

① 종전주택 양도차익은 종전주택의 권리가액 17.5억원에서 종전주택의 취득가액 7억원과 필요경비 0.2억원을 차감한 10.3억원이다.

② 신축주택 양도차익은 신축주택의 양도가액 30억원에서 종전주택의 권리가액 17.5억원, 청산금 납부액 7.5억원 및 필요경비 0.5억원을 차감한 4.5억원이다.

③ 청산금 납부분 양도차익은 관리처분계획인가 후 양도차익 4.5억원에 청산금 납부액 7.5억원이 분양가액 25억원에서 차지하는 비율 30%를 곱한 1.35억원이다.

$$450{,}000{,}000 \times \frac{750{,}000{,}000}{(1{,}750{,}000{,}000 + 750{,}000{,}000)} = 135{,}000{,}000$$

※ 청산금 납부분 양도차익 : 9억원(양도가액) - 7.5억원(취득가액) - 0.15억원(필요경비) = 1.35억원

$$\text{양도가액} : 30\text{억원} \times \frac{7.5\text{억원}}{25\text{억원}} = 9\text{억원}$$

취득가액 : 청산금 납부액 = 7.5억원

$$\text{기타 필요경비} : 0.5\text{억원} \times \frac{7.5\text{억원}}{25\text{억원}} = 0.15\text{억원}$$

④ 1세대 1주택 비과세 고가주택 12억원 초과분에 대한 청산금 납부액 양도차익은 전체 양도차익 1.35억원에 전체 양도가액 30억원 중 12억원을 초과한 18억원이 전체 양도가액 30억원에서 차지하는 비율 60%를 곱한 0.81억원이다.

$$135{,}000{,}000 \times \frac{(3{,}000{,}000{,}000 - 1{,}200{,}000{,}000)}{3{,}000{,}000{,}000} = 81{,}000{,}000$$

⑤ 청산금 납부액에 대한 1세대 1주택 고가주택의 양도차익 0.81억원에 대해서는 관리처분계획인가일로부터 신축주택 양도일까지 기간에 대하여 장기보유특별공제를 적용하되 종전주택에서는 2년 이상 거주하였으나, 신축주택에서 2년 이상 거주하지 않았으므로 최대 30%를 한도로 장기보유특별공제를 적용한다.

81,000,000 × 12%(보유기간 6년 × 2%) = 9,720,000

⑥ 종전주택분 양도차익은 관리처분계획인가 후 양도차익 4.5억원에 권리가액 17.5억원이 분양가액 25억원에서 차지하는 비율 70%를 곱한 3.15억원과 관리처분계획인가 전 양도차익 10.3억원을 합산한 13.45억원이다.

$$450{,}000{,}000 \times \frac{1{,}750{,}000{,}000}{(1{,}750{,}000{,}000 + 750{,}000{,}000)} + 1{,}030{,}000{,}000 = 1{,}345{,}000{,}000$$

※ 종전주택분 양도차익 : 21억원(양도가액) - 7억원(취득가액) - 0.55억원(필요경비) = 13.45억원

$$\text{양도가액} : 30\text{억원} \times \frac{17.5\text{억원}}{25\text{억원}} = 21\text{억원}$$

취득가액 : 종전주택 취득가액 = 7억원

$$\text{기타 필요경비} : 0.5\text{억원} \times \frac{17.5\text{억원}}{25\text{억원}}(\text{신축주택}) + 0.2\text{억원}\ (\text{종전주택}) = 0.55\text{억원}$$

⑦ 1세대1주택 비과세 고가주택 12억원 초과분에 대한 종전주택분 양도차익은 전체 양도차익 13.45억원에 양도가액 30억원 중 12억원을 초과한 18억원이 양도가액 30억원에서 차지하는 비율 60%를 곱한 8.07억원이다.

$$1{,}345{,}000{,}000 \times \frac{(3{,}000{,}000{,}000 - 1{,}200{,}000{,}000)}{3{,}000{,}000{,}000} = 807{,}000{,}000$$

⑧ 종전주택에 대한 1세대 1주택 고가주택의 양도차익 8.07억원에 대하여는 종전주택 취득일부터 신축주택 양도일까지의 보유기간과 거주기간으로 구분하여 최대 80%를 한도로 장기보유특별공제를 적용한다.

807,000,000 × 68%(보유기간 10년* × 4% + 거주기간 7년 × 4%) = 548,760,000

* 보유기간은 14년 보유했으나, 최대 공제한도는 40%이므로 10년 적용

Ⅳ 조합원이 청산금을 수령하고 신축주택을 양도한 경우 양도소득세 계산

1 개요

청산금을 수령하고 신축주택을 양도하는 경우의 양도차익 계산은 청산금을 수령하고 조합원입주권을 양도하는 경우의 양도차익 계산구조와 동일하다(소득령 §166②2호).

2 양도차익 계산

1) 관리처분계획인가 전 양도차익

① 종전주택의 청산금 수령 이외분 양도차익

청산금 수령분 이외의 양도차익은 아래와 같이 관리처분계계획인가 전 양도차익에 종전주택의 권리가액에서 청산금 수령액을 차감한 가액이 종전주택의 권리가액에서 차지하는 비율을 곱하여 계산한다.

$$\text{관리처분계획인가 전 양도차익}^{*} \times \frac{\text{종전주택의 권리가액 - 청산금 수령액}}{\text{종전주택의 권리가액}}$$

* 종전주택의 권리가액 - (종전주택의 취득가액 + 필요경비)

② 종전주택의 청산금 수령분 양도차익

청산금 수령분의 양도차익은 아래와 같이 관리처분계획인가 전 양도차익에 청산금 수령분이 종전주택의 권리가액에서 차지하는 비율을 곱하여 계산한다.

$$\text{관리처분계획인가 전 양도차익} \times \frac{\text{청산금 수령액}}{\text{종전주택의 권리가액}}$$

2) 관리처분계획인가 후 양도차익

관리처분계획인가 후 양도차익은 신축주액의 양도가액에서 신축주택의 분양가액 및 필요경비를 차감하여 아래와 같이 계산한다

[관리처분계획인가 후 양도차익]

- 신축주택의 양도가액 - (신축주택의 분양가액 + 필요경비)
  = 신축주택의 양도가액 - (종전주택의 권리가액 - 청산금 수령액) - 필요경비

참고

양도차익 간편계산

1. 종전주택분 양도차익

청산금을 수령하고 신축주택을 양도하는 경우에는 종전주택이 신축주택으로 전환된 것에 불과하므로 종전주택을 양도한 것이나 다름없다. 청산금 수령분은 별도로 신고하므로 종전주택의 취득원가에서 청산금 수령분에 상당하는 취득원가(종전주택의 취득원가×청산금/권리가액)를 제외하면 신축주택의 양도가액에 대응하는 종전주택의 취득원가가 산출된다. 따라서 양도차익을 관리처분계획인가 전후로 구분하지 않고 아래와 같이 계산하면 종전주택분 양도차익을 보다 쉽게 산정할 수 있다.

① 관리처분계획인가 전 양도차익(청산금 수령 이외분 양도차익)

$$= (\text{권리가액} - \text{취득가액}) \times \frac{(\text{권리가액} - \text{청산금})}{\text{권리가액}}$$

$$= \text{권리가액} - \text{청산금} - \left[\ \text{취득가액} \times \frac{(\text{권리가액} - \text{청산금})}{\text{권리가액}}\right]$$

② 권리처분계획인가 후 양도차익(신축주택 양도차익)

$$= \text{양도가액} - \text{권리가액} + \text{청산금}$$

③①과 ②를 합치면 청산금 수령분을 제외한 종전주택분 양도차익은 다음과 같이 산출된다.

$$= \text{양도가액} - \cancel{\text{권리가액}} + \cancel{\text{청산금}} + \cancel{\text{권리가액}} - \cancel{\text{청산금}} - \left[\ \text{취득가액} \times \frac{(\text{권리가액} - \text{청산금})}{\text{권리가액}}\right]$$

$$= \text{양도가액} - \left[\ \text{취득가액} \times \frac{(\text{권리가액} - \text{청산금})}{\text{권리가액}}\right]$$ _ p450(해설) 참고

2. 청산금 수령분 양도차익

청산금 수령분 양도차익은 청산금을 수령하고 조합원입주권을 양도하는 경우의 양도차익과 동일하게 계산한다.

$$\text{청산금 수령액} - \left(\text{취득가액} \times \frac{\text{청산금}}{\text{권리가액}}\right)$$

$$= \text{관리처분계획인가 전 양도차익} \times \frac{\text{청산금}}{\text{권리가액}}$$

[종전주택분 양도차익과 청산금 수령분 양도차익의 도출과정(예시)]

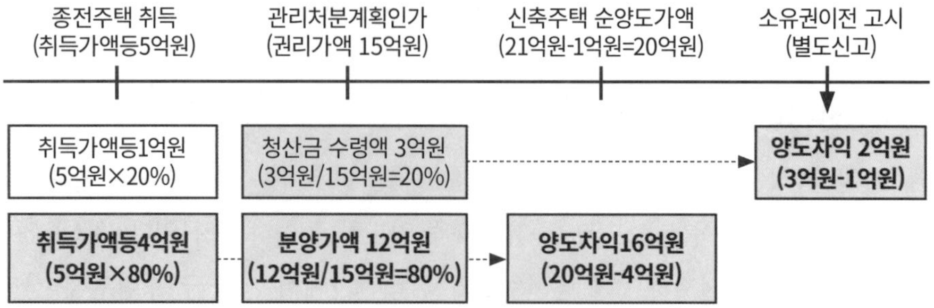

• 전체 양도차익 = 24억원(양도가액+청산금수령액) - 5억원(취득가액등) - 1억원(필요경비) =18억원

3 장기보유특별공제 계산

① 종전주택분

종전주택분의 양도차익에 대해서는 종전주택의 취득일부터 신축주택의 양도일까지의 보유기간에 대해 장기보유특별공제를 적용한다.

② 청산금 수령분

청산금 수령분의 양도차익에 대해서는 종전주택의 취득일부터 소유권이전 고시일의 다음날까지의 보유기간에 대해 장기보유특별공제를 적용한다.

[청산금을 수령하고 신축주택을 양도하는 경우 양도차익 및 장기보유특별공제 계산]

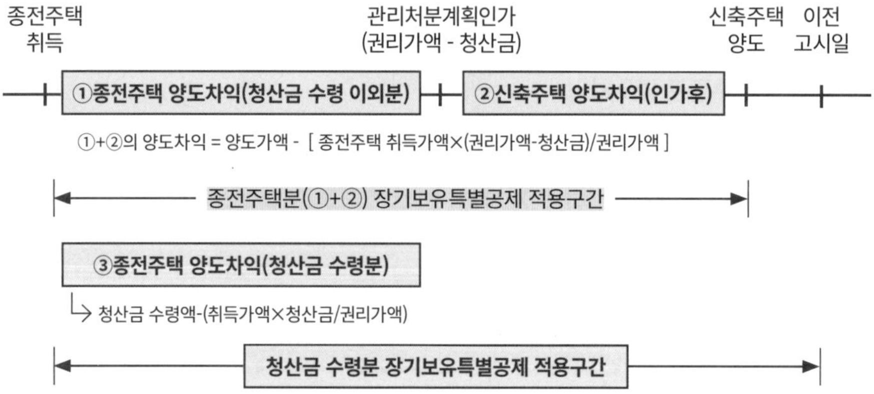

계산사례 1

청산금을 수령하고 신축주택을 양도하는 경우

● 종전주택 취득 및 신축주택 양도에 관한 자료

구 분	내 용
1. 종전주택 취득내역	취득일 : 2009.4.15.
	실지 취득가액 : 5억원
	취득세 등 기타 필요경비 : 2천만원
2. 관리처분계획인가 내역	인가일 : 2017.3.15.
	종전주택의 권리가액 : 8억원
	신축주택의 분양가액 : 6억원
	수령할 청산금 : 2억원
3. 신축주택 양도내역	양도일 : 2023.7.25.
	양도가액 : 15억원
	기타 필요경비 : 5천만원
4. 기타 내용	소유권이전 고시일 : 2023.1.15.
	청산금 수령액 및 양도주택은 모두 과세대상임

계산내역

	구 분	청산금 수령분(별도신고)	종전주택분
	양도가액	200,000,000	1,500,000,000
(-)	취득가액	125,000,000	375,000,000
(-)	기타필요경비	5,000,000	65,000,000
(=)	양도차익	70,000,000	1,060,000,000
(-)	장기보유특별공제	18,200,000	296,800,000
(=)	양도소득금액	51,800,000	763,200,000
(-)	양도소득기본공제	2,500,000	2,500,000
(=)	과세표준	49,300,000	760,700,000
(=)	산출세액	6,135,000	283,554,000
(-)	감면세액	613,500	-
(=)	결정세액	5,521,500	283,554,000
(+)	지방소득세	552,150	28,355,400
(+)	농어촌특별세	122,700	-
(=)	총부담세액	6,196,350	311,909,400

해설

1. 양도소득금액의 계산

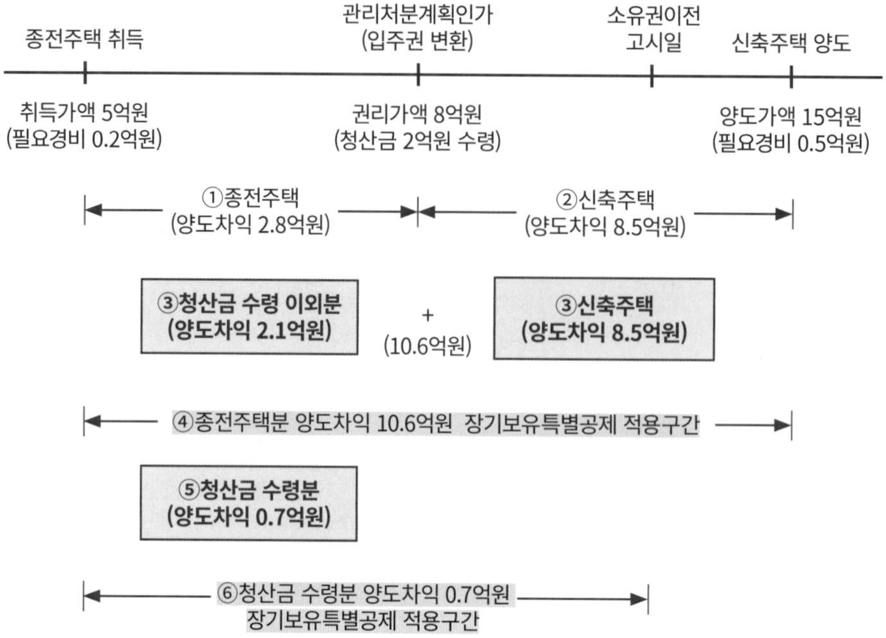

① 청산금을 수령한 경우 종전주택의 전체 양도차익은 종전주택의 권리가액 8억원에서 종전주택의 취득가액 5억원과 필요경비 0.2억원을 차감한 2.8억원이다.

② 신축주택 양도차익은 신축주택의 양도가액 15억원에서 신축주택의 분양가액 6억원과 필요경비 0.5억원을 차감한 8.5억원이다.

③ 종전주택분 양도차익은 관리처분계획인가 전 양도차익 2.8억원에 청산금 수령액 2억원을 제외한 분양가액 6억원이 권리가액 8억원에서 차지하는 비율 75%를 곱한 2.1억원과 관리처분계획인가 후 양도차익 8.5억원을 합산한 10.6억원이다.

$$280{,}000{,}000 \times \frac{(800{,}000{,}000 - 200{,}000{,}000)}{800{,}000{,}000} + 850{,}000{,}000 = 1{,}060{,}000{,}000$$

※ 종전주택분 양도차익 : 15억원(양도가액) - 3.9억원(취득가액등) - 0.5억원(양도비용) = 10.6억원

양도가액 : 신축주택 양도가액 = 15억원

$$\text{취득가액 등 : } 5.2\text{억원} \times \frac{6\text{억원}}{8\text{억원}} = 3.9\text{억원}$$

기타 필요경비 : 양도비용 = 0.5억원

④ 종전주택 양도차익 10.6억에 대해서는 종전주택 취득일부터 신축주택 양도일까지의 기간에 대하여 장기보유특별공제를 적용한다.

1,060,000,000 × 28%(보유기간 14년 × 2%) = 296,800,000

⑤ 청산금 수령분의 종전주택 양도차익은 관리처분계획인가 전 양도차익 2.8억원에 청산금 수령분 2억원이 권리가액 8억원에 차지하는 비율 25%를 곱한 0.7억원이다.

$$280,000,000 \times \frac{200,000,000}{800,000,000} = 70,000,000$$

※ 청산금 수령분 양도차익 : 2억원(청산금 수령액) - 1.3억원(취득가액 및 필요경비) = 0.7억원

양도가액 : 청산금 수령액 = 2억원

$$\text{취득가액 등 : } 5.2\text{억원} \times \frac{2\text{억원}}{8\text{억원}} = 1.3\text{억원}$$

⑥ 청산금 수령분 양도차익 0.7억원은 종전주택을 취득하여 양도한 것이므로 종전주택 취득일부터 소유권이전 고시일의 다음날까지의 기간에 대하여 장기보유특별공제를 적용한다.

70,000,000원 × 26%(보유기간 13년 × 연2%)=18,200,000

2. 산출세액 등

1) 청산금 수령분

① 산출세액 : 49,300,000 × 15% - 1,260,000(누진공제) = 6,135,000
② 감면세액 : 6,135,000 × 10% = 613,500
③ 농어촌특별세 : 613,500 × 20% = 122,700
④ 양도소득세 신고 : 소유권이전 고시일(2023.1.15.)의 다음날의 말일로부터 2개월 이내(2023.3.31.까지) 양도소득세를 신고해야 한다.

2) 종전주택분 산출세액

760,700,000 × 42% - 35,940,000(누진공제) = 283,554,000

계산사례 2

청산금을 수령하고 비과세대상 고가주택을 양도하는 경우

● 종전주택 취득 및 신축주택 양도에 관한 자료

구 분	내 용
1. 종전주택 취득내역	취득일 : 2012.3.25.
	실지 취득가액 : 9억원
2. 관리처분계획인가 내역	인가일 : 2017.6.15.
	종전주택의 권리가액 : 15억원
	신축주택의 분양가액 : 12억원
	수령할 청산금 : 3억원
3. 신축주택 양도내역	양도일 : 2023.3.15.
	양도가액 : 20억원
4. 기타 내용	소유권이전 고시일 : 2022.4.10.
	청산금 수령액 및 양도주택은 비과세 대상이며, 종전주택 취득일부터 인가일까지 계속 거주, 신축주택에서는 미거주

계산내역

	구 분	청산금 수령분(별도신고)	종전주택분
	양도가액	300,000,000	2,000,000,000
(-)	취득가액	180,000,000	720,000,000
(=)	양도차익	120,000,000	1,280,000,000
	12억원 초과분 양도차익	24,000,000	512,000,000
(-)	장기보유특별공제	14,400,000	307,200,000
(=)	양도소득금액	9,600,000	204,800,000
(-)	양도소득기본공제	2,500,000	2,500,000
(=)	과세표준	7,100,000	202,300,000
(=)	산출세액	426,000	56,934,000
(-)	감면세액	42,600	-
(=)	결정세액	383,400	56,934,000
(+)	지방소득세	38,340	5,693,400
(+)	농어촌특별세	8,520	-
(=)	총부담세액	430,260	62,627,400

해설

1. 양도소득금액의 계산

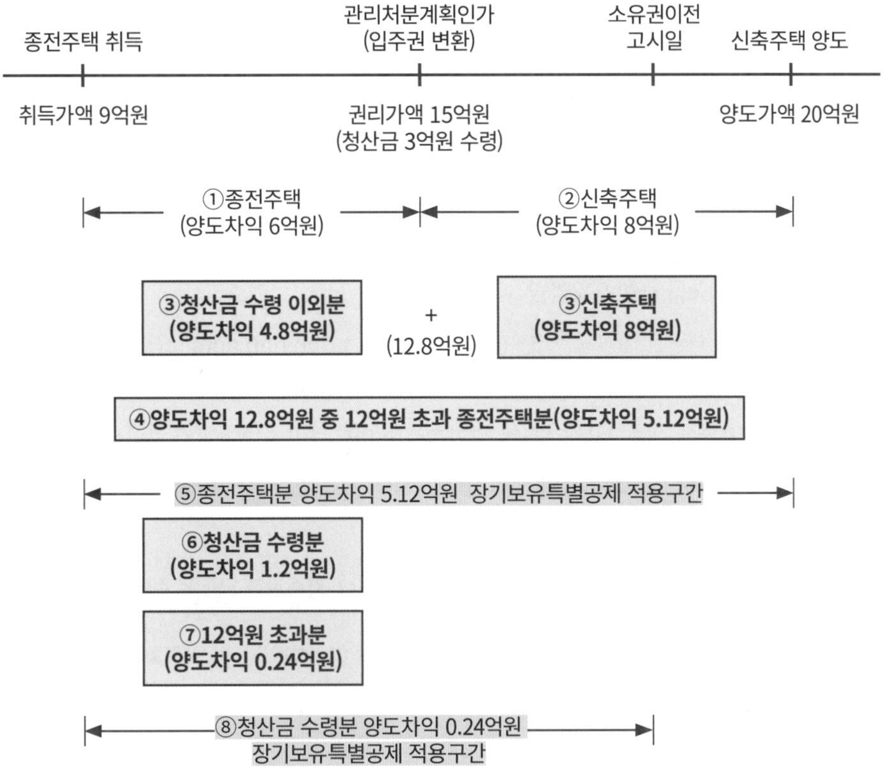

① 청산금을 수령한 경우 종전주택의 전체 양도차익은 종전주택의 권리가액 15억원에서 종전주택의 취득가액 9억원을 차감한 6억원이다.

② 신축주택 양도차익은 신축주택의 양도가액 20억원에서 신축주택의 분양가액 12억원을 차감한 8억원이다.

③ 종전주택분 양도차익은 관리처분계획인가 전 양도차익 6억원에 청산금 수령액 3억원을 제외한 분양가액 12억원이 권리가액 15억원에서 차지하는 비율 80%를 곱한 4.8억원과 관리처분계획인가 후 양도차익 8억원을 합산한 12.8억원이다.

$$600{,}000{,}000 \times \frac{(1{,}500{,}000{,}000 - 300{,}000{,}000)}{1{,}500{,}000{,}000} + 800{,}000{,}000 = 1{,}280{,}000{,}000$$

※ 종전주택분 양도차익 : 20억원(양도가액) - 7.2억원(취득가액) = 12.8억원

양도가액 : 신축주택 양도가액 = 20억원

$$\text{취득가액 : 9억원} \times \frac{\text{12억원}}{\text{15억원}} = \text{7.2억원}$$

④ 1세대 1주택 비과세 고가주택 12억원 초과분에 대한 종전주택분 양도차익은 전체 양도차익 12.8억원에 양도가액 20억원 중 12억원을 초과한 8억원이 양도가액 20억원에세 차지하는 비율 40%를 곱한 5.12억원이다.

$$1{,}280{,}000{,}000 \times \frac{(2{,}000{,}000{,}000 - 1{,}200{,}000{,}000)}{2{,}000{,}000{,}000} = 512{,}000{,}000$$

⑤ 종전주택에 대한 1세대 1주택 고가주택의 양도차익 5.12억에 대하하는 종전주택 취득일부터 신축주택 양도일까지의 보유기간과 거주기간으로 구분하여 장기보유특별공제를 적용한다.

512,000,000 × 60%(보유기간 10년 × 4% + 거주기간 5년 × 4%) = 307,200,000

⑥ 청산금 수령분의 종전주택 양도차익은 관리처분계회인가 전 양도차익 6억원에 청산금 수령분 3억원이 권리가액 15억원에 차지하는 비율 20%를 곱한 1.2억원이다.

$$600{,}000{,}000 \times \frac{300{,}000{,}000}{1{,}500{,}000{,}000} = 120{,}000{,}000$$

※ 청산금 수령분 양도차익 : 3억원(청산금 수령액) - 1.8억원(취득가액) = 1.2억원

양도가액 : 청산금 수령액 = 3억원

$$\text{취득가액 : 9억원} \times \frac{\text{3억원}}{\text{15억원}} = \text{1.8억원}$$

⑦ 1세대 1주택 비과세 고가주택 12억원 초과분에 대한 청산금 수령분 양도차익은 전체 양도차익 1.2억원에 권리가액 15억원 중 12억원을 초과한 3억원이 권리가액 15억원에세 차지하는 비율 20%를 곱한 0.24억원이다.

$$120{,}000{,}000 \times \frac{(1{,}500{,}000{,}000 - 1{,}200{,}000{,}000)}{1{,}500{,}000{,}000} = 24{,}000{,}000$$

⑧ 청산금 수령분 양도차익 0.24억원은 종전주택을 취득하여 양도한 것이므로 종전주택 취득일부터 소유권이전 고시일의 다음날까지의 기간에 대하여 장기보유특별공제를 적용한다.

24,000,000원 × 60%(보유기간 10년 × 4% + 거주기간 5년 × 4%) = 14,400,000

2. 산출세액 등

1) 청산금 수령분

① 산출세액 : 7,100,000 × 6% = 426,000
② 감면세액 : 426,000 × 10% = 42,600
③ 농어촌특별세 : 42,600 × 20% = 8,520
④ 양도소득세 신고 : 소유권이전 고시일(2022.4.10.)의 다음날의 말일로부터 2개월 이내(2022.6.30.까지) 양도소득세를 신고해야 한다.

2) 종전주택분 산출세액

202,300,000 × 38% − 19,940,000(누진공제) = 56,934,000

V 조합원입주권을 승계 취득하여 신축주택을 양도하는 경우

1 양도차익 계산

조합원입주권을 승계 취득하여 신축주택을 양도하는 경우 신축주택 양도가액에서 조합원입주권의 취득가액과 필요경비를 차감하여 신축주택 양도차익을 계산한다.

2 장기보유특별공제 계산

신축주택의 사용승인일부터 양도일까지의 기간에 대하여 장기보유특별공제를 적용한다.

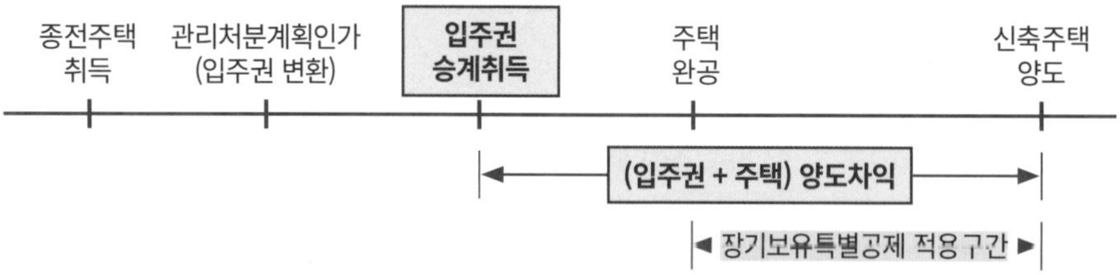

3 취득시기 및 보유기간 계산

1) 조합원입주권을 상속 또는 증여받은 경우 취득시기

일반적인 부동산의 경우는 상속은 상속개시일, 증여는 증여등기접수일이 취득시기가 되지만, 조합원입주권을 상속이나 증여받은 후 재건축된 신축아파트를 양도하는 경우 취득시기는 사용승인일이 된다.

관련 해석 사례

조합원입주권을 상속으로 승계 취득한 후, 상속인이 중도금 및 잔금을 납부하고 취득한 주택을 양도하는 경우 해당 주택의 양도소득세 세율 적용에 따른 보유기간 계산을 위한 취득시기는 당해 주택의 사용승인일 등으로 하는 것이다(법령해석재산-0649, 2020.2.11).

2) 조합원입주권이 주택으로 완성되어 신축주택 양도시 보유기간 및 세율 적용

승계조합원이 보유한 조합원입주권이 주택으로 전환되어 신축주택을 양도하는 경우 부동산을 취득할 수 있는 권리인 조합원입주권을 보유한 기간은 세율 적용시 보유기간으로 인정되지 않고 주택으로 완공된 후의 보유기간만 인정되므로, 해당 주택을 2년 내에 양도하는 경우 단기세율이 적용된다. 이는 원조합원이 신축주택을 1년 미만 보유한 경우에도 당초 주택을 취득한 날로부터 보유기간을 계산하는 것과 대비된다.

[승계조합원이 신축주택을 1년 이내 양도하는 경우 - 단기세율 70% 적용]

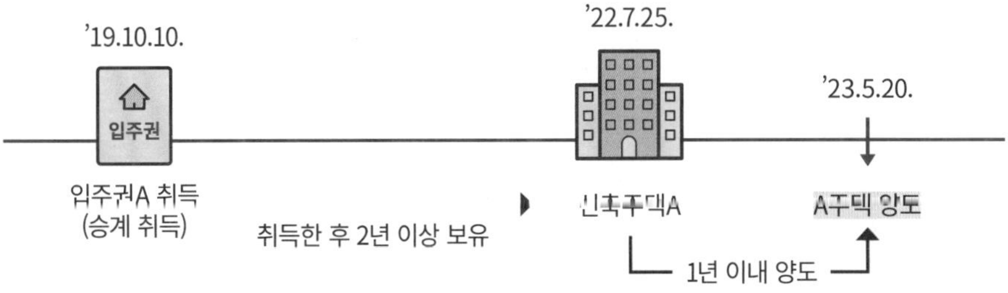

[원조합원이 신축주택을 1년 이내 양도하는 경우 - 기본세율 적용]

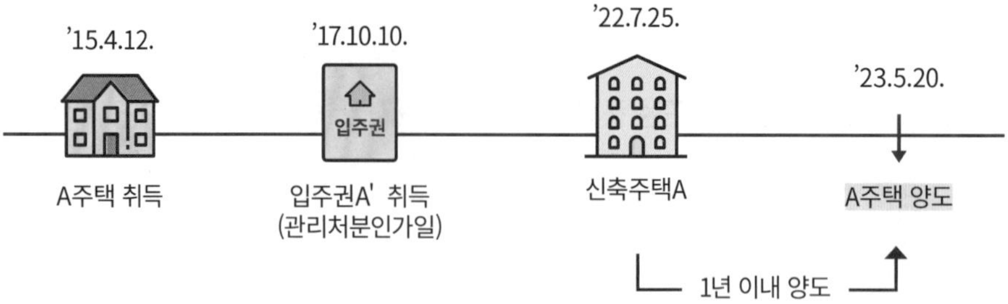

3) 조합원입주권 유형 및 취득시기별 거주요건 적용여부

승계조합원이 취득한 조합원입주권이 주택으로 전환된 후 신축주택을 양도하는 경우 주택의 취득시기는 사용승인일이 되며, 이 시기에 해당 주택이 조정대상지역에 소재하는 경우 1세대1주택 비과세를 적용받기 위해서는 거주요건이 적용된다(부동산납세과-3133, 2022.10.14 참조), 그러나 원조합원이 신축주택을 양도하는 경우 주택의 취득시기는 조정대상지역 지정 전에 취득한 종전주택을 취득한 날로부터 보유기간을 기산하므로 1세대1주택 비과세를 적용받기 위해서는 거주요건이 적용되지 않는다.

[승계조합원이 신축주택을 양도하는 경우]

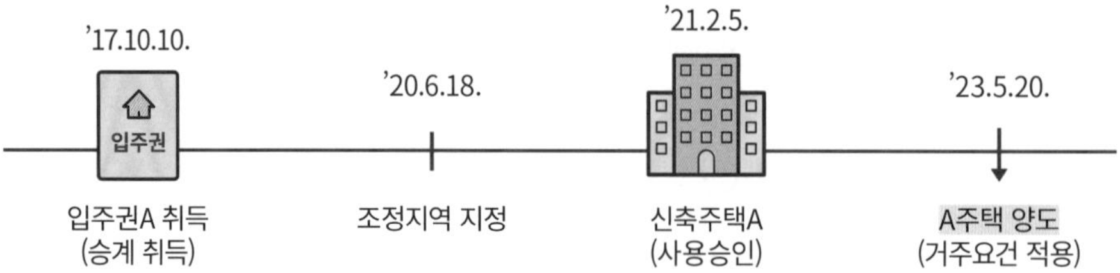

[원조합원이 신축주택을 양도하는 경우]

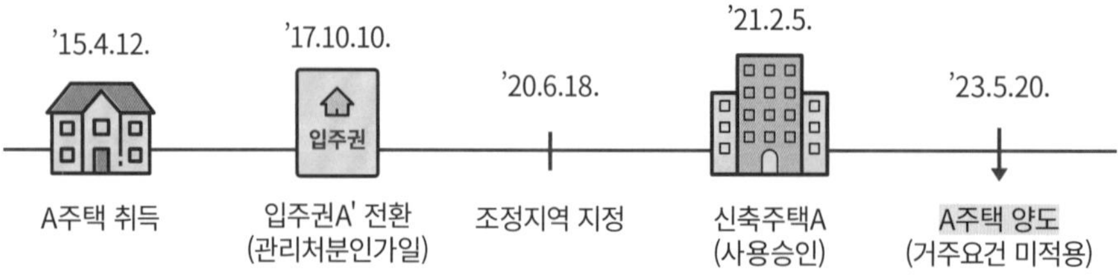

계산사례 1

조합원입주권을 승계 취득한 후 완성된 주택을 양도하는 경우

● 조합원입주권 취득 및 신축주택 양도에 관한 자료

구 분	내 용
1. 조합원입주권 취득내역	취득일 : 2017.7.5.
	취득가액 : 13억원
	기타 필요경비 : 2천만원
2. 신축주택 양도내역	사용승인일 : 2021.7.20.
	양도일 : 2023.6.25.
	양도가액 : 20억원
	취득세 등 기타 필요경비 : 4천만원
4. 기타 내용	1주택자로서 신축주택 양도 당시 다른 주택 없음

계산내역

	구 분	금 액	계산 근거
	양도가액	2,000,000,000	
(−)	취득가액	1,300,000,000	
(−)	기타필요경비	60,000,000	취득 및 양도시 필요경비 합산
(=)	양도차익	640,000,000	
(−)	장기보유특별공제	-	3년 미만 보유하여 공제불가
(=)	양도소득금액	640,000,000	
(−)	양도소득기본공제	2,500,000	
(=)	과세표준	637,500,000	
(×)	세율	60%	1년 이상 2년 미만 보유
(=)	산출세액	382,500,000	637,500,000 × 60%(단기 보유세율)
(+)	지방소득세	38,250,000	382,500,000 × 10%
(=)	총부담세액	420,750,000	

해설

1. 양도소득금액의 계산

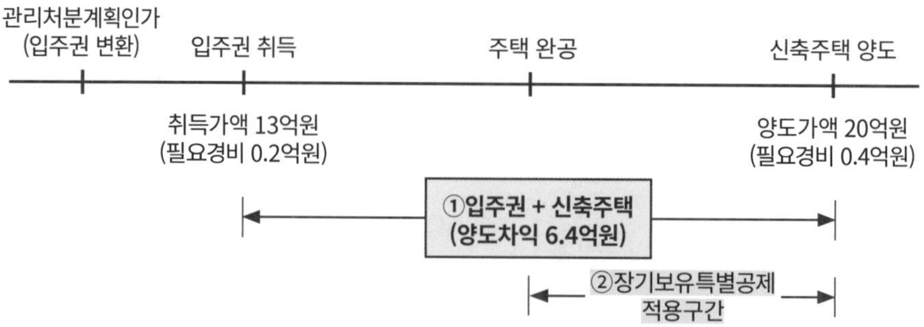

① 조합원입주권을 승계 취득한 후 신축주택을 양도하는 경우 신축주택 양도차익은 신축주택의 양도가액 20억원에서 입주권 취득가액 13억원, 취득 및 양도당시 필요경비 합계액 0.6억원을 차감한 6.4억원이다.

② 조합원입주권을 승계 취득한 경우 신축주택의 사용승인일부터 보유기간을 기산하므로 신축주택 보유기간이 3년 미만이 되어 장기보유특별공제를 적용할 수 없다.

2. 1세대1주택 비과세 여부 및 산출세액 계산

조합원입주권을 승계취득하여 신축주택을 양도하는 경우 신축주택의 사용승인일부터 양도일까지가 보유기간을 계산하여 1세대1주택 비과세여부 및 세율을 판단한다. 이 사례에서는 사용승인일부터 신축주택양도일까지의 보유기간이 2년 미만이므로 1세대1주택 비과세가 적용되지 않고, 60%의 단기 보유세율이 적용된다.

계산사례 2

조합원입주권을 취득하여 완성된 주택을 1세대1주택 비과세 적용받고 양도하는 경우

● 조합원입주권 취득 및 신축주택 양도에 관한 자료

구 분	내 용
1. 조합원입주권 취득내역	취득일 : 2017.7.5.
	취득가액 : 9억원
	기타 필요경비 : 3천만원
2. 신축주택 양도내역	사용승인일 : 2019.7.20.
	양도일 : 2023.8.25.
	양도가액 : 25억원
	취득세 등 기타 필요경비 : 7천만원
4. 기타 내용	신축주택은 1세대1주택 비과세 대상이며, 신축주택에 사용승인일 이후부터 양도일까지 계속 거주

계산내역

	구 분	금 액	계산 근거
	양도가액	2,500,000,000	
(-)	취득가액	900,000,000	
(-)	기타필요경비	100,000,000	취득 및 양도시 필요경비 합산
(=)	양도차익	1,500,000,000	
	12억원 초과분 양도차익	780,000,000	15억원 × (25억원-12억원) / 25억원
(-)	장기보유특별공제	249,600,000	해설 참조
(=)	양도소득금액	530,400,000	
(-)	양도소득기본공제	2,500,000	
(=)	과세표준	527,900,000	
(×)	세율	42%	기본세율 적용
(=)	산출세액	185,778,000	527,900,000 × 42% - 3,594만원
(+)	지방소득세	18,577,800	185,778,000 × 10%
(=)	총부담세액	204,355,800	

해설

1. 양도소득금액의 계산

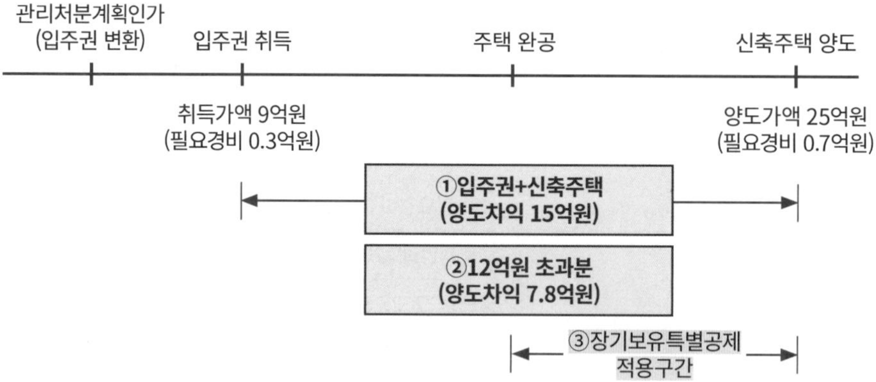

① 조합원입주권을 승계 취득한 후 신축주택을 양도하는 경우 신축주택 양도차익은 신축주택의 양도가액 25억원에서 입주권 취득가액 9억원과 취득 및 양도당시 필요경비 합계액 1억원을 차감한 15억원이다.

② 1세대주택 비과세 고가주택 12억원 초과분에 대한 양도차익은 전체 양도차익 15억원에 양도가액 25억원 중 12억원을 초과한 13억원이 전체 양도가액 25억원에서 차지하는 비율 52%를 곱한 7.8억원이다.

$$1{,}500{,}000{,}000 \times \frac{(2{,}500{,}000{,}000 - 1{,}200{,}000{,}000)}{2{,}500{,}000{,}000} = 780{,}000{,}000$$

③ 조합원입주권을 승계 취득한 후 신축주택으로 완공된 상태에서 양도하였으므로 신축주택 취득일은 입주권 취득일이 아니라 신축주택 사용승인일이 되며, 고가주택 양도차익 7.8억원에 대하여 신축주택 사용승인일부터 양도일까지의 보유기간과 거주기간별으로 구분하여 장기보유특별공제를 적용한다.

780,000,000 × 32%(보유기간 4년 × 4% + 거주기간 4년 ×4%) = 249,600,000

2. 1세대1주택 비과세 여부 및 산출세액 계산

신축주택 사용승인일부터 2년 이상 보유 및 거주하였으므로 1세대1주택 비과세되며, 신축주택의 보유기간이 2년 이상이므로 세율은 기본세율이 적용된다.

05

종전주택을 조합에 양도하는 경우 양도소득세 계산

1 개요

종전 부동산 소유자가 재개발·재건축 사업의 조합원이 되지 않은 상태에서 조합 등 사업시행자에게 종전주택을 양도하는 경우 양도소득세가 과세된다.

2 양도소득세 감면

현금청산 대상자가 사업시행인가일로부터 소급하여 2년 이전에 취득한 정비구역의 주택을 조합 등 사업시행자에게 양도한 경우 산출세액의 10%를 감면한다. 다만, 감면받은 양도소득세의 20%는 농어촌특별세로 납부해야 한다.

배경 및 취지

조합에 주택을 양도하는 경우 양도가액이 시가에 미치는 못하는 경우가 많고, 조합원의 자발적 의사에 따라 양도한 것이 아니므로 원활한 공익사업의 진행을 위해 양도소득세를 감면한다.

계산사례

사업시행자인 조합에 종전주택을 양도한 경우

● 주택 취득 및 양도에 관한 자료

구 분	내 용
1. 주택 취득내역	취득일 : 2013.1.15.
	실지 취득가액 : 4억원
	취득세 등 기타 필요경비 : 2천만원
2. 주택 양도내역	양도일 : 2023.2.16.
	양도가액 : 10억원
	기타 필요경비 : 3천만원
4. 기타 내용	사업시행인가일 : 2019.7.15.
	양도주택 외 2주택 보유

계산내역

	구 분	금 액	계산 근거
	양도가액	1,000,000,000	
(−)	취득가액	400,000,000	
(−)	기타필요경비	50,000,000	취득 및 양도시 필요경비 합산
(=)	양도차익	550,000,000	
(−)	장기보유특별공제	110,000,000	해설 참조
(=)	양도소득금액	440,000,000	
(−)	양도소득기본공제	2,500,000	
(=)	과세표준	437,500,000	
(×)	세율	40%	기본세율 적용
(=)	산출세액	149,060,000	해설 참조
(−)	감면세액	14,906,000	해설 참조
(=)	감면후세액	134,154,000	
(+)	지방소득세	13,415,400	134,154,000 × 10%
(+)	농어촌특별세	2,981,200	해설 참조
(=)	총부담세액	150,550,600	

해설

1. 양도소득금액의 계산

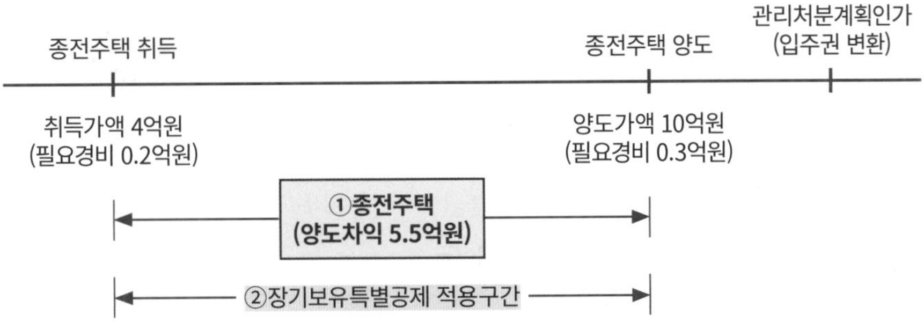

① 주택 양도차익은 조합으로부터 수령한 양도가액 10억원에서 종전주택의 취득가액 4억원과 필요경비 0.5억원을 차감한 5.5억원이다.

② 주택으로 보유한 전체 기간에 대하여 장기보유특별공제를 적용한다.

550,000,000 × 20%(10년 × 2%) = 110,000,000

2. 산출세액

437,500,000 × 40% - 25,940,000(누진공제) = 149,060,000

3. 감면세액

149,060,000 × 10% = 14,906,000

4. 농어촌특별세

14,906,000 × 20% = 2,981,200

06

조합원입주권 관련 기타 세목

I 조합원입주권 관련 취득세 등

관리처분계획인가일 이후 이주를 완료하고 건물이 멸실될 때까지 대략 1~2년 정도 소요되는데, 이 기간 동안 멸실되지 않은 주택은 양도소득세법상으로는 주택이 아닌 조합원입주권으로 취급되나, 지방세법상으로는 주택으로 취급되어 주택에 대한 취득세 등이 과세된다.

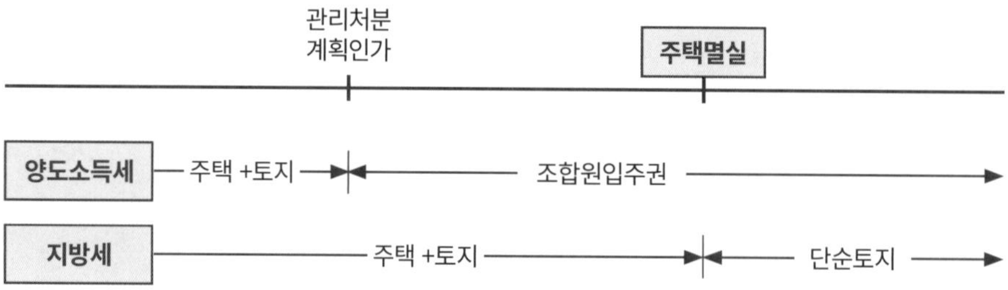

1 조합원입주권 취득시점에서 주택이 멸실된 상태인 경우

종전주택이 멸실된 후 조합원입주권을 승계 취득한 경우 토지를 취득한 것으로 보아 토지에 대하여만 취득세 및 재산세가 과세되며, 해당 토지는 분리과세 대상 토지로 분류되어 종합부동산세는 과세되지 않는다.

사례

주택이 멸실된 상태에서 입주권을 취득한 경우

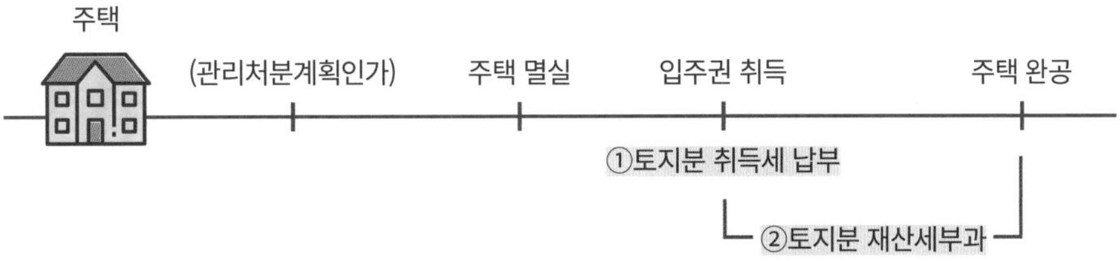

2 조합원입주권 취득시점에서 주택이 멸실되지 않은 상태인 경우

주택이 멸실되지 않은 상태에서 조합원입주권을 승계 취득한 경우 주택분에 해당하는 취득세를 납부하여야 하고, 주택에 대한 재산세 및 종합부동산세가 과세된다. 따라서, 1주택자가 추가로 조정대상지역 내에서 주택이 멸실되지 않은 상태에서 조합원입주권을 취득하는 경우 주택에 대하여 8%의 취득세 중과세율이 적용될 수 있으며, 과세기준일인 6월 1일 현재 주택이 멸실되지 않은 경우에는 주택분에 대한 재산세 및 종합부동산세가 부과된다.

사례

주택이 멸실되지 않은 상태에서 입주권을 취득한 경우

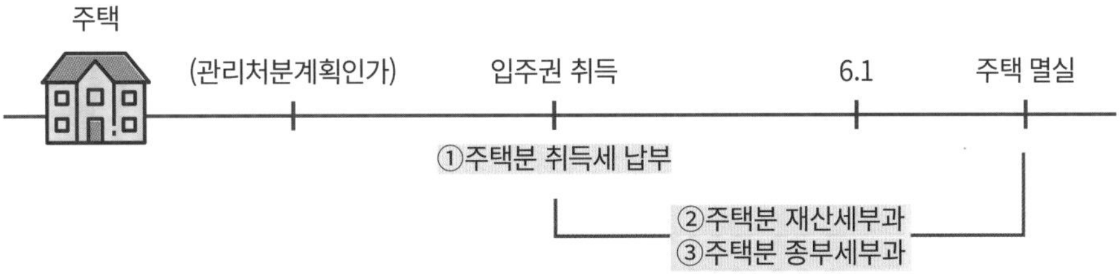

3 조합원입주권에 의한 주택 완공시 납부할 취득세

조합원입주권에 의해 주택이 완공된 경우 취득세를 납부해야 하는데, 원조합원은 소유권 보존등기시 주택분에 대해서만 취득세를 납부하나, 조합원입주권을 승계 취득한 승계조합원은 권리의 취득 시점에는 토지 또는 주택[1]에 대한 취득세를 납부하고, 주택의 완공 시점에 주택분 취득세를 한번 더 납부하며, 취득세율 산정을 위한 과세표준은 아래와 같다.

[조합원입주권에 의한 주택 완공시 납부할 취득세]

구 분	재개발사업	재건축사업
취득시점	신축주택 사용승인일	
취득원인	원시취득(신축)	
과세표준	청산금(분양가액 - 권리가액)[2]	총공사원가 × $\frac{\text{조합원분양면적}}{\text{건물연면적}}$
취득세율	2.96%(85㎡초과 3.16%)	

1) 승계조합원이 조합원입주권 취득시 취득세

① 종전주택 멸실 전 취득 : 주택분 취득세(기본세율 또는 중과세율)

② 종전주택 멸실 후 취득 : 토지분 취득세(4%)

2) 재개발사업의 취득세 과세표준 개정

① 2022.12.31. 이전에 관리처분계획인가를 받은 경우

= 청산금(분양가액 - 권리가액)

② 2023.1.1. 이후에 관리처분계획인가를 받은 경우(재건축사업과 동일)

$$= \text{총공사원가} \times \frac{\text{조합원분양면적}}{\text{건물연면적}}$$

Ⅱ 재개발·재건축 정비사업조합에 대한 과세

재개발·재건축 정비사업조합은 비영리법인이므로 고유목적사업인 조합원 분양분에 대하여는 법인세나 부가가치세가 과세되지 않고, 수익사업인 일반분양분에 대하여만 법인세나 부가가치세가 과세된다.

[조합원분양분과 일반분양분 과세여부 비교]

구 분		조합원분양분	일반분양분
법인세		과세대상 아님	과세
부가가치세	전용면적 85㎡ 초과		과세
	전용면적 85㎡ 이하		면세
	상 가		과세

Ⅲ 조합원의 배당소득에 대한 과세

조합원이 조합으로부터 일반분양분에서 발생한 이익을 배당받을 때 배당소득으로 과세되며, 지급받은 금액이 2,000만원 이하인 경우 분리과세되고 2,000만원을 초과하는 경우에는 근로소득 등 다른 소득과 합산하여 종합과세된다.

IV 조합원입주권에 대한 상속세 및 증여세 과세가액 산정방법

조합원입주권을 상속 또는 증여받은 경우 상속재산가액 또는 증여재산가액은 상속개시일 또는 증여일 현재 해당 자산의 매매가액, 감정가액, 해당 자산과 유사한 자산의 매매사례가액 등 시가로 평가한다.

구 분	조합원입주권 평가액
시가가 확인되는 경우	시 가
시가가 확인되지 않는 경우	권리가액에 평가기준일까지 납부 또는 수령한 청산금 가감

사례 1

시가가 확인되는 경우

유사매매사례가액 : 12억원
분양가액 : 7억원
납부할 청산금 : 3억원
증여일까지 납부한 청산금 : 1억원

평가액 : 유사매매사례가액 12억원 - 청산금 미납액 2억원 = 10억원*

* 권리가액 4억원 + 납부한 청산금 1억원 + 프리미엄(12억원-7억원) = 10억원

사례 2

시가가 확인되지 않는 경우

조합원입주권 권리가액 : 5억원
분양가액 : 8억원
납부할 청산금 : 3억원
증여일까지 납부한 청산금 : 1억원

평가액 : 권리가액 5억원 + 납부한 청산금 1억원 = 6억원

사례 3

시가가 확인되지 않는 경우

조합원입주권 권리가액 : 8억원
분양가액 : 5억원
청산금 수령액 : 3억원

평가액 : 권리가액 8억원 - 수령한 청산금 3억원 = 5억원

V 조합원입주권에 대한 동거주택 상속공제 적용

배경 및 취지

주택이 재건축·재개발 사업으로 인하여 조합원입주권으로 전환되는 것은 피상속인의 의사와 관계없이 이루어지는 것이므로 주택을 상속한 경우와 과세형평을 맞추기 위하여 동거주택 상속공제 요건을 갖춘 조합원입주권도 동거주택 상속공제를 적용하는 것이다.

1 동거주택 상속공제 요건

1) 상속인 요건

민법상 상속인 중 직계비속이 동거주택을 상속받거나 직계비속이 사망한 경우 직계비속의 배우자가 상속을 받을 것

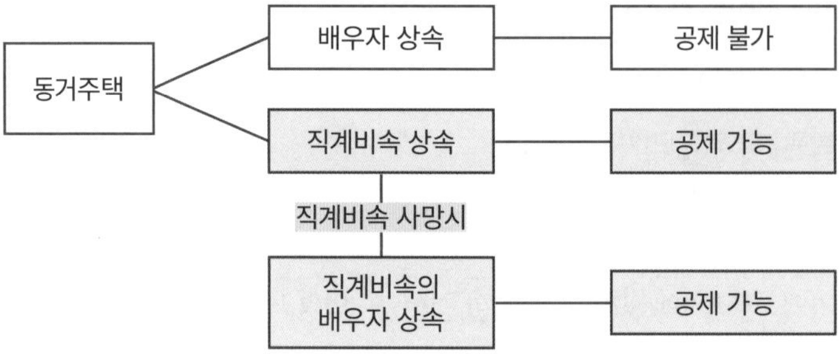

2) 동거요건

피상속인과 상속인이 상속개시일부터 소급하여 10년 이상 계속하여 하나의 주택에서 동거할 것

3) 상속주택 요건

① 피상속인과 상속인이 상속개시일부터 소급하여 10년 이상 계속하여 1세대를 구성하면서 대통령령으로 정하는 1세대1주택*에 해당할 것

② 상속개시일 현재 무주택자이거나 피상속인과 공동으로 1세대1주택을 보유한 자로서 피상속인과 동거한 상속인이 상속받은 주택일 것

* 1세대1주택 판단시 2021.1.1.이후 취득한 분양권은 주택수에 포함하지 않는다(법규과-3046, 2022.10.24).

2 동거주택 상속공제 금액 및 한도

최대 6억원을 한도로 하여 상속주택가액에서 상속주택을 담보로 한 차입금을 제외한 금액을 공제한다.

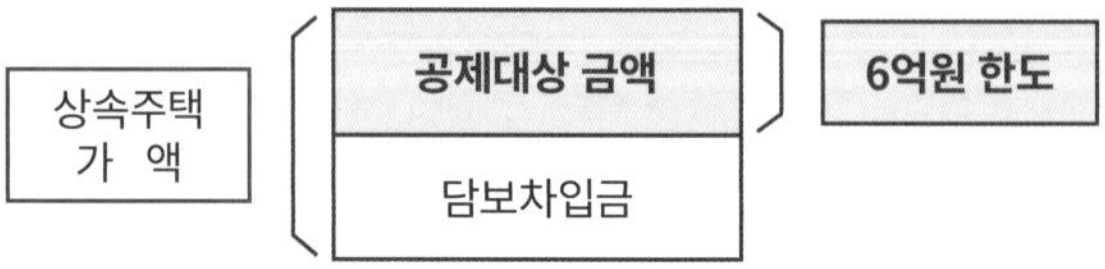

3 조합원입주권 동거주택 상속공제 적용여부

피상속인이 동거주택 상속공제 요건을 갖춘 주택을 보유하던 중 해당 주택이 조합원입주권으로 전환된 후 상속된 경우 해당 조합원입주권에 대해서도 동거주택 상속공제가 적용된다(재산세과-237, 2012.6.25).

Chapter 5

주택임대사업자에 대한 세제혜택

01

주택임대사업자의 임대주택 규정

I 개요

주택을 취득, 보유 및 처분하는 과정에서 「민간임대주택특별법」에 따른 임대사업자등록과 「소득세법」에 의한 사업자로 등록하여 법 소정 요건을 충족한 경우에는 임대주택에 대한 다양한 세제혜택을 받을 수 있다.

취득단계에서 취득세를 감면받을 수 있으며, 보유단계에서는 ①재산세 감면, ②종합부동산 합산배제, ③임대소득세 세액감면을 적용받을 수 있다. 그리고 세제혜택이 가장 큰 처분단계에서는 ①조정대상지역 내 임대주택 거주요건 배제, ②다주택자 양도소득세 중과배제, ③임대주택 보유자의 거주주택 비과세특례, ④장기보유특별공제 10% 추가공제, ⑤장기보유특별공제 특례적용(50%, 70%) ⑥양도소득세 100% 세액감면 등이 있다.

하지만, 임대사업자에 대한 세제혜택이 지나치게 많고 매물잠김 현상이 발생하자 주택시장 안정을 목적으로 민특법을 개정하여 2020.8.18. 이후 모든 단기민간임대주택과 매입형 아파트의 장기일반민간임대주택은 의무임대기간이 종료되면 임대등록이 자동말소되며, 2020.8.18. 이후 임대등록 분부터는 아파트를 제외하고 무조건 장기임대주택으로 등록해야 하고 의무임대기간은 기존 8년 이상에서 10년 이상으로 2년이 더 연장되었다.

Ⅱ 주택임대사업자의 임대등록 시기별 의무임대기간

민간임대주택특별법(이하 이 장에서 '민특법'이라 한다)상 시군구에 하는 임대등록은 선택사항이므로 주택임대인이 반드시 임대등록을 하여야 하는 것은 아니다. 의무임대기간과 임대료 증액제한 규정을 준수해야 하는 등 공적의무를 부담함에도 불구하고 민특법상 임대등록을 하는 이유는 각 세법에서 정해진 세제혜택을 적용받기 위해서는 민특법상 임대등록을 요건으로 규정하고 있기 때문이다. 각 세법상 세제혜택과 의무임대기간의 변천내역은 아래 표와 같다.

[주요 세법상 세제혜택 및 의무임대기간 변천]

<table>
<tr><th>구 분</th><th>세제혜택</th><th>'18.3.31.
이전</th><th>'18.4.1.~
'20.7.10</th><th>'20.7.11.~
'20.8.17</th><th>'20.8.18
이후</th></tr>
<tr><td>민간임대주택법</td><td>-</td><td colspan="2">4년 또는 8년 이상</td><td>8년 이상</td><td>10년 이상</td></tr>
<tr><td rowspan="3">소득세법</td><td>거주주택 비과세특례</td><td rowspan="3">5년 이상</td><td>5년 이상</td><td>8년 이상</td><td>10년 이상</td></tr>
<tr><td>양도소득세 중과배제</td><td>8년 이상</td><td>8년 이상</td><td>10년 이상</td></tr>
<tr><td>종합부동산세 합산배제</td><td>8년 이상</td><td>8년 이상</td><td>10년 이상</td></tr>
<tr><td rowspan="2">조세
특례제한법</td><td>장기보유특별공제
특례적용(50%, 70%)</td><td colspan="3">8년 이상 또는 10년 이상</td><td>10년 이상</td></tr>
<tr><td>양도소득세 100% 감면</td><td colspan="4">10년 이상</td></tr>
<tr><td rowspan="2">지방세
특례제한법</td><td>취득세 감면</td><td colspan="3">4년 또는 8년 이상</td><td rowspan="2">10년 이상</td></tr>
<tr><td>재산세 감면</td><td colspan="3">4년 또는 8년 이상</td></tr>
</table>

1 민간임대주택법상 임대주택 의무임대기간

민특법상 임대주택의 의무임대기간은 단기임대(4년), 장기임대(8년)로 구분되어 있었으나, 2020.8.17. 4년의 단기 임대등록제도가 폐지되어 장기 8년의 임대등록만 남게 되었다. 2020.7.31. 주택임대차보호법의 개정으로 미등록주택의 임차인도 계약갱신청구권(2년+2년)과 전월세상한세 혜택을 받게 되어 4년 단기 임대등록주택과 차이가 없어짐에 따라 4년 단기 임대등록제도를 유지할 필요가 없어졌기 때문이다.

그리고 민특법을 개정하여 2020.8.18. 이후부터는 임차인의 안정적인 거주생활을 보장하기 위해 민특법을 개정하여 최소 의무임대기간을 8년에서 10년으로 연장하였다.

2 소득세법상 장기임대주택 의무임대기간

일정요건을 갖춘 임대주택에 대해서는 거주주택 비과세, 양도소득세 중과배제, 종합부동산세 합산배제 세제혜택 등을 받을 수 있으나, 앞에서 살펴본 바와 같이 임대등록 시기에 따라 의무임대기간에 차이가 있다.

3 조세특례제한법상 장기일반민간임대주택 의무임대기간

장기일반민간임대주택은 임대등록 후 의무임대기간 8년을 충족하면 장기보유특별공제 50%가 적용되고, 의무임대기간 10년을 충족하면 장기보유특별공제 70%가 적용되거나 양도소득세가 100% 감면되어 민특법상 의무임대기간과 일부 차이가 있었으나, 2020.8.18. 민특법상 최소 의무임대기간이 10년으로 연장되면서 조세특례제한법상 장기일반민간임대주택의 의무임대기간도 10년으로 일치시켰다.

4 지방세특례제한법상 임대주택 의무임대기간

지방세특례제한법상 취득세 및 재산세 감면은 단기임대(4년) 또는 장기임대(8년)로 구분되다가, 2020.8.18. 이후 임대등록분부터는 최소 의무임대기간이 10년으로 변경되었다.

참고

임대등록 시기별 임대주택의 명칭과 의무임대기간의 변천과정

시행시기	임대주택 명칭	의무임대기간	관련법
2005.9.16. ~ 2013.12.4.	매입임대주택	5년 이상	임대주택법
2013.12.5. ~ 2015.12.28.	매입임대주택	5년 이상	
	준공공임대주택	10년 이상	
2015.12.29. ~ 2018.7.16.	단기임대주택	4년 이상	민간임대주택에 관한 특별법(민특법)
	준공공임대주택	8년 이상	
2018.7.17. ~ 2020.8.17.	단기민간임대주택	4년 이상	
	장기일반민간임대주택	8년 이상	
2020.8.18. ~	장기일반민간임대주택	10년 이상	

Ⅲ 주택임대사업자의 요건 및 세제혜택

1 민간임대주택법상 주택임대사업자의 요건

민특법상 임대주택은 의무임대기간과 임대료 증액제한 및 표준임대차 계약서 사용 등에 대한 의무규정만 있고 세제혜택은 소득세법, 조세특례제한법 등 개별세법에 규정하고 있다.

[민특법상 주택임대사업자등록 요건]

구 분	2020.8.17. 이전 등록	2020.8.18. 이후 등록
대상주택	모든 주택	아파트를 제외한 모든 주택
면적기준	제한 없음(주거용 오피스텔 85㎡ 이하)	
호수기준	1호 이상	
가액기준	제한 없음	
임대유형	단기임대, 장기임대	장기임대
임대기간	4년 이상, 8년 이상	10년 이상
증액제한	임대료(또는 임대보증금) 인상률 5% 이내	
등록기관	주택임대사업자 주소지 관할 시·군·구	

2 소득세법상 장기임대주택에 대한 요건 및 세제혜택

소득세법상 장기임대주택에 대한 세제혜택은 거주주택 비과세, 양도소득세 중과배제 등 양도소득세 전반에 걸쳐 있고, 종합부동산세 합산배제 등 다른 세목에 대한 내용도 포함되어 있어 세제혜택 범위가 가장 넓다. 소득세법상 장기임대주택 관련 세제혜택을 받기 위해서는 시·군·구와 세무서에 임대사업자 등록을 하고, 아래와 같이 일정한 요건을 갖추어야 한다.

[장기임대주택에 대한 임대등록 주요 요건 및 세제혜택]

구 분			관련 내용
요건	① 가액기준	매입임대주택	임대개시일 현재 기준시가 6억원(수도권 밖 3억원) 이하
		건설임대주택	임대개시일 현재 기준시가 6억원(또는 9억원[1]) 이하
	② 면적기준[2]	매입임대주택	제한 없음
		건설임대주택	전용면적 149㎡ 이하[3]
	③ 임대호수	매입임대주택	1호 이상
		건설임대주택	2호 이상
	④ 임대료 증액제한		임대료 인상률 5% 이내

세제혜택	① 1세대 1주택 비과세	조정대상지역 내 임대주택 양도시 거주요건 배제4)
		임대주택 보유자의 거주주택 양도시 비과세특례
	② 양도세소득세 중과배제	임대주택 양도시 양도소득세 중과제외
	③ 종합부동산세 합산배제	임대주택 보유시 종합부동산세 합산제외
	④ 임대소득세 감면	임대소득에 대한 종합소득세 감면
	⑤ 장기보유특별공제 추가공제	6년 이상 임대시 장기보유특별공제 추가공제(최대 10%)

1) 종합부동산세 합산배제 적용시 기준시가(2021.2.17. 이후 신규 등록분부터 적용)
2) 임대소득세 감면은 임대유형 불문하고 85㎡ 이하 면적기준 적용
3) 양도소득세 중과배제는 대지면적 298㎡ 이하, 전용면적 149㎡ 이하
4) 2019.12.17. 이후 임대등록분부터는 거주요건 적용

3 조세특례제한법상 장기일반민간임대주택에 대한 요건 및 세제혜택

조세특례제한법상 장기일반민간임대주택에 대한 세제혜택을 받기 위해서는 시·군·구와 세무서에 임대사업자 등록을 하고 아래와 같이 일정한 요건을 갖추어야 한다.

[장기일반민간임대주택에 대한 임대등록 주요 요건 및 세제혜택]

구분		내용
요건	① 가액기준1)	임대개시일 현재 기준시가 6억원(수도권 밖 3억원) 이하
	② 면적기준	국민주택규모(85㎡ 이하)
	③ 증액제한	임대료 인상률 5% 이내
세제혜택	① 장기보유특별 공제 특례적용	8년 임대하고 양도시 장기보유특별공제율 50% 적용
		10년 이상 임대하고 양도시 장기보유특별공제율 70% 적용
	② 양소득세 100% 감면2)	10년 이상 임대하고 양도시 양도소득세 100% 감면

1) 2018.9.14. 이후 취득분부터 가액기준 적용
2) 주택 취득후 3개월 이내 임대등록해야 감면적용

4 지방세특례제한법상 임대주택에 대한 요건 및 세제혜택

지방세특례제한법상 일정한 요건을 갖추고 민특법에 따라 시·군·구에 주택임대사업자 등록을 하는 경우 아래와 같은 세제혜택이 있다. 앞서 설명한 다른 세제혜택과는 달리 세무서에 사업자등록을 하지 않고 시·군·구에만 주택임대 등록을 해도 취득세나 재산세 감면 세제혜택이 주어진다.

[취득세 감면 적용대상 임대등록 주요 요건 및 세제혜택]

구분		내용
요건	① 가액기준1)	취득가액 6억원(수도권 밖 3억원) 이하
	② 면적기준	최초 분양받은 전용면적 60㎡ 이하2) 공동주택 또는 오피스텔
	③ 증액제한	임대료 인상률 5% 이내
	④ 등록기한	취득일로부터 60일 이내 임대등록
세제혜택		취득세 100% 감면(취득세 200만원 초과시 85% 감면)

1) 2020.8.12. 이후 취득분부터 가액기준 적용
2) 20호 이상의 공동주택을 취득한 경우 85㎡이하도 가능

[재산세 감면 적용대상 임대등록 주요 요건 및 세제혜택]

구분		내용
요건	① 가액기준1)	공동주택 : 주택공시가격 6억원(수도권 밖 3억원) 이하 오피스텔 : 시가표준액 4억원(수도권 밖 2억원) 이하
	② 면적기준	공동주택 또는 오피스텔 : 전용면적 85㎡ 이하 다가구주택 : 전용면적 40㎡ 이하
	③ 증액제한	임대료 인상률 5% 이내
	④ 주택유형	장·단기 임대등록 : 공동주택과 오피스텔을 합하여 2호 이상 임대 장기 임대등록 : 주택 종류별로 2호 이상 또는 다가구 1호 이상 임대
세제혜택		장·단기 임대등록 : 재산세 25%~50% 감면
		장기 임대등록 : 재산세 50%~100% 감면2)

1) 2020.8.12. 이후 임대등록분부터 가액기준 적용
2) 100% 감면되는 재산세액이 50만원 초과시 세액의 85%만 감면

IV 임대주택에 대한 가액기준, 면적기준 및 임대료 증액제한 요건

매입임대주택에 대하여 세제혜택을 받기 위해서는 각 세법상 요건을 모두 충족시켜야 하는데, 그 중 가장 대표적인 것이 가액기준, 면적기준 및 임대료 증액제한 요건이다. 각 세제혜택별 가액기준, 면적기준 및 임대료 증액제한 요건을 요약하면 아래와 같다.

[매입임대등록 요건 중 가액기준, 면적기준 및 증액제한 요건 비교]

세제혜택	가액기준	면적기준	임대료 증액제한
임대주택 거주요건 배제1)	미적용		적용3)
거주주택 양도소득세 비과세 특례	적용	미적용	적용3)
양도소득세 중과배제2)	적용	미적용	적용3)
종합부동산세 합산배제2)	적용	미적용	적용3)
임대소득세 감면	적용	적용	적용3)
장기보유특별공제율 추가공제(10%)	적용	미적용	적용3)
장기보유특별공제 특례적용(50%, 70%)	적용4)	적용	적용
양도소득세 100% 감면	적용4)	적용	적용
취득세 감면	적용5)	적용	적용
재산세 감면	적용6)	적용	적용

1) 2019.12.17. 이후 임대등록분부터는 거주요건 적용
2) 2018.9.14. 이후 조정대상지역 내 주택 취득하여 임대등록시 중과적용 및 합산 과세(건설임대주택은 제외). 다만 2024.5.9.까지 양도소득세 중과배제
3) 2019.2.12. 이후 임대차계약을 갱신하거나 새로 체결하는 분부터 적용
4) 2018.9.14. 이후 취득분부터 적용
5) 2020.8.12. 이후 취득분부터 적용
6) 2020.8.12. 이후 임대등록분부터 적용

1 가액기준

1) 소득세법상 장기임대주택의 가액기준

원칙적으로 소득세법상 장기임대주택 관련 세제혜택을 받기 위해서는 임대개시일 당시 기준시가가 6억원(수도권 밖은 3억원)이하이어야 한다. 그러나 임대소득세 감면대상이 되는 주택은 수도권 소재 여부 또는 임대유형(매입·건설)에 관계없이 임대개시일 당시 기준시가 6억원 이하이어야 하고, 종합부동산세 합산배제가 적용되는 건설임대주택을 2021.2.17. 이후 등록하는 경우에는 임대개시일 당시 기준시가 9억원 이하이어야 한다.

[임대주택 유형별 장기임대주택에 대한 가액기준]

세제혜택	매입임대주택	건설임대주택
① 거주주택 양도소득세 비과세특례	6억원(수도권 밖 3억원) 이하	지역 관계없이 6억원 이하
② 양도소득세 중과배제		지역 관계없이 6억원 이하
③ 장기보유특별공제 추가공제(10%)		지역 관계없이 6억원 이하
④ 종합부동산세 합산배제		지역 관계없이 9억원 이하*
⑤ 임대소득세 감면	임대유형 및 지역 관계없이 6억원 이하	
⑥ 임대주택 거주요건 배제	제한 없음	

* 2021.2.16. 이전에 임대등록한 경우에는 6억원 이하

2) 조세특례제한법상 장기일반민간임대주택의 가액기준

종전에는 조세특례제한법상 50% 또는 70%의 장기보유특별공제 특례적용과 양도소득세 100%감면이 되는 주택은 가액기준이 없었으나, 2018.9.14. 이후 취득하는 주택에 대해서는 임대개시일 당시 기준시가가 6억원(수도권 밖은 3억원) 이하인 경우에만 세제혜택을 받을 수 있다. 이 경우 다가구주택은 가구당 기준시가를 기준으로 판단한다.

3) 지방세특례제한법상 임대주택의 가액기준

종전에는 취득세와 재산세 감면요건 중 가액기준이 없었으나, 2020.8.12. 이후 취득분부터는 취득세의 경우 주택 취득가액 6억원(수도권 밖 3억원) 이하, 재산세의 경우에는 2020.8.12. 이후 임대등록분부터는 공동주택은 기준시가 6억원(수도권 밖 3억원) 이하, 오피스텔은 시가표준액 4억원(수도권 밖 2억원)이하의 가액기준이 추가되었다.

2 면적기준

1) 소득세법상 장기임대주택의 면적기준

소득세법상 장기임대주택 중 매입임대주택은 임대소득세 감면규정에서만 면적기준이 적용되고, 건설임대주택에 대한 면적기준은 아래와 같다.

[임대주택 유형별 장기임대주택에 대한 면적기준]

세제혜택	매입임대주택	건설임대주택
① 거주주택 양도소득세 비과세특례	제한 없음	전용면적 149㎡이하
② 종합부동산세 합산배제		
③ 장기보유특별공제 추가공제(10%)		
④ 양도소득세 중과배제		대지면적 298㎡이하, 전용면적 149㎡이하
⑤ 임대소득세 감면	전용면적 85㎡ 이하	
⑥ 임대주택 거주요건 배제	제한 없음	

2) 조세특례제한법상 장기일반민간임대주택의 면적기준

조세특례제한법상 50% 또는 70%의 장기보유특별공제 특례적용과 양도소득세 100% 감면은 전용면적 85㎡이하(국민주택규모)인 경우에만 적용된다. 이 경우 다가구주택은 가구당 전용면적을 기준으로 판단하고, 임대주택 등록시점부터 양도시점까지 국민주택규모의 요건을 충족하여야 한다.

3) 지방세특례제한법상 민간 임대주택의 면적기준

취득세는 전용면적 60㎡이하, 재산세는 전용면적이 85㎡이하(다가구 주택의 경우 40㎡이하)인 경우에만 감면 된다. 이 경우 다가구주택은 가구당 전용면적을 기준으로 판단하고, 임대주택 등록시점부터 양도시점까지 해당 면적의 요건을 충족하여야 한다.

3 임대료 증액제한 요건

임대료 등 인상률 5% 제한규정은 당초 민특법, 조세특례제한법상 장기보유특별공제 특례적용, 양도소득세 100%감면, 지방세특례제한법상 취득세 감면과 재산세 감면규정에서만 적용되다가, 2019.2.12. 이후 임대차계약을 체결하거나 기존 계약을 갱신하는 분부터는 양도소득세, 종합부동산세 등 다른 세제혜택을 적용받는 경우까지 그 범위가 확대되었다.

[주요 세법상 임대료 등 5% 증액제한 기준시점]

세제혜택	증액제한 기준임대료	관련법령
① 임대주택 거주요건 배제	'19.2.12. 이후 새로 계약을 체결하거나 기존 계약을 갱신하는 임대차계약	소득세법 시행령 (§154①4호, §155⑳2호, §167의3및10①2호 등)
② 거주주택 비과세 특례		
③ 양도소득세 중과배제		
④ 종합부동산세 합산배제		
⑤ 임대소득세 감면		
⑥ 장기보유특별공제 추가공제(10%)		
⑦ 장기보유특별공제 특례적용(50%, 70%)	임대등록 후 작성한 임대차계약*	조세특례제한법 시행령 (§97의3①3호, §97의5①3호)
⑧ 양도소득세 100% 감면		

* 「조세특례제한법」 제97조의3 제1항 제3호에 따른 임대료증액 제한 기준이 되는 최초의 계약은 장기일반 민간임대주택(준공공임대주택)으로 등록한 후 작성한 표준임대차계약이 되는 것이다(재산세제과-527, 2018.6.18).

사례 1

소득세법 시행령상의 임대료 등의 증액제한 기준이 되는 기준임대료

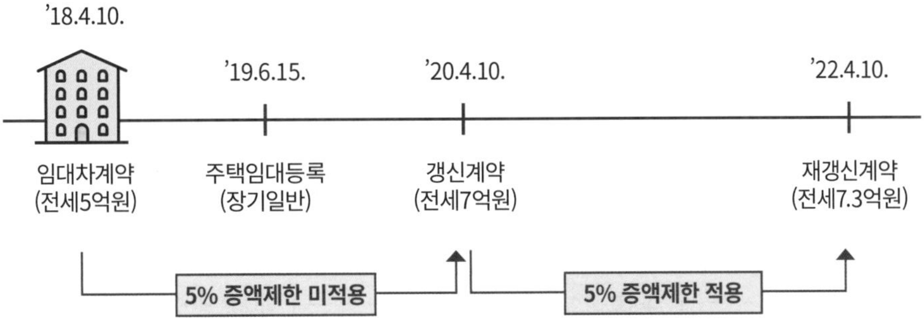

해설 소득세법 시행령에 따른 임대료 증액제한의 기준이 되는 임대차계약은 2019.2.12. 이후 최초로 체결한 임대차계약(또는 갱신계약)부터 적용하므로 2019.2.11. 이전의 기존 임대차계약은 고려하지 말고 2020.4.10. 갱신 임대차계약을 최초 계약(기준임대료)한 것으로 보아 임대료 5%의 증액제한을 받지않고 임대인이 임의로 정할 수 있으며, 그 이후의 임대차계약(2022.4.10.)부터는 기준임대료 7억원을 기준으로 5% 내에서만 임대료를 증액할 수 있다.

관련 해석 사례

- **소득령 §155⑳상 장기임대주택의 임대료 증액제한의 최초임대료**
  소득세법 시행령 §155⑳에 따른 장기임대주택의 임대료 증액제한의 기준이 되는 최초 임대료는 민간임대주택법상 임대등록 여부와 관계없이 2019.2.12. 이후 임대주택으로 등록한 후 최초로 체결(갱신)하는 임대차계약의 임대료이다(법규과-3445, 2022.12.2).
- **소득령 §155⑳ 적용시 단기임대주택이 자진 말소된 후 장기일반민간임대주택으로 재등록한 경우 임대료 증액 제한 요건**
  민간임대주택에 의하여 자진 말소하는 단기임대주택을 장기일반민간임대주택으로 재등록한 경우 거주주택 비과세 적용시 장기임대주택의 임대료 증액 상한의 기준은 재등록 이후 작성한 표준임대차 계약이다(법규재산-6177, 2022.10.26).

사례 2

소득세법 시행령 규정과 민간임대주택법상의 기준임대료 적용시점 비교

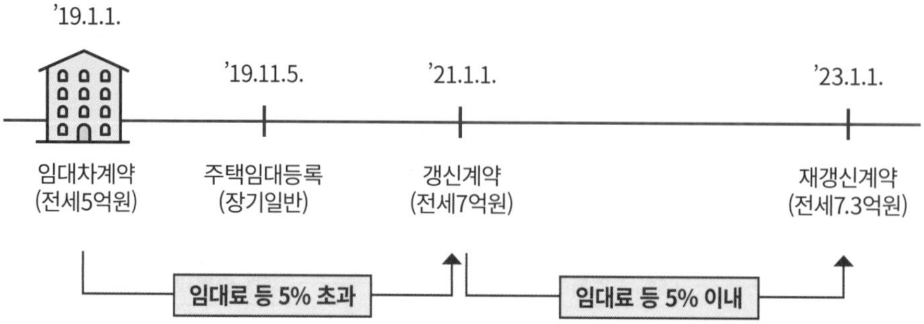

해설 2019.1.1.에 체결된 임대차계약은 2019.2.11. 이전에 체결된 것이므로 소득세법 시행령상 기준이 되는 기준임대료는 시행일 이후 최초(또는 갱신)로 체결한 임대차계약(2021.1.1.) 전세보증금 7억원이이나, 민간임대주택법에 따른 기준임대료는 민특법 제44조의 개정(2019.10.24. 시행)으로 2019.10.24. 이후에 임대주택으로 등록한 경우에는 임대등록 당시 존속 중인 임대차계약(2019.1.1.)이 기준임대료가 된다. 따라서 2021.1.1. 갱신 계약한 전세보증금 7억원이 기준임대료인 전세보증금 5억원에 비해 5%를 초과하였으므로 민특법상 과태료가 부과된다.

[소득세법과 민간임대주택법상 증액제한 기준임대료 비교]

구 분	소득세법	민간임대주택법	
		2019.10.23. 이전 등록	2019.10.24. 이후 등록
기준임대료	2019.2.12. 이후 체결(갱신)된 임대차계약	임대등록 후 체결(갱신)된 임대차계약	임대등록 당시 존속 중인 임대차계약

※ 임대보증금과 월임대료의 상호 전환시 임대료 인상률(5% 증액제한) 계산

임대사업자가 임대료의 증액을 청구하면서 임대보증금과 월임대료를 상호 간에 전환하는 경우에는 「민간임대주택에 관한 특별법」 제44조 제4항에 따라 정한 규정을 준용한다. 이 경우 임대보증금과 월임대료를 상호 전환하는 경우에는 임차인의 동의를 받아야 한다.

- 렌트홈(www.renthome.go.kr) 홈페이지에서 「임대료 인상률 계산」 클릭 → 「변경 전」 항목에 기존 임대보증금 또는 월 임대료 입력 → 「계산하기」 클릭 → 「변경 후」 5% 증액제한 금액 산정

02 소득세법상 장기임대주택

I 주택 취득 및 임대등록 시기별 임대주택의 적용범위 변화

1 2018.4.1.~2018.9.13.까지 임대등록하는 경우 임대유형 및 의무임대기간

1) 양도소득세 중과배제 및 종합부동산 합산배제 적용여부

2018.3.31.이전에 주택임대사업자로 등록한 경우에는 임대주택 유형(단기/장기) 불문하고 5년 이상의 의무임대기간을 충족하면 양도소득세 중과배제 및 종합부동산세 합산배제를 적용받았으나, 2018.4.1. 이후 주택임대사업자로 등록한 경우에는 장기임대주택으로 등록하여 8년 이상 임대해야 해당 세제혜택을 적용받을 수 있다.

2) 임대주택외 거주주택 양도시 비과세 적용여부

2018.4.1. 이후 주택임대사업자로 등록한 임대주택외 2년 이상 거주한 거주주택을 보유한 1세대가 해당 거주주택을 양도하는 경우에는 양도소득세 중과배제 및 종합부동산 합산배제 규정과는 달리 단기임대주택이든 장기임대주택이든 상관없이 5년 이상의 의무임대기간을 충족하면 거주주택에 대해 비과세를 적용받을 수 있다.

[2018. 4.1. 전·후 임대등록시 주요 세제혜택 요건]

구 분	'18.3.31. 이전 등록	'18.4.1. 이후 임대등록	
		양도소득세 중과배제 및 종합부동산세 합산배제	거주주택 비과세 특례
가액기준	매입임대주택 : 임대개시 당시 기준시가 6억원(수도권 밖 3억원) 이하 건설임대주택 : 임대개시 당시 기준시가 6억원 이하*		
임대기간	5년 이상	8년 이상	5년 이상
임대유형	단기임대 또는 장기임대	장기임대	단기임대 또는 장기임대

* 종합부동산 합산배제 적용시 2021.2.17. 이후 등록분부터는 9억원

2 2018.9.14. 이후 조정대상지역 소재 주택을 취득하여 임대등록한 경우

1) 양도소득세 중과배제 및 종합부동산 합산배제 적용여부

2018.9.13. 부동산 대책으로 인해 1주택 이상을 보유한 자가 2018.9.14. 이후 조정대상지역에 소재한 주택을 취득하여 장기임대주택으로 등록한 경우에도 양도소득세 중과배제 및 종합부동산세 합산배제는 적용받을 수 없다. 다만, 2018.9.13. 이전에 주택을 취득하기 위하여 매매계약을 체결하였거나 2018.9.14. 이후 취득한 주택을 건설임대주택으로 등록한 경우에는 해당 세제혜택을 적용받을 수 있다.

2) 임대주택외 거주주택 양도시 비과세 적용여부

2018.9.14. 이후 조정대상지역에 소재한 주택을 임대등록한 경우 양도소득세 중과배제 및 종합부동산 합산배제는 적용받을 수 없지만, 2020.7.10. 이전까지 임대등록한 경우에는 임대주택 소재지 및 임대유형((장단기 불문 2020.7.11. 이후 등록분은 장기)에 상관없이 5년 이상의 의무임대기간을 충족하면 거주주택 비과세를 적용받을 수 있다.

[2018.9.14. 전·후 취득한 주택을 임대등록한 경우 세제혜택 비교]

구 분	조정대상지역		비조정대상지역 (취득시기 불문)
	'18.9.13. 이전 취득	'18.9.14. 이후 취득	
거주주택 비과세 특례	적용가능	적용가능	적용가능
양도소득세 중과배제	적용가능	적용불가[1]	
종합부동산세 합산배제	적용가능	적용불가[1]	

1) 다음의 경우에는 양도소득세 중과배제 및 종합부동산세 합산배제를 적용받을 수 있다.

① 2018.9.13. 이전에 매매계약(분양권 및 조합원입주권 매매계약 포함)을 체결하고 계약금을 지급한 경우

② 2018.9.14. 이후 조정대상지역 공고가 있는 경우 조정대상지역 공고일까지 매매계약을 체결하고 계약금을 지급한 경우

③ 건설임대주택

④ 2024.5.9.까지 중과대상 주택을 양도하는 경우 중과배제

참고

1. 2018.9.14. 이후 취득한 조정대상지역 내 주택 임대등록 시 세제혜택 적용여부

구 분	소득세법상 장기임대주택		조세특례제한법상 장기일반민간임대주택	
	거주주택 비과세	양도소득세 중과배제 종합부동산세 합산배제	장기보유 특별공제 특례	양도소득세 100% 감면
매입임대주택	적용가능	적용불가	적용가능	적용가능
건설임대주택		적용가능		적용불가

2. 소득세법상 매입임대주택의 적용요건 비교

① 공통점

구 분	양도소득세 중과배제	종합부동산세 합산배제	거주주택 비과세
면적기준	제한 없음		
가액기준	임대개시 당시 기준시가 6억원(수도권 밖 3억원) 이하		
증액제한	임대료(또는 임대보증금) 인상률 5% 이내		
등록기관	시·군·구 + 세무서		

② 차이점(의무임대기간 · 임대유형)

민특법상 임대등록한 주택에 대한 소득세법상 세제혜택 중 양도소득세 중과배제 및 종합부동산세 합산배제는 당해 임대주택에 대한 직접적인 세제혜택이고, 거주주택 비과세는 임대주택 외에 다른 거주주택을 양도할 경우 적용되는 간접적인 세제혜택이다.

[양도소득세 중과배제 및 종합부동산세 합산배제 적용시 의무임대기간]

구 분	'18.3.31. 이전	'18.4.1.~'20.7.10	'20.7.11.~'20.8.17	'20.8.18. 이후
의무임대기간	5년 이상	8년 이상		10년 이상
임대주택유형	단기,장기	장기		장기

[거주주택 비과세 특례 적용시 의무임대기간]

구 분	'18.3.31. 이전	'18.4.1.~'20.7.10	'20.7.11.~'20.8.17	'20.8.18. 이후
의무임대기간	5년 이상	5년 이상	8년 이상	10년 이상
임대주택유형	단기,장기	단기,장기	장기	장기

3 2019.12.17. 전 · 후 임대등록시 거주요건 적용 여부

2017.8.3. 이후 조정대상지역 내에 소재하는 주택을 취득한 경우 1세대1주택 비과세를 적용받기 위해서는 일반적으로 2년 이상 보유 및 거주하여야 하나, 아래의 요건을 충족한 조정대상지역 내 소재하는 임대주택을 의무임대기간 종료 후 양도하는 경우에는 2년 이상 거주하지 않은 경우에도 비과세 된다.

구 분	적용 요건
임대유형	단기임대주택, 장기임대주택
임대기간	4년 이상 단기임대, 8년 이상 장기 임대
증액제한*	임대료(임대보증금) 인상률 5% 이내
등록기관	시·군·구 + 세무서

* 2019.2.12. 이후 임대차계약을 갱신하거나 새로 체결하는 분부터 적용

그러나, 조정대상지역 내에 있는 주택을 취득하여 2019.12.17. 이후 주택임대사업자로 등록한 경우에는 의무임대기간 종료 후 2년 이상 해당 주택에서 거주한 후 양도한 경우에만 1세대1주택 비과세를 적용받을 수 있다.

배경 및 취지

본 규정은 조정대상지역에 소재한 1주택 소유자가 해당 주택에 거주하지 않고 임대등록하여 의무임대기간 동안 임대한 후 해당 주택을 양도하는 경우 1세대1주택 비과세 요건 중 거주요건을 적용하지 않는다는 것이다.

4 2020.8.18. 이후 장기임대주택 등록시 최소 의무임대기간 10년 적용

2020.7.10. 민특법 개정으로 단기임대주택 및 아파트 장기매입임대주택에 대한 임대등록 제도가 폐지되면서, 2020.8.18. 이후부터는 장기임대주택의 최소 의무임대기간이 종전 8년에서 10년으로 연장되었다. 따라서 2020.8.18. 이후 임대등록하는 경우에는 임대주택에 대한 양도소득세 중과배제 및 종합부동산세 합산배제 또는 임대주택 외 거주주택에 대한 양도소득세 비과세 등 소득세법상 세제혜택을 적용받기 위해서는 10년 이상 의무임대기간을 준수하여야 한다.

Ⅱ 주택임대사업자에 대한 종합부동산세 합산배제

1 종합부동산세 과세 개요

주택에 대한 종합부동산세는 매년 6월 1일을 기준으로 아래와 같이 임대주택 등 합산배제되는 주택을 제외하고 개인이 보유한 모든 주택의 공시가격을 합산하여 과세한다.

[주택분 종합부동산세 계산구조]

① 주택공시가격합계액	… 합산배제 주택 외 주택의 공시가격 합계액
② 공 제 금 액	… 9억원(1세대 1주택자 및 1주택 특례자1)는 12억원)
③ 공정시장가액비율	… 60%
④ 과세표준	…(① - ②)× ③
⑤ 세율	… 기본세율 또는 중과세율(3주택 이상 & 과세표준 12억원 초과)
⑥ 종합부동산세액	… ④ × ⑤
⑦ 공제할재산세액	… 재산세로 부과된 세액 중 일정한 금액
⑧ 산 출 세 액	… ⑥ - ⑦
⑨ 세 액 공 제	… 1세대 1주택자에 한해 최대 40% 고령자세액공제 또는 최대 50% 장기보유자세액공제2)
⑩ 세부담상한초과세액	… (직전연도 재산세와 종합부동산세) × 150% 초과세액
⑪ 납 부 세 액	… ⑧ - ⑨ - ⑩
⑫ 농어촌특별세	… 종합부동산세의 20%

1) ① 부부 공동명의, ② 일시적 2주택, ③ 상속주택, ④ 지방저가주택의 1주택 특례 신청자

2) 중복적용시 최대 80%만 공제

2 주택임대사업자의 종합부동산세 합산배제

1) 합산배제 기본내용

원칙적으로 종합부동산세는 개인별로 전국에 있는 모든 주택을 합산하여 과세하나, 아래의 요건을 갖춘 소득세법상 장기임대주택은 종합부동산세 합산과세대상에서 제외한다.

[종합부동산세 합산배제 적용 임대주택 요건]

구 분	'18.3.31. 이전 등록	'18.4.1.~'20.8.17. 등록	'20.8.18. 이후 등록
대상주택	모든 주택	모든 주택1)	아파트를 제외한 모든 주택
면적기준	▪ 매입임대주택: 제한없음 ▪ 건설임대주택: 전용면적 149㎡이하		
가액기준	▪ 매입임대주택: 임대개시일 현재 기준시가 6억원(수도권 밖 3억원) 이하 ▪ 건설임대주택: 임대개시일 현재 기준시가 9억원2) 이하		
임대유형	단기임대, 장기임대	장기임대	장기임대
임대기간	5년 이상 계속3)임대	8년 이상 계속3) 임대	10년 이상 계속3) 임대
증액제한4)	임대료(또는 임대보증금) 인상률 5% 이내		
등록기관	시·군·구 + 세무서		

1) 다음의 주택은 제외한다.

① 2020.7.11. ~ 2020.8.17. 사이 단기임대주택을 장기임대주택으로 변경신고 하거나, 장기임대주택으로 등록신청한 아파트

② 2018.9.14. 이후 조정대상지역 내 주택을 취득하여 장기임대등록한 경우. 단, 건설임대주택은 합산배제 가능

2) 2021.2.16. 이전에 임대등록한 경우에는 임대개시 당시 기준시가 6억원 이하

3) 종합부동산세 합산배제를 적용받으려면 임대주택을 의무임대기간 동안 계속하여 임대해야 하나 기존 임차인의 퇴거일로부터 다음 임차인의 입주일까지의 공실기간이 2년 이내인 경우에는 계속 임대하는 것으로 본다.

4) 2019.2.12. 이후 임대차계약을 갱신하거나 새로 체결하는 분부터 적용

2) 2018.9.14. 이후 조정대상지역 내 주택을 취득하여 임대등록한 경우

1주택 이상을 소유한 1세대가 2018.9.14.이후 조정대상지역 내 주택을 취득하여 장기임대주택으로 등록하는 경우에는 가액기준 및 면적기준 등 장기임대주택의 요건을 충족하더라도 종합부동산세를 합산과세한다. 다만, 아래의 경우에는 종합부동산세 합산배제를 적용받을 수 있다.

① 2018.9.13. 이전에 주택을 취득하기 위하여 매매계약을 체결한 경우
② 2018.9.14. 이후에 조정대상지역으로 지정된 주택으로서 조정대상지역의 공고가 있은 날 이전에 주택을 취득하였거나 매매계약을 체결한 경우
③ 2018.9.14. 이후에 취득한 주택을 건설임대주택으로 등록한 경우

3) 주택임대사업자에 대한 종합부동산 합산배제 신고

① 원칙

합산배제 요건을 충족한 장기임대주택에 대해 종합부동산세 합산배제를 적용받으려면 해당연도의 과세기준일(6월 1일) 현재 임대하고 있는 주택을 시군구와 세무서에 임대등록하고 합산배제 신고기간(9.16.~9.30.) 내에 주택임대사업자의 주소지 관할 세무서에 합산배제 신고를 해야 한다.

② 예외(특례신고)

과세기준일 현재 임대등록을 하지 않았지만 주택을 임대하고 있는 경우 합산배제 신고기간 내에 시군구와 세무서에 주택임대사업자로 등록한 후 합산배제 신고기간 내에 합산배제 신고를 하면 종합부동산세 합산배제를 적용받을 수 있다.

4) 종합부동산 합산배제 제외 신고

과세기준일 전에 임대등록을 자진말소하거나 임대등록이 자동말소된 경우 종합부동산세 합산배제 신고기간 내에 합산배제 제외신고(과세대상 포함)를 하여야 한다. 임대등록이 말소되어 과세기준일 현재 일반주택으로 보유하고 있는 경우 합산배제 제외신고를 하지 않으면 추후 가산세를 포함해서 경감받은 세액이 추징될 수도 있있으므로 유의해야 한다.

사례 1

일반주택과 합산배제 임대주택을 보유한 경우 과세기준금액

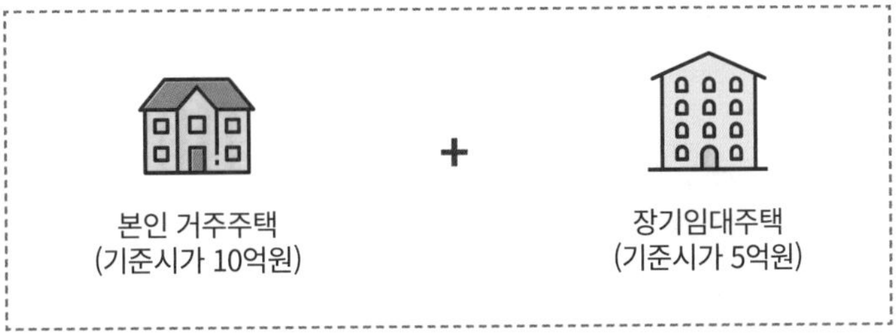

해설 합산배제 요건을 충족한 장기임대주택은 종합부동산세 과세대상 주택수에서 제외되므로 1세대1주택자가 되어 과세기준금액 12억원을 초과하지 않아 종합부동산세가 과세되지 않는다.

사례 2

일반주택에 본인이 거주하지 않은 경우 종합부동산세 과세기준금액

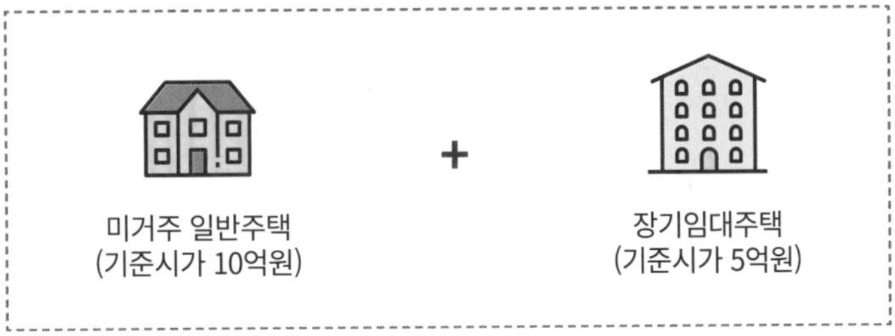

해설 합산배제 요건을 충족한 장기임대주택은 종합부동산세 과세대상 주택수에서 제외되나, 일반주택에서 본인이 실제 거주하지 않은 경우에는 과세기준금액은 9억원이 적용되므로 9억원을 초과하는 1억원에 대해서는 종합부동산세가 과세된다.

관련 해석 사례

합산배제대상 임대주택과 일반주택을 보유한 자가 일반주택 재건축사업에 의한 이주공고에 따라 과세기준일 현재 일반주택에서 퇴거(건물철거 前)한 경우 1세대1주택자에 해당하지 않는다(법규과-321, 2023.2.3).

사례 3

합산배제 장기임대주택을 제외하고 일반주택을 2채 보유한 경우 종합부동산세 과세기준금액

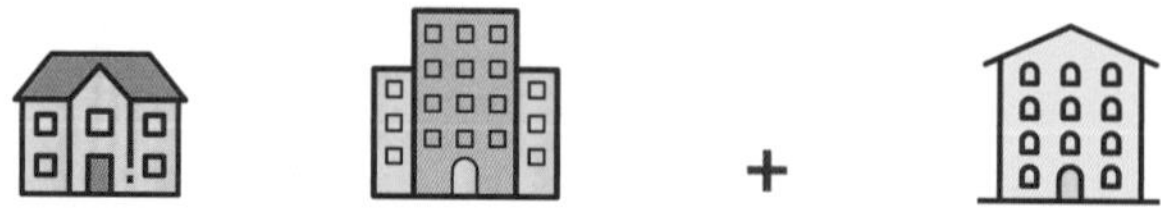

해설 합산배제 요건을 충족한 장기임대주택은 종합부동산세 과세대상 주택수에서 제외되나 일반주택 2채를 보유하고 있으므로 과세기준금액은 9억원이 적용되어 9억원을 초과하는 8억원에 대해서 종합부동산세가 과세된다.

Ⅲ 주택임대사업자에 대한 종합소득세 감면

1 주택임대소득의 과세대상 판단

1) 월세소득

월세 임대소득은 본인이 거주하는 주택을 포함해서 2주택 이상을 소유한 자가 주택을 임대하고 월세를 받는 경우에만 임대소득세가 과세되는 것이 원칙이나, 과세기간 종료일 또는 해당 주택의 양도일 현재 기준시가가 12억원을 초과하는 고가주택 또는 국외에 소재하고 있는 주택을 임대하고 받은 월세에 대해서는 1주택자인 경우에도 과세된다.

2) 임대보증금에 대한 간주임대료

간주임대료는 본인이 거주하는 주택을 포함해서 3주택 이상을 소유한 자가 주택을 임대하고 받은 임대보증금의 합계액이 3억원을 초과하는 경우 간주임대료에 대해 임대소득세가 과세된다. 다만, 아래의 경우에는 임대보증금에서 발생한 간주임대료에 대해서는 임대소득세가 과세되지 않는다.

> ① 소형주택(전용면적 40㎡이하이면서 기준시가 2억원 이하인 주택)을 제외하고 3주택 미만 소유한 경우
> ② 소형주택 제외하고 3주택 이상자가 받은 임대보증금 합계액이 3억원 이하인 경우

※ 간주임대료 계산방법

① 추계신고 : (보증금-3억원)의 적수 × 60% × $\frac{1}{365}$ × 정기예금이자율

② 장부신고 : (보증금-3억원)의 적수×60%× $\frac{1}{365}$ × 정기예금이자율- 금융수익

3) 과세대상 주택수 판단시 부부단위 기준으로 판단

주택임대소득 과세대상 주택수 판단은 본인과 배우자의 주택만 합산하여 계산하고, 부모나 자녀의 주택은 동일세대원에 해당하더라도 합산하지 않는다.

비교학습 _ 세목별 주택수 판정 방법

세 목	양도소득세	임대소득세	종합부동산세	취득세
주택수 계산	세대 합산	배우자 합산	본인 합산	세대 합산

[주택임대소득의 과세요건]

<table>
<tr><th>소유 주택수(부부단위 합산)</th><th>월세</th><th>보증금</th></tr>
<tr><td>1주택</td><td>비과세</td><td rowspan="2">비과세</td></tr>
<tr><td>2주택</td><td rowspan="2">과세</td></tr>
<tr><td>3주택 이상</td><td>간주임대료 과세</td></tr>
</table>

2 주택 임대소득세 과세방법

1) 연간 임대수입금액이 2,000만원 이하인 경우 (신고방법 선택)

주택임대소득을 다른 소득과 합산하지 않고 지방소득세 포함 15.4%의 세율을 적용하여 분리과세로 신고하는 방법과 주택임대소득을 다른 소득과 합산하여 종합소득세율을 적용하여 신고하는 방법 중 유리한 방법을 선택하여 신고할 수 있다.

[분리과세로 신고하는 경우 주택임대소득 계산방법]

수입금액 구분	필요경비율	공제금액1)	세율	세액감면율2)
등록 임대수입금액	60%	400만원	14%	20%~75%
미등록 임대수입금액	50%	200만원		-

1) 주택임대소득을 제외한 종합소득금액이 2천만원 이하인 경우에만 공제

2) 임대유형별 소득세 감면율

구 분	세액감면율	
	단기임대주택	장기임대주택
1호 임대	30%	75%
2호 이상 임대	20%	50%

※ 소득세 감면은 주택임대사업자가 분리과세 또는 종합과세로 신고하면 적용되는 것이며, 세액감면을 받은 경우에는 감면세액의 20%를 농어촌특별세로 납부해야 한다.

2) 연간 임대수입금액이 2,000만원을 초과하는 경우 (종합과세)

납세자의 선택에 따라 분리과세를 적용할 수 없고 임대소득을 다른 소득과 합산하여 세액을 계산한다.

3 주택임대사업자의 소득세 감면적용 요건

아래의 요건을 갖춘 주택을 시·군·구와 세무서에 임대등록한 경우에는 임대소득세를 감면받을 수 있다. 다만, 감면세액의 20%를 농어촌특별세로 납부해야 한다.

[소득세 감면적용 임대주택 요건]

구 분	2020.8.17. 이전 등록	2020.8.18. 이후 등록
대 상	모든 주택1)	아파트를 제외한 모든 주택
면적기준	전용면적 85㎡ 이하	
가액기준	임대개시일 현재 기준시가 6억원 이하(수도권 밖 불문)	
임대유형	단기임대, 장기임대	장기임대
임대기간	4년(단기) 이상, 8년(장기) 이상	10년 이상
증액제한2)	임대료(또는 임대보증금) 인상률 5% 이내	
등록기관	시·군·구 + 세무서	

1) 2020.7.11. ~ 2020.8.17. 사이 단기임대주택을 장기임대주택으로 변경신고 하거나, 장기임대주택으로 등록신청한 아파트는 제외

2) 2019.2.12. 이후 임대차계약을 갱신하거나 새로 체결하는 분부터 적용

실무상 주의점

소득세를 감면 받은 경우에는 감가상각의제규정이 적용되어 감가상각을 하지 않은 경우에도 감가상각을 한 것으로 본다. 따라서 임대 소득세를 감면받은 후 임대주택을 양도하는 경우 감가상각한 것으로 의제된 금액은 취득가액에서 차감하여 양도소득세를 계산하므로, 양도소득세 적용세율이 임대소득에 대한 적용세율보다 높은 경우 임대소득세를 감면받는 것이 불리할 수도 있다(법규과-341, 2022.1.27).

4 주택임대사업자 미등록시 가산세

사업개시일부터 20일 이내에 사업장소재지 관할 세무서에 주택임대사업자 등록을 신청하지 않은 경우 사업개시일부터 등록신청일 직전일까지 수입금액의 0.2%에 해당하는 금액을 가산세로 부과한다.

적용사례

소득세법상 장기임대주택에 대한 세제혜택 적용여부

사례 1

① 매입임대주택

▶ 등록 : 2017.9.30.에 취득하여 단기임대등록(수도권 소재 조정대상지역)

▶ 면적 : 전용면적 85㎡ 이하

▶ 가액 : 임대개시일 당시 기준시가 6억원 이하

▶ 기타 : 소득세법상 임대등록 요건 충족

② 거주주택

▶ 소재지 : 비조정대상지역

▶ 취득일 : 2015.5.20.

▶ 양도일 : 2023.2.15.

▶ 양도가액 : 20억원

해설

1. 임대주택에 대한 양도소득세 중과배제 및 종합부동산세 합산배제 적용여부

2018.3.31이전에 등록한 임대주택에 대해서는 장단기 구분없이 5년 이상 임대하면 임대주택에 대한 세제혜택을 적용받을 수 있으므로 의무임대기간 동안 종합부동산세가 합산과세 되지 않으며 의무임대기간 종료 후 임대주택을 양도하는 경우에는 양도소득세가 중과되지 않는다.

2. 임대주택에 대한 장기보유특별공제 추가공제 및 소득세 감면 적용여부

2018.3.31.이전에 임대등록한 주택은 장단기 구분없이 일정한 요건을 충족한 경우에는 최대 40%의 장기보유특별공제가 적용되고, 임대유형 및 임대호수에 따라 20%~75%까지 임대소득세가 감면된다.

3. 거주주택 양도시 비과세 적용여부

법 소정 요건을 충족한 임대주택을 보유한 상태에서 조정대상지역 여부와 상관없이 2년 이상 거주한 주택을 양도하는 경우에는 비과세가 적용된다. 이 경우 양도하는 거주주택의 양도가액이 12억원을 초과하는 고가주택에 해당하는 경우 최대 80%의 장기보유특별공제율이 적용되고, 세율은 기본세율이 적용된다.

사례 2

① 매입임대주택

▶ 등록 : 2018.6.15.에 취득하여 단기임대등록(수도권 소재 조정대상지역)

▶ 면적 : 전용면적 85㎡ 초과

▶ 가액 : 임대개시일 당시 기준시가 6억원 이하

▶ 기타 : 소득세법상 임대등록 요건 충족

② 거주주택

▶ 소재지 : 비조정대상지역

▶ 취득일 : 2015.5.20.

▶ 양도일 : 2023.2.15.

▶ 양도가액 : 20억원

해설

1. 임대주택에 대한 양도소득세 중과배제 및 종합부동산세 합산배제 적용여부

2018.4.1. 이후부터는 단기로 등록한 임대주택은 양도소득세 중과배제 및 종합부동산세 합산배제를 적용받을 수 없으므로 해당 단기임대주택에 대해서는 임대기간 동안 종합부동산세 합산과세되고 임대주택을 양도하는 경우에는 양도소득세가 중과되나, 한시적 중과유예 규정에 따라 임대주택을 2024.5.9.까지 양도하는 경우에는 중과되지 않는다.

2. 임대주택에 대한 장기보유특별공제 추가공제 및 소득세 감면 적용여부

최대 40% 장기보유특별공제 규정은 2018.3.31.이전에 임대등록한 경우에 한하여 적용되므로 2018.4.1. 이후 임대등록한 경우에는 장기보유특별공제 추가공제를 적용받을 수 없으며, 소득세 감면규정은 전용면적이 85㎡ 이하인 경우에만 적용되므로 임대주택의 전용면적이 85㎡ 초과하므로 임대소득세 감면을 적용받을 수 없다.

3. 거주주택 양도시 비과세 적용여부

법 소정 요건을 충족한 임대주택을 보유한 상태에서 조정대상지역 여부와 상관없이 2년 이상 거주한 주택을 양도하는 경우에는 비과세가 적용된다. 이 경우 양도하는 거주주택의 양도가액이 12억원을 초과하는 고가주택에 해당하는 경우 최대 80%의 장기보유특별공제율이 적용되고, 세율은 기본세율이 적용된다.

사례 3

① 매입임대주택
▶ 등록 : 2020.7.15.에 취득하여 장기임대등록(수도권 소재 조정대상지역)
▶ 면적 : 전용면적 85㎡ 이하
▶ 가액 : 임대개시일 당시 기준시가 6억원 이하
▶ 기타 : 소득세법상 임대등록 요건 충족

② 거주주택
▶ 소재지 : 비조정대상지역
▶ 취득일 : 2015.5.20.
▶ 양도일 : 2023.2.15.
▶ 양도가액 : 20억원

해설

1. 임대주택에 대한 양도소득세 중과배제 및 종합부동산세 합산배제 적용여부

2018.9.14. 이후 조정대상지역에 있는 주택을 취득하여 장기임대주택(건설임대주택 제외)으로 등록한 경우에는 양도소득세 중과배제 및 종합부동산세 합산배제를 적용받을 수 없다. 다만 양도소득세 한시적 중과유예 규정에 따라 임대주택을 2024.5.9.까지 양도하는 경우에는 중과되지 않는다.

2. 임대주택에 대한 장기보유특별공제 추가공제 및 소득세 감면 적용여부

최대 40% 장기보유특별공제 규정은 2018.3.31.이전에 임대등록한 경우에 한하여 적용되므로 2018.4.1. 이후 임대등록한 경우에는 장기보유특별공제 추가공제를 적용받을 수 없으나, 전용면적이 85㎡ 이하 임대주택에 대해서는 임대유형 및 임대호수에 따라 20%~75%까지 임대소득세가 감면된다.

3. 거주주택 양도시 비과세 적용여부

아파트를 제외한 모든 주택에 대해서는 취득시기 및 조정대상지역 소재 여부를 불문하고 장기임대주택으로 등록하여 법 소정 요건을 충족하면 거주주택 비과세를 적용받을 수 있다. 이 경우 양도하는 거주주택의 양도가액이 12억원을 초과하는 고가주택에 해당하는 경우 최대 80%의 장기보유특별공제율이 적용되고, 세율은 기본세율이 적용된다.

사례 4

① 건설임대주택

▶ 등록 : 2018.10.15.에 신축하여 건설임대등록(수도권 소재 조정대상지역)

▶ 면적 : 전용면적 85㎡ 이하

▶ 가액 : 임대개시일 당시 기준시가 6억원 이하

▶ 기타 : 소득세법상 임대등록 요건 충족

② 거주주택

▶ 소재지 : 조정대상지역

▶ 취득일 : 2019.4.20.

▶ 양도일 : 2023.2.15.

▶ 양도가액 : 20억원

▶ 기타내용 : 2018.12.25.에 거주주택 비과세특례를 적용받음

해설

1. 임대주택에 대한 양도소득세 중과배제 및 종합부동산세 합산배제 적용여부

2018.9.14 이후 조정대상지역에 있는 주택을 매입하여 장기임대주택으로 등록하는 경우에는 양도세 중과배제 및 종합부동산세 합산배제를 적용받을 수 없으나, 해당 주택을 건설임대주택으로 등록한 경우에는 의무임대기간 동안 종합부동산세가 합산과세 되지 않으며 의무임대기간 종료 후 임대주택을 양도하는 경우에는 양도소득세가 중과되지 않는다.

2. 임대주택에 대한 장기보유특별공제 추가공제 및 소득세 감면 적용여부

최대 40% 장기보유특별공제 규정은 2018.3.31.이전에 임대등록한 경우에 한하여 적용되므로 2018.4.1. 이후 임대등록한 경우에는 장기보유특별공제 추가공제를 적용받을 수 없으나, 전용면적이 85㎡ 이하 임대주택에 대해서는 임대유형 및 임대호수에 따라 20%~75%까지 임대소득세가 감면된다.

3. 거주주택 양도시 비과세 및 중과세 적용여부

거주주택 비과세특례는 평생1회에 한하여 적용되는데 이미 2018.12.25.에 거주주택 비과세특례를 적용받았으므로 임대주택을 보유한 상태에서 2019.2.11. 이후 취득한 주택을 양도하는 경우에는 비과세특례를 적용받을 수 없으나 양도소득세 중과는 적용되지 않으므로 최대 30%의 장기보유특별공제율이 적용되고, 세율은 기본세율이 적용된다.

사례 5

① 매입임대주택
▶ 등록 : 2018.7.25.에 취득하여 장기임대등록(세종시 소재)
▶ 면적 : 전용면적 85㎡ 이하
▶ 가액 : 임대개시일 당시 기준시가 4억원
▶ 기타 : 소득세법상 임대등록 요건 충족

② 거주주택
▶ 소재지 : 비조정대상지역
▶ 취득일 : 2015.5.20.
▶ 양도일 : 2023.2.15.
▶ 양도가액 : 20억원

해설

1. 임대주택에 대한 양도소득세 중과배제 및 종합부동산세 합산배제 적용여부

임대개시일 당시 기준시가 6억원(수도권 밖은 3억원) 이하인 경우에만 양도소득세 중과배제 및 종합부동산세 합산배제를 적용받을 수 있는데, 해당 장기임대주택은 수도권 밖에 소재하면서 임대개시일 당시 기준시가가 3억원을 초과하므로 의무임대기간 동안 종합부동산세가 합산과세되고 임대주택을 양도하는 경우에는 양도소득세가 중과되나, 한시적 중과유예 규정에 따라 임대주택을 2024.5.9.까지 양도하는 경우에는 중과되지 않는다.

2. 거주주택 양도시 비과세 및 중과세 적용여부

임대주택 요건 중 가액기준으로 수도권 밖 소재 임대개시일 당시 3억원 이하 요건을 충족하지 못하였으므로 거주주택 비과세특례를 적용받을 수 없으나, 양도소득세 중과는 적용되지 않으므로 최대 30%의 장기보유특별공제율이 적용되고, 세율은 기본세율이 적용된다.

3. 임대주택에 대한 장기보유특별공제 추가공제 및 소득세 감면 적용여부

최대 40% 장기보유특별공제 규정은 2018.3.31.이전에 임대등록한 경우에 한하여 적용되므로 2018.4.1. 이후 임대등록한 경우에는 장기보유특별공제 추가공제를 적용받을 수 없으나, 소득세 감면규정은 지역에 관계없이 임대개시일 당시 기준기가 6억원 이하이면 적용되므로 임대유형 및 임대호수에 따라 20%~75%까지 임대소득세가 감면된다.

참고

상생임대주택에 대한 양도소득세 세제혜택

1. 개요

1세대가 주택을 취득한 후 해당 주택에 대하여 임차인과 임대차계약을 체결하고 아래와 같이 일정한 요건을 충족한 주택을 양도하는 경우에는 상생임대주택에 대한 양도소득세 특례를 적용받을 수 있다(소득령 §155의3).

① 직전임대차계약[1)]에 따라 임대한 기간이 1년 6개월 이상 존재할 것
② 상생임대차계약에 따라 임대한 기간이 2년 이상일 것
③ 직전임대차계약 대비 임대보증금 또는 임대료 증가율이 5% 이내일 것
④ 직전임대차계약과 상생임대차계약의 임대인이 동일인[2)]일 것

1) 주택을 취득한 후 임차인과 새로이 체결한 계약을 의미하므로 주택을 취득하면서 종전 임대차계약을 승계한 경우에는 직전 임대차계약에 해당하지 않는다. 다만, 전 소유자로부터 임대차계약을 승계받은 후 임차인이 계약갱신요구권을 행사하여 승계받은 계약을 갱신하고 이후 그 갱신계약을 다시 갱신한 경우 갱신계약을 "직전 임대차계약" 및 재갱신계약을 "상생임대차계약"으로 본다(법규과-2917, 2022.10.12).

구 분	주택 취득시	2차 계약	3차 계약	상생임대차 여부
〈사례1〉	임대차계약 승계	갱신계약	-	적용불가
〈사례2〉	임대차계약 승계	갱신계약 (직전임대차계약)	재갱신계약 (상생임대차계약)	적용가능

2) 직전 임대차계약과 상생 임대차계약의 임대인은 동일해야 하지만, 임차인은 달라도 무방하다.

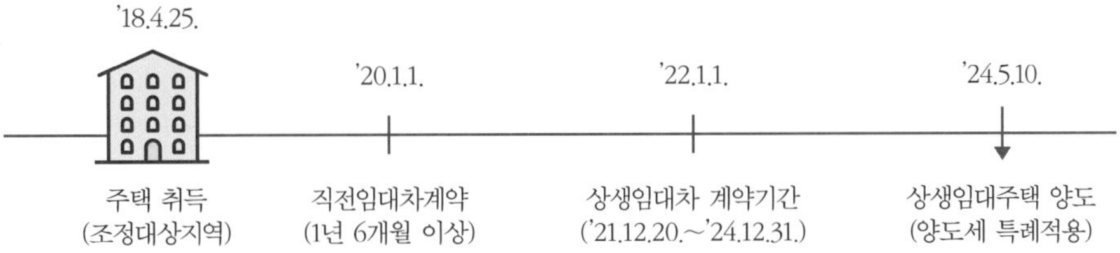

2. 최소 의무임대기간 종료 후 상생임대주택을 양도하는 경우 세제혜택

① 상생임대주택에 거주하지 않았지만 거주한 것으로 보아 양도일 현재 1세대 1주택 비과세 요건을 충족한 경우 최대 80%의 장기보유특별공제율을 적용받을 수 있다. 다만, 거주기간별 공제율(거주기간×4%) 계산은 실제 거주한 기간으로만 판단한다. 예를 들어 8년 보유했지만 실제 거주한 기간이 없다면 장기보유

특별공제율은 32%(보유기간 8년×4%)를 적용한다.

② 조정대상지역 지정 후 취득한 주택에 대해서는 1세대 1주택 비과세를 적용받기 위해서는 2년 이상 거주해야 하나, 상생임대주택의 요건을 충족한 후 양도하는 경우 2년 이상의 보유요건만 충족해도 1세대 1주택 비과세를 받을 수 있다.

비교학습

조정대상지역 내 주택을 2019.12.17. 이후 임대등록한 경우에는 임대기간 종료 후 2년 이상 거주요건을 충족해야 1세대 1주택 비과세되나, 해당 주택이 상생임대주택의 요건을 충족한 경우에는 거주요건은 적용되지 않는다.

③ 1세대가 법 소정 요건을 충족한 장기임대주택과 상생임대주택을 보유한 상태에서 상생임대주택의 요건을 충족한 후 해당주택을 양도하는 경우 실제 거주하지 않았더라도 2년 이상 거주한 것으로 보아 거주주택 비과세특례를 적용받을 수 있다.

[상생임대주택에 대한 주요 적용요건 및 세제혜택]

구 분	내 용
임대기간	직전 임대차계약(최소 1년 6개월) + 상생 임대차계약(최소 2년)
증액제한	직전계약 대비 임대료 등 증가율 5% 이내
임대등록	시군구와 세무서에 임대등록은 필수요건 아님
세제혜택	① 거주요건 배제, ② [표2] 장기보유특별공제율 적용, ③ 거주주택 비과세특례
적용기한	상생임대차계약은 2021.12.20. ~ 2024.12.31.까지 계약체결 및 임대개시

3. 관련 해석사례

① 주택을 취득하면서 해당 주택의 전 소유자와 체결한 임대차 계약이 직전 임대차계약 해당하는지 여부

1세대가 주택을 취득하면서 해당 주택을 양도한 양도인을 임차인으로 하는 조건으로 임대차계약을 체결하여 실제 1년 6개월 이상 임대한 경우 해당 임대차계약은 직전 임대차계약으로 볼 수 있다(법규과-3154, 2022.11.2).

② 임대차계약기간 중 임대주택을 증여받고 재작성한 임대차계약이 직전 임대차계약에 해당하는지 여부

임대기간이 개시된 후 주택을 증여받고 임대인의 명의를 수증자로 변경하여 체결한 임대차계약은 해당 주택의 취득으로 임대인의 지위가 승계된 경우의 임대차계약에 해당하여 직전 임대차계약으로 볼 수 없다(법규과-236, 2023.1.26).

③ 임차인의 사정으로 의무임대기간을 충족하지 못하여 새로운 임차인과 종전의 임대차계약과 동일한 계약을 체결하는 경우, 「소득령 §155의3」 적용여부

직전 임대차계약 또는 상생임대차계약을 체결하였으나, 임차인이 중도 퇴거하여 종전 임대기간 요건을 충족하지 못한 경우, 종전 임대기간과 새로 체결한 임대차계약에 따른 임대기간을 합산할 수 있다(재산세제과-1412, 2022.11.10).

03

조세특례제한법상 장기임대주택

I 장기일반민간임대주택에 대한 장기보유특별공제 과세특례

거주자가 2020.12.31.(민간건설임대주택은 2024.12.31.)까지 주거 전용면적 85㎡ 이하인 국민주택을 장기일반민간임대주택으로 등록하고 아래의 요건을 모두 충족한 후 양도하는 경우 임대기간 중 발생한 양도차익에 대해 8년 이상 의무임대기간을 충족한 경우 50%, 10년 이상 의무임대기간을 충족한 경우에는 70%의 장기보유특별공제율을 적용한다(조특법 §97의3).

[장기보유특별공제 과세특례 적용 임대주택 요건]

구 분	2020.8.17. 이전 등록	2020.8.18. 이후 등록
대상주택	모든 주택[1]	아파트를 제외한 모든 주택
면적기준[2]	전용면적 85㎡(수도권 밖 읍·면지역 100㎡) 이하	
가액기준[3]	임대개시일 현재 기준시가 6억원(수도권 밖 3억원) 이하	
임대유형	장기임대	장기임대
임대기간[4]	8년 또는 10년 이상(통산)	10년 이상(통산)
증액제한[5]	임대료(또는 임대보증금) 인상률 5% 이내	
등록기관	시·군·구 + 세무서	
등록기한	2020.12.31.(건설임대주택은 2024.12.31.까지)	
특례내용	장기보유특별공제율 50%(10년 이상 임대시 70%) 적용	

1) 2020.7.11. ~ 2020.8.17. 사이에 단기임대주택을 장기임대주택으로 변경신고 하거나, 장기임대주택으로

등록한 아파트는 적용제외
2) 다가구주택의 경우에는 가구당 전용면적 기준으로 판단
3) 가액기준은 2018.9.14. 이후 취득분부터 적용하므로 2018.9.13. 이전에 주택에 대한 매매계약을 체결하거나 주택을 취득할 수 있는 권리에 해당하는 분양권, 조합입주권을 취득한 경우에는 가액기준을 적용하지 않음
4) 의무임대기간은 시·군·구에 등록한 날, 세무서에 사업자등록한 날, 실제 임대 개시일 중 가장 늦은 날부터 기산하며, 다음의 기간도 의무임대기간에 포함하여 계산
   ① 상속으로 피상속인의 주택을 취득하여 임대하는 경우에는 피상속인의 주택 임대기간
   ② 기존 임차인의 퇴거일로부터 다음 임차인의 입주일까지의 기간으로 3개월 이내의 기간
   ③ 단기임대주택을 장기임대주택으로 변경등록하는 경우에는 최대 4년을 한도로 단기임대한 기간
5) 증액제한 요건은 임대등록 이후 임대차계약을 체결하는 분부터 적용

1 장기보유특별공제 계산방법

일반적으로 장기보유특별공제율은 보유기간에 따라 최대 30%까지 적용되나, 장기일반민간임대주택의 경우에는 임대기간에 따라 8년 이상 임대한 경우 양도차익의 50%, 10년 이상 임대한 경우 양도차익의 70%까지 장기보유특별공제율을 적용한다.

그러나 50% 또는 70%의 장기보유특별공제는 주택 전체의 보유기간 중 발생한 양도차익에 대하여 적용하는 것이 아니라, 아래 산식과 같이 임대기간 중 발생한 양도차익에 대해서만 적용한다.

[임대기간 중 발생한 양도차익의 계산]

$$\text{전체 양도차익} \times \frac{\text{임대종료 당시 기준시가} - \text{임대개시 당시 기준시가}}{\text{양도 당시 기준시가} - \text{취득 당시 기준시가}}$$

[임대기간에 따른 장기보유특별공제율 비교]

구분	3년	4년	5년	6년	7년	8년	9년	10년
일반공제율	6%	8%	10%	12%	14%	16%	18%	20%
특례공제율	6%	8%	10%	12%	14%	50%	50%	70%

계산사례 1

일반적인 경우와 50%의 장기보유특별공제율이 적용되는 경우 세액 비교

● 다주택자가 8년 보유한 중과배제 임대주택을 2024.3.10 양도 (양도차익 5억원, 기본공제 무시)

	구 분	일반적인 경우	50% 공제율 적용
	양도차익	500,000,000	500,000,000
(-)	장기보유특별공제	80,000,000[1)]	250,000,000[2)]
(=)	양도소득금액	420,000,000	250,000,000
	산출세액	142,060,000[3)]	75,060,000[4)]

1) 500,000,000 × 16%(8년 × 2%) = 80,000,000

2) 500,000,000 × 50% = 250,000,000

3) 420,000,000 × 40%(기본세율) - 2,594만원(누진공제) = 142,060,000

4) 250,000,000 × 38%(기본세율) - 1,994만원(누진공제) = 75,060,000

계산사례 2

일반적인 경우와 70%의 장기보유특별공제율이 적용되는 경우 세액 비교

● 10년 보유한 2주택 중과대상 임대주택을 2025.7.10 양도(양도차익 5억원, 기본공제 무시)

	구 분	일반적인 경우	70% 공제율 적용
	양도차익	500,000,000	500,000,000
(-)	장기보유특별공제	-	350,000,000[1)]
(=)	양도소득금액	500,000,000	150,000,000
	산출세액	274,060,000[2)]	67,060,000[3)]

1) 500,000,000 × 70% = 350,000,000(중과대상 임대주택의 경우에도 70% 공제율 적용)

2) 500,000,000 × 60%(기본세율 + 20%) - 2,594만원(누진공제) = 274,060,000

3) 150,000,000 × 55%(기본세율 + 20%) - 1,544만원(누진공제) = 67,060,000

계산사례 3

장기보유특별공제 특례 적용시 임대기간 중 발생한 양도차익 산정 방법

● 다주택자가 조정대상지역 소재 장기일반민간임대주택을 양도하는 경우

구 분	내 용
취득일자 및 취득가액	2010.3.15. 4억원(85㎡ 이하 다가구주택)
양도일자 및 양도가액	2024.2.10. 20억원
임대기간(임대등록)	2014.1.1.~2023.12.31.(준공공임대주택)
개별주택가격	2009년 : 2억원
	2010년 : 3억원
	2013년 : 4.5억원
	2023년 : 12억원
	2024년 : 16억원
기타사항	임대료 5% 증액제한 등 특례적용 요건 충족

해설

	구 분	금 액
	양도가액	2,000,000,000
(−)	취득가액	400,000,000
(=)	전체양도차익	1,600,000,000
(−)	장기보유특별공제	944,000,000 1)
(=)	양도소득금액	656,000,000

1) 장기보유특별공제액 계산

	임대 기간분	임대외 기간분	합계
양도차익	16억원 × $\frac{(12억원 - 4.5억원)}{(12억원 - 2억원)}$ = 12억원	16억원 - 12억원 = 4억원	16억원
공제율	70%	26% (13년 × 2%)	-
장기보유 특별공제	12억원 × 70% = 8.4억원	4억원 × 26% = 1.04억원	9.44억원

추가해설 다주택자가 조정대상지역 소재 주택을 양도하는 경우 조세특례제한법 제97조의3 규정이 적용되는 양도차익에 대해서는 중과세 여부와 상관없이 10년 이상 의무임대기간을 충족한 경우 70%의 장기보유특별공제가 적용되며, 임대기간 이외분 양도차익에 대해서는 2024.5.9.까지 한시적으로 중과세가 유예되었으므로 전체 보유기간에 대해 최대 30%의 장기보유특별공제가 적용된다.

계산사례 4

임대등록 자동말소 이후 양도하는 경우 장기보유특별공제 특례 적용시 임대기간 중 발생한 양도차익 산정 방법

● 다주택자가 비조정대상지역 소재 장기일반민간임대주택을 양도하는 경우

구 분	내 용
취득일자 및 취득가액	2013.6.15. 5억원(85㎡ 이하 아파트)
양도일자 및 양도가액	2025.9.10. 25억원
임대개시(임대등록)	2016.4.25.(준공공임대주택)
임대등록 자동말소	2024.4.25.(8년 의무임대기간 종료)
개별주택가격	2013년 : 2억원
	2014년 : 2.8억원
	2015년 : 3.6억원
	2023년 : 12억원
	2024년 : 13억원
	2025년 : 16억원
기타사항	임대료 5% 증액제한 등 특례적용 요건 충족

해설

	구 분	금 액
	양도가액	2,500,000,000
(-)	취득가액	500,000,000
(=)	전체양도차익	2,000,000,000
(-)	장기보유특별공제	792,000,000[1)]
(=)	양도소득금액	1,208,000,000

1) 장기보유특별공제액 계산

	임대 기간분	임대외 기간분	합계
양도차익	$20억원 \times \frac{(12억원 - 3.6억원)}{(16억원 - 2억원)} = 12억원$	20억원 - 12억원 = 8억원	20억원
공제율	50%	24%(2%×12년)	-
장기보유 특별공제	12억원 × 50% = 6억원	8억원 × 24% = 1.92억원	7.92억원

추가해설 주택의 보유기간 중 임대를 개시하여 「조세특례제한법」제97의3에 따른 특례를 적용하는 경우 장기보유특별공제액은 양도차익 중에서 「임대기간 중에 발생한 양도차익」에 대

해서는 「조세특례제한법」 제97의3에 따른 공제율(50% 또는 70%)을 곱하여 계산하며 그 외 나머지 양도차익에 대해서는 「소득세법」 제95조제2항 및 제4항에 따른 자산의 보유기간별 공제율을 곱하여 계산한다(법령해석재산-1392, 2021.10.28).

여기서 잠깐 _ 장기일반민간임대주택 관련 주요 규정 변천

구 분	관련 내용
2013.12.5.	매입임대주택(단기,의무임대기간 5년 이상)에서 준공공임대주택(장기,의무임대기간 10년 이상)이 별도 신설되어 이원화
2014.1.1.	10년 이상 임대 후 양도시 60% 장기보유특별공제율 적용 규정 신설
2015.1.1.	8년 이상 임대 후 양도시 50% 장기보유특별공제율 적용하고 10년 이상 임대 후 양도시 60%에서 2016.1.1. 이후부터는 70% 공제율 적용
2015.12.29.	① 임대주택법에서 민간임대주택법에 관한 특별법으로 명칭변경 ② 단기민간임대주택 의무임대기간 5년 이상에서 4년 이상으로 단축 ③ 준공공임대주택 의무임대기간 10년 이상에서 8년 이상으로 단축
2018.7.17.	① 단기임대주택 → 단기민간임대주택 ②준공공임대주택 → 장기일반민간임대주택으로 명칭변경
2018.9.14.	2018.9.14. 이후 신규주택 취득분부터 임대개시 당시 기준시가 6억원(수도권 밖 3억원) 이하 가액기준 신설
2019.2.12.	① 2019.2.11. 이전 단기민간임대주택을 장기일반민간임대주택으로 전환한 경우에는 5년 한도 내에서 단기민간임대주택으로 임대한 기간의 50%만 장기일반민간임대주택의 임대기간에 포함 ② 2019.2.12. 이후 단기민간임대주택의 의무임대기간 4년이 경과되기 전에 장기일반민간임대주택으로 전환한 경우에는 단기민간임대주택으로 임대한 기간을 장기일반민간임대주택의 의무임대기간에 포함하고, 단기민간임대주택의 의무임대기간 4년이 경과된 후 장기일반민간임대주택으로 전환한 경우에는 단기민간임대주택의 의무임대기간 4년을 장기일반민간임대주택의 임대기간에 포함 다만, 단기민간임대주택의 임대기간이 8년을 초과하는 경우에는 종전규정 적용
2020.8.18.	단기민간임대주택 및 장기일반민간임대주택 중 아파트에 대한 임대사업자 등록이 폐지되고, 장기일반민간임대주택 의무임대기간을 8년에서 이상 10년 이상으로 연장

2 단기민간임대주택을 장기일반민간임대주택으로 전환한 경우

1) 의무임대기간 산정방법

단기민간임대주택(매입임대주택)을 장기일반민간임대주택(준공공임대주택)으로 전환하는 경우 단기임대기간이 장기일반민간임대주택의 의무임대기간에 포함되는 인정 임대기간 범위는 아래의 전환시점별로 다르게 적용된다.

① 2019.2.11. 이전에 변경한 경우

㉠ 민간임대주택법

단기임대주택을 장기일반민간임대주택으로 전환한 경우 최대 4년을 한도로 단기임대주택으로 임대한 기간 전체를 장기일반민간임대주택의 의무임대기간에 포함한다.

㉡ 조세특례제한법

단기임대주택을 장기일반민간임대주택으로 전환한 경우 최대 5년을 한도로 단기임대주택으로 임대한 기간의 50%에 해당하는 기간만 장기일반민간임대주택의 의무임대기간에 포함한다.

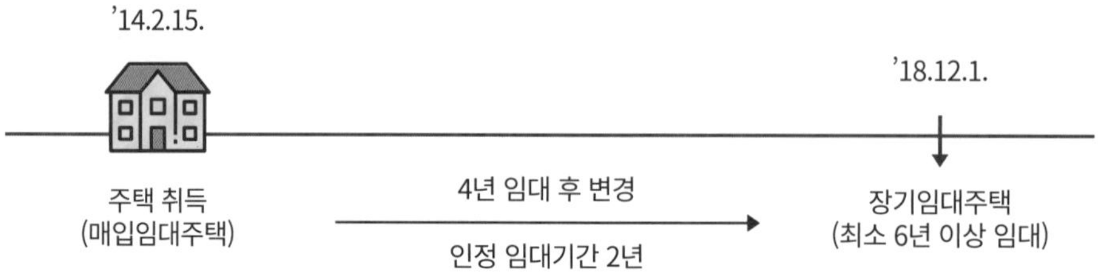

해설 2019.2.12. 이전에 매입임대주택을 장기임대주택으로 전환한 경우에는 매입임대주택으로 임대한 기간 중 2년(4년×50%)만 장기임대주택의 임대기간에 포함하므로 장기임대주택으로 전환 후 6년 이상 임대하면 50% 또는 70%의 장기보유특별공제율을 적용받을 수 있다.

② 2019.2.12. 이후에 전환한 경우

조세특례제한법상 인정 의무임대기간을 민특법과 일치시키기 위하여 단기임대주택을 장기일반민간임대주택으로 전환하는 경우 최대 4년을 한도로 단기임대주택으로 임대한 기간 전체를 장기일반민간임대주택의 의무임대기간에 포함하도록 개정되었다. 다만, 2019.2.12. 현재 단기임대주택을 8년 초과하여 임대한 경우에는 개정규정에도 불구하고 종전규정에 따라 최대 5년을 한도로 임대기간을 인정한다.

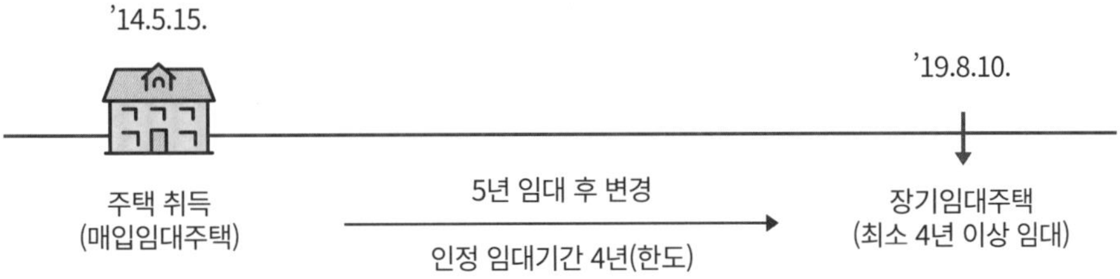

해설 매입임대주택의 의무임대기간이 경과된 후 2019.2.12. 이후에 매입임대주택을 장기임대주택으로 전환하는 경우에는 매입임대주택으로 임대한 기간 전체를 장기임대주택의 임대기간에 포함한다. 따라서 장기임대주택으로 전환 후 4년 이상 임대하면 50% 또는 70%의 장기보유특별공제율을 적용받을 수 있다.

다만, 2019.2.12. 현재 단기임대주택으로 임대한 기간이 8년을 초과한 경우에는 개정규정에도 불구하고 종전규정에 따라 최대 5년을 한도로 단기임대주택으로 임대한 기간을 장기일반민간임대주택의 의무임대기간에 포함한다.

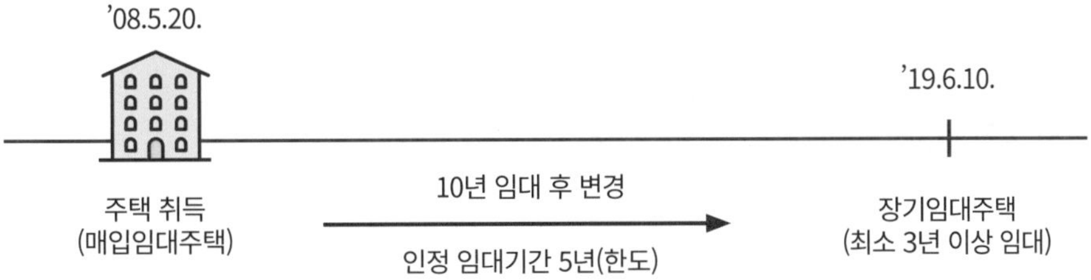

해설 2019.2.12. 이후에 매입임대주택을 장기임대주택으로 전환하는 경우에는 4년을 한도로 매입임대주택으로 임대한 기간 전체를 장기임대주택의 임대기간에 포함하는 것이 원칙이나 매입임대기간이 8년을 초과하는 경우에는 종전규정에 따라 5년(11년×50%, 한도 5년)을 장기임대주택의 임대기간에 포함하므로 장기임대주택으로 전환 후 3년 이상 임대하면 50% 또는 70%의 장기보유특별공제율을 적용받을 수 있다.

2) 임대료 등의 5% 증액제한 기준임대료

단기(매입)임대주택을 장기일반민간(준공공)임대주택으로 전환한 후 기존 임대차계약을 재계약하거나 신규 임차인과 계약을 체결하는 경우 임대료 5% 증액제한 기준은 장기일반민간(준공공)임대주택으로 전환할 당시 존속 중인 기존 임대차계약이다.

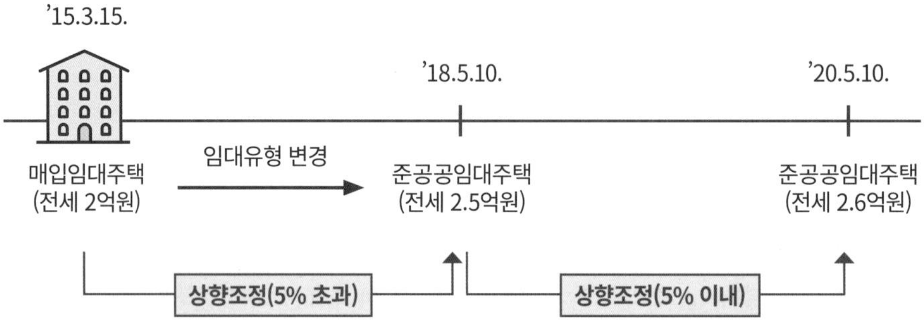

해설 「임대주택법」에 따른 매입임대주택을 「민간임대주택법」에 따른 준공공임대주택으로 전환한 경우 임대료증액 제한기준이 되는 임대차계약은 준공공임대주택으로 변경 당시에 존속 중인 기존 임대차계약(2013.5.15. 임대차계약)이다. 따라서 2018.5.10.에 체결 및 갱신한 전세보증금 2.5억원이 기존 전세보증금 2억원에 비해 5%를 초과하므로 「조세특례제한법」 제97조의3에 따른 장기보유특별공제 과세특례를 적용 받을 수 없다(법령해석재산-0921, 2021.12.28).

3) 장기일반민간임대주택의 의무임대기간 계산방법

1) 의무임대기간의 기산일

아래와 같이 임대주택법에 따른 임대사업자등록과 소득세법에 따른 사업자등록을 한 후 실제 임대을 개시한 날부터 기산한다.

늦은날(① 시군구 임대사업자등록일, ② 세무서 사업자등록일, ③ 실제 임대개시일)

2) 특수한 경우의 의무임대기간 계산

㉠ 상속받은 경우

피상속인의 임대주택을 상속으로 취득한 후 상속인이 임대하는 경우에는 피상속인과 상속인의 임대기간을 합산한다.

㉡ 일시적으로 공실인 경우

기존 임차인의 퇴거일부터 다음 임차인의 입주일까지의 기간이 3개월 이내인 경우에는 그 기간은 임대기간에 포함한다.

적용사례 1

등록 유형에 따른 50%, 70% 장기보유특별공제 특례적용 여부 판단

1. 매입임대주택

소재지	호수(세대수)	임대등록유형	주택 유형	주택 규모	임대개시일
경기도 이천시	1	매입임대	아파트	85㎡이하	2012-09-27

※ 2014.1.1. 이후 등록분에 한하여 장기보유특별공제 특례적용이 가능하므로 단기로 등록한 매입임대주택은 특례규정을 적용받을 수 없다. 그러나 2020.7.10. 이전에 매입임대주택을 장기일반민간임대주택으로 전환한 경우에는 단기 의무임대기간의 일정부분을 장기임대주택의 의무임대기간으로 인정받아 장기보유특별공제 특례규정을 적용받을 수 있다.

2. 장기건설민간임대주택

소재지	호수(세대수)	임대유형	주택 유형	주택 규모	임대개시일
경기도 성남시	12	장기일반(10년)	다가구(건설)	40㎡초과 ~ 60㎡이하	2019-10-15

※ 장기일반민간임대주택으로 등록한 다가구 주택은 가구당 전용면적이 85㎡ 이하이면 장기보유특별공제 특례규정을 적용받을 수 있다. 이 경우 장기보유특별공제 특례적용은 매입임대주택 뿐만 아니라 건설임대주택에 대해서도 적용받을 수 있다.

적용사례 2

주택유형, 규모 등 임대 상황별 장기보유특별공제 특례적용 가능 여부

구 분	A주택	B주택[1)]	C주택	D주택	E주택
전용면적	85㎡ 이하	100㎡ 이하	85㎡ 초과	85㎡ 이하	85㎡ 이하
기준시가[2)]	6억원 초과	6억원 이하	6억원 이하	6억원 초과	6억원 이하
임대유형	장기	장기	장기	장기	단기
주택유형	아파트	단독	아파트	다세대	다가구
자동말소여부	여	부	여	부	부

1) B주택은 수도권 밖에 소재하고 있음

2) 임대개시일 현재의 기준시가(임대주택은 모두 2018.9.13. 이전에 취득)

해설

구 분	장기보유특별공제 특례적용 여부
A주택	아파트는 8년 경과 후 임대등록 자동말소 대상이므로 50% 공제율 적용 가능
B주택	단독주택은 자동말소 대상이 아니므로 10년 이상 임대시 70% 공제율 적용 가능
C주택	국민주택규모(85㎡)를 초과하므로 특례적용 불가
D주택	다세대주택은 자동말소 대상이 아니므로 10년 이상 임대시 70% 공제율 적용 가능
E주택	단기임대주택으로 등록한 경우에는 특례적용 불가

3 1세대1주택 비과세 적용시 장기일반민간임대주택의 주택수 포함 여부

조세특례제한법에서는 법 소정 요건을 충족한 장기일반민간임대주택과 다른 일반주택을 보유한 경우 장기일반민간임대주택은 거주자의 소유주택으로 보지 않으므로 장기일반민간임대주택 이외에 1세대1주택 비과세 요건을 갖춘 다른 일반주택을 양도하는 경우에는 비과세가 적용될 수 있다.

생각해 볼 사례

2018.9.13. 이전에 취득하여 등록한 장기일반민간임대주택은 임대개시일 당시 주택의 공시가격 6억(수도권 밖 3억)이하의 가액기준을 적용받지 않지만, 소득세법에서는 임대개시일 당시 주택의 기준시가가 6억(수도권 밖 3억) 이하인 경우에만 다른 주택을 양도할 때 주택수에 포함하지 않고 양도소득세 비과세 여부를 판단하므로 임대개시일 당시 기준시가가 6억원을 초과하는 장기일반민간임대주택을 보유한 상태에서 1세대1주택 비과세 요건을 갖춘 일반주택을 양도하는 경우 비과세가 적용되지 않을 수도 있다.

4 장기일반민간임대주택 양도시 중과적용 여부

소득세법에서는 1주택 이상자가 2018.9.14. 이후 조정대상지역 내에서 주택을 신규로 취득하여 장기임대주택으로 등록한 경우 임대주택에 대한 양도소득세 중과배제 및 종합부동산세 합산배제가 적용되지 않으나, 조특법 제97조의3 규정에 의한 장기일반민간임대주택은 양도소득세가 중과되는 경우에도 장기보유특별공제 특례 50% 또는 70%를 적용하고 세율만 중과세율을 적용한다. 이는 소득세법은 양도소득세가 중과되는 경우 장기보유특별공제가 적용되지 않지만, 조세특례제한법은 특별법으로서 소득세보다 우선하여 적용되므로 양도소득세가 중과되는 경우에도 장기보유특별공제가 적용된다.

5 2018.9.14. 이후 취득한 장기일반민간임대주택에 대한 가액기준 신설

2018.9.13. 이전에 주택을 취득한 경우에는 가액요건은 적용되지 않았지만, 2018.9.14. 이후 취득하는 주택에 대해서는 조정대상지역 내에 소재하고 있는지 여부와 관계 없이 임대개시일 당시 기준시가 6억원(수도권 밖은 3억원) 이하의 가액기준이 적용된다. 다만, 2018.9.13. 이전에 조합원입주권 또는 주택분양권을 포함하여 주택 매매계약을 체결한 경우에는 가액요건이 적용되지 않는다.

사례

2018.9.13. 이전에 주택분양권을 취득한 경우 장기보유특별공제 특례적용 여부

해설 2018.9.14. 이후 취득한 주택이 장기일반민간임대주택으로 등록된 시점에서 주택의 공시가격이 6억원을 초과하더라도 2018.9.13. 이전에 매매계약을 체결한 경우에는 가액기준이 적용되지 않으므로 50% 또는 70%의 장기보유특별공제 특례를 적용받을 수 있다.

6 공동으로 임대등록한 경우 장기보유특별공제 과세특례 적용여부

2인 이상이 공동 명의로 1호 이상의 주택을 임대등록하고 각각의 공동사업자가 조세특례제한법 제97조의3 제1항 각 호의 요건을 모두 충족한 경우 공동소유한 지분의 양도로 인해 발생하는 양도차익에 대하여도 50% 또는 70%의 장기보유특별공제 특례를 적용받을 수 있다.

7 아파트 임대등록 자동말소시 장기보유특별공제 과세특례 적용여부

아파트에 대한 임대등록제도는 2020.7.10. 폐지되었으므로 의무임대기간 8년 이상 장기일반민간임대주택으로 등록하고 아파트를 임대한 후, 임대등록이 자동말소되는 경우에는 50%의 장기보유특별공제율을 적용받을 수 있으나, 의무임대기간 10년을 충족해야 받을 수 있는 70%의 장기보유특별공제율을 적용받을 수 없다.

다만, 2014.1.1 ~ 2015.12.28. 이전에 준공공임대주택으로 등록한 아파트의 경우에는 의무임대기간이 10년 이상이었기 때문에 자동말소될 때까지 임대사업자를 유지하면 70%의 장기보유특별공제율을 적용받을 수 있으며, 8년 이상 임대하고 자진말소하는 경우에는 50%의 장기보유특별공제율을 적용받을 수도 있다.

[아파트 임대등록 말소시 장기보유특별공제 과세특례 적용여부]

구 분	2015.12.28. 이전 임대등록	2015.12.29. 이후 임대등록
의무임대기간	10년 이상	8년 이상
자진말소	8년 이상 임대 후 자진말소시 50%의 공제율 적용가능	과세특례 적용불가
자동말소	70%의 공제율 적용	50%의 공제율 적용

사례 1

의무임대기간 8년 이상 충족되지 않은 상태에서 임대주택이 자동말소되는 경우

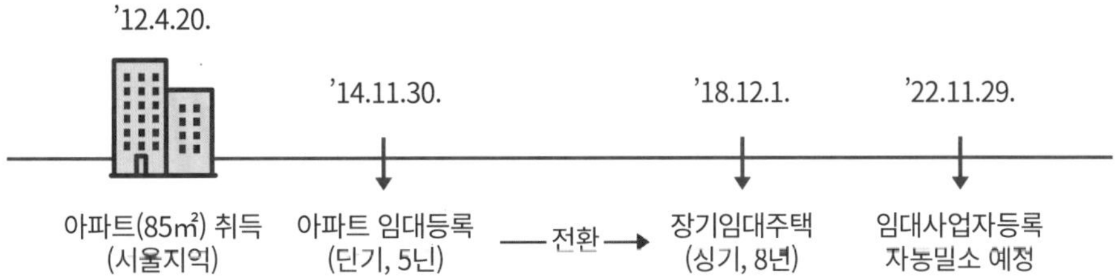

해설 2019.2.12. 이전에 단기임대주택을 장기일반민간임대주택으로 전환하는 경우에는 단기임대주택으로 임대한 기간의 50%에 해당하는 2년을 장기일반민간임대주택의 임대기간에 포함하여 전체 임대기간이 8년 이상이면 장기보유특별공제율 50%, 10년 이상 임대시 70%를 적용받을 수 있으나, 위 사례에서 임대주택이 아파트인 경우에는 민간임대주택법상 8년이 되면 자동말소되며, 이 경우 조특법 제97조의3에 따른 의무임대기간이 8년이 되지 않는 경우에도 8년 동안 등록 및 임대한 것으로 보는 것이므로, 의무임대기간을 제외하고 법 소정의 요건을 모두 충족한 경우에는 임대기간 중에 발생한 양도차익에 대해 50%의 장기보유특별공제율 적용받을 수 있다(법령해석재산-3286, 2021.5.11).

사례 2

의무임대기간 종료 후 5년 추가 임대하고 임대주택을 양도하는 경우

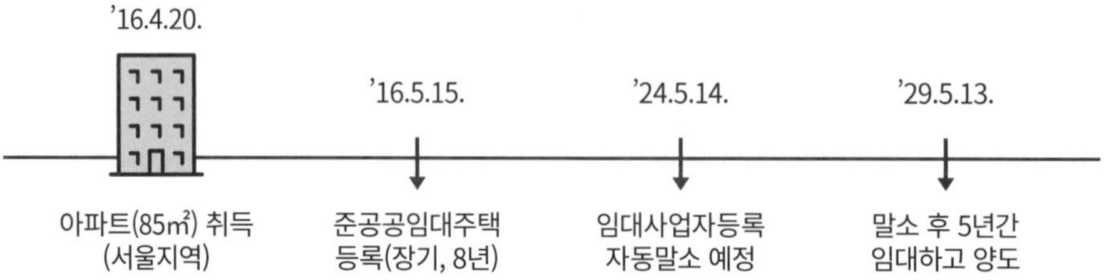

해설 장기일반민간임대주택의 의무임대기간 8년이 종료되어 자동말소된 후 5년 동안 추가로 임대하고 임대주택을 양도하는 경우에는 자동말소 전 임대한 기간 8년에 대해서는 50%의 장기보유특별공제율을 적용하고, 자동말소 후 추가 임대한 기간에 대해서는 최대 30%의 장기보유특별공제율이 적용된다.

Ⅱ 장기임대주택에 대한 장기보유특별공제 추가공제

거주자 또는 비거주자가 2018.3.31.까지 아래의 요건을 충족한 장기임대주택을 6년이상 임대한 후 양도하는 경우 최대 30%가 공제되는 일반 장기보유특별공제율에 임대기간에 따라 최대 10%를 한도로 추가공제율을 적용한다(조특법 §97의4).

[장기보유특별공제율 추가공제 적용 임대주택 요건]

구 분	내 용
적용 대상자	거주자, 비거주자
가액기준	임대개시일 현재 기준시가 6억원(수도권 밖 3억원) 이하
면적기준	제한 없음
임대유형	단기임대, 장기임대
임대기간	6년 이상
증액제한	임대료(또는 임대보증금) 인상률 5% 이내
등록기관	시·군·구 + 세무서
등록기한	2018.3.31.까지
특례내용	장기보유특별공제 추가공제 적용(한도 10%)

[임대기간에 따른 장기보유특별공제율 비교]

구 분	3년	4년	5년	6년	7년	8년	9년	10년
일반공제율	6%	8%	10%	12%	14%	16%	18%	20%
특례적용율	6%	8%	10%	12%	14%	50%	50%	70%
추가공제율	6%	8%	10%	14%	18%	22%	26%	30%

Ⅲ 장기일반민간임대주택에 대한 양도소득세 100% 감면

거주자가 2015.1.1. 이후 최초로 취득한 매입임대주택을 취득일로부터 3개월 이내에 장기일반민간임대주택으로 등록하여 아래의 요건을 모두 충족한 후 양도하는 경우 임대기간 중 발생한 양도소득에 대하여 양도소득세를 100% 감면한다. 다만, 감면세액의 20%를 농어촌특별세로 납부해야 한다(조특법 §97의5).

[양도소득세 100% 감면 적용 임대주택 요건]

구 분	2020.8.17. 이전 등록	2020.8.18. 이후 등록
대상주택	모든 주택1)	아파트를 제외한 모든 주택
면적기준2)	전용면적 85㎡(수도권 밖 읍·면 지역 100㎡)이하	
가액기준3)	임대개시일 현재 기준시가 6억원(수도권 밖 3억원) 이하	
임대유형	장기임대	장기임대
임대기간	10년 이상(계속)	10년 이상(계속)
증액제한4)	임대료(또는 임대보증금) 인상률 5% 이내	
등록기관	시·군·구 + 세무서	
등록기한	2018.12.31.까지(취득일로부터 3개월 이내 등록)	
특례내용	양도소득세 100% 감면(감면세액의 20% 농어촌특별세 부과)	

1) 2020.7.11. ~ 2020.8.17. 사이에 단기임대주택을 장기임대주택으로 변경신고 하거나, 장기임대주택으로 등록한 아파트는 적용제외

2) 다가구주택의 경우에는 가구당 전용면적 기준으로 판단

3) 가액기준은 2018.9.14. 이후 취득분부터 적용하므로 2018.9.13. 이전에 주택에 대한 매매계약을 체결하거나 주택을 취득할 수 있는 권리에 해당하는 분양권, 조합입주권을 취득한 경우에는 가액기준을 적용하지 않음

4) 증액제한 요건은 임대등록 이후 임대차계약을 체결하는 분부터 적용

1 양도소득금액 계산

양도소득세 100% 감면규정도 앞서 설명한 장기보유특별공제 과세특례 규정과 동일하게 주택 전체의 보유기간 중 발생한 양도소득금액에 대해서 양도소득세를 감면하는 것이 아니라 아래 산식과 같이 임대기간 중 발생한 양도소득금액에 대해서만 감면을 적용한다.

[임대기간 중 발생한 양도소득금액의 계산]

$$\text{전체 양도소득금액} \times \frac{\text{임대종료 당시 기준시가} - \text{임대개시 당시 기준시가}}{\text{양도 당시 기준시가} - \text{취득 당시 기준시가}}$$

2 주택 취득일로부터 3개월 이내에 장기일반민간임대주택으로 등록

1) 임대등록 시점

조세특례제한법 제97조의3 장기보유특별공제 특례규정은 2020.12.31(건설임대주택은 2024.12.31.). 까지만 임대등록하면 세제혜택을 적용받을 수 있으나, 양도소득세 100% 감면규정은 2018.12.31.까지 취득하고 취득일로부터 3개월 이내에 임대등록하지 않으면 세제혜택을 받을 수 없다. 다만, 2018.12.31.까지 매매계약을 체결하고 계약금을 납부한 경우로서 2019.1.1. 이후 주택을 취득하고 3개월 이내에 임대등록한 경우에는 양도소득세 100% 세액감면을 받을 수 있다.

관련 해석 사례 _ 배우자로부터 분양권을 증여받아 취득한 주택에 대해 조특법 §97의5가 적용되는지 여부

2019.1.1. 이후 배우자로부터 분양권을 증여(1/2지분)받아 주택을 취득한 경우에는 「조세특례제한법」 제97조의5 제1항 제1호의 '2018년 12월 31일까지 매매계약을 체결하고 계약금을 납부한 경우'에 해당하지 아니하여 양도소득세 100% 감면을 받을 수 없다(법규과-1543, 2022.5.18)

연관학습

주택을 취득한 후 양도소득세, 종합부동산세 등의 세제혜택을 받기 위해서는 민특법상 임대등록을 하여야 하는데 일반적으로 임대등록 시기에 대해서는 별다른 제한이 없다. 그러나 다음의 경우에는 임대등록시기를 놓치면 세제혜택을 받을 수 없으므로 주의가 필요하다.
① 양도세 100%감면 : 주택취득일로부터 3개월 이내
② 취득세 감면 : 주택 취득일로부터 60일 이내
③ 건설임대주택 등록 : 소유권보존 등기 이전

2) 적용대상 주택 및 임대유형

조세특례제한법 제97조의3 장기보유특별공제 특례규정은 기존주택 및 신규주택을 매입임대주택이나 건설임대주택으로 등록하던 상관없이 적용되는 반면에 양도소득세 100% 감면규정은 2015.1.1. 이후 최초로 취득한 주택에 대해 매입임대주택으로 등록한 경우에만 적용되므로 2014.12.31. 이전에 취득한 주택을 매입임대주택으로 등록하거나 신규주택을 건설임대주택으로 등록한 경우에는 양도소득세 100% 감면을 적용받을 수 없다.

3) 단기임대주택에서 장기임대주택로 임대유형을 변경한 경우

조세특례제한법 제97조의3 장기보유특별공제 특례규정은 단기임대주택으로 등록하였다가 장기임대주택으로 변경한 경우에도 단기임대기간 중 일정기간을 장기임대기간에 포함할 수 있으나, 양도소득세 100% 감면규정을 적용받는 주택은 처음부터 장기임대주택으로 등록해야 세제혜택을 받을 수 있으므로 단기임대주택으로 등록한 경우에는 감면규정이 적용되지 않는다.

배경 및 취지

양도소득세 100% 감면규정은 세제혜택이 큰 대신 임대등록 당시 10년 이상 의무임대기간을 준수하는 조건으로 임대등록한 것이므로 임대등록 당시 단기로 임대등록 하였다가 임대기간 도중에 양도소득세 100% 감면을 적용받기 위해 장기로 전환하는 경우에는 100% 감면이 적용되지 않는다.

3 장기일반민간임대주택의 의무임대기간 중 계속 임대의 간주

아래의 어느 하나에 해당하는 경우에는 계속하여 임대한 것으로 본다.

① 기존 임차인의 퇴거일부터 다음 임차인의 주민등록을 이전하는 날까지의 기간으로서 6개월 이내의 기간
② 협의매수 또는 수용되어 임대할 수 없는 경우의 해당 기간

4 1세대1주택 비과세 적용시 장기일반민간임대주택의 주택수 포함 여부

조세특례제한법상 법정 요건을 충족한 장기일반민간임대주택과 다른 일반주택을 보유한 경우 장기일반민간임대주택은 거주자의 소유주택으로 보지 않으므로 장기일반민간임대주택 이외에 1세대1주택 비과세 요건을 갖춘 다른 일반주택을 양도하는 경우에는 비과세가 적용될 수 있다.

5 장기일반민간임대주택 양도시 중과적용 여부

1주택 이상을 소유한 상태에서 2018.9.14. 이후 조정대상지역으로 지정된 주택을 취득하여 장기임대주택으로 등록하여 양도하는 경우에는 양도소득세 중과배제 및 종합부동산세 합산배제가 적용되지 않는다. 다만, 장기일반민간임대주택은 양도소득세 중과세를 적용한 후 양도소득세를 100% 감면한다.

배경 및 취지

양도소득세를 중과세하더라도 양도소득세를 100% 감면받게 되므로 중과세 효과가 없다고 생각할 수 있으나, 중과세가 적용되면 양도차익에서 장기보유특별공제를 하지 않고 추가세율을 적용한 세액에 대하여 양도소득세를 100% 감면하되, 감면된 세액의 20%를 농어촌특별세로 납부하는 것이므로 어느 정도 중과의 효과가 발생하는 것이다.

6 세제혜택 중복적용 배제

양도소득세 100% 감면을 적용하는 경우에는 6년 이상 임대한 장기임대주택에 대하여 적용되는 최대 10%의 장기보유특별공제율을 추가로 받을 수 없고, 10년 이상 임대한 경우에 적용되는 70%의 장기보유특별공제율도 적용받을 수 없으므로 최대 30%의 장기보유특별공제율을 적용하여 산출세액을 계산한 후 양도소득세 신고를 하여야 한다.

7 아파트 임대등록 자동말소시 양도소득세 100% 세액감면 적용여부

민특법 개정으로 2020.7.11. 이후에는 기존 장기일반민간임대주택으로 등록한 아파트는 8년 이상의 의무임대기간이 경과하면 임대등록이 자동말소되므로 8년이 경과되면 임대등록이 자동말소되는 아파트는 10년의 의무임대기간을 충족하지 못하게 되어 양도소득세 100% 세액감면을 받을 수 없다.

다만, 2015.1.1~2015.12.28. 사이에 준공공임대주택으로 등록한 아파트의 경우에는 의무임대기간이 10년 이상이었기 때문에 자동말소될 때까지 임대사업자를 유지하면 양도소득세 100% 세액감면을 받을 수 있다.

[아파트 임대등록 말소시 양도소득세 100% 세액감면 적용여부]

구 분	2015.12.28. 이전 임대등록	2015.12.29. 이후 임대등록
의무임대기간	10년 이상	10년 이상
자진말소	세액감면 적용불가	세액감면 적용불가
자동말소	세액감면 적용가능	

관련 해석 사례 _ 자동말소된 아파트 장기일반민간임대주택 양도시 조특법 §97의5에 따른 양도소득세 100% 세액감면 적용여부

장기일반민간임대주택 중 아파트를 임대하는 민간매입임대주택이 「민간임대주택에 관한 특별법」 제6조제5항에 따라 등록이 말소되는 경우에는 「조세특례제한법」 제97조의5 규정을 적용받을 수 없는 것이다(법령해석재산-2824, 2021.12.20).

사례

주택유형, 규모 등 임대 상황별 양도소득세 100% 감면 가능 여부

구 분	A주택	B주택	C주택	D주택	E주택
전용면적	85㎡ 이하	85㎡ 이하	85㎡ 이하	85㎡ 초과	85㎡ 이하
기준시가1)	6억원 초과	6억원 이하	6억원 이하	6억원 초과	6억원 이하
임대유형	장기	장기	장기	장기	장기
임대등록2)	3개월 이내	3개월 이내	3개월 초과	3개월 이내	3개월 이내
주택유형	아파트	단독	다가구	다세대	다가구
자동말소여부	여	부	부	부	부

1) 임대개시일 현재 기준시가임(임대주택은 2018.9.13. 이전에 취득)

2) 2018.12.31. 이전에 주택 취득일 이후 주택임대사업자로 등록한 기간

해설

구 분	양도소득세 100%감면규정 적용여부
A주택	아파트는 8년 경과 후 임대등록 자동말소 대상이므로 감면적용 불가
B주택	단독주택은 자동말소 대상이 아니므로 10년 이상 임대시 100% 감면적용 가능
C주택	주택 취득일로부터 3개월 경과후 임대등록한 경우 100% 감면적용 불가
D주택	국민주택규모(85㎡)를 초과하므로 양도소득세 100% 감면적용 불가
E주택	다가구는 자동말소 대상이 아니므로 10년 이상 임대시 100% 감면적용 가능

[조세특례제한특법 제97조의 3과 제97조의5 규정 비교]

● 공통점

구 분	장기보유특별공제 특례적용 (조특법 §97의3)	양도소득세 100% 감면 (조특법 §97의5)
공통점	① 적용 대상자 : 거주자 ② 주택규모 : 전용면적 85㎡(수도권 밖 읍 면지역 100㎡) 이하 ③ 임대호수 : 1호 이상 ④ 가액기준 : 2018.9.14. 이후 취득분부터 기준시가 6억원(수도권 밖 3억원) 이하 적용 ⑤ 임대료 등 증액제한 : 장기임대주택 등록시점부터 5% 증액제한 준수 ⑥ 등록기관 : 지방자치단체 및 세무서 ⑦ 양도차익 및 양도소득금액 적용범위 : 임대기간 중 발생한 양도차익 등에 한함	

● 차이점

구 분	장기보유특별공제 특례적용 (조특법 97조3)	양도소득세 100% 감면 (조특법 97조의5)
적용대상 주택	기존주택 또는 신규주택	신규주택
임대주택 유형	매입임대주택 또는 건설임대주택	매입임대주택
의무임대기간	통산하여 8년 또는 10년 이상 임대	계속하여 10년 이상 임대
임대등록 시기	임의 선택	취득일로부터 3개월 이내
임대주택 특례 적용 기한	▪ 매입임대 : 2020.12.31까지(매매계약 포함) ▪ 건설임대 : 2024.12.31까지	2018.12.31까지(매매계약 포함)
임대유형 변경 (단기 → 장기)	변경 가능	변경 불가
공실 허용기간	3개월(임대기간에 산입) → 공실기간 6개월 초과시 적용가능	6개월(임대기간에 불산입) → 공실기간 6개월 초과시 적용불가
세제혜택	장기보유특별공제율 50%(70%) 적용	양도소득세 100% 세액감면
농어촌특별세	해당없음	감면세액의 20% 농특세 과세
아파트 임대등록 말소시 세제혜택	50%의 장기보유특별공제율만 적용가능	양도소득세 100% 세액감면 적용불가

사례

비조정대상지역 장기임대주택을 10년 임대한 후 양도하는 경우 세액계산 비교

●임대주택 취득 및 양도관련 자료

구 분	내 용
취득일자	2015.1.10.
임대내역	2015.3.15. 준공공임대주택 등록 (장기일반민간임대)
주택유형	다가구주택(가구당 전용면적 85㎡ 이하)
양도일자	2025.12.1
양도차익	5억원
주택보유	장기임대주택 외 서울소재 2주택 보유

해설

	구 분	제97조의3(장특공제율 특례적용)	제97조의5(양도세 100% 감면)
	양도차익	500,000,000	500,000,000
(-)	장기보유특별공제	350,000,000[1)]	100,000,000[2)]
(=)	양도소득금액	150,000,000	400,000,000
(-)	기본공제	2,500,000	2,500,000
(=)	과세표준	147,500,000	397,500,000
(×)	세율	35%	40%
(-)	누진공제	15,440,000	25,940,000
(=)	산출세액	36,185,000	133,060,000
(=)	납부할 세액	36,185,000	0
(+)	지방소득세	3,618,500	0
(+)	농어촌특별세	-	26,612,000[3)]
(=)	총부담세액	39,803,500	26,612,000

1) 500,000,000 × 70% = 350,000,000

2) 500,000,000 × 20%(10년 × 2%) = 100,000,000

3) 133,060,000 × 20% = 26,612,000

추가해설

1. 조특법 제97조의3 : 70%의 장기보유특별공제 특례가 적용되며, 세율은 기본세율이 적용된다.
2. 조특법 제97조의5 : 최대 30%의 장기보유특별공제가 적용되며, 세율은 기본세율이 적용된다.
3. 장기보유특별공제 특례와 양도소득세 100%감면은 중복적용이 되지 않으므로 세부담 측면에서 양도소득세 100% 감면규정을 적용받는 것이 유리하다.

04

기타 주택임대 관련 세제혜택

I 임대주택에 대한 취득세 감면

1 기본내용

1) 과세표준 및 취득세율

① 과세표준

주택을 유상으로 취득한 경우 실제 거래가액을 과세표준으로 하고, 상속이나 증여로 취득한 경우에는 주택공시가격을 과세표준으로 한다.

그러나 2023.1.1. 이후 증여분부터는 매매사례가액이나 감정가액 등 시가인정액을 과세표준으로 하되 주택공시가격이 1억원 이하이거나 시가인정액을 알수 없는 경우에는 주택공시가격을 과세표준으로 한다.

② 취득세율

아래와 같이 주택을 유상으로 취득한 경우 취득가액, 소유 주택수 또는 조정대상지역 지정여부 등에 따라 각각 다른 취득세율이 적용된다.

[주택 유상 취득시 취득세 기본세율 및 중과세율]

주택수	조정대상지역	비조정대상지역
1주택	1%~3%	1%~3%
2주택	8%(일시적 2주택 제외)	
3주택	12%	8%
4주택 이상	12%	12%

2) 신고·납부 기한

주택을 유상으로 취득한 경우 주택 취득일부터 60일 이내 주택소재지 관할 시군구에 취득세를 신고.납부해야 한다.

비교학습 _ 주택 무상 취득시 신고납부 기한

구 분	신고납부 기한
증여	증여계약일이 속하는 달의 말일로부터 3개월 이내
상속	상속개시일 속하는 달의 말일로부터 6개월 이내

2 주택임대사업자의 취득세 감면

1) 취득세 감면 기본요건

주택임대사업자가 전용면적 60㎡ 이하의 공동주택을 신축하거나 공동주택 또는 주거용 오피스텔을 최초로 분양받아 60일 이내에 시·군·구에 임대등록하고 법 소정의 요건을 충족한 경우 취득세를 100% 감면받을 수 있다.

한편, 20호 이상의 공동주택을 최초로 분양받아 장기임대주택으로 등록하는 경우에는 전용면적이 60㎡를 초과하더라도 85㎡ 이하에 대하여는 취득세를 50% 감면받을 수 있다.

배경 및 취지

임대주택에 대한 취득세 감면규정은 임대주택 공급을 활성화하기 위하여 신축건물을 분양받는 임대사업자를 정책적으로 지원하기 위한 것이므로 주택을 매매나 상속 또는 증여 등으로 취득한 경우에는 감면대상에서 제외된다.

2) 매입임대주택에 대한 가액기준과 의무임대기간의 변화

① 가액기준

2020.8.11. 이전에는 최초로 분양받아 취득한 주택을 주택임대사업자로 등록하는 경우 가액기준이 적용되지 않았으나, 2020.8.12. 이후 최초로 분양받아 취득한 주택은 취득 당시 주택의 취득가액이 6억원(수도권 밖 3억원) 이하인 경우에 한하여 취득세를 감면받을 수 있다.

② 의무임대기간

2020.8.18. 이후 임대등록분부터는 10년 이상의 의무임대기간이 적용되는 장기임대주택으로만 등록이 가능하게 되었으므로, 신규로 주택임대사업자 등록하고 취득세 감면을 받으려면 의무임대기간을 10년 이상 준수하여야 한다.

3) 건설임대주택에 대한 취득세 감면 적용시 주택유형

건설임대사업자가 공동주택을 신축하여 임대하는 경우에는 취득세 감면이 적용되나, 주택법상 다가구주택이나 오피스텔은 공동주택에 해당하지 않아 건설임대주택으로 등록하더라도 취득세를 감면받을 수 없다. 이 경우 매입임대주택과는 달리 아파트도 임대주택으로 등록할 수 있으므로 아파트를 신축하여 건설임대주택으로 등록하면 취득세를 감면받을 수 있다.

[매입임대주택과 건설임대주택에 대한 취득세 감면요건 차이 비교]

구 분	매입임대주택	건설임대주택
대상주택	공동주택(아파트 제외) 또는 오피스텔	공동주택(아파트 포함)
가액요건	취득가액 6억원(수도권 밖 3억원) 이하	가액요건 적용배제
등록요건	취득일부터 60일 이내 임대등록	소유권보전등기 이전에 임대등록

ⓘ 실무상 주의점

건설사업자가 아파트나 다세대주택 등 공동주택을 신축했다 하더라도 소유권 보존등기를 한 이후에 임대사업자로 등록한 경우에는 건설임대주택이 아닌 매입임대주택으로 취급되기 때문에 취득세를 감면받을 수 없다. 따라서 공동주택을 신축하고 취득세 감면을 적용받으려면 소유권 보존등기 이전에 지방자치단체에 건설임대주택으로 등록하여야 한다.

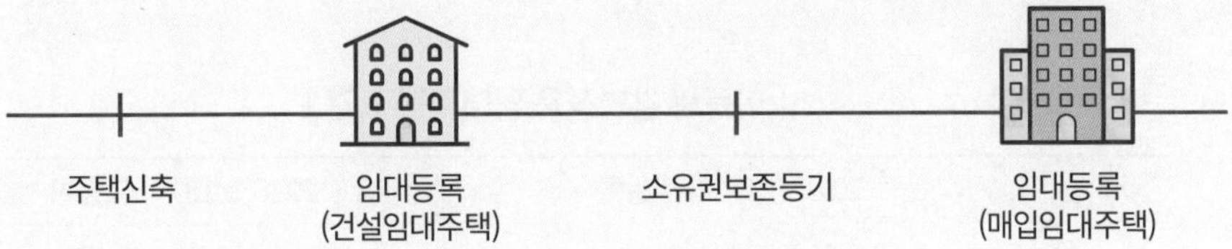

3 취득세 100% 감면 적용시 최소납부세액

취득세 감면세액이 200만원 이하인 경우에는 100% 감면되나, 감면세액이 200만원을 초과하는 경우에는 납부할 세액의 85%만 감면된다.

사례 1

분양가액 5억원인 전용면적 60㎡이하 주택을 주택임대사업자로 등록할 경우

감면대상 취득세 : 500,000,000 × 1.1% = 5,500,000

해설 감면대상 취득세가 200만원을 초과하므로 취득세의 85%는 감면되고, 취득세 5,500,000원의 15%에 해당하는 825,000은 납부해야 한다.

사례 2

분양가액 1억원인 오피스텔을 주택임대사업자로 등록할 경우

감면대상 취득세 : 100,000,000 × 4.6% = 4,600,000

해설 오피스텔은 건축법상 주택이 아니므로 주택에 해당하는 취득세율이 아니라 4.6%의 일반건물 취득세율이 적용된다. 감면대상 취득세가 200만원을 초과하므로 취득세의 85%만 감면되고 4,600,000원의 15%에 해당하는 690,000은 납부해야 한다.

사례 3

분양가액 1.8억원인 전용면적 60㎡이하 주택을 주택임대사업자로 등록할 경우

감면대상 취득세 : 180,000,000 × 1.1% = 1,980,000

해설 감면대상 취득세가 200만원 이하이므로 전액 감면된다.

[취득세 감면적용 임대주택 요건]

구 분	2020.8.17. 이전 등록	2020.8.18. 이후 등록
대 상	공동주택 신축 및 공동주택·오피스텔 최초분양	공동주택 신축 및 공동주택(아파트 제외)·오피스텔 최초분양
임대호수	1호 이상	
면적기준1)	전용면적 60㎡ 이하	
가액기준2)	취득가액 6억원(수도권 밖 3억원) 이하	
임대유형	단기임대, 장기임대	장기임대
임대기간	4년 이상(단기), 8년 이상(장기)	10년 이상
증액제한	임대료(또는 임대보증금) 인상률 5% 이내	
등록기관	시·군·구	
감면율3)	100%	

1) 20호 이상의 공동주택을 최초로 분양받아 장기임대주택으로 등록하는 경우 전용면적 60㎡~85㎡이하인 주택에 한하여 50%의 취득세를 감면받을 수 있다.

2) 2020.8.12.이후 취득분부터 적용

3) 감면되는 취득세액이 200만원 초과시 세액의 85%만 감면

Ⅱ 임대주택에 대한 재산세 감면

1 과세기준일

주택에 대한 재산세는 매년 6월 1일 현재 주택을 소유하고 있는 자에게 부과된다.

2 주택임대사업자의 재산세 감면

1) 재산세 감면 기본요건

임대주택에 대한 재산세 감면은 아래와 같이「임대주택에 대한 재산세 감면」과 「장기임대주택에 대한 재산세 감면」으로 구분되며, 2호 이상의 공동주택이나 오피스텔 또는 1호 이상의 다가구주택을 임대등록한 경우에만 적용받을 수 있다.

구 분	임대유형	주택유형 및 의무 임대호수
임대주택에 대한 재산세 감면	단기 또는 장기	공동주택과 오피스텔을 합하여 2호 이상
장기임대주택에 대한 재산세 감면	장기	주택종류별(공동주택, 오피스텔)로 2호 또는 다가구 1호 이상 임대

2) 임대유형에 따른 재산세 감면율

① 공동주택과 오피스텔을 합하여 2호 이상을 단기 또는 장기 임대한 경우

전용면적	40㎡ 이하	40㎡초과~60㎡ 이하	60㎡초과~85㎡ 이하
감면율	100%*	50%	25%

* 공공임대주택에 한하여 적용

② 공동주택(또는 오피스텔) 2호 또는 다가구주택 1호 이상을 주택종류별로 장기 임대한 경우

전용면적	40㎡ 이하	40㎡초과~60㎡ 이하	60㎡초과~85㎡ 이하
감면율	100%	75%	50%

3) 취득세 감면대상 주택과의 차이

취득세 감면은 최초 분양받은 경우에 한하여 적용되므로 매매나 증여로 취득한 경우에는 감면대상이 아니나, 재산세 감면은 최초 분양받은 경우뿐만 아니라 매매나 상속 또는 증여로 주택을 취득한 경우에도 적용받을 수 있다.

4) 재산세 감면요건 중 가액기준과 의무임대기간의 변화

① 가액기준

2020.8.11. 이전에는 임대등록한 공동주택이나 오피스텔은 기준시가와 상관없이 법 소정의 요건만 충족하면 재산세를 감면받을 수 있었으나, 2020.8.12. 이후 임대등록하는 경우 공동주택은 6월 1일 현재의 주택공시가격이 6억원*(수도권 밖 3억원)이하, 오피스텔은 6월 1일 현재의 시가표준액이 4억원(수도권 밖 2억원)이하인 경우에 한하여 재산세를 감면받을 수 있다.

* 건설임대주택은 수도권 기준 주택공시가격 9억원 적용

② 의무임대기간

2020.8.18. 이후 임대등록분부터는 10년 이상의 의무임대기간이 적용되는 장기임대주택으로만 등록이 가능하게 되었으므로, 신규로 주택임대사업자로 등록하고 재산세 감면을 받으려면 의무임대기간 10년 이상 준수하여야 한다.

3 재산세 100% 감면 적용시 최소납부세액

재산세액이 50만원 이하인 경우에는 100% 감면되나, 감면세액이 50만원을 초과하는 경우에는 세액의 85%만 감면된다.

사례

임대주택 유형별 취득세 및 재산세 감면적용 판단 사례

구 분	임대유형 및 전용면적	취득원인
Case 1	아파트(1채, 장기임대, 85㎡초과) + 오피스텔(1채, 장기임대, 60㎡이하)	분양
Case 2	아파트(2채, 장기임대, 85㎡이하) + 오피스텔(1채, 장기임대, 40㎡이하)	매매

Case 1

1. 취득세 감면여부

임대주택은 장단기 불문하고 최초 분양받는 전용면적 85㎡이하 공동주택과 전용면적 60㎡이하 오피스텔에 한하여 적용되므로 아파트는 면적기준 미충족으로 취득세 감면을 받을 수 없으나, 오피스텔은 감면요건을 충족하므로 100% 감면(감면세액 200만원 초과시 85%만 감면)을 받을 수 있다.

2. 재산세 감면여부

장단기 불문하고 전용면적 85㎡ 이하인 공동주택이나 오피스텔을 합하여 2채 이상이면 25%~50%의 감면율을 적용받을 수 있으므로 공동주택은 25%, 오피스텔은 50%의 감면율을 적용받을 수 있으나, 50%~100%의 감면율은 주택유형별로 2호 이상의 임대를 하지 않아 적용받을 수 없다.

Case 2

1. 취득세 감면여부

최초 분양 또는 신축이 아니므로 취득세를 감면받을 수 없다.

2. 재산세 감면여부

전용면적85㎡이하 아파트 2채를 임대한 경우에는 장기임대주택에 대한 감면을 적용받을 수 있으나, 전용면적40㎡이하 오피스텔 1채는 2채 이상 요건을 충족하지 못하여 장기임대주택에 대한 감면은 적용받을 수 없다. 그러나 아파트와 오피스텔을 합하여 2채 이상을 임대한 경우에 해당하므로 임대주택에 대한 25%~50%의 감면은 적용받을 수 있다.

[재산세 감면적용 임대주택 요건]

구 분	2020.8.17. 이전 등록	2020.8.18. 이후 등록
대상주택	공동주택·오피스텔	공동주택(아파트 제외)·오피스텔
면적기준	전용면적 85㎡ 이하	
임대호수	공동주택과 오피스텔 합하여 2호 이상	
가액기준[1)]	▪공동주택 : 주택공시가격 6억원(수도권 밖 3억원) 이하 ▪오피스텔 : 시가표준액 4억원(수도권 밖 2억원) 이하	
임대유형	단기임대, 장기임대	장기임대
임대기간	4년 이상(단기), 8년 이상(장기)	10년 이상
증액제한	임대료(임대보증금 포함) 인상률 5% 이내	
등록기관	시·군·구	

1) 2020.8.12.이후 임대등록분부터 적용

[재산세 감면적용 장기임대주택 요건]

구 분	2020.8.17. 이전 등록	2020.8.18. 이후 등록
대상주택	공동주택·오피스텔, 다가구[2)]	공동주택(아파트 제외)·오피스텔, 다가구[2)]
면적기준	전용면적 85㎡ 이하(다가구주택은 전용면적 40㎡ 이하)	
임대호수	같은 유형별 공동주택 2호 또는 오피스텔 2호(다가구 1호) 이상	
가액기준[3)]	▪공동주택 : 주택공시가격 6억원(수도권 밖 3억원) 이하 ▪오피스텔 : 시가표준액 4억원(수도권 밖 2억원) 이하	
임대유형	장기임대	
임대기간	8년 이상	10년 이상
증액제한	임대료(또는 임대보증금) 인상률 5% 이내	
등록기관	시·군·구	

2) 다가구주택은 주택 소유자가 거주하는 호수를 제외한 모든 가구의 전용면적이 40㎡ 이하이고 건축물 대장상 호수별로 전용면적이 구분 기재되어야 하며, 장기임대주택으로 등록한 경우에 한하여 재산세 감면이 적용된다.

3) 2020.8.12.이후 임대등록분부터 적용

Ⅲ 법인 임대사업자의 세제혜택 축소

1 법인 임대사업자의 세제혜택 변화

1) 종합부동산세

① 종합부동산세 합산배제 적용제외

2020.6.18. 이후 조정대상지역에 있는 법인 소유의 주택을 임대등록하는 경우에는 종합부동산세 합산배제를 적용받을 수 없다. 다만, 법인이 주택을 신축하여 건설임대주택으로 등록한 경우에는 종합부동산세 합산배제를 적용받을 수 있다.

② 종합부동산세 계산시 기본공제 9억원 미적용

종합부동산세 계산시 법인은 개인에게 적용되는 9억원 또는 12억원의 기본공제가 적용되지 않는다. 따라서 법인은 주택을 1채만 보유하고 있어도 종합부동산세가 부과된다.

③ 종합부동산세 세율 적용시 2.7% 또는 5% 단일세율 적용

종합부동산세 계산시 개인은 0.5%~2.7%의 7단계 누진세율이 적용되지만, 법인은 보유 주택수에 따라 2.7%(2주택 이하) 또는 5%(3주택 이상)의 단일세율이 적용된다.

2) 토지등 양도소득에 대한 추가 법인세 과세대상 확대 및 세율인상

① 일반법인세 외 추가과세 대상 범위 확대

종전에는 주택, 별장 및 비사업용토지 등에 대하여만 법인세 외에 토지등 양도소득에 대한 법인세가 추가과세 되었으나, 2021년 양도분부터는 조합원입주권과 주택분양권도 법인세 추가과세 대상에 포함되었다.

② 주택 등을 양도하는 경우 추가과세 세율 인상

종전에는 법인이 주택 등을 양도하는 경우 10%의 토지 등 양도소득에 대한 추가세율이 적용되었으나, 2021.1.1.이후 양도분부터는 비사업용토지를 제외하고 주택 등에 대해서는 법인세 추가과세 세율이 10%에서 20%로 인상되었다.

③ 임대주택에 대한 법인세 추가과세 제외 적용불가

종전에는 법인이 일정한 요건을 갖춘 임대주택을 양도하는 경우 법인세 외에 토지 등 양도소득에 대한 추가과세가 적용되지 않았으나, 2020.6.18. 이후 법인 소유의 주택을 장기임대주택으로 등록하더라도 더 이상 추가과세 제외를 적용받을 수 없게 되었다. 다만, 법인이 주택을 신축하여 건설임대주택으로 등록한 경우에는 추가과세 제외를 적용받을 수 있다. 이 경우 법인이 건설임대주택에 대해 추가과세 제외를 적용받으려면 2020.8.2. 이후 등록분부터는 임대개시 당시 기준시가 9억원 이하의 가액요건과 2022.8.2. 이후 임대차계약을 체결(또는 갱신)하는 경우 임대료 증액제한 요건을 충족해야 한다.

3) 법인이 주택을 취득하는 경우 취득세 중과세율 적용

종전에는 법인이 주택을 취득하는 경우 개인과 마찬가지로 1%~3%의 취득세율을 적용하였으나, 2020.8.12. 이후 법인이 주택을 취득하는 경우에는 취득가액, 주택수 및 소재지 불문하고 12%의 중과세율을 적용한다.

2 법인의 주택 임대유형에 따른 주요 세제혜택 및 세금규제 비교

구 분			매입임대주택	건설임대주택
① 취득세 감면			개인과 동일하게 적용	
② 재산세 감면				
③ 임대소득세 감면				
④ 주택 취득세			2020.8.12. 이후 취득분부터 12%의 중과세율 적용	
⑤ 종합부동산세	합산배제	조정대상	적용불가	적용가능
		비조정대상	적용가능	
	기본공제		적용불가	
	적용세율		2.7%(2주택 이하) 또는 5%(3주택 이상)	
⑥ 법인세 추가과세 대상자산			주택, 별장, 비사업용토지, 조합원입주권, 분양권	
⑦ 임대주택 양도시 법인세 추가과세 제외			적용불가	적용가능
⑧ 말소대상	단기임대		아파트 포함 모든 주택	
	장기임대		아파트	말소대상 아님

Ⅳ 주택임대사업자의 건강보험료

1 건강보험료 적용대상자

건강보험료 가입대상자는 직장가입자와 피부양자, 지역가입자로 구분된다. 직장가입자는 주로 근로자에 해당하고, 지역가입자는 직장가입자와 직장가입자의 피부양자 중 어느 쪽에도 속하지 않는 자이다.

여기서 피부양자란 직장가입자의 배우자 및 직계존비속 등으로 직장가입자에게 주로 생계를 의존하는 사람으로서 소득이 없는 자를 말한다. 따라서, 피부양자의 소득, 재산 등이 기준요건을 초과한다면 피부양자의 자격이 상실되고 지역가입자로 전환된다.

2 주택임대사업자의 건강보험료 부과의무 기준

주택임대사업자의 건강보험료는 가입대상 및 임대수입금액에 따라 보험료 산정 기준이 다르고, 임대유형(단기임대, 장기임대) 등에 따라 건강보험료 감면액이 달라진다.

1) 직장가입자가 주택임대소득이 발생한 경우 추가 건강보험료 부과기준

직장가입자가 근로소득 이외 주택임대사업에서 발생한 주택임대소득금액(수입금액 - 필요경비)이 연 2,000만원을 초과하면 직장에서 납부한 건강보험료 이외 소득금액을 기준으로 추가로 건강보험료가 부과될 수 있다.

2) 직장가입자의 피부양자 자격 상실 여부 및 건강보험료 면제 기준

직장가입자의 피부양자가 주택임대소득이 발생한 경우 직장가입자의 피부양자 지위를 상실하게 되고 지역가입자로 전환되어, 소득 및 재산 등을 기준으로 건강보험료를 납부해야 한다. 다만, 주택임대소득이 발생한 경우에도 아래와 같이 수입금액이 일정 수준 이하인 경우에는 건강보험료가 면제된다.

① 피부양자가 주택임대사업자 등록을 한 경우 건강보험료 면제 기준금액

주택임대사업자로 등록한 경우 필요경비율 60%와 공제금액 400만원이 적용된다. 따라서 지역가입자로 전환된 피부양자의 임대수입금액이 연 1,000만원 이하인 경우에는 소득금액을 기준으로 납부할 건강보험료가 면제된다.

산출근거 : 1,000만원 × (1 - 60%) - 400만원 = 0원

② 피부양자가 주택임대사업자로 등록하지 않은 경우 건강보험료 면제 기준금액

주택임대사업자로 등록하지 않은 경우 필요경비율 50%와 공제금액 200만원이 적용된다. 따라서 지역가입자로 전환된 피부양자의 임대수입금액이 연 400만원 이하인 경우에는 소득금액을 기준으로 납부할 건강보험료가 면제된다.

산출근거 : 400만원 × (1 - 50%) - 200만원 = 0원

3 주택임대사업자의 건강보험료 감면

임대주택의 의무임대기간 동안 주택임대사업자의 임대수입이 연 2,000만원 이하로서 아래의 요건을 모두 충족한 경우 단기임대주택은 건강보험료 인상분에 대해 40%, 장기임대주택은 건강보험료 인상분에 대해 80%를 감면받을 수 있다.

[건강보험료 감면적용 임대주택 요건]

구 분	2020.8.17. 이전 등록	2020.8.18. 이후 등록
대상주택	모든 주택	아파트를 제외한 모든 주택
면적기준	전용면적 85㎡(국민주택규모) 이하	
가액기준	임대개시일 현재 기준시가 6억원 이하(수도권 밖 불문)	
임대유형	단기임대, 장기임대	장기임대
임대기간	4년(단기) 이상, 8년(장기) 이상	10년 이상
증액제한[1]	임대료(또는 임대보증금) 인상률 5% 이내	
등록기관	시·군·구 + 세무서	
감면기한	의무임대기간	
등록기한	2020.12.31.까지	

1) 2019.2.12.이후 임대차계약을 갱신하거나 새로 체결하는 분부터 적용

[건강보험료 감면율]

구 분	단기임대(4년)	장기임대(8년)
감면율	40%	80%

05

임대등록 자진말소와 자동말소

I 폐지되는 임대유형 및 세제혜택 추징(유지) 여부

1 개요

1) 기존 4년 단기임대 및 8년 아파트 장기매입임대주택 폐지

민간임대주택법 개정으로 단기임대주택과 매입형 아파트의 장기임대주택 제도가 폐지됨에 따라 2020.8.18. 이후부터는 건설임대주택을 제외한 아파트는 더 이상 장기임대주택으로 등록할 수 없다.

[임대유형별 임대등록 폐지여부]

구 분	주택유형	폐지여부
단기임대주택	아파트	폐지
	단독, 다중, 다가구, 연립, 다세대, 오피스텔	
장기임대주택	매입아파트	
	단독, 다중, 다가구, 연립, 다세대, 오피스텔, 건설아파트	유지

2) 폐지되는 임대주택에 대한 자진말소 또는 자동말소 시행

2020.8.18. 이후부터 폐지되는 4년 단기임대주택과 8년 장기매입임대주택 중 아파트는 의무임대기간 종료되면 임대등록이 자동말소되며, 의무임대기간이 종료되기 전이라도 과태료 없이 임차인의 동의를 얻어 자진말소할 수 있도록 하였다. 이 경우 폐지되는 임대유형만 자진말소가 허용되므로 장기임대주택으로 등록된 다가구, 다세대, 오피스텔 등은 자진말소 대상이 아니므로 주의해야 한다.

[주택유형별 임대등록 말소여부]

구 분	주택유형	매입임대		건설임대	
		자진말소	자동말소	자진말소	자동말소
단기 임대주택	아파트	말소가능	말소대상	말소가능	말소대상
	단독, 다중, 다가구, 다세대, 연립, 오피스텔				
장기 임대주택	아파트	말소가능	말소대상	말소가능	말소제외
	단독, 다중, 다가구, 다세대, 연립, 오피스텔	말소불가	말소제외	말소불가	

배경 및 취지

2018년부터 임대등록 주택의 폭발적 증가로 시중에 매물잠김 현상이 발생하여 주택가격이 상승하자, 단기임대와 아파트 등 폐지되는 유형의 임대등록을 의무임대기간 내에 자진말소하는 경우 과태료를 부과하지 않고 그동안 받은 세제혜택을 추징하지 않도록 하였으며, 의무임대기간이 종료되면 임대등록을 자동말소하여 임대주택이 조기에 주택 매매시장에 나올 수 있도록 유도하였다.

2 자진말소 또는 자동말소에 따른 세제혜택 추징(유지) 여부

임대등록을 자진말소하거나 의무임대기간이 종료되어 자동말소되는 경우 그동안 적용 받았던 대부분의 세제혜택은 추징되지 않거나 유지된다. 다만, 아래와 같이 의무임대기간의 1/2 이상 경과된 후 자진말소하는 경우와 의무임대기간의 1/2 이내에 자진말소한 경우에 따라 세제혜택 적용여부가 달라진다. 이 경우 의무임대기간 이외 가액요건, 증액제한 요건 등은 충족한 상태에서 말소해야 관련 세제혜택을 적용받을 수 있다.

[임대등록 자진말소시 의무임대기간 적용여부]

구분	내 용
의무임대기간의 1/2 이상 경과된 후 자진말소해야 적용받을 수 있는 세제혜택	거주주택 양도소득세 비과세
	양도소득세 중과배제
의무임대기간의 1/2 이내에 자진말소한 경우에도 적용받을 수 있는 세제혜택	임대주택 거주요건 배제
	종합부동산세 합산배제
	임대 소득세 감면
	재산세 감면
	취득세 감면

3 임대등록 자진말소에 따른 양도소득세 세제혜택 적용여부

1) 거주주택 비과세특례 적용여부

① 이미 거주주택을 양도하여 비과세 받은 후 임대등록을 자진말소한 경우

민특법상 의무임대기간의 1/2 이상 임대한 후 임대등록을 자진말소하는 경우에는 이미 적용 받은 거주주택 비과세는 추징되지 않는다.

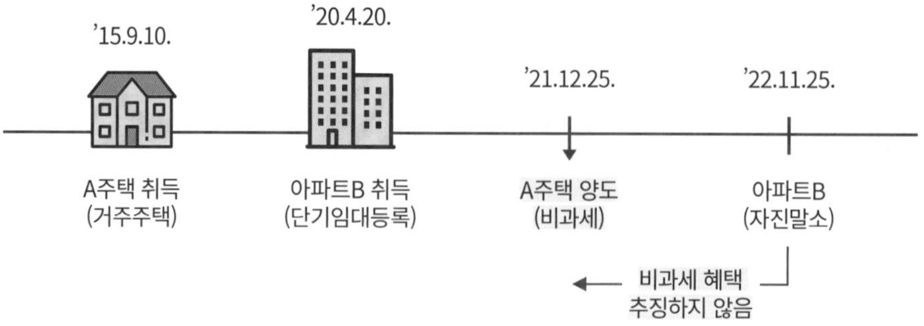

② 거주주택 비과세를 적용받기 전에 임대등록을 자진말소한 경우

민특법상 의무임대기간의 1/2 이상 임대한 후 임대등록을 자진말소하는 경우 자진말소일로부터 5년 이내 거주주택을 양도하는 경우 비과세된다.

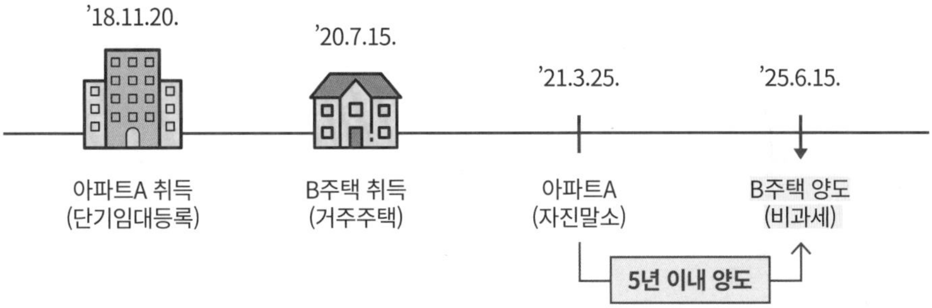

2) 양도소득세 중과배제 적용여부

① 일반주택을 먼저 양도하여 중과배제 받은 후 임대등록을 자진말소한 경우

등록임대주택 외 일반주택 1채만 보유하던 중 일반주택을 양도하여 중과배제 혜택을 받은 후 의무임대기간을 충족하지 않은 경우에는 중과배제 받은 세액이 추징되나, 의무임대기간의 1/2 이상 임대한 후 임대등록을 자진 말소하는 경우에는 이미 중과배제 받은 세액은 추징되지 않는다.

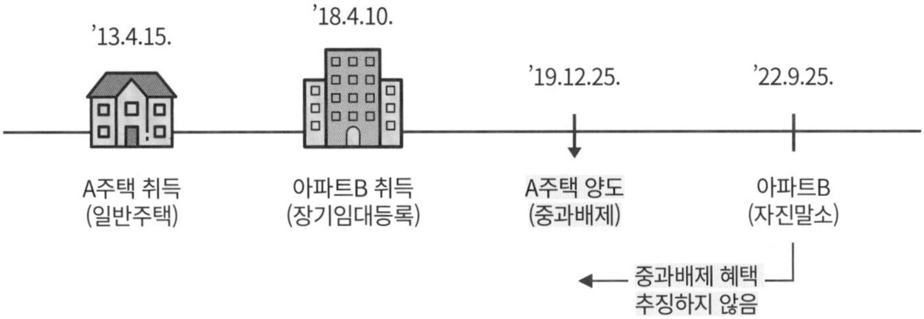

② 일반주택을 보유한 상태에서 임대등록을 자진말소한 경우

민특법상 의무임대기간의 1/2 이상 임대한 후 임대등록을 자진말소하는 경우 자진말소일부터 1년 이내 임대주택을 양도하는 경우에는 양도소득세가 중과되지 않는다.

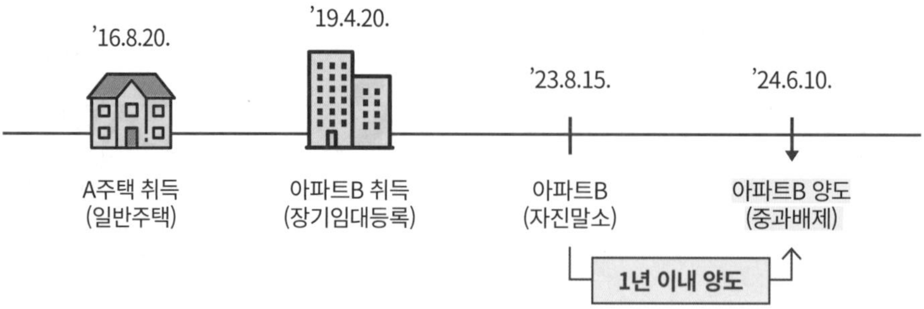

3) 조세특례제한법상 세제혜택 적용여부

① 장기보유특별공제 특례적용 여부

의무임대기간 경과 전에 자진말소하는 경우에는 50% 또는 70%의 장기보유특별공제 특례적용을 받을 수 없다.

다만, 2014.1.1 ~ 2015.12.28. 이전에 준공공임대주택으로 등록한 아파트의 경우에는 의무임대기간이 10년 이상이었기 때문에 8년 이상 임대하고 자진말소하는 경우에는 50%의 장기보유특별공제율은 적용받을 수 있다.

② 양도소득세 100% 감면 적용여부

양도소득세 100% 감면은 10년 이상 임대한 경우에만 적용되므로 의무임대기간 경과 전에 자진말소하는 경우에는 양도소득세를 100% 감면받을 수 없다.

4 임대등록 자동말소에 따른 양도소득세 세제혜택 적용여부

1) 거주주택 비과세특례 적용여부

① 이미 거주주택을 양도하여 비과세 받은 후 임대등록이 자동말소된 경우

거주주택을 양도한 후 민특법상 의무임대기간이 종료되어 임대등록이 자동말소된 경우 이미 적용 받은 비과세는 추징되지 않는다.

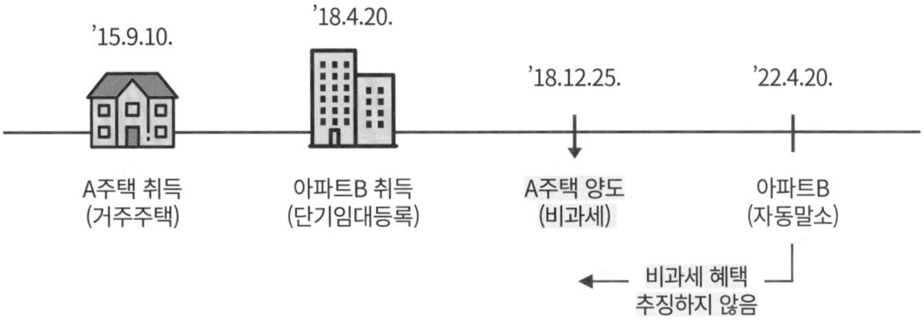

② 거주주택 비과세를 적용받기 전에 임대등록이 자동말소된 경우

거주주택을 보유한 상태에서 민특법상 의무임대기간이 종료되어 임대등록이 자동말소된 경우 자동말소일로부터 5년 이내 거주주택을 양도하는 경우 비과세된다.

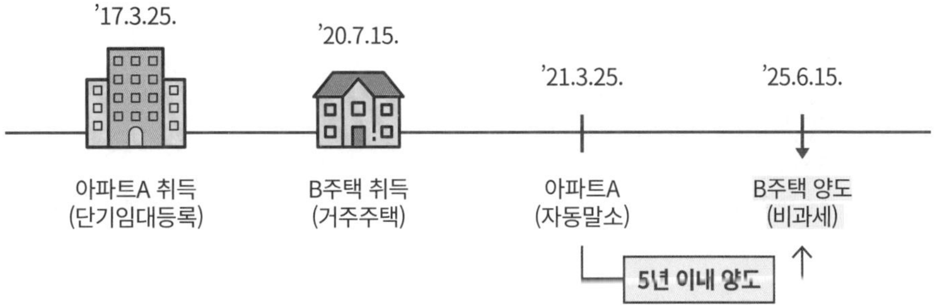

일반사례

사례를 통한 거주주택 비과세 적용여부

사례 1

임대등록 말소 후 거주주택을 먼저 양도한 후 임대주택을 양도하는 경우 비과세여부

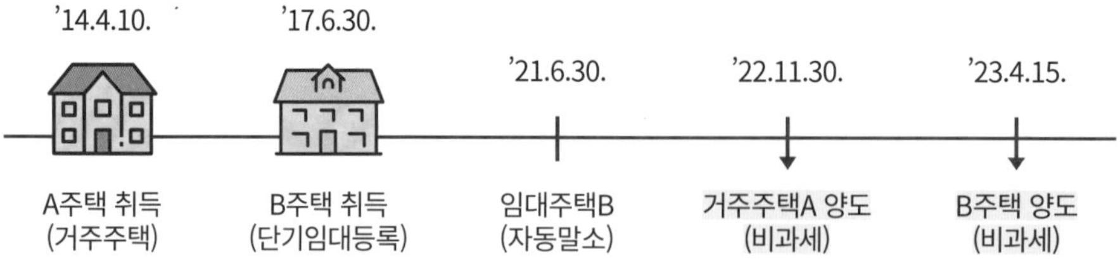

해설 거주주택 1채와 임대주택 1채를 보유하다가 임대주택이 자동말소된 후 자동말소일로부터 5년 이내 거주주택A를 먼저 양도하는 경우에는 비과세되고, 남은 B주택은 당해 주택 취득일로부터 보유기간을 기산하므로, B주택 양도시 비과세되나 거주주택 양도일 이후 발생한 양도차익에 대해서만 비과세를 적용한다.

추가해설 폐지유형의 임대등록을 자진말소하거나 임대등록이 자동말소된 이후에는 거주주택 비과세를 위한 임대료 5% 인상제한 등 요건을 충족하지 않은 경우에도 거주주택 비과세가 적용된다(재산세제과-151, 2022.1.24).

사례 2

2호 이상 임대등록이 말소된 경우 거주주택 비과세를 적용받기 위한 양도기한의 기산점 판단

해설 임대주택을 2호 이상 임대하던 중 임대등록이 자동말소되는 경우에는 처음으로 임대등록을 말소한 날로부터 5년 이내에 거주주택을 양도하는 경우에만 비과세가 적용되는데,

위 사례에서는 최초 임대주택B의 등록 말소일로부터 5년 경과한 후 거주주택C를 양도하였으므로 거주주택 비과세가 적용되지 않는다.

대비사례

2호 이상 임대등록이 말소되고 먼저 말소된 주택을 거주주택으로 전환한 경우 양도 기한의 기산점 판단

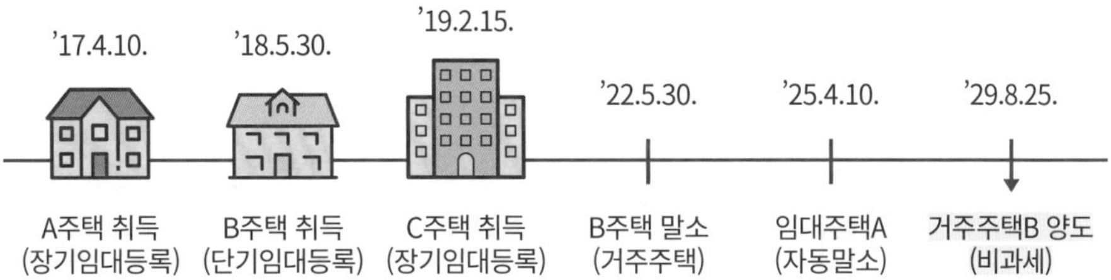

해설 임대주택을 2호 이상 임대하는 경우 최초 임대등록 말소일 이후 5년 이내 거주주택을 양도하는 경우에만 거주주택 비과세가 적용되나, 위 사례와 같이 최초로 임대등록이 말소된 주택을 거주주택으로 전환하여 2년 이상 거주한 후 B주택을 양도한 경우에는 B주택의 임대등록 말소일이 아닌 A주택의 임대등록 말소일로부터 5년 이내 양도하면 거주주택 비과세가 적용된다(법령해석재산-5916, 2021.10.28.).

사례 3

거주주택 비과세를 적용받은 상태에서 임대주택이 재개발·재건축된 경우 거주주택 비과세 추징여부

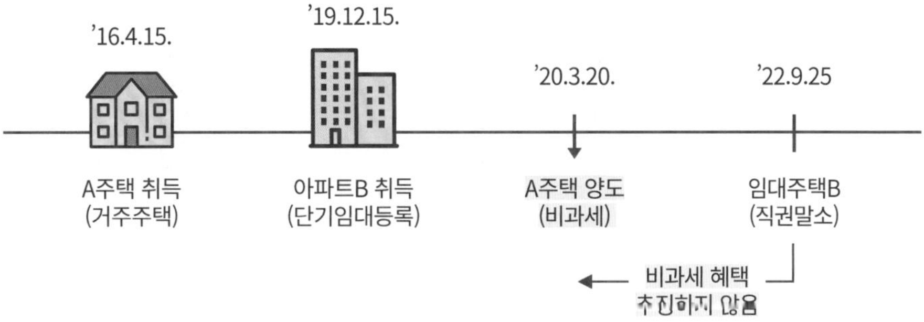

해설 거주주택을 양도하여 비과세를 적용 받은 후 임대하던 주택이 재개발·재건축으로 임대등록이 말소되는 경우 말소된 날에 의무임대기간 요건을 충족한 것으로 보아 이미 받은 거주주택 비과세 혜택은 추징되지 않는다.

대비사례

거주주택 비과세를 적용받지 않은 상태에서 임대주택이 재개발·재건축된 후 거주주택을 양도하는 경우 비과세여부

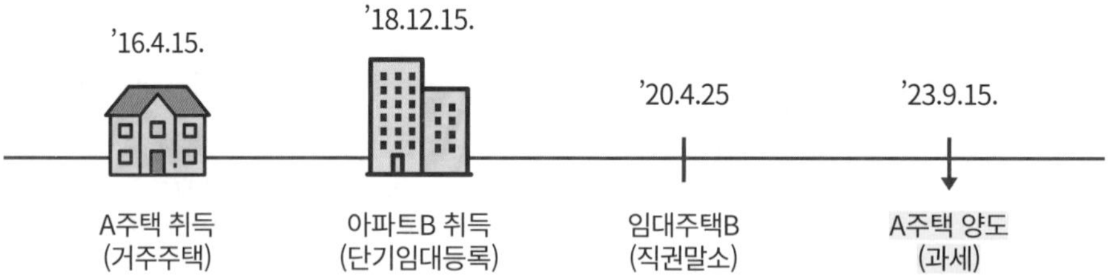

해설 거주주택 비과세를 적용받지 않은 상태에서 재개발·재건축으로 주택임대등록 의무임대기간이 경과되기 전에 직권말소되는 경우에는 민특법상 자진말소 또는 자동말소에 해당하지 않기 때문에 거주주택 비과세를 적용받을 수 없다(법규과-3558, 2022.12.13).

응용사례

장기임대주택이 자동말소되고 조합원입주권으로 전환된 후 5년 이내 거주주택을 양도하는 경우 비과세 여부

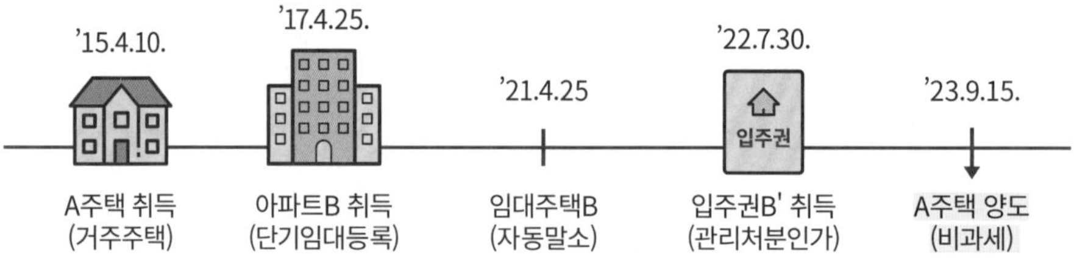

해설 장기임대주택이 「민간임대주택에 관한 특별법」 제6조제5항에 따라 의무임대기간이 종료한 날 등록이 자동 말소된 후, 해당 주택이 관리처분계획인가에 따라 조합원입주권으로

전환된 상태에서 장기임대주택의 등록이 말소된 날 이후 5년 이내에 거주주택을 양도하는 경우에는 거주주택 비과세를 적용받을 수 있다(법규과-1143, 2022.4.8).

2) 양도소득세 중과배제 적용여부

① 일반주택을 먼저 양도하여 중과배제 받은 후 임대등록이 자동말소된 경우

등록임대주택 외 일반주택을 1채만 보유하던 중 일반주택을 양도하여 중과배제 적용을 받은 후 민특법상 의무임대기간이 종료되어 임대등록이 자동말소된 경우에는 이미 중과배제 받은 세액은 추징되지 않는다

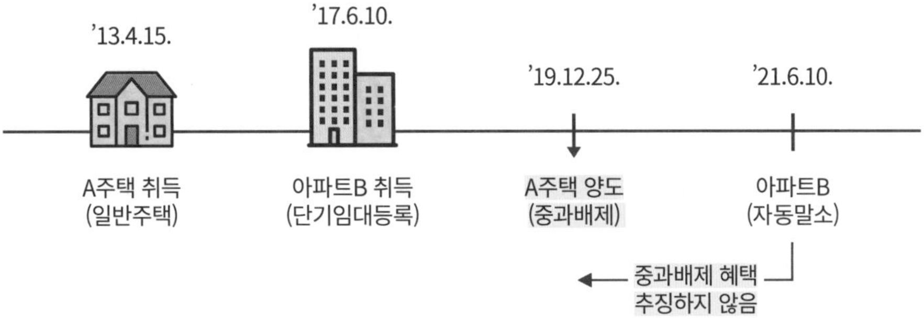

② 일반주택을 보유한 상태에서 임대등록이 자동말소된 경우

일반주택을 보유한 상태에서 민특법상 의무임대기간이 종료되어 임대등록이 자동말소된 후 임대주택을 양도하는 경우에는 양도기한에 제한 없이 양도소득세가 중과되지 않는다.

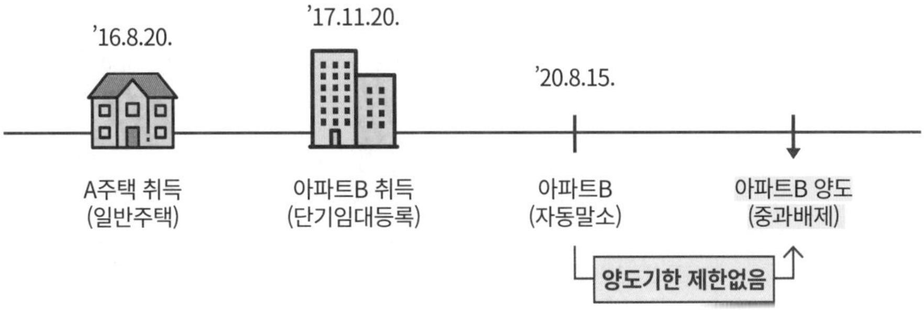

3) 조세특례제한법상 세제혜택 적용여부

① 장기보유특별공제 특례적용 여부

의무임대기간이 경과된 후에 임대등록이 자동말소된 경우에는 50%의 장기보유특별공제 특례적용은 가능하나, 70%의 장기보유특별공제율은 적용 받을 수 없다. 다만, 2014.1.1.~2015.12.28.까지 등록한 장기일반민간임대주택(舊, 준공공임대주택)은 의무임대기간 10년 이상이 적용되므로, 임대등록이 자동말소되더라도 70%의 장기보유특별공제 특례를 적용받을 수 있다.

② 양도소득세 100% 감면 적용 여부

양도소득세 100% 감면규정은 10년 이상 임대등록하고 임대해야 적용되므로 8년이 경과하면 임대등록이 자동말소되는 아파트의 경우 양도소득세 100% 감면규정은 적용받을 수 없다. 다만, 2015.1.1.~2015.12.28.까지 등록한 장기일반민간임대주택(舊, 준공공임대주택)은 의무임대기간 10년이 적용되므로, 임대등록이 자동말소되더라도 양도소득세 100% 감면을 적용받을 수 있다.

[임대주택 등록 말소시 세제혜택 적용여부 요약]

<table>
<tr><th colspan="2">세제혜택</th><th>자진말소</th><th>자동말소</th></tr>
<tr><td colspan="2">임대주택 거주요건 배제</td><td colspan="2">적용가능</td></tr>
<tr><td colspan="2">거주주택 양도소득세 비과세</td><td colspan="2">말소 후 5년 이내 거주주택 양도시 비과세</td></tr>
<tr><td colspan="2">양도소득세 중과배제</td><td>말소 후 1년 이내 양도시
중과배제</td><td>양도시기 제한없이
중과배제</td></tr>
<tr><td colspan="2">장기보유특별공제 특례적용</td><td>적용불가[1]</td><td>① 50% 적용가능[2]
② 70% 적용불가[2]</td></tr>
<tr><td colspan="2">장기보유특별공제 추가공제(10%)</td><td>① 단기임대(4년) : 적용불가
② 장기임대(8년) : 적용가능</td><td>① 단기임대(4년) : 적용불가
② 장기임대(8년) : 적용가능</td></tr>
<tr><td colspan="2">양도소득세 100% 감면</td><td>적용불가</td><td>적용불가[3]</td></tr>
<tr><td rowspan="2">종합부동산세
합산배제</td><td>경감세액 추징여부</td><td colspan="2">이미 경감받은 세액 추징되지 않음</td></tr>
<tr><td>말소된 후
합산과세 여부</td><td colspan="2">① 과세기준일 전에 말소된 경우 : 해당 연도부터 합산과제
② 과세기준일 후에 말소된 경우 : 다음 연도부터 합산과세</td></tr>
<tr><td colspan="2">임대소득세 감면</td><td colspan="2" rowspan="3">이미 감면받은 세액 추징되지 않음</td></tr>
<tr><td colspan="2">취득세 감면</td></tr>
<tr><td colspan="2">재산세 감면</td></tr>
</table>

1) 2014.1.1.~2015.12.28. 사이에 등록한 준공공임대주택(장기일반민간임대주택)은 50% 공제율 적용 가능
2) 2014.1.1.~2015.12.28. 사이에 등록한 준공공임대주택(장기일반민간임대주택)은 70% 공제율 적용 가능
3) 2015.1.1.~2015.12.28. 사이에 등록한 준공공임대주택(장기일반민간임대주택)은 100% 감면적용 가능

여기서 잠깐 _ 도시형 생활주택 임대등록 가능여부

민간임대주택특별법 개정으로 2020.8.18. 이후 임대등록분부터는 아파트는 더 이상 장기일반민간임대주택으로 등록할 수 없다. 그러나 아래 관련 법에 따라 건축법상 아파트에 해당하는 도시형 생활주택은 임대사업자 등록이 가능하다.
<민특법 제2조 제5호> "장기일반민간임대주택"이란 임대사업자가 공공지원민간임대주택이 아닌 주택을 10년 이상 임대할 목적으로 취득하여 임대하는 민간임대주택 [아파트(「주택법」 제2조 제20호의 도시형 생활주택이 아닌 것을 말한다)를 임대하는 민간매입임대주택은 제외한다]을 말한다.

관련 해석 사례 _ 장기일반민간임대주택으로 등록한 도시형 생활주택은 소득령§155⑳의 장기임대주택에 해당하는지 여부

「민간임대주택에 관한 특별법」(2021.3.16. 법률 제17944호로 개정된 것) 제2조제5호 및 제5조에 따라 장기일반민간임대주택으로 등록한 도시형 생활주택은 「소득세법 시행령」제155조제20항에 따른 장기임대주택에 해당하고, 해당 장기임대주택과 거주주택을 국내에 소유하고 있는 1세대가 같은 항 제1호와 제2호의 요건을 충족하고 거주주택을 양도하는 경우에는 국내에 1개의 주택을 소유하고 있는 것으로 보아 1세대 1주택 비과세 특례를 적용받을 수 있다(법규과-3058, 2022.10.25.).

핵심요약

매입임대주택 관련 주요 적용요건 및 세제혜택

구 분	임대 유형	가액 요건	면적 요건	의무 임대	임대 호수	특례 내용
거주주택 비과세	단기, 장기	6억원 (수도권 밖 3억원) 이하	없음	• 5년 이상 ('20.7.10. 이전) • 8년 이상 ('20.7.11. 이후)	1호 이상	장기임대주택외 2년 이상 거주한 주택 양도시 비과세
양도세 중과배제	단기, 장기			• 5년 이상 ('18.3.31. 이전) • 8년 이상 ('18.4.1. 이후)		양도소득세 중과배제 ('18.9.14. 이후 조정대상 지역 내 취득 주택 제외)
종부세 합산배제						종합부동산세 합산배제 ('18.9.14. 이후 조정대상 지역 내 취득 주택 제외)
장특공제 특례적용	장기 일반	'18.9.14. 이후 취득시 적용[1]	85㎡ 이하	• 8년 이상 • 10년 이상	1호 이상	8년 임대 : 50% 공제 10년 임대 : 70% 공제
양도세 100% 감면	장기 일반		85㎡ 이하	• 10년 이상	1호 이상	양도소득세 100% 감면 (농특세 20% 부과)
소득세 감면	단기, 장기	지역불문 6억원 이하	85㎡ 이하	• 4년(단기) • 8년(장기)	1호 이상	단기임대 : 30% 장기임대 : 75%
					2호 이상	단기임대 : 20% 장기임대 : 50%
취득세 감면	단기, 장기	'20.8.12. 이후 취득시 적용[1]	60㎡ 이하	• 4년(단기) • 8년(장기)	1호 이상	100% 감면 (200만원 초과시 85% 감면)
재산세 감면	단기, 장기	'20.8.12. 이후 등록시 적용[2]	85㎡ 이하	• 4년(단기) • 8년(장기)	2호 (다가구 1호) 이상	단기임대 : 25%～50% 장기임대 : 50%～100% (50만원 초과시 85% 감면)

1) 6억원(수도권 밖 3억원) 이하

2) ①공동주택 : 6억원(수도권 밖 3억원) 이하, ②오피스텔 : 4억원(수도권 밖 2억원) 이하

※ 2020.8.18. 이후 매입형 아파트를 제외한 장기임대주택은 의무임대기간 최소 10년 적용

06

주택임대 관련 임차인 보호제도

I 주택임대사업자의 임대주택에 대한 부기등기

배경 및 취지

예비임차인 등 누구나 등기사항증명서를 통해 임차하려는 주택이 공적의무(의무임대기간, 임대료 증액제한 등)가 부여된 임대주택인지 여부를 손쉽게 알 수 있도록 하여 임차인의 권리를 보호받을 수 있게 하기 위함이다.

1 개요

주택임대사업자가 임대등록을 한 경우에는 지체 없이 아래와 같이 등기사항증명서 상에 임대하려는 주택이 의무임대기간과 임대료 증액기준을 준수하여야 하는 주택임을 부기등기하여야 하며, 임대사업자 등록 후 보존등기를 하는 경우에는 소유권 보존등기와 동시에 부기등기하여야 한다.

[부기등기 표기예시]

순위번호	등기목적	접 수	등기원인	권리자 및 기타사항
2	소유권 이전	2018년 6월 15일	2018년 6월 12일	소유자 홍길동
2-1	민간임대 주택등기	2020년 12월 15일	2020년 12월 13일 민간임대주택등록	이 주택은 「민간임대주택에 관한 특별법」...임대의무기간 동안 계속 임대 및 임대료 증액기준을 준수해야 하는 민간임대주택임

2 부기등기 신청기한

구 분	부기등기
2020.12.9. 이전 임대등록	2022.12.9.까지 부기등기
2020.12.10. 이후 임대등록	임대사업자등록 후 지체 없이 부기등기

3 임대등록이 말소된 경우 부기등기 말소신청

주택임대사업자는 임대등록이 말소되면 아래와 같이 등기소에 별도로 부기등기 말소신청을 해야 한다.

[부기등기 말소 표기 예시]

순위번호	등기목적	접 수	등기원인	권리자 및 기타사항
2	소유권이전	2018년 6월 15일	2018년 6월 12일	소유자 홍길동
~~2-1~~	~~민간임대 주택등기~~	~~2020년 12월 15일~~	~~2020년 12월 13일 민간임대주택등록~~	~~이 주택은 「민간임대주택에 관한 특별법」...임대의무기간 동안 계속 임대 및 임대료 증액기준 준수해야 하는 민간임대주택임~~
3	2-1번 민간임대주택등기 말소	2023년 4월 10일	2023년 4월 9일 민간임대주택 등록말소	

4 부기등기 의무 위반시 과태료

주택임대사업자가 임대주택에 대한 부기등기의무를 위반한 경우 위반 횟수에 따라 다음과 같이 과태료가 부과된다.

위반 횟수	과태료
1회	200만원
2회	400만원
3회 이상	500만원

Ⅱ 임대보증금의 보증보험

배경 및 취지

임대보증금 보증보험제도는 주택이 경매될 경우 임차인의 보증금이 세금이나 선순위 저당권 등보다 후순위가 되어 임차보증금을 돌려받지 못하게 되는 경우를 방지하기 위하여 마련되었다.

1 개요

임대보증금 보증보험제도란 임차인이 임대보증금을 반환받지 못하는 경우 보증보험회사가 임차인에게 임대보증금을 반환하는 제도로서, 2020.8.18. 이후 신규로 민특법상 임대사업자로 등록하여 주택을 임대하는 경우 임대보증금에 대하여 보증보험에 가입해야 하나, 2020.8.17. 이전에 등록한 임대주택은 1년 동안 유예기간을 두어 임대인이 선순위대출을 상환하는 등 임대보증금 보증보험 가입요건을 갖출 수 있도록 하기 위하여 2021.8.18. 이후 갱신되는 임대차 계약분부터 보증보험에 가입하도록 하였다.

2 주요 보증보험 의무가입 제외대상

1) 보증보험 의무가입 면제 대상자

임대보증금이 주택임대차보호법상 지역별 우선 변제금액 이하이면서 임차인이 동의한 경우에는 임대보증금 보증보험에 가입할 의무가 없다.

배경 및 취지

임대보증금이 주택임대차보호법상 지역별 우선 변제금액(서울특별시 5,500만원, 수도권 과밀억제권역 등 4,800만원, 광역시 2,800만원, 그 밖의 지역 2,500만원) 이하인 경우 임대주택이 경매되더라도 임차인은 경매대금에서 보증금을 우선변제를 받을 수 있으므로 보증보험에 가입할 필요가 없는 경우가 있는데, 이러한 경우에는 임차인의 동의를 받으면 보증보험 가입의무가 면제된다.

2) 보증보험 선택적 가입 대상자 및 대상금액

담보권 설정금액과 임대보증금의 합계액에서 주택 산정가격의 60%를 초과하는 금액에 대하여 보증보험에 가입하여야 하고, 해당 금액에 미달하는 경우에는 보증보험에 가입하지 않아도 된다. 여기서 주택 산정가격은 주택공시가격에 120%에서 190%에 달하는 적용비율을 곱하여 계산된다.

보증보험 가입대상 여부

보증보험 가입대상 금액

① (담보권설정금액 + 임대보증금) > 주택 산정가격의 60% : 가입대상

② (담보권설정금액 + 임대보증금) < 주택 산정가격의 60% : 가입여부 선택

3 보증보험 수수료 분담 및 미가입시 불이익

1) 보증수수료 부담

임대보증금에 대한 보증보험 가입시 발생하는 수수료는 임대사업자가 75%를 부담하고, 임차인은 25%를 부담한다.

2) 보증보험 미가입시 불이익

보증보험 가입대상자가 보증보험 가입의무를 위반하면 최대 3,000만원을 한도로 임대보증금의 10% 범위 내에서 과태료가 부과될 수 있고, 특별한 사유 없이 보증보험에 가입하지 않으면 임대등록이 직권말소되어 각종 세제혜택을 적용받을 수 없게 된다.

Chapter 6

신축주택 및 미분양주택 등에 대한 양도소득세 감면

01

장기임대주택에 대한 감면

I 장기임대주택에 대한 양도소득세 감면

거주자가 아래의 요건을 충족한 5호 이상의 전용면적 85m^2이하인 국민주택(건물연면적의 2배 이내 토지 포함)을 2000.12.31. 이전에 임대를 개시하고 5년(또는 10년) 이상 임대한 후 양도하는 경우 양도소득세를 50%(또는 100%) 감면한다. 다만, 감면세액의 20%를 농어촌특별세로 납부해야 한다(조특법 §97).

이 경우 임대호수 5호 이상 판단시 다가구주택은 구획된 부분을 각각 하나의 주택으로 보며, 국민주택규모 여부는 가구당 전용면적을 기준으로 판단한다.

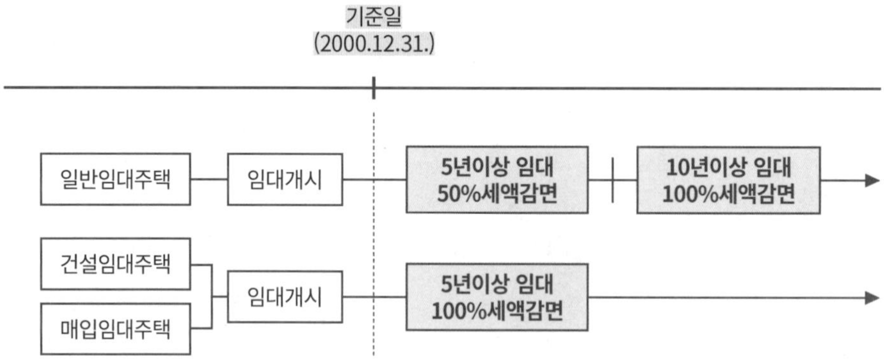

[임대주택유형 및 임대기간에 따른 세액 감면율]

임대주택유형	취득 및 적용요건	임대기간	감면율
일반 임대주택	① 1986.1.1.부터 2000.12.31.까지 신축된 주택 ② 1985.12.31. 이전에 신축된 공동주택으로서 1986.1.1. 현재 입주사실이 없는 주택	5년 이상	50%
		10년 이상	100%
임대주택법상 건설임대주택	① 1995.1.1.부터 2000.12.31.까지 신축된 주택 ② 1994.12.31. 이전에 신축된 공동주택으로서 1995.1.1. 현재 입주사실이 없는 주택	5년 이상	
임대주택법상 매입임대주택	1995.1.1. 이후 취득 및 임대를 개시한 주택으로서 취득 당시 입주사실이 없는 주택	5년 이상	

배경 및 취지

임대주택법상 임대등록한 건설임대주택과 매입임대주택은 임대주택법에 따라 의무임대기간 및 임대료 인상제한 요건 등을 준수해야 하는 대신 5년 이상 임대한 경우 100%세액 감면혜택을 준 것이고, 일반임대주택은 임대주택법에 따라 임대등록을 하지 않은 주택으로서 임대주택법에 따라 준수할 요건이 없는 대신 10년 이상 임대해야 100% 세액감면이 되는 것이다.

1 장기임대주택의 주택수 포함여부 및 감면세액 적용 방법

1) 장기임대주택의 주택수 포함여부

장기임대주택과 다른 일반주택을 보유한 경우 장기임대주택은 거주자의 소유주택으로 보지 않으므로 장기임대주택 이외 양도하는 일반주택이 1세대1주택 비과세 요건을 갖춘 경우에는 양도소득세가 비과세된다.

[1세대1주택 비과세 판단시 장기임대주택 주택수 포함 여부]

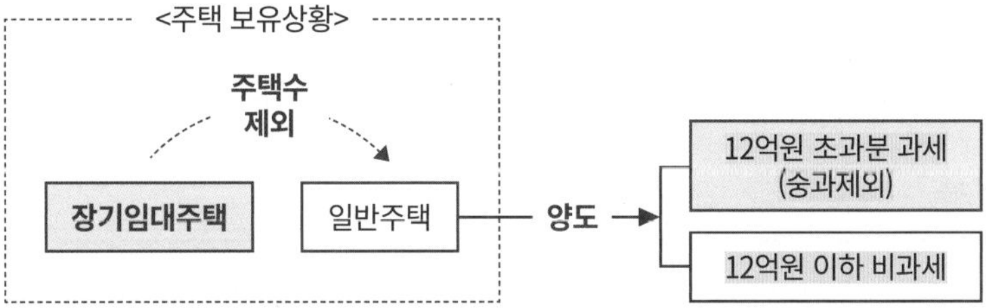

2) 고가주택에 해당하는 장기임대주택을 양도하는 경우 감면세액 적용방법

1세대1주택 비과세 요건을 갖춘 장기임대주택을 양도하는 경우로서 해당 주택이 고가주택인 경우 먼저 과세되는 부분에 대한 세액을 산출하고, 산출된 세액에 대하여 장기임대주택에 대한 감면규정을 적용한다.

[1세대1주택 비과세적용 장기임대주택의 감면세액 계산방법]

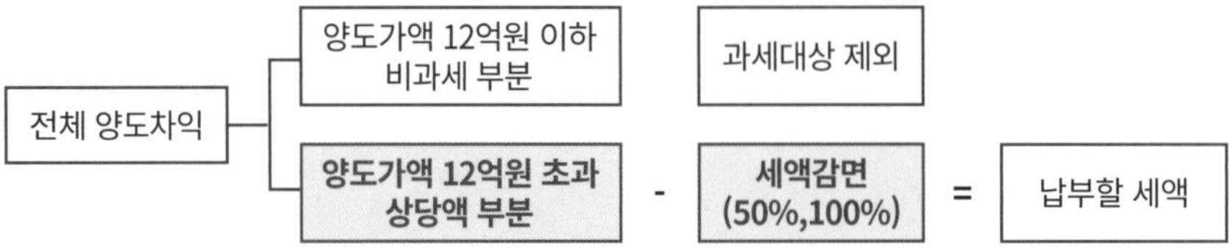

이는 감면세액은 산출세액에 감면율을 곱하여 계산되는데, 비과세되는 부분은 과세대상에서 제외되어 산출세액이 있을 수 없으므로 과세되는 부분의 양도차익에 대해서만 세액감면을 적용하는 것이다.

2 조정대상지역 내 장기임대주택 양도시 중과적용 여부

감면대상인 장기임대주택을 의무임대기간 종료 후 양도하는 경우 장기임대주택외 다른 주택을 보유하고 있는 경우에도 중과되지 않는다. 다만, 해당 장기임대주택은 다른 주택의 중과여부 판단시 중과대상 주택수에 포함된다.

[중과여부 판단시 장기임대주택 주택수 포함 여부]

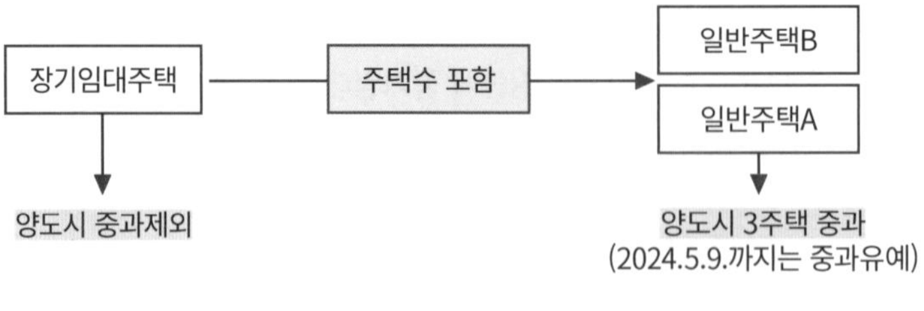

3 장기임대주택 감면적용시 임대사업자 등록여부

50% 또는 100%의 양도소득세 감면을 적용받는 일반임대주택은 지방자치단체 및 세무서에 임대사업자등록을 할 필요는 없으나, 건설임대주택 및 매입임대주택은 반드시 시·군·구에 임대사업자로 등록해야 100%의 양도소득세 감면이 적용된다.

4 감면세액의 한도 및 농어촌특별세 과세

장기임대주택의 양도소득세 감면세액은 감면한도 규정이 적용되지 않으므로 전액 감면되나, 감면되는 양도소득세의 20%를 농어촌특별세로 납부해야 한다.

[감면적용시 농어촌특별세 계산방법]

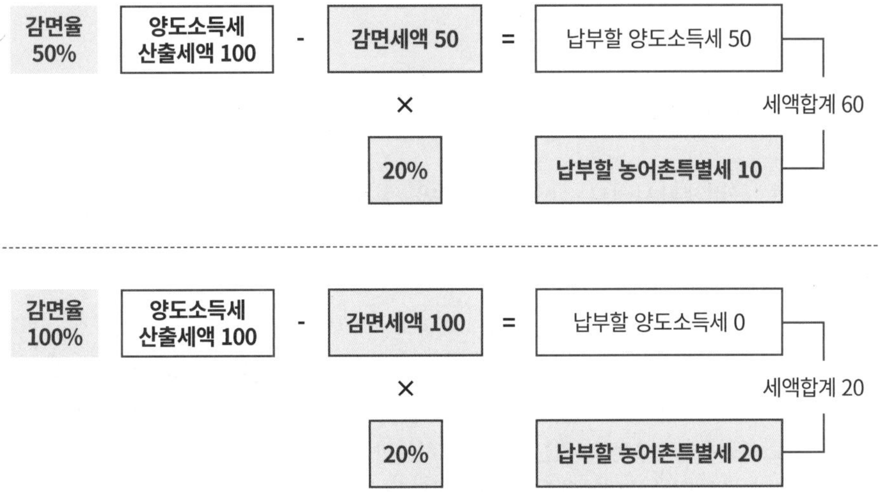

위 그림에서 보는 바와 같이 장기임대주택에 대하여 양도소득세가 100%감면되는 경우에도 감면되는 양도소득세의 20%를 농어촌특별세로 납부해야 하므로 실제 감면효과는 80%가 된다.

5 2인 이상이 장기임대주택을 공동소유하는 경우 감면적용 여부

임대주택을 2인 이상이 공동소유하는 경우 임대주택의 전체호수에 각 소유자의 지분비율을 곱한 호수를 기준으로 감면대상 여부를 판단한다. 따라서, 임대주택 전체호수에 각 소유자의 지분비율을 곱하여 계산한 임대호수가 5호 미만이 되는 경우에는 장기임대주택에 대한 감면을 적용받을 수 없다.

사례

전체 10호인 임대주택을 甲 50%, 乙 30%, 丙 20%의 지분으로 공동소유하는 경우

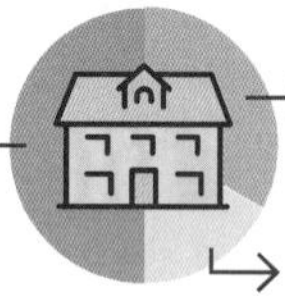

해설 甲은 5호(전체호수 10호 × 甲의 지분 50%) 이상 보유한 것으로 인정되어 세액감면을 받을수 있으나, 乙과 丙은 임대호수 5호에 미달되어 세액감면을 받을 수 없다.

6 장기임대주택 관련 주요 해석사례

① 당초 근린생활시설로 신축한 부분을 실제 주택용도로 임대한 경우에는 장기임대주택에 대한 감면대상이 아니다(부동산거래관리과-269, 2011.3.24).

유사 해석 사례

장기임대주택에 관하여 양도소득세를 감면하도록 한 입법취지가 장기임대주택의 건설을 촉진하고 무주택 서민의 주거생활의 안정을 도모하기 위한 것임을 감안해보면 상시 주거용으로 사용된다는 보장이 없는 근린생활시설까지 주택으로 사용한 경우에는 장기임대주택에 대한 감면대상 주택에 해당하지 않는다(조심2020인-0639, 2020.6.26).

대비 사례

조세특례제한법상 장기임대주택에 대한 양도소득세 감면규정의 취지를 고려하면 주택의 의미는 건물공부상 용도구분에 관계없이 실제 주거로 사용한 경우에는 장기임대주택에 대한 감면대상 주택에 해당한다(심사양도-0123, 2017.12.8).

② 5년 이상 임대한 장기임대주택 중 5채를 먼저 양도하여 장기임대주택 감면을 적용받은 후 남은 임대주택 2호를 폐업하고 양도하는 경우에도 장기임대주택 감면을 받을 수 있다(부동산세-36, 2014.1.17).

③ 장기임대주택에 대한 양도소득세의 감면 규정을 적용함에 있어 5호 이상 임대주택을 5년 또는 10년 이상 임대한 후 임대주택 외의 용도로 사용하다 양도하는 경우에는 감면규정을 적용받을 수 없다(재산세과-640, 2009.3.27).

④ 조세특례제한법 제97조에 따른 장기임대주택을 2000.12.31. 이전에 임대 개시하여 5년 이상 임대한 후 재건축 등으로 당해 장기임대주택이 조합원입주권으로 전환되어 양도하는 경우에도 장기임대주택에 대한 양도소득세 감면을 적용받을 수 있다(재산세제과-283, 2010.3.29).

⑤ 매입임대주택 5호를 2000.12.31. 이전 임대 개시 후 5년의 임대기간을 충족하기 전에 당해 매입임대주택 중 1호에 거주하다가 2000.12.31.이후 다시 임대하여 나머지 의무임대기간을 충족한 경우 「조세특례제한법」 제97조에 따라 양도소득세의 감면을 적용받을 수 있다(법규과-288, 2023.2.1).

⑥ 비거주자가 거주자가 된 경우에도 5년 이상 임대기간 여부는 거주자로서 임대한 기간만을 적용하는 것이 아니라 양도시기를 기준으로 판단하므로 양도 당시 거주자이면서 장기임대주택에 대한 양도소득세 감면요건을 모두 충족한 경우에는 감면대상 주택에 해당한다(조심2015중3522, 2015.12.3).

[조특법 제97조 장기임대주택 감면요건 및 내용 요약]

구 분		일반임대주택	건설임대주택 및 매입임대주택
거주자 여부		거주자에 한함	
임대개시 기간		1986.1.1. ~ 2000.12.31.	1995.1.1. ~ 2000.12.31.
주택규모		전용면적 85㎡(수도권 밖 도시지역이 아닌 읍·면지역 100㎡) 이하	
지역요건		없음	
가액요건			
취득시기		▪ '86.1.1.부터'00.12.31.까지 신축된주택 ▪ '85.12.31. 이전에 신축되어 '86.1.1. 현재 입주한 사실이 없는 공동주택	① 건설임대주택 ▪'95.1.1.부터'00.12.31.까지 신축된주택 ▪'94.12.31. 이전에 신축되어 '95.1.1. 현재 입주사실이 없는 공동주택 ② 매입임대주택 '95.1.1. 이후 취득한 주택으로서 취득 당시 입주사실이 없는 주택
의무임대기간		5년 이상	
임대호수		2000.12.31. 이전에 5호 이상 임대 개시	
감면율		▪5년 이상 임대시 50% ▪10년 이상 임대시 100%	5년 이상 임대시 100%
농어촌특별세		감면세액의 20%	
기타특례		양도시 중과 제외 및 다른 주택 비과세 판단시 주택수 제외	
등록요건	지자체등록	필수요건 아님	임대등록 필수
	세무서등록	사업자등록 필수요건 아님	

사례 1

다주택자가 10년 이상 임대한 장기임대주택을 양도하는 경우

● 주택의 취득 및 양도에 관한 자료

구 분	내 용
임대등록 여부	지자체 및 세무서에 임대등록 및 사업자등록을 하지 않음
주택유형	다가구주택 신축(1987.6.30. 사용승인)
주택면적	가구당 전용면적 85㎡ 이하 (총12가구)
임대현황	2000.6.25.부터 양도일까지 계속 12가구 전부 임대
취득일자 및 취득가액	1987.6.30. 신축가액 10억원
양도일자 및 양도가액	2023.1.15. 25억원에 양도
주택 보유현황	양도일 현재 장기임대주택 외 2주택 보유

해설 1986.1.1.부터 2000.12.31.까지 신축된 주택을 2000.12.31. 이전에 5호 이상 임대를 개시하여 10년 이상 임대 후 양도하는 경우 양도소득세가 100% 감면되나, 감면세액의 20%를 농어촌특별세로 납부해야 한다.

	구 분	금 액	계산근거
	양도가액	2,500,000,000	
(-)	취득가액	1,000,000,000	
(=)	양도차익	1,500,000,000	
(-)	장기보유특별공제	450,000,000	1,500,000,000×30%(15년 ×2%)
(=)	양도소득금액	1,050,000,000	
(-)	기본공제	2,500,000	
(=)	과세표준	1,047,500,000	
(×)	세율	45%	
(=)	산출세액	405,435,000	1,047,500,000×45% - 6,594만원(누진공제)
(-)	감면세액	405,435,000	감면한도 없음
(+)	농어촌특별세	81,087,000	405,435,000×20%

사례 2

10년 이상 임대한 비과세 요건을 충족한 장기임대주택을 양도하는 경우

● **주택의 취득 및 양도에 관한 자료**

구 분	내 용
임대등록 여부	지자체에 매입임대등록을 하였으나, 세무서에는 사업자등록을 하지 않음
주택유형	다가구주택 매입
주택면적	가구당 전용면적 85㎡ 이하(총12가구)
임대현황	2000.6.25.부터 양도일까지 계속 12가구 전부 임대
취득일자 및 취득가액	1996.3.15. 취득가액 10억원
양도일자 및 양도가액	2023.1.15. 25억원에 양도
주택 보유현황	장기임대주택 양도일 현재 다른 주택 없음

해설 양도하는 장기임대주택이 1세대1주택 비과세 요건을 갖춘 고가주택에 해당하는 경우 1세대1주택 비과세를 먼저 적용한 후, 과세되는 부분에 대하여만 장기임대주택에 대한 양도소득세 100% 감면규정을 적용한다. 1세대1주택 비과세가 적용되더라도, 양도한 주택에 거주하지 않았으므로 보유연수에 따라 최대 30%가 공제되는 장기보유특별공제율을 적용한다.

	구 분	금 액	계산근거
	양도가액	2,500,000,000	
(-)	취득가액	1,000,000,000	
(=)	전체양도차익	1,500,000,000	
	과세대상양도차익	780,000,000	1,500,000,000×(25억원-12억원)/25억원
(-)	장기보유특별공제	234,000,000	780,000,000×30%(15년×2%)
(=)	양도소득금액	546,000,000	
(-)	기본공제	2,500,000	
(=)	과세표준	543,500,000	
(×)	세율	42%	
(=)	산출세액	192,330,000	543,500,000×42% - 3,594만원(누진공제)
(-)	감면세액	192,330,000	감면한도 없음
(+)	농어촌특별세	38,466,000	192,330,000×20%

Ⅱ 신축임대주택에 대한 양도소득세 감면

거주자가 아래의 요건을 충족한 1호 이상의 신축임대주택을 포함하여 2호 이상의 전용면적 85㎡이하인 국민주택(건물연면적의 2배 이내 토지 포함)을 5년 이상 임대한 후 신축임대주택을 양도하는 경우 양도소득세를 100% 감면한다. 다만, 감면되는 양도소득세의 20%를 농어촌특별세로 납부해야 한다. 이 경우 감면대상 주택 2호를 판단함에 있어 2호 모두 신축주택이어야 하는 것은 아니며, 기존주택 1호와 신축주택 1호를 임대한 경우에도 2호 이상의 임대주택 요건에 해당한다(조특법 §97의2).

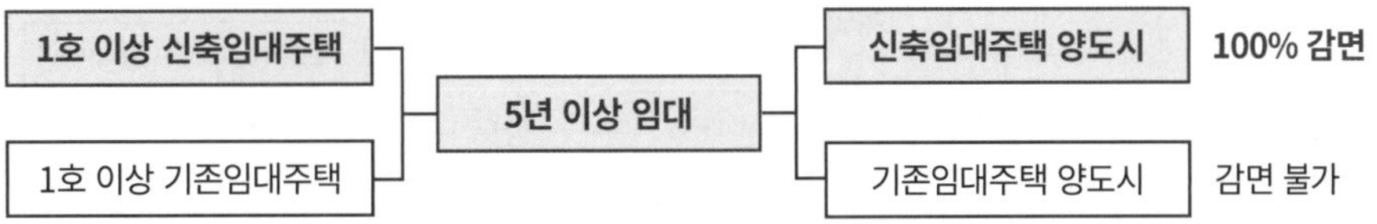

[임대주택유형 및 취득요건에 따른 감면대상 신축임대주택]

임대주택유형	취득요건	감면율
임대주택법상 건설임대주택	① 1999.8.20.부터 2001.12.31.까지 신축된 주택 ② 1999.8.19. 이전에 신축된 공동주택으로서 1999.8.20. 현재 입주한 사실이 없는 주택	100%
임대주택법상 매입임대주택	① 1999.8.20. 이후 신축된 주택 ② 1999.8.19. 이전에 신축된 공동주택으로서 1999.8.20. 현재 입주한 사실이 없는 주택을 1999.8.20. 이후 취득하여 임대를 개시한 주택(1999.8.20.부터 2001.12.31.까지 매매계약을 체결하고 계약금을 지급한 경우에 한함)	

1 신축임대주택의 주택수 포함여부 및 감면세액 적용 방법

1) 신축임대주택의 주택수 포함여부

신축임대주택과 다른 일반주택을 보유한 경우 신축임대주택은 거주자의 소유주택으로 보지 않으므로 신축임대주택 이외 양도하는 일반주택이 1세대1주택 비과세 요건을 갖춘 경우에는 양도소득세가 비과세된다.

[1세대1주택 비과세 판단시 신축임대주택 주택수 포함 여부]

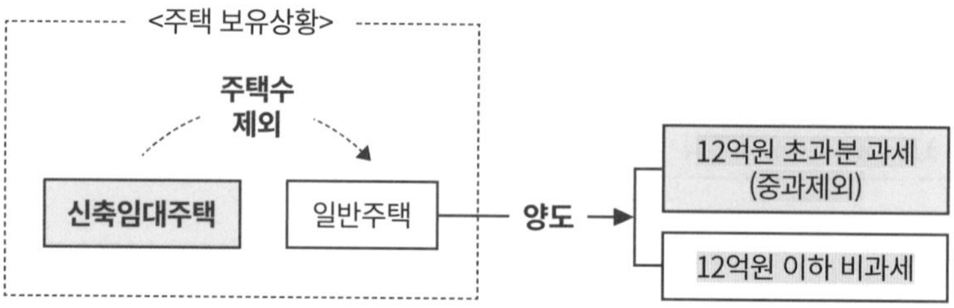

2) 감면세액 적용방법

1세대1주택 비과세 요건을 갖춘 신축임대주택을 양도하는 경우로서 해당 주택이 고가주택인 경우 앞에서 살펴본 조세특례제한법 제97조와 동일하게 먼저 과세되는 부분에 대한 세액을 산출하고, 산출된 세액에 대하여 신축임대주택에 대한 감면규정을 적용한다.

2 조정대상지역 내 신축임대주택 양도시 중과적용 여부

감면대상인 신축임대주택을 의무임대기간이 종료된 후 양도하는 경우 신축임대주택외 다른 주택을 보유하고 있는 경우에도 중과되지 않는다. 다만, 해당 신축임대주택은 다른 주택의 중과여부 판단시 중과대상 주택수에 포함된다.

[중과대상 판단시 신축임대주택 주택수 포함 여부]

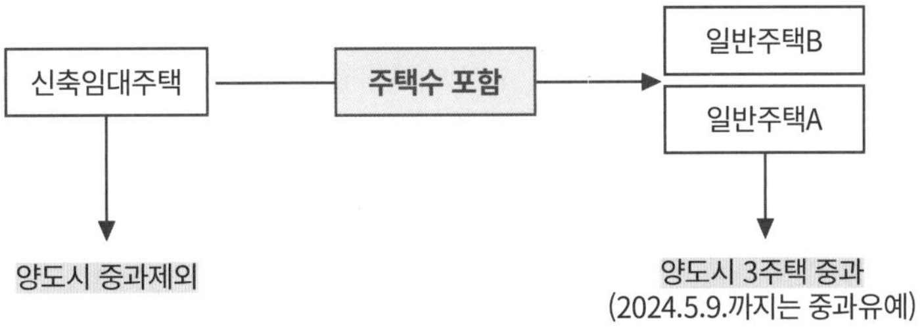

3 신축임대주택 감면적용시 임대사업자 등록요건 적용 여부

조세특례제한법 97조2의 감면규정을 적용받으려면 시·군·구에 임대주택법에 의한 임대사업자등록을 해야 하나, 세무서에 필수적으로 사업자등록을 해야 하는 것은 아니다.

4 신축임대주택이 아닌 기존 임대주택 양도시 감면적용 여부

법정 요건을 충족한 신축임대주택을 양도하는 경우에만 감면이 적용되고, 기존에 보유한 임대주택을 양도하는 경우에는 양도소득세가 감면되지 않는다.

5 세액감면의 한도 및 농어촌특별세 과세

신축임대주택의 양도소득세 감면세액은 감면한도가 적용되지 않으므로 전액 감면되나, 감면되는 양도소득세의 20%를 농어촌특별세로 납부해야 한다.

6 신축임대주택 관련 주요 해석사례

① 타인으로부터 분양권을 취득하여 신축한 주택도 신축임대주택 감면규정을 적용받을 수 있다(부동산납세과-695, 2019.7.4).

② 1999.8.20.부터 2001.12.31. 기간 중에 매매계약을 체결하고 계약금을 지급한 경우로서 2002.1.1. 이후 완공된 신축주택도 신축임대주택 감면규정을 적용받을 수 있다(서면4팀-112,2004.2.23).

③ 조세특례제한법 제97조의2를 적용받을 수 있는 임대주택법상 매입임대주택은 1999.8.20.부터 2001.12.31. 기간 중에 매매계약을 체결하고 계약금을 지급한 경우에만 적용되므로 1999.8.19. 이전에 매매계약을 체결한 경우에는 신축임대주택 감면을 적용받을 수 없다(법규재산2014-226, 2014.6.27).

[조세특례제한특법 제97조와 제97조의2 감면규정 비교]

● **공통점**

구 분	장기임대주택(조특법 97조)	신축임대주택(조특법 97조의2)
공통점	① 감면대상자 : 거주자 ② 주택규모 : 전용면적 85㎡(수도권 밖 읍·면지역 100㎡) 이하 ③ 감면세액의 20% 농어촌특별세 납부 ④ 다른 주택의 1세대1주택 비과세 판단시 주택수 제외 ⑤ 임대주택 양도시 중과제외 및 다른 주택 중과여부 판단시 주택수에 포함 ⑥ 건설임대주택 및 매입임대주택 : 지자체 임대등록 필수, 세무서 사업자등록 선택 ⑦ 양도기한 : 제한 없음 ⑧ 감면한도 : 없음	

● **차이점**

구 분	장기임대주택(조특법 97조)	신축임대주택(조특법 97조의2)
대상 주택	① 일반임대주택 ▪'86.1.1.부터 '00.12.31.까지 신축된 주택 ▪'85.12.31. 이전에 신축된 공동주택으로서 '86.1.1. 현재 입주한 사실이 없는 주택 ②임대주택법상 건설임대주택 ▪'95.1.1.부터'00.12.31.까지 신축된 주택 ▪'94.12.31.이전에 신축된 공동주택으로서 '95.1.1. 현재 입주사실이 없는 주택 ③ 임대주택법상 매입임대주택 ▪'95.1.1.이후 취득 및 임대를 개시한 주택으로서 취득 당시 입주사실이 없는 주택	① 임대주택법상 건설임대주택 ▪'99.8.20.부터 '01.12.31.까지 신축된 주택 ▪'99.8.19. 이전에 신축된 공동주택으로서 '99.8.20. 현재 입주한 사실이 없는 주택 ② 임대주택법상 매입임대주택 ▪'99.8.20.~'01.12.31. 사이에 계약금을 지급하고 취득하여 임대를 개시한 주택 ▪'99.8.20.이후 신축된 주택 ▪'99.8.19. 이전에 신축된 공동주택으로서 '99.8.20. 현재 입주한 사실이 없는 주택
감면 요건	2000.12.31. 이전에 5호 이상의 국민주택을 임대 개시하고 5년 이상 임대 후 장기임대주택 양도	1호 이상 신축임대주택을 포함하여 2호 이상의 국민주택을 5년 이상 임대 후 신축임대주택 양도
감면 내용	① 일반임대주택 ▪5년 이상 임대 후 양도 : 50% 감면 ▪10년 이상 임대 후 양도 : 100% 감면 ② 임대주택법상 건설임대주택 ▪5년 이상 임대 후 양도 : 100% 감면 ③ 임대주택법상 매입임대주택 ▪5년 이상 임대 후 양도 : 100% 감면	① 신축 임대주택 ▪5년 이상 임대 후 양도 : 100% 감면 ② 기존 임대주택 ▪5년 이상 임대 후 양도 : 과세

02

미분양주택 취득에 대한 양도소득세 과세특례

I 미분양주택에 대한 과세특례

거주자가 취득시기 등 법정 요건을 갖춘 미분양주택을 5년 이상 보유·임대한 후 양도함으로써 발생한 소득에 대해서는 20%의 단일세율을 적용한 양도소득세 납부방식과 기본세율을 적용한 종합소득세 납부방식 중 하나를 선택하여 신고할 수 있다(조특법 §98).

[조특법 제98조 미분양주택 세율적용 방법]

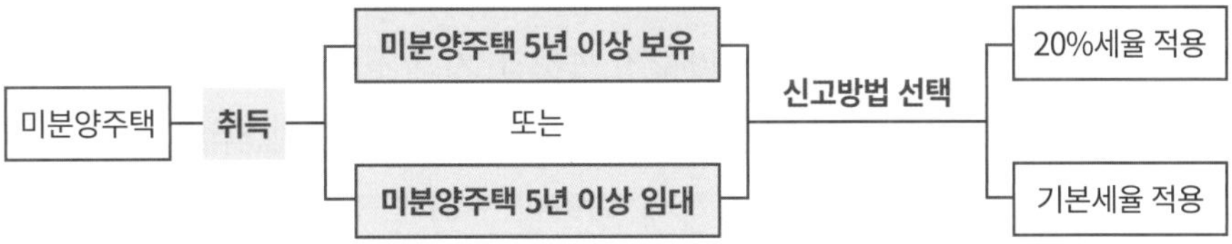

[조특법 제98조 미분양주택에 대한 과세특례 요약]

구 분	내 용
적용대상자	거주자
대상주택	① 1995.11.1.부터 1997.12.31.까지 취득한 서울특별시 밖에 소재하는 국민주택규모 주택(1997.12.31.까지 매매계약을 체결하고 계약금을 납부한 경우 포함) ② 1998.3.1.부터 1998.12.31.까지 취득한 서울특별시 밖에 소재하는 국민주택규모 주택(1998.12.31.까지 매매계약을 체결하고 계약금을 납부한 경우 포함)
1세대1주택 판단	해당 미분양주택은 다른 일반주택의 1세대1주택 비과세 판단시 주택수에서 제외
중과제외 여부	해당 미분양주택을 양도하는 경우 양도소득세 중과 제외
농어촌특별세	농어촌특별세 비과세
과세특례	미분양주택을 취득하여 5년 이상 보유·임대한 후 양도함으로써 발생한 소득에 대하여 20%의 단일세율을 적용한 양도소득세 납부방식과 기본세율을 적용한 종합소득세 납부방식 중 하나를 선택하여 적용

Ⅱ 지방 미분양주택 취득에 대한 양도소득세 등 과세특례

거주자가 2008.11.3.부터 2010.12.31.까지의 기간 중에 취득(2010.12.31.까지 매매계약을 체결하고 계약금을 납부한 경우 포함)한 수도권 밖에 소재하는 미분양주택을 양도하여 발생한 소득에 대하여는 최대 80%의 장기보유특별공제율을 적용하고, 세율은 기본세율을 적용하며, 법인은 30%의 추가 법인세 과세를 하지 않는다(조특법 §98의2).

[조특법 제98조의2 미분양주택 세액계산 방법]

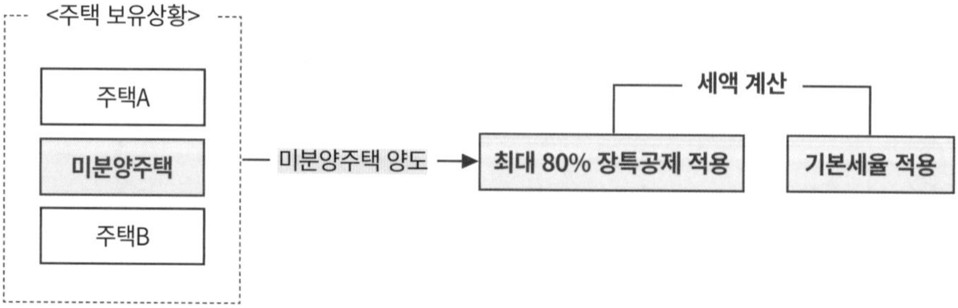

[조특법 제98조의2 양도소득세 등 과세특례 요약]

구 분	내 용
적용대상자	개인 및 법인
대상주택	① 2008.11.2.까지 미분양된 주택을 2008.11.3. 이후 선착순의 방법으로 공급하는 주택 ② 2008.11.3.까지 사업계획승인을 받았거나 사업계획승인신청을 한 사업주체가 공급하는 주택으로서 해당 사업주체와 최초로 매매계약을 체결하고 취득하는 신규 분양주택
대상지역	수도권 밖에 소재하는 주택
1세대1주택 판단	해당 미분양주택은 다른 일반주택의 1세대1주택 비과세 판단시 주택수에서 제외
중과제외 여부	해당 미분양주택을 양도하는 경우 양도소득세 중과 제외
부동산매매업을 영위하는 경우	부동산매매업을 영위하는 거주자가 해당 지방 미분양주택을 양도함으로써 발생하는 소득에 대해서는 비교과세를 적용하지 않고 기본세율 적용
과세특례	주택수에 관계없이 최대 80% 장기보유특별공제율 및 기본세율 적용
과세특례 신청	양도소득세 신고시 '미분양주택임을 확인하는 날인'을 받은 매매계약서 사본 제출

Ⅲ 서울시 밖 미분양주택 취득자에 대한 양도소득세 과세특례

거주자가 2009.2.12.부터 2010.2.11.(비거주자는 2009.3.16.부터 2010.2.11.)까지 서울특별시 밖에 있는 법정 요건을 갖춘 미분양주택을 사업주체와 최초로 매매계약을 체결하고 취득한 후, 취득일로부터 5년 이내 양도한 경우 양도소득세를 100%(수도권과밀억제권역인 경우 60%) 감면하고, 미분양주택의 취득일로부터 5년 이상 경과된 후 양도하는 경우에는 취득일로부터 5년간 발생한 양도소득금액(수도권과밀억제권역인 경우 양도소득금액의 60%)을 해당 주택의 양도소득세 과세대상 소득금액에서 차감한다(조특법 §98의3).

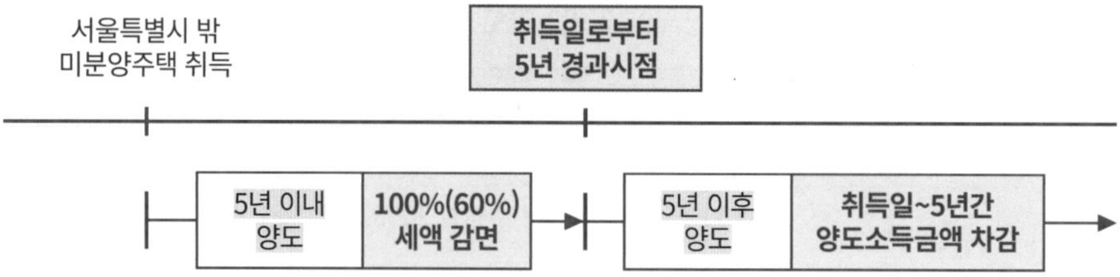

[조특법 제98조의3 양도소득세 과세특례 요약]

구 분	내 용
적용대상자	거주자 또는 비거주자
대상지역	서울특별시 밖에 소재하는 주택(수도권 과밀억제권역 내에 있는 경우에는 주택면적 149㎡ 및 대지면적 660㎡ 이하)
1세대1주택 판단	해당 미분양주택은 다른 일반주택의 1세대1주택 비과세 판단시 주택수에서 제외
중과제외 여부	해당 미분양주택을 양도하는 경우 양도소득세 중과 제외
농어촌특별세	농어촌특별세 비과세
장기보유특별공제	다주택자는 최대 30%, 1세대1주택자는 최대 80% 장기보유특별공제율 적용
과세특례	① 5년 이내 양도시 100%(수도권과밀억제권역 60%) 감면율 적용 ② 5년 경과후 양도시 취득일로부터 5년간 발생한 양도소득금액(수도권과밀억제권역 60%)을 양도소득세 과세대상 소득금액에서 차감

적용사례

취득일로부터 5년 이상 경과 후 양도하는 경우 감면소득금액 등의 계산

[취득일로부터 5년간 발생한 양도소득금액의 계산]

$$양도소득금액 \times \frac{취득일로부터\ 5년이\ 되는\ 날\ 현재\ 기준시가 - 취득당시\ 기준시가}{양도당시\ 기준시가 - 취득당시\ 기준시가}$$

사례 1

기준시가가 계속 상승한 수도권 밖 소재 미분양주택을 취득 후 양도한 경우

● 주택의 취득 및 양도에 관한 자료

구 분	내 용
취득일지 및 소재지역	2010.11.3. 수도권 밖 소재 미분양주택으로서 2년 이상 미기주
양도일자	2023.6.15
양도차익	5억원
기준시가	취득 당시 : 2억원
	취득 후 5년이 되는 날 : 5억원
	양도 당시 : 7억원

해설

	구 분	금 액	계산 근거(조특법 제98조의3)
	양도차익	500,000,000	
(-)	장기보유특별공제	120,000,000	500,000,000 × 24%(12년 × 2%)
(=)	양도소득금액	380,000,000	
(-)	감면소득금액	228,000,000	3.8억원 × (5억원 - 2억원)/(7억원 - 2억원)
(-)	기본공제	2,500,000	
(=)	과세표준	149,500,000	
(×)	세율	35%	
(=)	산출세액	36,885,000	149,500,000 × 35% - 15,440,000(누진공제)
(+)	지방소득세	3,688,500	36,885,000 × 10%
(=)	총부담세액	40,573,500	비과세

사례 2

양도당시 기준시가가 하락한 수도권 밖 소재 미분양주택을 취득 후 양도한 경우

● 주택의 취득 및 양도에 관한 자료

구 분	내 용
취득일자 및 소재지역	2010.11.30. 수도권 밖 소재 미분양주택으로서 2년 이상 미거주
양도일자	2023.6.15
양도차익	5억원
기준시가	취득 당시 : 4억원
	취득 후 5년이 되는 날 : 5억원
	양도 당시 : 3억원

해설 기준시가로 볼 때 전체 보유기간동안 양도차손이 발생하였으나, 취득일로부터 5년이 되는 날까지 양도차익이 발생하였으므로 취득일로부터 5년 동안 전체 양도차익이 발생하였다고 보아 전체 양도소득금액에 대하여 감면되는 것이다.

	구 분	금 액	계산 근거(조특법 제98조의3)
	양도차익	500,000,000	
(-)	장기보유특별공제	120,000,000	500,000,000 × 24%(12년 × 2%)
(=)	양도소득금액	380,000,000	
(-)	감면소득금액	380,000,000	3.8억원 × (5억원 - 4억원)/(3억원 - 4억원)
(-)	기본공제	2,500,000	
(=)	과세표준	0	

Ⅳ 비거주자의 주택취득에 대한 양도소득세 과세특례

비거주자가 2009.3.16.부터 2010.2.11.까지 조특법 제98조의3제1항에 따른 미분양주택 외의 주택을 취득한 후 해당 주택을 양도하는 경우 양도소득세의 10%를 감면한다(조특법 §98의4).

[조특법 제98조의4 양도소득세 과세특례 요약]

구 분	내 용
적용대상자	비거주자
대상주택	조특법 제98조의3제1항(서울특별시 밖 미분양주택)에 따른 미분양주택 외의 일반주택
과세특례	양도소득세의 10% 감면
농어촌특별세	감면되는 양도소득세의 20%를 농어촌특별세로 납부

[조특법 제98조의3과 조특법 제98조의4 요약 비교]

구 분	조특법 98조의 3	조특법 98조의 4
거주자 여부	거주자 또는 비거주자	비거주자
대상주택	미분양주택	일반주택
주택소재지	서울특별시 밖	소재지 구분 없음
취득시기	2009.3.16.~2010.2.11.	
감면율	▪5년 이내 : 100%(60%) 세액감면 ▪5년 경과 : 과세대상소득금액에서 차감	양도소득세의 10%
감면한도	감면한도 없음	
농어촌특별세	비과세	감면세액의 20%

V 수도권 밖 미분양주택 취득자에 대한 양도소득세 과세특례

거주자 또는 비거주자가 2010.2.11. 현재 수도권 밖에 있는 미분양주택을 2010.5.14.부터 2011.4.30.까지 사업주체 등과 최초로 분양계약을 체결하여 취득(2011.4.30.까지 매매계약을 체결하고 계약금을 납부한 경우 포함)한 후, 취득일로부터 5년 이내 양도한 경우 아래의 감면율을 곱하여 계산한 세액을 감면하고, 취득일로부터 5년 이상 경과된 후 양도하는 경우 취득일로부터 5년간 발생한 양도소득금액에 아래의 감면율을 곱하여 계산한 금액을 과세대상 소득금액에서 차감한다(조특법 §98의5).

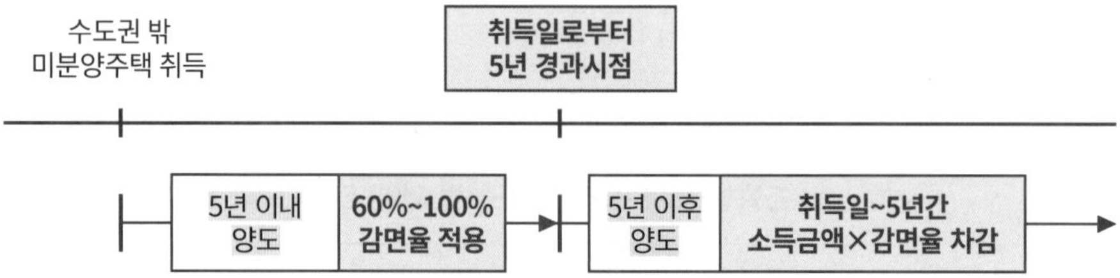

[분양가격 인하율 따른 세액 감면율]

분양가격 인하율	감면율
10%이하(인하율이 0인 경우 포함)인 경우	60%
10%초과 20%이하인 경우	80%
20%를 초과하는 경우	100%

배경 및 취지

해당 감면 규정은 미분양 해소를 통해 건설경기를 진작시키기 위한 것이므로 최초로 분양계약을 체결한 미분양 주택에 대해서만 감면이 적용되고, 승계취득한 분양권은 감면이 적용되지 않는 것이다.

[조특법 제98조의5 양도소득세 과세특례 요약]

구분	내용
적용대상자	거주자 또는 비거주자
대상주택	수도권 밖에 소재하는 미분양주택
1세대1주택 판단	해당 미분양주택은 다른 일반주택의 1세대1주택 비과세 판단시 주택수에서 제외
중과제외 여부	해당 미분양주택을 양도하는 경우 양도소득세 중과 제외
농어촌특별세	농어촌특별세 비과세
장기보유특별공제	다주택자는 최대 30%, 1세대1주택자는 최대 80% 장기보유특별공제율 적용
과세특례	① 5년 이내 양도시 분양가격 인하율에 따른 감면율 적용 ② 5년 경과후 양도시 5년간 발생한 양도소득금액에 분양가격 인하율에 따른 감면율을 곱하여 계산한 금액을 양도소득세 과세대상 소득금액에서 차감
과세특례 신청	양도소득세 신고시 '미분양주택임을 확인하는 날인'을 받은 매매계약서 사본을 제출해야 함

사례

다주택자가 취득일로부터 5년 이상 경과 후 미분양주택을 양도하는 경우

● **주택의 취득 및 양도에 관한 자료**

구분	내용
취득일 및 취득가액	2013.3.18. 2억원(계약체결일 2010.9.25.)
양도일 및 양도가액	2023.4.15. 6억원
최초 분양가액	2.2억원
기준시가	취득 당시 : 1.5억원
	취득 후 5년이 되는 날 : 2억원
	양도 당시 : 4억원

해설

감면소득금액은 분양가격 인하율이 10% 이하($\frac{2.2억-2억원}{2.2억}$ = 9%)인 경우 감면율은 60%이므로, 취득일로부터 5년간 발생한 양도소득금액에 60%의 감면율을 곱하여 계산한다.

	구 분	금 액	계산 근거
	양도차익	400,000,000	
(-)	장기보유특별공제	80,000,000	400,000,000 × 20%(10년 × 2%)
(=)	양도소득금액	320,000,000	
(-)	감면소득금액	38,400,000	3.2억원 × (2억원 - 1.5억원)/(4억원 - 1.5억원) × 60%
(-)	기본공제	2,500,000	
(=)	과세표준	279,100,000	
(×)	세율	38%	
(=)	산출세액	86,118,000	279,100,000 × 38% - 19,940,000(누진공제)
(+)	지방소득세	8,611,800	86,118,000 × 10%
(=)	총부담세액	94,729,800	

Ⅵ 준공후 미분양주택 취득자에 대한 양도소득세 과세특례

1 사업주체 등이 2년 이상 임대한 주택을 취득한 경우

준공 후 미분양된 주택으로서 2011.12.31.까지 사업주체 등이 2년 이상 임대한 주택을 거주자 또는 비거주자가 사업주체 등과 최초로 매매계약을 체결하고 취득한 주택을 취득일로부터 5년 이내 양도한 경우 양도소득세를 50% 감면하고, 취득일로부터 5년 이상 경과된 후 양도하는 경우에는 해당 주택의 취득일로부터 5년간 발생한 양도소득금액의 50%에 상당하는 금액을 과세대상 소득금액에서 차감한다(조특법 §98의6).

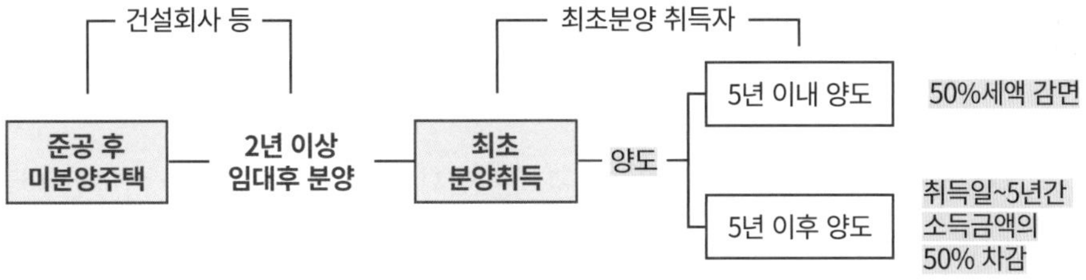

2 거주자 또는 비거주자가 취득하여 5년 이상 임대한 경우

거주자 또는 비거주자가 준공된 후 미분양된 주택을 사업주체등과 최초로 매매계약을 체결하여 취득한 후 2011.12.31.까지 임대계약을 체결하여 5년 이상 임대한 주택을 양도하는 경우 취득일로부터 5년간 발생한 양도소득금액의 50%에 상당하는 금액을 과세대상 소득금액에서 차감한다.

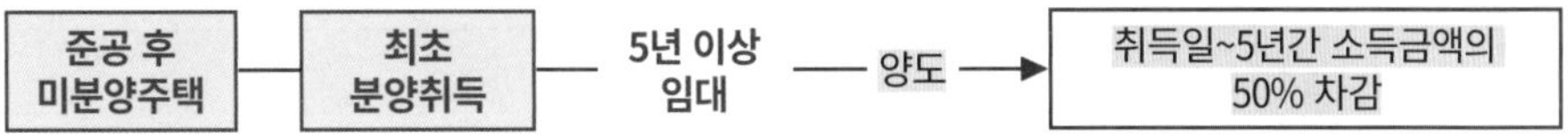

[조특법 98조의6 양도소득세 과세특례 요약]

구 분	내 용
적용대상자	거주자 또는 비거주자
1세대1주택 판단	해당 미분양주택은 다른 일반주택의 1세대1주택 비과세 판단시 주택수에서 제외
중과제외 여부	해당 미분양주택을 양도하는 경우 양도소득세 중과 제외
농어촌특별세	감면되는 양도소득세의 20%를 농어촌특별세로 납부
장기보유특별공제	다주택자는 최대 30%, 1세대1주택자는 최대 80% 장기보유특별공제율 적용
과세특례	① 5년 이내 양도시 50% 감면율 적용 ② 5년 경과후 양도시 5년간 발생한 양도소득금액의 50%에 상당하는 금액을 과세대상 소득금액에서 차감
과세특례 신청	양도소득세 신고시 '미분양주택임을 확인하는 날인'을 받은 매매계약서 사본 제출

Ⅶ 미분양주택 취득자에 대한 양도소득세 과세특례

내국인이 2012.9.24. 현재 미분양주택으로서 취득가액이 9억원 이하인 미분양주택을 2012.9.24.부터 2012.12.31.까지 사업주체 등과 최초로 매매계약을 체결하여 취득한 후 취득일로부터 5년 이내 양도한 경우 양도소득세를 100% 감면하고, 취득일로부터 5년 이상 경과된 후 양도하는 경우에는 취득일로부터 5년간 발생한 양도소득금액을 과세대상 소득금액에서 차감한다(조특법 §98의7).

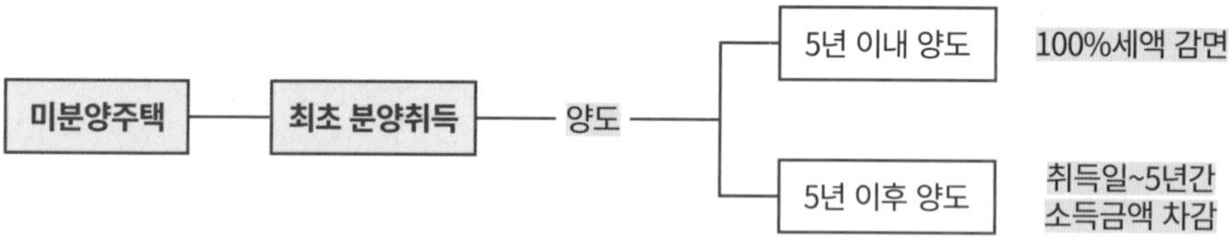

[조특법 98조의7 양도소득세 과세특례 요약]

구 분	내 용
적용대상자	내국인
가액요건	2012.9.24. 현재 미분양주택으로 취득가액이 9억원 이하 미분양 주택
1세대1주택 판단	해당 미분양주택은 다른 일반주택의 1세대1주택 비과세 판단시 주택수에서 제외
중과제외 여부	해당 미분양주택을 양도하는 경우 양도소득세 중과 제외
농어촌특별세	감면되는 양도소득세의 20%를 농어촌특별세로 납부
과세특례	① 5년 이내 양도시 100% 세액감면 ② 5년 경과후 양도시 5년간 발생한 양도소득금액을 양도소득세 과세대상 소득금액에서 차감

Ⅷ 준공후 미분양주택 취득자에 대한 양도소득세 과세특례

거주자가 준공 후 미분양주택으로서 취득가액이 6억원 이하이고 주택의 연면적(공동주택은 전용면적) 135m^2 이하인 주택을 사업주체 등과 2015.1.1부터 2015.12.31.까지 최초로 매매계약을 체결하여 취득한 후 5년 이상 임대한 주택을 양도하는 경우에는 취득일로부터 5년간 발생한 양도소득금액의 50%에 상당하는 금액을 과세대상 소득금액에서 차감한다(조특법 §98의8).

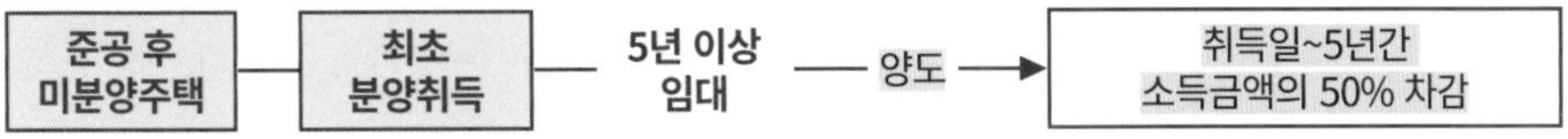

[조특법 98조의8 양도소득세 과세특례 요약]

구 분	내 용
적용대상자	거주자
가액 및 면적요건	준공 후 미분양주택의 취득가액이 6억원 이하이고 주택의 연면적(공동주택은 전용면적) 135㎡ 이하인 주택
1세대1주택 판단	해당 미분양주택은 다른 일반주택의 1세대1주택 비과세 판단시 주택수에서 제외
중과제외 여부	해당 미분양주택을 양도하는 경우 양도소득세 중과 제외
농어촌특별세	감면되는 양도소득세의 20%를 농어촌특별세로 납부
과세특례	취득일로부터 5년간 발생한 양도소득금액의 50%에 상당하는 금액을 과세대상 소득금액에서 차감
등록 및 임대요건	시·군·구와 세무서에 임대사업자등록과 사업자등록을 하고, 2015.12.31. 이전에 임대계약을 체결하여 5년 이상 임대
과세특례 신청	양도소득세 신고시 '준공후 미분양주택임을 확인하는 날인'을 받은 매매계약서 사본 제출

03

신축주택 취득자에 대한 감면

I 신축주택 취득자에 대한 양도소득세 감면

주택건설 사업자를 제외한 거주자가 1998.5.22.부터 1999.6.30.까지(국민주택규모 주택은 1999.12.31.까지)에 해당하는 신축주택 취득기간 내에 취득한 자기가 건설한 주택 또는 주택건설사업자와 최초로 매매계약을 체결하고 취득한 신축주택을 취득한 날로부터 5년 이내 양도하여 발생한 양도소득금액은 과세대상 소득금액에서 차감하며, 5년 이상 경과된 후 양도하는 경우에는 취득일로부터 5년간 발생한 양도소득금액을 과세대상 소득금액에서 차감한다. 다만, 감면되는 양도소득세의 20%를 농어촌특별세로 납부해야 한다(조특법 §99).

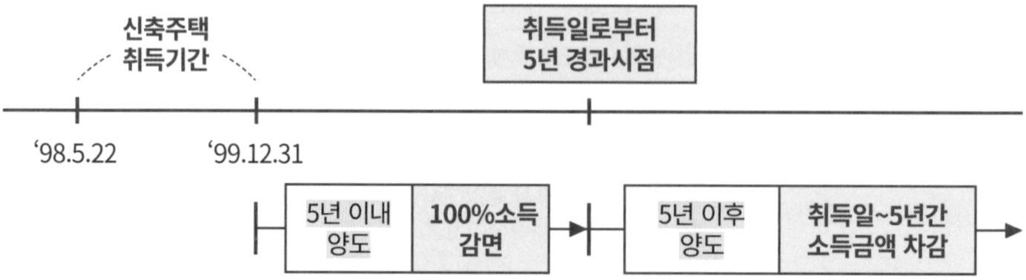

배경 및 취지

양도소득세 감면을 통하여 주택신축 및 분양을 장려함으로써 침체된 건설경기 및 부동산시장을 활성화시키는 반면에 신축주택을 주택건설업자로부터 최초로 계약을 체결한 거주자에게만 적용하도록 조세특례를 둔 것이다.

1 신축주택의 요건

신축주택 감면대상이 되는 주택은 법에서 정한 신축주택 취득기간 내에 자기가 건설한 주택이거나 주택건설사업자와 최초로 매매계약을 체결하고 취득하는 주택이어야 하고, 감면대상 주택 외 다른 주택을 보유하거나 1세대 2주택자가 신축주택을 취득하여 해당 신축주택을 양도하는 경우에도 조세특례제한법 제99조의 요건을 충족한 경우 감면대상 신축주택에 해당한다.

1) 자기가 건설한 주택

주택조합 및 재개발·재건축을 통해 조합원이 취득한 주택을 포함하여 신축주택 취득기간 사이에 사용승인 또는 사용검사를 받은 주택

2) 주택건설사업자 등으로부터 취득한 아래의 주택

① 신축주택 취득기간 내에 주택건설사업자와 최초로 매매계약을 체결하고 계약금을 납부한 자가 취득하는 주택

② 주택조합 등이 조합원에게 공급하고 남은 잔여주택을 신축주택 취득기간 내에 주택조합 등과 최초로 매매계약을 체결하고 계약금을 납부한 일반분양자가 취득하는 주택

③ 주택조합 등이 일반분양자와 신축주택 취득기간 내에 잔여주택에 대해 최초로 매매계약을 체결하고 계약금을 받은 경우로서 주택조합 등으로부터 공급받은 조합원 분양분이 신축주택 취득기간 경과 후 사용승인 또는 사용검사를 받은 주택

사례

재건축으로 신축된 주택의 사용승인일이 2000.1.1. 이후인 경우 감면 여부

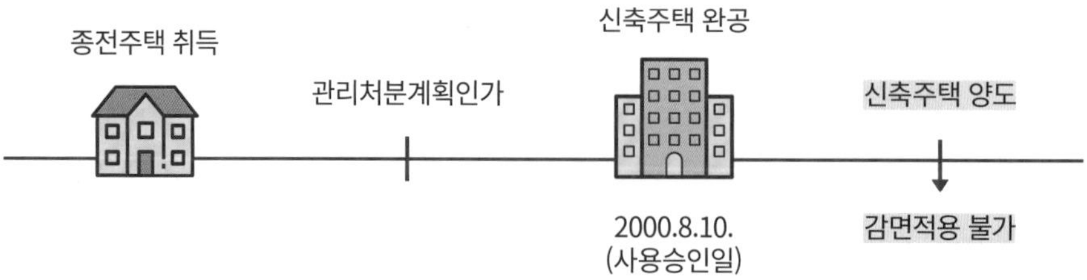

해설 재건축조합원이 종전아파트를 조합에 제공하고 관리처분계획에 따라 조합원으로서 취득한 재건축아파트를 양도하는 경우로서 재건축아파트의 사용승인일이 2000.1.1. 이후인 경우 조세특례제한법 제99조의 규정에 의한 신축주택의 취득자에 대한 양도소득세 감면대상 주택에 해당하지 않는다(서일46014-2003.6.2).

대비사례

재건축으로 신축된 주택의 사용승인일이 2000.1.1. 이후인 경우 감면 여부

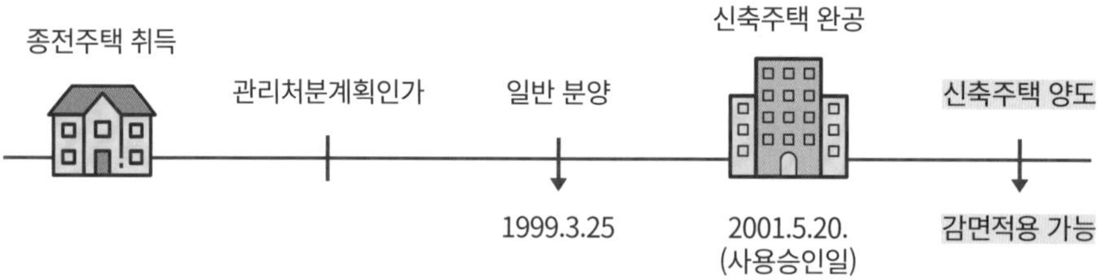

해설 조합원이 취득한 주택은 1998.5.22.부터 1999.6.30.까지(국민주택은 1999.12.31.까지) 사용승인 또는 사용검사를 받은 경우에만 감면대상이 되나, 신축주택 취득기간에 정비사업조합이 조합원 외의 자에게 일반분양한 사실이 있는 경우 재건축아파트를 신축주택 취득기간 경과 후 사용승인을 받은 경우에도 감면대상에 포함된다(대판200715971, 2008.6.26).

2 감면이 배제되는 신축주택

1) 고가주택에 해당하는 경우

매매계약 체결일 또는 취득 당시의 면적과 양도 당시의 양도가액 모두 아래 기준에 해당하는 주택은 조세특례제한법 제99조 및 후술하는 제99조의3에 해당하는 고가주택으로 보아 신축주택 감면을 적용받을 수 없다. 따라서 양도 당시 양도가액이 12억원을 초과하더라도 매매계약 체결일 또는 취득 당시 주택 전용면적이 고가주택 기준면적 미만인 신축주택은 감면 배제대상 고가주택에 해당하지 않는다(부동산납세과-2630, 2022.9.23).

[조특법 제99조 및 제99조의3 감면배제 대상 고가주택의 범위]

구 분	취득(계약)당시 면적기준			양도당시 가액기준
	조특법 제99조	조특법 제99조의3		
	'98.5.22.~'99.12.31.	'01.5.23.~'02.9.30.	'02.10.1.~'03.6.30.	
공동주택 (전용면적)	165㎡ 이상		149㎡ 이상	양도가액 12억원 초과
단독주택 (연면적)	대지 495㎡ 이상 또는 주택 264㎡ 이상			

적용사례

주택건설사업자로부터 취득한 아파트에 대한 고가주택 판단

구 분	취득시점		양도시점		감면 여부 (적용 조문)	적용 이유
	전용면적	계약일	양도일	양도가액		
사례1	150㎡	1999.2.10.	2023.3.15.	30억원	여(99조)	계약시점 면적요건 충족
사례2	85㎡	1999.8.25.	2023.5.10	25억원	여(99조)	국민주택규모 이하분 1999.12.31.까지 계약가능
사례3	160㎡	1999.10.5.	2023.4.25.	35억원	부(99조)	국민주택규모 초과분 1999.6.30.까지만 계약가능
사례4	150㎡	2002.4.10.	2023.1.25	30억원	여(99조의3)	계약시점 면적요건 충족
사례5	160㎡	2002.11.15.	2023.2.20.	40억원	부(99조의3)	계약시점 면적요건과 양도시점 가액요건 불충족

2) 매매계약일 현재 다른 자가 입주한 사실이 있는 주택

3) 신축주택 취득기간 중 아래에 해당하는 주택

① 1998.5.21. 이전에 분양계약을 체결하였던 자가 분양계약을 해제하고 분양계약을 체결한 자 또는 그 배우자(분양계약자 또는 직계존비속 및 형제자매 포함)가 당초 분양계약을 체결하였던 주택을 다시 분양받아 취득한 주택

② 주택건설사업자로부터 당초 분양계약을 체결하였던 주택 대신 다른 주택을 분양받아 취득한 주택

③ 개인으로부터 분양권을 매입하여 취득하는 주택

4) 증여·상속받은 신축주택

증여자·피상속인이 주택건설업자와 최초 매매계약을 체결하고 취득한 신축주택을 수증자·상속인이 증여 또는 상속받아 양도하는 신축주택은 감면이 배제되나, 피상속인이 주택건설업자와 최초 매매계약을 체결하고 계약금 납부한 후 사망하여 분양권을 상속받은 상속인이 분양대금을 납부하고 취득한 신축주택은 감면대상이 된다(대법원2011두13088, 2014.5.16).

3 감면소득의 계산

1) 신축주택 취득일로부터 5년 이내 양도하는 경우

신축주택을 취득한 날로부터 양도일까지 발생한 양도소득금액을 양도소득세 과세대상 소득금액에서 차감한다. 다만, 재개발·재건축조합의 조합원이 보유한 종전주택이 재개발·재건축으로 인하여 신축주택으로 완성된 경우 감면대상 양도소득금액은 아래와 같이 계산한다.

[5년 이내 양도하는 경우 감면소득금액]

$$\text{양도소득금액} \times \frac{\text{양도당시 기준시가} - \text{신축주택 취득당시 기준시가}}{\text{양도당시 기준시가} - \text{종전주택 취득당시 기준시가}}$$

2) 신축주택 취득일로부터 5년 이상 경과된 후 양도하는 경우

신축주택 취득일로부터 5년 이상 경과된 후 양도하는 경우 신축주택을 취득한 날로부터 5년간 발생한 양도소득금액을 과세대상 소득금액에서 차감하며, 감면대상 양도소득금액은 아래와 같이 계산한다.

[5년 이상 경과된 후 양도하는 경우 감면소득금액]

$$\text{양도 소득금액} \times \frac{\text{신축주택 취득일로부터 5년이 되는 날의 기준시가} - \text{신축주택 취득당시 기준시가}}{\text{양도당시 기준시가} - \text{신축주택 취득당시 기준시가}^{*}}$$

* 재개발·재건축 승계조합원의 경우 「신축주택 취득 당시 기준시가」를 적용하나 원조합원의 경우 「종전주택 취득 당시 기준시가」를 적용한다.

적용사례

재건축으로 신축된 주택을 취득일로부터 5년 후 양도하는 경우 감면소득금액 계산

사례 1

원조합원이 재건축으로 신축된 주택을 취득일로부터 5년 경과 후 양도하는 경우

구 분	내 용
양도소득금액	8억원
아파트 공시가격	종전주택 취득당시 기준시가 1억원
	신축주택 준공일 당시 기준시가 2억원
	준공일로부터 5년이 되는 날 당시 기준시가 5억원
	양도당시 기준시가 7억원

해설 재개발·재건축 신축주택의 감면소득금액

$$800{,}000{,}000 \times \frac{500{,}000{,}000 - 200{,}000{,}000}{700{,}000{,}000 - 100{,}000{,}000} = 400{,}000{,}000$$

사례 2

승계조합원이 재건축으로 신축된 주택을 취득일로부터 5년 이상 경과된 후 양도하는 경우

구 분	내 용
양도소득금액	8억원
아파트 공시가격	종전주택 취득당시 기준시가 1억원
	신축주택 준공일 당시 기준시가 2억원
	준공일로부터 5년이 되는 날 당시 기준시가 5억원
	양도당시 기준시가 7억원

해설 재개발·재건축 신축주택의 감면소득금액 계산

$$800{,}000{,}000 \times \frac{500{,}000{,}000 - 200{,}000{,}000}{700{,}000{,}000 - 200{,}000{,}000} = 480{,}000{,}000$$

4 기타 사항

1) 1세대1주택 비과세 특례 적용여부

① 신축주택을 보유한 상태에서 일반주택을 양도하는 경우

조세특례제한법 제99조 및 제99조의3에 따른 감면대상 신축주택은 거주자의 소유 주택수에 포함되므로 신축주택을 보유한 상태에서 일반주택을 양도하는 경우에는 1세대1주택 비과세를 적용받을 수 없다.

[1세대1주택 비과세 판단시 신축주택 주택수 포함 여부]

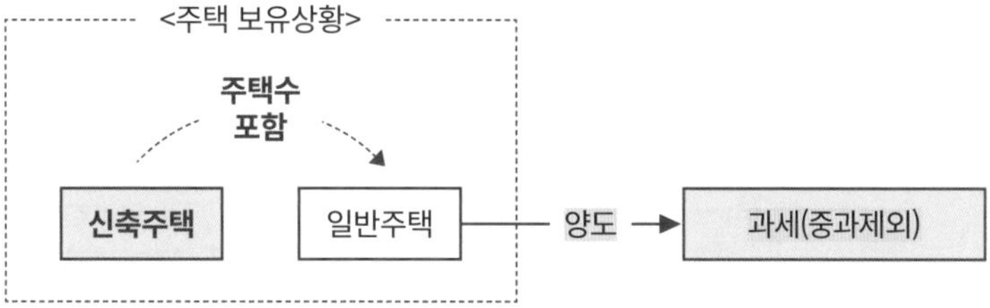

일반적으로 조세특례제한법상 양도소득세 감면 및 과세특례 주택은 다른 주택의 1세대1주택 비과세 여부 판단시 주택수에 포함되지 않으나, 조세특례제한법 제 99조 및 제99조의3에 해당하는 감면대상 주택은 다른 주택의 1세대1주택 비과세 여부 판단시 주택수에 포함되어 다른 주택을 양도할 때 양도소득세가 비과세되지 않을 수 있으므로 주의하여야 한다.

[임대주택 및 감면주택 등을 보유하고 있는 상태에서 일반주택 양도시 비과세 여부]

구 분	주택수 포함 여부	일반주택 양도시 비과세 여부
조특법 97조~97조의2,3,4,5	제외	비과세 가능
조특법 98조 등 미분양주택	제외	비과세 가능
조특법 99조 및 99조의3	포함	비과세 불가
조특법 99조의2	제외	비과세 가능
조특법 99조의4	제외	비과세 가능

② 양도하는 감면대상 신축주택이 1세대1주택 고가주택인 경우

양도하는 신축주택이 1세대1주택 비과세 요건을 갖춘 고가주택인 경우에는 비과세를 먼저 적용한 후, 과세되는 양도차익에 대해 신축주택에 대한 감면규정을 적용한다.

2) 조정대상지역 내 감면주택 양도시 중과 적용여부

감면대상인 신축주택을 양도하는 경우 신축주택외 다른 주택을 보유하고 있는 경우에도 중과되지 않으나, 해당 신축주택은 다른 주택의 중과여부 판단시 주택수에 포함된다.

[중과여부 판단시 신축주택 주택수 포함 여부]

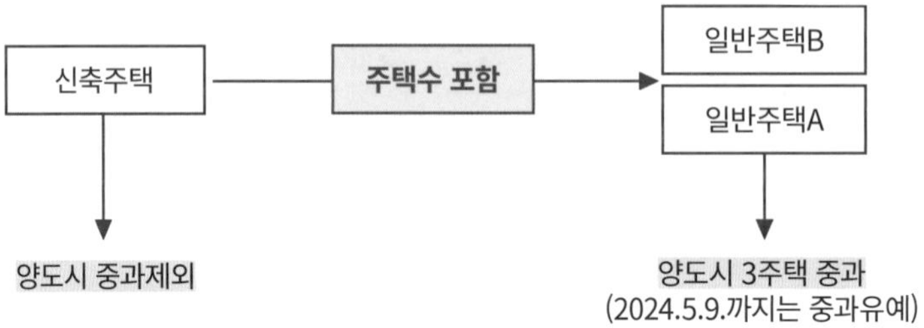

3) 농어촌특별세 과세

감면받은 양도소득세의 20%를 농어촌특별세로 납부해야 한다.

4) 신축주택 감면신청

감면을 신청하는 자는 당해 부동산의 양도일이 속하는 과세연도의 과세표준에 대한 예정신고 또는 확정신고와 함께 「세액감면신청서」를 납세지 관할세무서장에게 제출하여야 한다.

[조특법 제99조 신축주택 취득자에 대한 감면내용 요약]

구 분	감면 내용
대상주택	신축주택 및 최초 분양주택
신축주택 취득기간	① 자기가 건설한 경우 : 1998.5.22.부터 1999.6.30(국민주택규모는 1999.12.31.)사이에 사용승인 ② 주택건설사업자로부터 취득한 경우 : 1998.5.22.부터 1999.6.30(국민주택규모는 1999.12.31.) 사이에 최초로 분양계약 체결
취득시점	자기가 건설한 주택 : 사용승인일
	분양받은 주택 : 잔금지급일
국민주택규모	전용면적 85㎡(수도권 밖 읍·면지역은 100㎡)이하
과세특례	① 취득일로부터 5년 이내 양도 : 100% 세액감면 ② 취득일로부터 5년 경과 후 양도 : 5년간 발생한 양도소득금액을 과세대상 소득금액에서 차감
농어촌특별세	감면되는 양도소득세의 20%를 납부
감면배제 고가주택판단	① 면적기준 판단 : 사용승인일 또는 매매계약일 시점 ② 가액기준 판단 : 양도 시점

사례 1

취득일로부터 5년 이상 경과 후 양도하는 주택이 1세대1주택 고가주택인 경우

1. 취득 및 양도 부동산의 자료 : 1세대1주택 비과세요건 및 조특법 제99조 요건 충족

구 분	내 용
양도주택	수도권 소재 아파트(대지권지분 40㎡, 전용면적 100㎡)
취득일 및 취득가액	2002.9.30. 분양가액 7억원
양도일 및 양도가액	2023.2.10. 양도가액 30억원

※ 아파트 계약일은 1999.4.15.이며, 취득 후 해당 아파트에서 5년 4개월 거주함

2. 개별공시지가

고 시 일	2001.6.30.	2002.6.29.	2007.5.31	2022.4.29.
㎡당 개별공시지가	1,000,000원	1,200,000원	1,500,000원	2,500,000원

3. 아파트 기준시가(최고 고시일 : 2003.4.30)

고 시 일	2003.4.30.	2006.4.29.	2007.4.28.	2022.4.29.
기준시가	5억원	7억원	8억원	15억원

4. ㎡당 건물 기준시가: 취득 당시 400,000원/㎡, 최초고시 당시 500,000원/㎡

해설

	구 분	금 액	계산 근거
	양도가액	3,000,000,000	
(−)	취득가액	700,000,000	
(=)	전체양도차익	2,300,000,000	
	과세대상양도차익	1,610,000,000	2,300,000,000×(30억원 - 9억원)/30억원
(−)	장기보유특별공제	966,000,000	1,610,000,000×60%(10년×4% + 5년×4%)
(=)	양도소득금액	644,000,000	
(−)	감면소득금액	215,083,495	보충설명 참조1)
(=)	과세대상소득금액	428,916,505	
(−)	기본공제	2,500,000	
(=)	과세표준	426,416,505	
(×)	세율	40%	
(=)	산출세액	144,626,602	426,416,505×40% - 2,594만원(누진공제)
(+)	지방소득세	14,462,660	144,626,602 × 10%
(+)	농어촌특별세	17,772,679	보충설명 참조2)
(=)	총부담세액	176,861,941	

1) 감면소득금액의 계산

① 취득당시 기준시가 환산가액

$$2003.4.30\ \text{최초고시가액} \times \frac{\text{취득시 기준시가 합계(토지+건물)}}{\text{최초고시 기준시가 합계(토지+건물)}}$$

$$500{,}000{,}000 \times \frac{(40\text{m}^2 \times 1{,}200{,}000) + (100\text{m}^2 \times 400{,}000)}{(40\text{m}^2 \times 1{,}200{,}000) + (100\text{m}^2 \times 500{,}000)} = 448{,}979{,}592$$

② 감면소득금액

$$644{,}000{,}000 \times \frac{800{,}000{,}000 - 448{,}979{,}592}{1{,}500{,}000{,}000 - 448{,}979{,}592} = 215{,}083{,}495$$

※ 감면소득금액 산식

$$= \text{양도소득금액} \times \frac{\text{취득후 5년이 되는 날 당시 기준시가 - 취득당시 기준시가}}{\text{양도당시 기준시가 - 취득당시 기준시가}}$$

따라서 과세대상 소득금액은 전체 양도소득금액 644,000,000에서 감면소득 215,083,495을 차감한 428,916,505이 된다.

2) 농어촌특별세의 계산

① 농어촌특별세 과세표준의 계산 : 88,863,398

농특세 세액감면대상 과세표준 = 소득금액 차감전 산출세액* - 소득금액 차감후 산출세액**

88,863,398 = 233,490,000 - 144,626,602

* 소득금액 차감전 산출세액 = 감면대상 소득금액 차감전 과세표준 × 세율 - 누진공제액

233,490,000 = (644,000,000 - 2,500,000) × 42% - 35,940,000

** 소득금액 차감후 산출세액 = 감면대상 소득금액 차감후 과세표준 × 세율 - 누진공제액

144,626,602 = (428,916,505 - 2,500,000) × 40% - 25,940,000

② 농어촌특별세 : 88,863,398(감면세액) × 20% = 17,772,679

사례 2

재건축주택 취득 후 5년 이상 경과 후 양도하는 경우 감면소득금액 계산

1. 주택의 취득 및 양도자료

1세대 다주택자에 해당하나 조특법 제99조 요건을 충족한 경우

구 분	내 용
양도주택	수도권 소재 재건축아파트(전용면적 150㎡)
취득일 및 취득가액	1985.4.30. 취득가액 1억5천만원
관리처분계획인가일	1995.7.25.
납부할 청산금	3억원
양도일 및 양도가액	2023.6.10. 양도가액 25억원

※ 해당 신축아파트는 조정대상지역에 소재하고, 사용승인일은 1999.4.30.이다

2. 아파트 기준시가

구 분	내 용
아파트 공시가격	종전주택 취득 당시 1억원
	신축주택 완공 당시 3억원
	완공일부터 5년이 되는 날 6억원
	양도 당시 15억원

해설

	구 분	금 액	계산 근거
	양도가액	2,500,000,000	
(-)	취득가액	450,000,000	150,000,000(종전주택) + 300,000,000(청산금)
(=)	양도차익	2,050,000,000	
(-)	장기보유특별공제	615,000,000	2,050,000,000 × 30%(15년 × 2%)
(=)	양도소득금액	1,435,000,000	
(-)	감면소득금액	307,500,000	보충설명 참조1)
(=)	과세대상소득금액	1,127,500,000	
(-)	기본공제	2,500,000	
(=)	과세표준	1,125,000,000	
(×)	세율	45%	
(=)	산출세액	440,310,000	1,125,000,000 × 45% - 6,594만원(누진공제)
(+)	지방소득세	44,031,000	440,310,000 × 10%
(+)	농어촌특별세	27,675,000	보충설명 참조2)
(=)	총부담세액	512,016,000	

1) 감면소득금액의 계산

$$1{,}435{,}000{,}000 \times \frac{600{,}000{,}000 - 300{,}000{,}000}{1{,}500{,}000{,}000 - 100{,}000{,}000} = 307{,}500{,}000$$

※ 감면소득금액 산식

$$= \text{양도소득금액} \times \frac{\text{완공일로부터 5년이 되는 날 기준시가} - \text{완공일 기준시가}}{\text{양도 당시 기준시가} - \text{종전주택 취득 당시 기준시가}}$$

따라서 과세대상 소득금액은 전체 양도소득금액 1,435,000,000에서 감면소득 307,500,000을 차감한 1,127,500,000이 된다.

2) 농어촌특별세의 계산

① 농어촌특별세 과세표준의 계산

농특세 세액감면대상 과세표준 = 소득금액 차감전 산출세액* - 소득금액 차감후 산출세액**

138,375,000 = 578,685,000 - 440,310,000

* 소득금액 차감전 산출세액 = 감면대상 소득금액 차감전 과세표준 × 세율 - 누진공제액

578,685,000 = (1,435,000,000 - 2,500,000) × 45% - 65,940,000

** 소득금액 차감후 산출세액 = 감면대상 소득금액 차감후 과세표준 × 세율 - 누진공제액

440,310,000 = (1,127,500,000 - 2,500,000) × 45% - 65,940,000

② 농어촌특별세 : 138,375,000(감면세액) × 20% = 27,675,000

Ⅱ 신축주택 취득자에 대한 양도소득세 감면

주택건설 사업자를 제외한 거주자가 지역요건 등 아래의 감면요건을 갖춘 주택을 신축하거나 주택건설사업자와 최초로 분양계약을 체결하여 취득한 후, 신축주택을 취득한 날로부터 5년 이내 양도하여 발생한 양도소득금액은 과세대상 소득금액에서 차감하며, 5년 이상 경과된 후 양도하는 경우에는 취득일로부터 5년간 발생하는 양도소득금액을 과세대상 소득금액에서 차감한다. 다만, 감면받은 양도소득세의 20%를 농어촌특별세로 납부해야 한다(조특법 §99의3).

[조특법 제99조의3 신축주택 감면대상 주택]

적용대상 지역		신축주택 취득기간	가액 또는 면적기준
수도권 외 지역		2000.11.1. ~ 2001.5.22.	국민주택규모
특정지역	서울·과천·5대 신도시	2001.5.23. ~ 2002.12.31.	고가주택 제외
일반지역	서울·과천·5대 신도시 제외한 모든 지역	2001.5.23. ~ 2003.6.30.	

1 조세특례제한법 제99조와 제99조의3 차이 비교

조세특례제한법 제99조와 조세특례제한법 제99조의3 감면세액 계산방식 등은 동일하나, 감면대상 지역 요건 및 신축주택 취득기간은 아래와 같이 차이가 있다.

[신축주택 감면 관련 조특법 제99조와 제99조의3 차이 비교]

구 분	신축주택 취득기간	적용대상 지역주택
조특법 제99조	1998.5.22. ~ 1999.6.30.	전국의 모든 주택
	1998.5.22. ~ 1999.12.31.	전국의 국민주택
조특법 제99조의3	2000.11.1. ~ 2003.6.30.	수도권 이외 지역 주택
	2001.5.23. ~ 2003.6.30.	수도권 포함 전국의 모든 주택
	2003.1.1. ~ 2003.6.30.	서울 과천 5대 신도시(분당, 일산, 평촌, 산본, 중동) 지역 제외*

* 2002.12.31. 이전에 착공하여 2003.6.30. 이전에 사용승인을 받은 경우에는 감면대상 가능

2 주택 유형별 감면대상 신축주택 여부 판단

1) 일괄 양도하는 다가구주택

감면대상 신축주택에 해당하는 다가구주택을 일괄로 양도하는 경우에는 호수별로 구분하지 않고, 다가구주택 전체의 면적과 가액기준으로 신축주택의 감면대상 여부를 판단한다.

관련 해석 사례

신축한 다가구주택을 가구별로 분양하지 않고 하나의 매매단위로 하여 1인에게 양도하는 경우 고가주택에 해당하는지 여부는 이를 단독주택으로 보아 판단해야 한다. 따라서 신축주택의 양도가액이 고가주택의 기준가액을 초과하면서 주택의 연면적이 264㎡ 이상에 해당되는 이상 고가주택에 해당하므로 조세특례제한법 제99조 및 제99조의3 규정에 따라 양도소득세 감면대상에서 제외된다(대법원 2010두 6878, 2012.10.25).

2) 주택면적이 주택외면적보다 큰 겸용주택

주택면적이 주택 외의 면적보다 큰 겸용주택의 경우 주택외 부분의 가액을 포함한 전체 양도가액이 아닌 주택부분의 가액으로만 고가주택 여부를 판단하고, 감면대상도 주택부분에 대해서만 적용한다.

[고가 겸용주택 비과세와 감면적용시 가액기준 판단]

구 분	비과세 고가주택 가액기준 판단		감면대상 고가주택 가액기준 판단
	’21.12.31. 이전 양도	’22.1.1. 이후 양도	
주택면적 >주택외면적	전체가액으로 판단	주택가액으로만 판단	주택가액으로만 판단

3) 주거용으로 사용한 오피스텔

오피스텔은 건축법상 주택에 해당하지 않으므로 오피스텔을 주거용으로 사용하더라도 감면대상 신축주택에 해당하지 않는다(대법원 2007두21242, 2008.2.14).

배경 및 취지

조세특례제한법상 감면요건은 법문에 따라 엄격하게 해석해야 하므로 주택법상 주택으로 분류되지 않는 오피스텔을 주택으로 보아 신축주택 감면규정을 적용할 수 없는 것이다.

4) 부부 공동명의 신축주택

부부 공동명의로 등기된 신축주택이라 하더라도 부부 공동명의로 주택건설사업자와 최초로 매매계약을 체결하여 취득한 경우 양도소득세 감면대상이 된다(서면1팀-158, 2004.1.31).

5) 신축주택이 조합원입주권으로 전환된 경우

조세특례제한법 제99조의3에 해당하는 신축주택을 취득한 후 당해 신축주택이 조합원입주권으로 전환되어 양도되는 경우에도 감면대상이 된다.

관련 해석 사례

「조세특례제한법」제99조의3에 따른 신축주택을 신축주택 취득기간 내에 취득한 후 재개발 등으로 당해 신축주택이 조합원입주권으로 전환되어 양도되는 경우에도 양도소득에 대한 양도소득세를 감면할 수 있는 것이나, 관리처분계획인가 전 양도차익에 대하여만 감면된다(법령해석재산-1339, 2021.11.18).

Ⅲ 신축주택 등 취득자에 대한 양도소득세 과세특례

신축주택, 미분양주택 또는 1세대1주택자가 소유한 주택(이하 "신축주택 등"이라 한다)으로서 취득가액이 6억원 이하이거나 주택의 연면적(공동주택·오피스텔은 전용면적)이 85㎡이하인 주택을 거주자 또는 비거주자가 2013.4.1.부터 2013.12.31.까지 주택을 공급하는 사업주체 등과 최초로 매매계약을 체결하여 취득한 후 취득일로부터 5년 이내 양도한 경우 양도소득세를 100% 감면하고, 취득일로부터 5년 이상 경과된 후에 양도하는 경우에는 해당 주택의 취득일로부터 5년간 발생한 양도소득금액을 과세대상 소득금액에서 차감한다. 다만, 감면받은 양도소득세의 20%를 농어촌특별세로 납부해야 한다(조특법 §99의2).

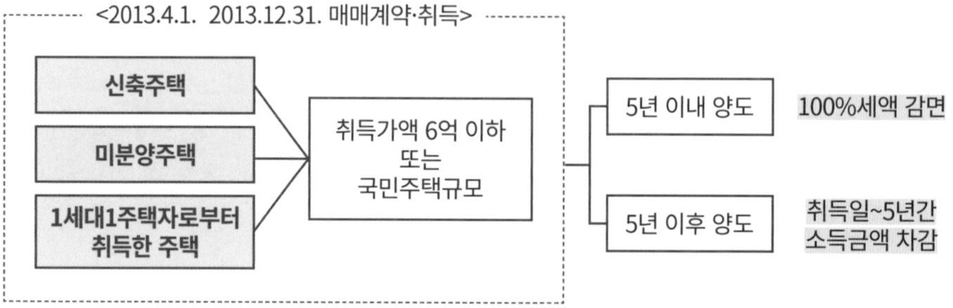

배경 및 취지

침체된 주택경기를 활성화시키기 위하여 다른 주택 감면과는 달리 비거주자에게도 적용되고 감면되는 주택의 범위도 확대하였다.

1 과세특례 요건

1) 감면적용 대상자

거주자 및 비거주자 모두 적용된다.

2) 감면대상 주택

신축주택, 미분양주택 또는 1세대1주택자의 주택으로서 취득세 등 부대비용을 제외한 취득가액 6억원 이하 또는 연면적(공동주택·오피스텔은 전용면적) 85㎡ 이하인 주택을 말한다. 따라서 가액요건과 면적요건 중 하나만 충족하더라도 감면대상 주택에 해당한다.

3) 신축주택 등의 취득기간

2013.4.1.부터 2013.12.31. 사업주체 등과 최초로 매매계약을 체결하여 주택을 취득(2013.12.31.까지 매매계약을 체결하고 계약금을 지급한 경우 포함)한 경우를 말한다. 따라서 최초 계약자만 신축주택 등의 감면이 가능하며, 신축주택 등을 전매 또는 증여로 취득한 경우에는 신축주택 등의 감면이 적용되지 않는다.

관련 해석 사례

조특법 제99조의2 제1항은 거주자가 2013.4.1.~2013.31. 주택을 공급하는 사업주체와 최초 매매계약을 체결하여 그 계약에 따라 취득한 경우를 감면대상으로 규정하고 있으므로 배우자로부터 증여로 취득한 경우에는 신축주택 등의 감면을 적용받을 수 없다(조심2021서6995, 2022.12.29).

4)감면대상 주택 확인서 제출

신축주택 등 과세특례 규정을 적용받으려면 양도소득세 신고시 아래와 같이 시·군·구청장으로부터 매매계약서상 감면대상 주택임을 확인날인 받은 매매계약서를 제출해야 한다.

조세특례제한법 시행규칙 [별지 제63호의14서식] <신설 2013.5.14>

신축주택등 또는 감면대상기존주택임을 확인하는 날인		
제 호		
[ ]「조세특례제한법 시행령」 제99조의2(신축주택 등 취득자에 대한 양도소득세 과세특례) 제1항 및 제2항에 따른 신축주택등(신축주택·미분양주택·신축오피스텔 및 미분양오피스텔)		
[ ]「조세특례제한법 시행령」 제99조의2(신축주택 등 취득자에 대한 양도소득세 과세특례) 제3항 및 제5항에 따른 감면대상기존주택(1세대1주택자의 기존주택 및 1세대1오피스텔 소유자의 기존오피스텔)		
임을 확인합니다.		
시장·군수·구청장	직인	년 월 일 (담당자 :) (연락처 :)

2 신축주택 등 감면대상 주택범위 및 주요 해석사례

1) 감면대상 기존주택이 재개발 등으로 신축된 경우 감면소득 범위

조특법 §99의2에 따른 감면대상 기존주택이 「도시 및 주거환경정비법」에 따른 재건축으로 신축된 이후 양도되는 경우 관리처분계획인가 전후의 감면대상 기존주택에 대한 양도소득 범위 내에서 신축주택 감면을 적용하는 것이다(법규과-2260, 2022.8.1).

2) 자기소유 토지에 주택을 신축한 경우

자기소유 토지 위에 주택을 신축한 경우에는 감면대상이 되지 않으나, 이를 제3자가 취득하는 경우에는 감면대상 신축주택에 해당된다.

3) 겸용주택의 경우

상가와 주택이 결합된 겸용주택을 취득한 경우에는 전체 건물 중 주택부분에 대해서만 신축주택 등 감면규정을 적용한다.

4) 감면대상 분양권 등을 배우자에게 증여한 경우

거주자가 신축주택 또는 미분양주택을 최초로 분양받은 후 일부 지분을 본인의 배우자에게 증여한 경우 본인 소유의 지분에 대해서만 감면규정이 적용되고, 배우자가 증여받은 지분에 대해서는 감면되지 않는다(부동산납세과-3380, 2022.11.2).

5) 취득가액 6억원 초과여부 판단시 부가가치세 포함 여부

사업자가 아닌 개인이 공동주택을 공급하는 사업주체로부터 부가가치세가 포함된 분양가격으로 미분양아파트를 취득하는 경우「조세특례제한법」제99조의2를 적용함에 있어서 취득가액은 부가가치세가 포함된 가액으로 하는 것이며, 해당 부가가치세는 추후 해당 아파트 양도시 양도가액에서 공제하는 취득가액에 포함된다(서면법규과-692, 2013.6.17).

6) 취득가액 6억원 초과여부 판단시 발코니 확장금액 포함 여부

「조세특례제한법」제99조의2에 따른 신축주택 등 취득자에 대한 양도소득세 과세특례를 적용함에 있어 취득가액이 6억원을 초과하는지 여부는 분양가격에 사업주체와 체결한 발코니 확장비용 등을 포함하여 판단한다(서면법규과-1418, 2013.12.30).

7) 신축주택 등을 상속받은 경우 감면적용 여부

① 신축주택을 상속받은 경우

피상속인이「조세특례제한법」제99조의 2에 따라 신축주택 등 취득자에 대한 양도소득세의 과세특례가 적용되는 것으로 확인받은 주택을 취득하여 보유하다가 사망하여, 해당 주택을 상속받은 상속인이 양도하는 경우에는 신축주택 감면이 적용되지 않는다(법령해석재산-0240, 2015.7.28).

② 신축주택이 분양권을 상속받은 경우

신축주택을 상속받아 양도하는 경우에는 「조세특례제한법」제99조의 2에 따라 신축주택 등 취득자에 대한 양도소득세 감면을 적용받을 수 없으나, 피상속인으로부터 신축주택이 아닌 신축주택의 분양권을 상속받아 신축된 주택을 양도하는 경우에는 양도소득세 감면대상이 된다(조심2021서2385, 2021.11.10).

3 감면소득의 계산

1) 신축주택 취득 후 5년 이내 양도하는 경우

양도소득세를 100% 감면한다.

2) 신축주택 취득 후 5년 경과된 후 양도하는 경우

취득일로부터 5년간 발생한 양도소득금액을 과세소득금액에서 차감한다.

[취득일로부터 5년간 발생한 양도소득금액]

$$\text{전체양도 소득금액} \times \frac{\text{취득일로부터 5년이 되는 날 현재 기준시가} - \text{취득 당시 기준시가}}{\text{양도 당시 기준시가} - \text{취득 당시 기준시가}}$$

관련 해석 사례

거주자가 조특법 §99의2에 따른 감면대상기존주택을 취득하여 「도시및주거환경정비법」상의 관리처분계획인가에 따라 조합에 기존주택과 부수토지를 제공하고, 신축된 주택을 취득한 후 양도하는 경우로서, 취득일부터 5년이 되는 날의 기준시가가 재건축 공사진행으로 없는 경우 멸실 전 최종 고시된 주택의 기준시가로 감면소득금액을 계산하는 것이다(재산세제과-1550, 2022.12.22).

적용사례

취득일로부터 5년 후 양도하는 경우 감면소득금액 계산 (양도소득금액 2억원)

사례 1

분모와 분자 모두 양수이면서 양도 당시 기준시가가 취득일로부터 5년이 되는 날의 기준시가보다 큰 경우

취득당시 기준시가 (2015.10.25.)	취득일로부터 5년 되는 날의 기준시가 (2020.10.25.)	양도당시 기준시가 (2023.2.25.)
300,000,000	600,000,000	800,000,000

① $\text{감면 소득금액} = \text{양도 소득금액} \times \dfrac{\text{취득일로부터 5년이 되는 날의 기준시가} - \text{취득 당시 기준시가}}{\text{양도 당시 기준시가} - \text{취득 당시 기준시가}}$

$= 200{,}000{,}000 \times \dfrac{600{,}000{,}000 - 300{,}000{,}000}{800{,}000{,}000 - 300{,}000{,}000} = 120{,}000{,}000$

② $\text{과세대상 소득금액} = 200{,}000{,}000(\text{양도소득금액}) - 120{,}000{,}000(\text{감면소득금액}) = 80{,}000{,}000$

해설 기준시가가 지속적으로 상승하는 경우 감면소득금액은 기준시가로 비율로 안분한 금액이 된다.

사례 2

분모와 분자 모두 양수이면서 취득일로부터 5년이 되는 날의 기준시가가 양도 당시 기준시가보다 큰 경우

취득당시 기준시가 (2015.10.25.)	취득일로부터 5년 되는 날의 기준시가 (2020.10.25.)	양도당시 기준시가 (2023.2.25.)
300,000,000	600,000,000	500,000,000

① $\text{감면소득금액} = 200{,}000{,}000 \times \dfrac{600{,}000{,}000 - 300{,}000{,}000}{500{,}000{,}000 - 300{,}000{,}000} = 200{,}000{,}000(\text{한도})$

② 과세대상소득금액 = 200,000,000(양도소득금액) - 200,000,000(감면소득금액) = 0

해설 기준시가로 볼 때 취득일로부터 5년이 되는 날까지 발생한 양도차익이 전체 보유기간 동안 발생한 양도차익보다 크므로 취득일로부터 5년간 양도차익이 모두 발생하였다고 보아 전체 양도소득금액을 감면소득금액으로 하는 것이다.

사례 3

분모 값은 양수, 분자 값은 음수이면서 취득일로부터 5년이 되는 날의 기준시가가 양도 당시 기준시가보다 적은 경우

취득당시 기준시가(A) (2015.10.25.)	취득일로부터 5년 되는 날의 기준시가(B) (2020.10.25.)	양도당시 기준시가(C) (2023.2.25.)
300,000,000	280,000,000	400,000,000

$$① \text{ 감면소득금액} = 200,000,000 \times \frac{280,000,000 - 300,000,000}{400,000,000 - 300,000,000} = 0$$

② 과세대상소득금액 = 200,000,000(양도소득금액) - 0(감면소득금액) = 200,000,000

해설 기준시가로 볼 때 취득일로부터 5년이 되는 날까지 양도차익이 발생하지 않았으므로 취득일 이후 5년간 발생한 양도차익이 없는 것으로 보아 전체 양도소득금액을 과세소득금액으로 하는 것이다.

4 기타 사항

1) 1세대1주택 비과세특례 적용여부

① 신축주택 등을 보유한 상태에서 일반주택을 양도하는 경우

신축주택 등과 다른 일반주택을 보유한 경우 신축주택 등은 거주자의 소유주택으로 보지 않으므로 신축주택 등 이외에 다른 일반주택이 1세대1주택 비과세 요건을 갖춘 경우 비과세된다.

[비과세 판단시 조특법 제99조의2 신축주택 등 주택수 포함 여부]

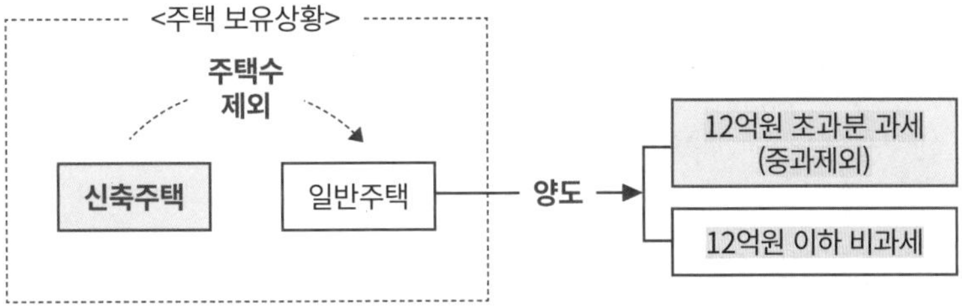

② 신축주택이 조합원입주권으로 전환된 상태에서 다른 주택을 양도하는 경우

신축주택 등이 도시및주거환경정비법상 재개발·재건축으로 인하여 조합원입주권으로 전환된 경우 또는 조합원입주권이 주택으로 완공된 경우에도 동일하게 주택수에 포함되지 않으므로 비과세요건을 갖춘 일반주택 양도시 비과세된다.

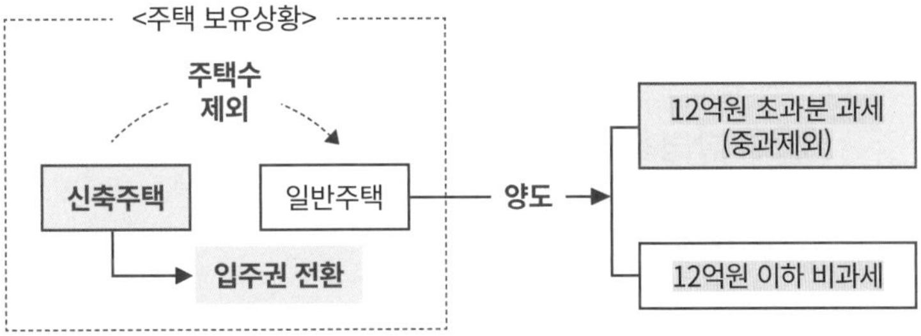

[조특법 제99조 및 제99조의3와 조특법 제99조의2의 비교]

구 분	다른 주택 양도시 주택수 포함 여부	감면세액(소득) 계산방법	비거주자 적용여부
조특법 제99조 및 제99조의3	주택수 포함 → 다른 주택 양도시 비과세 불가	① 5년 이내 양도 : 100% 감면율 적용 ② 5년 경과 후 양도 : 취득일부터 5년간 발생한 양도소득금액 차감 후 과세 ※ 감면세액의 20% 농특세 부과	적용불가
조특법 제99조의2	주택수 제외 → 다른 주택 양도시 비과세 가능		적용가능

2) 신축주택 등에 대한 비과세와 세액감면의 적용순서

신축주택 등을 양도하는 경우로서 해당 주택이 1세대1주택 비과세 요건을 갖춘 고가주택인 경우에는 비과세를 먼저 적용한 후 과세되는 양도차익에 대하여 신축주택 등에 대한 감면규정을 적용한다.

3) 다주택자 중과적용 여부

조특법 제99조의 2에 따라 감면대상 신축주택 등을 양도하는 경우 신축주택 등 외 다른 주택을 소유하고 있다 하더라도 중과대상이 되지 않으나, 다른 주택의 중과여부 판단시 주택수에 포함된다.

[중과대상 주판단시 신축주택 등 주택수 포함 여부]

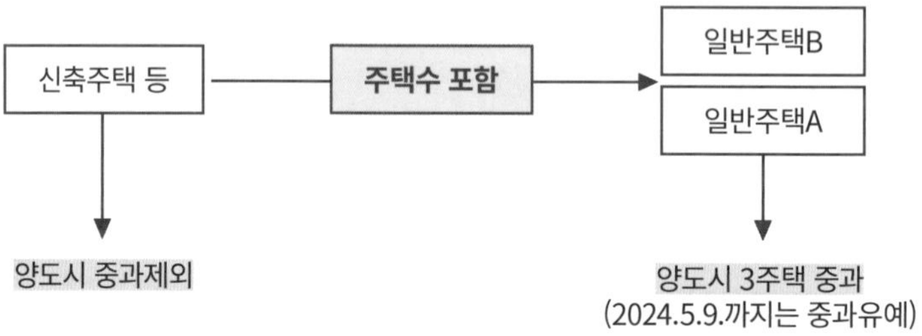

4) 농어촌특별세 과세

감면받은 양도소득세의 20%를 농어촌특별세로 납부해야 한다.

5) 일반주택 비과세 양도 후 신축주택 양도시 보유기간 재산정 여부

일반주택과 조세특례제한법 제99조의2에 해당하는 신축주택을 보유한 상태에서 일반주택을 먼저 양도하여 1세대1주택 비과세 받은 후, 신축주택을 양도하는 경우 1세대1주택 비과세 보유기간은 해당 신축주택의 취득일부터 기산한다.

사례

일반주택 비과세 양도 후 신축주택 양도시 보유기간 등 재계산 여부

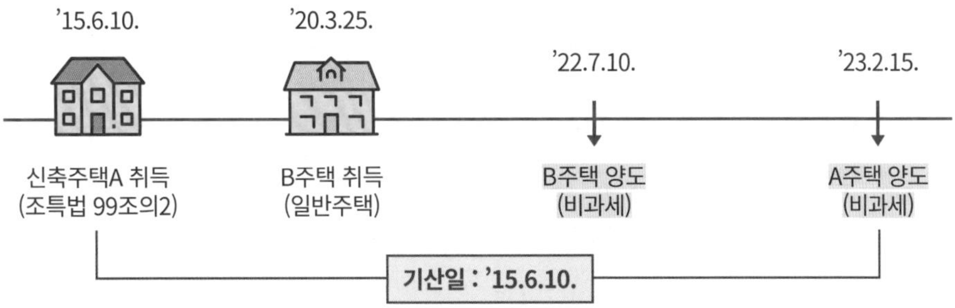

해설 종전에는 일반주택B와 조세특례제한법 제99조의2에 따른 신축주택A를 보유한 상태에서 일반주택B에 대하여 1세대1주택 비과세를 적용받은 후 1주택이 된 신축주택A를 양도하는 경우에는 일반주택 양도 후 신축주택A를 다시 2년 이상 보유 해야만 1세대1주택 비과세가 가능했지만(부동산납세과-1997, 2016.12.30 참조),

새로운 해석사례에 따르면 일반주택B를 비과세 양도 후 남은 신축주택A를 양도하는 경우 보유기간은 신축주택A의 취득일부터 기산하므로 1세대1주택 비과세된다(재산세제과-236, 2023.2.10).

기존해석(보유기간 재산정함)	→ (변경)	변경해석(보유기간 재산정 않음)
일반주택 양도 후 다시 2년 이상 신축주택 보유해야 1세대1주택 비과세 가능		신축주택 취득일로부터 2년 이상 보유하면 1세대1주택 비과세 가능

사례 1

5년 이내 양도하는 신축주택이 1세대1주택 비과세 고가주택인 경우

● **주택의 취득 및 양도 내역**

구 분	내 용
양도자산	전용면적 85㎡ 이하 아파트
취득일 및 취득가액	2018.2.15. 취득가액 12억원
취득세 등	4천만원
양도일 및 양도가액	2023.1.20.양도가액 : 20억원
보유 및 거주	취득일로부터 양도일까지 계속 거주

※ 2013.10.31. 매매계약 체결 및 계약금 지급하였고, 조특법 제99조의2 신축주택에 해당함

해설 조특법 제99조의2 신축주택의 취득자에 대한 양도소득세 과세특례와 1세대1주택 고가주택 비과세 규정이 동시에 적용되는 경우에는 1세대1주택 비과세 규정을 먼저 적용한 후 과세되는 양도차익에 대하여 감면세액과 농어촌특별세를 각각 계산한다.

	구 분	금 액	계산근거
	양도가액	2,000,000,000	
(-)	취득가액	1,240,000,000	취득세 등 포함
(=)	양도차익	760,000,000	
(-)	비과세 양도차익	456,000,000	760,000,000 × 12억원/20억원
(=)	과세대상 양도차익	304,000,000	760,000,000 × (20억원-12억원)/20억원
(-)	장기보유특별공제	97,280,000	304,000,000 × 32%(4년×4% + 4년×4%)
(=)	양도소득금액	206,720,000	
(-)	기본공제	2,500,000	
(=)	과세표준	204,220,000	
(×)	세율	38%	
(=)	산출세액	57,663,600	204,220,000 × 38% - 19,940,000(누진공제)
	감면세액	57,663,600	5년 이내 양도시 100% 감면
(+)	농어촌특별세	11,532,720	57,663,600 × 20%

사례 2

다주택자가 신축주택을 취득 후 5년 이상 경과 후 양도하는 경우

● 주택의 취득 및 양도 내역

구 분	내 용
양도자산	전용면적 85㎡ 이하 아파트
취득일 및 취득가액 등	2016.8.20. 분양가액 등 9.3억원
양도일 및 양도가액	2023.3.15. 양도가액 18억원
신축주택 소재지	서울시 용산구

※ 2013.4.30. 매매계약 체결 및 계약금 지급하였고, 조특법 제99조의2 신축주택에 해당됨

● 신축주택의 기준시가

고 시 일	2015.4.29.	2016.4.29.	2018.4.30.	2020.4.29.	2022.4.29.
기준시가	7억원	8억원	11억원	13억원	15억원

해설

	구 분	금 액	계산근거
	양도가액	1,800,000,000	
(-)	취득가액	930,000,000	실제 취득가액 적용
(=)	양도차익	870,000,000	
(-)	장기보유특별공제	104,400,000	870,000,000 × 12%(6년×2%)
(=)	양도소득금액	765,600,000	
(-)	감면소득금액	574,200,000	보충설명 참조1)
(=)	과세대상 소득금액	191,400,000	
(-)	기본공제	2,500,000	
(=)	과세표준	188,900,000	
(×)	세율	38%	신축주택은 기본세율 적용대상
(=)	산출세액	51,842,000	188,900,000 × 38% - 19,940,000(누진공제)
(+)	지방소득세	5,184,200	51,842,000 × 10%
(+)	농어촌특별세	46,544,000	보충설명 참조2)
(-)	총부담세액	103,570,200	

1) 감면소득금액의 계산

$$765{,}600{,}000 \times \frac{1{,}300{,}000{,}000 - 700{,}000{,}000}{1{,}500{,}000{,}000 - 700{,}000{,}000} = 574{,}200{,}000$$

※ 감면소득금액 산식

$$= \text{양도소득금액} \times \frac{\text{취득일로부터 5년이 되는 날의 기준시가} - \text{취득당시 기준시가}}{\text{양도당시 기준시가} - \text{취득당시 기준시가}}$$

따라서 과세대상 소득금액은 전체 양도소득금액 765,600,000에서 감면소득 574,200,000을 차감한 191,400,000이 된다.

2) 농어촌특별세의 계산

① 농어촌특별세 과세표준의 계산 : 232,720,000

농특세 세액감면대상 과세표준 = 소득금액 차감전 산출세액* - 소득금액 차감후 산출세액**

232,720,000 = 284,562,000 - 51,842,000

* 소득금액 차감전 산출세액 = 감면대상 소득금액 차감전 과세표준 × 세율 - 누진공제액

284,562,000 = (765,600,000 - 2,500,000) × 42% - 35,940,000

** 소득금액 차감후 산출세액 = 감면대상 소득금액 차감후 과세표준 × 세율 - 누진공제액

51,842,000 = (191,400,000 - 2,500,000) × 38% - 19,940,000

② 농어촌특별세 : 232,720,000(감면세액) × 20% = 46,544,000원

사례 3

감면주택과 일시적2주택을 보유한 상태에서 종전주택을 양도하는 경우

● **주택의 취득 및 양도에 관한 자료**

취득 및 양도순서	내 용
① 서울 소재 A주택 취득	2013.1.15. 취득가액 3억원
② 인천 소재 감면주택B 취득	2015.6.1. 취득가액 4억원
③ 분당 소재 C주택 취득	2021.4.20. 취득가액 10억원
④ 서울 소재 A주택 양도	2023.2.10. 양도가액 15억원
⑤서울 소재 A주택 거주기간	취득일로부터 양도일까지 서울소재 주택에서 5년 3개월 거주

※ 인천소재 주택은 2013.4.30. 매매계약을 체결하고 계약금을 지급하였고, 조특법 제99조의2 신축주택에 해당함

해설 조세특례제한법 제99조의2 감면주택과 비과세 요건을 충족한 일시적 2주택을 보유한 상태에서 신규주택 취득일로부터 3년 이내 종전주택을 양도하는 경우에는 감면주택은 없는 것으로 보므로 일시적 2주택 비과세특례가 적용된다.

	구 분	금 액	계산근거
	양도가액	1,500,000,000	
(-)	취득가액	300,000,000	
(=)	양도차익	1,200,000,000	
(-)	비과세양도차익	960,000,000	12억원 × 12억원/15억원
(=)	과세대상양도차익	240,000,000	12억원 × (15억원-12억원)/15억원
(-)	장기보유특별공제	144,000,000	240,000,000 × 60%(10년×4% + 5년×4%)
(=)	양도소득금액	96,000,000	
(-)	기본공제	2,500,000	
(=)	과세표준	93,500,000	
(×)	세율	35%	
(=)	산출세액	17,285,000	93,500,000 × 35% - 15,440,000(누진공제)
(+)	지방소득세	1,728,500	17,285,000 × 10%
(=)	총부담세액	19,013,500	

Chapter 7

특수한 경우의
양도소득세 계산

01
특수관계인 간의 부당행위계산의 부인

I 부당행위계산 부인에 따른 양도가액 또는 취득가액의 재계산

1 부당행위계산부인 요건

자산을 시가보다 낮은 가액으로 양도하거나 시가보다 높은 가액으로 취득하는 경우로서 아래와 같은 조건을 모두 충족한 경우에는 당초 신고한 양도가액 또는 취득가액을 부인하고 시가에 따라 양도소득세를 계산한다. 여기서 시가란 「상속 및 증여세법」상 평가액*을 말한다(소득법 §101①).

* 매매사례가액, 감정가액, 기준시가 등의 가액

1) 「소득세법」상 특수관계인 사이에 거래할 것

2) 시가와 대가의 차액이 시가의 5% 이상이거나 3억원 이상일 것

[소득세법상 부당행위계산부인 적용요건]

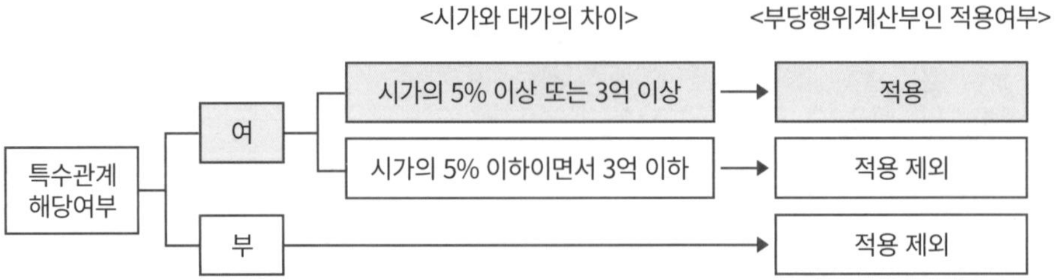

2 자산을 시가보다 낮게 양도한 경우 양도소득세 및 증여세 과세문제

1) 특수관계인과 거래한 경우

① 양도자의 양도가액

시가와 대가의 차액이 시가의 5% 이상이거나 3억원 이상인 경우에는 조세의 부담을 부당히 감소시킨 것으로 보아 부당행위계산부인 규정을 적용하여 양도가액을 시가로 한다.

② 양수자의 취득가액

아래와 같이 시가와 대가의 차액이 시가의 30%와 3억원 중 적은 금액 이상인 경우에는 양수자에게 증여세가 과세되고, 해당 증여재산가액은 양수자의 취득가액에 가산한다.

증여재산가액 = (시가 - 대가) - Min[시가×30%, 3억원]

[특수관계인에게 자산을 저가양도하는 경우 양도가액 및 취득가액]

구 분	요 건	금 액
양도자의 양도가액	(시가 - 대가) ≥ Min [시가×5%, 3억원]	시가
양수자의 취득가액	(시가 - 대가) - Min [시가×30%, 3억원]	당초 취득가액 + 증여재산가액

사례

특수관계인에게 저가 양도시 양도자의 양도가액과 양수자의 취득가액 계산

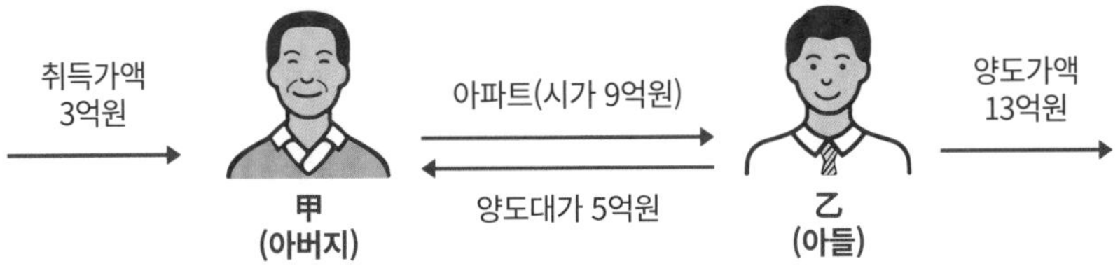

해설

	구 분	甲		乙	
		신 고	경 정	신 고	경 정
	양도가액	5억원	9억원1)	13억원	13억원
(-)	취득가액	3억원	3억원	5억원	6.3억원2)
(=)	양도차익	2억원	6억원	8억원	6.7억원

1) 특수관계인 사이의 거래로서 시가 9억원과 대가 5억원의 차액 4억원이 시가 9억원의 5%에 해당하는 4,500만원과 3억원 중 적은 금액인 4,500만원 이상이므로 부당행위계산 부인규정을 적용하여 시가 9억원을 양도가액으로 하여 양도소득세를 계산한다.
▷ 부당행위부인 판단 : (9억원-5억원) ≥ Min[0.45억원(9억원×5%), 3억원]

2) 특수관계인 사이의 거래로서 시가 9억원과 대가 5억원의 차액 4억원이 시가9억원의 30%에 해당하는 2.7억원과 3억원 중 적은 금액인 2.7억원 이상인 경우 아래와 같이 계산한 1.3억원의 증여재산가액을 당초 취득가액 5억원에 가산한다.
▷ 증여재산가액 : (9억원 - 5억원) - Min[2.7억원(9억원×30%), 3억원] = 1.3억원

비교학습

2023.1.1. 이후부터 취득세 부과시 부당행위계산부인 적용

1. 개요

종전에는 유상으로 취득한 부동산의 취득세 과세표준은 실제 취득가액과 시가표준액 중 큰 금액을 적용하였으나, 2023.1.1. 이후 취득분부터는 실제 취득가액을 기준으로 취득세를 계산하되 부당행위계산부인 규정이 적용되는 경우에는 시가인정액을 과세표준으로 한다.

예를 들어 2023.2.10. 에 비특수관계인으로부터 주택(시가 7억원, 시가표준액 7.5억원)을 7억원에 취득한 경우 취득세 과세표준은 시가표준액 7.5억원이 아닌 실제 취득가액인 7억원이 된다. 그러나 해당 주택을 부모 등 특수관계인으로부터 시가 7억원보다 낮은 5억원에 저가매수한다면 부당행위계산부인 규정을 적용하여 실제 취득가액인 아닌 시가 7억원을 기준으로 취득세를 부과한다.

2. 취득세 부당행위계산부인 적용요건

취득세에서 부당행위계산부인 적용요건은 양도소득세 규정과 동일하다. 즉, ① 특수관계인으로부터 ②시가(인정액)보다 낮은 가격으로 부동산을 취득하는 경우로서 ③[시가(인정액) - 취득가액]의 차액이 시가(인정액)의 5% 이상이거나 3억원 이상인 경우에는 부당행위계산부인 규정을 적용하여 취득가액을 시가로 한다.

사례

취득세 부당행위계산부인 적용여부에 따른 취득세 계산방법

무주택자인 자녀가 부모로부터 85㎡ 아파트(공시가격 5억원, 시가 9.5억원)를 6억원에 취득한 경우

해설

구 분	2022.12.31. 이전 취득	2023.1.1. 이후 취득
과세표준	6억원	9.5억원
취득세율	1.1%	3.3%
취득세	6,600,000	31,350,000
이유	Max(취득가액, 시가표준액)	부당행위부인규정 적용(시가인정액)

2) 특수관계인이 아닌 자와 거래한 경우

특수관계가 없는 자에게 자산을 시가보다 낮은 가격으로 양도한 경우에는 양도자에게는 부당행위계산부인 규정이 적용되지 않으나, 양수자가 정당한 사유 없이 시가보다 낮은 가격으로 양수한 경우로서 시가와 대가의 차액이 시가의 30% 이상이면서 아래와 같이 시가와 대가의 차액이 3억원을 초과하는 경우에는 양수자에게 증여세가 과세되고, 해당 증여재산가액은 양수자의 취득가액에 가산한다.

증여재산가액 = (시가 - 대가) - 3억원

[비특수관계인에게 자산을 저가양도하는 경우 양도가액 및 취득가액]

구 분	요 건	금 액
양도자의 양도가액	부당행위부인 대상 아님	당초 양도가액
양수자의 취득가액	① (시가 - 대가) ≥ 시가×30%이고 ② (시가 - 대가) - 3억원 할 것	당초 취득가액 + 증여재산가액

사례

비특수관계인에게 저가 양도시 양도자의 양도가액과 양수자의 취득가액

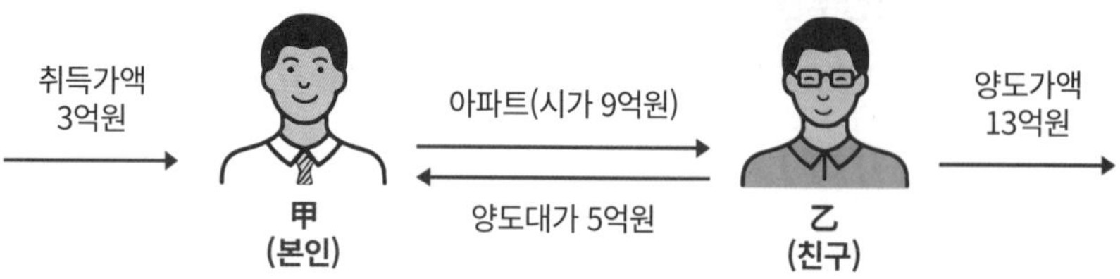

해설

구 분	甲		乙	
	신 고	경 정	신 고	경 정
양도가액	5억원	경정 없음	13억원	13억원
(-) 취득가액	3억원		5억원	6억원1)
(=) 양도차익	2억원		8억원	7억원

1) 비특수관계인 사이의 거래로서 시가 9억원과 대가 5억원의 차액 4억원이 시가 9억원의 30%에 해당하는 2.7억원 이상이면서 시가와 대가의 차액 4억원이 3억원을 초과하는 경우에는 아래와 같이 계산한 1억원의 증여재산가액을 당초 취득가액 5억원에 가산한다.

▷ 증여재산가액 : (9억원 - 5억원) - 3억원 = 1억원

3 자산을 시가보다 높게 양도한 경우 양도소득세 및 증여세 과세문제

1) 특수관계인과 거래한 경우

① 양도자의 양도가액

특수관계인에게 자산을 시가보다 높은 가액으로 양도한 경우에는 양도자에게는 부당행위계산부인 규정이 적용되지 않으나, 아래와 같이 대가와 시가의 차액이 시가의 30%와 3억원 중 적은 금액 이상인 경우에는 양도자에게 증여세가 과세되고, 해당 증여재산가액은 양도자의 양도가액에서 차감한다.

증여재산가액 = (대가 - 시가) - Min[시가×30%, 3억원]

배경 및 취지

고가양도에 따른 이익의 증여규정에 따라 양도자에게 증여세가 과세되는 경우 양도소득세가 이중으로 과세되는 것을 방지하기 위하여 당초 양도가액에서 증여재산가액을 차감하는 것이다.

② 양수자의 취득가액

대가와 시가의 차액이 시가의 5% 이상이거나 3억원 이상인 경우에는 조세의 부담을 부당히 감소시킨 것으로 보아 부당행위계산부인 규정을 적용하여 취득가액을 시가로 한다.

[특수관계인에게 자산을 고가양도하는 경우 양도가액 및 취득가액]

구 분	요 건	금 액
양도자의 양도가액	(대가 - 시가) ≥ Min [시가×30%, 3억원]	당초 양도가액 - 증여재산가액
양수자의 취득가액	(대가 - 시가) ≥ Min [시가×5%, 3억원]	시가

사례

특수관계인에게 고가 양도시 양도자의 양도가액과 양수자의 취득가액

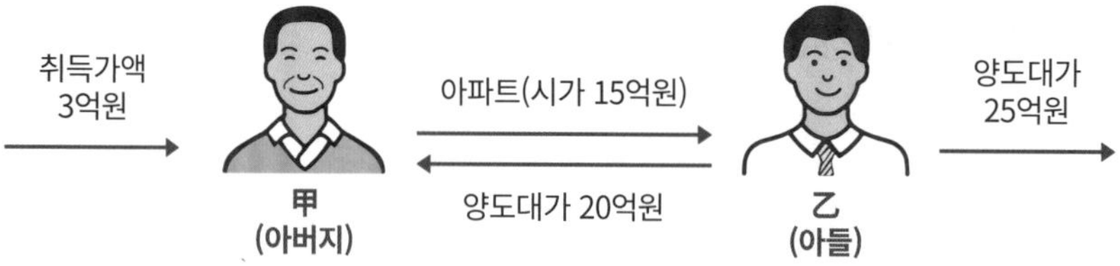

해설

	구분	甲		乙	
		신 고	경 정	신 고	경 정
	양도가액	20억원	18억원1)	25억원	25억원
(-)	취득가액	3억원	3억원	20억원	15억원2)
(=)	양도차익	17억원	15억원	5억원	10억원

1) 특수관계인 사이의 거래로서 대가 20억원과 시가 15억원의 차액 5억원이 시가 15억원의 30%에 해당하는 4.5억원과 3억원 중 적은 금액인 3억원 이상인 경우 아래와 같이 계산한 2억원의 증여재산가액을 당초 양도가액 20억원에서 차감한다.

▷ 증여재산가액 : (20억원 - 15억원) - Min[4.5억원(15억원×30%), 3억원] = 2억원

2) 특수관계인으로부터 시가보다 높게 취득한 경우로서 대가 20억원과 시가 15억원의 차액 5억원이 시가 15억원의 5%에 해당하는 7,500만원과 3억원 중 적은 금액인 7,500만원 이상이므로 부당행위계산부인 규정을 적용하여 시가 15억원을 취득가액으로 하여 양도소득세를 계산한다.

▷ 부당행위부인 판단 : (20억원 - 15억원) ≥ Min[0.75억원(15억원×5%), 3억원]

2) 특수관계인이 아닌 자와 거래한 경우

특수관계가 없는 자에게 자산을 시가보다 높은 가격으로 양도한 경우에는 양도자에게 부당행위계산부인 규정이 적용되지 않으나, 양도자가 정당한 사유 없이 시가보다 높은 가격으로 양도한 경우로서 대가와 시가의 차액이 시가의 30% 이상이면서 아래와 같이 대가와 시가의 차액이 3억원을 초과하는 경우에는 양도자에게 증여세가 과세되고, 해당 증여재산가액은 양도자의 양도가액에서 차감한다.

증여재산가액 = (대가 - 시가) - 3억원

[비특수관계인에게 자산을 고가양도하는 경우 양도가액 및 취득가액]

구 분	요 건	적용가액
양도자의 양도가액	① (대가 - 시가) ≥ 시가×30%이고 ② (대가 - 시가) - 3억원 할 것	당초 양도가액 - 증여재산가액
양수자의 취득가액	부당행위부인 대상 아님	당초 취득가액

사례

비특수관계인에게 고가 양도시 양도자의 양도가액과 양수자의 취득가액

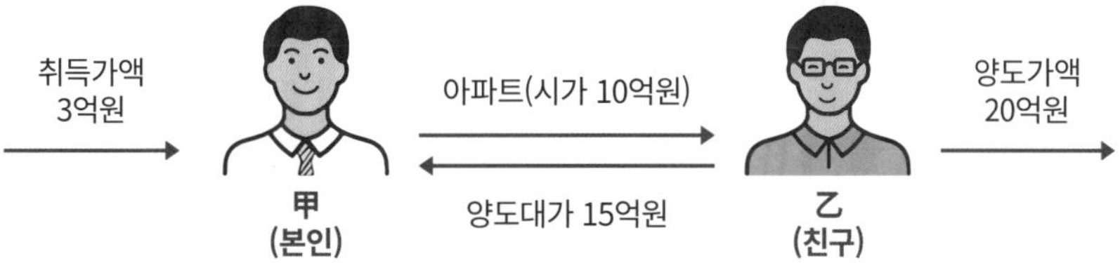

해설

	구분	甲		乙	
		신 고	경 정	신 고	경 정
	양도가액	15억원	13억원[1]	20억원	경정 없음
(-)	취득가액	3억원	3억원	15억원	
(=)	양도차익	12억원	10억원	5억원	

1) 비특수관계인 사이의 거래로서 대가 15억원과 시가 10억원의 차액 5억원이 시가 10억원의 30%에 해당하는 3억원 이상이면서 대가와 시가의 차액 5억원이 3억원을 초과하는 경우에는 아래와 같이 계산한 2억원의 증여재산가액을 당초 양도가액 15억원에서 차감한다.

▷ 증여재산가액 : (15억원 - 10억원) - 3억원 = 2억원

Ⅱ 소득세법과 상속 및 증여세법상 특수관계인 차이에 따른 소득세와 증여세 과세문제

1 소득세법과 상증세법상 특수관계인에 포함되는 사용인의 범위

소득세법상 특수관계인과 상속 및 증여세법상 특수관계인의 범위는 대부분 일치하나, 사용인의 범위에서 다소 차이가 있다.

1) 소득세법상 특수관계인에 포함되는 사용인의 범위

본인이 운영하는 개인사업체에 직접 고용된 사용인만 특수관계인에 해당되고, 본인 및 그와 특수관계에 있는 자가 30% 이상 출자하여 지배하는 법인에 고용된 사용인은 본인과 친족관계 및 경제적 연관 관계가 없는 한 특수관계인에 해당하지 않는다.

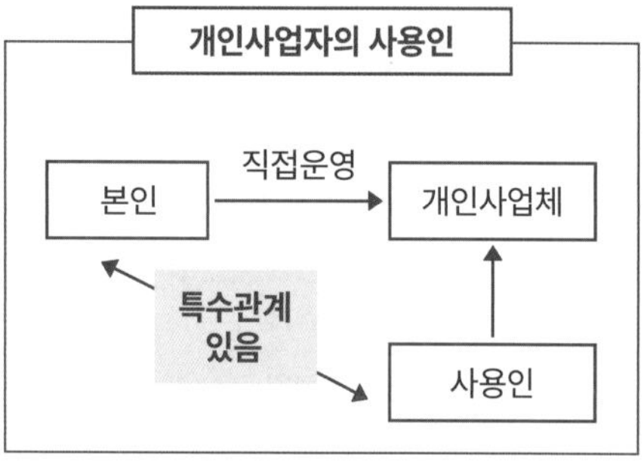

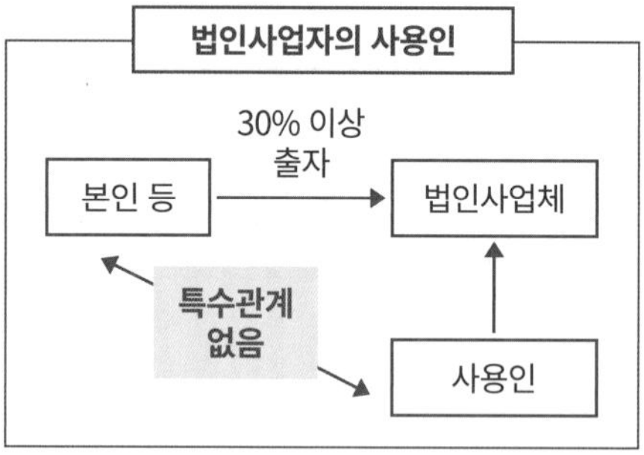

2) 상속 및 증여세법상 특수관계인에 포함되는 사용인의 범위

본인이 운영하는 개인사업체에 직접 고용된 사용인뿐만 아니라, 본인 및 그와 특수관계에 있는 자가 30% 이상 출자하여 지배하는 법인에 고용된 사용인도 특수관계인의 범위에 포함된다.

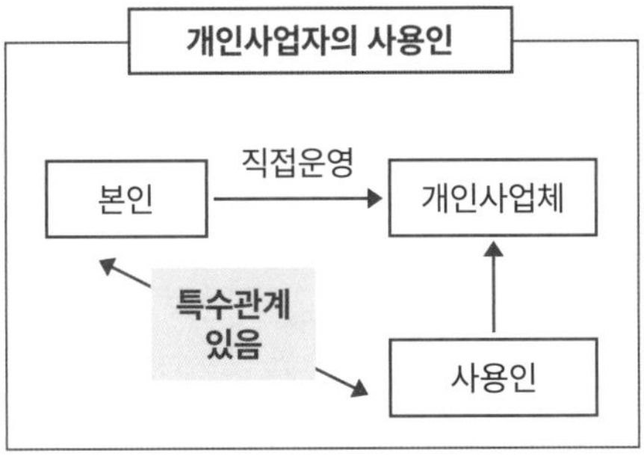

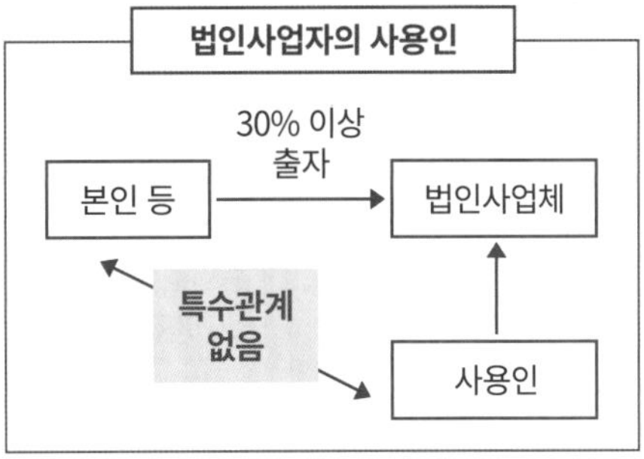

2 특수관계인에 포함되는 사용인의 범위차이에 따른 과세문제

1) 소득세법상 부당행위계산부인 적용여부

본인이 30% 이상 출자하여 지배하는 법인의 사용인은 소득세법상 특수관계인에 포함되지 않으므로 본인과 친족관계 등이 없는 법인의 사용인 사이의 거래에 대하여는 소득세법상 부당행위계산부인 규정이 적용되지 않는다.

2) 상속 및 증여세법상 증여의제 적용여부

본인이 30% 이상 출자하여 지배하는 법인에 고용된 사용인은 상속 및 증여세법상 특수관계인에 포함되므로 본인과 법인의 사용인과의 거래에 대하여는 상속 및 증여세법상 증여의제규정이 적용된다.

사례 1

특수관계인에 포함되는 사용인의 범위차이에 따른 과세여부

1. A법인 대표이사 甲은 A법인이 발행한 주식 20,000주를 해당 법인의 임원인 乙에게 1주당 액면가액 10,000원으로 하여 2억원에 양도하였다.
2. 甲과 乙은 친족관계 또는 경제적 연관관계가 없다.
3. A법인 주식의 상속세 및 증여세법상 1주당 평가액 40,000원이며, 주주 변동내역은 아래와 같다

● 주주 변동내역

주주	기초		기말		비고
	주식수	지분율	주식수	지분율	
甲	50,000	50%	30,000	30%	대표이사
乙	20,000	20%	40,000	40%	임원
丙	30,000	30%	30,000	30%	주주
계	100,000	100%	100,000	100%	

해설

1. 소득세법상 부당행위계산부인 규정 적용여부

본인이 30% 이상 주식을 소유한 법인에 고용된 사용인이라도 본인과 친족관계 또는 경제적 연관관계가 없는 사용인은 소득세법상 특수관계인에 해당하지 않으므로 甲이 乙에게 양도한 주식에 대하여는 부당행위계산부인 규정이 적용되지 않는다. 따라서 주식의 시가 8억원과 양도대가 2억원의 차액 6억원이 시가의 5%에 해당하는 4천만원 또는 3억원 이상에 해당하더라도, 甲이 양도한 주식의 양도가액 2억원은 소득세법상 정당한 거래가액으로 인정된다.

2. 상속세 및 증여세법상 특수관계인 및 저가양수에 따른 증여세 적용여부

1) 특수관계인 해당여부

소득세법과 달리 상속 및 증여세법에서는 본인이 운영하는 개인사업체에 고용된 사용인이 아니라 하더라도 본인이 30% 이상 주식을 소유한 법인의 사용인은 본인의 특수관계인의 범위에 포함된다. 위 사례에서 甲은 A법인에 50%를 출자하여 A법인을 지배하고 있고, 乙은 A법인의 임원으로 사용인에 해당하므로 甲과 乙은 상속 및 증여세법상 특수관계인에 해당한다.

2) 저가양수에 따른 증여세 과세여부

① 甲과 乙은 상속 및 증여세법상 특수관계인에 해당하고, 乙이 甲으로부터 저가로 양수한 주식의 시가 8억원과 대가 2억원의 차액 6억원이 시가 8억원의 30%에 해당하는 2.4억원과 3억원 중 적은 금액인 2.4억원 이상이므로 증여의제규정이 적용된다.

* 증여의제규정 판단 : (8억원 - 2억원) ≥ Min[2.4억원(8억원×30%), 3억원]

② 乙의 증여세

시가 8억원과 대가 2억원의 차액 6억원에서 시가 8억원의 30%에 해당하는 2.4억원과 3억원 중 적음 금액을 차감한 3.6억원이 증여재산가액이 된다.

* 증여재산가액 : (8억원-2억원) - Min[2.4억원(8억원×30%), 3억원] = 3.6억원

대비사례

특수관계인에 포함되는 사용인의 범위차이에 따른 과세여부

1. 甲은 丙에게 A법인의 주식 중 20,000주를 1주당 5,000원에 양도하였으며, 양도일 현재 상속 및 증여세법상 1주당 평가액은 20,000원이다.
2. 丙은 甲이 고용한 개인사업체의 사용인이 아니며, 甲과 丙은 친족관계나 경제적 연관관계가 없다.

● 주식 변동내역

주주	기초		기말		비고
	주식수	지분율	주식수	지분율	
甲	50,000	50%	30,000	30%	대표이사
乙	20,000	20%	20,000	20%	임원
丙	30,000	30%	50,000	50%	주주
계	100,000	100%	100,000	100%	

해설

1. 소득세법상 甲과 丙은 친족관계나 경제적 연관관계가 없어 특수관계인이 아니므로 甲이 丙에게 저가로 양도한 주식에 대해서는 부당행위계산부인 규정이 적용되지 않는다.

2. 상속 및 증여세법상 丙은 단순히 회사의 주주이나 사용인은 아니므로 甲의 특수관계인 범위에 포함되지 않으므로 丙에게 증여의제규정을 적용할 수 없다. 다만, 정당한 사유 없이 甲이 비특수관계인인 丙에게 주식을 시가보다 30% 이상 낮은 가액으로 양도한 경우 시가와 대가의 차이에서 3억원을 차감한 가액을 증여의제가액으로 하여 증여세가 과세될 수는 있다.
   위 사례에서는 甲이 丙에게 양도한 주식의 시가 4억원과 대가 1억원의 차액 3억원이 시가의 30% 이상에 해당하여 증여의제 과세요건은 충족하였으나, 비특수관계인간 거래에 대해서는 시가와 대가의 차액에서 3억원을 차감한 가액에 대해서만 과세하므로 丙이 실제 부담할 증여세는 없다.
   * 비특수관계인 간 증여의제규정 판단 : (4억원 - 1억원) ≥ 1.2억원(4억원×30%)
   ** 증여재산가액 : (4억원 - 1억원) - 3억원 = 0원

사례 2

특수관계인에게 주택을 저가로 양도한 경우 양도소득세 및 증여세 적용여부

● 공동주택의 내역

1. 양도한 아파트의 취득 및 양도내역

양도물건	양도가액	양도일자	취득가액	취득일자
경기도 성남시 ××동 소재 아파트 105동 1201호	9억원	2023.1.25	4억원	2016.3.10

2. 기준시가

(단위:원)

고시일자	공시가격	전용면적
2022.4.29	900,000,000	85㎡

3. 유사 매매사례가액

(단위:원)

유사재산	매매계약일	매매가액	고시일자	기준시가	전용면적
107동 1306호	2023. 1. 5	1,510,000,000	2022.4.29	890,000,000	85㎡
108동 1104호	2022.12.20	1,520,000,000	2022.4.29	880,000,000	85㎡
103동 1208호	2022.11.30	1,500,000,000	2021.4.29	900,000,000	85㎡

4.기타사항

1) 甲은 해당 주택을 별도세대원인 성년 자녀 乙에게 기준시가인 9억원에 양도하고 양도소득세 신고서에 과세표준 및 세액을 기재하지 않고 1세대1주택 비과세로 표기하여 신고하였다.
2) 동 주택은 1세대1주택 비과세 요건을 충족하고 있다.
3) 甲은 해당 주택에서 거주하지 않았으며, 위 주택 외에는 다른 주택을 소유하고 있지 않다.
4) 자녀 乙은 실제로 甲에게 양도대가로 9억원을 지급하였다.

해설

1. 상증법상 시가 판단시 매매사례가액 적용 요건

공동주택의 유사 매매사례가액은 상속 및 증여세법상 규정을 준용하여 아래의 요건을 모두 충족한 경우에만 적용한다.

① 평가대상 주택과 동일한 공동주택단지 내에 있을 것

② 평가대상 주택과 주거전용면적의 차이가 평가대상 주택의 주거전용면적의 5% 이내일 것

③ 평가대상 주택과 공동주택가격의 차이가 평가대상 주택의 공동주택가격의 5% 이내일 것

	구 분	금 액	계산근거
	양도가액	1,500,000,000	해설 참조
(−)	취득가액	400,000,000	실제 취득가액 적용
	취득가액 종류	실가	
(−)	기타필요경비	-	
(=)	양도차익	1,100,000,000	
(−)	비과세양도차익	880,000,000	11억원 × 12억원/15억원
(=)	과세대상양도차익	220,000,000	11억원 × (15억원-12억원)/15억원
(−)	장기보유특별공제	26,400,000	12%(6년×2%)
(=)	양도소득금액	193,600,000	
(−)	기본공제	2,500,000	
(=)	과세표준	191,100,000	
(×)	세율	38%	
(=)	산출세액	52,678,000	191,100,000 × 38% - 19,940,000(누진공제)
(+)	가산세	12,621,649	해설 참조
(=)	납부할세액	65,299,649	
(+)	지방소득세	6,529,965	65,299,649 × 10%
(=)	총부담세액	71,829,614	

2. 甲의 양도가액

특수관계인에게 아파트를 시가보다 낮게 양도한 경우로서 시가와 대가의 차액이 시가의 5% 이상 또는 3억원 이상이므로 시가를 양도가액으로 한다. 이 사례에서는 양도한 아파트와 유사한 아파트의 기준시가 차이가 가장 적은 103동 1208호의 매매사례가액 15억원을 시가로 보아 양도가액을 15억원으로 한다.

3. 甲의 가산세

신고서에 과세표준 및 세액을 기재하지 않고, 단순히 비과세로 표기하여 신고서를 제출한 경우에는 과세표준신고서를 법정기한 내 제출하지 않은 것으로 간주하여 무신고가산세 및 납부지연가산세가 부과된다(조심2013중1462, 2013.11.18).

1) 무신고가산세 : 산출세액 52,678,000 × 20% = 10,535,600

2) 납부지연가산세 : 산출세액 52,678,000 × 180일(가정) × 22/100,000 = 2,086,049

4. 乙의 증여세

상속 및 증여세법상 특수관계인간의 거래로서 시가 15억원과 대가 9억원의 차액 6억원이 시가의 30%에 해당하는 4.5억원과 3억원 중 적은 금액인 3억원 이상이므로 시가와 대가의 차액 6억원에서 시가의 30%에 해당하는 금액과 3억원 중 적은 금액인 3억원을 차감한 3억원을 증여재산가액으로 보아 증여세를 계산한다.

* 증여재산가액 : (15억원 - 9억원) - Min[4.5억원(15억원×30%), 3억원] = 3억원

	구 분	금 액	계산 근거
	증여재산가액	300,000,000	상증법상 저가양수에 따른 이익의 증여
(-)	증여재산공제	50,000,000	성년자녀에 해당하여 5,000만원 공제
(=)	과세표준	250,000,000	
(×)	세율	20%	
(=)	산출세액	40,000,000	250,000,000 × 20% - 1,000만원(누진공제)
(-)	신고세액공제	-	신고기한 내 무신고하여 공제불가
(=)	납부할세액	40,000,000	

※ 가산세 계산은 생략

02

교환으로 양도한 자산의 양도차익 계산

1 교환의 개념

교환이란 금전 외의 재산권을 상호 이전할 것을 약정하고 부동산 등의 소유권을 이전함으로써 효력이 생기는 계약을 말한다. 부동산을 교환하는 경우 실질적으로 매매와 경제적 효과가 동일하므로 양도소득세 과세대상이 된다.

2 교환시 양도차익 계산

1) 교환계약서에 교환대상 자산에 대한 감정평가액 등 시가를 반영하여 거래가액을 기재한 경우

교환으로 양도하는 자산에 대하여 감정평가액 등 시가를 반영하여 거래가액을 기재하고, 교환차액에 대하여 정산절차를 거친 경우에는 거래금액을 실지거래가액으로 보며, 교환시 양도가액은 자신이 양도한 자산의 시가가 아니라 양도대가로 받은 자산의 시가에 현금수령액을 더한 금액이며, 현금을 지급했다면 차감한 금액이다.

사례

감정평가를 거쳐 교환하면서 차액을 정산한 경우 양도차익 계산

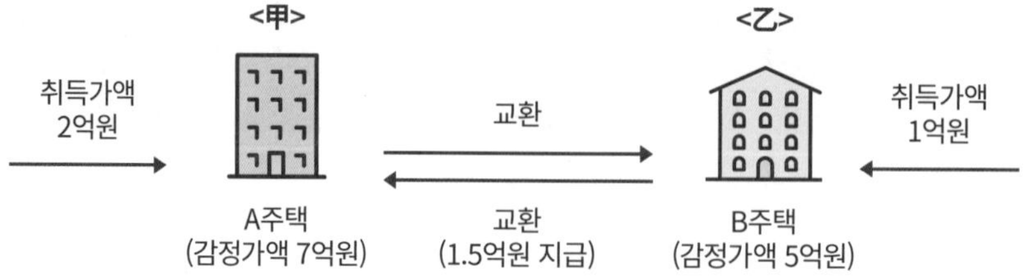

해설

	구 분	甲	乙
	양도가액	6.5억원1)	5.5억원2)
(-)	취득가액	2억원	1억원
(=)	양도차익	4.5억원	4.5억원

1) 甲의 양도가액(B주택의 가액 + 현금 수령액) : 5억원 + 1.5억원 = 6.5억원

2) 乙의 양도가액(A주택의 가액 - 현금 지급액) : 7억원 - 1.5억원 = 5.5억원

※ 교환취득 이후 양도하는 경우

> ① 甲이 교환으로 취득한 B주택을 9억원에 양도시 양도차익 : 9억원 - 5.5억원 = 3.5억원
> ② 乙이 교환으로 취득한 A주택을 14억원에 양도시 양도차익 : 14억원 - 6.5억원 = 7.5억원

2) 감정평가를 하지 않고 계약서에 교환대상 자산에 대한 거래가액을 임의로 기재한 경우

① 교환으로 양도한 자산의 유사 매매사례가액이 있는 경우

교환계약서에 임의로 기재된 거래가액을 부인하고 유사 매매사례가액을 양도가액으로 보아 실지거래가액에 따라 양도차익을 계산한다. 이 경우 교환으로 양도하는 자산의 유사 매매사례가액이 있는 경우 해당 가액을 우선 적용하고, 양도한 자산의 유사 매매사례가액이 없는 경우에는 교환으로 취득하는 자산의 유사 매매사례가액을 적용한다.

사례

감정가액은 없고 쌍방 모두 유사 매매사례가액이 있는 경우 양도차익 계산

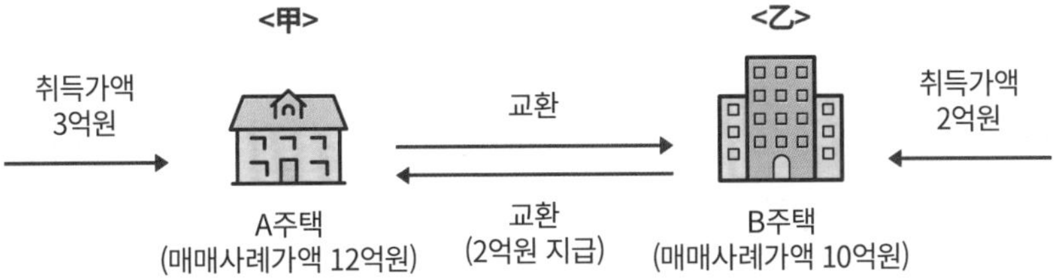

해설

	구 분	甲	乙
	양도가액	12억원	10억원
(-)	취득가액	3억원	2억원
(=)	양도차익	9억원	8억원

※ 교환취득 이후 양도하는 경우

① 甲이 교환으로 취득한 B주택을 15억원에 양도시 양도차익 : 15억원 - 10억원 = 5억원
② 乙이 교환으로 취득한 A주택을 14억원에 양도시 양도차익 : 14억원 - 12억원 = 2억원

② 쌍방 모두 유사 매매사례가액 또는 감정가액이 없어 양도가액을 기준시가로 하는 경우

교환계약서에 임의로 기재된 양도가액을 부인하고, 교환으로 양도한 자산의 양도 당시 기준시가를 양도가액으로 하고 양도한 자산의 취득당시 기준시가를 취득가액으로 하여 기준시가에 따라 양도차익을 계산한다.

사례

교환하는 부동산의 양도가액을 기준시가로 하는 경우 양도차익 계산

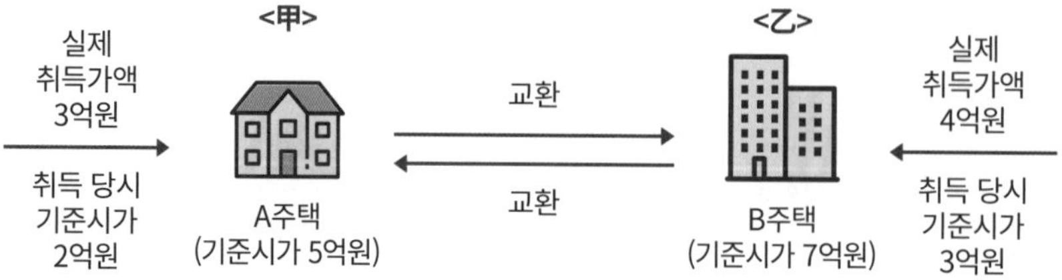

해설

	구 분	甲	乙
	양도가액	5억원	7억원
(−)	취득가액	2억원	3억원
(=)	양도차익	3억원	4억원

甲이 양도한 A주택과 乙이 양도한 B주택이 모두 기준시가만 있는 경우 각각 양도한 주택의 기준시가를 양도가액으로 한다. 이 경우 쌍방 모두 기준시가를 적용하여 주택을 교환한 후, 교환으로 취득한 주택을 양도하는 경우로서 양도가액을 실지거래가액을 적용할 경우 취득가액은 매매사례가액, 감정가액, 환산취득가액을 순차로 적용한다.

① 甲이 교환으로 취득한 B주택을 15억원(기준시가 10억원)에 양도시 양도차익
= 15억원 - 10.5억원(15억원 × 7억원*/10억원) = 4.5억원

② 乙이 교환으로 취득한 A주택을 14억원(기준시가 8억원)에 양도시 양도차익
= 14억원 - 8.75억원(14억원 × 5억원**/8억원) = 5.25억원

* B주택의 교환 당시 기준시가
** A주택의 교환 당시 기준시가

[교환하는 자산의 양도차익 계산시 양도가액 및 취득가액 산정방법]

구 분	양도가액		취득가액
실지거래가액 (시가 감정가액)	정산차액이 있는 경우	취득한 자산가액 ± 정산금	양도한 자산의 실지 취득가액 등
	정산차액이 없는 경우	취득한 자산가액	
매매사례가액	<1순위> 양도한 자산의 매매사례가액 <2순위> 취득한 자산의 매매사례가액		
기준시가	양도한 자산의 양도 당시 기준시가		양도한 자산의 취득 당시 기준시가

비교학습 _ 교환으로 취득하는 경우 취득세 과세표준 계산방법

교환을 원인으로 이전받는 부동산 등의 시가인정액과 이전하는 부동산 등의 시가인정액(상대방에게 추가로 지급하는 금액과 상대방으로부터 승계받는 채무액이 있는 경우 그 금액을 더하고, 상대방으로부터 추가로 지급받는 금액과 상대방에게 승계하는 채무액이 있는 경우 그 금액을 차감한다) 중 높은 가액으로 한다(지방세법 시행령 제18조의4).

예를 들어 甲이 보유한 14억원의 아파트와 乙이 보유한 12억원의 아파트를 서로 교환하면서 2억원의 차액을 정산하기로 한 경우 甲과 乙이 계산할 취득세 과세표준은 둘 중 높은 가액인 14억원이다.

03

배우자 또는 직계존비속으로부터 증여받은 재산을 10년 이내 양도시 이월과세

I 개요

1 이월과세 요건

증여자가 배우자 또는 직계존비속에게 토지, 건물, 특정시설물이용권 또는 분양권 및 조합입주권을 증여한 후, 배우자 등이 해당 재산을 증여받은 날로부터 10년(2022.12.31. 이전 증여분은 5년) 이내에 양도하는 경우 양도차익 계산시 양도가액에서 공제할 취득가액은 증여 당시의 가액이 아니라 증여자의 취득 당시 가액으로 계산한다(소득법 §97의2).

[배우자 또는 직계존비속간 증여재산에 대한 이월과세]

※ 수증자乙 : 증여자甲의 배우자나 직계존비속

[증여시점별 이월과세 적용기간 비교]

	<수증자>	<증여받은 시점>	<이월과세 적용기간>
증여자	배우자,직계존비속	2022.12.31. 이전 증여	5년
증여자	**배우자,직계존비속**	**2023.1.1. 이후 증여**	**10년**

2 이월과세의 필요성

다주택자가 1억원에 취득한 주택을 10년간 보유하다 제3자에게 시가 6억원에 양도할 경우 양도차익 5억원에 대하여 양도소득세가 1억3천만원 과세되나, 주택을 배우자에게 증여할 경우 배우자는 증여받은 재산가액 6억원에 대하여 배우자 증여재산공제 6억원을 적용받아 납부할 증여세가 없으며, 배우자가 증여받은 즉시 시가 6억원에 양도할 경우 양도가액과 취득가액이 동일하여 납부할 양도소득세가 없으므로 배우자에 대한 증여를 이용하여 양도소득세를 탈루하는 경우가 있다.

[직접 양도시 양도소득세]

구 분	금 액
양도차익	5억원[1]
장기보유특별공제	1억원[2]
과세표준	4억원
산출세액	1.34억원[3]

[증여 후 양도시 증여세와 양도소득세]

구 분	금 액	구 분	금액
증여재산가액	6억원	양도가액	6억원
증여재산공제	6억원	취득가액	6억원
과세표준	-	과세표준	-
산출세액	-	산출세액	-

1) 600,000,000원(양도가액) - 100,000,000원(취득가액) = 500,000,000원

2) 500,000,000원 × 20%(10년 × 2%) = 100,000,000원

3) 400,000,000원(기본공제 250만원 생략) × 40% - 25,940,000원(누진공제) = 134,060,000원

이에 따라 세법에서는 직접 제3자에게 재산을 양도하지 않고 먼저 배우자 등에게 증여한 후 배우자 등이 증여받은 재산을 양도하여 양도소득세를 탈루하는 행위를 방지하기 위하여 배우자 등으로부터 재산을 증여받은 후 10년(2022.12.31.이전 증여분은 5년) 내에 양도할 경우 재산을 증여받은 배우자 등이 양도소득세를 계산할 때 당초 재산을 증여한 자의 취득가액으로 적용하는 규정을 두게 된 것이다.

Ⅱ 이월과세가 적용되지 않는 경우

1 증여받은 재산이 수용되는 경우

사업인정고시일로부터 소급하여 2년 이전에 배우자·직계존비속으로부터 증여받은 재산이 「공익사업을 위한 토지 등의 취득 및 보상에 관한 법률」이나 그 밖의 법률에 따라 등 협의매수 또는 수용되는 경우에는 이월과세를 적용하지 않는다.

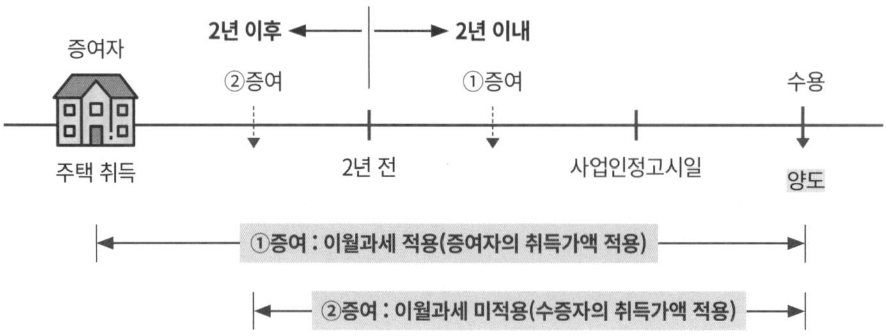

배경 및 취지

자산이 수용되는 것은 비자발적으로 양도한 것으로서 양도소득세를 탈루하기 위하여 자산을 증여하고 다시 증여받은 재산을 양도한 경우로 볼 수 없으므로 이월과세 대상이 되지 않는다. 단, 사업인정고시일로부터 소급하여 2년 이내에 증여한 경우에는 수용이 될 것을 미리 알고 증여한 것으로 보아 이월과세를 적용한다.

관련 해석 사례 _ 쟁점 토지가 이월과세 및 수용감면 적용대상 토지에 해당하는지 여부

쟁점토지의 경우 청구인은 사업인정고시일로부터 소급하여 2년 이내에 증여로 취득하여 양도하여 이월과세 적용대상이나, 이월과세를 적용하여 계산한 양도소득 결정세액이 이월과세를 적용하지 아니하고 계산한 양도소득 결정세액보다 적으므로 「조세특례제한법」 제77조의 양도소득세 감면적용 대상에 해당하지 아니한다(조심-2018-부-0039, 2018.2.12).

2 이월과세 적용으로 수증자가 1세대1주택 비과세를 적용받은 경우

별도세대원으로부터 증여받은 주택을 양도하여 이월과세 적용에 따른 수증자에게 1세대 1주택 비과세(고가주택 포함)가 적용되는 경우 이월과세를 적용하지 않고, 후술하는 증여 후 양도행위부인 규정을 적용한다. 다만, 동일세대원으로부터 증여받은 경우와 수증자가 증여받은 날로부터 2년 이상 경과 후 증여받은 주택을 양도하는 경우에는 이월과세를 적용한다.

배경 및 취지

해당 규정은 증여받은 후 단기간 내에 양도하여 이월과세 적용으로 보유기간이 당초 증여자의 취득시점으로 소급적용되는 것을 방지하기 위함인데, 수증자가 동일세대원인 경우에는 보유기간이 통산되고, 별도세대원인 수증자가 증여받은 날로부터 2년 이상 경과한 후 양도하는 경우에는 어차피 1세대 1주택 비과세가 적용되기 때문에 조세회피방지를 위하여 이월과세를 적용하는 것이다.

관련 해석 사례 _ 배우자로부터 주택을 증여받고 5년 이내 양도시 이월과세 적용여부

1세대1주택 상태에서 배우자에게 주택을 증여 후 5년 내 증여받은 배우자가 해당 주택을 양도하는 경우 배우자 등 이월과세가 적용되며, 증여받은 배우자의 비과세 판단시 해당 주택의 보유기간은 증여한 배우자의 취득일부터 기산한다(법규과-1631, 2022.5.26).

적용사례

Case 1

부친이 10년 전에 취득한 주택을 별도세대원인 무주택 자녀가 증여받은 후, 증여받은 날로부터 2년 이내 해당 주택(고가주택)을 양도하는 경우

해설 이월과세를 적용하면 수증자가 양도한 주택의 보유기간이 증여자가 취득한 날부터 기산하여 1세대 1주택 비과세가 적용되기 때문에 이를 방지하기 위하여 이월과세를 적용하지 않고, 증여 후 양도행위부인 규정을 적용한다. 다만, 양도소득이 수증자에게 실제로 귀속된 경우에는 해당 규정을 적용하지 않는다.

Case 2

부친이 10년 전에 취득한 주택을 별도세대원인 무주택 자녀가 증여받은 후, 증여받은 날로부터 2년 이상 경과 후 해당 주택(고가주택)을 양도하는 경우

해설 이월과세 규정을 적용하지 않더라도 증여받은 날을 기준으로 2년 이상 보유요건을 충족하여 수증자가 양도한 주택에 대해서는 1세대 1주택 비과세가 적용되므로 〈Case1〉과 달리 이월과세를 적용하지 않으면 오히려 조세회피행위가 발생할 수 있으므로 이월과세를 적용한다.

Case 3

부친이 10년 전에 취득한 1세대 1주택을 동일세대원인 무주택 자녀가 증여받은 후, 증여받은 날로부터 2년 이내 해당 주택(고가주택)을 양도하는 경우

해설 이월과세 규정을 적용하지 않더라도 동일세대원으로부터 증여받은 경우 증여자와 수증자의 보유기간이 통산되어 수증자가 양도한 주택에 대해서는 1세대 1주택 비과세가 적용되므로 이월과세를 적용하지 않으면 오히려 조세회피행위가 발생할 수 있으므로 이월과세를 적용한다.

Case 4

부친이 10년 전에 취득한 1세대 1주택을 동일세대원인 무주택 자녀가 증여받은 후, 세대분리하고 증여받은 날로부터 2년 이내 해당 주택(고가주택)을 양도하는 경우

해설 주택을 증여받은 시점에서는 동일세대원이나 세대를 분리한 후 양도시점에는 동일세대가 아닌 경우에는 보유기간은 통산되지 않고 증여받은 날부터 기산하므로, 〈Case1〉과 동

일하게 이월과세 적용으로 수증자가 양도한 주택이 1세대 1주택 비과세되는 것을 방지하기 위하여 이월과세를 적용하지 않고, 증여 후 양도행위부인 규정을 적용한다. 다만, 양도소득이 수증자에게 실제로 귀속된 경우에는 해당 규정을 적용하지 않는다.

3 이월과세를 미적용한 결정세액이 이월과세를 적용한 결정세액보다 큰 경우

일반적으로 이월과세를 적용하면 당초 증여자의 낮은 취득가액 적용으로 양도소득세가 크게 계산되지만 장기보유특별공제 및 세율도 당초 증여자의 취득일부터 계산하므로 오히려 이월과세를 적용하지 않을 경우보다 양도소득세가 적게 계산될 수 있다. 따라서 이월과세를 적용한 경우 결정세액과 이월과세를 적용하지 않은 경우의 결정세액을 비교하여 둘 큰 세액을 적용한다.

관련 해석 사례 _ 배우자 등 이월과세 비교과세시 장기보유특별공제

배우자로부터 증여받아 5년 이내에 양도하는 주택에 대해 이월과세를 적용한 양도소득 결정세액 계산시 장기보유특별공제 보유기간은 증여한 배우자가 해당 주택을 취득한 날부터 기산하며, 이월과세를 적용하지 않은 양도소득 결정세액 계산시 장기보유특별공제 보유기간은 증여일부터 기산하는 것이다(부동산납세과-3381, 2022.11.2).

[동일세대원 간 증여로 이월과세 적용여부에 따른 보유기간 계산방법]

구 분	장기보유특별공제 보유기간	1세대1주택 보유기간
이월과세 적용시	증여자의 취득일부터 기산	
이월과세 미적용시	수증자의 취득일부터 기산	

4 양도일 현재 배우자가 사망한 경우

자산을 증여받은 배우자가 양도 당시 사망한 경우에는 이월과세를 적용하지 않지만, 이혼으로 인하여 혼인관계가 소멸된 경우와 직계존비속이 사망한 경우에는 이월과세를 적용한다.

비교학습 _ 이월과세 적용시 8년 자경감면 및 비사업용토지 판정기준

1. 8년 자경감면

배우자 또는 직계존비속으로부터 양도소득세 감면대상 농지를 증여받아 10년 이내 양도하여 이월과세를 적용할 경우 취득가액은 당초 증여자가 취득한 가액을 적용하여 양도소득세를 계산하나, 8년 이상 자경 감면 여부는 수증자가 증여받은 날로부터 양도한 날까지의 기간만을 적용하여 판단한다.

2. 비사업용 토지

배우자 또는 직계존비속으로부터 토지를 증여받아 10년 이내 양도하여 이월과세를 적용할 경우 토지의 보유기간에 따라 적용되는 비사업용토지 여부 판단의 기간기준은 증여자의 취득일부터 적용한다.

Ⅲ 이월과세 적용시 양도소득세 계산

1 양도소득세의 납세의무자

이월과세가 적용되는 경우 양도소득세 납세의무자는 수증자가 된다.

2 필요경비 계산

1) 취득가액 계산

① 실제 취득가액이 확인되는 경우

취득가액은 재산을 증여한 배우자 등이 재산을 취득할 당시 지출한 실제 거래가액으로 한다.

② 실제 취득가액이 확인되지 않는 경우

재산을 증여한 배우자 등이 재산을 취득할 당시 매매사례가액, 감정가액, 환산취득가액, 기준시가를 순차적으로 적용한다.

2) 기타 필요경비 계산

① 수증자가 납부한 증여세

가. 증여세 산출세액은 양도재산에 대한 양도차익을 한도로 기타 필요경비로 공제한다. 이 경우 증여자의 취득가액이 확인되지 않아 매매사례가액, 감정가액, 환산취득가액 또는 기준시가로 취득가액을 적용한 경우에도 증여세 상당액을 필요경비로 공제한다.

나. 이월과세대상이 되는 재산과 이월과세대상이 되지 않는 재산을 함께 증여받고 이월과세대상 재산만을 양도하는 경우 또는 이월과세대상 재산을 증여받고 그 중 일부만 양도하는 경우에는 아래와 같이 계산된 금액을 양도한 재산에 대한 필요경비로 공제한다.

$$\text{증여세 산출세액} \times \frac{\text{양도하는 이월과세대상 증여세 과세가액}}{\text{당초 증여세 과세가액의 합계액}}$$

사례

- 2019년 1월 : 갑은 배우자로부터 부동산과 주식을 증여받음 (부동산:5억원, 주식:3억원, 증여세 산출세액:3,000만원, 납부세액 2,910만원)
- 2023년 7월 : 배우자로부터 증여받은 부동산 양도 (양도차익:4억원)

해설

필요경비에 산입되는 증여세 산출세액: 30,000,000원* × 5억원 / 8억원 = 18,750,000원

*증여신고세액공제(3%)를 차감한 실제 납부세액 2,910만원이 아닌 증여세 산출세액 적용

② 증여자의 자본적지출액

증여자가 지출한 자본적 지출액은 기타 필요경비에 포함되지 않고, 수증자가 재산을 증여받은 후 지출한 자본적 지출액은 기타 필요경비로 공제한다.

③ 취득세

증여자가 지출한 취득세는 필요경비에 포함되나, 증여받은 자가 지출한 취득세는 기타 필요경비에 포함되지 않는다.

[필요경비 공제가능 여부]

	<구분>	<자본적 지출액>	<취득세>
필요경비	증여자 지출분	공제 불가	**공제 가능**
	수증자 지출분	**공제 가능**	공제 불가

3 이월과세 적용시 장기보유특별공제 및 세율의 보유기간 계산

1) 장기보유특별공제 적용시

재산을 증여한 배우자 등이 당초 재산을 취득한 날로부터 증여받은 재산의 양도일까지의 기간에 대하여 장기보유특별공제율을 적용한다.

2) 양도소득세 세율 적용시

재산을 증여한 배우자 등이 당초 재산을 취득한 날로부터 증여받은 재산의 양도일까지의 기간에 따른 양도소득세율을 적용한다.

(!) 실무상 주의점

이월과세 적용으로 취득가액은 당초 증여자의 취득가액을 적용하지만 세율 및 장기보유특별공제의 보유기간은 증여한 배우자 등이 자산을 취득한 날부터 기산하므로 이월과세를 적용할 경우가 이월과세를 적용하지 않은 경우에 비해 양도소득세가 더 적을 수도 있다. 따라서 이월과세를 적용한 양도소득세 결정세액과 이월과세 미적용한 양도소득세 결정세액을 비교 계산하여 둘 중 더 큰 세액으로 신고하여야 한다.

사례 1

'22.12.31. 이전에 증여받은 조합원입주권을 5년 이내 양도하는 경우

● 주택의 취득 및 조합원입주권의 양도에 관한 자료

구 분		내 용
남편의 주택 취득 내역		2007.6.15. 취득가액 3억원
		취득세 등 부대비용 1천5백만원
관리처분계획인가 내역 (인가일 : 2016.4.20.)	권리가액	10억원
	분양가액	12억원(추가 분담금 2억원)
조합원입주권 증여 내역 (증여일자 : 2019.10.25.)	증여가액	15억원(유사매매사례가액)
	수증자	배우자
조합원입주권 양도일 및 양도가액		2023.9.25. 양도가액 20억원
기타 사항		조합원입주권 외 다른 주택 없음
		주택 취득일부터 인가일까지 계속 거주
		추가 분담금 2억원은 남편이 불입한 후 증여

해설 1세대1주택 비과세가 적용되는 경우에는 이월과세를 적용하지 않지만, 증여자와 수증자가 동일세대원인 경우에는 이월과세를 적용한다. 따라서, 이월과세를 적용한 산출세액(106,916,000)이 이월과세를 적용하지 않은 경우의 산출세액(55,110,000)보다 크므로 이월과세를 적용한다.

1. 이월과세를 적용한 경우 산출세액

	구 분	금 액	계산 근거
	양도가액	2,000,000,000	수증자가 양도한 가액
(-)	취득가액	500,000,000	남편의 주택 취득가액(3억원) 및 추가분담금(2억원)
(-)	기타필요경비	225,000,000	계산내역 참조1)
(=)	양도차익	1,275,000,000	
(=)	고가주택양도차익	510,000,000	1,275,000,000 × (20억원 - 12억원)/20억원
(-)	장기보유특별공제	175,360,000	계산내역 참조2)
(=)	양도소득금액	334,640,000	
(-)	기본공제	2,500,000	
(=)	과세표준	332,140,000	
(×)	세율	40%	기본세율 적용
(=)	산출세액	106,916,000	332,140,000 × 40% - 2,594만원(누진공제)

1) 기타 필요경비(①+②) = 225,000,000

① 증여세 산출세액 : 210,000,000

= (증여가액 - 배우자 증여재산공제) × 세율 = 산출세액

= (1,500,000,000 - 600,000,000) × 30% - 6,000만원(누진공제) = 210,000,000

② 남편이 지출한 취득세 등 부대비용 : 15,000,000

2) 장기보유특별공제

$$= (\text{권리가액} - \text{종전주택 취득가액 등}) \times \frac{\text{양도가액} - 12\text{억원}}{\text{양도가액}} \times \text{보유·거주 연수별 공제율}$$

$$= (1{,}000{,}000{,}000 - 315{,}000{,}000) \times \frac{20\text{억원} - 12\text{억원}}{20\text{억원}} \times 64\%(8\text{년}\times4\% + 8\text{년}\times4\%)$$

= 175,360,000

※ 장기보유특별공제는 종전주택의 고가주택 양도차익에 대하여 종전주택 취득일부터 관리처분계획인가일까지의 보유 및 거주연수별 공제율을 적용하여 계산한다.

2. 이월과세를 적용하지 않은 경우 산출세액

	구 분	금 액	계산 근거
	양도가액	2,000,000,000	수증자가 양도한 가액
(-)	취득가액	1,500,000,000	증여가액(유사매매사례가액)
(-)	기타필요경비	-	
(=)	양도차익	500,000,000	
(=)	고가주택양도차익	200,000,000	500,000,000 × (20억원 - 12억원)/20억원
(-)	장기보유특별공제	-	조합원입주권은 장기보유특별공제 적용불가
(=)	양도소득금액	200,000,000	
(-)	기본공제	2,500,000	
(=)	과세표준	197,500,000	
(×)	세율	38%	기본세율 적용
(=)	산출세액	55,110,000	197,500,000 × 38% - 1,994만원(누진공제)

사례 2

'22.12.31. 이전에 증여받은 주택을 5년 이내 양도하는 경우

● 주택의 취득 및 양도에 관한 자료

구 분		내 용
부친의 주택 취득 내역	취득일자	2013.4.25. 취득가액 불분명
	취득자산	서울 소재 아파트(85㎡ 이하)
증여 내역	증여일자 및 증여자산	2021.8.10. 40세 장남(별도세대)에게 주택 증여
		2019.4.25. 40세 장남(별도세대)에게 주식(1억원) 증여
	주택 증여가액	7억원(유사매매사례가액)
주택의 공시가격	취득 당시	2억원
	증여 당시	5억원
	양도 당시	8억원
아들의 양도 내역	양도일자	2023.7.31.
	양도가액	12억원
기타 사항		양도 당시 아들은 양도 주택외 다른 주택 보유

해설 이월과세를 적용한 산출세액(214,884,000)이 이월과세를 적용하지 않은 경우의 산출세액(165,460,000)보다 크므로 이월과세를 적용한다.

1. 양도소득세

	구 분	이월과세가 적용되는 경우	이월과세가 적용되지 않는 경우
	양도가액	1,200,000,000	1,200,000,000
(-)	취득가액	300,000,000[1)]	700,000,000
(-)	기타필요경비	150,375,000[2)]	19,000,000[3)]
(=)	양도차익	749,625,000	481,000,000
(-)	장기보유특별공제	149,925,000[4)]	-
(=)	양도소득금액	599,700,000	481,000,000
(-)	기본공제	2,500,000	2,500,000
(=)	과세표준	597,200,000	478,500,000
(×)	세율	42%	40%
(-)	누진공제	35,940,000	25,940,000
(=)	산출세액	214,884,000	165,460,000

1) 취득 당시 취득가액이 불분명하므로 환산취득가액을 적용한다.

$$1{,}200{,}000{,}000 \times \frac{200{,}000{,}000}{800{,}000{,}000} = 300{,}000{,}000$$

2) 기타 필요경비(①+②) = 150,375,000

① 주택분 증여세 산출세액 : 144,375,000

$$165{,}000{,}000(\text{증여세산출세액}) \times \frac{700{,}000{,}000(\text{주택})}{800{,}000{,}000(\text{증여재산})} \times 144{,}375{,}000$$

※ 주택분 증여세 산출세액은 취득가액을 환산취득가액으로 계산한 경우에도 공제한다.

② 필요경비 개산공제 : 200,000,000 × 3% = 6,000,000

3) 주택 취득세(2022.12.31. 이전 증여분은 기준시가 적용)

500,000,000(공시가격) × 3.8%(지방교육세 포함) = 19,000,000

4) 이월과세가 적용되는 자산은 증여자의 취득일부터 수증자가 증여받은 자산을 양도한 날까지 보유기간에 대하여 장기보유특별공제를 적용한다.

* 장기보유특별공제율 : 10년 × 2% = 20%

2. 증여세

	구 분	금 액	계산 근거
	증여재산가액	700,000,000	유사매매사례가액 적용
(+)	증여재산가산액	100,000,000	10년 이내 동일인으로부터 증여받은 주식
(=)	증여세과세가액	800,000,000	
(-)	증여재산공제	50,000,000	직계비속 5,000만원 공제
(=)	과세표준	750,000,000	
(×)	세율	30%	
(=)	산출세액	165,000,000	750,000,000 × 30% - 6,000만원(누진공제)
(-)	기납부세액	5,000,000	(100,000,000 - 50,000,000) × 10%
(-)	신고세액공제	4,800,000	160,000,000 × 3%
(=)	납부할세액	155,200,000	

사례 3

'22.12.31. 이전에 증여받은 주택을 5년 이내 양도하는 경우

● 아파트의 취득 및 양도에 관한 자료

구분		내용
부친의 아파트 취득 내역 (2013.11.25.)		85㎡ 초과 아파트 취득가액 7억원
		취득세 등 부대비용 3천만원
		자본적 지출액 5천만원
증여 내역 (증여일자 : 2020.7.10.)	공시가격	10억원
	수증자	별도세대 아들(45세)
아파트 양도 내역 (2023.5.15.)		양도가액 18억원
		양도비용 2천만원
		자본적 지출액 7천만원
기타 사항		양도 당시 아들은 양도 주택외 2주택 보유

해설 이월과세를 적용한 산출세액(223,032,000)이 이월과세를 적용하지 않은 경우의 산출세액(244,410,000)보다 적으므로 이월과세를 적용하지 않는다.

1. 이월과세를 적용한 경우 산출세액

	구분	금액	계산 근거
	양도가액	1,800,000,000	수증자가 양도한 가액
(−)	취득가액	730,000,000	부친의 취득가액 등
(−)	기타필요경비	315,000,000	계산내역 참조1)
(=)	양도차익	755,000,000	
(−)	장기보유특별공제	135,900,000	755,000,000 × 18%(9년×2%)
(=)	양도소득금액	619,100,000	
(−)	기본공제	2,500,000	
(=)	과세표준	616,600,000	
(×)	세율	42%	기본세율 적용
(=)	산출세액	223,032,000	616,600,000 × 42% - 3,594만원(누진공제)

2. 이월과세를 적용하지 않은 경우 산출세액

	구 분	금 액	계산 근거
	양도가액	1,800,000,000	수증자가 양도한 가액
(-)	취득가액	1,000,000,000	증여가액(기준시가)
(-)	기타필요경비	130,000,000	계산내역 참조[2)]
(=)	양도차익	670,000,000	
(-)	장기보유특별공제	-	3년 미만 보유하여 장기보유특별공제 적용불가
(=)	양도소득금액	670,000,000	
(-)	기본공제	2,500,000	
(=)	과세표준	667,500,000	
(×)	세율	42%	기본세율 적용
(=)	산출세액	244,410,000	667,500,000 × 42% - 3,594만원(누진공제)

[1)] 기타 필요경비(①+②+③) = 315,000,000

① 증여세 산출세액 : 225,000,000

= (증여가액 – 직계비속 증여재산공제) × 세율 = 산출세액

= (1,000,000,000 – 50,000,000) × 30% – 6,000만원(누진공제) = 225,000,000

② 양도비용 : 20,000,000

③ 자본적 지출액 : 70,000,000

※ 증여자의 자본적 지출액은 필요경비로 공제되지 않으나, 수증자의 주택 보유기간 중 발생한 자본적 지출액 및 양도비용은 이월과세 대상이 아니므로 필요경비로 공제된다.

[2)] 기타 필요경비(①+②+③) = 130,000,000

① 취득세 : 1,000,000,000 × 4%(지방교육세 및 농어촌특별세 포함) = 40,000,000

② 양도비용 : 20,000,000

③ 자본적 지출액 : 70,000,000

사례 4

'22.12.31. 이전에 증여받은 주택이 5년 이내 수용되는 경우

● 주택의 취득 및 양도에 관한 자료

구 분		내 용
모친의 주택 취득 내역	취득일자	2016.7.25. 취득가액 4억원
	취득자산	서울 소재 단독주택(85㎡ 이하)
증여 내역	증여일자	2019.10.5.
	증여가액	9억원(개별주택가격)
	수증자	동일세대 아들(42세)
아들의 양도 내역	양도일자	2023.6.30.
	양도가액	15억원(수용으로 받은 현금보상가액)
기타 사항		모친과 아들은 1세대1주택자로 해당 주택에서 2년 이상 미거주
		사업인정고시일 : 2021.8.15.

해설

	구 분	이월과세가 적용되는 경우	이월과세가 적용되지 않는 경우
	양도가액	1,500,000,000	1,500,000,000
(−)	취득가액	400,000,000	900,000,000
(−)	기타필요경비	195,000,000[1)]	34,200,000[2)]
(=)	양도차익	905,000,000	565,800,000
(=)	고가주택양도차익	181,000,000[3)]	113,160,000[4)]
(−)	장기보유특별공제	21,720,000[5)]	6,789,600[6)]
(=)	양도소득금액	159,280,000	106,370,400
(−)	기본공제	2,500,000	2,500,000
(=)	과세표준	156,780,000	103,870,400
(×)	세율	38%	35%
(−)	누진공제	19,940,000	15,440,000
(=)	산출세액	39,636,400	20,914,640
(−)	세액감면	3,963,640[7)]	-[7)]
(=)	결정세액	35,672,760	20,914,640

사업인정고시일로부터 2년 이내에 증여받은 주택이 수용되는 경우에는 이월과세를 적용하므로 이월과세를 적용한 결정세액(35,672,760)이 이월과세를 적용하지 않은 경우의 결정세액(20,914,640)보다 크므로 이월과세를 적용한다.

1) 증여세 산출세액 : 195,000,000
= (증여가액 – 직계비속 증여재산공제) × 세율 = 산출세액
= (900,000,000 – 50,000,000) × 30% – 6,000만원(누진공제) = 195,000,000

2) 취득세
900,000,000(기준시가) × 3.8%(지방교육세 포함) = 34,200,000

3) 고가주택 양도차익

$$905{,}000{,}000 \times \frac{15\text{억원} - 12\text{억원}}{15\text{억원}} = 181{,}000{,}000$$

4) 고가주택 양도차익

$$565{,}800{,}000 \times \frac{15\text{억원} - 12\text{억원}}{15\text{억원}} = 113{,}160{,}000$$

5) 이월과세가 적용되는 자산은 증여자의 취득일부터 수증자가 증여받은 자산을 양도한 날까지 보유기간에 대하여 장기보유특별공제를 적용하되 해당 주택에서 2년 이상 거주하지 않았으므로 최대 30%를 한도로 장기보유특별공제를 적용한다.

* 장기보유특별공제 : 181,000,000 × 12%(6년×2%) = 21,720,000

6) 이월과세가 적용되지 않는 경우 장기보유특별공제 계산시 보유기간은 증여받은 날부터 계산하므로 최대 30%를 한도로 장기보유특별공제를 적용한다.

* 장기보유특별공제 : 113,160,000 × 6%(3년×2%) = 6,789,600

7) 사업인정고시일로부터 소급하여 2년 이전에 취득한 공익사업용 부동산에 대하여 현금보상을 받는 경우 양도소득세 산출세액의 10% 세액감면을 적용한다. 이 경우 이월과세가 적용되는 경우에는 증여자의 취득일을 기준으로 판단하므로 세액감면이 적용되지만, 이월과세 적용되지 않는 경우에는 수증자의 취득일을 기준으로 판단하므로 세액감면이 적용되지 않는다.

사례 5

'23.1.1. 이후에 증여받은 주택 지분을 10년 이내 양도하는 경우

● **아파트의 취득 및 양도에 관한 자료**

구 분		내 용
남편의 아파트 취득 내역 (2015.4.10. 상속)		85㎡ 초과 아파트 취득가액 : 6억원(공시가격)
		취득세 등 부대비용 : 2천만원
증여 내역 (증여일자 : 2023.1.25.)	감정가액	16억원(2개의 감정기관 평균액)
	공시가격	12억원
	수증자	배우자(주택지분 60% 수증)
아파트 양도 내역 (2023.6.15.)		양도가액 : 20억원
		양도비용 : 3천만원
기타 사항		양도주택 외 다른 주택 없음
		남편과 부인은 주택 취득일부터 양도일까지 계속 거주

해설 이월과세를 적용한 산출세액(21,384,200)이 이월과세를 적용하지 않은 경우의 산출세액(49,658,000)보다 적으므로 이월과세를 적용하지 않는다.

1. 이월과세를 적용한 경우 산출세액

	구 분	금 액	계산 근거
	양도가액	1,200,000,000	수증자의 지분(2,000,000,000 × 60%)
(-)	취득가액	372,000,000	남편의 취득가액 등(620,000,000 × 60%)
(-)	기타필요경비	80,000,000	계산내역 참조1)
(=)	양도차익	748,000,000	
(=)	고가주택양도차익	299,200,000	748,000,000 × (20억원 - 12억원)/20억원
(-)	장기보유특별공제	191,488,000	299,200,000 × 64%(8년×4% + 8년×4%)
(=)	양도소득금액	107,712,000	
(-)	기본공제	2,500,000	
(=)	과세표준	105,212,000	
(×)	세율	35%	기본세율 적용
(=)	산출세액	21,384,200	105,212,000 × 35% - 1,544만원(누진공제)

2. 이월과세를 적용하지 않은 경우 산출세액

	구 분	금 액	계산 근거
	양도가액	1,200,000,000	수증자의 지분(2,000,000,000 × 60%)
(-)	취득가액	960,000,000	증여가액(1,600,000,000 × 60%)
(-)	기타필요경비	56,400,000	계산내역 참조2)
(=)	양도차익	183,600,000	
(=)	고가주택양도차익	73,440,000	183,600,000 × (20억원 - 12억원)/20억원3)
(-)	장기보유특별공제	-	3년 미만 보유하여 장기보유특별공제 적용불가3)
(=)	양도소득금액	73,440,000	
(-)	기본공제	2,500,000	
(=)	과세표준	70,940,000	
(×)	세율	70%	1년 미만 단기세율 적용
(=)	산출세액	49,658,000	70,940,000 × 70%

1) 기타 필요경비(①+②) = 80,000,000

① 증여세 산출세액 : 62,000,000

= (증여가액 – 배우자 증여재산공제) × 세율 = 산출세액

= (1,600,000,000 × 60% – 600,000,000) × 20% – 1,000만원(누진공제) = 62,000,000

② 양도비용 : 30,000,000 × 60% = 18,000,000

2) 기타 필요경비(①+②) = 56,400,000

① 취득세 : (1,600,000,000 × 60%) × 4%(지방교육세 및 농어촌특별세 포함) = 38,400,000

※ 2023.1.1. 이후 취득하는 주택에 대한 취득세 과세표준은 주택 공시가격이 아닌 시가(인정액)를 적용하므로 감정가액에 배우자의 지분에 해당하는 가액이 과세표준이 된다.

② 양도비용 : 30,000,000 × 60% = 18,000,000

3) 이월과세를 적용하지 않는 경우에도 동일세대원으로부터 증여를 받는 경우 증여자와 수증자 보유기간은 합산되므로 1세대 1주택 비과세가 적용되나, 장기보유특별공제 적용시 보유기간은 동일세대원으로부터 증여를 받는 경우에도 증여받은 날부터 계산하므로 3년 미만 보유하여 장기보유특별공제를 적용할 수 없다.

04

특수관계인으로부터 증여받은 재산을 10년 이내 양도시 증여후 양도행위 부인

1 증여후 양도행위 부인요건

증여자가 배우자 및 직계존비속 이외 특수관계인에게 재산을 증여한 후, 재산을 증여받은 자가 해당 재산을 증여받은 날로부터 10년(2022.12.31. 이전 증여분은 5년) 이내에 타인에게 양도한 경우에는 당초 재산을 증여한 자가 그 재산을 타인에게 직접 양도한 것으로 보아 양도소득세를 계산하고 재산을 증여받은 자가 납부한 증여세는 환급한다(소득법 §102②,④).

[특수관계인 간 증여재산에 대한 증여후 양도행위 부인]

※ 증여 후 양도행위부인 적용요건 : (①증여세 +② 양도소득세) < ③양도소득세
수증자乙 : 증여자甲의 배우자나 직계존비속 이외 특수관계인

[증여시점별 증여후 양도행위부인 적용기간 비교]

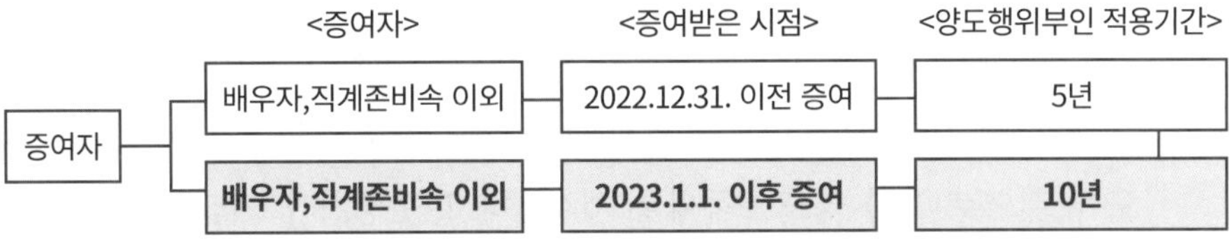

2 증여 후 양도행위 부인규정의 필요성

다주택자가 2억원에 취득한 주택을 10년간 보유하다 제3자에게 시가 12억원에 양도할 경우 양도차익 10억원에 대하여 양도소득세 3억원이 과세되나, 해당 주택을 무주택자인 형제에게 미리 5억원에 증여할 경우 증여받은 자는 증여재산 5억원에 대하여 증여재산공제 1천만원을 적용받고 증여세 8천8백만원을 납부한 다음 2년 이상 경과 후 증여받은 주택을 12억원에 양도하여 비과세를 적용받게 되면 아래와 같이 상대적으로 양도차익이 큰 당초 증여자의 양도소득세를 탈루하게 된다.

[직접 양도시 양도소득세]

구 분	금 액
양도차익	10억원[1]
장기보유특별공제	2억원[2]
과세표준	8억원
산출세액	3억원[3]

[우회 양도시 증여세와 양도소득세]

구 분	금 액	구 분	금액
증여가액	5억원	양도가액	12억원
증여재산공제	0.1억원	취득가액	5억원
과세표준	4.9억원	과세표준	비과세
산출세액	0.88억원[4]	산출세액	-

1) 1,200,000,000원(양도가액) - 200,000,000원(취득가액) = 1,000,000,000원

2) 1,000,000,000원 × 20%(10년 × 2%) = 200,000,000원

3) 800,000,000원(기본공제 250만원 생략) × 42% - 35,940,000원(누진공제) = 300,060,000원

4) 490,000,000원 × 20% - 10,000,000원(누진공제) = 88,000,000원

이와 같이 별도세대인 무주택자를 이용하여 먼저 낮은 세율이 적용되는 시점에서 특수관계인에게 먼저 주택을 증여한 후, 해당 주택을 증여받은 특수관계

인이 2년 이상 보유하고 양도하면 1세대1주택 비과세를 적용받게 되는 편법적인 수단을 동원하여 당초 증여자의 양도소득세를 탈루하는 행위를 방지하기 위하여 배우자나 직계존비속 이외의 특수관계인이 증여받은 재산을 10년(2022.12.31. 이전 증여분은 5년) 이내에 양도할 경우 증여자가 재산을 직접 양도한 것으로 보아 양도소득세를 재계산하고 수증자가 기납부한 증여세는 환급되는 것이다.

3 증여 후 양도행위 부인 규정이 적용되지 않는 경우

① 수증자의 증여세와 양도소득세를 합한 세액이 증여자가 직접 양도한 것으로 보아 계산한 양도소득세보다 큰 경우
② 양도소득이 실제로 재산을 증여받은 자에게 귀속된 경우

4 부당행위계산부인 적용시 고려할 사항

1) 수증자가 납부한 증여세

우회양도에 대한 부당행위계산부인 규정에 따라 증여자에게 양도소득세가 과세되는 경우에는 당초 증여자가 재산을 양도한 것으로 보므로 수증자가 납부한 증여세는 환급된다.

2) 증여자의 연대납세의무

우회양도에 대한 부당행위계산부인 규정에 따라 증여자가 직접 양도한 것으로 보는 경우 증여자가 납부할 양도소득세는 증여자와 재산을 증여받은 자가 연대하여 납세의무를 진다.

3) 특수관계 해당 여부 판단시점

자산을 증여할 당시와 증여받은 자산을 양도할 당시 모두 증여자와 수증자가 소득세법상 특수관계인에 해당하는 경우에만 우회양도에 대한 부당행위계산부인 규정을 적용하므로 증여 당시에는 특수관계인에 해당하였으나, 양도 당시에 특수관계가 소멸된 경우 또는 증여 당시에는 특수관계인에 해당하지 않았으나 양도 당시에는 특수관계인에 해당하는 경우에는 우회양도에 대한 부당행위계산부인 규정은 적용되지 않는다.

비교학습

배우자 등에 대한 이월과세 규정에 비하여 우회양도에 대한 부당행위계산부인 규정은 과세요건이 엄격하여 자산을 증여할 당시 및 증여받은 자산을 양도할 당시 모두 특수관계인에 해당하여야 한다.

[이월과세와 우회양도에 따른 부당행위부인 비교]

구 분	배우자등 이월과세 (소득세법§97의2)	부당행위부인 (소득세법§101②)
1. 증여자와 수증자의 관계	배우자 또는 직계존비속	배우자·직계존비속 이외 특수관계인
2. 양도소득세 납세의무자	증여받은 배우자 또는 직계존비속	당초 증여자
3. 수증자의 증여세	증여세 산출세액을 기타 필요경비로 산입	납부한 증여세 환급
4. 수증자 양도차익계산	증여자의 취득가액 적용	증여자의 취득가액 적용
5. 적용대상 자산	토지, 건물, 부동산을 취득할 수 있는 권리 및 특정시설물이용권에 한정	전체 양도소득세 과세대상자산
6. 적용 기한	증여일부터 5년 이내 양도	증여일부터 5년 이내 양도
7. 비교과세 적용여부	이월과세를 적용한 양도소득세 결정세액이 수증자의 증여세와 양도소득세 합계액보다 큰 경우에만 적용	증여자 기준으로 계산한 양도세 결정세액이 수증자가 부담할 증여세+양도세보다 큰 경우에만 적용
8. 세율 및 장기보유특별공제 적용시 보유기간 기산일	당초 증여자의 취득일부터 기산	당초 증여자의 취득일부터 기산
9. 연대납세의무	연대납세의무 없음	증여자와 수증자가 연대하여 납세의무 부담

사례

직계존속으로부터 주택을 증여받은 후 5년 이내 양도하는 경우

● 주택의 취득 및 양도에 관한 자료

구 분		내 용
부친의 아파트(85㎡ 초과) 취득내역		2013.3.25. 취득가액 2억원
주택 증여내역	증여일자 및 수증자	2021.8.30. 별도세대원인 35세 아들에게 증여
	증여재산가액	매매사례가액 8억원
주택 공시가격	취득 당시	1억원
	증여 당시	6억원
	양도 당시	10억원
주택 양도일 및 양도가액		2023.6.10. 양도가액 15억원
기타 사항		부친은 증여한 주택외 주택 1채를 보유하고 있음
		아들은 증여받은 주택 외 다른 주택이 없음
		해당 양도대금은 부친에게 귀속됨

해설 직계존속으로부터 주택을 증여받은 후 5년 이내 양도하는 주택이 이월과세 적용으로 1세대1주택 비과세가 되는 경우에는 이월과세를 적용하지 않고 증여 후 양도행위 부인 규정을 적용한다. 다만, 양도소득이 수증자에게 귀속된 경우에는 증여 후 양도행위 부인 규정을 적용하지 않는다.

1. 증여자가 직접 양도한 것으로 보는 경우 양도소득세

	구 분	금 액	계산 근거
	양도가액	1,500,000,000	실지 양도가액
(-)	취득가액	200,000,000	실지 취득가액
(=)	양도차익	1,300,000,000	
(-)	장기보유특별공제	260,000,000	1,300,000,000 × 20%(10년×2%)
(=)	양도소득금액	1,040,000,000	
(-)	기본공제	2,500,000	
(=)	과세표준	1,037,500,000	
(×)	세율	45%	
(=)	산출세액	400,935,000	1,037,500,000 × 45% - 6,594만원(누진공제)

2. 수증자의 증여세

	구 분	금 액	계산 근거
	증여재산가액	800,000,000	상증법상 평가액(매매사례가액 적용)
(-)	증여재산공제	50,000,000	성년자녀에 해당하여 5천만원 공제
(=)	과세표준	750,000,000	
(×)	세율	30%	
(=)	산출세액	165,000,000	750,000,000 × 30% - 6천만원(누진공제)
(-)	신고세액공제	4,950,000	165,000,000 × 3%
(=)	납부할세액	160,050,000	

3. 수증자의 양도소득세

	구 분	금 액	계산 근거
	양도가액	1,500,000,000	실지 양도가액
(-)	취득가액	800,000,000	증여 당시 매매사례가액
(-)	기타필요경비	24,000,000	주택공시가격 6억원 × 4% = 24,000,000(취득세)
(=)	양도차익	676,000,000	
(-)	장기보유특별공제	-	3년 미만 보유하여 장기보유특별공제 적용불가
(=)	양도소득금액	676,000,000	
(-)	기본공제	2,500,000	
(=)	과세표준	673,500,000	
(×)	세율	60%	2년 미만 단기세율 적용
(=)	산출세액	404,100,000	673,500,000 × 60%

4. 증여 후 양도행위 부인 규정 적용여부 판단

증여자가 직접 양도한 것으로 보는 경우의 양도소득세 산출세액 400,935,000원이 수증자가 양도한 것으로 볼 경우 증여세 산출세액 165,000,000원과 양도소득세 산출세액 404,100,000원의 합계액인 569,100,000원보다 적으므로 증여 후 양도행위 부인 규정이 적용되지 않는다.

05 부담부증여에 따른 양도소득세와 증여세 계산

I 부담부증여의 경우 양도차익 계산

1 부담부증여로 인한 양도소득세와 증여세

부담부증여란 증여일 현재 당해 증여재산에 담보된 대출금이나 임대보증금 등 증여자의 채무를 수증자가 인수하는 조건으로 증여하는 것을 말한다. 이 경우 증여자는 대출금이나 임대보증금 등의 채무를 면제받게 되므로 채무액에 상당하는 부분은 증여자가 수증자에게 유상으로 양도한 것으로 보아 증여자에게 양도소득세가 과세되고, 증여재산가액에서 인수한 채무액을 차감한 가액에 대하여는 수증자에게 증여세가 과세된다.

[부담부증여시 양도소득세와 증여세 구분 및 납세의무자]

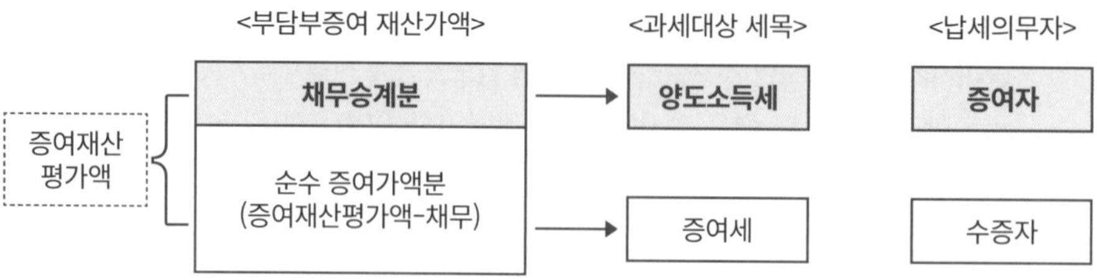

2 부담부증여시 채무에 대한 양도차익 계산

증여재산 전체를 양도하였다고 가정할 경우 발생하는 양도차익에 증여재산가액 중 채무액이 차지하는 비율을 곱한 금액이 부담부증여분에 대한 양도차익이 된다. 이 경우 부담부증여분에 대한 양도차익은 증여재산을 시가로 평가하는 경우와 기준시가로 평가하는 경우로 나누어 계산한다(소득령 §159①).

1) 증여재산을 시가로 평가한 경우 부담부증여분 양도차익 계산

부담부증여시 증여재산가액을 매매사례가액이나 감정가액 등 시가로 평가한 경우 양도가액을 실지거래가액으로 산정한 것으로 보아 취득가액은 실지거래가액 또는 환산취득가액 등을 적용한다.

$$\text{양도가액} = \text{양도 당시 시가} \times \frac{\text{인수한 채무액}}{\text{양도 당시 시가}}$$

$$\text{취득가액} = \text{실지거래가액, 환산취득가액 등} \times \frac{\text{인수한 채무액}}{\text{양도 당시 시가}}$$

예를 들어 실제 취득가액 20, 증여 당시 시가 100, 은행대출금 30인 건물을 은행대출금 승계조건으로 자녀에게 증여할 경우 부담부증여에 따른 양도차익은 전체 양도차익 80에 증여재산가액 100에서 채무액 30이 차지하는 비율 30%를 곱한 24가 되고, 순수 증여재산가액은 전체 증여재산가액 100에서 증여받은 자가 인수한 채무액 30을 차감한 70이 된다.

부담부증여 양도차익 계산	증여세 과세가액 계산
양도가액 : $100 \times \frac{30}{100} = 30$	증여재산가액 = 100
(-) 취득가액 : $20 \times \frac{30}{100} = 6$	(-) 채무액 = 30
(=) 양도차익 : $80 \times \frac{30}{100} = 24$	(=) 증여세 과세가액 = 70

사례

주택분양권을 자녀에게 부담부증여하는 경우 양도소득세 및 증여세 계산

● 주택분양권 취득 및 증여 내역

구 분	금 액	비 고
총 분양가액	6억원	
분양가액 중 이미 납부한 금액	6천만원	계약금(2019.3.25.)
	2억4천만원	중도금
유사매매사례가액	8억원	

▪ 부친은 2023.4.10.에 성인자녀에게 2년 이상 보유한 주택분양권을 증여하였으며, 증여 당시 중도금에 해당하는 대출금 2억4천만원을 자녀가 승계하기로 하였다.

해설

1. 부친의 양도소득세

	구 분	금 액	계산 근거
	양도가액	240,000,000	5억원 × 2.4억원/5억원
(-)	취득가액	144,000,000	3억원(기납부액) × 2.4억원/5억원
(-)	기타필요경비	-	
(=)	양도차익	96,000,000	2억원(프리미엄) × 2.4억원/5억원
(-)	장기보유특별공제	-	분양권은 장기보유특별공제대상 아님
(=)	양도소득금액	96,000,000	
(-)	기본공제	2,500,000	
(=)	과세표준	93,500,000	
(×)	세율	60%	1년 이상 보유시 2021.6.1. 이후 양도분부터 60% 적용
(=)	산출세액	56,100,000	93,500,000 × 60%
(+)	지방소득세	5,610,000	56,100,000 × 10%
(=)	총부담세액	61,710,000	

상속 및 증여세법상 평가방법을 적용한 주택분양권에 대한 증여재산가액

= 매매가액(유사매매사례가액 8억원) – 미납액(총분양가액 6억원 – 기납부액 3억원) = 5억원

= 기납부액 3억원 + 프리미엄 2억원* = 5억원

* 8억원(유사매매사례가액) – 6억원(분양가액) = 2억원

※ 매매가액은 국토부 실거래가시스템의 (유사)매매가액을 적용

2. 자녀의 증여세

	구 분	금 액	계산 근거
	증여재산가액	500,000,000	상속 및 증여세법상 평가액
(-)	채무액	240,000,000	수증자가 인수한 대출금
(=)	증여세과세가액	260,000,000	
(-)	증여재산공제	50,000,000	성인자녀 5천만원 공제
(=)	과세표준	210,000,000	
(×)	세율	20%	
(=)	산출세액	32,000,000	210,000,000 × 20% - 1,000만원(누진공제)
(-)	신고세액공제	960,000	32,000,000 × 3%
(=)	납부할세액	31,040,000	

2) 증여재산을 기준시가 등으로 평가한 경우 부담부증여 양도차익

부담부증여시 증여재산가액을 아래와 같이 평가한 경우 양도가액을 기준시가로 산정한 것으로 보아 취득가액도 취득 당시 기준시가로 산정한다.

① 보충적평가방법인 기준시가로 평가한 경우(상증법 §61①)
② 임대료 등의 환산가액으로 평가한 경우(상증법 §61⑤)
③ 저당권 등 담보채무액(대출금, 임대보증금)으로 평가한 경우(상증법 §66)

$$양도가액 = 양도\ 당시\ 기준시가\ 등 \times \frac{인수한\ 채무액}{양도\ 당시\ 기준시가\ 등}$$

$$취득가액 = 취득\ 당시\ 기준시가\ 등 \times \frac{인수한\ 채무액}{양도\ 당시\ 기준시가\ 등}$$

예를 들어 실제 취득가액 30(기준시가 20), 증여 당시 기준시가 60, 전세보증금 15인 주택을 전세보증금 승계조건으로 자녀에게 증여할 경우 부담부증여에 따른 양도차익은 전체 양도차익 40에 증여재산가액 60에서 채무액 15가 차지하는 비율 25%를 곱한 10이 되고, 순수 증여재산가액은 전체 증여재산가액 60에서 증여받은 자가 인수한 채무액 15를 차감한 45가 된다.

부담부증여 양도차익 계산	
양도가액 : 60 × $\frac{15}{60}$ = 15	
(-) 취득가액 : 20× $\frac{15}{60}$ = 5	
(=) 양도차익 : 40× $\frac{15}{60}$ = 10	

증여세 과세가액 계산	
	증여재산가액 = 60
(-)	채무액 = 15
(=)	증여세 과세가액 = 45

[증여재산 평가방식에 따른 양도가액 및 취득가액 적용방법]

증여재산 평가액	양도가액	취득가액
당해자산 매매사례가액	인수한 채무액	(실지취득가액, 환산취득가액 등) × $\frac{\text{인수한 채무액}}{\text{증여가액}}$
당해자산 감정가액		
유사자산 매매사례가액		
보충적 평가방법		기준시가 × $\frac{\text{인수한 채무액}}{\text{증여가액}}$
임대료 등 환산가액		
저당권 등 담보채무액		

사례 1

부담부증여시 시가 등이 없는 경우 양도소득세 계산

● 주택 취득 및 증여 내역

구 분	내 용
취득일자 및 취득가액	2015.4.25. 취득가액 5억원
증여일자 및 증여가액	2023.2.10. 8억원(공시가격)
증여내역	부친이 아들에게 주택 증여시 3억원 전세보증금 승계조건
주택 공시가격	취득 당시 : 2억원
	증여 당시 : 8억원
기타사항	증여 당시 매매사례가액이나 감정가액 등 시가 확인 불가
	부친은 증여 당시 3주택 보유

해설 증여재산가액을 기준시가로 평가하여 양도가액을 산정한 경우 취득가액도 취득 당시 기준시가를 기준으로 계산하므로, 실제 취득가액 500,000,000은 인정되지 않는다.

1. 부친의 양도소득세

	구 분	금 액	계산 근거
	양도가액	300,000,000	8억원 × 3억원/8억원
(-)	취득가액	75,000,000	2억원 × 3억원/8억원
(-)	기타필요경비	2,250,000	2억원 × 3% × 3억원/8억원
(=)	양도차익	222,750,000	
(-)	장기보유특별공제	31,185,000	14%(7년 × 2%)
(=)	양도소득금액	191,565,000	
(-)	기본공제	2,500,000	
(=)	과세표준	189,065,000	
(×)	세율	38%	189,065,000 × 38% - 1,994만원(누진공제)
(=)	산출세액	51,904,700	
(+)	지방소득세	5,190,470	51,904,700 × 10%
(=)	총부담세액	57,095,170	

2. 자녀의 증여세

	구 분	금 액	계산 근거
	증여재산가액	800,000,000	기준시가 적용
(-)	채무액	300,000,000	수증자가 인수한 전세보증금
(=)	증여세과세가액	500,000,000	
(-)	증여재산공제	50,000,000	성인자녀 5천만원 공제
(=)	과세표준	450,000,000	
(×)	세율	20%	
(=)	산출세액	80,000,000	450,000,000 × 20% - 1,000만원(누진공제)
(-)	신고세액공제	2,400,000	80,000,000 × 3%
(=)	납부할세액	77,600,000	

3) 부담부증여분 양도차익 계산시 기타 필요경비 계산

① 증여재산을 시가로 평가한 경우

증여재산에 대하여 실제 지출한 취득세, 중개수수료 등 기타 필요경비의 합계액에 채무액이 전체 증여재산의 시가 평가액에서 차지하는 비율을 곱한 금액을 필요경비로 공제한다.

$$\text{기타 필요경비} = \text{실제 지출액} \times \frac{\text{인수한 채무액}}{\text{양도당시 시가}}$$

② 증여재산을 기준시가 등으로 평가한 경우

필요경비 개산공제액에 채무액이 전체 증여재산의 기준시가 등 평가액에서 차지하는 비율을 곱한 금액을 필요경비로 공제한다.

$$\text{기타 필요경비} = \text{필요경비 개산공제액} \times \frac{\text{인수한 채무액}}{\text{양도당시 기준시가 등}}$$

Ⅱ 부담부증여시 고려할 사항

1 동일세대원간 부담부증여시 1세대1주택 비과세 적용여부

1) 증여 당시 증여자가 1세대1주택자인 경우

부담부증여하는 주택이 1세대1주택 비과세 요건을 갖춘 경우에는 양도로 보는 채무액에 대하여는 양도소득세가 비과세되나, 부담부증여하는 주택의 증여재산가액이 12억원을 초과하는 경우에는 채무액에 상당하는 양도차익에 대하여는 양도소득세가 과세된다.

2)증여 당시 증여자가 일시적2주택자인 경우

1세대1주택자가 다른 주택을 취득한 날부터 3년 이내에 종전주택을 동일세대원에게 부담부증여한 경우 양도로 보는 채무부분에 대하여는 일시적2주택 비과세 규정을 적용할 수 없다(집행기준 104-167의 5-6).

2 증여재산가액을 기준시가로 평가하는 경우 감가상각비 차감여부

부담부증여시 증여재산가액을 기준시가로 평가한 경우 유상으로 양도된 것으로 보는 채무액의 양도차익에 대하여도 기준시가로 과세되므로 양도차익을 계산할 때 취득가액은 소득세 계산시 필요경비로 계상한 감가상각누계액을 차감하지 않은 금액으로 한다(법령해석재산-0005, 2015.4.10).

3 증여자의 채무가 아닌 제3자의 채무를 인수한 경우

증여자의 채무가 아닌 제3자의 채무를 인수하는 조건으로 부동산을 증여받은 경우 증여재산에 담보된 채무액은 당해 증여재산가액에서 공제되지 않으며, 수증자가 인수한 제3자의 채무액에 해당하는 부분에 대해서는 양도소득세 과세대상이 되지 않는다.

4 부담부증여로 취득한 재산을 추후 양도하는 경우 취득가액 계산방법

상증법상 증여 당시 기준시가로 평가한 재산을 추후 양도하는 경우 환산취득가액을 적용할 수 없으며 이는 부담부증여로 취득한 재산에 대해서도 동일하게 적용한다. 따라서, 부담부증여로 취득한 부동산을 기준시가로 평가한 경우로서 추후 해당 부동산을 양도하는 경우 양도차익 계산시 취득가액은 채무분과 순수증여분으로 구분하지 않고 전체 증여재산의 기준시가를 적용한다.

5 부담부증여로 증여받은 재산을 양도시 이월과세 및 증여 후 양도행위부인 대상 여부

부담부증여로 취득한 재산을 10년(2022.12.31. 이전 증여분은 5년) 이내 양도하는 경우 채무부분은 유상으로 취득한 것이므로 이월과세 및 증여 후 양도행위부인 규정의 대상은 되지 않으나, 증여재산가액에서 채무액을 차감한 순수증여부분은 이월과세 및 증여 후 양도행위부인 대상이 될 수 있다.

6 수증자의 채무변제 등에 대한 사후관리

과세당국에서는 수증자가 부담부증여로 재산을 취득한 후 증여받을 당시 인수한 채무를 상환한 경우 수증자의 소득이나 재산으로 상환하였는지 여부를 확인하여 증여세를 과세할 수 있다.

Ⅲ 부담부증여 관련 취득세 계산

주택을 부담부증여로 취득하는 경우 증여받은 자가 납부해야 할 취득세는 아래와 같이 유상취득분과 무상취득분으로 구분하여 계산한다.

1 유상취득분

증여받은 자가 승계한 채무액에 대하여는 유상으로 취득한 것으로 보아 승계한 채무액을 과세표준으로 하여 유상 취득분에 해당하는 취득세율을 적용하여 계산한다. 이 경우 증여받는 자가 증여일 현재 다주택자인 경우에는 유상 취득분에 대한 취득세 중과세율이 적용될 수 있다.

2 무상취득분

증여재산가액에서 채무액을 차감한 순수 증여재산가액을 과세표준으로 하여 증여에 해당하는 취득세율을 적용하여 계산한다. 이 경우 증여자가 증여일 현재 다주택자인 경우로서 조정대상지역에 있는 주택공시가격 3억원 이상인 주택을 증여하는 경우에는 수증자에게 취득세 중과세율이 적용될 수 있다.

[주택 부담부증여시 취득세 적용방법]

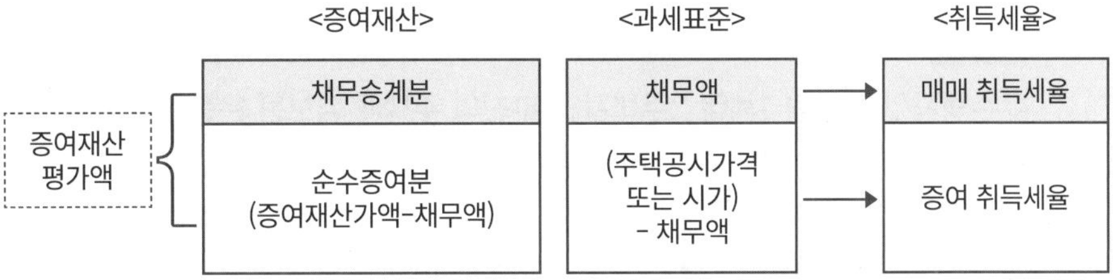

일반사례

부담부증여시 취득세 계산방법

사례 1

1주택을 소유한 별도세대인 아들이 조정대상지역 소재 2주택을 소유한 부친으로부터 부친의 주택에 담보된 채무 4억원을 인수하는 조건으로 부친 소유 1주택(시가 10억원, 주택공시가격 6억원, 전용면적 85㎡ 초과)을 증여받는 경우

① 주택을 2022.12.31. 이전에 증여받은 경우

구 분	채무승계(유상취득)부분	순수증여(무상취득)부분
과세표준	400,000,000(채무액)	200,000,000(6억원 - 4억원)
취득세율	9%(지방교육세 및 농특세 포함)	13.4%(지방교육세 및 농특세 포함)
취득세	36,000,000	26,800,000
이 유	유상 취득세율은 수증자를 기준으로 2주택자 중과세율 적용	증여 취득세율은 증여자를 기준으로 중과세율 적용

② 주택을 2023.1.1. 이후에 증여받는 경우

구 분	채무승계(유상취득)부분	순수증여(무상취득)부분
과세표준	400,000,000(채무액)	600,000,000(10억원 - 4억원)
취득세율	9%(지방교육세 및 농특세 포함)	13.4%(지방교육세 및 농특세 포함)
취득세	36,000,000	80,400,000
이 유	유상 취득세율은 수증자를 기준으로 2주택자 중과세율 적용	증여 취득세 과세표준은 시가를 적용하고 취득세율은 중과세율 적용

사례 2

무주택자인 아들이 1세대 2주택자인 부친의 주택에 담보된 은행대출금 4억원 및 임대보증금 2억원을 인수하는 조건으로 부친 소유 1주택(시가 10억원, 주택공시가격 5억원, 전용면적 85㎡이하)을 증여받는 경우

① 주택을 2022.12.31. 이전에 증여받은 경우

구 분	채무승계(유상취득)부분	순수증여(무상취득)부분
과세표준	600,000,000(채무액)	0원(5억원 - 6억원)
취득세율	1.1%(지방교육세 포함)	-
취득세	6,600,000	-
이 유	유상 취득세율은 수증자를 기준으로 1주택 기본세율 적용	주택공시가격이 채무액보다 낮아 증여 취득세 과세 안됨

② 주택을 2023.1.1. 이후에 증여받는 경우

구 분	채무승계(유상취득)부분	순수증여(무상취득)부분
과세표준	600,000,000(채무액)	4원(10억원 - 6억원)
취득세율	1.1%(지방교육세 포함)	13.4%(지방교육세 및 농특세 포함)
취득세	6,600,000	53,600,000
이 유	유상 취득세율은 수증자를 기준으로 1주택 기본세율 적용	증여 취득세 과세표준은 시가를 적용하고 취득세율은 중과세율 적용

심화학습

상속 및 증여재산의 평가방법

상속세나 증여세가 부과되는 재산의 가액은 원칙적으로 상속개시일 또는 증여등기접수일(이하 '평가기준일'이라 한다) 현재 시가로 평가하되, 상속의 경우 상속개시일 전·후 6개월, 증여의 경우 증여등기접수일 전 6개월·후 3개월 이내의 기간 중에 해당 자산의 매매·감정·수용·공매·경매가액 또는 해당 자산과 동일·유사한 다른 자산의 매매가액이 있는 경우 아래의 순서에 따라 시가로 한다. 만일 시가 등이 없는 경우 기준시가 등 보충적 평가방법에 따라 평가한다.

1. 상속 및 증여재산의 평가적용 순서

1 순위 해당 자산의 매매가액이 있는 경우

상속의 경우 상속개시일 전후 6개월, 증여의 경우 증여등기접수일 전 6개월부터 증여등기접수일 후 3개월 이내 기간 중에 해당 자산의 매매가액을 시가로 한다. 이 때 해당 자산의 매매가액은 잔금청산일이 아닌 매매계약일을 기준으로 판단한다.

[상속재산 평가시 해당자산의 매매사례가액 적용대상 기간]

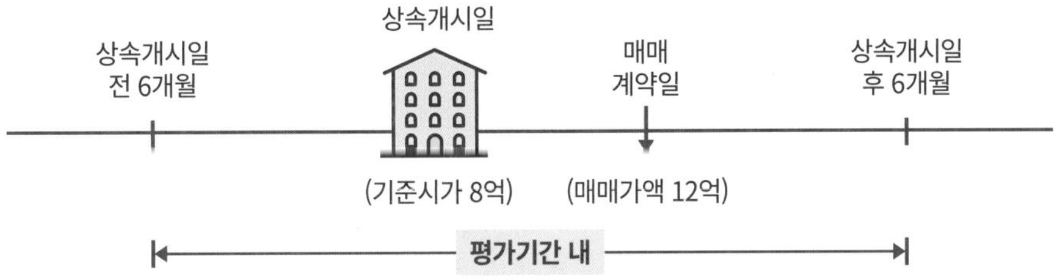

해설 평가기간 내 상속받은 자산의 기준시가는 8억원이지만, 평가기간 내 해당 자산에 대하여 12억원에 매매계약이 체결된 경우에는 상속재산평가액은 시가 12억원이 된다. 따라서 상속세 신고시 상속재산가액을 12억원으로 신고해야 한다.

[증여재산 평가시 해당 자산의 매매가액 적용대상 기간]

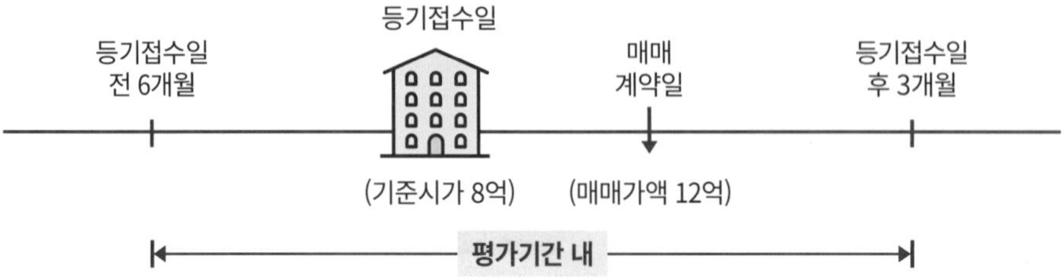

해설 평가기간 내 증여받은 자산의 기준시가는 8억원이지만, 평가기간 내 해당 자산에 대하여 12억원에 매매계약이 체결된 경우에는 증여재산평가액은 시가 12억원이 된다. 따라서 증여세 신고시 증여재산가액을 12억원으로 신고해야 한다.

2 순위 해당 자산의 감정가액이 있는 경우

평가기간 내에 시가로 인정되는 감정가액은 2 이상의 감정기관이 평가한 감정가액의 평균액으로 적용하되, 상속 또는 증여받은 자산의 기준시가가 10억원 이하인 경우에는 1개의 감정기관이 평가한 감정가액도 시가로 인정된다. 이 경우 감정가액은 가격산정 기준일과 감정가액평가서 작성일 모두 평가기간 이내인 경우에만 감정가액으로 인정된다.

여기서 잠깐 _ 부실 감정가액에 대한 시가불인정

당초 감정기관이 평가한 감정가액이 다른 감정기관이 평가한 감정가액의 80%에 미달하거나 기준금액(보충적 평가방법으로 평가한 가액과 유사매매사례가액의 90% 가액 중 적은 금액)에 미달한 경우에는 당초 평가한 감정가액은 시가로 인정되지 않을 수 있다.

[상속재산 평가시 해당 자산의 감정가액 적용대상 기간]

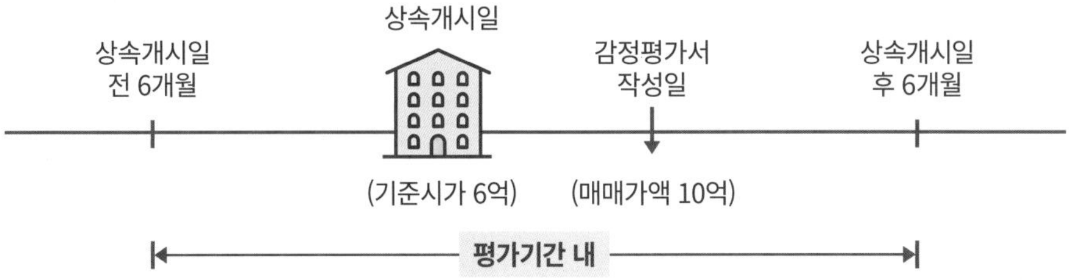

해설 평가기간 내 상속받은 자산의 기준시가는 6억원이지만, 평가기간 내 해당 자산에 대하여 10억원에 감정가액이 있는 경우에는 상속재산평가액은 시가 10억원이 된다. 따라서 상속세 신고시 상속재산가액을 10억원으로 신고해야 한다.

[증여재산 평가시 해당 자산의 감정가액 적용대상 기간]

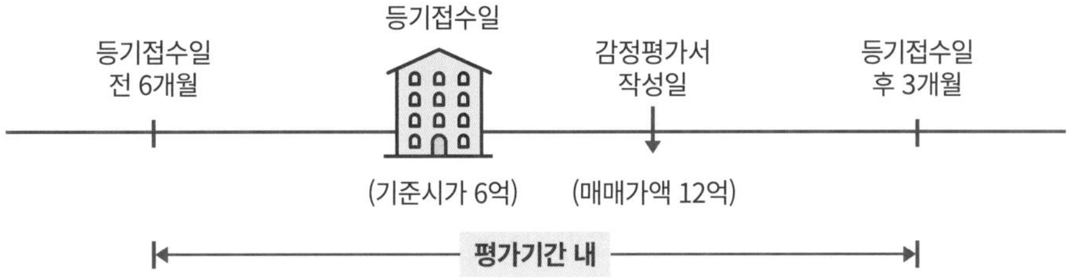

해설 평가기간 내 증여받은 자산의 기준시가는 6억원이지만, 평가기간 내 해당 자산에 대하여 10억원에 감정가액이 있는 경우에는 증여재산평가액은 시가 10억원이 된다. 따라서 증여세 신고시 증여재산가액을 10억원으로 신고해야 한다.

3 순위 해당 자산의 수용가액 또는 공매·경매가액이 있는 경우

해당 자산에 수용·경매·공매가액이 있는 경우에는 그 보상가액·공매가액·경매가액을 시가로 본다. 이 경우 평가기간 내에 해당하는지 여부는 보상가액·공매가액·경매가액이 결정된 날을 기준으로 적용하고 보상가액이 결정된 날은 수용보상계약 체결일을 말한다.

4 순위 상속 또는 증여받은 자산과 동일·유사한 다른 재산의 매매사례가액

평가기간 내에 상속 또는 증여받은 자산과 면적·위치·용도 및 기준시가 등이 동일하거나 유사한 다른 자산의 거래가액이 있는 경우에는 그 가액을 시가로 본다. 유사자산의 매매가액을 시가로 적용할 경우 상속 또는 증여세 신고일까지 거래된 매매가액에 한하여 시가로 인정된다. 예를 들어 증여일이 2022년 7월 10일인 경우 증여세 신고기한은 2022년 10월 31일이지만, 증여세 신고서를 2022년 8월 31일에 제출한 경우 신고일 이후에 거래된 유사 매매가액은 시가로 볼 수 없다.

한편, 아파트 등 공동주택의 경우에는 아래의 요건을 모두 충족하는 유사 매매사례가액에 해당하는 주택을 말하며, 해당 주택이 2 이상인 경우에는 ① 공동주택가격 차이가 가장 작은 주택, ② 공동주택가격 차이가 가장 작은 주택이 2 이상인 경우 평가기준일과 가장 가까운 날의 가액, ③ 평가기준일과 가장 가까운 날의 가액이 2 이상인 경우에는 그 평균액을 시가로 본다.

① 평가대상 주택과 동일한 공동주택단지 내에 있을 것
② 평가대상 주택과 주거전용면적의 차이가 평가대상 주택의 주거전용면적의 5% 이내일 것
③ 평가대상 주택과 공동주택가격의 차이가 평가대상 주택의 공동주택가격의 5% 이내일 것

배경 및 취지

납세자는 상속세 또는 증여세 신고일 이후에 거래된 유사 매매사례가액을 알 수 없으므로 납세자의 법정안정성과 예측가능성을 보장하기 위하여 신고일까지 거래된 유사 매매사례가액만 시가로 인정하는 것이다.

[상속재산 평가시 유사 자산의 매매사례가액 적용대상 기간]

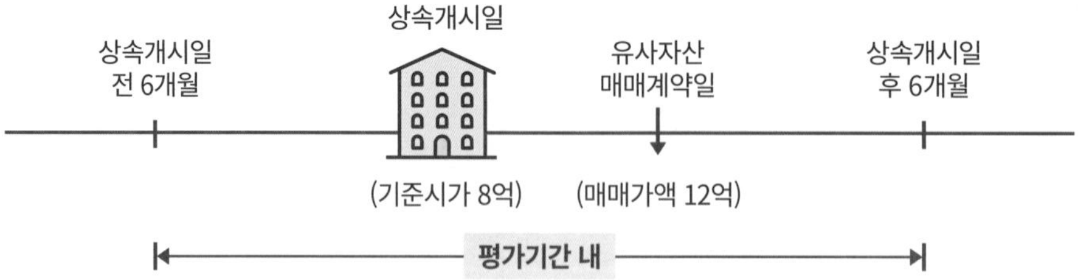

해설 평가기간 내 상속받은 자산의 기준시가는 8억원이지만, 평가기간 내 해당 자산과 유사한 자산에 대하여 12억원에 매매계약이 체결된 경우에는 상속재산평가액은 시가 12억원이 된다. 따라서 상속세 신고시 상속재산가액을 12억원으로 신고해야 한다.

[증여재산 평가시 유사 자산의 매매사례가액 적용대상 기간]

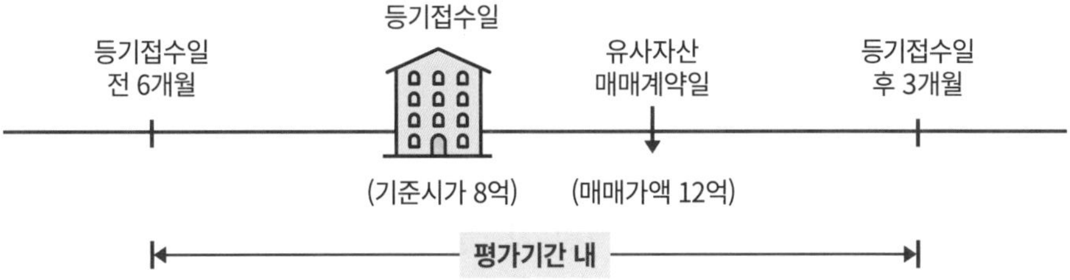

해설 평가기간 내 증여받은 자산의 기준시가는 8억원이지만, 평가기간 내 해당 자산과 유사한 자산에 대하여 12억원에 매매계약이 체결된 경우에는 증여재산평가액은 시가 12억원이 된다. 따라서 증여세 신고시 증여재산가액을 12억원으로 신고해야 한다.

5 순위 해당 자산의 보충적 평가방법에 따른 평가액

매매가액 등 시가를 확인하기 어려운 경우에는 기준시가 등 보충적 평가방법으로 평가한 가액을 시가로 본다.

☑ 주의사항 _ 평가기간 경과 후 법정결정기한 내에 매매가액 등이 있는 경우

상속 또는 증여재산의 시가는 평가기간 내 매매가액 등을 적용하는 것이 원칙이나, 상속세 또는 증여세를 신고한 이후 법정결정기한의 기간 중에 매매가액 등이 있는 경우 평가심의위원회 심의를 거쳐 매매가액 등을 시가로 할 수 있다. 여기서 법정결정기한이란 상속세는 법정신고기한이 경과한 날로부터 9개월이며, 증여세는 법정신고기한이 경과한 날로부터 6개월을 말한다(상증령 §49①단서).

사례 1

증여세 신고 후 평가기간 이외 기간에 유사매매사례가액이 있는 경우

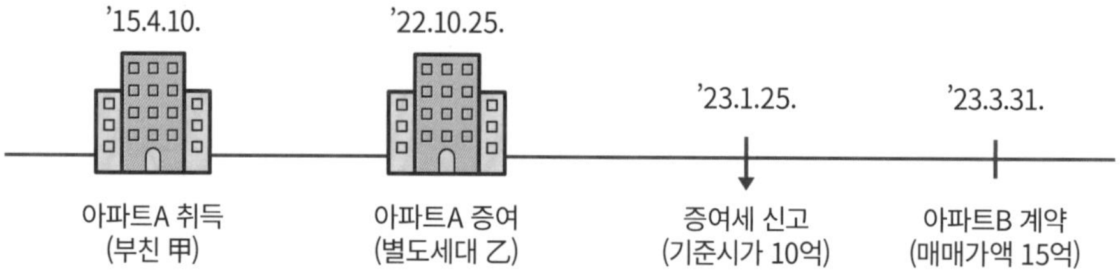

- 평가기간 내에 증여받은 A주택에 대해 시가 등이 없어 기준시가 10억원으로 평가하여 증여세를 신고하였고, 법정결정기한 내에 A주택과 유사한 아파트B의 매매사례가액은 15억원임

해설 증여받은 주택은 평가기간 내에 시가 등이 없어 기준시가로 신고한 후 증여받은 주택과 유사한 주택의 매매계약일이 평가기간 경과 후 법정결정기한 내에 있는 거래이고, 가격변동의 특별한 사정이 없다고 인정되는 때에는 평가심의위원회 심의를 거쳐 시가로 인정받은 유사매매사례가액 15억원을 증여재산의 시가로 볼 수 있다.

사례 2

증여세 신고 후 평가기간 이외 기간에 해당 자산의 매매가액이 있는 경우

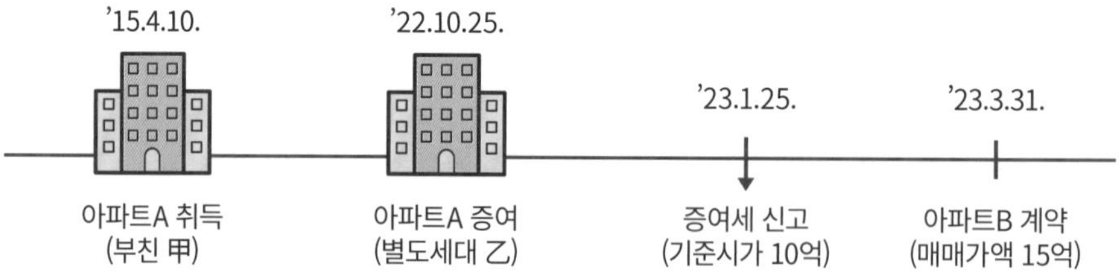

- 평가기간 내에 증여받은 A주택에 대해 시가 등이 없어 기준시가 10억원으로 평가하여 증여세를 신고하였고, 법정결정기한 내에 A주택과 유사한 아파트B의 매매사례가액은 15억원임

해설 평가기간 내에 증여받은 주택의 유사매매사례가액 10억원이 확인되어 증여재산가액을 10억원으로 평가하여 신고한 경우에도 평가기간 경과 후 법정결정기한 내에 증여받은 주택을 15억원에 매매계약을 체결한 경우 평가심의위원회 심의를 거쳐 매매가액이 시가로 인정된 경우 해당 주택의 매매가액 15억원을 증여재산가액으로 볼 수 있다(법령해석재산-0170, 2021.8.18).

사례 3

증여세 신고 후 평가기간 이외 기간에 해당 자산의 감정가액이 있는 경우

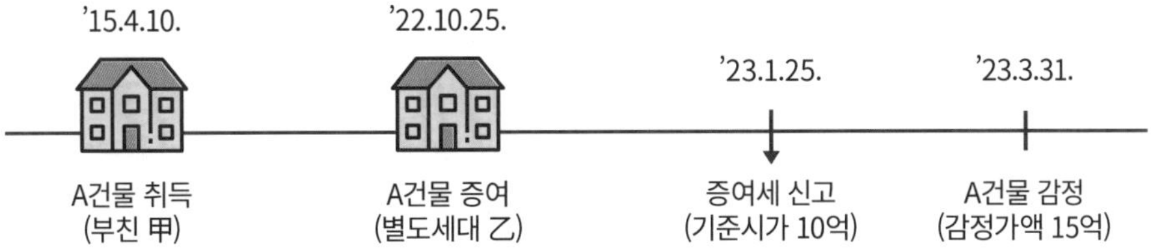

- 평가기간 내에 증여받은 A건물에 대해 시가 등이 없어 기준시가 10억원으로 평가하여 증여세를 신고하였고, 법정결정기한 내에 A건물의 감정가액은 15억원임

해설 증여받은 주택은 평가기간 내에 시가 등이 없어 기준시가로 신고한 경우에도 평가기간 경과 후 법정결정기한 내에 감정평가를 실시하고 평가심의위원회를 거쳐 감정가액 15억원이 시가로 인정된 경우에는 증여재산가액을 15억원으로 할 수 있다(적부2020-0211, 2021.4.14).

2. 재산 평가의 특례 (상증법 §66)

1) 임대차계약이 체결된 재산의 경우

임대차계약이 체결된 재산의 평가액은 기준시가 등 보충적 평가방법에 따라 평가한 가액과 임대료 등 환산가액(임대보증금 + 월세 × 100) 중 큰 금액을 적용한다.

배경 및 취지

임대차계약이 체결된 부동산을 기준시가로 평가할 경우 일반적으로 시가보다 낮게 평가되므로 해당 부동산의 수익가치를 반영한 임대료 환산가액 및 임대보증금의 합계액과 기준시가를 비교하여 둘 중 큰 가액으로 평가하는 것이다.

2) 저당권 등이 설정된 경우

저당권 등이 설정된 재산 또는 임대보증금을 받고 임대한 재산 등의 평가액은 아래 둘 중 큰 금액을 적용한다. 이 경우 저당권 등이 설정된 재산의 평가액은 상속 또는 증여일 현재 저당권이 설정된 채무액이나 임대보증금액을 기준으로 판단하는 것이며, 평가기준일 전후 6개월(증여재산인 경우 전 6개월, 후 3개월)내 금액을 적용하는 것이 아니다.

① 평가기준일 현재 시가 또는 보충적 평가방법에 따른 평가액
② 해당 재산에 담보된 실제 채무액(대출금, 임대보증금)

배경 및 취지

해당 부동산에 저당권이 설정된 경우 또는 해당 부동산의 임대보증금이 있는 경우 저당권이 설정된 채무액과 임대보증금의 합계액이 시가를 보다 적절히 반영하는 경우가 있으므로 채무액 및 임대보증금의 합계액과 시가 또는 기준시가 중 큰 금액을 해당 부동산의 평가액으로 하는 것이다.

사례 1

임대주택의 시가 등이 없는 경우 평가방법

주택을 증여할 당시 매매사례가액이나 감정가액 등 시가는 없고, 기준시가 4억원, 주택의 임대보증금 2억원, 월임대료 250만원에 임대중인 주택을 부담부증여하는 경우

해설

1. 재산평가액 : Max[4억원, (2억원 + 250만원 × 100)]= 4.5억원
2. 증여재산가액 : 4.5억원 - 2억원(임대보증금) = 2.5억원

사례 2

임대주택의 시가가 있고, 근저당이 설정된 경우 평가방법

주택의 평가기준일 현재 감정가액은 5억원, 근저당권이 설정된 은행채무 3억원(채권최고액 4억원), 임대보증금 2.5억원, 월임대료 200만원에 임대중인 주택을 부담부증여하는 경우

해설

1. 재산평가액 : Max[5억원, (3억원 + 2.5억원)]=5.5억원

임대보증금 및 채무액에 대하여 근저당이 설정된 재산은 시가와 채무(은행채무+임대보증금)의 합계액 중 큰 가액으로 평가한다.

2. 증여재산가액 : 5.5억원 - 5.5억원(은행채무와 임대보증금 합계액) = 0원

사례 3

임대주택의 시가 등이 없고, 근저당이 설정된 경우 평가방법

주택의 평가기준일 현재 기준시가는 6억원, 근저당권이 설정된 은행채무 4억원, 임대보증금 3억원, 월임대료 500만원에 임대중인 주택을 부담부증여하는 경우

해설

1. 재산평가액 : Max (①, ②) = 8억원

① 기준시가와 임대료 등 환산가액 중 큰 가액 : Max[6억원, (3억원 + 500만원 × 100)] = 8억원

② 임대보증금 및 임대료 환산가액의 합계액과 은행채무 및 임대보증금 합계액 중 큰 가액 : Max[8억원, (4억원 + 3억원)]= 8억원

2. 증여재산가액 : 8억원 – 7억원(은행채무와 임대보증금 합계액) = 1억원

종합사례 1

무주택자인 성인자녀에게 1세대1주택 고가주택을 부담부증여하는 경우

1. 甲은 2018.3.10.에 5억원에 취득한 조정대상지역에 소재한 전용면적 85㎡이하 주택을 2023.5.31.에 별도세대원인 40세 아들 乙에게 증여하였다. 甲은 주택을 증여할 당시 1세대1주택자로서 증여한 주택에 취득일 이후 계속 거주하였고, 증여계약 당시 당해 주택의 은행대출금 8억원은 乙이 인수하기로 하였다.
2. 甲이 증여한 주택의 증여당시 및 취득당시 가액은 아래와 같다.

구 분	가 액	비 고
증여당시 증여재산 평가액	매매사례가액 16억원	공동주택 공시가격 10억원
취득당시 실지거래가액	5억원	취득세 5백만원, 옵션비용 4천5백만원
기타 필요경비	1천만원	중개수수료

해설

주택을 부담부증여하는 경우로서 양도가액에 해당하는 채무승계액이 12억원 미만이라 하더라도 증여하는 주택 전체의 평가액이 12억원을 초과하는 경우 고가주택으로 보아 12억원 초과분 양도차익에 대하여는 양도소득세가 과세된다.

1. 양도소득세

	구 분	금 액	계산 근거
	양도가액	800,000,000	16억원 × 8억원/16억원
(-)	취득가액	275,000,000	5.5억원(취득세 등 포함) × 8억원/16억원
(-)	기타필요경비	5,000,000	1,000만원 × 8억원/16억원
(=)	전체양도차익	520,000,000	
	고가주택양도차익	130,000,000	520,000,000 × (16억원 - 12억원)/16억원
(-)	장기보유특별공제	52,000,000	130,000,000 × 40%(5년×4% + 5년×4%)
(=)	양도소득금액	78,000,000	
(-)	기본공제	2,500,000	
(=)	과세표준	75,500,000	
(×)	세율	24%	
(=)	산출세액	12,360,000	75,500,000 × 24% - 576만원(누진공제)
(+)	지방소득세	1,236,000	12,360,000 × 10%
(=)	총부담세액	13,596,000	

2. 증여세

	구 분	금 액	계산 근거
	증여재산가액	1,600,000,000	상속 및 증여세법상 평가액(매매사례가액)
(-)	채무액	800,000,000	수증자가 인수한 은행대출금
(=)	증여세과세가액	800,000,000	
(-)	증여재산공제	50,000,000	성인자녀 5천만원 공제
(=)	과세표준	750,000,000	
(×)	세율	30%	
(=)	산출세액	165,000,000	750,000,000× 30% - 6천만원(누진공제)
(-)	신고세액공제	4,950,000	165,000,000 × 3%
(=)	납부할 세액	160,050,000	

3. 취득세

	구 분	금 액	순수증여(무상취득) 부분
	취득가액	1,600,000,000	2023.1.1. 이후부터는 시가인정액(매매사례가액) 적용
(-)	채무액	800,000,000	수증자가 인수한 은행대출금
(=)	과세표준	800,000,000	
(×)	세율	3.8%	3.5%(기본세율) + 0.3%(지방교육세)
(=)	취득세	30,400,000	800,000,000 × 3.8%
	소계	30,400,000	
	구 분	**금 액**	**채무승계(유상취득) 부분**
	취득가액	800,000,000	대출금에 해당하는 채무를 유상취득한 것으로 간주
	과세표준	800,000,000	
(×)	세율	2.33%	(8억원×2/3억원 - 3) × 1% ≒ 2.33%
(=)	취득세	20,504,000	800,000,000×2.563%(2.33% + 2.33%×10%)
	소계	20,504,000	
	총계	50,904,000	30,400,000(무상취득분) + 20,504,000(유상취득분)

종합사례 2

저당권 등이 설정된 공동주택을 부담부증여하는 경우

1. 다주택자인 甲은 2015.7.25. 3억원에 취득한 전용면적 85㎡이하 아파트를 2023.4.10. 별도세대원인 40세 아들 乙에게 증여하였다. 증여 당시 해당 아파트에 설정된 은행채무 4억원과 전세보증금 5억원은 실제로 乙이 인수하여 변제 및 상환하기로 하였다.
2. 부친인 甲이 증여한 아파트의 증여 및 취득 당시 자료내역은 아래와 같다.

구 분	금 액	비 고
증여당시 공시가격	7억원	감정가액 및 매매사례가액 등 없음
취득당시 필요경비	5천만원	취득세 5백만원, 옵션비용 4천5백만원 지출
기타 필요경비	1천만원	중개수수료 등
취득당시 공시가격	1.5억원	감정가액 및 매매사례가액 등 없음

해설 저당권 등 담보채무액(대출금, 전세보증금)이 설정된 주택을 부담부증여하는 경우 양도가액을 기준시가로 산정한 것으로 보아 취득가액도 취득 당시 기준시가를 적용하여 양도차익을 계산한다.

1. 양도소득세

	구 분	금 액	계산 근거
	양도가액	900,000,000	9억원 × 9억원/9억원
(−)	취득가액	150,000,000	1.5억원 × 9억원/9억원
(−)	기타필요경비	4,500,000	1.5억원 × 3% × 9억원/9억원
(=)	양도차익	745,500,000	
(−)	장기보유특별공제	104,370,000	745,500,000 × 14%(7년×2%)
(=)	양도소득금액	641,130,000	
(−)	기본공제	2,500,000	
(=)	과세표준	638,630,000	
(×)	세율	42%	
(=)	산출세액	232,284,600	638,630,000 × 42% - 3,594만원(누진공제)
(+)	지방소득세	23,228,460	232,284,600 × 10%
(=)	총부담세액	255,513,060	

2. 증여세 : 900,000,000원(채무액) - 900,000,000원(채무액) = 0원

종합사례 3

무주택자인 성인자녀에게 아파트를 부담부증여하는 경우

● 아파트의 취득 및 증여에 관한 자료

구 분		내 용
부친의 취득내역	취득일자	2012.5.1. 서울 소재 아파트(85㎡ 초과) 취득
	취득가액	취득당시 취득가액 불분명(공시가격 2억원)
증여내역 (2023.2.10.)	증여조건	아들에게 증여당시 전세보증금 4.8억원 인수조건으로 증여
	매매사례가액	10억원(해당 아파트와 유사한 아파트의 매매사례가액)
	감정가액	12억원(1개의 감정평가기관에서 평가한 가액)
	공시가격	8억원
기타 사항		부친은 증여당시 증여한 아파트외 2주택을 보유하고 있음

해설 유사매매사례가액(10억원)과 감정가액(12억원)을 증여재산의 시가로 볼 수 있으나, 해당 자산의 감정가액이 유사 자산의 매매사례가액보다 우선 적용되므로 감정가액을 증여재산 평가액으로 한다. 이 경우 감정가액은 2개의 감정평가기관에서 평가한 가액으로 하여야 하나, 기준시가가 10억원 이하인 경우에는 1개의 감정평가기관에서 평가한 가액도 인정된다.

1. 양도소득세

	구 분	금 액	계산 근거
	양도가액	480,000,000	12억원(감정가액) × 4.8억원/12억원
(-)	취득가액	120,000,000	4.8억원 × 2억원/8억원(환산가액)
(-)	기타필요경비	2,400,000	2억원 × 3% × 4.8억원/12억원
(=)	양도차익	357,600,000	
(-)	장기보유특별공제	71,520,000	357,600,000 × 20%(10년×2%)
(=)	양도소득금액	286,080,000	
(-)	기본공제	2,500,000	
(=)	과세표준	283,580,000	
(×)	세율	38%	
(=)	산출세액	87,820,400	283,580,000 × 38% - 1,994만원(누진공제)
(+)	지방소득세	8,782,040	87,820,400 × 10%
(=)	총부담세액	96,602,440	

2. 증여세

	구 분	금 액	계산 근거
	증여재산가액	1,200,000,000	감정가액
(−)	채무액	480,000,000	수증자가 인수한 전세보증금
(=)	증여세과세가액	720,000,000	
(−)	증여재산공제	50,000,000	
(=)	과세표준	670,000,000	
(×)	세율	30%	
(=)	산출세액	141,000,000	670,000,000 × 30% - 6,000만원(누진공제)
(−)	신고세액공제	4,230,000	141,000,000 × 3%
(=)	납부할세액	136,770,000	

3. 취득세

	구 분	금 액	순수증여(무상취득) 부분
	취득가액	1,200,000,000	2023.1.1. 이후부터는 시가인정액(감정가액) 적용
(−)	채무액	480,000,000	수증자가 인수한 전세보증금
(=)	과세표준	720,000,000	
(×)	세율	4%	85㎡ 초과시 농어촌특별세 0.2% 부과
(=)	취득세	28,800,000	720,000,000 × 4%
	소계	28,800,000	
	구 분	금 액	채무승계(유상취득) 부분
	취득가액	480,000,000	전세보증금을 유상취득한 것으로 간주
	과세표준	480,000,000	
(×)	세율	1.3%	6억원 이하 : 1.1%(기본세율) + 0.2%(농특세)
(=)	취득세	6,240,000	480,000,000 × 1.3%
	소계	6,240,000	
	총계	35,040,000	28,800,000(무상취득분) + 6,240,000(유상취득분)

06

부담부증여로 취득한 재산을 10년 이내 양도시 이월과세 적용 방법

1 이월과세 적용대상의 구분

배우자 등에 대한 이월과세는 증여로 취득한 재산을 양도하는 경우에 적용되므로 부담부증여로 취득한 재산을 10년 이내에 양도하는 경우 채무승계분은 수증자가 증여자로부터 유상으로 취득한 것이므로 이월과세대상이 아니며, 증여재산가액에서 채무액을 제외한 순수증여분에서 발생한 양도차익에 대해서만 이월과세 대상이 된다.

따라서 부담부증여로 취득한 재산을 10년 이내 양도할 경우 이월과세가 적용되지 않는 유상 취득분인 채무액과 이월과세가 적용되는 무상 취득분인 순수 증여가액으로 구분하여 양도차익을 계산해야 한다.

[부담부증여로 취득한 재산을 10년 내 양도시 이월과세 적용여부]

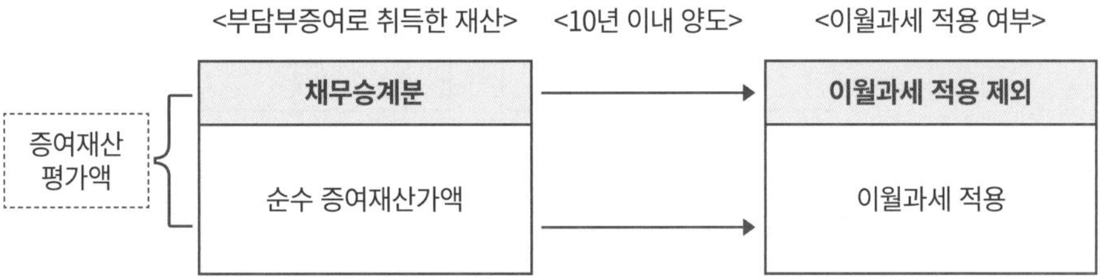

2 양도가액의 구분계산

이월과세가 적용되지 않는 채무부분의 양도가액은 전체 양도가액에 증여재산가액 중 채무승계분이 차지하는 비율을 곱한 금액으로 하며, 이월과세가 적용되는 순수증여분의 양도가액은 전체 양도가액에 증여재산가액에서 채무승계분을 제외한 순수증여가액이 차지하는 비율을 곱한 금액으로 한다.

$$1)\ \text{채무승계분 양도가액} = \text{전체 양도가액} \times \frac{\text{채무액}}{\text{증여재산가액}}$$

$$2)\ \text{순수증여분 양도가액} = \text{전체 양도가액} \times \frac{(\text{증여재산가액} - \text{채무액})}{\text{증여재산가액}}$$

예를 들어 배우자로부터 시가 500의 재산을 증여 받으면서 은행대출금 150을 인수한 후, 600에 양도한 경우 채무승계분에 대한 양도가액은 전체 양도가액 600에 증여 당시 전체 증여가액에서 채무액이 차지하는 비율 30%를 곱한 180이 되며, 순수증여분에 대한 양도가액은 전체 양도가액 600에 증여 당시 전체 증여가액에서 순수증여가액이 차지하는 비율 70%를 곱한 420이 된다.

[채무승계분과 순수증여분의 양도가액 계산]

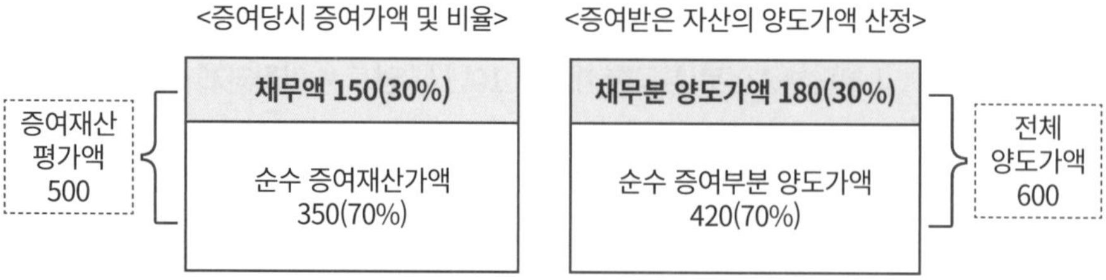

3 취득가액 및 양도차익의 구분계산

순수증여분은 이월과세가 적용되므로 당초 증여자가 취득한 재산가액에 전체 증여재산가액에서 순수증여가액이 차지하는 비율을 곱한 가액이 순수증여분의 취득가액이 되며, 채무승계분은 이월과세가 적용되지 않으므로 재산을 증여받을 당시 수증자가 승계한 채무액이 취득가액이 된다.

위의 사례에서 당초 재산을 증여한 자의 취득가액이 200이라면 이월과세가 적용되는 순수증여분에 대한 취득가액은 증여자의 취득가액 200에 전체 증여가액에서 순수증여가액이 차지하는 비율 70%를 곱한 140이 되며, 이월과세가 적용되지 않는 채무승계분의 취득가액은 수증자가 승계한 채무액 150이 된다. 따라서 순수증여분에 대한 양도차익은 280이 되며, 채무승계분에 대한 양도차익은 30이 된다. 양도차익을 구분하는 이유는 필요경비 및 보유기간에 따른 장기보유특별공제가 다르게 적용되기 때문이다.

[채무승계분과 순수증여분의 양도차익 계산]

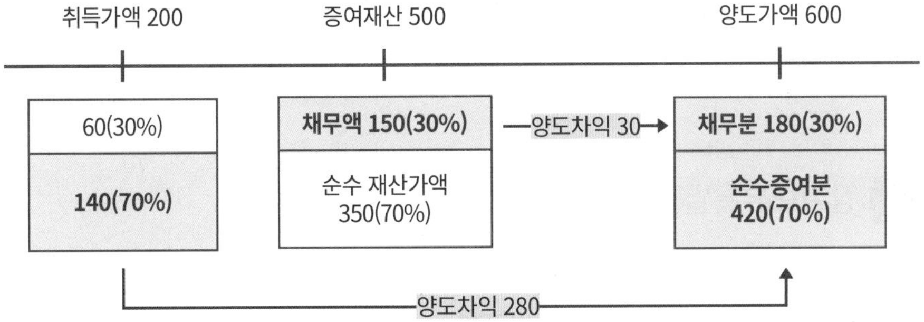

4 기타 필요경비 구분계산

1) 채무승계분과 순수증여분에 공통으로 적용되는 기타 필요경비

증여받은 재산을 양도할 당시 지출한 중개수수료 등 양도에 소요된 비용은 증여받을 당시 채무액과 순수증여가액의 비율에 따라 안분하여 채무승계분과 순수증여분의 기타 필요경비로 각각 공제한다.

2) 채무승계분에 대한 기타 필요경비

재산을 증여받을 당시 납부한 채무승계분에 대한 유상 취득세는 전액 기타 필요경비로 공제된다.

3) 순수증여분에 대한 기타 필요경비

당초 증여자가 취득 당시 납부한 취득세 등은 순수증여재산가액이 전체 증여재산가액에서 차지하는 비율만큼 기타 필요경비로 공제되고, 수증자의 증여세 산출세액은 기타 필요경비로 공제된다.

5 장기보유특별공제의 구분계산

1) 순수증여분에 대한 장기보유특별공제

순수증여분 양도차익에 대하여는 이월과세가 적용되므로 당초 증여자가 재산을 취득한 날로부터 수증자가 증여받은 재산을 양도한 날까지의 보유기간에 대하여 장기보유특별공제를 적용한다.

2) 채무부담분에 대한 장기보유특별공제

채무승계분의 양도차익에 대하여는 이월과세가 적용되지 않으므로 수증자가 증여받은 날 재산을 유상으로 취득한 것으로 보아 증여받은 날로부터 증여받은 재산을 양도한 날까지의 보유기간에 대하여 장기보유특별공제를 적용한다.

사례

부담부증여로 증여받은 주택을 5년 이내 양도하는 경우

● 비조정대상지역 아파트의 취득 및 양도에 관한 자료

구 분		내 용
부친의 취득내역	취득가액	2012.5.1. 아파트(85㎡ 초과) 4억원에 취득
	은행채무	2018.10.25. 주택을 담보로 5억원 대출받음
증여내역	증여일자	2020.5.10. 아들에게 은행차입금 인수조건으로 증여
	증여가액	감정가액 : 12억5천만원, 기준시가 : 7억원
아들의 양도일 및 양도가액		2023.9.15. 15억원에 양도
기타 사항		증여 당시 부친은 다주택자이며, 아들은 1주택 보유

해설

1. 양도소득세

	구 분	이월과세가 적용되는 경우	이월과세가 적용되지 않는 경우
	양도가액	1,500,000,000	1,500,000,000
(-)	취득가액	740,000,000[1)]	1,250,000,000[2)]
(-)	기타필요경비	156,500,000[3)]	14,500,000[4)]
(=)	양도차익	603,500,000	235,500,000
(-)	장기보유특별공제	117,810,000[5)]	14,130,000
(=)	양도소득금액	485,690,000	221,370,000
(-)	기본공제	2,500,000	2,500,000
(=)	과세표준	483,190,000	218,870,000
(×)	세율	40%	38%
(-)	누진공제	25,940,000	19,940,000
(=)	산출세액	167,336,000	63,230,600
(+)	지방소득세	16,733,600	6,323,060
(=)	총부담세액	184,069,600	69,553,660

이월과세를 적용하여 계산한 산출세액이 이월과세를 적용하지 않은 경우의 산출세액보다 크므로 이월과세가 적용된다.

1) 이월과세를 적용할 경우 취득가액은 채무승계액 5억원과 당초 취득가액 4억원에 순수증여

가액 비율 60%를 곱한 가액 2.4억원의 합계액 7.4억원이다(아래의 계산근거 참조).

2) 이월과세를 적용하지 않을 경우 취득가액은 감정가액을 적용한다.

3) 이월과세를 적용할 경우 산출세액과 채무승계분 취득세는 필요경비에 산입한다(아래 증여세 및 취득세 산출세액 참고).

4) 증여받을 당시 취득세(아래 취득세 산출내역 참조)

5) 이월과세가 적용되는 경우 순수 증여분에 대하여는 당초 자산을 증여한 부친의 취득일부터 증여받은 자가 양도한 날까지의 보유기간에 대하여 장기보유특별공제를 적용하고, 채무를 승계한 부분은 수증자가 증여일에 유상으로 취득한 것으로 보아 증여일부터 양도일까지의 보유기간에 대하여 장기보유특별공제를 적용한다. 이월과세를 적용할 경우 채무승계분과 순수증여분의 소득금액은 아래와 같이 구분하여 계산한다.

	구 분	채무승계분	순수증여분	합 계
	양도가액	600,000,000[1)]	900,000,000[2)]	1,500,000,000
(−)	취득가액	500,000,000[3)]	240,000,000[4)]	740,000,000
(−)	기타필요경비	6,500,000	150,000,000[5)]	156,500,000
(=)	양도차익	93,500,000	510,000,000	603,500,000
(−)	장기보유특별공제	5,610,000[6)]	112,200,000[7)]	117,810,000
(=)	양도소득금액	87,890,000	397,800,000	485,690,000

1) $1{,}500{,}000{,}000 \times \frac{500{,}000{,}000}{1{,}250{,}000{,}000} = 600{,}000{,}000$

2) $1{,}500{,}000{,}000 \times \frac{750{,}000{,}000}{1{,}250{,}000{,}000} = 900{,}000{,}000$

※ 수증자가 승계한 채무액은 유상으로 취득한 것이므로 이월과세대상이 되지 않는다. 따라서 부담부증여로 취득한 자산을 5년 이내 양도할 경우 유상으로 취득한 것으로 보는 채무부담분과 무상으로 취득한 부분에 해당하는 순수증여분으로 구분하여 아래와 같이 양도가액을 계산한다.

① 채무승계분(유상취득분) = 양도가액 × $\frac{\text{채무액}}{\text{증여재산가액}}$

② 순수증여분(무상취득분) = 양도가액 × $\frac{(\text{증여재산가액} - \text{채무액})}{\text{증여재산가액}}$

3) 500,000,000(채무부담액)

4) $400{,}000{,}000 \times \frac{(1{,}250{,}000{,}000 - 500{,}000{,}000)}{1{,}250{,}000{,}000} = 240{,}000{,}000$

5) 수증자가 부담한 증여세 산출세액은 기타 필요경비로 공제된다.

6) 93,500,000 × 6%(3년 × 2%) = 5,610,000

7) 510,000,000 × 22%(11년 × 2%) = 112,200,000

2. 증여세

	구 분	금 액	계산 근거
	증여재산가액	1,250,000,000	상증법상 평가액(감정가액 적용)
(−)	채무액	500,000,000	수증자가 인수한 은행차입금
(=)	증여세과세가액	750,000,000	
(−)	증여재산공제	50,000,000	성년자녀 5,000만원 공제
(=)	과세표준	700,000,000	
(×)	세율	30%	
(=)	산출세액	150,000,000	700,000,000 × 30% - 6,000만원(누진공제)
(−)	신고세액공제	4,500,000	150,000,000 × 3%
(=)	납부할세액	145,500,000	

3. 취득세

	구 분	금 액	순수증여(무상취득) 부분
	취득가액	700,000,000	증여 당시 기준시가 적용
(−)	채무액	500,000,000	수증자가 인수한 은행차입금
(=)	과세표준	200,000,000	
(×)	세율	4%	지방교육세 및 농어촌특별세 포함
(=)	취득세	8,000,000	200,000,000 × 4%
	소계	8,000,000	
	구 분	**금 액**	**채무승계(유상취득) 부분**
	과세표준	500,000,000	은행차입금을 유상으로 취득한 것으로 간주
(×)	세율	1.3%	지방교육세 및 농어촌특별세 포함
(=)	취득세	6,500,000	500,000,000 × 1.3%
	소계	6,500,000	
	총계	14,500,000	8,000,000 + 6,500,000

07

배우자 등에게 양도한 재산의 증여추정

배경 및 취지

특수관계인간에 재산을 이전하면서 거래실질은 증여이나 형식상 양도로 가장(假裝)하여 변칙적으로 증여세를 탈루하는 것을 방지하기 위하여 양도행위를 부인하고 증여로 추정하는 것이다.

1 배우자 또는 직계존비속에게 직접 양도시 증여추정

배우자 또는 직계존비속에게 양도한 재산은 양도자가 해당 재산을 양도한 때에 재산의 가액을 배우자 또는 직계존비속이 증여받은 것으로 추정한다. 다만 배우자 등에게 대가를 받고 양도한 사실이 명백한 경우에는 제외한다(상증법 §44①).

[직접양도에 대한 증여추정]

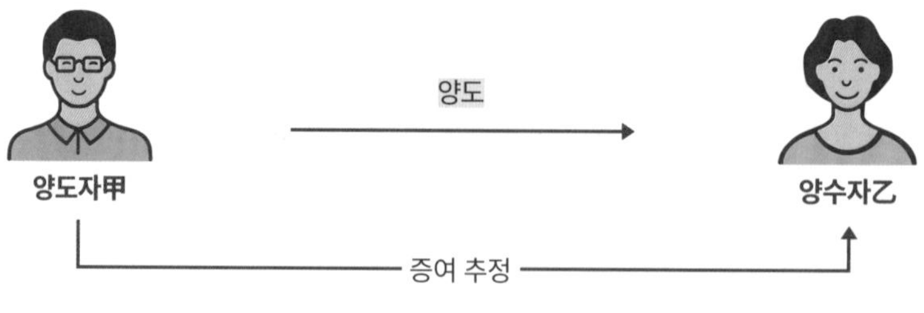

■ 양수자乙 : 양도자甲의 배우자 또는 직계비속

2 배우자 또는 직계존비속에게 우회 양도시 증여추정

1) 적용요건

양도자가 배우자나 직계존비속 이외의 특수관계인(양수자)에게 재산을 양도한 후, 양수인이 재산을 양수한 날로부터 3년 이내에 당초 양도자의 배우자 또는 직계존비속에게 다시 양도하는 경우에는 그 재산가액을 배우자 등이 증여받은 것으로 추정하여 증여세를 과세한다. 이 경우 배우자 등에게 증여세가 부과되는 경우 당초 양도자 및 양수자에게 양도소득세를 부과하지 않는다. (상증법 §44②,④)

다만, 양도자 및 양수자가 부담한 양도소득세가 배우자 등이 증여받은 것으로 추정할 경우의 증여세액보다 큰 경우에는 해당 규정을 적용하지 않는다.

[우회양도에 대한 증여추정]

※ 우회양도에 대한 증여추정 적용요건 : (①양도소득세 +② 양도소득세) < ③증여세
양수자乙 : 양도자甲의 배우자 또는 직계존비속 이외 특수관계인
양수자丙 : 양도자甲의 배우자 또는 직계존비속

2) 증여추정의 필요성

다주택자가 8억원에 취득한 주택을 2년 6개월간 보유하다 성인자녀에게 시가 10억원에 증여할 경우 증여가액 10억원에 대한 증여세 산출세액은 2.25억원이 되나, 해당 주택을 먼저 형제에게 양도하여 양도차익 2억원에 대하여 5천6백만원의 양도소득세를 납부하고, 주택을 양수한 자가 단기간 내에 양도자의 자녀에게 양도할 경우 납부할 양도소득세는 없으므로 결국 양도자는 자녀에게 시가 10억원의 재산을 증여하고 5천6백만원의 양도소득세만 납부하는 결과가 된다.

[직접 증여시 증여세]

증여자(부모) → 수증자(성년자녀)	
증여재산가액	10억원
증여재산공제	0.5억원
과세표준	9.5억원
산출세액	2.25억원1)

[우회양도에 따른 양도소득세]

양도자 → 양수자(동생)		양수자 → 양도자의 자녀	
양도가액	10억원	양도가액	10억원
취득가액	8억원	취득가액	10억원
과세표준	2억원	과세표준	-
산출세액	0.56억원2)	산출세액	-

1) 950,000,000원 × 30% - 60,000,000원(누진공제) = 225,000,000원

2) 200,000,000원(기본공제 250만원 생략) × 38% - 19,940,000원(누진공제) = 56,060,000원

이와 같이 양도차익이 작은 재산을 먼저 배우자 또는 직계존비속 이외 특수관계인에게 양도하여 소액의 양도소득세를 납부한 후, 양수인이 당초 재산을 양도한 자의 배우자나 직계존비속에게 양도하여 증여세를 회피하는 행위를 방지하기 위하여 우회양도에 따른 증여추정 규정을 적용하여 배우자 등에게 증여세를 과세하고 양도자 및 양수자가 납부한 양도소득세는 환급되는 것이다.

08

거짓 매매계약서 작성에 따른 비과세·감면세액 추징

1 개요

부동산 또는 분양권을 매매하고 세금을 적게 낼 목적으로 실제 거래가액과 다르게 기재한 거짓계약서(다운계약서*, 업계약서**)를 작성하면 양도자와 양수자 모두 양도소득세의 비과세 또는 감면규정을 적용받을 수 없을 뿐만 아니라 가산세와 과태료까지 추가되어 세부담이 과중된다.

* 실제 매매가격보다 낮은 가격으로 작성한 계약서
** 실제 매매가격보다 높은 가격으로 작성한 계약서

1) 다운계약서를 작성하는 이유는 대개 아래와 같은 의도를 가지고 있다.

① 양도자 : 양도가액을 낮춰 양도소득세를 줄일 수 있다.

② 양수자 : 취득가액을 낮춰 취득세를 줄일 수 있고, 향후 취득한 주택이 1세대1주택 비과세가 적용되는 경우 취득가액을 낮추더라도 세제혜택을 적용받을 수 있다.

- 다주택자인 양도자는 양도가액을 낮춰 양도소득세 축소 신고
- 양수자는 향후 취득한 주택 양도시 1세대1주택 비과세 적용

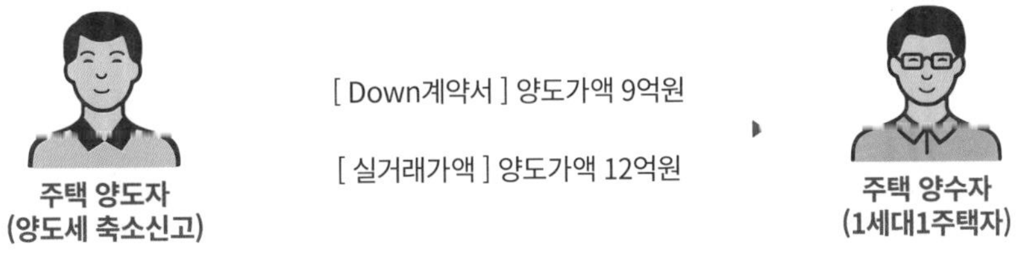

2) 업계약서를 작성하는 이유는 대개 아래와 같은 의도를 가지고 있다.

① 양도자 : 1세대1주택 비과세 대상 주택인 경우 12억원까지를 비과세를 적용받거나 8년 자경감면 농지인 경우 1억원까지 세액감면을 적용받기 때문에 양도가액을 높이더라도 납부해야 할 양도소득세는 없거나 줄일 수 있다.

② 양수자 : 다주택자, 분양권 등 높은 세율이 적용되는 경우 취득가액을 높혀 이후의 양도소득세를 줄일 수 있다.

- 양도자는 양도가액을 높이더라도 12억원까지는 비과세 적용
- 양수자는 향후 취득한 주택 양도시 취득가액을 높혀 양도소득세 축소 신고

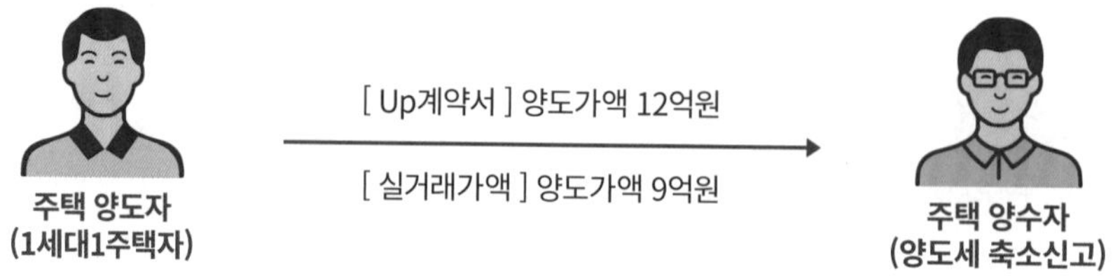

2 거짓계약서 작성시 불이익

1) 양도소득세 비과세 및 세액감면 배제

1세대1주택 비과세 대상 주택이나 자경농지에 대한 감면요건을 충족한 토지 또는 부동산에 관한 권리를 양도하고 거래가액을 허위로 기재하여 비과세 또는 세액을 감면받은 경우 양도자 및 양수자에게 아래의 ①과 ② 중 적은 금액을 추징한다.

① 비과세(감면)를 적용하지 않은 경우의 산출세액

② 매매계약서의 거래가액과 실지거래가액과의 차액

2) 가산세 부과

① **무(과소)신고가산세** : 무(과소)신고한 납부세액의 최고 40%에 해당하는 가산세가 부과된다.

② **납부지연가산세** : 납부하지 않은 세액 또는 과소납부세액의 무(과소)납부일수당 0.022%에 해당하는 가산세가 부과된다.

3) 과태료 부과

부동산거래신고에 관한 법률에 따른 실제 거래가격과 신고가격의 차액에 따라 취득가액의 2%~5%이하의 과태료가 부과된다.

4) 국세 부과제척기간 10년 적용

5) 기타

① 공인중개사 사무소 개설등록 취소 또는 영업제한

② 현금영수증 발급의무 위반시 미발급 금액의 20%에 상당하는 가산세 부과

사례 1

1세대 1주택 비과세 주택을 양도하면서 거짓계약서(Up계약서)를 작성한 경우

- 甲은 5억원에 취득한 주택을 5년간 보유 및 거주한 후 2023.1.25.에 9억원에 양도하면서 거래상대방인 乙의 요구에 따라 12억원에 양도한 것으로 Up계약서를 작성하고 1세대1주택 비과세 신고하였다.
- 乙은 당해 주택에 3년 보유 및 거주하다 丙에게 18억원에 양도하고, 취득가액을 12억원으로 하여 1세대1주택(고가주택) 비과세 신고하였다.

* 납부지연가산세 부과시 미납부일수는 1,000일로 가정한다.

해설

1. 甲의 양도소득세 추징세액

: [Min(①, ②) = 117,060,000] + 72,577,200(가산세) = 189,637,200

① 비과세를 적용하지 않은 경우 산출세액 : 117,060,000

	구 분	금 액	계산 근거
	양도가액	900,000,000	실지 양도가액
(−)	취득가액	500,000,000	실지 취득가액
(=)	양도차익	400,000,000	
(−)	장기보유특별공제	40,000,000	400,000,000 × 10%(5년×2%)
(=)	양도소득금액	360,000,000	
(−)	양도소득기본공제	2,500,000	
(=)	양도소득과세표준	357,500,000	
(×)	세율	40%	
(=)	산출세액	117,060,000	357,500,000×40% - 2,594만원(누진공제)
(+)	부당과소신고가산세	46,824,000	117,060,000 × 40%
(+)	납부지연가산세	25,753,200	117,060,000 × 0.022% × 1,000일
(=)	결정세액	189,637,200	

② 매매계약서의 거래가액과 실지거래가액과의 차액 : 300,000,000

1,200,000,000(허위계약서상 거래금액) − 900,000,000(실제 거래금액) = 300,000,000

2. 乙의 양도소득세 추징세액

: [Min(①, ②) = 300,000,000]+ 174,495,900(가산세) = 474,495,900

① 비과세를 적용하지 않은 경우 산출세액 : 318,330,000

	구 분	신 고	경 정	계산 근거
	양도가액	1,800,000,000	1,800,000,000	
(-)	취득가액	1,200,000,000	900,000,000	
(=)	양도차익	600,000,000	900,000,000	
	고가주택양도차익	200,000,000	900,000,000	비과세 배제
(-)	장기보유특별공제	48,000,000	54,000,000	장특공제율(신고 24%, 경정 6%)
(=)	양도소득금액	152,000,000	846,000,000	
(-)	양도소득기본공제	2,500,000	2,500,000	
(=)	양도소득과세표준	149,500,000	843,500,000	
(×)	세율	35%	42%	
(-)	누진공제	15,440,000	35,940,000	
(=)	산출세액	36,885,000	318,330,000	
(+)	부당과소신고가산세	-	112,578,000	(318,330,000-36,885,000)×40%
(+)	납부지연가산세	-	61,917,900	281,445,000*×0.022%×1,000일
(=)	결정세액	36,885,000	492,825,900	

* 318,330,000 - 36,885,000 = 281,445,000

② 매매계약서의 거래가액과 실지거래가액과의 차액 : 300,000,000

1,200,000,000(허위계약서상 거래금액) - 900,000,000(실제 거래금액) = 300,000,000

추가해설

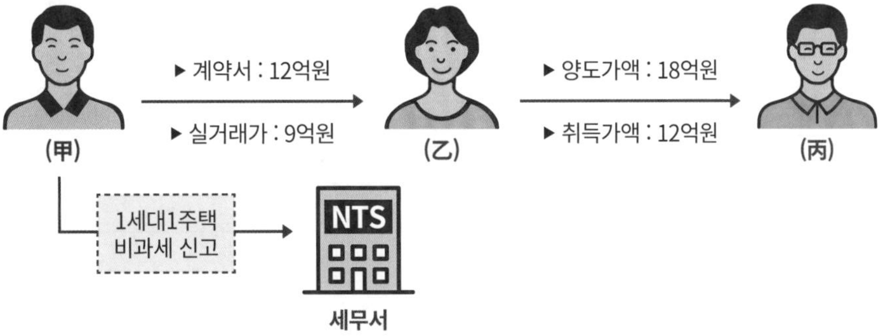

위 사례와 같이 甲은 허위로 계약서를 작성하여 양도가액을 12억원으로 신고하여도 양도차익 전액에 대하여 1세대 1주택 비과세를 받을 수 있고, 乙은 취득가액을 12억원으로 높인 후 주택을 양도할 경우 양도소득세를 탈루할 수 있는 점을 이용하여 UP계약서를 작성하고 양도소득세를 신고한 사실이 확인되는 경우 甲과 乙에게 양도소득세가 추징된다.

사례 2

이전 양도자가 양도소득세 회피목적으로 허위계약서를 작성한 경우

- 다주택자인 甲은 2억원에 취득한 주택을 3년간 보유한 후 2023.4.10.에 5억원에 양도하면서 양도가액을 3억원으로 허위계약서를 작성하여 양도소득세를 신고·납부하였다.
- 乙은 당해 주택을 2년 후 丙에게 8억원에 양도하고 1세대1주택 비과세 신고하였다.

* 납부지연가산세 부과시 미납부일수는 600일로 가정한다.

해설

1. 甲의 양도소득세 추징세액

: 123,342,420 - 16,585,000 = 106,757,420

	구 분	신 고	경 정	계산 근거
	양도가액	300,000,000	500,000,000	
(-)	취득가액	200,000,000	200,000,000	
(=)	양도차익	100,000,000	300,000,000	
(-)	장기보유특별공제	6,000,000	18,000,000	양도차익 × 6%(3년 × 2%)
(=)	양도소득금액	94,000,000	282,000,000	
(-)	양도소득기본공제	2,500,000	2,500,000	
(=)	양도소득과세표준	91,500,000	279,500,000	
(×)	세율	35%	38%	
(-)	누진공제	15,440,000	19,940,000	
(=)	산출세액	16,585,000	86,270,000	
(+)	부당과소신고가산세	-	27,874,000	(86,270,000-16,585,000)×40%
(+)	납부지연가산세	-	9,198,420	69,685,000*×0.022%×600일
(=)	결정세액	16,585,000	123,342,420	

* 86,270,000 - 16,585,000 = 69,685,000

2. 乙의 양도소득세 추징세액

: [Min(①, ②) = 93,110,000]+ 49,534,520(가산세) = 142,644,520

① 비과세가 적용되지 않는 경우 산출세액 : 93,110,000

	구 분	금 액	계산 근거
	양도가액	800,000,000	실제 양도가액
(-)	취득가액	500,000,000	실제 취득가액
(=)	양도차익	300,000,000	비과세 배제
(-)	장기보유특별공제	-	3년 미만 보유 장기보유특별공제 배제
(=)	양도소득금액	300,000,000	
(-)	양도소득기본공제	2,500,000	
(=)	양도소득과세표준	297,500,000	
(×)	세율	38%	
(=)	산출세액	93,110,000	297,500,000×38% - 1,994만원(누진공제)
(+)	부당과소신고가산세	37,244,000	93,110,000 × 40%
(+)	납부지연가산세	12,290,520	93,110,000 × 0.022% × 600일
(=)	결정세액	142,644,520	

② 매매계약서의 거래가액과 실지거래가액과의 차액 : 200,000,000

500,000,000(실제 거래금액) - 300,000,000(허위계약서상 거래금액) = 200,000,000

추가해설

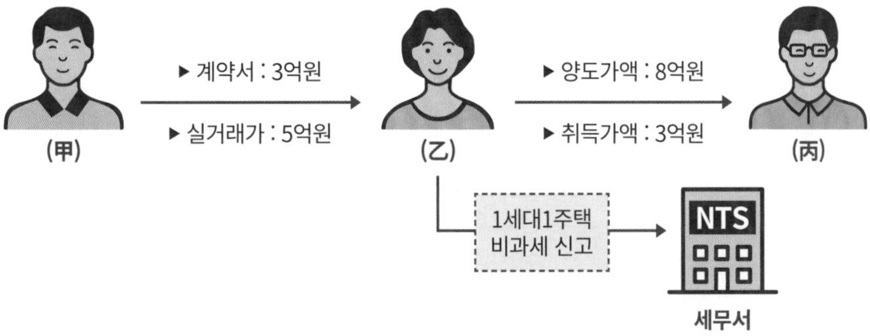

위 사례와 같이 甲이 양도소득세를 탈루할 목적으로 실제 양도가액보다 낮은 가액으로 허위 계약서를 작성하여 양도소득세를 신고한 후, 주택을 매수한 乙이 1세대 1주택 비과세를 적용 받은 사실이 확인되는 경우 甲과 乙에게 양도소득세가 추징된다.

09

부동산매매업자에 대한 세액계산의 특례

1 개요

1) 부동산매매업의 범위

① 계속·반복적으로 토지나 건물을 취득하고 판매하는 행위

② 계속·반복적으로 상가 등 비주거용 건물을 신축하여 판매하는 행위

③ 계속·반복적으로 주거용 건물을 취득하고 판매하는 행위

2) 부동산매매업과 주택신축판매업의 비교

① 주택신축판매업은 주택을 신축하여 판매하는 행위만을 말하나, 부동산매매업은 주택을 신축하여 판매하는 행위를 제외하고 기존주택을 취득하여 판매하는 행위를 말한다. 여기서 주택이란 주택법상 주택만을 의미하므로 주거용 오피스텔은 주택에서 제외된다.

② 부동산매매업과 주택신축판매업에 대한 주요 세법상 차이는 아래와 같다.

[부동산매매업과 주택신축판매업에 대한 주요 세법상 차이]

구 분	부동산매매업	주택신축판매업
매매차익 예정신고 의무	있음	없음
중과대상 주택수 포함여부	포함	제외
비교과세 적용 여부	비교과세 적용	비교과세 제외
재고주택 종합부동산세 과세	합산과세	신축 후 5년간 합산 제외

배경 및 취지

주택신축판매업은 신규로 주택을 건축하여 공급함으로써 주택가격 안정에 기여하므로 각종 세제혜택이 주어지나, 부동산매매업은 기존에 건축된 건물이나 토지를 매매하는 과정에서 부동산 가격의 불안요소로 작용하는 경우가 있으므로 세법상 '강한' 규제를 받는 것이다.

3) 사업소득과 양도소득 비교

① 같은 부동산에서 발생한 매매차익이라도 계속·반복적으로 주택이나 건물을 취득하고 판매하여 매매차익이 발생한 경우 부동산매매업 또는 주택신축판매업으로 분류되어 사업소득으로 과세되며, 일시적·비반복적으로 부동산을 취득하여 양도한 경우에는 양도소득으로 과세된다.

② 부동산매매업과 주택신축판매업에서 발생한 사업소득과 양도소득에 대한 세법상 차이는 아래와 같다.

[부동산매매업 및 주택신축판매업 소득과 양도소득의 주요 세법상 차이]

구 분	사업소득		양도소득
	부동산매매업	주택신축판매업	
예정신고 의무 여부	있음	없음	있음
장기보유특별공제 적용 여부	적용 불가	적용 불가	적용 가능
이자비용 필요경비 공제 여부	공제 가능	공제 가능	공제 불가
1세대1주택 비과세 여부	적용 불가	적용 불가	적용 가능
이월결손금 공제 적용 여부	적용 가능	적용 가능	적용 불가

2 부동산매매업자의 비교과세

1) 비교과세 적용방법

부동산매매업자가 양도소득세 중과대상이 되는 비사업용 토지나 중과대상 주택 등 비교과세 적용대상 자산을 매매한 경우 매매차익에 종합소득세 기본세율을 적용한 산출세액과 양도소득세 중과세율을 적용한 산출세액 중 큰 금액을 종합소득세 산출세액으로 한다.

배경 및 취지

중과대상자산의 매매차익에 대하여 부동산매매업자로 사업자등록하여 사업소득으로 신고할 경우 기본세율이 적용될 수 있으므로, 이를 방지하기 위하여 부동산매매업자의 사업소득에 대하여도 양도소득세와 마찬가지로 중과세를 적용하는 것이다.

2) 주요 비교과세 적용대상 자산

① 2021.6.1. 이후에 양도하는 주택분양권
② 비사업용 토지
③ 미등기 양도자산
④ 조정대상지역에 있는 주택으로서 중과대상이 되는 주택(2024.5.9.까지는 중과유예)

3 부동산매매업자의 예정신고 및 세액계산

부동산매매업자는 토지 등 매매차익에 대하여 양도소득세 예정신고를 해야 하며, 양도소득세 중과대상 자산이 포함되어 세액계산 특례가 적용되는 경우에는 아래와 같이 세액을 계산한다.

[부동산매매업자의 세액계산 신고방법]

구 분		내 용
예정신고 기한		매매일이 속하는 달의 말일로부터 2개월 이내
세액계산	일반	[매매차익 = 매매가액 - (필요경비1) + 장기보유특별공제)] × 양도소득세율2)
	특례	산출세액(확정신고시에만 적용) = Max(①, ②) ① 종합소득세 산출세액 ② (종합소득과세표준 - 부동산 매매차익3)) × 기본세율 + (부동산 매매차익 - 장기보유특별공제4) - 양도소득기본공제) × 양도소득세율

1) 취득가액, 자본적 지출, 양도비용, 건설자금이자, 매도로 인한 공과금을 말한다.
2) 보유기간이 2년 미만인 경우에도 기본세율을 적용한다.
3) 부동산 매매차익 = 매매가액 - 취득가액 - 자본적 지출과 양도비용
4) 미등기자산, 조정대상지역 내 다주택자에 해당하는 주택은 적용 제외한다.

사례 1

종합소득세 확정신고시 부동산매매업자의 세액계산 특례(비교과세) 적용방법

● 부동산매매업자의 부동산 취득 및 양도에 관한 자료

구 분	상가	비사업용 토지
취득일 및 취득가액	2021.6.10. 5억원	2014.7.20. 2억원
양도일 및 양도가액	2023.4.25. 7억원	2023.9.15. 6억원
기타 필요경비	2천만원	1천만원
종합소득과세표준(가정)	3억원	
세액공제	320,000원	

해설

1. 부동산매매차익 예정신고

	구 분	상가	비사업용 토지
	양도가액	700,000,000	600,000,000
(-)	취득가액	500,000,000	200,000,000
(-)	기타필요경비	20,000,000	10,000,000
(=)	부동산매매차익	180,000,000	390,000,000
(-)	장기보유특별공제	-	70,200,000
(×)	세율	38%[1]	50%[2]
(-)	누진공제	19,940,000	25,940,000
(=)	산출세액	48,460,000	133,960,000

1) 예정신고시 보유기간이 2년 미만인 경우에도 기본세율을 적용한다.

2) 비사업용 토지 중과세율 : 40%(기본세율) + 10%(추가세율)

2. 확정신고(세액계산 특례)

1) 종합소득 과세표준 : 300,000,000

2) 종합소득 산출세액 : Max(①, ②) = 132,710,000

① 기본세율 적용 산출세액 : 300,000,000 × 38% - 19,940,000(누진공제) = 94,060,000

② 비교산출세액 : (300,000,000 - 390,000,000) × 기본세율 + (390,000,000 - 70,200,000 -2,500,000) × 양도소득세율(기본세율 + 10%) = 132,710,000

3) 결정세액 : 132,710,000 - 320,000(세액공제) = 132,390,000

4) 차감납부세액 : 132,390,000 - 182,420,000(예정신고 기납부세액) = △50,030,000(환급세액)

Chapter 8

농지 등에 대한 감면과 중과대상 비사업용 토지

01

농지 등에 대한 양도소득세 및 증여세 감면

I 자경농지에 대한 양도소득세 감면

거주자[1]가 아래의 요건을 충족한 농지를 취득일로부터 양도일까지 통산하여 8년 이상[2] 직접 경작한 후 양도하는 경우 다른 감면세액과 합산하여 1년간 1억원, 5년간 누적 2억원을 한도로 양도소득세를 100% 감면한다(조특법 §69).

구 분	주요 감면요건
농지요건	지목에 상관없이 실제 경작에 사용되는 토지로서 양도일 현재 농지일 것
재촌요건	농지와 동일(연접)한 시·군·구 또는 농지로부터 직선거리 30㎞ 이내 거주할 것
자경요건	8년 이상 계속·간헐적으로 상시 또는 자기노동력 1/2 이상 직접 경작·재배할 것
지역요건	농지 소재지가 특별시·광역시·시지역 중 주거·상업·공업지역 밖에 소재할 것
소득요건	사업소득금액과 총급여 합계액이 3,700만원 미만 또는 복식부기의무자 수입금액 기준 미만일 것

1) 거주자가 비거주자가 된 날부터 2년 이내인 자를 포함

2) 경영이양보조금의 지급대상이 되는 농지를 2023.12.31.까지 한국농어촌공사 등에 양도하는 경우에는 3년 이상

비교학습 _ 농지의 교환 또는 분합에 대한 비과세

자기가 직접 경작하던 농지를 경작상 필요에 의하여 교환하는 농지는 양도소득세를 비과세하는데, 그 요건은 쌍방 토지가액의 차액이 가액이 큰 편의 1/4 이하 이어야 하고, 교환에 의하여 새로 취득하는 농지를 3년 이상 농지 소재지에 거주하면서 경작하여야 한다.

1 주요 감면요건 및 판단

1) 농지여부 판단 시점

자경감면 대상 농지인지 여부는 원칙적으로 양도일 현재를 기준으로 판단하므로 8년 이상 농지 소재지에서 경작하였더라도 양도일 현재 농지가 아닌 경우에는 양도소득세 감면을 받을 수 없다. 다만, 매매특약에 의하여 잔금지급일 전에 매수자가 형질변경, 건축착공 등을 한 경우에는 매매계약일 현재를 기준으로 농지 여부를 판단한다.

2) 재촌·자경 요건 및 자경기간의 계산

① 매매·증여로 취득한 경우

거주자가 아래 어느 하나의 지역에 거주하면서 농지의 취득일(증여는 등기접수일)부터 양도일까지 합산하여 8년 이상 경작한 사실이 확인되는 경우에는 양도 당시 농지 소재지에서 거주 또는 경작하지 않더라도 감면받을 수 있다. 여기서 주목할 점은 8년 미만 재촌·자경한 상태에서 농지가 수용되는 경우에는 자경감면을 적용받을 수 없다는 것이다.

> ① 농지 소재지와 동일한 시·군·구(자치구) 안의 지역
> ② 농지 소재지와 연접[1)]한 시·군·구(자치구) 안의 지역
> ③ 농지 소재지로부터 직선거리 30km 이내[2)]의 지역

1) 연접한 시·군·구란 행정구역상 동일한 경계선을 사이에 두고 서로 붙어 있는 시·군·구를 말함

2) 직선거리 30㎞ 이내의 지역은 거주지에서 농지 소재지까지 두 점을 직선으로 연결한 가장 짧은 거리를 말함

관련 해석 사례

> 농지로부터 직선거리 30km이내의 지역 판단시 농지 소유자가 아파트에 거주하는 경우에는 해당 농지로부터 농지 소유자가 거주하는 주소(아파트의 동 출입구)까지의 직선거리를 기준으로 판단하며, 이 경우 절사나 반올림 없이 실제 거리를 기준으로 하는 것이다(법규재산 5521, 2020.2.20).

실무상 주의점

1. 농지 소재지와 동일 또는 연접한 시·군·구 안에 거주한다면 주소지와 농지 소재지가 직선거리로 30km를 초과하더라도 감면받을 수 있으며, 농지 소재지와 동일 또는 연접한 시·군·구 안에 거주하지 않지만 농지 소재지로부터 직선거리 30km 이내 거주하면 감면받을 수 있다.
2. 1거주자로 보는 단체(종중)는 대표자 또는 종중원 중 실제 경작자를 기준으로 농지 소재지 내 거주 또는 연접 거주 등을 판단한다.
3. 주말·체험영농 농지에 대해서도 자경농지 양도소득세 감면을 적용받기 위해서는 재촌 및 자경 등의 요건을 충족하여야 한다.

비교학습

2021.12.31.까지는 세대당 1000㎡ 미만 소유한 주말·체험영농 농지에 대해서는 재촌·자경하지 않더라도 사업용토지로 보아 해당 토지를 양도할 때 기본세율을 적용하였으나 2022.1.1. 이후 주말·체험영농 농지를 양도하는 경우에는 일반 농지와 마찬가지로 재촌·자경하지 않는 경우에는 비사업용 토지로 보아 중과세율(기본세율 + 10%)이 적용된다.

② 상속으로 취득한 경우

가. 상속인이 1년 이상 계속 자경하는 경우

상속인이 상속받은 농지를 1년 이상 계속하여 자경한 경우에는 피상속인(직전 피상속인에 한정)의 경작기간을 상속인의 경작기간에 포함하여 계산한다. 이 경우 피상속인으로부터 상속받은 농지를 그 배우자가 경작한 경우에는 피상속인의 배우자가 경작한 기간도 상속인의 경작기간으로 본다.

나. 상속인이 1년 이상 계속 자경하지 않는 경우

상속인이 상속받은 농지를 경작하지 않은 경우에도 피상속인이 8년 이상 재촌·자경한 경우에는 상속받은 날로부터 3년 이내에 상속농지를 양도하면 자경감면을 적용받을 수 있다.

피상속인 자경기간	상속인 자경여부	감면가능 여부
8년 이상	1년 이상 계속 자경한 경우	양도시기에 제한없이 감면 가능
	1년 이상 자경하지 않은 경우	상속개시일부터 3년 이내* 양도시 감면 가능
8년 미만	1년 이상 계속 자경한 경우	피상속인과 상속인의 자경기간을 합산하여 8년 이상이면 감면 가능
	1년 이상 자경하지 않은 경우	감면적용 불가

* 협의매수·수용되는 경우로서 상속받은 날로부터 3년 이내 택지개발예정지구·산업단지·공공주택지구 등 지정지역으로 지정된 경우에는 양도시기에 제한없이 감면 가능

! 실무상 주의점

1. 상속받은 농지의 자경기간을 통산하는 경우에는 직전 피상속인의 경작기간만 상속인의 자경기간에 포함된다. 예를 들어 조부(祖父)가 10년 경작한 농지를 부(父)가 상속받아 4년 경작한 후, 자(子)가 상속받아 3년을 경작한 상태에서 양도하는 경우 조부(祖父)의 자경기간은 포함되지 않으므로 부(父)와 자(子)의 경작기간을 합산하면 7년 밖에 되지 않아 자경감면을 받을 수 없는 것이다.
2. 피상속인으로부터 상속받은 농지를 그 배우자가 경작한 경우에는 피상속인의 배우자가 경작한 기간도 상속인의 자경기간에 포함하나, 피상속인은 경작한 사실이 없고 피상속인의 배우자만 경작한 사실이 있는 경우에는 피상속인의 배우자의 경작기간은 상속인의 자경기간에 포함할 수 없으며, 피상속인은 경작한 사실은 있으나 피상속인의 배우자가 경작한 사실이 없는 경우 피상속인의 경작기간도 상속인의 자경기간에 포함할 수 없다.
3. 자경기간 계산시 피상속인의 경작기간을 통산하는 경우 상속인은 1년 이상 계속하여 경작하여야 하는데, 여기서 "1년 이상 계속하여 경작"의 의미는 상속인이 상속개시일로부터 3년 이내 반드시 경작하여야 하는 것은 아니고 상속개시일부터 양도일까지 어느 시기에 상관없이 1년 이상 계속하여 경작하면 된다는 것이다.
4. 상속인이 유증받은 농지도 피상속인의 경작기간을 상속인의 자경기간에 포함할 수 있으나 상속인이 아닌 자가 유증받은 경우에는 피상속인의 경작기간은 합산되지 않으며 농지를 증여(이월과세 적용대상 포함)받은 경우에는 수증자가 증여받은 날부터 경작한 기간만 자경기간에 포함한다.

적용사례

사례 1 父母가 모두 경작한 경우

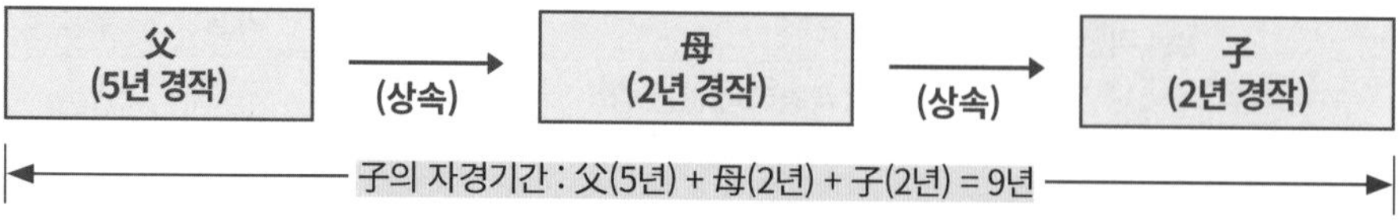

해설 父母가 경작한 자경기간이 합산되므로 자경감면 적용 가능

사례 2 父母 둘 중 한 사람만 경작한 경우

① 최초 피상속인만 경작한 경우

해설 父는 경작하였으나, 母가 경작하지 않은 경우에는 父의 자경기간은 합산되지 않으므로 자경감면 적용 불가

② 직전 피상속인만 경작한 경우

해설 母가 경작하였더라도 父가 경작하지 않은 경우 母의 자경기간은 합산되지 않으므로 자경감면 적용 불가

사례 3 祖父와 父가 모두 경작한 경우

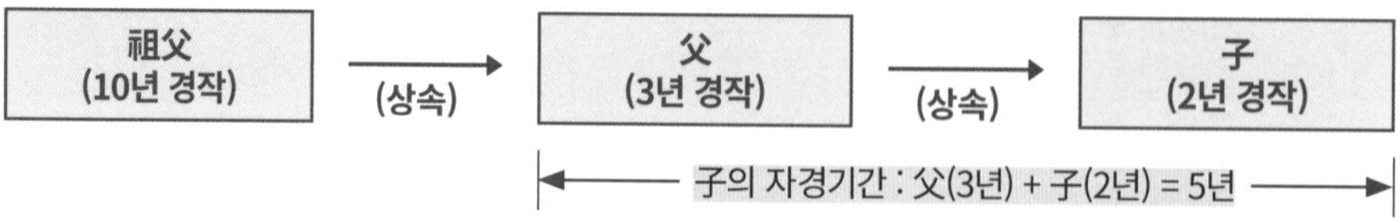

해설 피상속인의 경작기간 합산은 직전 피상속인에만 한정하므로 자경감면 적용 불가

3) 감면배제 또는 자경기간에서 제외되는 경우

① 도시지역에 편입된 경우 감면배제

양도일 현재 특별시·광역시 또는 시지역에 있는 농지 중 주거·상업·공업지역 안에 있는 농지로서 해당 지역에 편입된 날로부터 3년이 경과하여 해당 농지를 양도하는 경우에는 8년 이상 재촌·자경하였더라도 자경농지에 대한 감면을 적용받을 수 없다. 다만, 광역시의 군지역 또는 도농복합시의 읍·면지역에 소재하는 농지를 편입일로부터 3년이 경과하여 양도하는 경우에는 취득일부터 편입일까지는 일부 감면받을 수 있으며 도시지역 중 녹지지역 안에 있는 농지는 편입 여부와 상관없이 전액 감면받을 수 있다. 이 경우 농지 소재지가 편입되었는지 여부는 「토지계획이용확인서」를 통해 알 수 있다.

[주거지역 등에 편입된 농지의 감면적용 여부]

구 분	특별시·광역시·시의 동지역		광역시의 군, 도농복합시의 읍·면지역	
	편입일로부터 3년 경과 양도	편입일로부터 3년 이내 양도	편입일로부터 3년 경과 양도	편입일로부터 3년 이내 양도
2001.12.31. 이전에 주거지역 등에 편입	감면배제	전액 감면		
2002.1.1. 이후에 주거지역 등에 편입	감면배제	취득일 ~ 편입일까지 감면		

위 표에서 주거지역 등에 편입된 경우로서 취득일부터 편입일까지의 감면을 적용하는 경우 감면소득금액은 아래와 같이 계산한다.

[주거지역 등 편입일까지의 감면소득금액 계산]

$$\text{양도소득금액} \times \frac{\text{주거지역 등에 편입된 날의 기준시가} - \text{취득 당시 기준시가}}{\text{양도 당시 기준시가}^{*} - \text{취득 당시 기준시가}}$$

* 농지가 수용되는 경우에는 양도 당시의 기준시가는 수용사실확인서상 보상가액 산정의 기초가 되는 기준시가를 적용한다. 이 경우 사업인정고시일과 보상가액산정기준일은 다를 수 있다.

배경 및 취지

주거지역 등에 편입된 농지는 대지와 경제적 가치에서 큰 차이가 없고 지가 상승과 더불어 무분별한 투기수요가 발생할 수 있으므로 이러한 점을 방지하기 위하여 8년 이상 자경한 농지이더라도 주거지역 등에 편입된 날부터 3년을 경과하여 양도하면 감면을 배제하는 것이다.

관련 해석 사례

1. 2001.12.31. 이전에 주거지역 등에 편입된 읍지역에 소재하는 농지를 2002.1.1. 이후 취득하여 재촌자경 요건을 충족한 후 양도하는 경우 편입일 후에 발생한 소득에 대한 양도소득세를 포함하여 전액 감면하는 것이다(법규재산-4062, 2022.2.21).
2. 피상속인의 농지가 공업지역에 편입된 이후 상속인이 상속받아 양도한 경우에는 자경감면대상 농지에 해당하지 아니한다(대법원2021두58844, 2022.3.17).
3. 군 소재 면지역에 있는 토지가 2001.12.31. 이전에 주거지역에서 녹지지역으로 변경되었고 2002.1.1. 이후 다시 주거지역으로 편입된 후, 양도되는 경우에는 감면소득 범위는 주거지역에 편입된 날까지 발생한 소득에 한하는 것이다(법규재산-0154, 2022.12.13).
4. 개인이 소유하는 토지가 2009.2.4. 이후에 협의매수·수용 및 그 밖의 법률에 따라 수용되는 경우로서 사업인정고시 이후 사업지역에 편입된 해당 토지가 모지번에서 분할되어 용도지역이 자연녹지지역에서 일반사업지역으로 변경된 경우라도 2008.1.1. 기준으로 공시된 표준지 개별공시지가를 기초로 산정한 보상금액을 수령한 경우에는 그 보상금액과 2008.1.1. 기준으로 공시된 해당 토지의 개별공시지가를 적용하여「소득세법 시행령」제164조 제9항에 따라 양도당시의 기준시가를 산정하는 것이다(법령해석재산-0057, 2018.2.28).
5. 주거지역에 편입된 토지를 상속받은 후 해당 토지가 공익사업에 협의매수되고, 그 보상가액이 주거지역 편입 이전에 고시된 기준시가를 기준으로 산정된 경우로서「조세특례제한법 시행령」제66조제7항에 따른 계산식의「분모와 분자가 모두 음수」가 되는 경우에는 감면대상 소득금액이 없는 것이다(법규재산-0195, 2022.3.11).
6. 토지를 양도하여 2 이상의 양도소득세의 감면규정을 동시에 적용받는 경우에는 당해 거주자가 선택하는 하나의 감면규정만을 적용한다. 다만, 토지 등의 일부에 대하여 특정의 감면규정을 적용받는 경우에는 잔여부분에 대하여 다른 감면규정을 적용받을 수 있으나, 농지가 주거지역에 편입되어 편입일까지의 소득금액에 대하여 8년 자경감면 규정을 적용받고 나머지 소득금액(감면배제)에 대해서는 조특법 제77조(공익사업용토지 등에 대한 양도소득세의 감면) 규정이 적용되지 않는다(재산세제과-2479, 2008.8.27).

② 기준소득 초과시 자경기간 제외

사업소득금액과 총급여액의 합계가 3,700만원 이상 또는 사업자의 총수입금액이 복식부기의무자 수입금액 기준 이상인 경우에는 해당 과세기간은 자경기간에서 제외된다. 따라서, 개인사업을 영위하는 자는 사업소득금액과 총수입금액을 동시에 고려해야 한다. 예를 들어 음식점의 사업소득금액이 3,000만원(총수입금액 2억원)이라고 가정하면 사업소득금액을 기준으로는 해당 과세기간이 자경기간에서 제외되지 않지만, 총수입금액을 기준으로는 복식부기의무자에 해당되어 해당 과세기간은 자경기간에서 제외되는 것이다.

[해당 과세기간이 자경기간에서 제외되는 소득요건]

구 분	자경기간 제외 기준소득		비 고
총급여액	3,700만원 이상	합계	-
사업소득금액1)	3,700만원 이상		아래 ①,②,③의 소득은 제외 ① 부동산임대소득 ② 이자·배당·연금소득 ③ 농업·임업·농가부업소득
총수입금액2) (복식부기의무자 기준)	▪도소매업 등 : 3억원 이상 ▪제조업 등 : 1.5억원 이상 ▪서비스업 등 : 7,500만원 이상		

1) 사업소득금액(수입금액-필요경비)이 결손인 경우에는 사업소득금액을 "0"으로 간주

2) 복식부기의무자의 총수입금액 기준은 2020.1.1.이 속하는 과세기간부터 적용한다.

관련 해석 사례

일용근로자가 근로를 제공하고 지급받은 총급여액이 3천700만원 이상인 과세기간이 있는 경우 해당 과세기간은 자경기간에서 제외된다(법규재산-0019, 2023.1.30).

2 감면세액 한도

자경농지에 대한 양도소득세 감면요건을 충족한 경우에는 양도소득세를 100% 감면하나, 아래의 주요 다른 감면세액과 합산하여 1년간 1억원, 5년간 누적 2억원을 한도로 감면을 적용한다.

주요 감면유형	1과세기간 한도	5과세기간 한도	관련 법령
① 자경농지에 대한 양도세 감면	Σ(①~⑥) 합계 1억원	Σ(①~⑤) 합계 2억원1)	조특법 §69
② 축사용지에 대한 양도세 감면			조특법 §69의2
③ 농지대토에 대한 양도세 감면			조특법 §70
④ 공익사업용 토지 등에 대한 양도세 감면			조특법 §77
⑤ 대토보상에 대한 양도세 과세특례			조특법 §77의2
⑥ 개발제한구역지정에 따른 양도세 감면		해당 없음2)	조특법 §77의3

1) ③ 농지대토에 대한 양도세 감면은 1과세기간 및 5과세기간 둘 다 1억원 감면한도 적용

2) ⑥ 개발제한구역지정에 따른 양도세 감면은 5과세기간 감면한도는 적용하지 않음

비교학습_ 감면한도가 적용되지 않는 주요 감면유형

감면 유형	관련 법령
장기임대주택에 대한 양도소득세 감면	조특법 §97
신축임대주택에 대한 양도소득세 감면	조특법 §97의2
장기일반민간임대주택에 대한 양도소득세 감면	조특법 §97의5
신축주택에 대한 양도소득세 감면	조특법 §99 및 §99의3
신축주택 등에 대한 양도소득세 감면	조특법 §99의2

관련 해석 사례

1. 다른 감면과 합산하여 1년에 1억원의 감면한도가 적용되는 것을 회피하기 위하여 과세기간을 달리하여 농지를 분할 양도하여 각 과세기간별 1억원(최대 2억원)의 자경감면을 적용받는 것은 조세를 부당하게 감소시키기 위한 목적에서 하나의 거래를 형식상 2개로 나눈 것에 불과하므로, 이를 하나의 거래로 보아 양도소득세를 과세하는 것은 타당하다(조심2021부5134, 2021.12.15).
2. 상속인이 피상속인의 농지를 상속받아 양도하는 경우 자경기간은 피상속인과 상속인의 경작기간을 통산하는 것이며, 감면종합 한도액 계산은 상속인별로 각각 계산하여 판단하는 것이다(서면5팀-3304, 2007.12.26).

적용사례

사례 1 5년 이내 2회 이상 자경농지 감면을 적용받는 경우 한도 계산방법

구 분	2019년	2020년	2022년	2023년
산출세액	5,000만원	7,000만원	2,000만원	10,000만원
감면세액	5,000만원	7,000만원	2,000만원	6,000만원
납부세액	-	-	-	4,000만원
적용이유	연간 1억원 한도 이내 전액 감면	연간 1억원 한도 이내 전액 감면	연간 1억원 한도 이내 전액 감면	5년간 누적 2억원 한도 초과분 과세

사례 2 5년 경과 2회 이상 자경농지 감면을 적용받는 경우 한도 계산방법

구 분	2018년	2020년	2022년	2023년
산출세액	5,000만원	13,000만원	-	9,500만원
감면세액	5,000만원	10,000만원	-	9,500만원
납부세액	-	3,000만원	-	-
적용이유	연간 1억원 한도 이내 전액 감면	연간 1억원 한도 초과분 과세	-	5년 경과 후 재차 연간 1억원 한도 이내 전액 감면

3 농어촌특별세 과세여부

양도소득세 감면을 적용받는 경우에는 감면세액의 20%를 농어촌특별세로 납부하는 것이 원칙이나, 조세특례제한법 제69조의 자경농지에 대한 양도소득세의 감면을 적용받는 경우에는 농어촌특별세가 비과세된다.

[조세특례제한법상 주요 감면유형과 농어촌특별세 비과세 여부]

감면 유형		농특세 비과세 여부
자경농지에 대한 양도소득세 감면(조특법 §69)		비과세
축사용지에 대한 양도소득세 감면(조특법 §69의2)		비과세
농지대토에 대한 양도소득세 감면(조특법 §70)		비과세
공익사업용 토지 등에 대한 양도소득세 감면(조특법 §77)	현금보상(일반토지)	과세
	현금보상(자경농지)	비과세
	채권보상(일반토지)	과세
	채권보상(자경농지)	비과세
대토보상에 대한 양도소득세 감면(조특법 §77의2)		과세
개발제한구역지정에 따른 양도소득세 감면(조특법 §77의3)		과세
장기임대주택에 대한 양도소득세 감면(조특법 §97)		과세
신축임대주택에 대한 양도소득세 감면(조특법 §97의2)		과세
장기일반민간임대주택에 대한 양도소득세 감면(조특법 §97의5)		과세
신축주택에 대한 양도소득세 감면(조특법 §99 및 §99의3)		과세
신축주택 등에 대한 양도소득세 감면(조특법 §99의2)		과세

4 자경농지에 대한 입증서류

자경농지에 대해 세액감면을 적용받기 위해서는 입증서류를 제출해야 하는데, 일반적으로 자기가 경작한 사실을 입증할 수 있는 증빙서류는 아래와 같다.

① 주민등록초본, 자경농지사실확인서, 인우보증서, 농협조합원증명원
② 농지원부, 토지대장 및 등기부등본, 토지계획이용확인원, 토지특성조사표
③ 농산물 판매·출하내역서, 직불금 수령내역
④ 농기계구입비, 농약·비료 및 묘종·묘목 구매내역 영수증

5 감면세액의 안분계산 방법

양도소득세 감면세액을 계산하는 방법은 ① 양도소득금액에서 감면소득금액을 직접 차감하는 소득차감 방식과 ② 산출세액을 계산한 후 그 산출세액에서 감면세액을 차감하는 세액감면 방식이 있다.

1) 소득차감 방식

소득차감 방식은 전체 양도소득금액에서 감면소득금액을 직접 차감한 후 양도소득 과세표준을 계산하는 방식으로 그 대표적인 감면유형이 신축주택 취득일로부터 5년 경과 후 신축주택을 양도하는 경우 5년간 발생한 감면소득금액을 산출하는 것으로서 조특법 §99, §99조의2, §99조의3의 신축주택 감면 등이 있으며 감면소득금액의 계산방법은 아래와 같다.

[신축주택 취득일로부터 5년이 되는 날까지의 감면소득금액 계산]

$$\text{양도소득금액} \times \frac{\text{취득일로부터 5년이 되는 날의 기준시가} - \text{취득 당시 기준시가}}{\text{양도 당시 기준시가} - \text{취득 당시 기준시가}}$$

2) 세액감면 방식

세액감면 방식은 ① 산출세액에 감면율을 곱하여 계산한 감면세액을 산출세액에서 차감하는 방식과 ② 주거지역 등에 편입된 경우와 같이 산출세액에 감면소득금액이 과세표준에서 차지하는 비율을 곱하여 계산한 감면세액을 산출세액에서 차감하는 방식으로 그 대표적인 감면유형이 조특법 §69, §70의 농지 감면과 조특법 §77의 수용감면 등이 이에 해당한다.

① 산출세액 -[(산출세액 × 감면율) = 감면세액]

② 산출세액 -[(산출세액 × 아래의 감면소득금액/과세표준) = 감면세액]

[취득일로부터 주거지역 등 편입일까지의 감면소득금액 계산]

$$\text{양도소득금액} \times \frac{\text{주거지역 등에 편입된 날의 기준시가} - \text{취득 당시 기준시가}}{\text{양도 당시 기준시가} - \text{취득 당시 기준시가}}$$

사례

소득차감 방식과 세액감면 방식에 따른 감면세액 계산방법 비교

1. 조특법 제99조의2 신축주택을 취득일로부터 5년 경과 후 양도하는 경우

구 분	내 용
양도소득금액	300,000,000원
주택공시가격	취득당시 공시가격 2억원
	취득일로부터 5년이 되는 날 현재 공시가격 5억원
	양도당시 공시가격 10억원

2. 조특법 제69조 자경농지를 편입(군지역)된 날로부터 3년 경과 후 양도하는 경우

구 분	내 용
양도소득금액	300,000,000원
개별공시지가	취득 당시 공시지가 2억원
	취득일로부터 편입된 날 현재 공시지가 5억원
	양도 당시 공시지가 10억원

해설

	구 분	소득차감 방식(신축주택 감면)	세액감면 방식(자경농지 감면)
	양도소득금액	300,000,000	300,000,000
(-)	감면소득금액	112,500,000[1]	112,500,000[1]
(=)	과세대상소득금액	187,500,000	300,000,000
(-)	기본공제	2,500,000	2,500,000
(=)	과세표준	185,000,000	297,500,000
(×)	세율	38%	38%
(-)	누진공제	19,940,000	19,940,000
(=)	산출세액	50,360,000	93,110,000
(-)	감면세액	-	35,209,663[2]
(=)	감면후세액	50,360,000	57,900,337

1) $300,000,000 \times \frac{500,000,000 - 200,000,000}{1,000,000,000 - 200,000,000} = 112,500,000$

2) $93,110,000 \times \frac{112,500,000}{297,500,000} = 35,209,663$

종합사례 1

사업용토지와 감면농지를 함께 양도한 경우 양도소득세 계산

● 토지의 취득 및 양도에 관한 자료

구 분	내 용
취득일 및 취득가액	사업용토지A : 2009.10.25. 2억원
	자경농지B : 2000.4.10. 취득가액 불분명
자경농지B 개별공시지가	취득 당시 기준시가 : 3억원
	양도 당시 기준시가 : 8억원
양도일 및 양도가액	사업용토지A : 2023.7.20. 5억원
	자경농지B : 2023.7.20. 12억원
기타 사항	자경농지B는 8년 이상 재촌·자경 등 감면요건 충족

해설

	구 분	사업용토지A	자경농지B	합 계
	양도가액	500,000,000	1,200,000,000	1,700,000,000
(-)	취득가액	200,000,000	450,000,000	650,000,000
(-)	기타필요경비	-	9,000,000	9,000,000
(=)	양도차익	300,000,000	741,000,000	1,041,000,000
(-)	장기보유특별공제	78,000,000	222,300,000	300,300,000
(=)	양도소득금액	222,000,000	518,700,000	740,700,000
(-)	기본공제	2,500,000	-	2,500,000
(=)	과세표준	219,500,000	518,700,000	738,200,000
(×)	세율	-	-	42%
(-)	누진공제	-	-	35,940,000
(=)	산출세액	-	-	274,104,000
(-)	감면세액	-	-	100,000,000
(=)	납부할세액	-	-	174,104,000
(+)	지방소득세	-	-	17,410,400
(=)	총부담세액	-	-	191,514,400

추가해설

1. 사업용토지A

(1) 장기보유특별공제 : 300,000,000 × 26%(13년×2%) = 78,000,000

(2) 양도소득기본공제 : 감면소득 외의 소득에서 먼저 공제(소득법 §102②)

2. 자경농지B

(1) 취득가액 : $1{,}200{,}000{,}000 \times \dfrac{300{,}000{,}000}{800{,}000{,}000} = 450{,}000{,}000$(환산취득가액)

(2) 기타필요경비 : 300,000,000 × 3% = 9,000,000(필요경비 개산공제)

(3) 장기보유특별공제 : 741,000,000 × 30%(15년×2%) = 222,300,000

(4) 감면세액 : Min(①, ②) = 100,000,000

① 산출세액 × $\dfrac{\text{감면소득금액}}{\text{과세표준}}$ = 한도 적용전 감면세액

$= 274{,}104{,}000 \times \dfrac{518{,}700{,}000}{738{,}200{,}000} = 192{,}600{,}575$

② 감면한도액 : 100,000,000

(5) 농어촌특별세 : 자경농지에 대한 양도소득세 감면을 적용받는 경우 농어촌특별세는 비과세

종합사례 2

주거지역 등에 편입된 농지를 양도한 경우 양도소득세 계산

● **농지의 취득 및 양도에 관한 자료**

구 분	내 용
취득일 및 취득가액	1997.8.25. 2억원
주거지역 편입일	2013.10.5.(광역시 군지역)
고시일 및 개별공시지가	1997.6.30. 1억원
	2013.5.31. 3억원
	2022.4.29. 6억원
양도일 및 양도가액	2023.2.15. 9억원
기타 사항	8년 이상 재촌·자경 등 감면요건 충족

해설

	구 분	금 액	계산 근거
	양도가액	900,000,000	
(-)	취득가액	200,000,000	
(=)	양도차익	700,000,000	
(-)	장기보유특별공제	210,000,000	700,000,000 × 30%(15년×2%)
(=)	양도소득금액	490,000,000	감면소득금액 : 196,000,000(해설1 참조)
(-)	기본공제	2,500,000	
(=)	과세표준	487,500,000	
(×)	세율	40%	
(=)	산출세액	169,060,000	487,500,000×40% - 2,594만원(누진공제)
(-)	감면세액	67,970,789	(해설2 참조)
(=)	납부할세액	101,089,211	
(+)	지방소득세	10,108,922	
(=)	총부담세액	111,198,133	

추가해설

1. 감면소득금액 계산

$$\text{양도소득금액} \times \frac{\text{주거지역 등 편입일 기준시가} - \text{취득당시 기준시가}}{\text{양도당시 기준시가} - \text{취득당시 기준시가}} = \text{감면소득금액}$$

$$= 490{,}000{,}000 \times \frac{300{,}000{,}000 - 100{,}000{,}000}{600{,}000{,}000 - 100{,}000{,}000} = 196{,}000{,}000$$

2. 감면세액 : Min(①, ②) = 67,970,789

$$\text{① 산출세액} \times \frac{\text{감면소득금액}}{\text{과세표준}} = \text{한도 적용전 감면세액}$$

$$= 169{,}060{,}000 \times \frac{196{,}000{,}000}{487{,}500{,}000} = 67{,}970{,}789$$

② 감면한도액 : 100,000,000

종합사례 3

주거지역 등에 편입된 농지가 수용된 경우 양도소득세 계산

● 농지의 취득 및 양도에 관한 자료

구 분	내 용
취득일 및 취득가액	1998.7.25. 불분명
주거지역 편입일	2015.6.10.(도농복합시 면지역)
수용확인 내용	사업인정고시일 : 2020.9.25.
	보상가액 산정기준일 : 2019.4.10.
고시일 및 개별공시지가	1998.5.31. 2억원
	2015.5.31. 3.5억원
	2018.5.31. 5억원
	2022.4.29. 7억원
양도일 및 양도가액	2023.4.15. 10억원(전액 현금보상)
기타 사항	8년 이상 재촌·자경 등 감면요건 충족

해설

	구 분	금 액	계산 근거
	양도가액	1,000,000,000	
(-)	취득가액	400,000,000	(해설1 참조)
(-)	기타필요경비	6,000,000	200,000,000×3% : 필요경비 개산공제
(=)	양도차익	594,000,000	
(-)	장기보유특별공제	178,200,000	594,000,000 × 30%(15년×2%)
(=)	양도소득금액	415,800,000	감면소득금액 : 207,900,000(해설2 참조)
(-)	기본공제	2,500,000	
(=)	과세표준	413,300,000	
(×)	세율	40%	
(=)	산출세액	139,380,000	413,300,000×40% - 2,594만원(누진공제)
(-)	감면세액	70,111,546	(해설3 참조)
(=)	납부할세액	69,268,454	
(+)	지방소득세	6,926,846	
(=)	총부담세액	76,195,300	

추가해설

1. 환산취득가액

$$= 1{,}000{,}000{,}000 \times \frac{200{,}000{,}000}{500{,}000{,}000} = 400{,}000{,}000$$

* 일반적으로 환산취득가액을 산정하는 경우 분모의 기준시가는 양도 당시 기준시가를 적용하나 수용되는 경우에는 양도 당시 기준시가(7억원)와 보상가액 산정기준일의 기준시가(5억원) 중 적은 금액을 적용한다.

2. 감면소득금액 계산

$$\text{양도소득금액} \times \frac{\text{주거지역 등 편입일 기준시가} - \text{취득당시 기준시가}}{\text{보상가액 산정기준일 기준시가} - \text{취득당시 기준시가}} = \text{감면소득금액}$$

$$= 415{,}800{,}000 \times \frac{350{,}000{,}000 - 200{,}000{,}000}{500{,}000{,}000^{*} - 200{,}000{,}000} = 207{,}900{,}000$$

* 보상가액 산정기준일의 기준시가 적용

3. 감면세액 : Min(①, ②) = 70,111,546

$$\text{① 산출세액} \times \frac{\text{감면소득금액}}{\text{과세표준}} = \text{한도 적용전 감면세액}$$

$$= 139{,}380{,}000 \times \frac{207{,}900{,}000}{413{,}300{,}000} = 70{,}111{,}546$$

② 감면한도액 : 100,000,000

※ 8년 이상 자경한 농지가 수용되는 경우 자경농지에 대한 양도소득세 감면규정과 공익사업용 토지 등에 대한 양도소득세 감면규정이 중복 적용되는 경우에는 거주자가 선택하여 하나의 감면규정만을 적용하므로 세부담 측면에서 보다 유리한 자경농지에 대한 양도소득세 감면규정을 적용한다(조특법 §127⑦).

Ⅱ 축사용지에 대한 양도소득세 감면

거주자가 8년 이상 직접 축산업에 사용한 축사용지를 폐업을 위하여 2025.12.31.까지 양도하고 발생하는 소득에 대해서는 다른 감면세액과 합산하여 1년간 1억원, 5년간 누적 2억원을 한도로 양도소득세를 100% 감면한다. 해당 감면규정은 앞서 설명한 자경농지에 대한 감면규정과 거의 동일하므로 이하 차이나는 부분에 대해서만 설명하기로 한다(조특법 §69의2).

1 폐업 목적의 양도

축사용지에 대한 감면규정을 적용받으려면 "폐업을 위하여 양도함"에 따라 발생하는 소득이어야 하는데, 여기서 폐업은 거주자가 축산을 사실상 중단한 것으로서 해당 축사용지 소재지의 시장·군수·구청장으로부터 축산기간 및 폐업 확인서에 폐업임을 확인받은 경우를 말한다.

2 감면세액 계산

$$\text{감면세액} = \text{양도소득세 산출세액} \times \frac{\text{축사용지 면적}}{\text{총 양도면적}} \text{(면적한도 없음)}$$

3 사후관리(5년 이내 축산업 재개시 감면세액의 추징)

축사용지에 대한 양도소득세 감면을 적용받은 거주자가 해당 축사용지를 양도한 후, 5년 이내에 다시 축산업을 영위하는 경우에는 감면받은 세액이 추징된다. 다만, 축사용지에 대한 감면을 받은 사람이 폐업한 이후에 상속으로 인하여 다시 축산업을 영위하는 경우에는 감면받은 세액은 추징되지 않는다.

관련 해석 사례

1. 축산업을 2곳(A, B)에서 영위하는 거주자가 그 중 1곳(A)의 축사용지를 폐업을 위하여 양도하고 다른 곳(B)에서 계속 축산업을 하는 경우에는「조세특례제한법」제69조의2를 적용받을 수 없는 것이다(부동산납세과-1700, 2022.6.14).
2. 거주자가 폐업 확인서상 폐업임을 확인받지 못하였으나 축산을 사실상 중단한 것이 영업자 지위승계 신고대장 등에 의해 확인되는 경우에는 폐업을 위해 축사용지를 양도한 것으로 보아 감면이 적용된다(재산세제과-262, 2020.3.13).
3. 거주자가 축산에 사용하는 축사와 이에 딸린 축사용지를 8년 이상 자기가 직접 축산에 사용한 후 축사용지는 계속 보유하면서 축사만 양도하는 경우에도 양도소득세 감면대상에 해당한다(재산세제과-339, 2019.4.24).

Ⅲ 농지대토에 대한 양도소득세 감면

거주자가 4년 이상 종전 농지소재지에서 직접 경작한 종전농지를 양도하고 경작상 필요에 의하여 다른 농지를 대체 취득한 경우로서 종전농지에서 발생하는 소득에 대해서는 다른 감면세액과 합산하여 1년간 1억원, 5년간 누적 1억원을 한도로 양도소득세를 100% 감면한다. 해당 감면규정 역시 앞서 설명한 자경농지에 대한 감면요건 중 농지요건, 재촌요건, 지역요건, 소득요건은 동일하나, 자경요건 및 대토요건만 차이가 있으므로 이하 차이나는 부분에 대해서만 설명하기로 한다(조특법 §70).

알쏭달쏭 용어

① 농지대토 : 종전농지를 양도하고 새로운 농지를 취득하여 경작(조특법 §70)

② 대토보상 : 토지가 수용되는 경우 토지소유자가 받을 보상금을 현금이나 채권으로 보상받지 않고 공익사업의 시행으로 조성된 토지로 보상받는 것으로 40%의 세액감면 또는 과세이연의 세제혜택 부여(조특법 §77의2) p752 참고

1 종전농지의 자경요건과 대토요건

1) 종전농지 先 양도, 신규농지 後 취득

① 4년 이상 경작한 종전농지를 양도한 날로부터 1년(협의매수·수용은 2년) 내에 신규농지를 취득할 것

② 신규농지 취득일로부터 1년 내에 신규농지 소재지에 거주하면서 경작할 것

③ 종전농지의 경작기간과 신규농지의 경작기간을 합산한 기간이 8년 이상일 것

→ 여기서 유의할 점은 종전농지는 통산하여 경작해도 되지만, 신규농지에서는 계속적으로 경작해야 한다는 것이다.

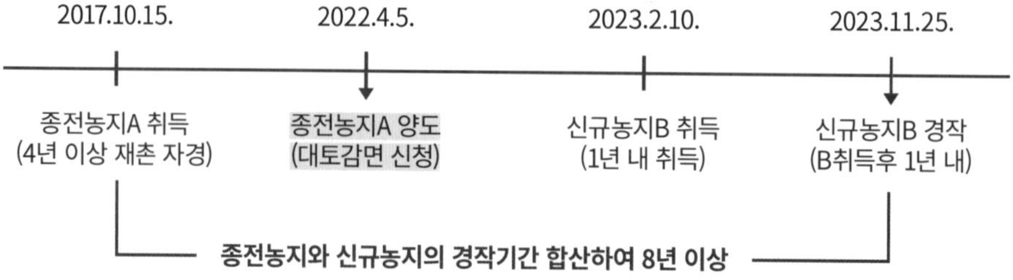

2) 신규농지 先 취득, 종전농지 後 양도

① 신규농지 취득일로부터 4년 이상 경작한 종전농지를 1년 내에 양도할 것

② 종전농지 양도일로부터 1년 내에 신규농지 소재지에 거주하면서 경작할 것

③ 종전농지의 경작기간과 신규농지의 경작기간을 합산한 기간이 8년 이상일 것

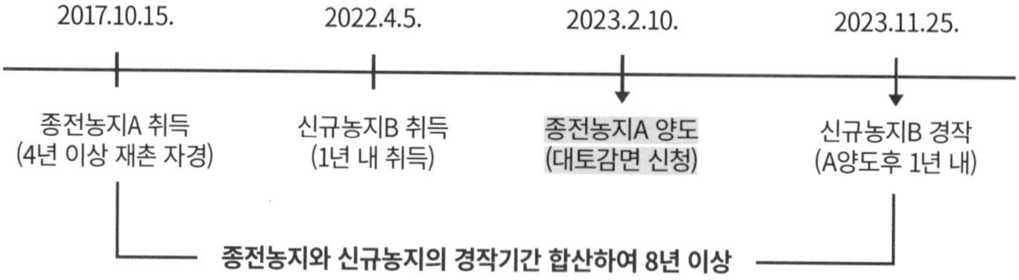

☑ 주의사항

신규농지는 매매, 경매 등 유상으로 취득한 경우에만 대토감면이 적용되므로 상속 또는 증여로 신규농지를 취득한 경우에는 대토감면 규정이 적용되지 않는다(소득령 §67③).

3) 면적요건 또는 가액요건

새로 취득하는 농지의 면적 또는 가액은 아래와 같이 양도한 종전농지의 면적 또는 가액 대비 일정한 요건을 충족해야 하는데 면적요건이나 가액요건을 모두 충족해야 하는 것은 아니고 둘 중 하나의 요건만 충족해도 농지대토 감면이 적용된다.

① 면적요건 : 신규농지의 면적이 종전농지 면적의 2/3 이상일 것
② 가액요건 : 신규농지의 가액이 종전농지 가액의 1/2 이상일 것

관련 해석 사례

농지대토 감면을 적용함에 있어 단독소유 농지를 양도하고 새로 취득하는 농지가 공유인 경우에도 새로 취득하는 본인 소유 농지의 면적이 양도하는 농지면적의 2/3 이상이거나 새로 취득하는 본인 소유 농지의 가액이 양도하는 농지가액의 1/2 이상인 경우에는 농지대토 감면규정이 적용된다(집행기준 70-67-8).

적용사례

구 분		종전농지	신규농지	면적 또는 가액 충족여부	대토감면 적용여부
사례 1	면적	900평	500평	불충족(2/3 미만)	대토감면 적용
	가액	4억원	2억원	충족(1/2 이상)	
사례 2	면적	900평	600평	충족(2/3 이상)	대토감면 적용
	가액	4억원	1.8억원	불충족(1/2 미만)	
사례 3	면적	900평	500평	불충족(2/3 미만)	대토감면 미적용
	가액	4억원	1.8억원	불충족(1/2 미만)	

4) 양도일 현재 재촌·자경 요건 충족 여부

자경농지에 대한 감면은 8년 이상 통산하여 재촌·자경하였으면 양도일 현재 재촌·자경하지 않더라도 자경농지에 대한 감면이 적용되지만 농지대토에 대한 감면은 종전농지에서 4년 이상 통산하여 재촌·자경하였더라도 양도일 현재 재촌·자경 요건 등을 충족하지 않은 경우 농지대토에 대한 감면을 적용받을 수 없음에 주의해야 한다.

관련 해석 사례

1. 농지대토에 대한 양도소득세 감면은 종전농지 양도일 현재 농지 소재지에 거주하면서 자경하는 경우에 한하여 적용되는 것이므로 종전농지 양도일 현재 농지 소재지에 거주하지 아니한 경우에는 농지대토에 대한 양도소득세 감면규정이 적용되지 아니한다(부동산거래관리과-572, 2012.10.25).
2. 농지 소재지에 거주하는 거주자가 종전농지를 양도하고 새로운 농지를 대토하고자 하는 경우로서 종전농지의 양도일이 속하는 과세기간의 사업소득금액이 3,700만원 이상인 경우에는 4년 이상 재촌·자경하였더라도 농지대토에 대한 양도소득세 감면을 적용받을 수 없다(부동산납세과-297, 2019.3.22).

2 신규농지가 수용 또는 상속되는 경우 자경기간 계산

1) 신규농지가 수용되는 경우

종전농지가 4년 이내 수용되는 경우에는 대토감면 요건 중 경작기간 4년 이상의 요건을 충족하지 못하여 농지대토 감면규정을 적용받을 수 없으나, 종전농지의 경작기간은 4년 이상이나 신규농지를 취득한 후 4년 이내에 신규농지가 수용되는 경우에는 4년간 신규농지 소재지에서 거주하면서 경작한 것으로 간주하여 농지대토 감면이 적용된다.

관련 해석 사례

거주자가 4년 이상 경작한 종전농지A를 양도하고 농지대토 감면을 적용받은 후, 신규농지B 취득하여 경작하던 중에 B농지가 대토일로부터 4년이 지나지 않은 상태에서 수용되어 다시 C농지로 대토한 경우, B농지는 경작기간이 4년에 미달하여 「조세특례제한법」제70조에 따른 농지대토에 대한 양도소득세 감면을 적용받을 수 없는 것이다(법규재산-5248, 2022.12.22).

2) 신규농지가 상속되는 경우

농지대토 감면규정은 종전농지의 경작기간과 신규농지의 경작기간을 합산하여 8년 이상이어야 하나, 신규농지를 취득한 후 8년 이상의 자경기간이 경과하기 전에 자경농민이 사망한 경우 상속인이 농지 소재지에 거주하면서 계속 경작한 경우에는 피상속인의 경작기간과 상속인의 경작기간을 통산한다. 또한 종전농지를 양도한 후 1년(또는 2년) 내에 신규농지를 취득하기 전에 자경농민이 사망한 경우에도 상속인이 종전농지 양도일로부터 1년(또는 2년) 내에 신규농지를 취득하여 재촌·자경한 경우 농지대토 감면을 적용받을 수 있다.

3 감면세액 한도

대토농지에 대한 양도소득세 감면요건을 충족한 경우에는 양도소득세를 100% 감면하나, 다른 감면세액과 합산하여 1년간 1억원, 5년간 누적 1억원을 한도로 감면을 적용한다. 여기서 유의할 점은 다른 감면세액과 합산하여 1년간 1억원의 한도가 적용하는 것은 다른 감면규정과 동일하나, 다른 감면규정과는 달리 5년간 누적 감면한도액도 1억원이 적용된다는 것이다.

예를 들어 2022년에 대토농지에 대한 감면으로 1억원을 적용받고 2023년에 자경농지에 대한 감면을 1억원까지 추가로 받을 수 있으나, 2022년에 자경농지에 대한 감면으로 1억원을 먼저 적용받고 2023년에 대토농지에 대한 감면을 적용받는 경우에는 다른 감면세액과 합산하여 5년간 누적 1억원까지만 감면이 적용되므로 대토농지에 대한 감면을 추가로 적용받을 수 없다.

4 사후관리(감면세액의 추징)

종전농지를 양도하여 대토감면을 적용받은 후, 아래와 같은 사유가 발생하며 감면요건을 충족하지 못한 경우에는 그 사유가 발생한 날이 속하는 달의 말일부터 2개월 이내에 감면받은 양도소득세를 납부하여야 한다.

① 종전농지 양도일부터 1년(수용은 2년) 내에 신규농지를 취득하지 않은 경우 또는 신규농지 취득일(신규농지를 선 취득한 경우 종전농지 양도일)부터 1년 이내에 자경하지 않은 경우
② 신규농지의 면적(2/3) 또는 가액(1/2) 요건을 충족하지 못한 경우
③ 종전농지의 경작기간과 신규농지의 경작기간을 합산한 기간이 8년 미만인 경우
④ 신규농지의 경작기간 중 기준소득금액을 초과하여 해당 과세기간이 자경기간에서 제외되어 합산한 경작기간이 8년 미만인 경우

[자경농지 감면와 농지대토 감면 규정의 비교]

● 공통점

자경농지 감면(조특법 제69조)	농지대토 감면(조특법 제70조)
① 대 상 자 : 거주자(비거주자가 된 날로부터 2년 이내인 자 포함)	
② 농지요건 : 양도일 현재 농지(매매특약이 있는 경우 매매계약일 현재의 농지여부 판단)	
③ 재촌요건 : 농지 소재지로부터 동일(연접) 시·군·구 또는 30㎞ 이내 거주	
④ 지역요건 : 농지 소재지가 특별시·광역시·시지역 중 주거·상업·공업지역 밖에 소재	
⑤ 소득요건 : (사업소득금액+총급여)이 3,700만원 미만 또는 복식부기의무자 수입금액 기준 미만	
⑥ 기　　타 : 감면소득금액 계산, 1과세기간 1억원 감면한도, 농어촌특별세 비과세	

● 차이점

구 분	자경농지 감면(조특법 제69조)	농지대토 감면(조특법 제70조)
자경기간	통산하여 8년 이상 재촌·자경 → 양도일 현재 재촌·자경 불필요	종전농지와 신규농지 자경기간 합산 8년 이상 → 양도일 현재 재촌·자경 등 요건 필요
상속농지	피상속인의 자경기간 합산(상속인이 자경하지 않는 경우 3년 이내 양도)	신규농지를 상속받아 상속인이 자경하는 경우 피상속인의 자경기간 합산
협의 매수·수용	수용일 현재 8년 이상 재촌·자경 요건 충족	▪종전농지 수용시 : 4년 이상 요건 충족 ▪신규농지 수용시 : 재촌자경 간주
면적·가액 요건	제한 없음	종전농지면적 2/3 또는 종전농지가액 1/2 이상 신규농지 취득
감면한도	5과세기간 누적 2억원 한도	5과세기간 누적 1억원 한도
사후관리	해당 없음	대토감면 요건 미 충족시 감면세액 등 추징

Ⅳ 경영회생 지원을 위한 농지매매 양도소득세 과세특례

1 개요

농업인이 직접 경작한 농지를 한국농어촌공사에 환매조건부로 양도한 후 다시 임차하여 직접 경작한 경우로서 해당 농지를 임차기간 내에 환매한 경우 해당 농지의 양도소득세에 대하여 이미 납부한 양도소득세를 환급받을 수 있다. 이 경우 양도소득세를 환급받은 농업인이 환매한 해당 농지를 다시 양도하는 경우의 취득가액 및 취득시기는 농업인이 한국농어촌공사에 양도하기 전 당초 취득한 취득가액 및 취득시기를 적용한다(조특법 §70의2).

2 환매 후 다시 양도하는 경우 자경기간 계산

농업인이 환매한 농지를 다시 양도하는 경우로서 조세특례제한법 제69조의 자경농지에 대한 감면을 적용받는 경우 자경기간의 계산은 당초 한국농어촌공사에 양도하기 전 자경기간은 제외되고 임차하여 경작한 기간과 환매 후 양도일까지의 경작기간을 합산하여 8년 이상 자경감면 여부를 판단한다.

3 관련 해석사례

① 농지대토에 대한 양도소득세 감면요건 중 경작기간을 적용할 때 한국농어촌공사에 환매조건부로 양도한 후 환매하는 경우에 해당 농지의 임차기간에 경작한 기간은 포함하지 않는다(서면부동산-0166, 2015.6.12).

② 피상속인(농업인)이 한국농어촌공사에 직접 경작한 농지를 양도한 후, 임차하여 직접 경작하다가 사망함에 따라 상속인이 임차기간 내에 당해 농지를 환매하는 경우에는 「조세특례제한법」 제70조의2 제1항 규정을 적용할 수 없다(법령해석재산-22112, 2015.7.13).

③ 상속으로 취득한 농지를「조세특례제한법」제70조의2 제1항에 따라 양도소득세를 환급받은 상속인이 환매한 농지를 다시 양도한 경우 그 농지에 대한 양도소득세액 계산시 취득시기는 상속인이 한국농어촌공사에 양도하기 전 농지의 취득일을 적용하는 것이며, 피상속인의 경작기간은 통산하지 아니한다(부동산납세과-954, 2019.9.19).

④ 농업인이 한국농어촌공사에 직접 축산에 사용한 농지 등을 환매한 후 다시 양도하는 경우 축산에 사용한 농지 등에 대해서는「조세특례제한법」제70조의2가 적용되지 않는 것이다(재산세제과-248, 2023.2.15).

V 공익사업용 토지 등에 대한 양도소득세 감면

1 개요

공익사업, 수용, 재개발·재건축으로 거주자 또는 비거주자가 사업인정고시일부터 2년 이전에 취득한 토지 등을 사업시행자에게 양도하고 발생하는 소득에 대해서는 아래와 같이 양도소득세를 감면받을 수 있다(조특법 §77).

구 분		감면율	비 고
현금보상		양도소득세의 10%	
채권보상	일반채권	양도소득세의 15%	
	3년 만기보유채권	양도소득세의 30%	특약 위반시 15%(30% - 15%) 추징
	5년 만기보유채권	양도소득세의 40%	특약 위반시 25%(40% - 15%) 추징

여기서 잠깐 _현금보상이 아닌 채권보상으로 보상받는 경우

토지가 수용되어 받는 보상금은 토지소유자가 채권보상을 원하지 않는 한 현금보상이 원칙이나, 부재지주가 1억원을 초과해서 보상금을 받는 경우에는 「토지보상법 제63조⑧」에 따라 1억원까지는 현금보상, 나머지 보상금은 채권으로 보상받아야 한다. 여기서 부재지주란 사업인정고시일 1년 전부터 토지소재지와 동일(연접)한 시·군·구 또는 직선거리로 30㎞ 이내 계속하여 주민등록이 되어있지 않는 자 또는 주민등록이 되어 있더라도 실제 거주를 하지 않는 자를 말한다.

2 감면요건

1) 감면대상자

공익사업용 토지 등에 대한 양도소득세 감면규정은 거주자 또는 비거주자 여부를 불문하고 적용한다. 이는 후술하는 조특법 제77조의2의 「공익사업 등에 대한 대토보상 감면규정」이 거주자에게 적용되는 것과 대비된다.

2) 감면대상소득 범위

① 「공익사업을 위한 토지 등의 취득 및 보상에 관한 법률」에 따른 공익사업에 필요한 토지 등을 공익사업 시행자에게 양도하면서 발생하는 소득
② 「공익사업을 위한 토지 등의 취득 및 보상에 관한 법률」이나 그 밖의 법률에 따른 토지 등의 수용으로 발생하는 소득
③ 「도시 및 주거환경정비법」에 따른 정비구역(재개발·재건축)의 토지 등을 사업시행자에게 양도하면서 발생하는 소득

3) 취득시기 제한

공익사업용 토지 등에 대한 양도소득세 감면을 적용받으려면 사업인정고시일부터 소급하여 2년 이전에 취득한 토지이어야 하는데, 여기서 "2년 이전에 취득한 토지"의 취득일을 적용함에 있어 상속받은 토지는 피상속인이 취득한 날, 증여받은 토지로서 이월과세가 적용되는 경우에는 증여자가 취득한 날을 기준으로 적용한다.

3 감면세액 한도

공익사업용 토지 등에 대한 감면요건을 충족한 경우에는 양도소득세를 100% 감면하나, 다른 감면세액과 합산하여 1년간 1억원, 5년간 누적 2억원을 한도로 감면을 적용한다.

4 농어촌특별세 과세여부

토지가 수용되는 경우 감면세액의 20%를 농어촌특별세로 납부하는 것이 원칙이나, 수용되는 토지가 수용일 현재 자경농지에 해당하는 경우에는 농어촌특별세가 비과세되며 자경농지 감면과는 달리 8년 이상 경작할 필요는 없다.

관련 해석 사례

양도한 토지가 수용 당시에 사실상 농지세 과세대상 농지이고 당해 농지소재지에 거주하면서 직접 경작하던 농지이면 농어촌특별세가 비과세되는 것이다(부동산거래관리과-183, 2012.4.4).

5 사후관리(감면세액의 추징)

채권을 만기까지 보유하기로 특약을 체결하고 양도소득세의 30% 또는 40%(만기가 5년 이상인 경우)에 상당하는 세액을 감면받은 자가 그 특약을 위반하게 된 경우에는 감면받은 세액 중 양도소득세의 15% 또는 25%(만기가 5년 이상인 경우)에 상당하는 금액을 납부하여야 한다. 이는 일반채권으로 보상받은 경우 양도소득세의 감면율 15%와의 비율차이만큼의 감면세액분을 추징하겠다는 의미이다.

6 수용과 관련된 기타 주요내용

1) 토지가 수용되는 경우 비사업용토지 여부

양도하는 토지가 비사업용토지로 분류되는 경우 중과세율(기본세율 + 10%)이 적용되지만, 토지가 수용되는 경우 아래와 같이 사업인정고시일 및 토지의 취득시기에 따라 사업용토지로 분류될 수도 있다.

사업인정고시일	토지의 취득시기에 따른 비사업용토지 여부
2006.12.31. 이전	취득시기에 상관없이 무조건 사업용토지
2021.5.3. 이전	사업인정고시일부터 소급하여 2년 이전에 취득한 경우 사업용토지
2021.5.4. 이후	사업인정고시일부터 소급하여 5년 이전에 취득한 경우 사업용토지

2) 주택 및 부수토지가 수용되는 경우 1세대 1주택 비과세 등 판단

① 2년 이상 보유요건 및 거주요건 적용 여부

사업인정고시일 전에 취득한 주택 및 부수토지의 전부 또는 일부가 협의매수·수용되는 경우 1세대 1주택 비과세 요건 중 2년 이상의 보유기간 및 거주기간의 요건을 적용하지 않는다(소득령 §154①단서).

예를 들어 1세대가 1주택(부수토지 포함)을 1년 6개월 보유한 상태에서 해당 주택 등이 수용되는 경우 2년 이상의 보유요건은 충족하지 않아도 1세대 1주택 비과세가 적용될 수 있다.

② 일부 부동산이 수용된 이후 잔존 부동산을 5년 이내 양도하는 경우 비과세 여부

사업인정고시일 전에 취득한 주택 및 부수토지의 일부가 협의매수·수용되어 1세대 1주택 비과세를 적용받은 후, 잔존하는 주택 및 부수토지를 수용일로부터 5년 이내에 양도하는 경우 잔존하는 주택 및 부수토지에 대해서도 1세대 1주택 비과세가 적용된다(소득령 §154①2호).

이 경우 먼저 양도하는 부분은 반드시 수용으로 사업시행자에게 양도해야 하지만, 잔존주택 등은 제3자에게 양도하더라도 비과세가 적용된다.

③ 주택과 부수토지가 시차를 두고 수용되는 경우 고가주택 양도차익 계산

1세대 1주택 비과세 요건을 충족한 주택과 부수토지가 시차를 두고 협의매수·수용되는 경우 양도차익은 각 자산별로 계산하나 해당 주택 등이 1세대 1주택 고가주택인 경우 전체를 하나의 거래로 보아 고가주택 양도차익을 계산한다. 이 경우 먼저 수용된 부수토지의 고가주택 양도차익 계산시 양도가액은 아래와 같이 토지 보상가액과 주택 예상보상가액의 합계액을 기준으로 계산한 후, 주택에 대한 보상가액이 증감되는 경우 수정신고 또는 경정청구를 한다.

$$\text{토지분 고가주택 양도차익(토지 보상가액 - 취득가액)} \times \frac{\text{양도가액}^{*} - \text{12억원}}{\text{양도가액}^{*}}$$

* 양도가액 : 토지 보상가액 + 주택 예상보상가액

④ 종전주택을 취득한 후 신규주택 취득시 일시적2주택 요건 완화

「소득세법 시행령」 제154조 제1항에 따라 일시적 2주택 비과세 특례를 적용받기 위해서는 종전주택을 보유한 상태에서 1년 경과 후 신규주택을 취득해야 하는 요건이 있으나, 사업인정고시일 전에 취득한 종전주택 및 부수토지의 전부 또는 일부가 협의매수·수용되는 경우의 경우에는 「종전주택을 취득한 날부터 1년 경과 후 신규주택을 취득해야 하는 요건」을 적용하지 않는다.

예를 들어 1세대가 1주택(부수토지 포함)을 보유한 상태에서 해당 주택 등이 일부 수용되어 수용일로부터 1년 이내 신규주택을 취득하고, 신규주택 취득일로부터 3년 이내 잔존하는 주택 및 부수토지를 양도하는 경우에도 1세대 1주택 비과세가 적용될 수 있다.

3) 일반주택 비과세 적용 후 특례주택이 수용되는 경우 추징배제

① 거주주택 비과세특례가 적용되는 경우

「소득세법 시행령」 제155조 제20항에 따라 장기임대주택을 보유한 자가 임대주택 이외 거주주택을 먼저 양도하여 1세대1주택 비과세특례를 적용받은 후, 의무임대기간 중에 임대주택이 수용되는 경우에는 의무임대기간의 요건을 충족한 것으로 보아 이미 적용받은 거주주택 비과세를 추징하지 않는다(소득령 §155㉗2.호가목).

② 농어촌주택에 대한 양도소득세 과세특례가 적용되는 경우

「조세특례제한법」 제99조의4 제4항에 따라 농어촌주택의 3년 이상 보유요건을 충족하기 전에 일반주택을 양도하여 1세대1주택 비과세특례를 적용받은 후, 3년 이상 보유기간 중에 농어촌주택이 수용되는 경우에는 부득이한 사유가 있는 것으로 보아 이미 적용받은 비과세를 추징하지 않는다(조특법 §99의4⑥).

4) 증여받은 재산이 수용되는 경우 이월과세 적용여부

배우자 또는 직계존비속으로부터 증여받은 재산을 10년(2022.12.31. 이전 증여분은 5년) 이내 양도하여 이월과세가 적용되는 경우 양도소득세 계산시 취득가액은 당초 증여자의 취득가액을 적용하나, 사업인정고시일부터 2년 이전에 증여받은 재산이 증여일로부터 10년(2022.12.31. 이전 증여분은 5년) 이내 협의매수·수용되는 경우에는 이월과세를 적용하지 않는다(소득법 §97의2②1호).

5) 수용으로 환산취득가액 적용시 분모의 양도 당시 기준시가 산정특례

양도차익 계산시 취득가액이 불분명하여 환산취득가액을 산정하는 경우 분모의 양도 당시 기준시가를 적용하는 것이 원칙이나, 협의매수·수용되는 경우로서 양도 당시 기준시가보다 보상액 산정의 기초가 되는 기준시가가 적은 경우에는 보상액 산정의 기초가 되는 기준시가를 아래와 같이 분모의 양도 당시 기준시가로 적용하여 환산취득가액을 계산한다(소득령 §164조⑨).

$$\text{환산취득가액} = \text{양도가액(보상가액)} \times \frac{\text{취득 당시 기준시가}}{\text{양도 당시 기준시가(보상액 산정일 기준시가)}}$$

6) 토지 수용 등으로 대체부동산 취득시 취득세 감면

부동산을 취득하는 경우에는 취득세가 부과되는 것이 원칙이나, 아래와 같이 일정한 요건을 충족한 경우에는 취득세를 감면한다. 이 경우 신규로 취득하는 부동산가액의 합계액은 종전 부동산의 합계액 범위 내에서 감면하며 초과하는 금액에 대해서는 취득세가 부과된다(지방세특례법 §73).

① 계약일 또는 사업인정고시일 이후 매매계약을 체결하였거나 건축허가 등을 받을 것
② 보상금을 마지막으로 받은 날부터 1년(농지는 2년) 이내에 해당 지역에서 종전 부동산을 대체할 부동산을 취득할 것
③ 취득세 중과대상인 별장, 골프장, 고급주택, 고급오락장 등 사치성재산 또는 부재부동산 소유자가 부동산을 대체 취득하는 경우가 아닐 것

종합사례

수용보상금을 채권보상 및 현금보상을 받는 경우 양도소득세 계산

● 토지의 취득 및 양도에 관한 자료

구 분	내 용
취득일 및 취득가액	2014.7.25. 1억원(지목 : 대지)
수용확인 내용	사업인정고시일 : 2021.9.25.
	현금보상 : 1억원
	채권보상(5년 만기보유채권) : 4억원
양도일 및 양도가액	2023.4.15. 5억원(총 보상액)
기타 사항	부재지주로서 1억원은 현금보상, 이외 4억원은 채권보상
	다른 감면세액은 없는 것으로 가정

해설

	구 분	금 액	계산 근거
	양도가액	500,000,000	
(-)	취득가액	100,000,000	
(=)	양도차익	400,000,000	
(-)	장기보유특별공제	64,000,000	400,000,000 × 16%(8년×2%)
(=)	양도소득금액	336,000,000	
(-)	기본공제	2,500,000	
(=)	과세표준	333,500,000	
(×)	세율	40%	
(=)	산출세액	107,460,000	333,500,000×40% - 2,594만원(누진공제)
(-)	감면세액	36,729,731	(해설 참조)
(=)	납부할세액	70,730,269	
(+)	지방소득세	7,073,027	
(+)	농어촌특별세	7,345,946	36,729,731×20%
(=)	총부담세액	85,149,242	

추가해설

1. 감면소득금액 계산

구 분	양도소득금액	미공제된 기본공제	감면율	감면소득금액
채 권	268,800,000[1]	-	40%	107,520,000[4]
현 금	67,200,000[2]	2,500,000[3]	10%	6,470,000[5]
합 계	336,000,000	-	-	113,990,000

1) $336{,}000{,}000 \times \dfrac{400{,}000{,}000(\text{채권보상})}{500{,}000{,}000(\text{총보상액})} = 268{,}800{,}000$

2) $336{,}000{,}000 \times \dfrac{100{,}000{,}000(\text{현금보상})}{500{,}000{,}000(\text{총보상액})} = 67{,}200{,}000$

3) 양도소득 기본공제는 감면소득과 감면 이외 소득이 있는 경우에는 감면 이외 소득에서 먼저 공제하며, 감면 이외 소득이 없는 경우에는 감면율이 낮은 소득에서 먼저 공제한다.

4) 268,800,000 × 40% = 107,520,000

5) (67,200,000 – 2,500,000) × 10% = 6,470,000

2. 감면세액 계산 : Min(①, ②) = 36,729,731

① $\text{산출세액} \times \dfrac{\text{감면소득금액}}{\text{과세표준}} = \text{한도 적용전 감면세액}$

$= 107{,}460{,}000 \times \dfrac{113{,}990{,}000}{333{,}500{,}000} = 36{,}729{,}731$

② 감면한도액 : 100,000,000

3. 기타 사항

① 사업인정고시일이 2021.5.4 이후인 경우에는 5년 이전에 토지를 취득해야 사업용토지로 보므로 해당 토지는 사업인정고시일부터 5년 이전에 취득하였으므로 비사업용토지에서 제외되어 세율은 기본세율을 적용한다.

② 수용토지는 농지가 아니므로 감면세액의 20%를 농어촌특별세로 부과한다.

③ 부재지주가 소유하는 부동산이 수용되어 보상금을 수령하는 경우 1억원까지만 현금보상을 받고 나머지는 채권으로 보상을 받는다.

Ⅵ 대토보상에 대한 양도소득세 과세특례

1 개요

공익사업의 시행으로 거주자가 사업인정고시일부터 2년 이전에 취득한 토지 등을 사업시행자에게 양도하고 양도대금의 전부 또는 일부를 해당 공익사업의 시행으로 조성한 토지로 보상받는 경우에는 양도소득세의 40%에 상당하는 세액을 감면받거나 양도소득세의 과세를 이연받을 수 있다(조특법 §77의2).

2 과세특례의 내용

1) 세액감면을 선택한 경우

거주자가 대토보상에 따른 양도소득세에 대해 세액감면을 신청한 경우에는 아래와 같이 계산한 감면세액을 다른 감면세액과 합산하여 1년간 1억원, 5년간 누적 2억원 한도로 양도소득세를 100% 감면한다.

① 감면소득금액 = 종전부동산의 양도소득금액 × $\frac{\text{대토보상상당액}}{\text{총보상액}^{*}}$

* 총보상액 = (현금보상 + 채권보상 + 대토보상)

② 감면세액 = 산출세액 × $\frac{\text{감면소득금액 - 미공제된 기본공제}}{\text{양도소득 과세표준}}$ × 40%

사례

대토보상에 따른 양도소득세에 대해 세액감면을 신청한 경우

● 토지의 취득 및 양도에 관한 자료

구 분	내 용
취득일 및 취득가액	2013.4.25. 3억원(지목 : 대지)
수용확인 내용 (대토보상 내역)	사업인정고시일 : 2019.10.25.
	현금보상 : 9억원
	대토보상 : 3억원
양도일 및 양도가액	2023.6.10. 12억원(총 보상액)
기타 사항	대토보상 토지 양도가액 : 5억원(5년 보유)
	다른 감면세액은 없는 것으로 가정

해설

1. 종전토지의 양도소득세 계산

	구 분	현금보상	대토보상	합 계
	양도가액	900,000,000	300,000,000	1,200,000,000
(-)	취득가액	225,000,000	75,000,000	300,000,000
(=)	양도차익	675,000,000	225,000,000	900,000,000
(-)	장기보유특별공제	135,000,000	45,000,000	180,000,000
(=)	양도소득금액	540,000,000	180,000,000	720,000,000
(-)	기본공제	2,500,000	-	2,500,000
(=)	과세표준	-	-	717,500,000
(×)	세율	-	-	42%
(-)	누진공제			35,940,000
(=)	산출세액	-	-	265,410,000
(-)	감면세액	19,882,631	26,633,477	46,516,108
(=)	납부할세액	-	-	218,893,892
(+)	지방소득세	-	-	21,889,389
(+)	농어촌특별세	-	-	9,303,221
(=)	총부담세액	-	-	250,086,502

추가해설

1) 취득가액 계산

① 현금보상 : $300,000,000 \times \frac{900,000,000}{1,200,000,000} = 225,000,000$

② 대토보상 : 300,000,000 – 225,000,000 = 75,000,000

2) 장기보유특별공제 계산

① 현금보상 : 675,000,000 × 20%(10년 × 2%) = 135,000,000

② 대토보상 : 225,000,000 × 20%(10년 × 2%) = 45,000,000

3) 감면소득금액 계산

구 분	양도소득금액	미공제된 기본공제	감면율	감면소득금액
현금보상	540,000,000	2,500,000	10%	53,750,000[1)]
대토보상	180,000,000	-	40%	72,000,000[2)]
합 계	720,000,000	-	-	125,750,000

[1)] (540,000,000 – 2,500,000) × 10% = 53,750,000

[2)] 180,000,000 × 40% = 72,000,000

4) 감면세액 계산 : Min(①, ②) = 46,516,108

① 산출세액 × $\frac{\text{감면소득금액}}{\text{과세표준}}$ = 한도 적용전 감면세액

$= 265,410,000 \times \frac{125,750,000}{717,500,000} = 46,516,108^{*}$

* 감면세액

㉠ 현금보상 : $(265,410,000 \times \frac{540,000,000 - 2,500,000}{717,500,000}) \times 10\% = 19,882,631$

㉡ 대토보상 : $(265,410,000 \times \frac{180,000,000}{717,500,000}) \times 40\% = 26,633,477$

② 감면한도액 : 100,000,000

5) 농어촌특별세 : 46,516,108 × 20% = 9,303,221

2. 대토보상 토지의 양도소득세 계산

	구 분	금 액	계산 근거
	양도가액	500,000,000	대토보상 토지의 양도가액
(-)	취득가액	300,000,000	대토보상 토지의 취득가액
(=)	양도차익	200,000,000	
(-)	장기보유특별공제	20,000,000	200,000,000 × 10%(5년×2%)
(=)	양도소득금액	180,000,000	
(-)	기본공제	2,500,000	
(=)	과세표준	177,500,000	
(×)	세율	48%	비사업용토지(기본세율 + 10%)
(=)	산출세액	65,260,000	177,500,000×48% − 1,994만원(누진공제)
(+)	지방소득세	6,526,000	65,260,000 × 10%
(=)	총부담세액	71,786,000	

2) 과세이연(취득가액 차감방식)을 선택한 경우

거주자가 대토보상에 따른 양도소득세에 대해 과세이연을 신청한 경우 아래와 같이 종전 부동산을 양도하고 대토보상받은 시점에는 과세이연금액에 대해서는 양도소득세를 과세하지 않고, 대토보상으로 받은 토지를 양도할 때에 대토보상 토지의 취득가액에서 과세이연금액을 차감한 금액을 취득가액으로 보아 양도소득세를 계산한다.

① 대토 취득시점(과세이연)

$$\text{과세이연금액(한도없음)} = \text{종전부동산의 양도소득금액} \times \frac{\text{대토보상상당액}^{*}}{\text{총보상액}}$$

* 일부 토지에 대해 8년 자경감면이 적용되는 경우 대토보상상당액은 대토보상액에서 자경농지에 대한 감면대상 토지의 양도가액을 차감한 가액으로 한다(조심2012서1129, 2012.5.25).

② 대토 양도시점(과세대상)

- 양도차익 = 대토보상 토지 양도가액 - (대토보상 토지 취득가액 – 과세이연금액)
- 양도소득금액 = 양도차익 – 장기보유특별공제*

* 대토 취득일부터 양도일까지의 보유기간 적용

관련 해석 사례

1. 거주자가 대토보상 받은 부분에 대하여 「조세특례제한법」 제77조의2제1항에 따라 양도소득세의 100분의 40에 상당하는 세액을 감면받은 후에는 남은 부분(같은 법 제133조에 따라 감면되지 아니한 부분을 말한다.)에 대하여 양도소득세 과세를 이연 받을 수 없는 것이다(재산세제과-1578, 2022.12.23).
2. 거주자가 공익사업의 시행으로 해당 사업지역에 대한 사업인정고시일부터 소급하여 2년 이전에 취득하여 8년 이상 재촌·자경한 농지를 해당 공익사업의 시행자에게 양도함으로써 발생한 소득에 대하여는 8년 자경감면과 대토보상에 대한 과세이연 요건을 모두 충족한 경우 8년 자경감면과 대토보상에 대한 과세이연 동시 적용받을 수 있다. 따라서 자경농지 감면이 적용되는 양도소득금액을 초과하는 양도소득금액에 대하여는 과세이연을 적용받을 수 있다(부동산납세과-497, 2014.7.15).

사례

대토보상에 따른 양도소득세에 대해 과세이연을 신청한 경우

● 토지의 취득 및 양도에 관한 자료

구 분	내 용
취득일 및 취득가액	2013.4.25. 3억원(지목 : 대지)
수용확인 내용 (대토보상 내역)	사업인정고시일 : 2019.10.25.
	현금보상 : 9억원
	대토보상 : 3억원
양도일 및 양도가액	2023.6.10. 12억원(총 보상액)
기타 사항	대토보상 토지 양도가액 : 5억원(5년 보유)
	다른 감면세액은 없는 것으로 가정

해설

1. 종전토지의 양도소득세 계산

	구 분	현금보상(과세대상)	대토보상(과세이연)	합 계
	양도가액	900,000,000	300,000,000	1,200,000,000
(-)	취득가액	225,000,000	75,000,000	300,000,000
(=)	양도차익	675,000,000	225,000,000	900,000,000
(-)	장기보유특별공제	135,000,000	45,000,000	180,000,000
(=)	양도소득금액	540,000,000	180,000,000	720,000,000
(-)	과세이연금액	-	180,000,000	180,000,000
(-)	기본공제	2,500,000	-	2,500,000
(=)	과세표준	537,500,000	-	537,500,000
(×)	세율	42%	-	
(-)	누진공제	35,940,000	-	35,940,000
(=)	산출세액	189,810,000	-	189,810,000
(-)	감면세액	18,981,000	-	18,981,000
(=)	납부할세액	170,829,000	-	170,829,000
(+)	지방소득세	17,082,900	-	17,082,900
(+)	농어촌특별세	3,796,200	-	3,796,200
(=)	총부담세액	191,708,100	-	191,708,100

추가해설

1) 감면세액 계산 : Min(①, ②) = 18,981,000

① 189,810,000 × 10% = 18,981,000

② 감면한도액 : 100,000,000

2) 농어촌특별세 : 18,981,000 × 20% = 3,796,200

2. 대토보상 토지의 양도소득세 계산

	구 분	금 액	계산 근거
	양도가액	500,000,000	대토보상 토지의 양도가액
(-)	취득가액	120,000,000	300,000,000 - 180,000,000(과세이연)
(=)	양도차익	380,000,000	
(-)	장기보유특별공제	38,000,000	380,000,000 × 10%(5년×2%)
(=)	양도소득금액	342,000,000	
(-)	기본공제	2,500,000	
(=)	과세표준	339,500,000	
(×)	세율	50%	비사업용토지(기본세율 + 10%)
(=)	산출세액	143,810,000	339,500,000×50% − 2,594만원(누진공제)
(+)	지방소득세	14,381,000	143,810,000 × 10%
(=)	총부담세액	158,191,000	

※ 공익사업 등에 따라 전체를 대토보상으로 받는 경우 40%의 세액감면 또는 과세이연 중 하나만 선택해야 하므로, 중첩하여 적용받을 수는 없다. 그러나 전체 보상가액 중 일부는 현금(또는 채권)보상을 받고 일부는 대토보상을 받는 경우 현금(채권)보상에 대해서는 조특법 제77조(공익사업용 토지에 대한 양도소득세 감면)에 따라 세액감면을 적용받고, 대토보상에 대해서는 조특법 제77조의2(대토보상에 대한 양도소득세 과세특례)에 따라 40%의 세액감면 또는 과세이연을 적용받을 수 있다(법령해석재산-1028, 2021.12.14).

3 사후관리(감면세액 또는 과세이연 특례세액 등의 추징)

대토보상으로 양도소득세를 감면받거나 과세이연을 받은 거주자에게 아래(①~⑥)의 어느 하나에 해당하는 사유가 발생한 경우 각 구분에 따라 해당 사유가 발생한 날이 속하는 달의 말일부터 2개월(⑤의 증여는 3개월, 상속은 6개월) 이내에 양도소득세를 신고·납부하여야 한다.

<table>
<tr><th colspan="2" rowspan="2">구 분</th><th colspan="2">추징세액</th></tr>
<tr><th>세액감면 선택</th><th>과세이연 선택</th></tr>
<tr><td rowspan="2">이자상당액을 납부하는 사유</td><td>① 「토지보상법」에 따른 전매금지를 위반하여 대토보상이 현금보상으로 전환된 경우</td><td rowspan="2">감면세액 전액
+
이자상당액</td><td rowspan="2">과세이연금액 상당액
+
이자상당액</td></tr>
<tr><td>② 대토에 대한 소유권이전등기를 완료한 후 3년 이내에 대토를 양도하는 경우</td></tr>
<tr><td rowspan="4">이자상당액을 납부하지 않는 사유</td><td>③ 대토에 관한 소유권이전등기의 등기원인이 대토 보상으로 기재되지 않은 경우(아래 ⑥을 적용받는 경우에는 제외)</td><td rowspan="3">감면세액 차액
(대토보상 감면세액
-
현금보상 감면세액)</td><td rowspan="4">과세이연금액 상당액</td></tr>
<tr><td>④ 전매금지를 위반 외의 사유로 대토보상이 현금보상으로 전환된 경우</td></tr>
<tr><td>⑤ 대토를 증여하거나 상속이 이루어지는 경우</td></tr>
<tr><td>⑥ 「토지보상법」에 따른 토지로 보상받기로 결정된 권리를 「부동산투자회사법」에 따른 부동산투자회사에 현물출자하는 경우</td><td>감면세액 차액
(대토보상 감면세액
-
채권보상 감면세액)</td></tr>
</table>

4 사업시행자의 의무

① 공익사업 시행자가 대토보상 명세를 대토보상일이 속하는 달의 다음달 말일까지 대토보상자의 관할 세무서장에게 통보해야 한다. 따라서 사업시행자가 대토보상 명세를 국세청에 통보하지 않으면 과세특례를 적용받을 수 없다.

② 대토보상을 등기원인으로 한 소유권이전 등기증명서를 대토보상자의 관할 세무서장에게 제출해야 한다.

5 감면세액 한도

과세이연을 선택하는 경우에는 감면한도를 적용받지 않지만, 세액감면을 선택하는 경우에는 양도소득세를 40% 감면하되, 다른 감면세액과 합산하여 1년간 1억원, 5년간 누적 2억원을 한도로 세액감면을 적용한다.

6 농어촌특별세 과세여부

과세이연을 선택하는 경우에는 농어촌특별세 과세대상이 아니지만, 세액감면을 선택하는 경우에는 농어촌특별세가 과세된다. 이는 세액감면을 적용받는 경우 농어촌특별세를 비과세하는 명문 규정이 없기 때문이다. 하지만, 공익사업 수용감면과 마찬가지로 대토보상에 대한 세액감면에 대해서도 수용되는 토지가 자경농지에 해당하는 경우 농어촌특별세를 비과세함 타당하다고 판단된다.

[공익사업용 토지 수용감면과 대토보상 과세특례의 주요 내용 비교]

구 분	토지수용 감면(조특법 제77조)	대토보상 과세특례(조특법 제77조의2)
공통점	사업인정고시일부터 소급하여 2년 이전에 취득한 토지 등을 공익사업의 시행자에게 양도(협의매수·수용)하여 발생하는 소득	
대상자	거주자 또는 비거주자	거주자
취득시기 특례	▪상속받은 토지 : 피상속인의 취득일 ▪이월과세가 적용되는 증여받은 토지 : 증여자의 취득일	▪상속받은 토지 : 피상속인의 취득일 ▪이월과세가 적용되는 증여받은 토지 : 수증자의 취득일
세제혜택	세액감면(10%~40%)	세액감면(40%) 또는 과세이연
농특세	▪원칙 : 감면세액의 20% 부과 ▪예외 : 자경농지의 경우 비과세	▪세액감면 선택 : 감면세액의 20% 부과 ▪과세이연 선택 : 과세대상 아님
사후관리	만기보유특약 위반 등 발생시 세액추징	전매금지 위반 등 발생시 세액추징

Ⅶ 개발제한구역 지정에 따른 매수대상 토지 등에 양도소득세 감면

1 개요

개발제한구역 내의 토지 등을 토지매수의 청구 또는 협의매수를 통하여 2025.12.31.까지 양도하여 발생하는 소득에 대해서는 아래와 같이 양도소득세를 감면한다. 이 경우 개발제한구역에서 해제된 경우 해제일부터 1년 이내에 사업인정고시된 경우에도 동일하게 적용한다(조특법 §77의3).

① 양도소득세의 40% 감면 : 개발제한구역 지정일 이전에 해당 토지 등을 취득하여 취득일부터 매수청구일·협의매수일 또는 사업인정고시일까지 해당 토지 등의 소재지에 거주하는 거주자가 소유한 토지 등
② 양도소득세의 25% 감면 : 매수청구일·협의매수일 또는 사업인정고시일부터 20년 이전에 취득하여 취득일부터 매수청구일·협의매수일 또는 사업인정고시일까지 해당 토지 등의 소재지에 거주하는 거주자가 소유한 토지 등

2 적용 요건

1) 취득 요건

해당 토지 등은 개발제한구역 내에 소재한 것으로 개발제한구역 지정일 이전에 취득하였거나 매수청구일·협의매수일 또는 사업인정고시일부터 20년 이전에 취득하였어야 한다. 이 경우 상속받은 토지 등은 피상속인이 해당 토지 등을 취득한 날을 기준으로 판단한다.

2) 거주 요건

취득일부터 매수청구일·협의매수일 또는 사업인정고시일까지 해당 토지 등이 소재하는 시·군·구 안의 지역, 연접한 시·군·구 안의 지역 또는 해당 토지 등으로부터 직선거리 30km 이내의 지역에 거주하는 거주자가 해당 토지 등을 소유해야 한다. 이 경우 거주기간 계산시 피상속인이 해당 토지 등을 취득하여 거주한 기간은 상속인이 거주한 기간으로 보며, 취학·징집·질병의 요양 등 부득이한 사유로 해당 토지 등의 소재지에 거주하지 못하는 기간은 거주한 것으로 본다.

3 감면세액 한도

개발제한구역 지정에 따른 매수대상 토지 등에 대한 양도소득세를 감면받는 경우 다른 감면세액과 합산하여 1년간 1억원을 한도로 적용되는 것은 다른 감

면규정과 동일하나, 다른 감면규정과는 달리 5년간 2억원의 감면한도는 적용하지 않는다.

관련 해석 사례

8년 이상 재촌·자경한 개발제한구역 내에 소재하는 1필지 농지가 협의매수·수용되는 경우로서 1필지 중 창고로 사용하는 면적의 양도소득금액은 개발제한구역지정에 따른 감면을 적용받고, 그 외의 면적에 대해서는 8년 자경감면을 중복하여 적용받을 수 있는 것이다(법규과-1183, 2011.9.6).

4 농어촌특별세 과세여부

개발제한구역 지정에 따른 매수대상 토지 등에 대한 양도소득세 감면을 적용받는 경우에는 감면받은 세액의 20%를 농어촌특별세로 납부하여야 한다.

5 개발제한구역 안의 토지 비사업용 토지 판단

개발제한구역 안의 임야는 그 보유기간 동안 비사업용 토지에서 제외되며, 그 외의 경우에는 비사업용 토지에 대한 일반적 판단기준에 따른다(소득령 §168의9①8호).

Ⅷ 영농자녀가 농지 등을 증여받는 경우 증여세 감면

1 개요

농지 등의 소재지에서 거주하면서 영농에 종사하는 직계존속인 자경농민으로부터 직계비속인 영농자녀가 농지 등을 2025.12.31.까지 증여받는 경우에는 5년간 합산하여 1억원을 한도로 증여세를 100% 감면한다(조특법 §71).

2 감면요건

1) 자경농민(증여자) 요건

농지 등의 증여일부터 소급하여 3년 이상 계속하여 농지 등의 소재지에서 직접 영농에 종사하고 있어야 한다. 여기서 "농지 등의 소재지" 요건은 8년 자경농지에 대한 감면규정과 동일하다.

관련 해석 사례

증여자인 자경농민이 상속받은 농지를 상속개일로부터 3년 미만 재촌·자경한 상태에서 영농자녀에게 증여하는 경우 해당 농지는 자경농민이 증여일부터 소급하여 3년 이상 계속하여 직접 경작하지 않았으므로 증여세 감면대상 농지에 해당하지 않는다(상속증여-0677, 2015.5.22).

2) 영농자녀(수증자) 요건

농지 등의 증여일 현재 18세 이상인 직계비속으로서 증여세 과세표준 신고기한까지 농지 등의 소재지에 거주하면 직접 영농에 종사하여야 한다.

비교학습 _ 영농자녀가 농지를 상속받는 경우 영농상속공제 적용(상증령 §16)

① 피상속인 요건 : 상속개시일 8년 전부터 계속하여 직접 영농에 종사할 것
② 상속인 요건 : 18세 이상의 영농자녀가 상속개시일 2년 전부터 계속하여 직접 영농에 종사할 것
③ 피상속인 및 상속인 공통 요건 : 8년 자경감면 농지와 동일하게 재촌·자경 및 소득요건 등을 충족할 것
※ 영농상속공제 대상 농지는 주거지역 등에 편입된 경우에도 적용 가능

3) 소득 요건(증여자와 수증자 공통)

사업소득금액 및 총급여액의 합계액이 3,700만원 이상인 과세기간은 영농종사기간에서 제외된다. 이는 8년 자경농지에 대한 감면규정과 동일하나, 8년 자경농지에 대한 감면규정에서는 복식부기의무자 수입금액 기준 이상인 경우 해당 과세기간도 자경기간에서 제외하는 규정은 있으나 영농자녀에 대한 증여세 감면규정에서는 해당 규정은 없다는 것이 차이점이다.

4) 지역기준

농지 등의 소재지가 도시지역 중 주거·상업·공업지역 안에 있는 경우 해당 농지 등에 대해서는 증여세 감면대상 농지 등에서 제외된다.

3 감면세액 한도

영농자녀가 감면대상 농지 등을 증여받은 경우 5년간 누적 1억원을 한도로 증여세를 감면한다. 이 경우 증여세 감면규정을 적용할 때 영농자녀가 2인 이상인 경우에는 수증자별로 각각 증여세 감면세액 및 감면세액 한도를 적용한다.

관련 해석 사례

영농자녀가 증여받는 농지에 대한 증여세 감면세액이 조세특례제한법 제133조제2항에서 규정하는 한도액을 초과하는 경우에는 감면한도 초과분을 포함한 전체 농지에 대한 증여세 산출세액에서 감면한도액(1억원)을 공제하여 납부할 증여세액을 산출하고, 「감면받은 농지」의 가액은 감면한도 초과분을 포함한 전체 농지의 가액을 '전체 농지에 대한 증여세 산출세액'에서 감면한도액(1억원)이 차지하는 비율로 안분계산하는 것이다(재산세제과-521, 2009.3.18).

4 사후관리(5년 이내 양도시 감면세액의 추징)

농지 등을 증여받은 날부터 5년 이내에 양도 또는 증여하거나 직접 영농에 종사하지 않는 경우에는 증여세의 감면세액 상당액을 추징하나, 아래과 같이 정당한 사유가 있는 경우에는 감면세액을 추징하지 않는다.

① 협의매수·수용 및 그 밖의 법률에 따라 수용되는 경우
② 국가·지방자치단체에 양도하는 경우
③ 영농자녀가 해외이주법에 따라 해외이주를 하는 경우
④ 영농자녀가 1년 이상의 치료나 요양을 받는 경우
⑤ 병역법에 따라 징집되는 경우

5 증여받은 농지 등을 양도하는 경우의 양도소득세 계산

증여세를 감면받은 농지 등을 양도하여 양도소득세를 계산하는 경우 취득가액 등은 아래와 같이 적용한다.

1) 취득가액 및 기타 필요경비

양도시기 제한없이 증여자인 자경농민이 취득한 가액을 적용한다. 예를 들어 농지를 증여받은 후 수증자가 8년 이상 재촌·자경하는 경우 자경농지에 대한 양도소득세를 감면받을 수 있으나, 양도차익 계산시 취득가액 등은 증여자인 자경농민이 취득 당시 지출한 가액을 적용하는 것이다.

비교학습 _ 양도소득세 이월과세와의 차이점

직계존비속 또는 배우자로부터 증여받은 재산을 10년(2022.12.31. 이전 증여분은 5년) 이내 양도하는 경우로서 이월과세가 적용되어 양도소득세를 계산할 때 증여자의 취득가액 및 취득시기를 적용하는 것은 동일하나, 영농자녀가 증여세를 감면받은 농지 등을 양도하는 경우에는 기간에 관계없이 무조건 이월과세를 적용한다.

2) 5년 경과 후 양도시 양도소득금액 계산

농지 등을 증여받아 증여세 1억원을 감면받고 감면한도 초과분에 대해서는 증여세를 납부한 후, 5년이 경과하여 해당 농지 등을 양도하는 경우에는 증여세를 감면받은 부분과 과세된 부분을 각각 구분하여 양도소득금액을 계산한다.

사례

감면받은 농지를 5년 경과 후 양도하는 경우 양도소득금액 계산방법

● **농지의 취득 및 양도에 관한 자료**

구분	내용
증여자의 취득일 및 취득가액	2010.4.10. 3억원
증여내역 (영농자녀가 증여받음)	증여일자 : 2017.6.15.
	증여가액 : 7.5억원
	증여세 산출세액 : 1.5억원(감면세액 1억원)
양도일 및 양도가액	2023.7.25. 12억원
기타 사항	증여한 농지는 감면요건이 충족한 것으로 가정
	영농자녀는 해당 농지를 증여받은 날부터 양도일까지 계속 경작

해설

	구 분	감면부분	과세부분	합 계
	양도가액	800,000,000[1)]	400,000,000[2)]	1,200,000,000
(-)	취득가액	200,000,000[3)]	250,000,000[4)]	450,000,000
(=)	양도차익	600,000,000	150,000,000	750,000,000
(-)	장기보유특별공제	156,000,000[5)]	18,000,000[6)]	174,000,000
(=)	양도소득금액	444,000,000	132,000,000	576,000,000

1) $1,200,000,000 \times \frac{100,000,000(\text{감면분})}{150,000,000(\text{산출세액})} = 800,000,000$

2) $1,200,000,000 \times \frac{50,000,000(\text{과세분})}{150,000,000(\text{산출세액})} = 400,000,000$

3) $300,000,000 \times \frac{100,000,000(\text{감면분})}{150,000,000(\text{산출세액})} = 200,000,000$ → 증여자의 취득가액 적용

4) $750,000,000 \times \frac{50,000,000(\text{과세분})}{150,000,000(\text{산출세액})} = 250,000,000$ → 수증자의 취득가액 적용

5) 600,000,000 × 26%(13년 × 2%) = 156,000,000 → 증여자의 취득일부터 기산

6) 150,000,000 × 12%(6년 × 2%) = 18,000,000 → 증여받은 날부터 기산

6 감면농지 등의 증여세·상속세 과세가액 합산배제

1) 상속세 과세가액 합산배제

상속개시일 전 10년 이내에 피상속인이 상속인에게 증여한 재산은 상속세 과세가액에 가산하여 상속세를 계산하는 것이 원칙이나, 피상속인인 자경농민이 상속인인 영농자녀에게 증여한 감면대상 농지 등은 상속세 과세가액에 가산하지 않는다.

2) 증여세 과세가액 합산배제

증여일 전 10년 이내에 동일인(배우자 포함)으로부터 받은 증여재산가액의 합계액이 1천만원 이상인 경우에는 그 가액을 증여세 과세가액에 합산하여 증여세를 계산하는 것이 원칙이나, 증여자인 자경농민이 수증자인 영농자녀에게 증여한 감면대상 농지 등은 증여세 과세가액에 합산하지 않는다. 다만, 감면대상 농지 등을 증여받은 후 10년 이내에 동일인으로부터 다시 감면대상 농지 등을 증여받은 경우로서 해당 감면대상 농지 등이 증여세 감면한도 내의 감면대상 농지 등에 해당한다면 합산한다.

관련 해석 사례

영농자녀가 「조세특례제한법」 제71조에 따른 요건을 충족하여 농지를 증여받는 경우 증여세의 100%에 상당하는 세액을 감면하고, 같은 법 제133조 제2항에 따라 증여세 감면한도액은 그 감면받을 증여세액과 그 증여일 전 5년간 감면받은 증여세액을 합하여 1억원을 초과하지 아니하는 것이다. 이 경우 증여세를 감면받은 농지 등은「상속세 및 증여세법」제47조 제2항에 따라 해당 증여일 전 10년 이내에 자경농민등(자경농민등의 배우자를 포함한다)으로부터 증여받아 합산하는 증여재산가액에 포함시키지 않는다(상속증여세과-169, 2022.3.23).

7 기타 주요 내용

1) 증여세 신고방법

동일인으로부터 한도 내에 감면대상 증여재산과 일반 과세대상 증여재산을 순차로 증여받은 경우에는 합산하지 않으며, 감면대상 증여재산과 일반 과세대상 증여재산을 동시에 증여받은 경우에는 증여세 신고를 각각 하여야 한다.

2) 영농자녀가 직계비속인 손자인 경우

영농자녀에게 증여하는 경우에는 해당 농지 등의 가액에 대한 증여세를 1억원 한도 내에서 100% 감면한다. 이 경우 1억원 한도 내에서 감면되는 증여세 산출세액을 계산할 때 영농자녀가 직계비속인 손자인 경우에는 세대생략가산액을 가산한다.

3) 농어촌특별세 부과 여부

일반적으로 감면세액이 적용되면 감면세액의 20%를 농어촌특별세로 납부하여야 하나, 증여세를 감면받은 농지 등에 대해서는 농어촌특별세가 부과되지 않는다.

02

양도소득세가 중과되는 비사업용 토지

I 개요

비사업용 토지란 소유자가 토지의 용도에 맞게 사용하지 않으면서 투기적인 목적으로 보유하고 있는 토지를 말한다. 예를 들어 농사를 직접 짓지 않으면서 농지를 보유·임대하거나, 도시에 거주하면서 지방에 있는 임야를 보유하거나 또는 건물을 짓지 않고 나대지를 보유하고 있는 경우 등이 대표적인 비사업용 토지에 해당한다. 이러한 비사업용 토지에 대해서는 부동산 투기 수요를 억제하여 부동산 시장을 안정화하고 투기이익을 환수하기 위해 양도소득세 세율 적용시 중과세율(기본세율 + 10%)을 적용한다.

II 비사업용 토지의 범위 및 판단기준

비사업용 토지에서 제외되려면 토지의 보유기간 중에 법령으로 정하는 일정한 기간(기간기준) 동안 토지 본래의 용도 ① 농지(재촌자경), ② 임야(재촌), ③ 목장용지(축산업 영위), ④ 건물의 부수토지(건물정착면적의 일정배율 이내), ⑤ 기타 토지(재산세 분리과세·별도합산과세 대상토지로 분류 등)로 사용해야 한다.

그러나 토지를 본래의 용도에 사용했다고 하더라도 바로 비사업용 토지에서 제외되는 것은 아니고 아래의 어느 하나에 해당하는 기간동안 토지를 사업용으로 사용하여야만 비사업용 토지에서 제외된다(소득법 §104의3①).

① 양도일 직전 3년 중 2년 이상을 사업용 토지로 사용한 기간
② 양도일 직전 5년 중 3년 이상을 사업용 토지로 사용한 기간
③ 보유기간 중 60% 이상을 사업용 토지로 사용한 기간
* 위 기간기준의 기간계산은 일수로 계산

배경 및 취지

토지 소유자가 비사업용 토지를 투기수단으로 보유하고 있다가 양도일 직전 또는 일시적으로만 사업용 토지로 사용함으로서 양도소득세 중과를 회피하는 것을 방지하기 위하여 일정기간(기간기준) 동안은 사업용으로 사용하여야만 비사업용 토지에서 제외하도록 한 것이다.

Ⅲ 지목별 이용 현황에 따른 사업용 토지로 보는 기준

농지·임야·목장용지 및 기타 토지 지목의 판단은 사실상 현황에 의하는 것이나, 사실상 현황이 불분명한 경우에는 공부상의 등재 현황에 의한다. 이 경우 토지 보유기간 동안에 지목 또는 용도가 변경된 경우에는 각각의 지목별로 사업용 기간을 적용한 후, 사업용 토지에 해당 기간을 합산하여 사업용 토지 여부를 판단한다.

[주요 지목별 사업용 토지 판단 주요기준]

구 분	사용기준	지역기준	면적기준	기간기준(공통)
농지	재촌자경, 소득요건 등 (자경농지 요건과 동일)	주거지역 등 이외 지역	해당없음	① 양도일 직전 3년 중 2년 이상 사용 ② 양도일 직전 5년 중 3년 이상 사용 ③ 전체 보유기간 중 60% 사용
임야	재촌(자경요건 없음)	제한없음(일부 적용1))	해당없음	
목장용지	축산업 영위 (재촌요건 없음)	주거지역 등 이외 지역	가축별 축산업 기준면적	
주택·건물 부수토지	주거용·업무용 부수토지 사용	제한없음	용도지역별 적용배율 이내	
기타 토지	재산세 비과세·면제 분리·별도합산 토지	제한없음 (일부 적용2))	660㎡ (무주택자 나대지)	

1) 산림경영계획인가를 받아 사업 중인 임야와 특수산림사업지구 안의 임야 또는 8년 이상 재촌한 임야를 직계존속 또는 배우자로부터 상속·증여받는 임야는 지역기준 적용

2) 예비군 훈련장용 토지(주거지역 등 이외 지역)와 무주택자의 660㎡ 이내의 토지(건축이 가능한 지역)는 지역기준 적용

적용사례 1

토지 소유기간 중 지목이 변경되는 경우 비사업용 토지 판단

해설 비사업용 토지의 판단은 양도시점 뿐만 아니라 토지의 소유기간 중 일정기간 지목 본래의 용도로 사용한 기간을 고려하여 판단하므로 토지 소유기간 중 지목이 변경된 경우에는 지목별로 사업용 사용기간을 합산하는 것이다(서면4팀-2446, 2006.7.24).

기간기준	사업용 사용기간	기간기준 충족 여부
① 양도일 직전 3년 중 2년 이상	3년 중 3개월('20.4.1.~'20.7.1.)	미충족
② 양도일 직전 5년 중 3년 이상	5년 중 2년3개월('18.4.1.~'20.7.1.)	미충족
③ 전체 보유기간 중 60% 이상	9년9개월(117개월)/15년(180개월)	충족(65%)

적용사례 2

상속받은 농지를 대지로 변경한 후 양도하는 경우 비사업용 토지 판단

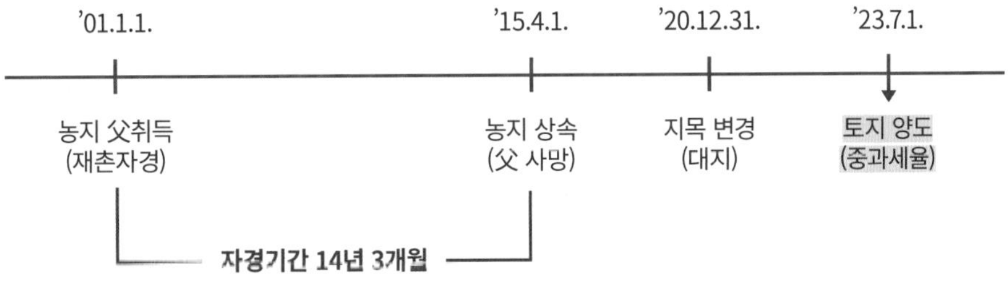

해설

비사업용 토지의 기간기준을 적용함에 있어 상속받은 토지의 경우 피상속인이 보유한 기간은 합산되지 아니하며, 또한 양도일 현재 농지에 해당하지 않아 자경농지 감면규정도 적용을 받을 수 없다. 따라서 양도한 토지는 비사업용 토지에 해당하고 감면이 배제되므로 중과세율(기본세율 + 10%)이 적용된다(서면5팀-515, 2008.3.13).

1 농지·임야 및 목장용지의 비사업용 토지 판단

1) 사업용 사용기준

① 농지(재촌·자경 및 소득 요건 등)

농지 사용기준 요건은 8년 이상 자경감면 농지요건과 동일하다. 즉, 농지 소재지와 동일한 시·군·구, 연접한 시·군·구 또는 농지로부터 직선거리 30㎞ 이내의 지역에서 실제 거주하면서 직접 경작하고 소득요건 등을 충족한 경우에는 사업용 토지에 해당한다.

관련 해석 사례

농지를 일부 임대해 준 사실로 보아 8년 자경감면은 부인한다 하더라도 쟁점농지가 양도직전 까지 농지로 사용된 사실 등으로 볼 때 농지 보유기간 중 사업용 기간(양도일 직전 5년 중 3년 이상 또는 3년 중 2년 이상 자경) 동안 직접 경작하였다고 볼 수 있으므로 해당 농지를 사업용 토지로 보아 세율은 기본세율을 적용하는 것이 타당하다(심사양도-0022, 2009.11.4).

계산사례

8년 이상 재촌자경한 농지가 비사업용토지인 경우 양도소득세 계산

● 농지의 취득 및 양도에 관한 자료

구 분	내 용
취득일 및 취득가액	2001.10.25. 3억원
자경기간	10년(2002.1.1. ~ 2011.12.31.)
양도일 및 양도가액	2023.7.20. 10억원
기타 사항	자경기간 동안 8년 자경감면 요건은 충족
	2012.1.1. 이후부터 양도일까지 농지를 계속 임대

해설

8년 이상 재촌·자경한 농지를 임대한 후 양도하는 경우 양도일 현재 농지이고 자경감면 요건을 충족한 경우 1억원을 한도로 세액감면은 적용받을 수 있으나, 비사업용 토지에 해당하면 중과세율(기본세율 + 10%)이 적용된다.

	구 분	금 액	계산 근거
	양도가액	1,000,000,000	
(-)	취득가액	300,000,000	
(=)	양도차익	700,000,000	
(-)	장기보유특별공제	210,000,000	700,000,000 × 30%(15년×2%)
(=)	양도소득금액	490,000,000	
(-)	기본공제	2,500,000	
(=)	과세표준	487,500,000	
(×)	세율	50%	기본세율 + 10%
(-)	누진공제	25,940,000	
(=)	산출세액	217,810,000	
(-)	감면세액	100,000,000	1과세기간 최대 1억원 한도
(=)	납부할세액	117,810,000	
(+)	지방소득세	11,781,000	
(=)	총부담세액	129,591,000	

② 임야(재촌요건)

임야의 사용기준은 재촌요건만 충족하면 비사업용 토지에서 제외되며, 그 재촌요건은 농지와 동일하나, 농지는 주민등록은 필수요건은 아니나 임야는 해당 지역에 주민등록이 되어 있고 실제 거주하여야 하는 것이 농지와 차이점이다.

③ 목장용지(축산업 영위 요건)

축산업을 영위하는 자가 축산용 토지의 기준면적(가축별 기준면적과 가축두수를 적용하여 계산한 토지의 면적) 이내의 목장용지를 일정기간 동안 사업용 사용한 경우 해당 토지는 사업용 토지로 본다. 이 경우 농지 및 임야와는 달리 목장용지는 재촌요건은 적용되지 않는다.

[비사업용 여부 토지 판단시 농지·임야·목장용지의 재촌자경 비교]

구 분	재촌·자경 여부
농지(재촌+자경)	일정기간 동안 농지소재지와 동일(연접) 시·군·구 또는 농지소재지로부터 직선거리 30㎞ 이내 실제 거주하면서 직접 경작
임야(재촌)	일정기간 동안 임야소재지와 동일(연접) 시·군·구 또는 임야소재지로부터 직선거리 30㎞ 이내 주민등록이 되어 있고 실제 거주
목장용지(자경)	가축별 기준면적과 가축 두수를 적용하여 계산한 토지의 면적 이내의 목장용지를 소유한 자가 일정기간 동안 축산업 영위

2) 지역기준

① 농지

도시지역에 편입된 농지로서 특별시·광역시(군지역 제외) 또는 시지역(읍·면지역 제외) 중 주거·상업·공업지역 안에 있는 농지는 비사업용 토지로 보아 중과 대상이나, 주거지역 등에 편입된 날부터 소급하여 1년 이상 재촌·자경한 농지는 주거지역 등에 편입된 날부터 3년이 되는 날까지의 기간은 사업용 기간으로 보고 비사업용 토지 여부를 판단한다. 이는 편일일부터 3년 이내 양도해야만 자경농지에 대한 감면이 적용되는 것과 달리 비사업용 토지 여부를 판단할 때에는 양도시기와 상관없이 편입일부터 3년이 되는 날까지는 사업용 기간으로 간주한다는 것이다.

[도시지역에 편입된 농지의 자경감면 및 비사업용 토지 여부 비교]

지역 구분 (도시지역 편입)	자경농지 감면여부		자경농지 비사업용 토지 판단	
	편입일로부터 3년 이내 양도	편입일로부터 3년 경과 양도	농지 현황	비사업용 토지 여부
특별시, 광역시, 시지역(주거·상 업·공업지역)	취득일 ~ 편입일까지 감면	감면배제	주거지역 등 편입 후 농지 취득	재촌·자경한 경우에 도 비사업용 토지에 해당
			편입일부터 소급 1년 미만 재촌자경	
			편입일부터 소급 1년 이상 재촌자경	편입일부터 3년간은 사업용 토지로 간주
광역시의 군, 시의 읍·면지역	취득일 ~ 편입일까지 감면		편입 여부와 상관없이 일반적인 비사업용 토지 기준에 따라 판단	
녹지지역, 개발제한구역	전액 감면			

적용사례

주거지역 등에 편입된 농지 양도시 비사업용 토지 판단

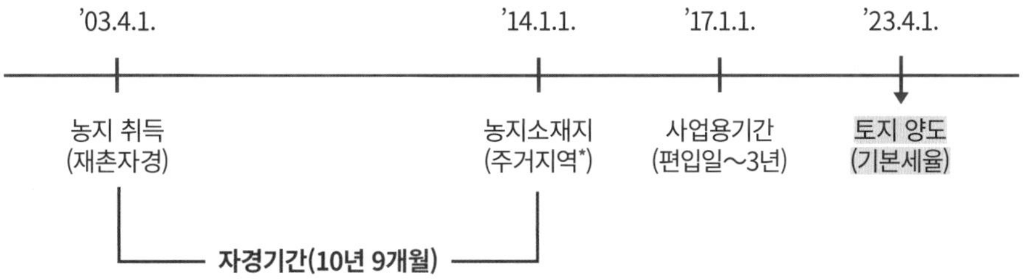

*2014.1.1. 주거지역으로 편입된 농지 소재지는 시의 동(洞)지역에 해당

해설 주거지역으로 편입된 농지를 편입일로부터 3년이 경과하여 양도하였으므로 자경농지에 대한 감면은 적용받을 수 없으나, 사업용 기간(10년 9개월 + 3년 = 13년 9개월)이 토지 전체 보유기간(20년)의 60% 이상에 해당하므로 비사업용 토지에서는 제외된다.

관련 해석 사례

1. 생산녹지지역에 있는 농지를 취득한 후 시지역에 편입된 경우 시지역에 편입된 날부터 3년이 지난 토지는 자경농지 감면을 적용받을 수 없으며, 시지역에 편입되기 전까지 생산녹지지역에서 재촌·자경한 기간은 비사업용 토지의 기간에서 제외 하는 것이다(부동산납세과-1035, 2016.7.12).
2. 도·농 복합도시의 읍·면지역에 소재하는 농지는 거주지역 등에 편입된 경우에도 농지로 보는 것이므로 편입일 이후 양도일까지 재촌·자경한 경우에는 해당 기간은 비사업용 토지로 보지 아니한다(양도집행 104의3-168의8-2).

② 임야

임야에 대해 비사업용 토지 판단시 산림경영계획인가를 받아 사업 중인 임야와 특수산림사업지구 안의 임야에 대해서만 도시지역 등 지역기준을 적용하고 이외 임야에 대해서는 지역기준을 적용하지 않는다.

관련 해석 사례

산림경영계획인가를 받은 5년 이상 보유한 임야에 대해서는 도시지역(보전녹지지역 제외)으로 편입된 날부터 3년이 되는 날까지는 사업용 토지의 사용기간으로 본다. 다만, 산림경영계획인가를 받은 임야에 해당 하더라도 인가받은 산림경영계획에 따라 시업(施業)을 하지 않은 경우에는 사업용 토지의 기간에서 제외하는 것이다(법령해석재산-0078, 2016.4.21).

③ 목장용지

목장용지의 경우 농지와 마찬가지로 도시지역에 편입된 농지로서 특별시·광역시(군지역 제외) 또는 시지역(읍·면지역 제외) 중 주거·상업·공업지역 안에 있는 목장용지는 비사업용 토지로 보아 중과대상이나, 주거지역 등에 편입된 날로부터 3년이 되는 날까지이 기간은 사업용 기간으로 보고 비사업용 토지 여부를 판단한다.

④ 농지·임야·목장용지의 지역기준(공통적용)

직계존속 또는 배우자가 8년 이상 재촌·자경한 농지·임야 및 목장용지로서 이를 해당 직계존속 또는 배우자로부터 상속 또는 증여받은 토지는 무조건 사업용 토지로 본다. 다만, 양도 당시 도시지역(녹지지역 및 개발제한구역 제외) 안의 토지는 제외한다.

2 건물 부수토지의 비사업용 토지 판단

1) 주택의 부수토지

비사업용 토지로 보는 주택의 부수토지는 주택 부수토지 중 주택정착면적에 아래의 용도지역별 배율(3배, 5배, 10배)을 곱하여 산정한 면적을 초과하는 토지를 말한다. 이 경우 주택에는 무허가주택도 주택에 포함되며, 토지 소유자와 주택의 소유자가 동일하지 않더라도 사업용 토지로 보기 때문에 타인 소유 주택의 부수토지도 비사업용 토지에서 제외된다. _ p138 참고

2) 공장용 건물 및 일반건물의 부수토지

시지역(읍·면지역, 산업단지, 공업지역 제외) 이상 지역의 공장용 건물과 일반건물의 부수토지에 대해서는 아래의 용도지역별 배율을 적용하여 기준면적 이내의 토지는 별도합산 과세대상으로 사업용 토지로 보는 것이며, 기준면적을 초과하는 토지는 종합합산 과세대상으로 비사업용 토지에 해당한다.

① (건물정착면적 × 용도지역별 배율) → 건물 부수토지의 기준면적 이내(사업용 토지)
② (건물정착면적 × 용도지역별 배율) → 건물 부수토지의 기준면적 초과(비사업용 토지)

[용도지역별 적용배율]

용도지역		적용배율
도시지역	전용주거지역	5배
	준주거지역·상업지역	3배
	일반주거지역·공업지역	4배
	녹지지역	7배
	미계획지역	4배
도시지역 밖의 용도지역		7배

3 농지, 임야, 목장용지 및 건물 부수토지 외 토지의 비사업용 토지 판단

1) 재산세 부과기준에 따른 비사업용 토지 여부

지방세법상 재산세가 비과세 또는 면제되거나 분리과세 또는 별도합산 과세대상으로 과세되는 기간동안은 사업용 기간으로 보며, 재산세가 종합합산 과세대상으로 과세되는 기간동안은 비사업용 기간으로 본다.

① 재산세 분리 과세대상 토지(사업용 토지)

가. 저율 분리과세 : 농지, 임야, 목장용지 및 군지역 등 공장용지 등

나. 고율 분리과세 : 골프장, 고급오락장용 부수토지 등

② 재산세 별도합산 과세대상 토지(사업용 토지)

가. 일반건축물의 부수토지로 기준면적 이내 토지

나. 철거·멸실된 건축물 또는 주택의 부수토지로서 6개월이 지나지 않은 경우

③ 재산세 종합합산 과세대상 토지(비사업용 토지)

가. 건축물이 없는 나대지, 잡종지 등

나. 건축물이 있더라도 건축물이 없는 토지로 보는 아래의 경우

- 건축물 시가표준액이 당해 부수토지의 시가표준액의 2%에 미달하는 건축물의 부수토지
- 무허가 또는 사용승인 등을 받지 아니한 건축물의 부수토지

다. 분리과세 또는 별도합산 대상토지 중 기준면적 초과 토지

비교학습

건축법 등 관계법령에 따라 허가 또는 사용승인 등을 받지 않은 공장용 건물 또는 일반 건물의 경우에는 기준면적 이내의 토지에 대해서도 건물이 없는 나대지로 보아 재산세의 종합합산 과세대상으로서 비사업용 토지에 해당하나, 무허가주택의 기준면적 이내의 부수토지는 사업용 토지로 본다.

[무허가 등의 경우 일반건물 및 주택의 부수토지 비사업용 토지 여부]

구 분	무허가 또는 사용승인을 받지 않은 건물의 부수토지	건물의 시가표준액이 부수토지의 시가표준액의 2%에 미달하는 경우
주택	주택의 부수토지(사업용 토지)	주택 부수토지(사업용 토지)
공장용 건물	건물이 없는 나대지(비사업용 토지)	공장용 건물 부수토지(사업용 토지)
일반 건물	건물이 없는 나대지(비사업용 토지)	건물이 없는 나대지(비사업용 토지)

관련 해석 사례

토지 취득 이전부터 양도할 때까지 토지 위에 무허가건물이 있었고 구청장은 양도토지를 종합합산 과세대상토지로 구분하여 재산세를 부과해 온 사실을 인정할 수 있으므로 양도 토지는 별도합산 과세대상 토지에서 제외되는 종합합산과세대상 토지로서 비사업용토지에 해당한다(서울행정법원2012구단5162, 2012.11.7).

2) 주차장용 토지

① 건축물 부설주차장용 토지

주차장법에 따른 부설주차장(주택의 부설주차장 제외)으로서 동법에 따른 부설주차장 설치기준면적 이내의 토지는 사업용 토지로 본다.

② 주차장운영업용 토지

주차장운영업을 영위하는 자가 소유하고,주차장법에 따른 노외주차장으로 사용하는 토지로서 연간수입금액이 토지가액의 3% 이상인 경우에는 사업용 토지로 본다. 여기서 토지가액에 대한 연간수입금액의 3% 이상인지 여부는 아래와 같이 둘 중 큰 비율을 적용하여 판단한다.

토지가액에 대한 연간수입금액 비율 = Max[①, ②]

① 당해 과세기간의 연간수입금액을 당해 과세기간의 토지가액으로 나눈 비율

② (당해 과세기간의 연간수입금액 + 직전 과세기간의 연간 수입금액) ÷ (당해 과세기간의 토지가액 + 직전 과세기간의 토지가액)

※ 토지가액 = 과세기간 종료일의 기준시가

사례

주차장운영업을 영위하는 경우 수입금액 비율에 따른 비사업용 토지 여부

● 주차장법에 따른 노외주차장을 운영하는 토지에 대한 수입금액 및 공시지가

구 분	2021년	2022년	2023년
수입금액	13,000,000원	15,000,000원	25,000,000원
공시지가	400,000,000원	600,000,000원	750,000,000원

해설

(단위 : 백만원)

구 분	해당연도	해당연도 + 직전연도	적용비율	판단
2022년	2.5%(15/600)	2.8%(13 + 15)/(400 + 600)	2.8%	비사업용 토지
2023년	3.3%(25/750)	2.9%((15 + 25)/(600 + 750)	3.3%	사업용 토지

관련 해석 사례

1. 주차장운영업을 영위하는 자가 소유하고,「주차장법」에 따른 노외주차장으로 사용하는 토지로서 토지의 가액에 대한 1년간의 수입금액의 비율이 100분의 3 이상인 토지는 사업용 토지로 보는 것이나, 특정한 음식점용 주차장으로 사용되어 그 주차장운영의 실질이 토지의 임대에 해당하는 경우에는 해당 토지는 주차장운영업용 토지에 해당하지 아니하여 비사업용 토지로 보는 것이다(법령해석재산-21531, 2015.2.6).
2. 노외주차장 설치 시 주차장법에 따라 관할 구청장에게 통보하지 않은 경우「주차장법」에 따른 노외주차장으로 볼 수 없어 비사업용토지에서 제외할 수 없는 것이다(부동산납세과-243, 2016.2.19).
3. 주차장운영업을 영위하는 자가 소유하고 주차장법에 따른 노외주차장으로 사용되는 토지로서 연간수입금액이 토지가액의 3% 이상인 경우에는 사업용 토지로 보는 것이나, 해당 토지를 주차장용으로 임대하거나 위탁경영 등의 관계에 의하여 타인으로 하여금 주차장을 운영하게 하는 경우에는 사업용 토지로 보지 않는다(의정부지법 2008구합2953, 2009.8.18).

알쏭달쏭 용어 _ 주차장법상 노상주차장, 노외주차장, 부설주차장

1. **노상주차장**(路上駐車場)
   도로의 노면 또는 교통광장의 일정한 구역에 설치된 주차장으로서 일반의 이용에 제공되는 것
2. **노외주차장**(路外駐車場)
   도로의 노면 및 교통광장 외의 장소에 설치된 주차장으로서 일반의 이용에 제공되는 것
3. **부설주차장**(附設駐車場)
   건축물, 골프연습장, 그 밖에 주차수요를 유발하는 시설에 부대하여 설치된 주차장으로서 해당 건축물·시설의 이용 또는 일반의 이용에 제공되는 것

3) 무주택자가 소유하는 660㎡의 나지(裸地)

1세대가 주택을 소유하지 아니한 기간동안 소유한 1필지의 나지로서 법령의 규정에 따라 주택의 신축이 금지 또는 제한되는 지역 이외의 지역에 소재하고, 그 지목이 대지이거나 실질적으로 주택을 신축할 수 있는 660㎡ 이내의 토지는 사업용 토지로 본다. 이 경우 1필지의 나지를 타인과 공동소유한 경우에는 해당 1세대가 소유하는 지분의 토지면적을 기준으로 판단한다.

관련 해석 사례

1. 2필지(A,B)를 보유한 1세대가 먼저 양도한 1필지(A)의 나지에 대하여 비사업용 토지로 일반세율을 적용받은 후, 다른 필지(B)의 나지를 양도한 경우에는 A필지 양도일 이후부터 무주택 나지 규정을 적용된다(양도집행 104의3-168의11-21).
2. 무주택인 1세대가 소유하는 1필지의 나지를 양도할 때 아파트 분양권을 소유하고 있는 경우에는 해당 분양권은 주택이 아니므로 양도하는 1필지의 나지를 사업용 토지로 보아 비사업용 토지의 기간기준을 적용한다(양도집행 104의3-168의11-23).
3. 무주택 1세대가 소유하는 1필지의 나지의 면적이 660㎡를 초과하는 경우 전체 면적 중 660㎡는 사업용 토지로 보는 것이다(재산세과-468, 2009.10.14).
4. 1세대의 구성원 중 동일인의 소유 나지가 2필지 이상인 경우 '무주택세대 소유 나지의 비사업용토지 제외신청서'에 기재된 나지 중 토지의 소유자가 비사업용 토지 제외 적용을 받기 위해 선택한 필지의 660제곱미터 이내의 부분은 주택을 소유하지 아니한 기간동안은 사업에 사용되는 토지로 보는 것이다(법규재산-0060, 2023.3.8).

4) 하치장용 등의 토지

물품의 보관·관리를 위하여 별도로 설치·사용되는 하치장·야적장·적치장 등(건축법에 따른 건축허가를 받거나 신고를 하여야 하는 건축물로서 허가 또는 신고 없이 건축한 창고용 건축물의 부수토지 포함)으로서 매년 물품의 보관·관리에 사용된 최대 면적의 1.2배 이내의 토지는 사업용 토지로 본다.

관련 해석 사례

양도인이 종합합산 과세대상으로 분류되어 재산세가 부과되는 토지를 자동차중고부품 소매업자에게 임대하고 임차인은 중고자동차의 부품을 분리하여 판매하기 위하여 해당 토지를 사업장으로 사용하면서 일부는 사무실로, 일부는 폐차량을 보관하는 장소로 사용한 경우 해당 토지는 하치장용 등의 토지에 해당하지 않아 비사업용 토지에 해당한다(법령해석재산-0015, 2016.2.11).

5) 폐기물처리업용 토지

「폐기물관리법」에 따라 허가를 받아 폐기물처리업을 영위하는 자가 당해 사업에 사용하는 토지는 사업용 토지로 본다.

6) 골재채취장용 토지

「골재채취법」에 따라 시장 군수 또는 구청장으로부터 골재채취의 허가를 받은 자가 허가받은 바에 따라 골재채취에 사용하는 토지는 사업용 토지로 본다.

Ⅳ 일정기간 사업용 사용기간으로 간주하는 경우

1 한국농어촌공사에 위탁한 농지

한국농어촌공사가 개인으로부터 8년 이상 위탁받은 농지를 임대하거나 사용한 농지에 대해서는 농지 소유자가 재촌·자경하지 않더라도 해당 기간동안은 사업용 기간으로 인정한다. 예를 들어 한국농어촌공사에 농지를 8년 이상 위탁하고 계약 만료 후 2년 안에 농지를 양도하면 장기보유특별공제를 적용하고 세율은 기본세율을 적용한다.

비교학습 _ 농지은행(한국농어촌공사)에 위탁한 농지에 대한 과세특례 적용 비교

구 분	과세특례 내용
농지은행에 위탁한 농지	▪8년 이상 위탁한 경우 : 해당 기간 사업용 기간으로 인정 ▪8년 미만 위탁한 경우 : 해당 기간 사업용 기간으로 불인정
농지은행에 위탁한 농지의 8년 자경감면 요건 판단	농지은행에 위탁 경영한 기간은 자경기간에서 제외
농지은행에 환매조건부로 양도 후 다시 임차한 경우	재매입 후 농지 양도할 때 8년 자경감면 요건 판단시 농지은행으로부터 임차한 기간도 자경기간에 포함

2 지상에 건축물이 정착되어 있지 아니한 토지를 취득한 경우

지상에 건축물이 정착되어 있지 아니한 토지를 취득하여 사업용으로 사용하기 위하여 건설에 착공(착공일이 불분명한 경우 착공신고서 제출일 기준)한 토지는 건설에 착공한 주체와 상관없이 해당 토지의 취득일부터 2년 및 착공일 이후 건설이 진행 중인 기간 및 건축물 완공일까지의 기간은 사업용 기간으로 간주한다. 예를 들어 토지를 취득하여 4년간 보유하다 착공 후 1년 만에 해당 토지를 양도하는 경우 기간기준으로 5년 중 3년(취득일부터 2년 + 착공 1년) 요건에 충족하여 사업용 토지에 해당한다.

관련 해석 사례

1. 지상에 건축물이 장착되어 있지 아니한 토지를 취득하여 사업용으로 사용하기 위하여 건설에 착공한 토지는 당해 토지의 취득일부터 2년 및 착공일 이후 건설이 진행 중인 기간은 사업용 토지의 사용기간으로 보는 것이나, 건축허가 후 착공 전에 양도하는 경우에는 사업용으로 사용하기 위하여 건설에 착공한 토지로 보지 아니한다(서면5팀-939, 2006.11.23).
2. 건물을 신축하기 위한 공사에 착공하였다고 인정하기 위해서는 최소한의 정도로 부지를 파내는 굴착공사나 터파기공사에 착수하여야 비로소 "착공"에 이르렀다고 인정할 수 있을 것이므로 단지 건물을 신축하기 위하여 착공에 필요한 준비 작업을 한 것에 불과한 경우에는 비사업용 토지에 해당하는 것이다(대법원 2018두38468, 2018.5.31).
3. 지상에 건축물이 정착되어 있지 아니한 토지를 취득한 경우에만 적용되는 것이므로 취득 당시 건축물이 정착되어 있는 경우에는 해당 규정을 적용할 수 없다(조심2008서3626, 2009.2.16).
4. 행정관청에 건축허가 신청을 하여 허가를 받았으나 양도일까지 착공신고를 하지 않고 토지를 양도한 경우에는 사업용 건축물 건설을 착공한 토지에 해당하지 아니하여 비사업용 토지에 해당한다(조심2019전3401, 2020.6.4).
5. 비사업용토지를 판정함에 있어 부득이한 사유가 있는 기간은 비사업용 토지에서 제외되나 건설공사에 착공한 토지를 취득하여 취득 당시의 상태로 양도하는 경우 비사업용토지에서 제외되지 않는다(부동산납세과-362, 2014.5.22).
6. 임야를 공장신축 목적으로 취득하고 토지형질변경허가를 득하고 나무이전, 토지다지기, 일부 터파기 공사를 진행한 다음, 행정관청에 건설허가 및 이에 따른 착공신고를 하지 아니하고 토지를 양도한 경우 당해 토지는 "건설에 착공한 토지"에 해당하지 아니한다(재산세과-1020, 2009.12.16).

3 건축물이 멸실 등이 되는 경우

건축물이 멸실·철거되거나 무너진 토지는 건축물이 멸실 또는 철거되거나 무너진 날로부터 2년간은 사업용 기간으로 간주하되 무허가 주택은 제외한다.

[건물 신축 및 멸실하는 경우 사업용 기간기준 적용 비교]

구 분	사업용 기간으로 간주하는 기간
건물 신축목적으로 취득한 토지	토지 취득일로부터 2년 + 공사기간(착공일~준공일)
건축 신축목적으로 취득한 건물과 토지	건물 멸실일로부터 2년 + 공사기간(착공일~준공일)

관련 해석 사례

1. 무허가주택은 소득세법 제104조의3 제1항 제5호(주택부수토지)에서 규정하는 주택의 범위에는 포함되나, 무허가주택이 철거 또는 멸실된 토지는 주택이 멸실된 날부터 2년 기간 동안은 비사업용 토지에서 제외되는 규정을 적용하지 않는다(서면4팀-2402, 2007.8.9).
2. 피상속인이 토지와 지상 건축물을 취득한 후 건축물을 철거하여 철거일로부터 2년 동안 비사업용 토지로 보지 않는 규정은 피상속인이 토지 양도 전에 사망하여 상속인이 이를 상속한 후 양도한 경우에도 적용하는 것이다(대법원 2010두21020, 2012.11.15).
3. 건축물이 멸실·철거된 토지의 경우 당해 건축물이 멸실·철거된 날부터 2년간 비사업용 토지에서 제외하는 규정에는 주택부수토지 중 주택정착면적이 용도지역별 배율을 곱하여 산정한 면적을 초과하는 부분은 적용하지 않는다(부동산거래관리과-0792, 2011.9.9).

4 사업의 휴업 또는 폐업 등으로 사업에 사용하지 아니하는 토지

거주자가 2년 이상 사업에 사용한 토지로서 사업의 일부 또는 전부를 휴업·폐업 또는 이전함에 따라 사업에 직접 사용하지 아니하게 된 토지는 휴업·폐업 또는 이전일부터 2년간은 사업용 기간으로 간주한다.

5 기타 부득이한 사유로 해당 기간을 사업용 사용기간으로 보는 경우

1) 법령에 의하여 사용이 금지 또는 제한된 토지

토지를 취득한 후 법령에 따라 사용이 금지 또는 제한된 토지는 "사용이 금지 또는 제한된 기간"을 사업용 기간으로 간주한다.

관련 해석 사례

1. 토지를 취득한 후 법령에 따라 사용이 금지 또는 제한된 토지는 사용이 금지 또는 제한된 기간 동안은 사업용토지에 해당하는 토지로 보는 것이나, 토지를 취득하기 전부터 도시개발사업 등이 진행됨에 따라 이미 사용이 금지 또는 제한된 경우에는 사용이 금지 또는 제한된 기간으로 보지 않는다(법령해석재산-0307, 2020.5.4).
2. 법령에 의하여 사용이 제한된 이후에 토지를 취득하였으나, 취득원인이 상속인 경우에는 본인의 의사와 관계없이 상속으로 부득이 취득한 것이므로 상속받은 이후 잔여 금지·제한기간도 사업용 기간으로 본다(조심2008중1358, 2008.10.13).
3. 도시지역 내 주거지역으로 지정된 농지가 도시개발구역으로 지정되어 건축물 건축 등 개발행위가 제한되는 경우 도시개발구역으로 지정·고시된 날부터 건축이 가능한 날까지는 소득령 §168의14①1에 따른 법령에 따라 사용이 제한된 토지로 보아 비사업용 토지에서 제외하는 것이며, 건축이 가능한 날부터 2년간은 소득칙 §83의5①8에 따라 비사업용 토지에서 제외하는 것이다(법령해석재산-0272, 2016.8.26).
4. 토지를 취득한 후 도시정비법에 의하여 정비구역으로 지정된 경우 당해 토지는 법령에 의하여 사용이 금지 또는 제한된 토지에 해당하여 해당 기간동안은 비사업용 토지로 보지 않는다(서면5팀-138, 2006.9.15).

2) 건축허가 등이 제한된 토지

법령에 따라 인가·허가·면허 등을 신청한 자가 관련 법에 의하여 건축허가가 제한됨에 따라 건축을 할 수 없게 된 토지는 "건축허가 등이 제한된 기간"을 사업용 기간으로 간주한다.

관련 해석 사례

1. 비사업용 토지를 판정함에 있어 「건축법」제33조 규정에 의하여 건축허가를 받지 못한 경우에는 부득이한 사유로 건축허가가 제한된 것이 아니므로 비사업용 토지에 해당한다(서면4팀-260, 2008.1.29).
2. 건축허가를 받은 사항과 다르게 공사를 시공함으로 인하여 행정기관의 공사 중지 지시를 받은 경우의 해당 공사 중지기간은 건축이 제한된 기간에 해당되지 아니한다(양도집행 104의3-168의14-11).

3) 개발제한구역 안의 임야

개발제한구역법에 따른 개발제한구역 안의 임야는 "개발제한구역으로 지정된 기간"을 사업용 기간으로 간주한다.

관련 해석 사례

임야를 취득하기 전부터 이미 개발제한구역으로 지정된 경우에도 해당 토지는 비사업용 토지로 보지 않는다(법령해석재산-0367, 2020.6.8).

4) 군사기지 및 군사시설보호구역 안의 임야

「군사기지 및 군사시설보호법」에 따른 군사기지 및 군사시설보호구역 안의 임야는 "군사시설 보호구역으로 지정된 기간"을 사업용 기간으로 간주한다.

5) 사업장의 진입도로인 사도 등

사업장의 진입도로서 「사도법」에 의한 사도 또는 불특정다수인이 이용하는 도로는 "사도 또는 도로로 이용되는 기간"을 사업용 기간으로 간주한다.

6) 소유권에 관한 소송이 계속중인 토지

토지를 취득한 후 소유권에 관한 소송이 계속중인 토지는 "법원에 소송이 계속되거나 법원에 의하여 사용이 금지된 기간"을 사업용 기간으로 간주한다.

V 무조건 사업용토지로 간주되는 토지

1 양도시기에 제한이 없는 경우

1) 직계존속 등으로부터 농지·임야·목장용지를 상속·증여받은 경우

직계존속 또는 배우자가 8년 이상 재촌·자경한 농지·임야 및 목장용지로서 이를 해당 직계존속 또는 배우자로부터 상속 또는 증여받은 토지는 무조건 사업용 토지로 본다. 다만, 양도 당시 도시지역(녹지지역 및 개발제한구역 제외) 안의 토지는 제외한다.

비교1 [비사업용 토지 판단시 도시지역 편입된 경우 지역기준 적용여부 비교]

구 분	토지 소유자 본인이 직접 재촌·자경한 경우	직계존속·배우자가 8년 이상 재촌·자경한 경우
농지	① 주거·상업·공업지역 : 적용 ② 군지역, 읍·면지역 : 미적용 ③ 녹지지역 : 미적용	① 주거·상업·공업지역 : 적용 ② 군지역, 읍·면지역 : 적용 ③ 녹지지역 : 미적용
임야	-	
목장용지	① 주거·상업·공업지역 : 적용 ② 군지역, 시의 읍·면지역 : 미적용 ③ 녹지지역 : 미적용	

비교2 [상속받은 농지에 대한 자경감면과 비사업용 토지 적용여부 비교]

피상속인 자경기간	상속인 자경여부	자경감면 적용여부	비사업용 토지 여부
8년 이상	1년 이상 계속 자경	양도기한 제한없이 감면 적용 가능	양도기한 제한없이 무조건 사업용 토지1)
	1년 미만 자경	3년 이내 양도시 감면 적용 가능	양도기한 제한없이 무조건 사업용 토지1)
8년 미만	1년 이상 계속 자경	경작기간 합산하여 8년 이상이면 감면적용 가능	5년 이내2) 양도시 사업용 토지 (피상속인의 경작기간 합산 ×)
	1년 미만 자경	감면적용 불가	5년 이내2) 양도시 사업용 토지 (피상속인의 경작기간 합산 ×)

1) 양도 당시 녹지지역 및 개발제한구역 내 또는 도시지역 밖에 소재해야 적용

2) 5년 경과하여 양도시 3년은 사업용 기간으로 간주

관련 해석 사례

1. 직계존속이 8년 이상 농지소재지에 거주하면서 직접 경작한 농지를 상속·증여받아 양도하는 경우 당해 농지가 상속개시일 또는 증여받은 날부터 양도할 때까지 계속 농지인 경우에는 비사업용 토지로 보지 않는 것이나, 직계존속이 8년 이상 재촌·자경한 농지를 대지로 변경한 후 양도하는 경우에는 비사업용 토지로 보지 않는 경우에 해당하지 않는다(재산세제과-356, 2009.10.1).
   ※ 농지·임야·목장용지 상호 간에 지목이 변경된 경우에는 적용가능
2. 배우자로부터 8년 이상 재촌·자경한 농지를 증여받은 후, 양도일 현재 이혼으로 배우자 관계가 소멸된 경우에도 비사업용 토지로 보지 않는다(법령해석재산-0733, 2019.4.23).
3. 직계존속(조부·조모)으로부터 증여받은 임야가 도시지역 내 보존녹지지역에 소재하는 지역으로서, 직계존속이 8년이상 해당 임야의 소재지와 같은 시·군·구 지역에 주민등록이 되어 있고 실제 거주하였다면 비사업용 토지로 보지 않는다(부동산납세과-560, 2017.5.23).
4. 조부(祖父)가 재촌·자경한 농지를 부(父)가 상속받아 재촌·자경하다가 사망하여 자녀가 상속받은 후 양도하는 경우 직전의 부(父)의 재촌자경기간으로만 8년 이상 재촌자경 여부를 판단한다(재산세제과-901, 2012.11.1).
5. 부(父)가 소유한 임야를 모(母)가 상속받아 소유하다가 사망하여 자녀가 상속받은 후 양도하는 경우 父母의 재촌·보유기간을 합산한 기간을 직계존속의 재촌 보유기간으로 보아 비사업용 토지 여부를 판단한다(재산세제과-898, 2012.10.31).

실무상 주의점

1. 도시지역에 편입되어 비사업용 토지 여부를 판단할 때 농지는 광역시의 군지역, 시의 읍·면지역은 제외하나, 직계존속 등으로부터 8년 이상 재촌·자경한 농지를 상속·증여받은 경우에는 광역시의 군지역, 시의 읍·면지역도 포함된다.
2. 직계존속 등이 8년 이상 재촌·자경한 농지·임야·목장용지를 상속·증여받은 경우로서 양도 당시 도시지역(녹지지역 및 개발제한구역 제외) 안에 있는 토지의 경우에도 바로 비사업용 토지가 되는 것은 아니고 기간기준을 적용하여 비사업용 토지 여부를 판단한다.
3. 본인 직접 경작한 농지에 대해서는 비사업용 토지 판단시 소득요건(3,700만원 이상 등)이 적용되나 직계존속 또는 배우자가 8년 이상 재촌·자경한 농지·임야·목장용지에 대하여는 직계존속 또는 배우자의 소득요건은 적용하지 않는다.

2) 종중이 소유하고 있는 농지·임야·목장용지

종중이 2005.12.31. 이전에 취득하여 소유하고 있는 농지·임야·목장용지는 용도 지역과 양도시기 등에 상관없이 무조건 사업용 토지로 본다.

관련 해석 사례

2006.1.1. 이후 종중이 취득한 임야는 1거주자로 보는 단체(종중) 명의로 소유하는 임야로서 주민등록을 할 수 없어 재촌요건을 충족하지 못하였으므로 비사업용 토지에 해당한다 (재산세과-2644, 2008.9.4).

3) 협의매수 또는 수용되는 토지(지목에 관계없음)

공익사업을 위한 토지 등의 취득 및 보상에 관한 법률 및 그 밖의 법률에 따라 협의매수 또는 수용되는 토지로서 사업인정고시일이 2006.12.31. 이전인 토지 또는 취득일이 사업인정고시일부터 5년(사업인정고시일이 2021.5.3. 이전은 2년) 이전인 토지는 무조건 사업용 토지로 본다. 여기서 토지 취득일은 일반적인 취득시기를 적용하나 상속받은 토지는 피상속인이 해당 토지를 취득한 날, 증여받은 토지로서 배우자 등 이월과세가 적용되는 경우에는 증여자가 취득한 날을 기준으로 판단한다.

[공익사업 관련 특례적용시 취득시기 비교]

<table>
<tr><th colspan="2">구 분</th><th>취득시기 제한</th><th>관련 법령</th></tr>
<tr><td colspan="2">1세대1주택 비과세 보유기간 특례</td><td>사업인정고시일 전 취득</td><td>소령 §154①2호가목</td></tr>
<tr><td colspan="2">공익사업용 토지에 세액감면</td><td>사업인정고시일부터 2년 이전 취득</td><td>조특법 §77</td></tr>
<tr><td rowspan="3">비사업용 토지에서 제외되는 공익사업용 토지</td><td>06.12.31. 이전 사업인정고시된 경우</td><td>취득시기 제한없음(사업인정고시일 이후 취득한 토지도 적용대상)</td><td rowspan="3">소령 §168의14③</td></tr>
<tr><td>21.5.3. 이전 사업인정고시된 경우</td><td>사업인정고시일부터 2년 이전 취득</td></tr>
<tr><td>21.5.4. 이후 사업인정고시된 경우</td><td>사업인정고시일부터 5년 이전 취득</td></tr>
</table>

관련 해석 사례

조모(甲)로부터 부친(乙)이 상속받은 토지를 다시 자녀(丙)가 부친(乙)으로부터 상속으로 취득한 후 「공익사업을 위한 토지 등의 취득 및 보상에 관한 법률」에 따라 해당 토지가 2021.5.4. 전에 사업인정고시된 사업에 따라 협의매수 또는 수용되는 경우로서 조모(甲)의 해당 토지 취득일이 사업인정고시일부터 2년 이전이나, 부친(乙)의 해당 토지 취득일이 사업인정고시일부터 2년 내인 경우, 해당 토지는 '취득일이 사업인정고시일부터 2년 이전인 토지'에 해당하지 않는다(법규재산-0142, 2023.4.10).

4) 2009.3.16.부터 2012.12.31.까지 취득한 토지

2009.3.16.부터 2002.12.31.까지 취득(상속·증여 포함)한 토지가 양도일 현재 비사업용 토지에 해당하더라도 기본세율을 적용하므로 양도시기 상관없이 무조건 사업용 토지로 본다.

2 양도시기에 제한이 있는 경우

1) 농지·임야·목장용지를 상속개일로부터 5년 이내 양도하는 경우

상속받은 농지·임야·목장용지로서 상속개시일로부터 5년 이내 양도하는 토지는 사업용 토지로 본다. 이는 상속개시일로부터 3년을 사업용으로 보는 것이므로 상속개일로부터 5년 이내 양도하는 경우 60%의 기간기준 요건을 충족하였으므로 무조건 사업용 토지가 되는 것이다. 만일 5년이 경과하여 양도하는 경우에도 3년간은 사업용으로 간주하므로 일반적인 기간기준에 따라 비사업용 토지 여부를 판단한다.

여기서 주의할 점은 농지를 상속받아 대지로 지목을 변경한 후 양도하는 경우에는 해당 규정을 적용할 수 없다는 것이다.

2) 시지역 소재 농지를 상속개시일로부터 5년 이내 양도하는 경우

시(읍·면지역 제외) 이상의 도시지역 중 주거·상업·공업지역 안에 있는 농지를 상속에 의하여 취득하여 그 상속개시일로부터 5년 이내 양도하는 토지는 사업용 토지로 본다. 이 경우 5년을 경과하여 양도하더라도 상속개시일로부터 3년간은 사업용 기간으로 본다.

관련 해석 사례

1. 도시지역 밖의 농지를 상속받아 재촌·자경하지 아니하고 상속개시일로부터 3년이 경과하여 양도하는 토지의 경우 상속개시일로부터 3년간은 비사업용 토지로 보지 아니한다(부동산납세과-708, 2020.6.10).
2. 사업용으로 의제되는 상속에 의하여 취득한 농지에는 법정상속인이 아닌 자가 상속(유증포함)받는 경우에는 포함하지 않으므로 며느리가 유증으로 받는 농지는 사업용으로 의제하는 “상속으로 취득한 농지”에 해당하지 않는다(법령해석재산-0324, 2020.05.21).
3. 상속에 의하여 취득한 농지가 양도일 현재 시(동)의 주거지역 안에 있는 경우상속개시일로부터 5년 이내에 양도하면 비사업용토지에서는 제외되지만, 편입된 날부터 3년이 경과하여 양도하는 경우에는 자경농지에 대한 양도소득세의 감면규정을 적용받을 수 없다(조심2022광7027, 2022.11.29).

3) 이농일로부터 5년 이내 양도하는 농지

10,000m^2 이하의 농지를 8년 이상 농업경영을 하던 자가 이농하는 경우로서 이농 당시 소유하고 있던 농지에 대해서는 이농일로부터 5년 이내 양도하는 경우 3년간은 사업용 기간으로 간주하므로 사업용 토지로 본다.

부록 1

2023년도에 달라지는
부동산(주택)관련 주요 개정내용

부록 2

최근 5년간
주택임대사업자의 변천과정

부록 3

2024년 5월 9일까지
중과대상 주택을 양도하는 경우 중과유예

부록 1

2023년도에 달라지는 부동산(주택)관련 주요 개정내용

종합부동산세

주요 개정내용	적용시기
❶ 주택분 종합부동산세 기본공제금액 상향 조정(종부법 8①) ① 일반 : 6억원 ➡ 9억원 ② 1세대 1주택자(특례신청자* 포함) : 11억원 ➡ 12억원 * 1주택 부부 공동명의, 일시적2주택, 상속주택, 지방 저가주택 ※ 법인 : 기본공제금액 적용 불가	2023.1.1. 이후 납세의무가 성립하는 분부터 적용
❷ 주택세율 중과 폐지 및 기본세율 인하(종부법 9①,②) ① 개인 : 조정대상지역 내 2주택자와 과세표준 12억원 이하 3주택 이상 보유자에 대한 중과폐지 및 기본세율 인하 ② 법인 : 조정대상지역 내 2주택자에 대한 중과폐지 및 개인의 최고세율(2.7%, 5%)에 맞추어 세율 인하(2주택 이하 2.7%, 3주택 이상 5%)	
❸ 세부담 상한 비율 단일화(종부법 10) ① 일반 : 150% ➡ 150% ② 조정대상지역 내 2주택·3주택 이상 : 300% ➡ 150% ※ 법인 : 세부담 상한 적용 불가	
❹ 주택 수 특례적용*되는 일시적2주택의 종전주택 처분기한 연장(종부령 4의2①) ○ 신규주택 취득일부터 2년 ➡ 신규주택 취득일부터 3년 * 1세대 1주택자 판정시 주택 수 제외	
❺ 주택 수 특례적용*되는 지방 저가주택의 지역범위 확대(종부령 4의2③) ○ 비수도권 ➡ 비수도권 및 수도권(강화군, 옹진군, 연천군) * 1세대 1주택자 판정시 주택 수 제외	

양도소득세

주요 개정내용	적용시기
❶ 기본세율 적용 하위 2개 과세표준 구간 상향 조정(소득법 55) ① 6% 세율구간 과세표준 : 1,200만원 ➡ 1,400만원 ② 15% 세율구간 과세표준 : 4,600만원 ➡ 5,000만원	2023.1.1. 이후 양도분부터
❷ 양도소득세 이월과세 적용기간 확대(소득법 97의2) ○ 증여일로부터 5년 이내 ➡ 증여일로부터 10년 이내	2023.1.1. 이후 증여분부터
❸ 증여 후 양도행위부인 적용기간 확대(소득법 101) ○ 증여일로부터 5년 이내 ➡ 증여일로부터 10년 이내	2023.1.1. 이후 증여분부터
❹ 농어촌주택 기준시가 상향 조정 및 적용기한 연장(조특법 99의4) ① 취득당시 기준시가 : 2억원 이하 ➡ 3억원 이하 ② 적용기한 : 2022.12.31.까지 취득분 ➡ 2025.12.31.까지 취득분	2023.1.1. 이후 양도분부터
❺ 건설임대주택에 대한 양도소득세 장기보유특별공제율 특례 적용기한 연장(조특법 97의3) ○ 2022.12.31.까지 등록분 ➡ 2024.12.31.까지 등록분 ※ 세제혜택 : 10년 이상 임대시 최대 70% 장특공제율 적용	2023.1.1. 이후 등록분부터
❻ 일시적2주택 종전주택 비과세 처분기한 완화(소득령 155①) ○ 신규주택 취득일부터 2년* ➡ 신규주택 취득일부터 3년** * 종전주택·신규주택 소재지가 모두 조정대상지역인 경우에만 적용 ** 주택 소재지 구분없이 종전주택 처분기한 3년 적용	2023.1.12. 이후 처분하는 분부터
❼ 부담부증여시 양도가액이 임대보증금인 경우 취득가액을 기준시가 적용(소득령 159) ○ 양도가액이 임대보증금인 경우 취득가액 : 실지거래가액 ➡ 기준시가	2023.2.28. 이후 양도분부터
❽ 다주택자 양도소득세 중과배제 1년 더 연장(소득령 167의3 등) ○ 2022.5.10.부터 2023.5.9.까지 ➡ 2022.5.10.부터 2024.5.9.까지	-
❾ 종전주택 + 조합원입주권(분양권*) 비과세적용시 종전주택 양도기한 및 신축주택 전입기한 연장(소득령 156의2④, 156의3③) ○ 신축주택 완성 후 2년 이내 종전주택 양도 + 2년 이내 신축주택 전입 ➡ 신축주택 완성 후 3년 이내 종전주택 양도 + 3년 이내 신축주택 전입 * 2021.1.1. 이후 취득한 분양권부터 적용	2023.1.12. 이후 양도분부터
❿ 조합원입주권 + 대체주택* 비과세적용 시 대체주택 양도기한 및 신축주택 전입기한 연장(소득령 156의2⑤) ○ 신축주택 완성 후 2년 이내 대체주택 양도 + 2년 이내 신축주택 전입 ➡ 신축주택 완성 후 3년 이내 대체주택 양도 + 3년 이내 신축주택 전입 * 재개발·재건축 기간 중 1년 이상 거주를 위해 취득한 주택	2023.1.12. 이후 양도분부터

취득세

주요 개정내용	적용시기
1 유상 취득세 과세표준 실제 취득가액 적용(지방법 10의3①) ○ Max(신고가액, 시가표준액) ➡ 실제 취득가액	2023.1.1. 이후 취득분부터
2 증여 취득세 과세표준 시가인정액 적용(지방법 10의2) ○ 시가표준액 ➡ 원칙 : 시가인정액* ➡ 예외 : 시가표준액** * 증여 전 6개월~증여 후 3개월 이내에 매매사례가액, 감정가액, 공매가액 등 ** 시가인정액 확인 불가 및 시가표준액 1억원 이하	2023.1.1. 이후 취득분부터
3 특수관계인으로부터 저가 취득시 부당행위계산부인 규정 준용하여 취득세 과세표준 시가인정액 적용 (지방법 10의3②) ○ 신고가액 등 ➡ 시가인정액	2023.1.1. 이후 취득분부터
4 일시적2주택 중과배제 종전주택 등 처분기한 완화(지방령 28의5) ○ 신규주택 취득일부터 2년* ➡ 신규주택 취득일부터 3년** * 종전주택·신규주택 소재지가 모두 조정대상지역인 경우에만 적용 ** 주택 소재지 구분없이 종전주택 등 처분기한 3년 적용	2023.1.12. 이후 처분하는 분부터

종합소득세

주요 개정내용	적용시기
1 1주택자 월세 임대소득 과세대상 고가주택 기준시가 인상(소득법 12 2호 나목) ○ 기준시가 9억원 초과 ➡ 기준시가 12억원 초과	2023.1.1. 이후 임대소득 발생분부터
2 소형주택 임대사업자에 대한 소득세·법인세 세액감면 적용기한 연장(조특법 96) ○ 2022.12.31. 이전에 끝나는 과세연도까지 발생한 임대소득 ➡ 2025.12.31. 이전에 끝나는 과세연도까지 발생한 임대소득	-

부록 2

최근 5년간 주택임대사업자의 변천과정

구분일	주요 내용	적용시기
2018.3.31.	ㅇ 양도소득세 중과배제 및 종합부동산세 합산배제 적용요건 강화 - 양도소득세 중과배제 및 종합부동산세 합산배제 적용시 의무임대기간을 5년에서 8년으로 연장하고, 임대등록은 무조건 장기임대주택으로 등록 **비교** _ 거주주택 비과세특례 적용 임대주택은 장단기 불문 5년 이상 임대	2018.4.1. 이후 등록분부터
2018.9.13.	① 개인이 조정대상지역 내 주택 취득 및 장기일반민간임대 등록시 양도소득세 중과배제 및 종합부동산세 합산배제(2018.9.13. 이전에 매매계약을 체결한 주택과 건설임대주택 제외) 적용 불가 ② 장기일반민간임대주택에 대한 특례 및 감면 적용시 주택 가액기준 신설 **가액기준** _ 임대개시 당시 기준시가 6억원(수도권 밖 3억원) 이하	2018.9.14. 이후 취득분부터
2019.2.11.	ㅇ 장기임대주택 보유자의 거주주택 비과세특례 평생 1회 제한 - 장기임대주택 보유자가 거주주택 양도시 2019.2.11. 이전에 비과세특례를 적용받은 거주주택을 포함하여 평생 1회에 한해 거주주택 비과세특례 적용(2019.2.12. 현재 거주하고 있는 주택과 2019.2.11. 이전에 매매계약을 체결한 주택은 제외) **비교** _ 가정어린이집 보유자의 거주주택은 횟수제한 없이 비과세 적용	2019.2.12. 이후 취득분부터
	ㅇ 주택임대사업자의 임대료 증액제한 임대주택 범위 확대 - 임대료 인상률 5% 이내 증액제한을 모든 임대주택에 적용 **비교** _ 장기일반민간임대주택의 특례 및 감면은 임대개시 시점부터 적용	2019.2.12. 이후 계약분부터
	ㅇ 단기임대주택을 장기임대주택으로 전환시 인정 임대기간 합리화 - 최대 4년을 한도로 단기임대기간 전체를 장기임대기간에 포함 **비교** _ 종전에는 5년을 한도 단기임대기간의 50%만 장기임대기간에 포함	2019.2.12. 이후 전환분부터
2019.12.16.	ㅇ 조정대상지역 내 임대주택에 대한 비과세 적용시 거주요건 추가 - 조정대상지역 내 주택을 임대주택으로 등록한 경우 1세대1주택 비과세 적용시 의무임대기간 종료 후 2년 이상 거주요건 필요 **비교** _ 2019.12.16. 이전에 임대등록한 주택은 거주요건 불필요	2019.12.17. 이후 등록분부터
2020.6.17.	① 법인이 조정대상지역 내 주택을 장기임대주택으로 등록한 경우 종합부동산세 합산과세 적용 ② 법인이 소유한 주택을 장기임대주택으로 등록한 경우 토지등 양도소득 법인세 추가과세 적용 **비교** _ 건설임대주택으로 등록한 경우에는 종합부동산세 합산배제 적용, 법인세 추가과세 제외	2020.6.18. 이후 등록분부터

구분일	주요 내용	적용시기
2020.7.10.	① 양도소득세 중과배제 및 종합부동산세 합산배제 대상 제외 - 2020.7.11. 이후 장기일반민간임대주택으로 등록한 아파트 - 2020.7.11. 이후 단기임대에서 장기임대로 전환한 임대주택 ② 거주주택 비과세특례 적용시 임대주택 대상 제외 주택 - 2020.7.11. 이후 장기일반민간임대주택으로 등록한 아파트 - 2020.7.11. 이후 단기임대에서 장기임대로 전환한 임대주택 - 2020.7.11. 이후 단기임대주택으로 등록한 임대주택	2020.7.11. 이후 등록분부터
	○ 모든 단기임대 및 아파트 장기매입임대 유형 등록 폐지 - 2020.7.11. 이후부터 모든 단기임대주택(4년) 및 매입형 아파트 장기임대주택(8년)에 대한 임대등록 폐지	2020.7.11. 이후부터
2020.8.11.	○ 주택임대사업자의 취득세 감면 적용시 주택 가액기준 신설 - 취득가액 6억원(수도권 밖 3억원) 이하인 경우에만 감면 적용	2020.8.12. 이후 취득분부터
	○ 주택임대사업자의 재산세 감면 적용시 주택 가액기준 신설 - 공동주택 : 공시가격 6억원(수도권 밖 3억원) 이하 - 오피스텔 : 시가표준액 4억원(수도권 밖 2억원) 이하	2020.8.12. 이후 등록분부터
2020.8.17.	○ 임대주택 신규 등록(아파트 제외)시 의무임대기간 연장 - 신규 장기임대등록시 의무임대기간을 8년에서 10년으로 연장	2020.8.18. 이후 등록분부터
	○ 임대사업자의 임대등록 말소시 비과세특례 및 중과배제 적용 유지 - 자진(민특법상 의무임대기간의 1/2이상 임대) 및 자동 말소로 인하여 의무임대기간 미충족시 거주주택 비과세 및 중과배제 적용 **비과세** _ 자진 및 자동 말소 이후 5년 이내 거주주택 양도시 비과세특례 적용 **중과배제** _ 자진 말소 이후 1년 이내(자동말소는 기한제한 없음) 양도시 중과배제 적용	2020.8.18. 이후 등록말소분부터
	○ 임대보증금에 대한 보증보험 가입대상자 확대 - 보증보험 가입대상자가 건설임대주택에 대해서만 적용되다가 모든 임대주택(건설 및 매입임대주택)으로 확대 **유예기간** _ 이미 등록한 매입임대주택은 2021.8.18. 이후 임대차계약을 갱신하거나 임차인이 변경되는 시점부터 가입	2020.8.18. 이후 등록분부터
2020.12.9.	○ 임대주택에 대한 부기등기 시행 - 임대사업자로 등록한 후 지체없이 등기사항증명서에 부기등기 **유예기간** _ 2020.12.9. 이전 임대등록분 2022.12.9.까지 부기등기	2020.12.10. 이후 등록분부터

부록 3

2024년 5월 9일까지 중과대상 주택을 양도하는 경우 중과유예

다주택자 양도소득세 중과유예 조치

다주택자가 조정대상지역* 내에 있는 중과대상 주택을 2022.5.10.이후부터 2024.5.9.까지 양도하는 경우 2년간 한시적으로 양도소득세를 중과하지 않으나, 중과제도에 대한 전반적인 이해를 위하여 중과유예 조치에도 불구하고 중과제도에 대해 개략적으로 설명하기로 한다.

* 조정대상지역 지정현황(2023.1.5. 현재) : 강남 3구(강남, 서초, 송파), 용산

1 다주택자 양도소득세 중과적용 판단절차

양도하는 주택이 양도소득세 중과대상이 되는지 및 중과세율 적용 여부는 아래 흐름도를 통해 판단할 수 있다.

1 단계 양도주택 지역확인	① 양도한 주택이 조정대상지역 외에 있는 경우 : 중과제외 ② 양도한 주택이 조정대상지역 내에 있는 경우 : 2단계 진행
⇩	
2 단계 중과대상 주택수 계산	① 세대단위로 중과대상 주택수 계산 주택수 포함 : 조합원입주권 및 '21.1.1 이후 취득한 주택분양권 주택수 제외 : 양도당시 기준시가 3억원 이하 수도권 읍·면 지역 및 지방 소도시 지역 소재 주택 ② 중과대상 주택수가 1채인 경우 : 중과제외 ③ 중과대상 주택수가 2채 이상인 경우 : 3단계 진행
⇩	
3 단계 양도주택 중과제외 여부확인	① 양도하는 주택이 장기임대주택, 상속주택, 감면주택 등 중과제외 대상인 경우 : 중과제외 ② 중과대상 주택인 경우 : 4단계 진행
⇩	
4 단계 세율 적용	① 2주택 중과 : 장기보유특별공제 적용 배제, 기본세율 + 추가세율 20% ('21.5.31. 이전 양도분은 기본세율 + 추가세율 10%) ② 3주택 이상 중과 : 장기보유특별공제 적용 배제, 기본세율 + 추가세율 30% ('21.5.31. 이전 양도분은 기본세율 + 추가세율 20%)

2 기본내용

1. 다주택자 양도소득세 중과대상 및 적용세율

양도일 현재 2주택(조합원입주권과 2021.1.1. 이후 취득한 주택분양권 포함) 이상을 보유한 상태에서 조정대상지역 내 중과대상 주택을 양도하는 경우 장기보유특별공제가 배제되고, 중과세율(기본세율 + 20% 또는 30%)이 적용되는 것이 원칙이나, 2022.5.10 ~ 2024.5.9. 사이에 양도하는 중과대상 주택에 대해서는 양도소득세가 중과되지 않는다.

[중과세 내용]

구 분	세율	장기보유특별공제
2주택 중과	기본세율 + 추가세율 20%	장기보유특별공제 적용불가
3주택이상 중과	기본세율 + 추가세율 30%	

2. 중과적용 기준시점

다주택자 중과적용 여부는 주택의 양도일 현재 기준으로 판단한다. 따라서 취득 당시에는 조정대상지역에 해당되지 않았더라도 양도일 현재 조정대상지역에 해당되는 경우 양도소득세가 중과세 적용되고, 주택 취득 당시 조정대상지역에 해당되었더라도 양도일 현재 조정대상지역에 해당되지 않는 경우에는 양도소득세가 중과되지 않는다.

[조정대상지역 지정 및 해제에 따른 거주요건과 중과적용 여부 비교]

구 분		다주택자 중과여부	1세대1주택 비과세 판단시 거주요건
취득당시	양도당시		
비조정대상지역	조정대상지역	중과적용	거주요건 없음
조정대상지역	비조정대상지역	중과제외	2년 이상 거주요건 적용

3 중과대상 주택수 판단시 지역기준과 가액기준

1. 주택을 보유한 경우 지역기준과 가액기준

중과대상 주택수 계산시 양도일 현재 수도권, 광역시, 세종시에 소재하고 있는 주택은 기준시가에 관계 없이 중과대상 주택수에 포함되나, 경기도 및 세종시 읍·면지역, 광역시의 군지역과 그 밖의 지역에 소재하고 있는 주택은 조정대상지역을 불문하고 양도일 현재 기준시가가 3억원 이하인 경우에는 중과되지 않는다.

기준시가에 관계없이 중과대상 주택수에 포함되는 지역	양도 당시 기준시가가 3억원 이하인 경우 중과대상 주택수에 제외되는 지역
서울특별시	광역시의 군 지역
광역시(군 지역 제외)	경기도 및 세종시의 읍·면 지역
경기도 및 세종시(읍·면 지역 제외)	기타 지방지역

2. 조합원입주권 또는 주택분양권을 보유한 경우 지역기준과 가액기준

조합원입주권과 주택분양권은 기준시가가 고시되어 있지 않으므로 조합원입주권은 감정평가액, 주택분양권은 공급가액으로 3억원 이하 여부를 판단한다.

1) 가액과 관계없이 중과대상 주택수에 포함되는 경우

조합원입주권과 2021.1.1. 이후 취득한 주택분양권이 서울특별시, 광역시(군지역 제외), 경기도·세종시(읍·면지역 제외)에 소재하는 경우에는 가액과 관계없이 중과대상 주택수에 포함된다.

2) 중과대상 주택수에 제외되는 경우

조합원입주권과 2021.1.1. 이후 취득한 주택분양권이 광역시의 군지역, 경기도·세종시의 읍·면지역, 그 밖의 지역에 소재하는 경우로서 아래의 기준금액이 3억원 이하인 경우에는 중과대상 주택수에 제외된다.

① 조합원입주권 : 사업시행계획인가 고시일 현재 종전주택의 감정평가액
② 주택분양권 : 분양계약서상 선택품목을 제외한 순수 공급가액

3. 다가구주택을 보유한 경우 3억원 가액기준 판단

다가구주택의 기준시가는 가구별로 고시되지 않고 주택 전체를 대상으로 고시되므로 전체 주택의 기준시가를 각 가구별로 안분하여 계산한 가액으로 기준시가 3억원 이하 여부를 판단한다.

4 중과제외 주택

1. 1세대 3주택 이상 중과제외 주택

1세대 3주택 이상자가 아래와 같이 정부 정책에 따른 장기임대주택, 감면주택, 미분양 주택과 부득이한 사유로 취득한 상속주택 등을 양도하는 경우에는 중과대상 주택임에도 불구하고 양도소득세가 중과되지 않는다.

구분	내 용
① 중과대상 주택수 판단시 제외되는 주택	수도권·광역시·세종특별자치시 외 지역(소속 군 및 읍·면지역 포함)에 소재하는 주택으로서 양도 당시 기준시가 3억원 이하인 주택
② 소득세법상 장기임대주택	지방자치단체와 세무서에 주택임대사업자로 등록하고 임대개시일 당시 기준시가 6억원(수도권 밖은 3억원) 이하 주택
③ 조세특례제한법상 감면대상임대주택	조특법 제97조(장기임대주택), 제97조의2(신축임대주택) 및 제98조(미분양 주택) 규정에 따른 임대주택
④ 장기사원용 주택	사용자와 특수관계가 없는 종업원에게 10년 이상 무상으로 제공한 사용자 소유의 주택
⑤ 조세특례제한법상 감면대상주택	조특법 제77조, 제98조의2, 제98의3, 제98조의5~제98조의8 및 제99조~제99조의3 규정에 따른 감면주택
⑥ 문화재주택	문화재보호법에 의해 문화재로 지정되거나 등록된 주택
⑦ 상속주택	선순위 상속주택으로서 상속개시일로부터 5년 이내 양도하는 주택
⑧ 저당권실행 및 채권변제로 취득한 주택	저당권의 실행으로 취득하거나 대물변제로 취득한 주택으로서 취득일로부터 3년 이내 양도하는 주택
⑨ 가정어린이집	지방자치단체장으로부터 어린이집으로 인가를 받아 사업자등록을 하고 5년 이상 가정어린이집으로 사용한 후, 가정어린이집으로 사용하지 않게 된 날부터 6개월 이내 양도하는 주택
⑩ 중과제외 주택외1주택	위 ①~⑨에 해당하는 주택을 제외하고 1주택만을 보유한 상태에서 양도하는 주택
⑪ 조정 대상지역 공고 이전 계약한 주택	조정대상지역의 공고가 있은 날 이전에 매매계약을 체결하고 계약금을 지급받은 사실이 증빙서류에 의하여 확인되는 주택
⑫ 비과세특례 등 적용대상 주택	소득령 제155조 및 조특법에 따라 1개의 주택을 소유하고 있는 것으로 보거나 1세대1주택 비과세규정이 적용되는 주택

2. 1세대 2주택 중과제외 주택

1세대 2주택자가 아래와 같이 시세차익 목적이 아닌 사유로 취득한 동거봉양·혼인합가, 일시적2주택 및 소형주택 등을 양도하는 경우에는 중과대상 주택임에도 불구하고 양도소득세가 중과되지 않는다.

구 분	내 용
① 3주택 이상 중과제외 주택	3주택 이상 중과제외 규정 (①~⑨)에 해당하는 주택
② 다른 시·군 소재 주택	취학 등 부득이한 사유로 다른 시·군에 소재하는 기준시가 3억원 이하 주택을 취득한 후 1년 이상 거주하고 부득이한 사유가 해소된 날로부터 3년 이내 양도하는 해당 주택
③ 수도권 밖 소재 주택	취학 등 부득이한 사유로 취득한 수도권 밖에 소재하는 주택으로서 양도하는 해당 주택
④ 동거봉양합가주택	동거봉양합가일로부터 10년 이내 양도하는 주택
⑤ 혼인합가주택	혼인한 날로부터 5년 이내 양도하는 주택
⑥ 소송중인주택	주택의 소유권에 관한 소송이 진행 중이거나 해당 소송결과로 취득한 주택을 확정판결일로부터 3년이 양도하는 주택
⑦ 중과제외 주택외1주택	위 ①~⑥에 해당하는 주택을 제외하고 1주택만을 보유한 상태에서 양도하는 해당 1주택
⑧ 일시적2주택	신규주택 취득일로부터 3년 이내에 양도하는 종전주택
⑨ 기준시가 1억원 이하 소형주택	양도하는 주택이 양도 당시 기준시가 1억원 이하인 주택. 다만 정비구역으로 지정·고시된 지역 또는 사업시행구역에 소재하는 주택은 제외
⑩ 조정대상지역 공고이전 계약한주택	조정대상지역의 공고가 있은 날 이전에 해당 지역의 주택을 양도하기 위하여 매매계약을 체결하고 계약금을 지급받은 사실이 증빙서류에 의하여 확인되는 주택
⑪ 상속주택 보유자의 일반주택	비과세 요건을 충족한 일반주택과 소득령§155②에 따른 상속주택을 보유하고 있는 1세대가 양도하는 일반주택
⑫ 장기임대주택 보유자의 거주주택	비과세 요건을 충족한 거주주택과 소득령§155⑳에 따른 장기임대주택을 보유하고 있는 1세대가 양도하는 거주주택
⑬ 조합원입주권 보유자의 주택	비과세 요건을 충족한 주택과 조합원입주권 보유한 상태에서 양도하는 주택

사례로 이해하는

2023 부동산 세금

초판 1쇄 발행 2023년 7월 28일

글 이득근 / **발행인** 김윤태 / **북디자인** 디자인이즈
발행처 도서출판 선 / **등록번호** 제15-201 / **등록일자** 1995년 3월 27일
주소 서울시 종로구 삼일대로 30길 23 비즈웰 427호 / **전화** 02-762-3335 / **전송** 02-762-3371

값 60,000원
ISBN 978-89-6312-627-2 03320